"十二五"国家重点图书出版规划项目

中国社会科学院创新工程学术出版资助项目

总主编：金 碚

经济管理学科前沿研究报告系列丛书

THE FRONTIER REPORT ON
DISCIPLINE OF
CORPORATE GOVERNANCE

高 闯 主 编
张 清 副主编

公司治理学学科前沿研究报告

经济管理出版社

ECONOMY & MANAGEMENT PUBLISHING HOUSE

图书在版编目（CIP）数据

公司治理学学科前沿研究报告 2013/高闯主编. —北京：经济管理出版社，2016.6
ISBN 978-7-5096-4447-8

Ⅰ.①公…　Ⅱ.①高…　Ⅲ.①公司—企业管理—研究报告　Ⅳ.①F276.6

中国版本图书馆 CIP 数据核字（2016）第 135192 号

组稿编辑：张　艳
责任编辑：张　艳　李明锋　张莉琼
责任印制：黄章平
责任校对：雨　千

出版发行：经济管理出版社
　　　　　（北京市海淀区北蜂窝 8 号中雅大厦 A 座 11 层　100038）
网　　址：www. E-mp. com. cn
电　　话：（010）51915602
印　　刷：三河市延风印装有限公司
经　　销：新华书店
开　　本：787mm×1092mm/16
印　　张：27
字　　数：607 千字
版　　次：2016 年 11 月第 1 版　　2016 年 11 月第 1 次印刷
书　　号：ISBN 978-7-5096-4447-8
定　　价：98.00 元

《经济管理学科前沿研究报告》
编辑委员会

序　言

为了落实中国社会科学院哲学社会科学创新工程的实施，加快建设哲学社会科学创新体系，实现中国社会科学院成为马克思主义的坚强阵地、党中央国务院的思想库和智囊团、哲学社会科学的最高殿堂的定位要求，提升中国社会科学院在国际、国内哲学社会科学领域的话语权和影响力，加快中国社会科学院哲学社会科学学科建设，推进哲学社会科学的繁荣发展具有重大意义。

旨在准确把握经济和管理学科前沿发展状况，评估各学科发展近况，及时跟踪国内外学科发展的最新动态，准确把握学科前沿，引领学科发展方向，积极推进学科建设，特组织中国社会科学院和全国重点大学的专家学者研究撰写《经济管理学科前沿研究报告》。本系列报告的研究和出版得到了国家新闻出版广电总局的支持和肯定，特将本系列报告丛书列为"十二五"国家重点图书出版项目。

《经济管理学科前沿研究报告》包括经济学和管理学两大学科。经济学包括能源经济学、旅游经济学、服务经济学、农业经济学、国际经济合作、世界经济、资源与环境经济学、区域经济学、财政学、金融学、产业经济学、国际贸易学、劳动经济学、数量经济学、统计学。管理学包括工商管理学科、公共管理学科、管理科学与工程三个学科。工商管理学科包括管理学、创新管理、战略管理、技术管理与技术创新、公司治理、会计与审计、财务管理、市场营销、人力资源管理、组织行为学、企业信息管理、物流供应链管理、创业与中小企业管理等学科及研究方向；公共管理学科包括公共行政学、公共政策学、政府绩效管理学、公共部门战略管理学、城市管理学、危机管理学、公共部门经济学、电子政务学、社会保障学、政治学、公共政策与政府管理等学科及研究方向；管理科学与工程包括工程管理、电子商务、管理心理与行为、管理系统工程、信息系统与管理、数据科学、智能制造与运营等学科及研究方向。

《经济管理学科前沿研究报告》依托中国社会科学院独特的学术地位和超前的研究优势，撰写出具有一流水准的哲学社会科学前沿报告，致力于体现以下特点：

（1）前沿性。本系列报告能体现国内外学科发展的最新前沿动态，包括各学术领域内的最新理论观点和方法、热点问题及重大理论创新。

（2）系统性。本系列报告囊括学科发展的所有范畴和领域。一方面，学科覆盖具有全面性，包括本年度不同学科的科研成果、理论发展、科研队伍的建设，以及某学科发展过程中具有的优势和存在的问题；另一方面，就各学科而言，还将涉及该学科下的各个二级学科，既包括学科的传统范畴，也包括新兴领域。

（3）权威性。本系列报告由各个学科内长期从事理论研究的专家、学者主编和组织本领域内一流的专家、学者进行撰写，无疑将是各学科内的权威学术研究。

（4）文献性。本系列报告不仅系统总结和评价了每年各个学科的发展历程，还提炼了各学科学术发展进程中的重大问题、重大事件及重要学术成果，因此具有工具书式的资料性，为哲学社会科学研究的进一步发展奠定了新的基础。

《经济管理学科前沿研究报告》全面体现了经济、管理学科及研究方向本年度国内外的发展状况、最新动态、重要理论观点、前沿问题、热点问题等。该系列报告包括经济学、管理学一级学科和二级学科以及一些重要的研究方向，其中经济学科及研究方向15个，管理学科及研究方向45个。该系列丛书按年度撰写出版60部学科前沿报告，成为系统研究的年度连续出版物。这项工作虽然是学术研究的一项基础工作，但意义十分重大。要想做好这项工作，需要大量的组织、协调、研究工作，更需要专家学者付出大量的时间和艰苦的努力，在此，特向参与本研究的院内外专家、学者和参与出版工作的同仁表示由衷的敬意和感谢。相信在大家的齐心努力下，会进一步推动中国对经济学和管理学学科建设的研究，同时，也希望本系列报告的连续出版能提升我国经济和管理学科的研究水平。

金碚

2016 年 6 月

目 录

第一章 公司治理学 2013 年国内外研究综述

1932 年，Berle 和 Means 合作出版的《The Modern Corporation and Private Property》一书正式拉开了公司治理理论研究的序幕。其后，公司治理问题引起了全球范围内经济学、管理学、法学和社会学等诸多学科的广大研究者的浓厚兴趣，并取得丰硕成果。最近 20 年，随着人类经济的不断发展，世界范围内的一系列公司治理问题逐渐浮出水面，并掀起一次又一次的研究热潮，特别是 2001 年美国的公司财务丑闻曝光之后，公司治理问题更是引起了全社会的广泛关注，中国学者也积极加入其中，取得不少研究成果。十年之后，笔者在总结经验的同时对 2013 年国内外发表的相关文献进行梳理，试图发现现阶段该领域中的研究特点，提出一些有建设性的建议和展望。

公司治理作为近些年发展较快的学科，涉及内容十分丰富，也极为庞杂。为了明确研究思路，本章研究将公司治理分为总论和分论两大部分。总论部分是对公司治理结构、理论等内容进行总结、梳理、分析，分论部分则主要是分为股东、董事会、经理层、利益相关者、治理监督和其他内容分别进行梳理、分析，所选论文也都是在很有影响力的杂志上发表的文章，以期能对 2013 年国内外的相关研究成果有较为清晰的脉络和全面的反映、总结。

第一节 公司治理总论综述

公司治理是一组规范公司相关各方责、权、利的制度安排，是现代企业发展过程中最重要的制度架构。根据国外学者 Keasey（1997）的观点，可以将公司治理分为狭义公司治理和广义公司治理。狭义公司治理是指公司所有者对管理者进行监督和管理的正式制度，包括股东会、董事会和经理层等。广义公司治理是指规范公司与各个利益相关者的正式及非正式的制度，包括狭义公司治理，另外还包括股东、债权人、员工、供应商和政府等利益相关者。所以在综述的过程中，我们从股东、董事会、经理层、利益相关者等角度进行分析。

由于各个国家的融资制度、股权结构与要素市场的差异，它们都会结合国家的政治、经济和文化等因素的影响，形成各自的公司治理特点。从企业层面上看，公司治理结构可以分为三类：一是外部监控型公司治理模式，也称为市场导向型治理模式，以英国、美国、加拿大和澳大利亚等为代表，具有股权高度分散、资本高度流通的特点；二是内部监控型公司治理模式，也称为网络导向型公司治理模式，以日本、德国等为代表，具有股权相对集中、银行间相互持股的特点；三是家族控股型公司治理模式，以韩国、马来西亚、泰国、新加坡等为代表，具有所有权与经营权为家族企业拥有的特点。

在经济全球化、金融市场一体化的环境下，每个国家都在吸收和借鉴其他国家治理模式的优势，不断调整变化，从而使得治理模式呈现出国际趋同的演变趋势。所以，需要集各国之所长，结合本国特点，进一步完善其公司治理模式。

一、公司治理与公司绩效间的关系研究

公司治理的重要性最终体现在公司治理水平对于公司价值或者绩效的影响上。国外学者针对公司治理与绩效之间的关系研究颇多。Starks L. T.和 Wei K. D.（2013）[1] 考察了公司治理差异是否影响公司在跨行业兼并中的企业估值。研究发现，可以通过股票交易完成跨行业兼并。在跨行业兼并中如果存在企业股东的不正当收益问题，会影响公司治理质量，增加股票的异常收益值，还会影响到公司的绩效。Apostolos Dasilas 和 Stergios Leventis（2013）[2]，以雅典证券交易所的数据作为支撑，考虑了杠杆风险和系统风险的变化以及增发股票期间的长期股价走势和运营表现，分析了公司治理机制、股权结构和股利支付状况对股票增发公告的影响。研究发现，在股票增发的公告日，公司股价有显著的涨势，股票增发公告日之前股价上升，之后股价轻微下降。因此，公司治理结构、分红状况与股权集中度能提升股票增发公告的信息容量。Patrick Lecomte 和 Joseph T. L.（2013）[3] 采用了一个由亚太房地产协会设计的框架，考察了新加坡证券交易所上市的新加坡房地产投资信托基金公司绩效和公司治理之间的关系。实证结果支持了公司治理实践和股票业绩之间存在正向关系的证据。同时也发现，具有较高的公司治理的新加坡房地产投资信托基金往往具有更好的风险调整回报率，但也存在信息不对称的情况。

国内学者也非常关注公司治理与绩效之间的关系。王戈阳、张宗益和宋增基（2013）[4] 建立关于企业绩效、公司治理、股权结构和资本结构四者的联立方程模型，对 2008—2010 年上市公司的数据进行实证分析，结果表明：没有明显的证据显示，中国企业现有的公司治理对企业绩效提升有显著的促进作用。刘石兰（2013）[5] 以金融危机时期的上市信息技术企业为样本，将销售绩效视为一个包括销售利润率、销售增长率和销售费用率等指标的整体多维概念，研究了公司内部治理结构与整体销售绩效的关系。结果发现：与以往研究结论不同的是，董事长兼任总经理分别与整体销售绩效、销售利润率和销售增长率呈正向关系；大股东持股比率与销售费用率呈负向关系。这些结论在理论上揭示了在经济萎缩的背景下，市场能够对董事会与管理层之间的矛盾有自动调和作用，这为信息技术企业的治理机制建设有重要启示。周建和袁德利（2013）[6] 基于 2001—2009 年沪深两市 444 家上市公司的平衡面板数据，采用能有效控制内生性问题的随机效应模型和系统 GMM

模型，检验了公司治理机制对股权代理成本的影响及公司治理机制、两类股权代理成本与公司绩效之间的关系。研究结果表明，第一类股权代理成本在董事会规模、董事会独立性与公司绩效之间起部分中介作用，而第二类股权代理成本在股权集中度与公司绩效之间起部分中介作用。

总体而言，公司治理与公司绩效之间呈正相关的关系，并且受到诸多因素的影响。探究公司治理和公司绩效之间的关系，有助于我们更好地建立适合于我国国情的公司治理模式，需要结合中国的实际情况开展各项活动。

二、公司治理与风险规避的研究

近年来，许多财务丑闻使得人们非常重视内部控制和风险规避，不合理和不健全的公司治理机制、内部控制等成为风险存在的深层次原因。公司风险承担是一项高风险行为，影响着企业的生存和发展，企业可以通过董事会结构、大股东控制、管理层持股、所有权性质等实现对风险的规避。

Arifur Khan 和 Mohammad Badrul Muttakin（2013）[7] 考察了公司治理和企业社会责任披露之间的关系，他们以孟加拉国每年的财务报告作为分析对象，研究结果发现，企业社会责任披露与高管持股负相关，与出口导向型产业正相关。公有制、外资持股、董事会独立性和审计委员会的存在对企业社会责任信息披露有极其重要的影响。因此，公司治理可以通过企业社会责任披露确保组织合法性发挥作用。Ahmed M.，Abdel-Meguid，Anwer S.，Ahmed 和 Scott Duellman（2013）[8] 针对审计人员、董事会、法人股东，探讨了萨班斯—奥克斯利法案（SOX）在他们之间的效力。2000—2004 年，以美国四大审计事务所为样本，实证得出，审计师与客户之间经济独立性呈正向关系，强有力的治理对激进的财务报告具有约束性，需要通过强力的措施来规避风险。Weichieh Su 和 Cheng-Yu Lee（2013）[9] 以中国台湾家族企业为样本，分析公司治理与风险承担之间的关系，主要从内部公司治理机制和外部公司治理机制分析家族企业的冒险行为。资本—资本成为多数所有者和少数所有者之间的冲突，以及董事会的任人唯亲行为使得公司承担风险，公司任命外部董事的改革措施可能不会立即解决这些问题。研究发现，任命外部董事可以缓解家族所有权和承担风险间的负面关系。但是上市后，任命外部董事并没有改善家族所有权和风险承担之间的关系。A. Bodnaruk，M. Massa 和 A. Simonov（2013）[10] 研究了公司治理中联盟与风险规避的问题。好的联盟可以帮助公司的首席执行官处理委托—代理问题，联盟伙伴之间也可以缓和机构的问题。主要联盟伙伴同意更平等权利的分割。

国内学者也针对风险规避问题进行了研究，得到非常多的成果。解维敏和唐清泉（2013）[11] 以中国上市公司 2006—2011 年数据为样本，对上市公司治理机制与公司承担风险关系进行系统的理论分析和实证检验。研究发现，良好的公司治理机制能够激励上市公司的风险承担，具体来说，董事会独立性对公司风险承担有正向影响，大股东持股比例与公司风险承担之间存在 U 型关系，管理层持股有利于激励公司风险承担，私有产权控股对公司风险承担有正向影响。罗艳梅、程新生（2013）[12] 提出了现代内部审计是基于董事会和管理层的需要，在公司治理和风险管理中发挥作用。双重领导易使内部审计陷入角色冲突，对内部审计能否胜任两种责任提出了挑战。研究结果指出，双向报告下内部审计的角色间冲突和角色内冲突普遍存在，尤其是当总经理为机会主义类型时，两种角色冲突出现的可能性更大；角色冲突降低了内部审计的质量，表现为角色间冲突显著降低了两种任务的努力程度，角色内冲突破坏了内部审计治理活动的独立性，降低了公司治理任务的努力程度。庄宇、朱静、孙亚南（2013）[13] 以我国 13 家上市商业银行为样本，利用 2001—2012 年的半年度数据，采用非平衡面板模型对我国上市商业银行公司治理与风险承担行为之间的关系进行了实证研究。结果表明，股权集中度与银行风险承担呈显著的倒 U 型关系；第一大股东的政府性质能够约束商业银行的冒险行为；高管人员薪酬越高时，银行的风险承担越小；而董事会规模和董事会独立性等董事会治理因素并没有对银行的风险承担行为产生显著影响。谢永珍、徐业坤（2013）[14] 在界定公司治理风险内涵的基础上，利用 AltmanZ 指数作为公司治理风险的代理变量，构建治理风险预警模型，并对我国上市公司的治理风险进行预警。研究表明，纳入治理特征指标的上市公司治理风险预警系统具有良好的预警效果，准确率达到 87.4%；我国上市公司存在着较大的治理风险；董事会自主性治理尚待完善；董事激励、董事会行为对公司治理风险有显著的影响。李维安、戴文涛（2013）[15] 从战略管理的视角，构建了公司治理、内部控制、风险管理三者的关系框架。在企业中，制定公司战略是董事会的职能，但是战略定位是公司治理层需要进行的控制，企业内部的控制分为以董事会为主体的公司治理控制、以经营管理层为主体的管理控制、以操作管理和一般员工实施的作业控制三类。公司治理风险对经营风险、财务风险有影响关系，经营风险和财务风险对公司治理有反作用关系。

可以看出，在外部环境发生变化时，国内外学者都非常关心公司治理与风险规避的问题，并且对公司治理、内部控制和风险管理的问题进行了深入分析。指出，中国对内部控制的研究可以从两方面进行：一是着眼于企业，如何结合企业控制情况实施内部控制规范及其配套指引；二是着眼于监管部门和社会公众，规范和配套指引实施之后企业内部控制质量是否得到提升或改善、企业存在哪些缺陷等（李维安、戴文涛，2013）。

三、国内研究热点问题

（一）公司治理与政治关联的研究

中国的制度环境中政府与企业的关系非常微妙，政治体制决定政府在经济中的主导作用，政府成为资源的分配者，企业通过各种各样的政治关联，期望从政府那里获得更多的稀缺资源。具有政治关联的企业，更有可能争取到税收优惠、融资便利性、市场准入等。

徐业坤、钱先航、李维安[16] 以 2004—2011 年 3014 家民营上市公司为样本，实证检验了政治不确定性对企业投资支出水平的影响，并进一步考察了政治关联的作用。研究发现，面临政治不确定性时，企业的投资支出会明显下降，且这种影响不会提前或滞后；政治关联企业特别是拥有人大代表、政协委员等政治身份的企业投资支出受政治不确定性的影响程度更大，但在不确定性消除之后，其投资支出水平要高于非政治关联企业。进一步的检验结果表明，当新任市委书记不具有本省工作经历时，企业投资支出下降得更多；管制行业企业的投资支出受不确定性的影响更大；且政治不确定性还会削弱政治关联企业的信贷资源优势，从而影响其投资支出。此外，国有企业在面临法定政治权力转移时其投资支出也会明显下降，证实了政治影响企业投资的政治不确定性逻辑。

何镜清、李善民、周小春[17]考察了金融危机背景下民营企业家政治关联的贷款效应及其对公司价值的影响。以2006—2010年我国民营上市公司为样本，实证检验发现：民营企业家的政治关联使企业获得更高的银行贷款比率和更长的贷款期限，同时民营企业家的政治关联程度越高，政治关联在金融危机中的贷款效应越明显。此外，虽然民营企业家的政治关联有利于公司价值的提高，但政治关联的贷款效应对公司价值有负向作用。政治关联虽然给民营企业带来债务融资便利，但并不利于银行信贷资金的有效配置。

文学、郝君富（2013）[18]以我国地方控股国有上市公司为研究样本，实证研究检验了公司与政府之间的政治关联对公司董事会结构和公司治理效率的影响。研究发现，我国国有公司的政治关联水平对董事会结构存在显著的负向影响，政治关联主要通过影响地方控股国有上市公司董事会的"人文结构"特征而弱化公司治理的效率。

王旭（2013）[19]选取政治关系资源依赖性较强的民营上市公司面板数据作为研究样本，通过构建政治关联指数，分析了政治关联对债权人治理与代理成本关系的调节效应。研究结果显示，民营上市公司流动负债对代理成本具有显著抑制作用，而长期负债却对代理成本表现出促进效应；民营上市公司政治关联程度恶化了债权人治理效应，其对流动负债的治理效应具有负向调节作用，而对长期负债的刺激效应表现出正向调节作用。

郭剑花（2013）[20]从公司内部治理机制出发，考察公司治理对高管政治联系"双刃剑"效应的激励与约束作用，认为高管政治联系具有"双刃剑"效应——"政府干预"作用与"关系"作用。研究表明，公司治理质量越高，高管政治联系的"政府干预"作用越弱，"关系"作用越强。揭示高管政治联系在政企关系中的"桥梁"角色，并提供了公司治理缓解高管与企业代理冲突的增量证据，有助于企业扬长避短、最优化政治联系的"双刃剑"效应。

（二）公司治理与企业并购的研究

学者们研究发现，并购可以促进企业快速成长，公司治理与并购绩效的关系非常重要。田高良、韩洁、李留闯（2013）[21]研究发现，并购双方的连锁董事关系会减损并购公司、目标公司以及将两者作为一个整体考虑的并购后实体的并购绩效。进一步研究发现，当并购公司的公司治理质量较高时，这种减损作用会降低。当并购双方存在连锁董事关系时，目标公司更易接受股票作为并购支付方式。

陈旭东、曾春华、杨兴全（2013）[22]将公司并购动因、并购行为、并购绩效置于同一个分析框架，并以2007—2010年我国非金融上市公司扩张性并购事件为研究对象，对终极控制人两权分离、多元化并购与公司并购绩效的关系进行了实证研究。结果发现，终极控制人的现金流权与控制权的分离程度越大，公司越容易进行多元化并购，多元化并购的绩效明显低于同业并购的绩效，并且这种现象在非政府控制的公司更明显。本文不仅发现了终极控制人以盲目多元化扩张作为传导机制导致并购绩效恶化的证据，也拓展了大小股东之间的"第二种代理冲突"与多元化并购后果方面的研究。

陈仕华、姜广省、卢昌崇（2013）[23] 基于并购双方之间信息不对称的研究视角，检验了并购双方之间的董事联结关系对目标公司选择和并购绩效的影响，结果显示：与并购方存在董事联结（包括间接董事联结）关系的公司更可能成为并购的目标公司，当这种董事联结关系是由内部董事形成时，以及当目标公司与并购方地处不同区域时，与并购方存在董事联结关系的公司成为目标公司的可能性更大；当并购方与目标公司之间存在董事联结关系时（与不存在董事联结关系相比），并购方获得的短期并购绩效并无显著差异，但获得的长期并购绩效会相对较好；并且当这种董事联结关系是由内部董事形成时，以及当目标公司与并购方地处不同区域时，董事联结关系对长期并购绩效的正向影响更强。这些发现意味着，并购双方之间的董事联结关系对并购行为产生重要影响，但其影响程度大小同时还依赖于联结关系类型、并购双方空间距离，特别地，董事联结关系的正向绩效效应需要在并购后一段时间之后才得以体现。

陈仕华、卢昌崇（2013）[24] 从企业间网络视角基于组织间模仿理论研究企业间高管联结对并购溢价决策行为的影响。以我国 A 股上市公司 2004—2010 年对 917 家企业的并购溢价数据进行实证分析，研究发现：①公司的并购溢价决策存在组织间模仿行为，即联结企业在之前并购中支付的溢价水平对目标企业之后进行并购的溢价水平有显著的正向影响。②并购溢价决策的组织间模仿行为服从"逻辑模仿律"和"先内后外律"，即联结企业支付的并购溢价水平越低，或者联结企业与目标企业属于同一行业，联结企业并购溢价与目标企业并购溢价之间的正相关关系越强。并购溢价决策的组织间模仿行为不服从"模仿级数律"，即目标企业在企业网络中的集中度，并不调节联结企业并购溢价与目标企业并购溢价之间关系，而是对目标企业并购溢价有显著的主效应影响（即目标企业的网络集中度越高，并购中支付的溢价水平越低）。

曹廷求、张钰、刘舒（2013）[25] 从董事网络能够减少公司并购时信息不对称的角度出发，研究了董事网络对并购参与双方财富效应的影响。与现有的文献不同，在对 2007—2011 年共 2401 起并购事件的研究中，研究人员发现收购公司向董事网络中心位置靠近的过程中，公司的并购财富先增加，在达到一个最优点后，开始下降，呈现倒 U 型关系。而单纯改变目标公司在董事网络中的位置，并不能明显提高其财富效应，只有通过董事网络获取高质量的信息才能对其财富产生明显作用。深入验证董事网络对降低信息不对称的作用的实证结果表明，在信息披露质量差的公司中，董事网络发挥的作用更显著。

赵息、张西栓（2013）[26] 分析了内部控制与高管权力的相互作用关系及其对并购绩效的影响，利用中国上市公司数据，运用结构方程模型进行了实证分析。研究发现，内部控制对并购绩效具有显著的正向影响，而高管权力与并购绩效负相关，并且内部控制与高管权力之间存在反向的相互作用关系。当高管权力缺乏制衡时，并购成为高管实现个人收益的手段，而企业本身并不能实现预期的并购价值，内部控制是针对高管权力的制衡机制，对并购绩效的实现具有重要作用。

（三）公司治理与控制权研究

在企业快速扩张的过程中，股权不断分散，国美控制权之争、雷士照明控制权之争，引起学者们对控制权问题的研究。陆媛（2013）[27] 以近年发生的国美控制权商战为案例，来分析较为突出的民营企业上市公司治理问题，如家族企业公众化与家族控制权如何引发冲突、资本结构调整带来的机构投资者与家族所有者如何制衡、大股东控制权削弱给公司业绩带来怎样的影响、股权激励给公司凝聚力带来怎样的变化、独立股评人怎样促进了公司治理结构的改善。通过对上述问题的梳理、分析、总结，提出了改善上市公司治理机制的建议。

刘庄（2013）[28] 研究发现，在纷繁复杂的控制权争夺过程中，市场机制和公司治理最终微妙地平衡了各方利益，精确地划定了权利归属，实现了资源的最优配置和各方利益总和的最大化。文章首先对控制权争夺期间的股价做了统计学分析，指出资本市场更看重黄光裕一方而非陈晓一方。其次，文章分析了国美股东会的投票信息，描绘了以投票为表现的公司治理机制对各方投资者利益的精妙平衡。最后，文章试图展现以上市场机制和公司治理的商业基础，以从根本上解释事件的前因后果。这些分析从不同层面共同展示了市场机制和公司治理在控制权争夺中是如何有效运行的。

张慕濒（2013）[29] 以雷士照明案例表明，在企业快速扩张过程中，以股权投资基金为代表的机构投资者的积极行动会对创业股东控制权和公司治理产生影响。不断分散的股权结构和日益强大的机构投资者将是中国上市公司未来面对的格局，机构投资者是否会改善公司治理，取决于其动机、偏好及收益权衡。若借助机构投资者之力改善公司治理，创业企业家必须提升与资本博弈的能力。长远来看，机构投资者的崛起有助于提高公司治理效率、企业家资本运作与风险防范能力，有利于职业经理人市场建设和利益相关者利益保护。

韩亮亮、吕翠玲（2013）[30] 以 2002—2009 年我国民营上市公司 1720 个观测值为样本，实证研究终极股东控制权防守和利益侵占动机对资本结构决策的影响。结果发现：终极股东控制权与资本结构显著负相关，终极股东控制权、现金流权偏离度与资本结构显著正相关；进一步考虑控制权防守和利益侵占动机的交互影响后发现，相对于高控制权、现金流权偏离度组，终极股东控制权与资本结构在低偏离度组中更敏感，相对于高控制权组，终极股东控制权、现金流权偏离度与资本结构在低控制权组中更敏感。

袁玲、池玉莲（2013）[31] 采用掏空性的关联交易衡量控股股东的控制权私人收益，探讨了控制权私人收益对多元化经营与公司价值关系的影响，以及这种影响是否因政府控制性质及市场化进程不同而存在差异。研究发现：①控制权私人收益攫取水平较高时，对多元化经营与公司价值的负面影响较为显著；②政府控制性质没有加剧控制权私人收益对多元化经营与公司价值的影响；③市场化进程程度越低，控制权私人收益对多元化经营与公司价值的负面影响越强；④随着投资者法律保护程度的加强，法治化水平的改进在提高多元化经营价值效应的同时，还抑制了控股股东攫取私有收益对多元化经营与公司价值的负面影响。

高勇强、熊伟、杨斌（2013）[32] 运用变化模型，选用总资产收益率（ROA）作为企业绩效衡量指标，选取 2000—2008 年发生控制权转移的 242 家我国上市公司为样本，分析了控制权转移、资产重组以及首席执行官（CEO）更替对企业绩效的影响。研究发现，控制权转移后公司绩效不仅没有得到改善，而且还有恶化的倾向；资产重组对企业绩效有显著的改善作用；而 CEO 变更对企业绩效没有显著影响。这说明，单纯的控制权转移及随后的 CEO 更换并不能改善企业的绩效，而只有通过资产重组改变资产质量和发挥资产的协同效应，才能改善企业绩效。

综观公司治理总论部分研究，国内外学者研究成果非常多。国外学者有针对某国进行的基础性研究，也有相应的实证研究。国内学者主要是从中国企业发展的角度出发，针对具体的问题，选择相应数据进行实证和理论解析，得到了丰富的学术成果。

第二节　股东内容综述

一、大股东利益侵占行为研究综述

代理问题一直是公司治理领域长盛不衰的焦点问题，从股权分散导致第一类代理问题到股权集中导致第二类代理问题，在学术界逐渐形成了委托代理理论研究的双重视角。其中，第二代代理问题中控股股东或者第一大股东对中小股东的利益侵占一直以来都是国内外学者的研究重心。在国内，有关大股东利用其控制权谋私利，侵害中小股东利益行为的研究依然很多，侧重点基本上是研究大股东的掏空动机、通过何种方式实施掏空行为及怎样有效抑制大股东掏空行为，但是不乏颇具创新性的研究观点及方向。

郑国坚、林东杰、张飞达[33] 首次从掏空方即大股东的财务状况视角出发，研究了面临财务困境时大股东的掏空行为。通过对 1999—2008 年全国工业企业数据库中上市公司第一大股东的 2673 个样本进行分析研究，得出了以下结论：①处于财务困境时，大股东对上市公司资金的非法占用行为异常明显，有较强烈的掏空动机。②针对大股东财务困境下的掏空行为，不同层次的治理机制表现出了不同的有效性，同时各治理机制间存在相互的依赖关系：法制监管的治理作用非常明显，且不受其他治理因素的影响，外部审计、大股东所有权和董事持股只能在一定范围内发挥作用，其他治理机制（其他股东制衡和独立董事比例等）均未奏效。

白云霞、林秉旋、王亚平、吴联生[34] 以我国国有控制权转移上市公司为样本，通过实证分析直接度量侵占的金额，研究负债在股权集中公司中的作用，得出了以下结论：

①当股权高度集中时，负债就成为大股东侵占中小股东利益的一种手段，负债与大股东的利益侵占存在显著正相关关系，并且这种关系在不同所有权的公司存在显著差异。②相对于国有控股公司来说，私有公司的负债水平更高，大股东对中小股东利益的侵占程度也更高。

储成兵[35] 从金字塔股权结构特征及由此带来的控股股东现金流权和控制权分离视角出发，对内部控制有效性进行研究，从而证明什么情况下终极控股股东更容易侵犯中小股东的利益。通过对上市公司数据分析研究得出：①终极大股东现金流权与控制权的分离程度越大，上市公司内控有效性越低。②金字塔层级越多，上市公司内控有效性越低。③大股东控制的董事占董事会比例越高，上市公司内控有效性越低。

万丛颖、张楠楠[36] 认为大股东的行为同时存在治理效应和掏空效应，分析了股权结构指标对大股东治理与掏空所产生的调节效应，并实证分析了大股东的同一种行为如现金股利发放行为可能导致的不同效应。得出以下结论：①现金股利的分配一方面能够降低股权代理冲突，另一方面对中小股东利益进行掏空。②股权结构不是影响大股东行为的直接因素，而是对大股东治理和侵占效应存在不同程度的调节效应，其中国有股股东对股权代理冲突的治理效应要高于非国有股股东，而对中小股东的侵占效应要低于非国有股股东，表明股权分置改革之后国有股股东在公司治理方面的积极作用得到有效的发挥。

郝云宏、朱炎娟、金杨华[37] 解读了中国管理情境下法律制度、伦理环境以及企业文化对大股东行为的影响，通过分析六个大股东控制权私利行为的案例得出：①在具体的公司治理规范方面，需要我们注意大股东控制权私利行为中的"法、理、情"的纠结，强化公司治理相关法规的刚性约束，严惩各种违法违规的"闯红灯模式"的大股东掏空行为。②规范公司治理相关行为边界，引导大股东遵纪守法，提高大股东伦理决策的道德高度，挤压其机会主义选择的空间，抑制各种合法但可能不合理的"擦边球模式"的大股东控制权私利行为。③完善公司法人制度，尊重利益相关者合法权益，强化董事会行为的独立性，提高相关决策的透明度，激励大股东控制权私利与企业绩效的兼容和共享，减少那些合乎法律规范和公司治理程序但可能有悖社会伦理"不合情"的"蚕食者模式"的大股东控制权私利行为。

唐建新、李永华、卢剑龙[38] 认为第一大股东对董事会的控制能够作为股权控制的一个替代，并通过对 2003—2010 年民营上市公司的经验证据及统计分析得出：①董事会特征，即大股东对董事会的控制程度，是影响大股东掏空的另一个重要因素。即使在股权制衡情况下，大股东仍然会通过对董事会的控制（实质性控制）来达到侵占中小股东利益的目的，股权制衡并不能完全解决大股东的掏空行为，股权控制力减弱时第一大股东可能转而寻求通过对董事会的控制来达到控制上市公司、影响企业决策的目的。②在第一大股东不能通过股权结构对上市公司进行实质性控制（即第一大股东对上市公司的股权控制力一般或者较弱）的样本中，董事会中大股东派出的董事的比例与大股东掏空行为显著正相关，并且股权控制力越弱这种相关关系越明显。

吴育辉、魏志华、吴世农[39] 总结了前人的研究，提出上市公司定向增发股票中也存在大股东侵害小股东利益行为，通过分析股改后的上市公司数据发现：①对股东实施定向增发时，上市公司通常选择股价更低的时机，对机构投资者定向增发时，上市公司往往选择股价更高的时机。②对控股股东实施定向增发前，上市公司主动申请临时停牌的概率更高，停牌时间也较长，以将增发价格锁定在较低位置。

国内学者分别从控股股东掏空行为的抑制和中小股东权利保护角度进行分析。他们结合中国的实际情形，分析大股东对中小股东的侵害行为，并测算其侵害度。发现股权的制衡并不一定能解决大股东的掏空行为，需要我们将内部公司治理和外部公司治理相结合，根据中国实际情形不断完善。

二、股权结构、大股东行为对企业绩效的影响

颜爱民、马箭[40]考虑了企业生命周期因素，探讨不同生命周期中股权结构与企业绩效的关系、股权制衡对企业绩效的关系，解决了现有理论中股权集中度和股权制衡与企业绩效之间关系的矛盾，通过实证分析得出以下结论：①处于成长阶段的企业总体上股权集中度越高，企业决策效率越高且激励作用越强，从而越有利于企业绩效的提高。企业成长阶段过多的股权制衡会导致内部斗争消耗，不利于企业绩效提高，但随着企业管理转向内部规范化管理和利益分配，股权制衡逐渐发挥作用，即股权制衡对绩效的影响为负，但影响是逐渐减弱的。②处于成熟阶段的企业总体上股权集中度对企业绩效影响不显著。股权制衡机制发挥监督作用，避免经理层的机会主义行为和资源利用效率低下等问题，对绩效的影响为正。③处于衰退阶段的企业总体上股权集中度与企业绩效正相关，衰退阶段的企业股权集中能够有效对管理层进行监督和指导，并具有较强的激励作用，有利于企业内部改革和业务重组，提高企业绩效，股权制衡对绩效没有影响。④股权集中度与企业绩效无显著的 U 型或倒 U 型关系，股权制衡与企业绩效也不存在二次、三次曲线关系。

王斌、蔡安辉、冯洋[41]从大股东自身经营与财务行为视角出发，主要研究大股东股权质押融资对上市公司业绩的影响，运用实证分析得出：①与国有大股东相比，民营大股东因融资约束等而更趋于采用股权质押融资；②大股东股权质押行为受大股东对公司持股比率的影响，但相比于国有大股东，民营大股东因其质押融资"对赌"性更强，其持股比率与质押行为间呈负相关关系，从而为民营大股东融资约束提供了新的证据；③从控制权转移风险角度看，与国有大股东相比，民营大股东在质押股权后，因担心控制权转移风险从而有更高的激励来改善公司业绩（股权质押率与业绩改善正相关），而这一结论与以往研究恰恰相反，或者说，单纯从股权质押融资这一视角，大股东尤其是民营大股东至少不完全是"利益掏空"的代名词。

魏明海、黄琼宇、程敏英[42]重点关注家族控股股东的关联股东，从关联大股东对公司价值的影响为切入点，从关联交易的视角为关联大股东的治理作用提供证据，通过实证分析得出：①家族关联大股东持股越多，委派董事、监事、高级管理人员比例越高，公司价值折损越厉害，同时关联交易行为越厉害；②关联交易对公司价值影响不显著，但关联

大股东的持股和决策管理明显加深了关联交易对公司价值的损害效应；③不同类型的关联大股东在公司治理中的角色存在一定差异，机构投资者及"四大"审计师分别作为内部与外部治理机制，可对关联大股东的行为产生一定的监督和制约作用。

可以看出，在企业生命周期的各个阶段，股权制衡对企业绩效的影响是不一样的，股权集中或分散与否，对企业绩效的影响不同。在中国实际环境中，要考虑不同的企业类型，不同的股东类型来开展工作，分析大股东的股权变化，对中国股票市场的发展有着积极作用。

三、其他研究热点问题

黎文靖、孔东民[43] 从上市公司信息透明度出发，实证分析研究了影响中小股东参与公司治理的途径与机制并得出以下结论：①公司信息透明度越差，中小投资者参加投票的积极性越高；②上市公司的股权结构会影响中小东的投票参与率，并且上述关系在信息透明度更差的公司中更显著，说明了上市公司股权结构反映了大股东掏空的动机与治理机制；③中小股东参与公司治理能够提高公司未来业绩，包括会计业绩与市场业绩，并且这种绩效改善在信息透明度更差的公司中更为明显。

刘涛、毛道维、王海英[44] 从股权集中度、股权制衡度的视角出发，研究了我国各类机构投资者的选股偏好，通过实证分析得出以下结论：①在股权制衡度比较高的上市公司，基金持股比例会相对较高，股权集中度并没有显著地影响基金的持股比例；②对券商和 QFII 持股比例而言，股权集中度和股权制衡度指标都没有对其造成显著的影响，而且公司一些基本面指标和技术指标也没有显著影响券商和 QFII 持股；③保险公司持股比例与公司股权集中度显著正相关而与股权制衡度显著负相关；④股权集中度显著负向地影响了社保基金的持股比例，但解释力度很弱。

高敬忠、韩传模、王英允[45] 通过实证研究控股股东行为对上市公司管理层业绩预告披露策略选择的影响。提出大股东对管理层信息披露干预的动机有两个，即利益防御动机和利益趋同动机，两个动机的协调作用影响管理层业绩预告的精确性、及时性及态度倾向，通过实证分析后得出：①控股股东持股比例处于比较低的水平时，表现为防御效应，能促进管理层业绩预告及时性的提高但是对精确性无显著影响；②随着控股股东持股比例的提高，表现为利益趋同效应，即当控股股东持股比例提高到一定程度后，控股股东对管理层业绩预告精确性选择才具有监督作用，及时性却随着控股股东持股比例提高而下降，且能够抑制管理层业绩预告中的乐观态度倾向或促使其态度倾向更为稳健的作用。

对股东内容的研究，主要是从大股东侵害行为、股权结构等角度分析，得到了丰富的学术成果。在对股东进行研究时运用了基础理论和实证分析的方法，能够针对改革中遇到的实际问题进行分析，予以实际解决。

第三节 董事会内容综述

董事会是公司治理的核心，因此董事会组织结构的设计是否合理以及董事会能否有效履行职能是关系到公司治理最为重要的问题。关于这一部分国内外学者都给予了高度关注，相关的学术成果也比较多。文献对董事会特征、董事会结构、董事会监管等方面对企业综合绩效、股利发放的关系研究成果比较突出。随着我国经济制度的不断完善，现实经济社会中出现了越来越多的董事会违规违法行为被揭露查处的现象，我国学者也关注到了这种现象。在研究中，也出现了一部分针对董事会违规现象和监督举措的实例研究。

一、董事会结构研究

董事会结构决定了董事会的决策机制和运行效率，一直以来是董事会研究的重点领域。关于董事会结构的研究，2013 年国内学者的研究成果既有基于新视角对董事会结构的新认识，也有深入到各个细分的行业的分析。

李向荣、王建明[46] 发现之前国内对董事会结构的研究大多基于固定效应模型分析，忽略了董事会结构是一个内生变量。于是他们从动态内生性的视角出发，分析了董事会结构与公司绩效之间的相互作用关系。实证研究表明：董事会结构对公司绩效没有明显的促进作用，不论是同期还是前期的董事会结构均与公司绩效不相关；反之，公司绩效对董事会结构有着明显的反馈作用，当期和前期的公司绩效都与董事会的独立性显著负相关，而与董事会规模不相关。董事会的人数也是董事会结构的一个方面，董事会人数的奇偶性可能会导致董事会决策效率的不同。张天舒[47] 基于集体决策成员数构成这一研究视角，考察了董事会成员数奇偶性对公司治理效率和经营业绩的影响。利用中国上市公司数据，通过构建数理模型和回归分析，发现奇数董事会更可能在公司业绩下降时更换高管，表现出对更换不称职经理人的积极作用；而且，相比偶数董事会，在奇数董事会中公司高管薪酬对经营业绩更敏感，显示出更佳的管理者薪酬激励。进一步的分析表明，董事会奇偶性影响了公司经营绩效，奇数董事会公司有着更优的业绩表现。张天舒的研究增进了对公司董事会这一内部治理机制决策效率的理解有助于从成员数设定这一新视角提升现代公司董事会的治理功能。

在董事会结构的实证研究方面，我国学者继续细化了研究的视角，深入到各个行业的董事会中，分析具体董事会结构对不同行业的经营绩效的具体关系。初旭、周杰[48] 重点考察了文化创意企业的董事会结构。他们以创意的核心属性为基础，从董事会治理的监督控制职能与资源供给治理为视角，构建了董事会治理特征对文化创意公司经营绩效影响的理论逻辑，并以中国文化创意型上市公司为研究样本进行了实证检验。结果表明：董事会会议反映了董事会的监督控制职能，抑制了公司的创意能力，损害了文化创意公司的经营绩效；董事长与总经理两职合一的领导权结构弱化了董事会的监督控制能力，独立董事比例的提升为公司提供了社会资本，从而促进了公司的创意能力，提升了文化创意公司的经营绩效。

二、董事会非执行董事研究

非执行董事是董事会的重要组成部分，在公司治理中起到了监督、决策、帮助公司发展等多种职能，这些年一直被国内学者所重视。非执行董事制度在国外已经发展得比较完善，而在中国尚不完全成熟。学者们对企业非执行董事的研究角度更加细化。

辛清泉、黄曼丽、易浩然[49]着眼于独立董事个体视角，对上市公司虚假陈述案件中独立董事遭受监管处罚这一现象进行研究。使用2003—2010年证监会和交易所的处罚数据，他们发现有302人/次的独立董事因虚假陈述而招致监管处罚，但其处罚程度要显著轻于非独立董事。研究还发现，49%的受罚独立董事在处罚年度末之前便已离开涉案公司，但独立董事的提前离职并未降低其日后的处罚程度。研究还发现，独立董事受罚后其担任的董事职位数量有明显下降，但其背后的原因更可能是受罚独立董事主动离开高风险上市公司的结果。最终，处罚宣告日前后短期内独立董事任职的其他上市公司并未出现明显的股价下跌。

谢德仁、黄亮华[50]关注独立董事薪酬是否会随其所了解代理问题严重性的变化而变化，以及投资者是否愿意支付足够的薪酬聘请独立董事对公司管理层进行监管的问题。他们运用我国上市公司2002—2010年的数据研究公司代理成本和独立董事津贴之间的关系，以及机构投资者的监督对两者关系的影响。研究结果显示，独立董事津贴与独立董事所在公司代理成本之间存在正相关关系，机构投资者监督强化了这一正相关关系，且这两种关系主要出现在代理成本相对较低的公司。文章研究结果意味着，独立董事已在一定程度上认知和重视公司的代理成本，且可能要求不同程度的津贴水平为其面临的代理问题寻求风险补偿，而机构投资者的监督促进了独立董事重视所在公司的代理成本，从而进一步提高其风险补偿。

万伟、曾勇[51]以中央企业董事会改革为背景，基于策略信息传递博弈论的视角对外部董事占多数的董事会的决策机制展开了研究。他们建立了严密的经济学模型，研究结果表明，外部董事占优可在董事会的投资（尤其是大项目的投资）决策过程中起到监督制衡内部董事的作用；内部董事在信息揭示增加的期望利润能够弥补其私人利益损失时进行信息传递，从而促进外部董事监督职能的发挥和投资绩效的改善；提高外部董事的咨询职能和知情概率对内部董事的信息揭示有激励作用，而内部董事的代理成本和外部董事的监督成本对内部董事的信息揭示有抑制作用，进而制约外部董事的职能发挥。这些结论对于外部董事的选聘和配套制度的完善具有重要的参考意义。

三、董事会社会资本研究

Hillman 和 Dalziel（2003）、Dalzielet 等（2011）建议，将代理理论和资源依赖理论结合起来，他们提出董事会的人力和社会资本（统称为董事会资本）是董事会参与战略决策的先决条件。基于董事会社会资本的概念和代理理论带来的 CEO 权利，周建、金媛媛、袁德利[52]界定了董事会人力资本，并通过我国科技企业上市公司的研发费用投入比例来分析董事会人力资本和 CEO 权利的博弈。实证研究发现，董事会人力资本深度与企业研发投入正相关，CEO 权利调节这种关系。适度的 CEO 权利能够强化董事会人力资本深度对企业研发投入的积极影响，而较大 CEO 权利则会抑制这种积极影响，甚至使董事会人力资本负向影响企业研发投入。这解释了 CEO 和董事会之间的冲突可能会损害董事会作为一种公司治理机制的有效性，从而导致研发投入的降低。说明董事会人力资本深度和 CEO 权利的交互影响是导致企业间研发投入差异的一个重要原因。

四、董事会与盈余管理

盈余管理是指企业实际控制人运用职业判断编制财务报告和通过规划交易以变更财务报告的机会主义行为，其本质是一种利润操纵行为。《中华人民共和国公司法》第四十七条（五）规定董事会拥有"制定公司的利润分配方案和弥补亏损方案"的职权。董事会作为公司治理结构的重要组成部分，对有效监管、控制企业盈余管理行为具有重要的现实意义。到底什么样的董事会倾向于分配现金股利，这其中又会受到什么因素的影响呢？

冯慧群、马连福[53]基于代理理论和信号理论，以 2008—2011 年间中国上市公司为研究对象，考察董事会特征的三个方面——独立性、网络性和稳定性对现金股利政策的影响，结果发现董事会独立性对现金股利分配倾向没有影响；而董事会网络性和稳定性均对现金股利分配倾向具有显著正影响。此外，本文通过构建 CEO 权力指数，发现 CEO 权力在董事会特征作用于现金股利政策中具有调节作用，其效果是减弱董事会网络性和稳定性对现金股利分配倾向的影响。

彭青、陈少华[54]以 2007—2011 年沪深两市上市公司面板数据为样本，舍弃了未考虑个体效应的截面回归方法，采用更适合短面板数据估计的固定效应模型考察了董事会特征替代变量与盈余管理程度之间的关系。他们提出了 6 个假设，分别涵盖了董事会规模、董事会次数、董事长与总经理两职合一、独立董事比例、独立董事报酬、独立董事工作地与上市公司工作地同城 6 个董事会特征，分别验证了以上 6 个特征与盈余管理程度的相关关系。研究发现：①董事会规模以适中为宜，规模过大将影响董事会的决策效率与监管效果。②以面对面形式召开的董事会次数控制在一定水平上可以有效提高董事会的监管效果。③董事会中独立董事比例越高，上市公司盈余信息质量越好。增加独立董事比例可以成为今后独立董事制度改革的重要方向，减弱"大股东"和"内部控制人"的权力，维护董事会的力量平衡，同时降低独立董事的任职风险。④独立董事薪酬与上市公司盈余管理程度负相关，建立、健全独立董事有关法律法规，对独立董事的权利、义务做出具体规定，规范和完善独立董事薪酬机制和声誉机制，有望更好地发挥独立董事的监督作用。⑤独立董事工作地与上市公司同城时，上市公司盈余信息质量更高，鼓励上市公司"就近"聘请有时间、有精力、有能力履行监督职能的独立董事。

第四节　经理层内容综述

所有权和经营权是现代企业制度的重要特征之一，它和经理制的产生、发展、完善有着密切的关系。随着现代企业制度的发展，所有权和经营权的分离成为必然。作为两个不同的独立个体，公司的所有者和经营者的利益不可能完全一致。所以，如何使经营者的利益与企业所有者的利益保持一致以及如何激励经营者为公司效益最大化而努力是现代公司治理方向学者们研究的重点内容。在本节中，我们将重点探讨如何激励管理者努力为公司创造良好的绩效，以及管理者个人的性格特质或者外部环境如何影响其自身进而影响公司绩效。现代企业的蓬勃发展为经理层理论的实践发展提供了借鉴，相关研究成果遍地开花。

一、管理者激励的相关内容

激励是经理层治理的最基本的方法之一，最常使用的方法就是通过经济收入来激励管理者为公司效益而努力，股票期权、分红等也是常用的激励手段。相关的研究已经非常成熟，研究成果也非常多。

Alexander Pepper 和 Julie Gore [55] 试图从经济心理学角度研究高层管理者的激励问题。由于近年来，世界范围内的高管薪酬问题一直伴随着长期激励机制而增加，Alexander Pepper 和 Julie Gore 研究了长期激励的高管感知价值如何被风险厌恶、不确定性厌恶以及时间偏好所影响。他们的研究基于一个独特的实证研究，这个研究涉及收集来自世界各地的行政偏好方面的基本数据，使用一个借鉴了行为委托代理理论的理论框架。他们得出这样一个结论：虽然高管们认为长期激励是有效的，但事实上它并不是一种有效的奖励形式，并且跨文化差异没有对该结论产生显著的影响。我们猜想，与风险更小、更具确定性以及更多的立即形式的奖励相比，代表股东的董事会成员为了补偿高管所感知到的损失而选择增大长期激励奖金。

二、管理者特性差异及影响分析

管理者是企业管理层的组成因子，他的个性特征、见识经验、专业素养甚至性别都会对他的管理方式、管理风格等产生影响，进而影响公司的绩效。这方面国内外的专家都进行了许多研究，我们选取了其中一些具有代表性的理论成果。20 世纪就有人认为存在天生的领导者，或者说领导者有些特定的品质，虽然说这一理论并没有得到科学的证实，但人们一直致力于修正和完善这一理论。梁巧转、孟瑶、李树祥、张晶[56] 以 2008 年 2—4 月《人民日报》和《光明日报》的 90 篇有关管理者的报道为数据来源，并借鉴以往相关研究的研究方法分析了 1998—2008 年中国官方媒体中所推崇的中国管理者特质的新变化。除了进行纵向比较，他们还将 2008 年的报道分为企业管理者和非企业管理者两类，进行了比较分析。他们的研究结果表明，价值观可以用来区分不同类型的管理者。此外，还发现了以往研究中未提及的 4 个新特质：感恩、勇于挑战、社会责任感以及善于协调。他们认为，虽然技术、制度、管理和组织文化毫无疑问均是企业发展过程中的重要因素，然而管理者的关键特质和能力则是构成企业核心竞争力的核心因素之一，并对企业的可持续发展起到主导作用，甚至是决定性作用。其研究结果对企业发展核心竞争力具有一定的指导作用。郭海、王栋、刘衡[57] 基于动态能力理论和全变研究视角，构建了管理者关系、资源整合、创业导向与绩效间关系的理论模型，并利用大规模样本对所提假设进行检验。研究结果表明，管理者的商业关系和政治关系均能提升企业绩效；不同资源整合过程以不同方式调节管理者关系对企业绩效的影响；创业导向对资源整合的调节效应产生深层调节效果。本文首次引入资源整合过程这一因素，并认为关系的作用需要在资源整合这一动态过程的配合下才能完全发挥出来，从而转化为企业绩效，并针对创业导向的深层调节效应的检验发展了现有的研究。

传统来看，男性管理者在企业管理层中占主导地位，而如今越来越多的女性跻身公司高层。男性和女性在性别上各具有一些天生的优点，能够胜任不同的管理类工作。对这类的研究国内外都有。Boris Hirsch[58] 通过对德国雇员的数据研究发现，将女性在第一级管理中的占有率提高到 10% 可以使不合理的职业性别工资差距降低 0.5 个百分点。这种女性管理者占有比率影响在第二级管理中比第一级管理中更为显著。研究亮点在于他们研究在女性管理者更多的国家中性别工资差距是否较低。他们使用雇主和雇员的数据，包括女性在管理方面的股份进行分析。为了解释就业问题，他们还控制工作单元格固定效应在管理中增加女性的份额显著地降低了性别工资差距。这种影响在第二级管理中比第一级管理更为明显。

三、公司环境对领导者的影响分析

公司环境不是一成不变的，而是一个动态的变化过程，不同的外部环境对管理者会产生不同的影响。张兆国、刘亚伟、亓小林[59]在委托代理理论的框架下，运用高层梯队理论和心理契约理论，以我国 2007—2011 年上市公司为样本，从管理者背景特征的角度出发，对晋升如何影响过度投资进行了理论分析和实证检验。结果发现，晋升对过度投资有一定的抑制作用；随着年龄的增长，管理者对晋升的敏感性以及晋升对过度投资的作用均呈倒 U 型关系；并且学历越高、任期越长的管理者对晋升的敏感性越大，从而使晋升对过度投资的作用也越大。进一步区分产权性质后发现在国有和非国有公司中，不同背景特征的管理者对晋升的敏感性以及晋升对过度投资的作用受管理者背景特征的影响均有差异。这些研究结论对我们研究晋升的作用机制和经济后果、对企业完善激励机制以及加强人力资源管理有一定的启示意义。

李培功、沈艺峰[60]实证检验了我国媒体对经理薪酬契约所起的公司治理作用。他们详细阅读了将近两万篇针对经理薪酬的报道后发现，媒体在选择是否做出负面报道时，会同时迎合读者对两种不同类型报道的需求：真实可靠的报道以及轰动性报道。一方面，就上市公司整体而言，负面报道能够锁定经理薪酬契约中的不合理部分，向读者提供关于公司治理水平的可靠消息；另一方面，就国有上市公司而言，负面报道更多关注经理薪酬的绝对水平以及经理与职工的薪酬差距，向读者提供轰动性报道，至于薪酬水平和薪酬差距是否合理，媒体并没有提供可靠的信息。同时，当媒体向读者提供轰动报道时，企业也会针对媒体报道对高管薪酬契约进行局部修正，表明媒体能够起到一定的公司治理作用。这篇文章既拓展了文献关于媒体对高管薪酬契约治理作用的认识，为转型期的经理薪酬实践提供了新的研究视野，同时也丰富了文献对于转型国家媒体报道的认识。

刘丽颖[61]认为，构建管理者尤其是高级管理者的激励约束机制，是目前企业亟须解决的问题。而在管理者激励方面，声誉激励作为一种隐性的、长期有效的激励机制，被认为能够缓解委托代理问题。特别是近几年来，经济全球化程度日益提高，市场竞争日益加剧，整个社会对社会责任、商业伦理日益关注，这些都使得声誉成为人们关注的焦点。她利用博弈论建立模型，并结合实际情况分析委托代理问题。得出的主要结论有：第一，从整体上讲，高管正向的声誉的获得有助于提高上市公司的经营绩效。第二，高管声誉的激励作用部分地以薪酬激励为中介。第三，最终控制权对声誉激励的效果有显著的影响。与以前的研究相比，本书的特色在于：一是发现了薪酬激励在声誉激励对公司绩效作用过程中的中介作用；二是深入研究了声誉的微观机制，从代理成本和代理效率两个方面对声誉激励的效应进行了研究；三是采用了新的研究方法。

第五节　利益相关者内容综述

在公司治理理论研究中，利益相关者已经成为公司治理中需要考虑的重要因素。Ansoff（1965）指出"要制定理想的企业目标，必须综合平衡考虑企业的诸多利益相关者之间相互冲突的索取权，他们可能包括管理人员、工人、股东、供应商以及顾客"。不同的利益相关者的利益需求是不同的。我们要在保护各个利益相关者利益的前提下实现公司价值最大化，采用利益相关者共同治理模式。

一、利益相关者保护对公司治理的影响

在现代公司治理理论研究中，利益相关者已经成为公司治理中需要考虑的重要因素之一，人们越来越意识到企业的生存与发展离不开与企业休戚与共的利益相关者。如何从利益相关者角度出发完善公司治理，已经成为包括银行在内的现代企业的一个重要而现实的课题（钱毅，2013）。[62] 而公司治理模式是企业内外部的一种契约或制度安排，研究如何对责、权、利进行分配和制衡。在公司所有权和控制权相分离的背景下，传统的以"股东至上"为核心的公司治理模式逐渐受到人们的质疑，利益相关者公司治理模式越发受到国内外学者的追捧（李琳、黄立玲，2013）。[63]

（一）利益相关者与公司绩效的研究

利益相关者理论认为公司是一个多元利益主体的连接，公司的长期良性发展除依赖股东外，还需兼顾债权人、消费者等利益相关者。针对我国公司法对债权人利益保护规则现存问题，应结合中国公司治理的现状，借鉴成功经验，引入利益相关者参与治理公司的理论，改变当前传统的公司治理模式，突破内部人与外部人的限制，有限度地允许债权人参与公司治理，保护其合法权益，促进公司的良性发展（张敏，2013）。[64]

在考虑利益相关者共同参与公司治理的情况下，利用 2007—2011 年我国 A 股上市公司的数据，实证分析了上市公司的盈余管理与高管、董事、监事、股东、债权人、供应商、分销商、员工、政府和社区的关系。研究结果显示：高管、独立董事、供应商和股东与盈余管理正相关；董事和债权人与盈余管理负相关；监事和分销商与盈余管理相关但不显著；影响盈余管理的主要利益相关者是供应商、股东、高管和债权人（刘伶、李延喜，2013）。[65]

利益相关者理论与企业成长理论相结合，上市公司利益相关者利益诉求、贡献能力和财务治理结构共同构成了财务治理效率驱动力，对绩效产生重要影响（周晓珺、陈清华，2013）。[66]

企业成长性在总体上对利益相关者满足呈正向影响，即企业成长性的增强，有助于提升利益相关者的满足感，从而反过来又吸引各方利益相关者投入更多的资源促进企业的持续发展。从各个因素来看，企业偿债能力和盈利能力的提升对利益相关者满足有着积极的影响，而企业规模和营运能力对利益相关者满足的影响程度则不显著（王英、鲍新中，2013）。[67]

构建符合利益相关者要求的企业绩效评价体系，设计基于利益相关者满意度的企业绩效评价指标，构建基于模糊综合评价的企业绩效评价模型，结合具体企业对基于利益相关者满意度的企业绩效评价予以应用（陈耘、赵富强、靳龙，2013）。[68]

针对商业银行或保险公司进行利益相关者分析。保险公司的特殊利益相关者主要有保单持有人、人力资本所有者、保险监管者，这种特殊性决定了保险公司共同治理目标取向，在共同治理构建上，实现公司治理结构和内部治理机制的有机整合，并与外部治理机制监督实现有效平衡（王媛媛，2013）。[69]

商业银行效率评价及影响因素分析一直是学术界和实务界研究的热点问题，但尚未有文献从利益相关者视角展开研究。结合契约理论、商业银行生产函数、期望理论的分析，得出利益相关者关系是影响考虑非期望产出的商业银行效率的关键变量，并构建了分析两者关系的 Tobit 模型。在此基础上，选取我国 2004—2011 年 14 家代表性商业银行为样本，对考虑非期望产出的商业银行效率的评价与影响因素问题进行实证研究，结果表明，利益相关者关系是影响考虑非期望产出的我国商业银行效率的关键因素（纪建悦、孔胶胶，2013）。[70]

学者们利用相应的数据进行实证分析，研究各利益相关者与公司绩效之间的关系，得到的结论基本上一致，利益相关者是影响企业绩效的关键因素之一，都有积极的促进作用。

（二）利益相关者与社会责任的研究

随着经济的发展，利益相关者共同参与企业治理的趋势日益显著，企业不再唯股东是瞻，而要对包括员工、顾客、政府及社会等在内的更多利益相关者的预期做出反应，对多元利益加以协调（徐悦，2013）。[71] 企业投资者、企业管理层、企业关联供应商、企业产品销售商、企业员工、产品顾客、政府部门等都是企业的利益相关者，基于此，企业存在、发展壮大的关键在于其是否能够很好地协调与利益相关者之间的关系。为了促进企业的健康有序发展，企业必须在主要利益相关者之间对其剩余索取权和剩余控制权进行有效分配，分配方式的好坏将决定绩效水平的高低。利益相关者原理提出，企业应该对一切利益相关者承担社会责任，而不只是以维护股东利益为要务（赵瑾璐、张志秋、王子博，2013）。[72]

冯照桢、宋林（2013）[73] 基于利益相关者理论，利用 2009—2011 年我国上市公司企业社会责任报告评级得分数据，研究了机构投资者与企业社会责任信息披露质量之间的关系。研究结果表明：①整体而言，机构持股与企业社会责任信息披露质量之间存在"U型"相关关系；②民营企业中的机构持股发挥了更强的积极治理作用；③异质机构对企业社会责任信息披露质量与企业性质之间的关系有着明显的调节效应。民营企业中，基金持股与企业社会责任信息披露质量之间呈"U型"关系，保险资金和合格的境外机构投资者与企业社会责任信息披露质量正相关。国有企业中，基金持股和保险资金持股与企业社会责任信息披露质量之间均为"U型"关系，但基金持股的最低点持股比例高于民营企业，合格的境外机构投资者与企业社会责任信息披露质量之间负相关。

万寿义、刘正阳（2103）[74] 以 382 家沪深 300 指数上市公司 2008—2009 年的数据为样本，从样本总体和分行业两个角度，研究了企业社会责任成本与公司价值的相关关系。结果表明，当期是否发生安全生产支出、销售费用支出率、纳税贡献率与公司价值显著正相关，当期是否发生环保支出、欠款未偿付率与公司价值显著负相关，而其他评价指标代表的企业社会责任成本对公司价值的影响并不显著；各行业回归差异较大，应充分考虑不同行业社会责任履行的差异。

人们非常关注经济发展给环境带来的破坏，以破坏环境为代价换取的利益难以实现可持续发展。应从地方政府和企业、地方政府和中央政府以及企业和消费者三个层面进行环境绩效博弈分析。从长远看，加强各级政府环境监管和相关政策支持力度、鼓励消费者购买环保产品是促进企业防治污染保护环境的重要手段，能够推动企业主动进行环保投资，提高环境绩效（安志蓉、丁慧平、侯海玮，2013）。[75]

企业社会责任表现与短期财务绩效间不具有预期的显著负相关关系，与长期财务绩效具有显著正相关关系；社会资本是企业社会责任表现与企业财务绩效关系的中介变量，即良好的企业社会责任表现能够帮助积累社会资本，进而提升财务绩效（魏如清、唐方成，2013）。[76]

通过以上分析，公司承担社会责任与公司价值并不一定是对立的，从总体来看企业社会责任与企业价值存在显著正相关关系，企业存在为提升企业价值而承担相应社会责任的内在动机（罗勇根、庄学敏，2013）[77]。一方面需要完善内部公司治理机制；另一方面需要完善相应的法律、法规、政策环境，在内外共同作用之下，公司主动承担社会责任。

二、债权人保护

公司是一个多元利益主体的连接，公司的长期良性发展除依赖股东外，还需兼顾债权人、消费者等利益相关者。我国对债权人利益保护应结合中国公司治理的现状，借鉴成功经验，引入利益相关者参与治理公司的理论，改变当前传统的公司治理模式，突破内部人与外部人的限制，有限度地允许债权人参与公司治理，保护其合法权益，促进公司的良性发展。

效率与公平两大价值元素在公司合并制度中的不同配置，导致了对债权人利益保护的程度不同。公司兼并或发展时应该注重效率价值，需要构建兼顾对债权人公平制度（邹杨、荣振华，2013）。[78]

李晓慧、杨子萱（2013）[79] 从债务契约特征的视角探讨内部控制对债权人的保护作用，并对比分析内部控制和公司治理在债权人保护方面的差异，通过研究发现：内部控制质量较高时，债权人会感知到更多的保护信号，并通过放宽债务契约条件表现出来，此时债权人会倾向持有更多的债务资本以及偏好更低的债务资本成本和更长的债务期限。另外，通过对比内部控制与公司治理在债权人保护方面的差异，发现在债权人保护方面，内部控制更具有增量作用。

戴子礼、张冰莹（2013）[80] 以 2007—2011 年披露了研究支出的 42 家中国 A 股上市公司为样本，实证分析了企业研究投入对股东及债权人之间利益关系的影响。研究结果表明：在高违约风险企业中，研究投入与企业下一年债券风险溢价显著负相关，并且股东利用资产替代行为侵害债权人利益；在低违约风险的企业中，影响并不显著。

魏锋、刘新文（2013）[81] 债权人保护是中小投资者保护的一个重要方面，是我国法律对债权人实施权利的保障。借鉴国内外学者研究投资者保护的方法，从立法和执法两个角度构建我国各地区债权人保护指数，分析我国 1995—2009 年各地区债权人保护的演变进程。结果表明，我国各地区债权人保护水平是一个不断演变和发展的过程；随着时间的推移，各地区债权人保护水平与该地区立法和执法水平呈正相关关系；债权人保护水平在各地区呈区域性差异。进一步研究发现，与研究初期相比，我国有超过一半的地区债权人保护水平在全国的位置发生了较为明显的变化。该结果也为我国各地区加强债权人保护提供了现实依据。

杜建华（2013）[82] 以 2001—2008 年中国上市公司数据作为研究样本，实证分析了各地区金融业竞争水平与债权人保护水平对上市公司长期债务融资的影响。结果发现，地区的金融业竞争水平越高，债权人保护水平越高，上市公司获得的长期债务融资越少。这表明政府干预对经济的影响造成金融体系与法律体系难以发挥作用，而金融发展水平的提高与投资者保护的增强有助于抑制政府对经济的无效率干预。进一步的研究发现，与金融业竞争水平较低的地区相比，在金融业竞争水平较高的地区，债权人保护水平的提高有助于上市公司获得更多的长期债务融资。

韩亮亮、闫雪（2013）[83] 资金占用是终极股东侵害民营上市公司利益的主要形式之一，以 2006—2012 年我国民营上市公司 1413 个观测值为样本，对终极股东究竟侵占哪类债权人提供的债务资金进行了实证研究。结果发现，银行有息负债与资金占用显著正相关，非银行有息负债（公司债）与资金占用不相关。进一步对商业信用与资金占用关系进行了研究，发现二者不存在显著相关性。这表明在我国终极股东及其关联方主要侵占了民营上市公司的银行债权人利益。改善我国民营企业金融生态环境不仅需要银行业等金融机构进行单方面的金融创新，更需要我国民营企业不断提高公司治理水平，保护银行业等金融机构债权人的利益，并与之形成良性互动。

债权人是利益相关者的重要主体，债权人保护水平越高，上市公司获得长期债务融资越少，从法律制度上保护债权人，有助于上市公司提高公司治理水平。

第六节　公司监督治理综述

一、公司监督机制研究

在国内，在公司监督问题上，王彦明、吕楠楠[84] 认为在关注公司内部监督机制的同时，应该把更多的目光投向公司外部监督机制建设上。徐鑫[85] 结合最新证监会的《非上市公众公司监督管理办法（以下简称《管理办法》）对我国"新三板"场外交易市场监管制度进行了总体的分析，认为场外交易市场是证券市场重要组成部分，《管理办法》的实施对我国场外交易市场监管的未来发展方向有深远影响。陈克贵、黄敏、王兴伟[86]针对虚拟企业中道德风险和逆向选择并存下的双重信息不对称问题，结合 Stackelberg 博弈模型和激励机制理论，研究了虚拟企业中盟主如何使盟员提高努力并甄别其私有信息的基于第三方监理组织的监督契约设计问题。构建了基于盟员的私有信息和行动的两阶段委托代理监督模型来消除信息不对称问题，进而分析最优监督策略，并与不监督情形比较，证明盟主委托第三方监理组织对盟员的信息和行动的监督策略是有效的，且行动监督策略更有效，监督策略下盟员要付出更多努力且不再拥有额外信息租金。周文然[87]认为，作为外部信息传导机制，媒体对公司披露信息进行再披露，减少了由于两权分立带来的信息不对称和代理问题，发挥了一定的公司治理效应。基于媒体治理机理分析，从媒体监督到公司治理效应之间取决于"五因素"：信息挖掘能力、媒体偏度、路径有效性、高管私利动机与风险偏好，然而这"五要素"同时实现的可能性不高。这"五要素"在一定程度上解释了我国媒体治理机制存在的风险点，说明了我国媒体监督任重道远。我国媒体治理机制的研究处于起步阶段，结合我国制度背景，从媒体治理的作用逻辑和作用效果开展系统深入的研究，具有重要的理论价值和现实意义。

对于国有企业，郑石桥、李曼、郑卓如[88]认为国有企业监督制度体现的是外部相关党政部门的监督意愿，是强制性制度供给。国有企业不缺乏监督制度，强化国有企业监督不能从增加监督制度这个角度考虑，而是要建立监督制度的实施机制，而建立这种实施机制的主要路径是改变监督者和被监督者的成本收益，使得执行监督制度成为对监督者和被监督者都是有益的；同时，使得执行制度的个体成本收益与社会成本收益实现方向一致。通过这种改变，使得执行制度者得益，而不执行制度者受损。李济广[89]认为，国有经济腐败现象严重的基本原因在于诸多监督制约的具体制度不科学，如：种种非科学观念和工作机制造成和容忍了"一把手"的个人专断权；国有企业监督体制设置形式主义严重，所有者基本被置于监督制度之外；经营管理制度漏洞多、不严密；对国资监管人员权力运用的制约不严格、无力度。有效遏制国有经济腐败现象及其他不合理行为，必须以权制权，民主反腐，制度干预，制约官员。

二、信息披露制度研究

（一）信息披露现状研究

上市公司内部控制信息披露制度的完善程度和执行情况日益成为我国监管机构和投资者关注的重要内容。于团叶、张逸伦、宋晓满[90]以 2010 年创业板 153 家公司的年报数据为样本，设计自愿性信息披露程度指标，运用多元线性回归的统计方法，以 22 个行业均值的数据为样本实证检验创业板公司自愿性信息披露程度及其影响因素。结果显示：创业板公司自愿信息披露程度不高；流通股比例、独立董事比例、董事会持股比例、股权集中度、"四大"审计和两职合一均与自愿性信息披露程度正相关；企业规模、营运能力和财务杠杆都与自愿性信息披露程度负相关；而作为具有创业板特征的、代表公司风险的单一账户风险与自愿性信息披露程度没有显著的相关性。张艳、张琪[91]选取2011年在沪深上市的部分公司作为样本，采用规范和数据统计分析相结合的方法，对公开披露内部控制自我评价报告的公司数量、内部控制信息在财务报告中的披露位置及内部控制自我评价报告披露的内容进行分析，研究发现，由于对自愿披露内部控制信息的公司缺乏鼓励、没有考虑上市公司的成本与效益矛盾等问题的存在，使得一些公司并不能做到主动公开其自我评价报告；从内部控制信息在财务报告中的披露位置来看，仍然缺乏统一的标准和规范。无论披露内容还是报告格式都比较自由随意，没有标准统一的规范，披露的内控报告仅有报告形式，而没有实质的内容，缺少对重要内容的披露分析。

（二）信息披露内容研究

1. 会计信息披露研究

杨世忠、刘赛顶[92]通过统计分析2001—2010年我国沪深两市上市公司会计信息披露违规占比和具有审计合格意见的上市公司会计信息披露违规占比两个指标，检验了我国上市公司披露会计信息的质量。他们认为造成我国上市公司会计信息披露违规的原因来自于公司生存压力、公司业绩压力、体制和制度安排带来的压力。

周晓苏、吴锡皓[93]以我国上市公司会计信息透明度为切入点，探讨稳健性对公司信息披露行为的影响。研究发现，当以资产减值准备表征会计稳健性时，随着资产减值准备的增加，会计信息透明度也随之提升，但当资产减值准备超过一定的限度后，会计信息透明度不升反降，两者呈现倒U型关系。进一步检验表明，在排除盈余管理的干扰之后，真实稳健性的实施有助于提升会计信息透明度。这些结果表明，在不受盈余管理动机干扰的情况下，稳健性的增强有助于缓解信息不对称水平，但是，如果企业假借稳健之名而实施极端向下的盈余管理反而加重信息不对称程度。

2. 环境信息披露研究

郑春美、向淳[94]以沪市170家重度环境污染行业上市公司为样本，对上市公司近3年的环境信息披露程度及影响因素进行了实证研究。结果显示，虽然我国上市公司环保意识不断增强，但环境信息披露总体状况较差。其中，公司规模、公司负债程度和媒体关注度对上市环境信息披露的影响不显著。

孟晓华、张曾[95]采用案例研究方法，以H石油公司渤海漏油这一典型的公共环境事件，依据公共危机事件四个阶段的划分理论，研究不同阶段的利益相关者的行为和要求，以及企业的回应和措施。研究发现，不同的利益相关者对企业环境披露的关注点与影响力具有较大的差异，并随着环境事件的孕育、震荡、调整和适应、结束四个阶段具有不同的表现。本研究价值在于揭示中国情景下企业环境信息披露的核心利益相关者及其利益诉求特点，以及各个阶段中利益相关者的作用力是交织形成的复杂驱动力，丰富了利益相关者理论在中国环境披露实践中的应用。

肖华、李建发、张国清[96]认为上市公司环境信息披露有助于企业履行环境责任、政府环境管理、资本参与者决策以及公众环境意识的形成。我国现行制度环境对上市公司的资源环境信息披露形成了制度压力，相对于规范压力与文化—认知压力，规制压力对于上市公司环境信息披露的影响较为显著。但由于我国上市公司环境信息披露的制度压力影响力度有限，上市公司更倾向于采取较主动的应对策略。

3. 社会责任信息披露研究

严格监管我国上市公司社会责任信息披露，是加快我国上市公司整体发展步伐的重要途径。程华安通过对沪深两市相关数据的实证分析，认为随着企业规模的不断扩大，上市公司更倾向于企业社会责任信息披露；企业绩效与社会责任信息披露没有直接的正相关关系；一些重污染行业的上市公司在企业社会责任信息披露方面积极性较差；单独发布社会责任报告的上市公司倾向于披露更多的社会责任信息。这一实证结论与倪小雅、吕希琳（2011）的研究结果相同。

潘成林[97]认为我国上市公司社会责任信息披露制度在推动上市公司披露社会责任信息方面发挥了积极的作用，但是在规则体系、制度内容、监管体制与机制等方面还存在着一定的问题，有待于改进和完善。

（三）信息披露质量研究

1. 股权制衡与信息披露质量

上市公司信息披露质量是资本市场高度关注的问题，它不仅直接影响公司的透明度和投资人的决策，还会进一步影响整个资本市场的公平性和稳定性。陈耿、龚玲、刘星[98]利用2007—2010年深交所上市公司的数据检验实际控制人对公司信息披露质量的影响。研究发现：当实际控制人为民营单位时，公司信息披露质量较差；实际控制人的股权比例与信息披露质量正相关；实际控制人的控制权/所有权分离度与公司信息披露质量没有明显的相关性。研究结果表明，对公司信息披露质量的研究及规范，不能仅仅停留在直接控股股东层面，而应追溯至实际控制人，在实际控制人与其他股东的代理冲突框架下展开分析和研究，同时实践中的政策制定和实施也应考虑到对实际控制人行为的约束和规范。

方政、徐向艺[99]根据委托代理理论，选取上海、深圳证券交易所2007—2011年1022家A股上市公司作为样本，实证研究发现，上市公司在金字塔结构所处的位置显著影响其股价信息质量，母公司具有控制子公司信息披露的动机，导致上市子公司股价信息质量偏低；在母子公司金字塔结构下，股权制衡能够有效提升子公司股价信息质量，切实保护失去实际"独立法人人格"的子公司的独立性，尤其是中小股东的权益；实质型股权制衡较之于形式型股权制衡能够更加有效地提升股价信息质量。

2. 产品市场竞争、董事会治理与信息披露质量

黄蕾[100]以我国627家上市公司为样本，从产品市场竞争度以及董事会治理两个角度，实证研究发现：董事会规模、内部董事比例、两职分离状况的系数与信息披露质量存在显著的正相关关系；独立董事比例以及董事会会议召开次数对信息披露质量的提高没有影响；在高竞争度的样本内，企业的内部董事比例、董事会会议召开次数与信息披露质量存在一定的显著性，董事会规模、独立董事比例、两职分离状况的系数与信息披露质量均

表现出关系不显著的特征；而在低产品市场竞争度样本回归中，董事会治理的五个特征变量与市场披露的相关系数与全样本基本一致。

3. 政治与信息披露质量

政治是影响企业信息披露行为的重要外在宏观因素，张志平、方红星[101]根据信号传递理论与成本收益权衡理论，利用2007—2010年非金融类上市公司为样本，以内部控制鉴证报告自愿披露为例，从政府控制和政治关联两方面研究政治因素对企业信息披露行为的影响。研究发现，政府控制的公司比非政府控制的公司更不愿意披露内部控制鉴证报告；在非政府控制的公司中，政治关联对公司自愿披露内部控制鉴证报告具有积极影响；而在政府控制的公司中，政治关联对公司自愿披露内部控制鉴证报告具有消极影响。

国有企业代理人行使的只是监管权利，而且程度不同地扮演着政府官员而非完全企业家的角色。綦好东、王斌、王金磊[102]基于产权经济学和制度经济学理论，得出充分、及时、公开、持续的信息披露才是提高非上市国有企业治理有效性之关键的推论。他们通过对107家非上市央企样本进行研究发现，我国非上市国有企业信息披露存在社会责任披露多但时效性差、财务数据披露少且有选择性、高管薪酬零披露、正负面重大事项区别对待等诸多问题。并通过考察披露渠道和行业特征与制度安排的关系，证明了强制性信息披露制度安排是非上市国有企业信息公开披露各种问题的根源。

（四）信息披露影响研究

1. 信息披露与股价

王艳艳、于李胜[103]创新地从债权人的角度探讨了政府角色以及由此产生的预算软约束对股价同步性的影响，研究结果表明，虽然国有银行贷款会提高股价同步性，但是国有银行对国有企业以及非国有企业的监管力度不同，造成企业的债务风险存在差异，从而导致这两类企业的股价同步性存在差异，为债权人监管强度的变化对股价同步性产生影响提供了证据。

史永[104]以2007—2012年深市A股非金融类上市公司为样本，实证检验了上市公司信息披露质量与股价同步性的关系，并基于审计需求的信息理论和保险理论研究审计师选择的动因及其对信息披露质量与股价同步性之间相关性的影响。研究结果表明，信息披露质量与股价同步性显著正相关，即公司信息披露质量越高，在股市中通过交易融入股价的私有信息就越少，股价同步性越高。上市公司选择国内"十大"审计师，向市场传递积极信号，将增强信息披露质量与股价同步性之间的相关关系。

徐寿福[105]以2003—2010年深市A股上市公司为研究样本，采用面板数据logit模型和tobit模型，从信息披露的角度实证检验了上市公司股利政策与公司治理机制之间的关系。本文研究发现：上市公司现金股利支付倾向和支付水平均与信息披露质量显著正相关；信息披露质量较高的上市公司，现金股利支付水平与其成长性显著负相关，而信息披露质量较差的上市公司并不存在这种关系。本文的研究结果表明，我国上市公司现金股利政策是公司信息披露质量提升的结果，信息披露质量的提升有助于增强上市公司现金股利支付意愿，提高上市公司现金股利支付水平。

2. 信息披露与企业融资

信息不对称是导致企业融资约束的重要原因。彭桃英、谭雪[106]通过选取深圳 A 股市场 2006—2010 年的数据进行分析发现：企业通过增加信息披露来减少信息不对称可以缓解企业面临的融资约束，好的审计意见能显著改善企业面临的融资约束；在企业信息披露质量较高且获得较好的审计意见的前提下，企业的融资约束能够得到更有效的缓解。研究结果表明，信息不对称是造成融资约束的原因，信息披露和审计意见可以给投资者带来增量决策信息。

周兰、谢海强[107]以企业信息透明度为切入点，将宏观经济因素考虑进微观企业的决策中，以 2001—2011 年深圳 A 股的年度数据为样本。实证研究发现，相对于经济景气时期，企业在经济不景气时具有较高的信息透明度，且信贷融资需求越强的企业信息透明度越高；在经济不景气时，企业更高的信息透明度能够帮助企业获得更多的银行信贷融资。

3. 信息披露与公司绩效

彭丁、杨长虹[108]以我国 2005—2008 年 A 股上市公司为样本，以深交所诚信档案的考评结果作为信息披露质量的替代变量，从信息披露的视角考察了机构投资者在我国上市公司的持股行为和治理效应，机构投资者的持股比例在信息披露质量较好的公司显著高于信息披露较差的公司；机构投资者的治理作用也随着信息披露质量提高，机构投资者对公司业绩改善的作用逐渐凸显出来，而在信息披露质量很差的公司其治理作用受到限制。总之，机构投资者的治理作用受公司信息环境的影响，加强对上市公司信息披露的监管，改善公司信息披露质量对促进机构投资者发挥其应有作用具有重要启示意义。

赵峰、高明华[109]以 2011 年中国上市公司的相关数据为样本，使用 CCEIBNU 指数从企业家的人力资本、关系网络能力、社会责任能力和战略管理能力四个维度探讨了处于公司治理重要地位的企业家能力对信息披露质量和上市公司绩效的影响作用。全样本检验结果表明：企业家能力越高，信息披露质量越高，公司绩效越高，信息披露质量在企业家能力对公司绩效的影响中产生了部分"中介效应"。分样本检验结果表明：国有企业的信息披露质量会产生部分中介效应，民营企业的信息披露质量则未产生任何中介效应；社会责任能力和战略管理能力是国有企业家的核心能力，战略管理能力是民营企业家的核心能力。

第七节　国有企业与家族企业治理综述

一、国有企业治理综述

国有企业的治理问题一直是中国经济中备受关注的热点话题。中国的国有企业有独具中国特色的发展环境，有数量庞大的资产规模与就业人数，没有现成的发展路径可以借鉴，30多年来中国国有企业也一直在探索中前行。从改革开放之初的"放权让利"，到20世纪90年代初的建立现代企业制度，2003年国资委成立后，国企进入了新的发展阶段，整体的盈利状况向好的方向转变。即使这样，在全球经济一体化，国内经济进入新常态的背景下，中国国有企业仍然有必要进一步深化改革，治理机制有必要进一步完善创新，这也为学术界在这一领域进行大量探索和研究提供了动力源泉。

（一）对国有企业公司治理中高管激励问题的研究

马连福、王元芳和沈小秀[110]以2008—2010年A股披露的党组织中的党委会成员在公司董事会、监事会、管理层任职的国有上市公司为样本，对国有企业党组织参与公司治理的行为进行研究，研究发现国有企业党委会参与公司治理会增加公司冗余雇员规模，降低公司高管的绝对薪酬，抑制高管攫取超额薪酬的行为，缩小高管与普通员工之间的薪酬差距。本文的结论丰富了中国特色的公司治理理论，其研究结果为我国优化政企关系、党企关系及国企改革提供了参考。

李平、蔡治舟和黄嘉慧[111]基于利益相关者理论，将社会绩效引入高管薪酬显性契约缔约过程，构建了高管薪酬与契约社会绩效关系模型，并以137家国有上市公司为实证样本，采用因子分析、回归分析方法检验了模型的假设关系。研究发现，年薪与企业强社会绩效和企业总体社会绩效显著正相关，与企业弱社会绩效负相关，高管持股与企业社会绩效没有显著相关性。

曾威[112]从经济学角度尝试分析在信息不对称情况下国企高管的契约激励，指出了国企高管腐败源于国企高管激励契约出现逆向选择、多任务激励导致高管道德风险加重以及与有信息的监管部门共谋，并就国企高管的腐败行为进行治理提供激励约束和市场化监督改革的相关治理机制。

丁永健、王倩和刘培阳[113]以红利上缴为背景，研究国有企业经理人的激励问题。将红利上缴后留存的利润视为对国有企业经理人的一种激励，通过构建只具有生产任务和同时具有生产、在职消费双重任务的委托代理模型，研究红利上缴与国有企业经理人激励之间的权衡。模型研究表明，激励强度与能力系数正相关，与风险规避程度、外部环境不确定性、成本系数负相关。在职消费与生产性努力此消彼长，为红利上缴政策提供了依据。基于上市公司的计量分析发现：提高分红比例确实会损害企业经营绩效，因此在提高红利上缴比例的同时，应加快完善国有企业经理人激励制度，加强对在职消费不良行为的监管力度。

（二）对国有企业深化改革问题的研究

黄群慧和白景坤[114]研究发现，制度变迁是推动国有企业组织转型和持续成长的决定性因素，但三者之间的关系受到国有企业生态位变化的调节。在制度变迁影响国有企业组织转型的过程中，当国有企业已经被放到市场中自我发展的市场主体时，如果生态位未能及时调整，组织转型将呈现脱耦特征，国有企业也将因安于现状而失去持续成长的动力。

李东升和刘冰[115]研究后提出国有企业持续盈利、经营者与员工"创富"动力推动公司法人制度产生，但国有企业"创富"改革过程中重效率轻公平、社会责任有所缺失等问题在全社会引起较为强烈的反应。通过全过程、全方位的系统改革，以"促和谐"为新的动力，减少深水区改革的阻力与内耗，才能解决国有企业使命实现、公平与效率兼顾、企业与员工持续全面发展等事关和谐社会构建成败的现实问题。

杨新铭[116]通过研究后认为当前我国国有经济规模整体上市较为适度，所谓的危害往往与国有经济产权性质无关。国有经济量上的变化不应成为关注焦点，相反，应该关注的是国有经济经营活动是否符合市场规则。国有经济改革应该沿着市场化的方向，继续完善内部管理机制，提高国有经济的运行质量。

黄群慧、余菁[117]分析论述了国有经济目前面临着复杂的形势和问题。从国际环境看，国有经济面临国家使命提升与国际环境严峻的双重压力；从国内经济环境看，我国经济发展方式亟待转变，国有企业所熟悉的要素驱动型的发展环境正在改变；从市场化进程看，国有企业改革总体还不到位，与成熟社会主义市场经济的要求还有较大差距。在此形势下，国有经济不仅仅要承担国有资产保值增值、自身不断发展壮大的使命，同时还有承担推进经济发展方式转变、加快"走出去"和适应建设成熟市场经济体制要求等新使命。新时期国企改革的主要目标绝不是通过私有化、民营化最终消灭国有企业，也不是围绕国有资产保值增值建立激励机制以追求国有资产自身发展壮大，而应是建立有效的制度基础，保证国有经济追求"国家使命"导向的发展。围绕这个目标，解决国有经济现在面临的"盈利性使命"和"公共使命"冲突则成为新时期国有企业改革的重要任务。他们提出，应将国有经济部门区分出公共政策性、特定功能性和一般商业性三类，为它们分别构造不同的治理机制，针对中央企业提出了具体的分类改革的初步设想。

中国学者就现阶段国有企业取得的成绩与面临的问题开展了多视角的研究活动，提出了许多有理论高度和应用价值的观点。许多学者都认为，市场应该成为中国经济活动中资源配置的决定因素，需要国有企业在实施分类改革中，区分不同的功能定位，分类监管。学者们大多都同意深化国有企业改革应整体设计、循序渐进，更加注重以公平竞争的方式实现效率。

二、家族企业治理综述

家族企业是最为古老的一种企业组织形态，当前世界绝大部分企业是家族企业，在不同国家不同地区，家族企业的比例不尽相同。具体而言，家族所有或经营的企业在全世界中占65%~80%，全球500强企业中有40%由家庭所有或经营。可见，在全球经济中，家族企业在数量和质量上都占有重要地位。中国家族企业自改革开放以来获得了迅速发展，并在促进经济增长、解决就业方面做出了很多贡献。截至2013年上半年，全国私营企业达900多万家，个体工商户超过3600万户，从业人员超过1.8亿人。然而随着中国第一代创业者的谢幕，家族企业面临着诸多挑战。改善家族企业治理结构，成功完成代际传承成为当前国内家族企业迫切需要解决的现实问题（石本仁，2013）。[118]

家族企业的代际传承在国内受到很多关注，研究成果颇丰。余向前、张正堂和张一力通过对家族企业家进行深入访谈和大量问卷，统计后发现，诚信好学、企业家精神以及个体社会网络是需要转移的企业家隐性知识的 3 个主要内涵。其中企业家诚信好学和个体社会网络要素的代际转移对家族企业成功传承具有非常显著的正向影响；企业家诚信好学的转移对两代企业家交接班意愿都具有显著的正向影响（余向前、张正堂、张一力，2013）。[119]

李进中[120]认为家族企业代际传承中，其企业权威传递有三种模式：家族化、泛家族化、非家族化。无论采用哪种模式，均有一定的成本，如学习成本、搜索成本等。搜索成本降低了家族企业的边际收益，是代际传承家族化的原因之一，学习成本的存在，提高了家族企业控制的收益临界点，使得经理人控制在理论上成为一种有效率的资源配置方式。我国转型时期，由于学习成本与搜索成本的并存，家族企业代际传承模式的理性模式为泛家族化模式。

封丽萍和汪炜[121]通过建立模型讨论了家族企业在代际转换的背景下，进行家族经营和专业化管理选择的决策条件。研究发现：家族企业在依靠扩张资本规模的发展过程中，将从资本规模较小时期的家族经营走向资本规模较大时期的专业化管理阶段。而决定家族企业代际决策的临界资本规模又取决于职业经理人价值及其不确定性。因此，建立和发展经理人市场有助于加速我国家族企业走向专业化管理的进程。

国内对包括家族企业持续发展等其他问题也有很多成果。艾凤义和刘倩倩[122]分析"去家族化"如何影响企业的理论结果，从家族影响模式出发，先分析家族影响对组织公民行为的作用，以心理所有权为中介变量，再分析家族影响对企业绩效的作用机制，以组织公民行为作为"影响—绩效"过程中的传导因素。

郭斌[123]在对 189 家中国家族企业公司治理情况进行问卷调查的基础上收集样本数据，选取组织惯例作为中介变量，运用相关分析和嵌套模型等方法，实证考察社会资本对终极股东控制的影响，研究发现：组织惯例在社会资本影响终极股东控制的过程中起显著的中介作用；社会资本重点认知维度能直接对终极股东产生显著影响，社会资本中的结构、关系维度只有通过组织惯例的中介作用才能间接影响终极股东控制。

国外对家族企业的研究成果也非常多。Savolainen S.和 Kansikas J.[124]对芬兰的家族企业的领袖人物的传记进行分析，对象涵盖了 1762—2010 年 456 名在芬兰受过国家表彰的领袖人物。研究发现，大多数家族企业三代之后或受过表彰两代之后就风光不再，很少能蓬勃发展超过 100 年。

Lins，Volpin 和 Wagner[125]等对 2008—2009 年经济危机中 35 个国家的 8500 家公司进行研究，分析危机期间家族控制是如何影响公司价值和公司决策的。研究发现，家族控制的企业明显业绩不佳，相比其他公司更多地削减投资，而削减投资又加重了企业业绩不佳，这种流动性震动会在家族集团中蔓延。有证据显示，家族采取行动增强对企业的控制，他们的控制使企业度过了危机，但是却牺牲了外部股东的利益。

Audretsch 和 Huelsbeck [126] 等研究后发现人们一直忽略了家族企业的成员作为企业内部绩效监督者的角色。当家族企业的管理没有取得好的公司绩效时，家族成员将是合适的监督者。研究用 386 个德国公司作为样本，证实了家族成员的监督可以改善公司绩效。

通过以上介绍可以看出，国内学者主要关注家族企业的代际传承、家族企业的可持续发展、家族企业的经营环境等问题；国外学者主要关注家族企业的董事会、公司绩效监督等问题，许多研究分别从能力、权力、资本、文化等角度对家族企业进行深入剖析，得出了很多有价值的结论。

高闯（2010）提出了比较管理学，使"比较管理"逐渐成为一个系统的管理学分支，我国学者也开始意识到我国家族企业与国外家族企业有很多的差异，开始从比较管理的角度对家族企业进行研究。

国有企业和家族企业是非常重要的两种企业，尤其是对于处在经济转型过程中、企业发展历史相对较短、市场经济还有待完善的中国来说，这两类企业未来如何发展对中国经济的影响是巨大的。特别是自 2013 年 11 月国企改革被写入中共十八届三中全会的《中共中央关于全面深化改革若干重大问题的决定》至今，国企改革被史无前例地放到了国家深化改革的重要位置上。没有现成的经验可以遵循，改革面临着巨大的风险和挑战，改革成功与否关系到国家经济的稳定和国家战略目标的实现，在这一历史关头，研究国有企业的公司治理就具有非常重大的价值。中国的家族企业为中国经济注入了活力，其控制权的平稳交接和高水平的公司治理关系到家族企业的可持续发展。现阶段的学术研究对这些领域提供了很多卓有见地的研究成果，对推动家族企业发展大有裨益。

第八节　评述与展望

一、总结

2013 年公司治理领域的研究成果非常丰硕，涉及内容也十分丰富，在对传统热点问题继续研究的同时也表现出一定的新特点。笔者在梳理相关文献的基础上进行研究，发现国内外的学者有很多相似的地方，也有很多不同之处，具体来说表现出以下几方面的特点：

第一，在研究方法上，国内外的学者都比较注重实证研究的方法，运用回归模型等分析工具和案例研究的方法明显较多，运用理论分析的文章明显较少。这一结果的出现与统计工具的普及紧密相连。随着 Spss、Stata、Amos 等统计软件的普及和不断改进，越来越多的学者使用实证研究的方法进行研究。特别在中国，这些分析软件在经济领域的普及时间不长，使得这几年使用实证研究方法的中国学者越来越多，成为中国学术领域研究的新特点。与使用理论研究的方法相比，实证研究方法更客观、科学、结合实际，可信度也更高，对实践的指导意义也更强。特别对于大多数青年学者，他们的理论功底相对薄弱，对理论研究的方法把握大多不好，因此使用实证研究的方法可以弥补这方面的不足，在研究中不断提升自己。

案例研究也是科学研究中的重要方法，在国内外的学术研究中经常用到，特别在2013年的相关文献中，中国学者使用案例研究的情况大大增加。案例研究虽然具有一定的主观性，但它能弥补其他研究方法的不足，在发现问题、寻找规律上有它的独特优势，因此在中国的学术研究中越来越多见，特别是相关论文在《管理世界》、《中国工业经济》、《南开管理评论》等权威刊物中的数量不断增加，更能说明学术界对这一研究方法的重视。但是在这种方法的使用中要注意它的规范性，因为没有形成被学术界公认的研究范式，这一研究方法的科学性会受到很大质疑。

运用理论分析研究的论文在高级别的期刊中虽仍不少，但与实证研究的论文相比，这类论文的数量要少很多。这种研究需要很深厚的理论功底和多年积累，青年学者恐怕很难具有所需能力。因此对于青年学者来说，选择更加客观的研究工具可能是更好的选择。

第二，对指标之间的关系研究成为热点，并且时常打破传统界限，对一些传统中认为是对立的关系进行研究，试图获得一些新发现。关系研究的盛行是与实证研究的广泛使用紧密相连的。在这些实证研究中大多采用回归分析的方法，研究的内容也主要是指标之间的相互关系，这样就使得研究成果中大量的成果都是关于指标之间的关系研究。这种研究方法的使用有它的好处，可以引导学术研究更加细致、科学、客观，使得所研究的问题越来越微观，针对性越来越强。即使是对同一领域的现象进行研究，所研究的目标可能也会相差很远。所以这种研究方法的普及引导着学术研究更加细致，获得的成果针对性、实用性都更强。

也正是这样一种科学研究方法的普及，给学者们提供了更为客观的研究工具，于是有些学者对一些传统中认为是对立的关系也展开了研究。郑国坚、林东杰、张飞达（2013）在《管理世界》上发表论文，运用实证研究表明，面临财务困境时，大股东对上市公司的非法资金占用行为异常明显，具有强烈的掏空动机。魏明海、黄琼宇、程敏英（2013）在《管理世界》上发表论文，通过对2003—2008年家族上市公司的分析，发现关联大股东以关联交易为途径对企业价值产生负面影响。家族关联大股东持股越多、在董事会或董监高中所占席位的比例越大，家族企业的关联交易行为越严重，公司价值折损也越厉害。关联交易对公司价值影响不显著，关联大股东的持股和决策管理明显加深了关联交易对公司价值的损害效应。田高良、韩洁、李留闯（2013）在《南开管理评论》上发表论文，探索并购双方的连锁董事关系是否会影响并购绩效。研究发现，并购双方的连锁董事关系会减损并购公司、目标公司以及将两者作为一个整体考虑的并购后实体的并购绩效。当并购公司的公司治理质量较高时，这种减损作用会降低。当并购双方存在连锁董事关系时，目标公司更易接受股票作为并购支付方式。

这些学者所研究的内容和所获得的结论都是传统观点中认为是对立的关系，但是经过实证研究后发现，这些关系实际上并不像所想的那样矛盾，它们之间也有共同点。所以可以看出，实证分析和回归方法的广泛应用使得学术研究越来越细化，对于事物之间的关系剖析也越来越深刻。

第三，中国学者的研究大多都会结合中国改革中的实际问题进行，研究不断细化，对控股股东性质的关注成为热点。这是因为，在中国改革开放30多年后，公司的产权性质也变得越来越复杂，不同性质的控股公司对公司治理的影响也会产生差别，因此基于不同性质的控股股东进行研究就成为一个非常务实的角度。通过以上综合论述可以看出，在公司治理的不同研究领域中，都有学者结合公司的产权性质进行分析研究，获得了一些很有价值的研究成果。

在股东部分就不用多说了，特别是终极股东部分，从控股股东的性质进行研究更是常见的角度。在利益相关者部分，有些学者也分析到，不同性质的公司所产生的影响是不一样的。在利益相关者部分，韩亮亮、闫雪（2013）的实证结果发现，银行有息负债与资金占用显著正相关，非银行有息负债与资金占用不相关。李晓慧、杨子萱（2013）通过对比内部控制与公司治理在债权人保护方面的差异，发现在债权人保护方面，内部控制更具有增量作用。万伟、曾勇（2013）研究发现，外部董事占优可在董事会的投资（尤其是大项目的投资）决策过程中起到监督制衡内部董事的作用；内部董事在信息揭示增加的期望利润能够弥补其私人利益损失时进行信息传递，从而促进外部董事监督职能的发挥和投资绩效的改善。刘丽颖（2013）认为，高管正向的声誉的获得有助于提高上市公司的经营绩效；高管声誉的激励作用部分地以薪酬激励为中介；最终控制权对声誉激励的效果有显著的影响。

从上述分析总结我们可以看出，在公司治理的研究中国内外学者有很多的共同之处，在研究方法上都有很多学者偏好实证研究，因此"关系研究"也很盛行。不过通过比较也可以看出，由于被研究公司所处的环境不一样，因此在研究热点上也有不同。中国学者更多的是结合中国改革过程中的具体情况进行研究，主要是针对中国特有的情境，这也表现出中国学者研究和期刊论文的特点。随着中国改革开放的不断深入，国际化的中国需要中国学术与国际学术的相接轨，所以中国的期刊应该适当引进一些有代表性的国外学者的文章，这样不但可以帮助中国学者了解国外公司治理领域的发展状况，启发中国学者的思维，而且在完善中国公司治理实践中也会有借鉴意义。

二、局限性

综观以上研究综述和结论分析我们可以发现2013年国内外学者研究公司治理的特点，有很多优点，也有很多不足。其不足之处主要表现在：

第一，研究内容过于微观、碎片化。通过梳理2013年公司治理的研究成果可以发现，学者们对公司治理的研究过于微观，大多只注重某一点，甚至是自己突发奇想，抓来就做模型分析。这样的研究目标过于微观，系统性不足，研究意义不够。要站在微观的角度去观察、分析问题，从微观角度解释宏观问题，这样的研究成果会更有意义。

第二，中国学者在研究中过于套用模型，脱离实际。这种现象的出现可能与中国高校老师的科研压力有关。高校老师为了评职称或者完成科研任务，必须在一些高级别的杂志上发表论文。为了"求新"，很多学者就选择了模型分析的方法，套用、修改模型，得出一些脱离实际的结论。还有一些学者，运用众所不知的语言得出众所周知的结论，这种研究现象应该坚决杜绝。所以规范学术研究，保持科学研究的本色是非常重要的。

三、展望

笔者通过总结分析后发现，今后一段时间内中国公司治理研究的进展应该更多地表现在以下两个方面：

第一，研究方法的多元化。在 2013 年的研究中，使用最多的研究方法就是实证研究。这一方法有它科学性的一面，但也有明显的局限性。从实践来看，模型研究与案例研究可以很好地弥补这一方法的不足，今后使用的程度会越来越多。

模型研究也较为科学、客观，而且较为灵活，能够根据多种需要予以应用。案例研究则弥补其他研究的不足，但较为主观，需要进一步规范化。这两种研究方法都各有特点，对发现本质都很有帮助。

第二，学科之间的交叉更为细化，特别是社会科学之间的交叉更成为一条重要的研究思路。

回顾 2013 年的相关文献可以发现，研究中的学科交叉除了与理工科相交叉较为多见外，社会科学之间的相互交叉研究也越来越多。像研究文献中就有很多与经济学、社会学、心理学、法学等多种社会科学交叉起来开展研究，取得不少的研究成果。今后公司治理与其他学科的交叉将会更为深入，所获得的成果也会更加丰富。

参考文献

[1] Starks L. T., Wei K. D. Cross-Border Mergers and Differences in Corporate Governance [J]. International Review of Finance, 2013, 13 (3): 265-297.

[2] Dasilas A., Leventis S. Corporate Governance, Dividend Status, Ownership Structure, and the Performance of Greek Seasoned Equity Offerings [J]. International Journal of the Economics of Business, 2013, 20 (3): 387-419.

[3] Lecomte P., Ooi J. T. L. Corporate Governance and Performance of Externally Managed Singapore REITS [J]. Journal of Real Estate Finance & Economics, 2013, 46 (4): 664-684.

[4] 王戈阳，张宗益，宋增基. 中国上市公司治理与企业绩效的实证分析 [J]. 重庆大学学报（社会科学版），2013, 19 (3): 73-80.

[5] 刘石兰. 经济萎缩背景下的公司治理与销售绩效 [J]. 科研管理，2013 (34).

[6] 周建，袁德利. 公司治理机制与公司绩效：代理成本的中介效应 [J]. 预测，2013, 32 (2): 18-25.

[7] Khan A., Muttakin M. B., Siddiqui J. Corporate Governance and Corporate Social Responsibility Dis-

closures: Evidence from an Emerging Economy [J]. Journal of Business Ethics, 2013, 114 (2): 207-223.

[8] Abdel-Meguid A. M., Ahmed A. S., Duellman S. Auditor Independence, Corporate Governance and Aggressive Financial Reporting: An Empirical Analysis [J]. Journal of Management & Governance, 2013, 17 (2): 283-307.

[9] Su W., Lee C. Y. Effects of Corporate Governance on Risk Taking in Taiwanese Family Firms during Institutional Reform [J]. Asia Pacific Journal of Management, 2013, 30 (3): 809-828.

[10] Bodnaruk A., Massa M., Simonov A. Alliances and Corporate Governance [J]. Journal of Financial Economics, 2013, 107 (3): 671-693.

[11] 解维敏, 唐清泉. 公司治理与风险承担——来自中国上市公司的经验证据 [J]. 财经问题研究, 2013 (1): 91-97.

[12] 罗艳梅, 程新生. 公司治理与风险管理角色冲突中的内部审计研究 [J]. 审计与经济研究, 2013 (3): 35-42.

[13] 庄宇, 朱静, 孙亚南. 公司治理与银行风险承担行为——基于我国上市商业银行的研究 [J]. 经济与管理, 2013 (10): 34-38.

[14] 谢永珍, 徐业坤. 公司治理风险相关研究述评 [J]. 山东大学学报 (哲学社会科学版), 2009 (3): 38-44.

[15] 李维安, 戴文涛. 公司治理、内部控制、风险管理的关系框架——基于战略管理视角 [J]. 审计与经济研究, 2013 (4): 3-12.

[16] 徐业坤, 钱先航, 李维安. 政治不确定性、政治关联与民营企业投资——来自市委书记更替的证据 [J]. 管理世界, 2013 (5): 116-130.

[17] 何镜清, 李善民, 周小春. 民营企业家的政治关联、贷款融资与公司价值 [J]. 财经科学, 2013 (1): 83-91.

[18] 文学, 郝君富. 基于政治关联的国有企业董事会结构与公司治理效率分析 [J]. 商业研究, 2013 (8): 75-82.

[19] 王旭. 非线性视角下民营上市公司的策略性政治关联——基于面板数据的实证研究 [J]. 经济经纬, 2013 (2): 100-104.

[20] 郭剑花. 公司治理与高管政治联系的"双刃剑"效应 [J]. 财经科学, 2013 (1): 92-100.

[21] 田高良, 韩洁, 李留闯. 连锁董事与并购绩效——来自中国 A 股上市公司的经验证据 [J]. 南开管理评论, 2013, 16 (6): 112-122.

[22] 陈旭东, 曾春华, 杨兴全. 终极控制人两权分离、多元化并购与公司并购绩效 [J]. 经济管理, 2013 (12).

[23] 陈仕华, 姜广省, 卢昌崇. 董事联结、目标公司选择与并购绩效——基于并购双方之间信息不对称的研究视角 [J]. 管理世界, 2013 (12): 117-132.

[24] 陈仕华, 卢昌崇. 企业间高管联结与并购溢价决策——基于组织间模仿理论的实证研究 [J]. 管理世界, 2013 (5): 144-156.

[25] 曹廷求, 张钰, 刘舒. 董事网络、信息不对称和并购财富效应 [J]. 经济管理, 2013 (8).

[26] 赵息, 张西栓. 内部控制、高管权力与并购绩效——来自中国证券市场的经验证据 [J]. 南开管理评论, 2013, 16 (2): 75-81.

[27] 陆媛. 国美控制权商战背后的公司治理问题分析 [J]. 中国外资月刊, 2013 (16): 149-151.

[28] 刘庄. 市场机制与公司治理: 理解国美控制权争夺 [J]. 金融服务法评论, 2013 (2).

[29] 张慕濒. 机构投资者崛起、创业股东控制权博弈与公司治理——基于雷士照明的案例研究 [J]. 华东师范大学学报 (哲学社会科学版), 2013 (4).

[30] 韩亮亮, 吕翠玲. 控制权防守、利益侵占与终极股东资本结构决策 [J]. 软科学, 2013, 27 (9): 38-42.

[31] 袁玲, 池玉莲. 控制权私利、多元化经营与公司价值 [J]. 贵州财经大学学报, 2013 (5): 34-41.

[32] 高勇强, 熊伟, 杨斌. 控制权转移、资产重组与 CEO 更替对企业绩效的影响 [J]. 当代经济管理, 2013, 35 (2): 24-31.

[33] 郑国坚, 林东杰, 张飞达. 大股东财务困境、掏空与公司治理的有效性——来自大股东财务数据的证据 [J]. 管理世界, 2013 (5): 157-168.

[34] 白云霞, 林秉旋, 王亚平, 等. 所有权、负债与大股东利益侵占——来自中国控制权转移公司的证据 [J]. 会计研究, 2013 (4).

[35] 储成兵. 金字塔股权结构对内部控制有效性的影响——基于上市公司的经验数据 [J]. 中央财经大学学报, 2013 (3): 78-83.

[36] 万丛颖, 张楠楠. 大股东的治理与掏空——基于股权结构调节效应的分析 [J]. 财经问题研究, 2013 (7): 42-49.

[37] 郝云宏, 朱炎娟, 金杨华. 大股东控制权私利行为模式研究: 伦理决策的视角 [J]. 中国工业经济, 2013 (6): 83-95.

[38] 唐建新, 李永华, 卢剑龙. 股权结构、董事会特征与大股东掏空——来自民营上市公司的经验证据 [J]. 经济评论, 2013 (1): 86-95.

[39] 吴育辉, 魏志华, 吴世农. 时机选择、停牌操控与控股股东掏空——来自中国上市公司定向增发的证据 [J]. 厦门大学学报 (哲学社会科学版), 2013 (1): 46-55.

[40] 颜爱民, 马箭. 股权集中度、股权制衡对企业绩效影响的实证研究——基于企业生命周期的视角 [J]. 系统管理学报, 2013, 22 (3): 385-393.

[41] 王斌, 蔡安辉, 冯洋. 大股东股权质押、控制权转移风险与公司业绩 [J]. 系统工程理论与实践, 2013, 33 (7): 1762-1773.

[42] 魏明海, 黄琼宇, 程敏英. 家族企业关联大股东的治理角色——基于关联交易的视角 [J]. 管理世界, 2013 (3): 133-147.

[43] 黎文靖, 孔东民. 信息透明度、公司治理与中小股东参与 [J]. 会计研究, 2013 (1): 42-49.

[44] 刘涛, 毛道维, 王海英. 股权集中度、制衡度与机构投资者的择股偏好——机构投资者异质性的研究视角 [J]. 山西财经大学学报, 2013 (5): 34-44.

[45] 高敬忠, 韩传模, 王英允. 控股股东行为与管理层业绩预告披露策略——以我国 A 股上市公司为例 [J]. 审计与经济研究, 2013 (4): 75-83.

[46] 李向荣, 王建明. 动态内生性视角下的董事会结构与公司绩效关系研究 [J]. 经济问题, 2013 (4).

[47] 张天舒. 董事会成员数奇偶性、治理效率与公司业绩 [J]. 世界经济, 2013 (3): 143-160.

[48] 初旭, 周杰. 董事会治理对文化创意型上市公司经营绩效的影响研究 [J]. 科学学与科学技术管理, 2013, 34 (5): 126-133.

[49] 辛清泉, 黄曼丽, 易浩然. 上市公司虚假陈述与独立董事监管处罚——基于独立董事个体视角的分析 [J]. 管理世界, 2013 (5): 131-143.

[50] 谢德仁, 黄亮华. 代理成本、机构投资者监督与独立董事津贴 [J]. 财经研究, 2013 (2).

［51］万伟，曾勇.基于策略信息传递的外部董事占优型董事会投资决策机制研究［J］.管理科学，2013，26（2）：72-80.

［52］周建，金媛媛，袁德利.董事会人力资本、CEO权力对企业研发投入的影响研究——基于中国沪深两市高科技上市公司的经验证据［J］.科学学与科学技术管理，2013，34（3）：170-180.

［53］冯慧群，马连福.董事会特征、CEO权力与现金股利政策——基于中国上市公司的实证研究［J］.管理评论，2013，25（11）：123-132.

［54］彭青，陈少华.董事会监管与盈余管理——来自沪深两市上市公司的经验证据［J］.现代管理科学，2013（2）：35-37.

［55］Pepper A., Gore J. The Economic Psychology of Incentives: An International Study of Top Managers［J］. Journal of World Business, 2013, 49（3）：350-361.

［56］梁巧转，孟瑶，李树祥，等.关于中国管理者特质十年（1998—2008年）变化的研究［J］.管理学报，2013（6）：796-801.

［57］郭海，王栋，刘衡.基于权变视角的管理者社会关系对企业绩效的影响研究［J］.管理学报，2013，10（3）：360-367.

［58］Hirsch B. The Impact of Female Managers on the Gender Pay Gap: Evidence from Linked Employer-employee Data for Germany［J］. Economics Letters, 2013, 119（3）：348-350.

［59］张兆国，刘亚伟，亓小林.管理者背景特征、晋升激励与过度投资研究［J］.南开管理评论，2013，16（4）：32-42.

［60］李培功，沈艺峰.经理薪酬、轰动报道与媒体的公司治理作用［J］.管理科学学报，2013，16（10）：63-80.

［61］刘丽颖.中国上市公司高管声誉的效应研究［D］.南开大学博士学位论文，2013.

［62］钱毅.利益相关者理论与银行公司治理［J］.中国金融，2013（23）：64-66.

［63］李琳，黄立玲.论利益相关者参与公司治理［J］.企业导报，2013（7）：73-74.

［64］张敏.利益相关者视角下债权人参与公司治理的路径分析［J］.金融与经济，2013（5）：69-71.

［65］刘伶，李延喜.盈余管理的利益相关者分类研究［J］.技术经济，2013，32（8）：107-112.

［66］周晓珺，陈清华.上市公司利益相关者对财务治理效率作用机理研究——基于企业"成长场"理论［J］.世界经济与政治论坛，2013（6）：140-152.

［67］王英，鲍新中.企业成长性与利益相关者满足关系的实证研究［J］.工业技术经济，2013（12）：11-18.

［68］陈耘，赵富强，靳龙.基于利益相关者满意度的企业绩效评价模型［J］.武汉理工大学学报（信息与管理工程版），2013，35（4）：583-586.

［69］王媛媛.基于利益相关者理论的保险公司共同治理研究［J］.哈尔滨师范大学社会科学学报，2013（3）：44-46.

［70］纪建悦，孔胶胶.利益相关者关系视角下考虑非期望产出的商业银行效率问题研究［J］.中国管理科学，2013，21（6）.

［71］徐悦.基于利益相关者理论的内部审计博弈研究［J］.经济研究参考，2013（41）：61-64.

［72］赵瑾璐，张志秋，王子博.基于利益相关者角度的企业社会责任研究［J］.经济问题，2013（12）.

［73］冯照桢，宋林.异质机构、企业性质与企业社会责任信息披露［J］.山西财经大学学报，2013（12）：84-92.

［74］万寿义，刘正阳.制度背景、公司价值与社会责任成本——来自沪深300指数上市公司的经验

证据 [J]. 南开管理评论，2013，16（1）：83–91.

[75] 安志蓉，丁慧平，侯海玮. 环境绩效利益相关者的博弈分析及策略研究 [J]. 经济问题探索，2013（3）：30–36.

[76] 魏如清，唐方成. CSP–CFP 的作用机制：基于利益相关者的实证研究 [J]. 管理科学，2013（6）：12–24.

[77] 罗勇根，庄学敏. 企业社会责任与企业价值——基于利益相关者的视角 [J]. 广西财经学院学报，2013（5）：62–68.

[78] 邹杨，荣振华. 公司合并制度中效率与公平的配置——基于债权人视角 [J]. 财经问题研究，2013（11）：10–16.

[79] 李晓慧，杨子萱. 内部控制质量与债权人保护研究——基于债务契约特征的视角 [J]. 审计与经济研究，2013（2）：97–105.

[80] 戴子礼，张冰莹. R&D 投入对股东及债权人利益关系的影响——基于我国 A 股上市公司的实证研究 [J]. 系统工程，2013（10）.

[81] 魏锋，刘新文. 我国各地区债权人保护的测度和演变：1995—2009 年 [J]. 制度经济学研究，2013（1）.

[82] 杜建华. 金融业竞争、债权人保护与公司长期债务融资 [J]. 上海金融，2013（12）.

[83] 韩亮亮，闫雪. 终极股东控制、债务资金占用与债权人利益保护 [J]. 辽宁大学学报（哲学社会科学版），2013，41（4）：69–76.

[84] 王彦明，吕楠楠. 我国上市公司外部监督论略——以"看门人"机制为分析进路 [J]. 社会科学战线，2013（12）.

[85] 徐鑫. 我国场外交易市场监管制度的完善——以《非上市公众公司监督管理办法》为例 [J]. 山东社会科学，2013（S1）.

[86] 陈克贵，黄敏，王兴伟. 双重信息不对称下虚拟企业监督策略 [J]. 控制与决策，2013（9）：1288–1293.

[87] 周文然. 基于公司治理视角的媒体监督机制研究 [J]. 特区经济，2013（9）：233–234.

[88] 郑石桥，李曼，郑卓如. 国有企业监督制度"稻草人"现象—— 一个制度协调理论架构 [J]. 北京师范大学学报（社会科学版），2013（5）：98–106.

[89] 李济广. 国有经济预防腐败监督制约体制改革策论 [J]. 上海大学学报（社会科学版），2013，30（3）：60–76.

[90] 于团叶，张逸伦，宋晓满. 自愿性信息披露程度及其影响因素研究——以我国创业板公司为例 [J]. 审计与经济研究，2013（2）：68–78.

[91] 张艳，张琪. 上市公司内部控制自我评价披露现状分析 [J]. 会计之友，2013（7）：51–54.

[92] 杨世忠，刘赛顶. 我国上市公司会计信息披露暨审计质量分析 [J]. 审计与经济研究，2013（2）：42–48.

[93] 周晓苏，吴锡皓. 稳健性对公司信息披露行为的影响研究——基于会计信息透明度的视角 [J]. 南开管理评论，2013（3）：89–100.

[94] 郑春美，向淳. 我国上市公司环境信息披露影响因素研究——基于沪市 170 家上市公司的实证研究 [J]. 科技进步与对策，2013（12）：98–102.

[95] 孟晓华，张曾. 利益相关者对企业环境信息披露的驱动机制研究——以 H 石油公司渤海漏油事件为例「J]. 公共管理学报，2013（3）：90–102.

[96] 肖华，李建发，张国清. 制度压力、组织应对策略与环境信息披露 [J]. 厦门大学学报（哲学社会科学版），2013（3）：33-40.

[97] 潘成林. 我国上市公司社会责任信息披露制度实证研究 [J]. 税务与经济，2013（2）.

[98] 陈耿，龚玲，刘星. 实际控制人对公司信息披露质量的影响研究 [J]. 重庆大学学报（社会科学版），2013，19（1）：72-77.

[99] 方政，徐向艺. 金字塔结构、股权制衡与上市公司股价信息质量 [J]. 经济管理，2013（3）.

[100] 黄蕾. 产品市场竞争、董事会治理与上市公司信息披露质量 [J]. 财经理论与实践，2013（2）：83-87.

[101] 张志平，方红星. 政府控制、政治关联与企业信息披露——以内部控制鉴证报告披露为例 [J]. 经济管理，2013（2）：105-114.

[102] 綦好东，王斌，王金磊. 非上市国有企业信息公开披露：逻辑与事实 [J]. 会计研究，2013（7）.

[103] 王艳艳，于李胜. 国有银行贷款与股价同步性 [J]. 会计研究，2013（7）.

[104] 史永. 信息披露质量、审计师选择与股价同步性 [J]. 中南财经政法大学学报，2013（6）.

[105] 徐寿福. 信息披露、公司治理与现金股利政策——来自深市 A 股上市公司的经验证据 [J]. 证券市场导报，2013（1）.

[106] 彭桃英，谭雪. 信息披露、审计意见与上市公司融资约束——来自深圳 A 股市场的经验证据 [J]. 系统工程，2013（3）.

[107] 周兰，谢海强. 宏观经济波动、企业信贷融资与信息透明度 [J]. 中南财经政法大学学报，2013（5）：11-17.

[108] 彭丁，杨长虹. 机构投资者、信息披露质量与公司绩效 [J]. 商业研究，2013（9）：138-146.

[109] 赵峰，高明华. 企业家能力、信息披露质量与上市公司绩效——基于 CCEIBNU 指数的实证研究 [J]. 广东商学院学报，2013，28（4）：57-66.

[110] 马连福，王元芳，沈小秀. 国有企业党组织治理、冗余雇员与高管薪酬契约 [J]. 管理世界，2013（5）：100-115.

[111] 李平，蔡治舟，黄嘉慧. 国企高管薪酬影响企业社会绩效的实证研究 [J]. 财经理论与实践，2013（2）：104-108.

[112] 曾威. 不对称信息下国企高管激励与腐败治理机制研究 [J]. 财经问题研究，2013（12）：126-131.

[113] 丁永健，王倩，刘培阳. 红利上缴与国有企业经理人激励——基于多任务委托代理的研究 [J]. 中国工业经济，2013（1）：116-127.

[114] 黄群慧，白景坤. 制度变迁、组织转型和国有企业的持续成长——深入推进国有企业改革的生态学视角 [J]. 经济与管理研究，2013（12）：12-22.

[115] 李东升，刘冰. 中国国有企业改革的动力源机制 [J]. 经济问题探索，2013（9）：104-108.

[116] 杨新铭. 对"国进民退"争论的三大问题的再认识 [J]. 经济纵横，2013（10）.

[117] 黄群慧，余菁. 新时期的新思路：国有企业分类改革与治理 [J]. 中国工业经济，2013（11）：5-17.

[118] 石本仁. 家族企业专题研究 [J]. 暨南学报（哲学社会科学版），2013（9）.

[119] 余向前，张正堂，张一力. 企业家隐性知识、交接班意愿与家族企业代际传承 [J]. 管理世界，2013（11）：77-88.

[120] 李进中. 家族企业的权威传递—— 一个基于控制权视角的理论模型 [J]. 东岳论丛，2013（3）.

［121］封丽萍，汪炜.我国民营企业家族经营的代际决策［J］.华东经济管理，2013（10）：137-139.

［122］艾凤义，刘倩倩.家族影响对企业绩效的作用——以"去家族化"争议为背景［J］.社会科学家，2013（10）：71-74.

［123］郭斌.社会资本、组织惯例与终极股东控制——基于中国家族企业公司治理的实证研究［J］.财贸研究，2013，24（5）：139-147.

［124］Savolainen S., Kansikas J. Non-family Employees in Small Family Business Succession: The Case of Psychological Ownership ［J］. World Review of Entrepreneurship Management & Sustainable Development, 2013, 9（1）: 64-81.

［125］Lins K. V., Volpin P., Wagner H. F. Does Family Control Matter? International Evidence from the 2008-2009 Financial Crisis ［J］. Review of Financial Studies, 2013, 26（10）: 2583-2619.

［126］Audretsch D. B., Hülsbeck M., Lehmann E. E. Families as Active Monitors of Firm Performance ［J］. Journal of Family Business Strategy, 2013, 4（2）: 118-130.

第二章　公司治理学 2013 年
期刊论文精选

　　本书是以介绍 2013 年国内外有关公司治理领域的相关内容为目的的前沿性著作。在第一章中，笔者分别从公司治理的各部分内容进行综述，涉及国内外该学科领域的前沿、热点，在对相关学术观点梳理、分类陈述的基础上进行了相应评述。

　　公司治理研究范围较广，涉及内容也非常多，本书尝试性地对这些研究成果进行总结、梳理和分析，试图找出 2013 年的研究特点，为今后公司治理的研究提供一定参考。为配合第一章的总结、梳理，在这章中笔者选取了 15 篇有代表性的中文论文和 10 篇有代表性的外文文献，将其主要内容展示给读者，希望能够帮助读者对这一年的研究成果有一个更直观的理解。当然，除了这 25 篇论文，2013 年还有非常多优秀的公司治理文章，此处的选择仅仅是为了配合笔者观点的表述，难以一一列出众多优秀论文。

第一节

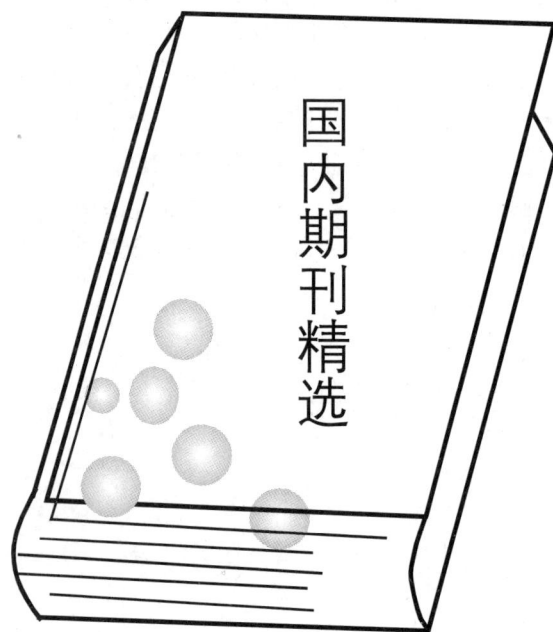

国内期刊精选

家族企业关联大股东的治理角色
——基于关联交易的视角 *

魏明海　黄琼宇　程敏英

【摘　要】本文研究家族企业关联大股东的治理角色，以关联大股东对公司价值的影响为切入点，从关联交易的视角为关联大股东的治理作用提供证据。通过对 2003—2008年家族上市公司的分析，发现关联大股东以关联交易为途径对企业价值产生负面影响。家族关联大股东持股越多、在董事会或董监高中所占席位的比例越大，家族企业的关联交易行为越严重，公司价值折损也越厉害。关联交易对公司价值影响不显著，关联大股东的持股和决策管理明显加深了关联交易对公司价值的损害效应。区别于由家族控股股东单一控股的家族企业，关联大股东的持股和参与决策管理为家族股东侵占中小投资者利益提供了更强烈的动机和更大的操作空间。进一步分析发现：不同类型的关联大股东在公司治理中的角色存在一定差异，机构投资者及"四大"审计师分别作为内部与外部治理机制，可对关联大股东的行为产生一定的监督和制约作用。

【关键词】家族企业；关联大股东；公司治理；企业价值；关联交易

一、引言

经过改革开放 30 多年的快速发展，家族企业已成为我国国民经济的重要组成部分。至 2011 年底，中国资本市场上已有 1100 多家家族控股上市公司，超过国有上市公司的数量。家族企业具有初创成本低、家族成员可信度高、内部凝聚力强等特点（陈凌等，2011），表现出极大的活力，有力推动了企业的发展。家族所有权与管理权的高度统一使第一类代理问题在很大程度上得到缓解，有利于经营绩效的提升（Anderson and Reeb，2003a）。然而，家族企业中也存在明显的特殊问题。任人唯亲、裙带关系、家族式管理等

---

* 本文选自《管理世界》2013 年第 3 期。

成为阻碍家族企业提高效率的重要因素，与之相关，家族股东通过掏空（tunneling）等方式侵占外部股东利益等第二类代理问题也逐渐暴露出来（Johnson et al.，2000；李增泉等，2004；高雷、宋顺林，2007），不仅限制了家族企业自身价值的提升（Claessens et al.，2000；苏启林、朱文，2003），更因损害了中小股东利益而影响到资本市场的有序发展。因此，研究什么因素会加剧或缓解家族控股上市公司中的第二类代理问题，有利于促进家族企业和资本市场的持续健康发展。

从学术界对家族企业治理问题的研究来看，国内外学者对家族控股为何加深大小股东之间的代理冲突给出了一系列的解释，主要可归结为两个方面。第一，融资约束使个人或家族大多采用金字塔结构的方式以较少的投资控制较多的股份（Almeida 和 Wolfenzon，2006；李增泉等，2008），控制权与现金流权分离将使资源留在上市公司再投资的收益远小于进行利益侵占或转移资源再投资的收益（Villalonga and Amit，2009；吕长江、肖成民，2006；刘启亮等，2008）。第二，集团公司和系族企业的组织模式为家族企业通过关联交易等方式向家族持股比例较高的公司输送利益提供便利，加大了家族控股股东侵害中小股东权益的概率和程度（Bertrand et al.，2002；Bae et al.，2002；邵军、刘志远，2008；马金城、王磊，2009）。然而，这些文献均是从家族上市公司的上层持股结构或组织结构来考察的，忽视了家族控股最根本的特征——上市公司自身家族式的产权安排和决策管理结构对家族股东侵占中小股东的行为所带来的影响。

家庭（或家族）涉入经营活动是家族企业所具有的独一无二的特征（Chua 等，1999）。家族企业的家族式管理与职业化管理相对应（陈凌等，2011），家族式管理的程度取决于家族对公司股权和管理岗位的控制水平，表现为家庭的核心成员、姻亲成员、熟人干亲及其他关联方持有公司股权和掌控管理岗位的程度。研究表明，家族式的管理模式和管理权力在家族成员之间的配置显著影响家族企业的经营"效率"，可有效地解释家族企业内部的治理效率和财务绩效（贺小刚等，2010；连燕玲等，2011）。那么，家族企业中家族式持股和管理程度对家族控股股东侵占外部中小股东利益"分配"问题是否产生影响？具体来说，如果把公司治理定义为防止公司内部人侵占外部人利益的一系列制度安排，那么家族企业是由一人持股，还是由家族成员及其关联方多人持股，是否会导致公司治理效率差异？家族成员共同组建复杂股权、家族成员及其关联方参与决策和管理是否为家族控股股东侵占外部中小投资者利益提供了便利和渠道？这是尚未得到文献关注的重要问题，也是本文研究的焦点所在。

本文从家族企业的直接持股结构和董事、监事、高级管理人员（以下简称"董监高"）结构的角度，以 2003—2008 年中国家族控股的上市公司为样本，考察家族控股上市公司中控股股东的关联大股东参与持股和决策管理对公司价值和企业关联交易状况的影响。关联大股东是指与家族控股股东存在关联关系或一致行动人关系的股东，包括第 2—10 大股东中与第一大股东存在产权关联、亲缘关联、任职关联或一致行动人协议的股东。家族多成员持股和参与决策管理，将影响家族股东掏空上市公司的动机和能力，并反映到掏空程度和公司价值上。如果关联大股东的持股和决策管理加剧了控股家族对外部投资者利益的侵占，市场将对上市公司价值给予折价；反之亦然。同时，我国上市公司的关联交易是控股股东侵占中小股东利益的重要途径（李增泉等，2004；陈晓、王琨，2005），直接考察关联大股东的持股和决策管理权力对关联交易的影响及其与关联交易的交互关系对公司价值的影响，可进一步检验公司价值折价（或溢价）的原因，从而为家族关联大股东的治理效应提供证据。

本文的研究发现：①家族关联大股东的存在和委派董事导致公司价值折损，关联大股东持股比例、委派董事比例及委派董监高比例越高，企业价值折损越严重；②家族关联大股东的存在和委派董事与关联交易发生概率和规模正相关，关联大股东持股比例、委派董事比例及委派董监高比例越高，关联交易发生的概率和规模越大；③家族关联大股东的持股、委派董事及委派董监高加剧了关联交易对企业价值的损害；④不同类型的关联大股东在公司治理中的作用机理存在一定差异，机构投资者及"四大"审计师分别作为内部、外部治理机制，可对关联大股东的行为产生一定的监督和制约作用。

本文的主要贡献在于：①学术界往往把家族企业控股股东掏空上市公司的现象与家族企业的控制权—现金流权分离、金字塔结构、家族结构等上层持股和组织结构相联系（刘启亮等，2008；马金城、王磊，2009），忽视了上市公司自身家族式的持股结构和决策管理结构对家族控股股东侵占动机和能力的影响。本文从家族企业最根本的特征出发，发现家族关联大股东参与持股和管理会增强家族股东掏空上市公司的动机和作用途径，为家族企业严重的第二类代理问题现象提供了新的解释。②已有文献几乎都将所有家族成员作为一个整体进行分析，少有考虑家族资本是通过控股股东集中投资还是控股股东与其关联大股东相组合的模式进行控股。贺小刚等（2009，2010）在此方面进行了一些开拓，但主要围绕家族多成员持股和参与决策管理的特征对家族企业内部经营"效率"的影响进行分析。本文则从家族企业内部人与外部人之间的利益"分配"冲突及其治理出发，考察家族多成员持股所产生的经济后果。③国外关于股权制衡的研究倾向于认为，股权制衡在一定程度上能抑制控股股东侵害中小股东利益的行为，有利于提高公司业绩和价值（Bennedsen and Wolfenzon，2000；Edmans and Manso，2011）；但一些基于中国的研究却得出不一致的结论（高雷等，2006）。本文从关联大股东的角度，发现当关联大股东作为其他大股东参与持股或决策管理时，并不能监督和抑制家族控股股东的掏空行为，为家族企业股权制衡失效的现象提供更明确的证据和解释。

本文余下内容安排如下：第二部分是文献回顾；第三部分是制度背景与理论分析；第四部分是研究设计；第五部分是实证结果；第六部分是进一步分析与检验；第七部分是内生性问题与稳健性检验；第八部分是总结讨论。

二、家族控股下的代理问题及其治理机制：相关文献回顾

家族企业是由个人或家族控制的公司（Wei 等，2011），普遍存在于全球各国的资本市场中，占发达国家大小型企业的 30%、东亚国家企业的 2/3 和欧洲国家企业的 44%（La Porta 等，1999；Claessens 等，2000；Faccio 和 Lang，2002）。由于家族控股股东有动机严格监督管理层，家族成员也往往积极参与到企业管理中，因而所有者与管理者分离所产生的第一类代理问题在家族企业中可大大得到缓解（Ali 等，2007）。研究表明，家族企业比非家族企业有更好的经营绩效（Anderson 和 Reeb，2003a；徐向东、陈小悦，2003），承担更低的债务融资成本（Anderson 和 Reeb，2003b）。然而，控股家族可通过集中的股权和大比例的董事会席位控制企业，并通过金字塔结构等方式使控制权超越现金流权，因而家族股东有强烈动机和能力侵占中小股东利益，加剧了第二类代理问题；双层股票、金字塔结构和投票权协议会降低家族创始人股东的溢价（Villalcmga 和 Amit，2009），这种现象在投资者保护程度比较低的国家中更为严重（La Porta 等，1999）。

为了以低成本获取超额收益，控股股东通过定向发行、资产转移、转让定价等多种方式"掏空"上市公司（Johnson 等，2000；Bertrand 等，2002），其中关联交易是中国资本市场上控股股东侵占小股东利益的重要途径（李增泉等，2004；陈晓、王琨，2005）。证据显示，家族企业控股股东存在严重的掏空行为。吕长江和肖成民（2006）认为控制权与现金流权分离导致把资源留在上市公司再投资的收益远小于进行利益侵占或转移资源再投资的收益，他们对江苏阳光集团的分析证实了最终控制人掏空行为的存在。对此，文献的焦点集中于两权分离的形成机制，认为家族企业的金字塔结构、企业集团、系族企业等产权和组织结构安排为掏空活动提供了空间和便利。邵军和刘志远（2008）通过鸿仪系发现系族企业最终控制人往往通过内部资本市场进行"掏空"，造成内部资本市场无效率。刘启亮等（2008）发现，格林柯尔系控制人利用金字塔结构，通过关联交易对旗下上市公司的掏空行为。许艳芳等（2009）发现，明天科技从外部资本市场筹集的资金并非用于自身发展，而是在控股股东的主导下通过各种隐秘的内部资本市场运作方式，转移给明天系的控股股东及其控制的非上市公司。然而，家族企业本身是否存在着某种独特的因素影响着控股股东的掏空动机和能力，如其家族式的产权和决策管理安排，尚未受到文献的关注。

基于控股股东侵占中小股东利益行为的存在，一系列文献探讨了何种治理机制可对其进行约束，其中股权制衡是讨论的焦点。一般情况下，其他大股东的引入会对控股股东形成监督和约束，因为两方谈判可减少私有收益的侵占和租金榨取（Gomes 和 Novaes，2001），大股东之间为了争夺控制权也会减少对小股东的侵占（Bloch 和 Hege，2001）。有证据显示，大股东数目增加会降低关联交易的发生金额和概率（陈晓、王琨，2005），股

权制衡有利于提高公司治理效率，抑制以"利益掏空"为目的的关联交易的发生（洪剑峭、薛浩，2008）。然而，情况在家族企业中会变得更加复杂。Bennedsen 和 Wolfenzon（2000）通过建立理论模型来说明股东之间可能存在的动态联盟关系。在家族企业中，如果第二大股东是另一个家族，公司价值会下降；如果第二大股东是非家族，公司价值则会上升（Maury 和 Pajuste，2005），说明如果其他股东与家族控股股东在某些方面具有相似性，会影响监督和制衡家族控股股东的效果。Anderson 和 Reeb（2004）进一步对董事会结构进行分析，发现大量引入独立董事对家族董事进行制衡的家族企业价值最高；相反，家族持续持股和引入较少独立董事的家族企业价值比非家族企业更低。由此，系统地研究家族成员等关联大股东的持股及其在"董监高"中的权力配置如何影响家族控股股东的掏空行为，可探明家族式管理对第二类代理问题和股权制衡效果的影响，并为公司价值变化的作用途径提供证据。

三、制度背景与理论分析

（一）家族企业关联大股东的形成

家族式组织作为中国大多数民营企业所采取的组织形态，是依托中国制度背景环境和传统儒家文化生成与变迁的。首先，从最直接的法律规定来看，关联大股东的大量存在与我国公司法等对公司设立制度安排有重要关系。西方国家的法律对公司设立（尤其是资本）几乎没有太多要求，但在我国，无论是公司法还是两个交易所对股份公司的设立都有严格且详细的要求（如对资本额、发起人股东数目、发起人认购股份、发起人的权利等）。自 1993 年《公司法》通过以来[①]，要求设立股份有限公司时应当有 5 人以上（含 5 人）为发起人。此类严格且详细的要求直接导致了关联大股东的大量存在。其次，从制度层面来看，我国的投资者保护环境较差，家族成员持有大量股份并参与公司管理可缓解所有者与管理层之间的代理问题，因此产生了家族成员通过抱团来增加家族影响力的现象。再次，从融资需求角度而言，早期资本市场的融资政策主要服务于国有企业改革，上市制度和政策倾向于国有企业，银行融资更多地惠及国有企业或政治关系强的企业，家族企业只能依靠亲缘、姻缘形成长期有效的关系网络，以满足资金需求。由相互信任的家族成员对企业持股，形成网状的股权结构，可为企业发展带来融资优势（Almeida 和 Wolfenzon，2006）。最后，从文化传统来看，中国的合同执行成本很高，而伦理规范和社会习俗等非正式制度以社会制裁为后盾，可作为替代的约束机制，保证交易或资源输出。根植于传统儒家文化

---

① 包括 1999 年修订、2004 年修订、2005 年修订版，2011 年最新修订的《公司法》将发起人人数的下限变更为 2 人，但上限为 200 人，仍然给以关联大股东结构存在的家族企业很大的空间。

的"关系治理"是中国家族企业的一个典型特征，即家族企业内部的管理运作不是根植于明确的规章制度及完善的机制，而是以企业所有者和管理层与企业其他内部成员之间存在的"关系"（即非正式制度规则）为依据。血缘、亲缘、地缘和友缘等关系组成的群体较容易获得彼此的信任与认同（魏明海等，2011），从而解释了关联大股东在家族企业中普遍存在的现象。

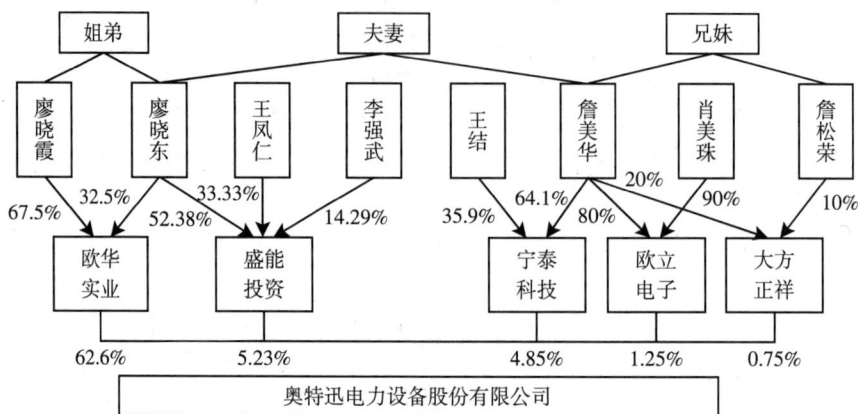

图1 奥特迅股权结构（2007.12.31）

下面我们以奥特迅（002227）为例，分析家族企业中关联大股东的持股方式及其在董监高中的角色和地位（见图1）。解读奥特迅2007年年报，前十大股东中欧华实业有限公司（简称欧华实业）、深圳市盛能投资管理有限公司（简称盛能投资）、深圳市宁泰科技投资有限公司（简称宁泰科技）、深圳市欧立电子有限公司（简称欧立电子）和深圳市大方正祥贸易有限公司（简称大方正祥）均为公司的发起人股东，分别持有公司62.60%、5.23%、4.85%、1.25%和0.75%的股权。单看直接持股结构，无法判断股东是否具有家族属性、之间是否关联。进一步考察其产权和管理结构可知，欧华实业的股东为廖晓霞和廖晓东，分别持有其67.50%和32.50%的股权；盛能投资的股东为廖晓东、王凤仁和李强武，分别持有其52.38%、33.33%和14.29%的股权；宁泰科技的股东为詹美华和王结，分别持有其64.10%和35.9%的股权；欧立电子的股东为肖美珠和詹美华，分别持有其80%和20%的股权；大方正祥的股东为詹美华和詹松荣，分别持有其90%和10%的股权。上述自然人之间的关联关系为：廖晓霞与廖晓东为姐弟，詹美华与廖晓东为夫妻，肖美珠为廖晓霞和廖晓东之母，詹松荣为詹美华之兄。由此可见，该五大法人股东实际上为同一家族的成员所控制，奥特迅实质上是以多个家族成员共同持股的方式组建其股权结构。根据我们的定义，盛能投资、宁泰科技、欧立电子及大方正祥均为关联大股东，合并持股比例为12.08%。其中，盛能投资与欧华实业分别受廖晓东参股和控制，因而盛能投资与控股股东之间存在产权关联；同时，两者的实际控制人为姐弟，因而盛能投资与控股股东之间还存在亲缘关联。同样地，宁泰科技、欧立电子和大方正祥的实际控制人是欧华实业实际控制人的弟妻，因而宁泰科技、欧立电子、大方正祥均与控股股东存在亲缘关联。由于廖晓东兼任欧华实业董事、盛能投资董事长以及宁泰科技监事，因而盛能投资、宁泰科技与控股股东之间还存在任职关联。家族成员交互组合持有上市公司法人股东的股份，大大增加了股权结构的复杂性。

进一步分析其董监高结构，廖晓霞为董事长，廖晓东、王凤仁为董事，王结为董事、副总经理，李强武为监事会主席。因奥特迅董事会规模为 5 人，董监高席位为 10 个，故关联大股东委派董事比例为 60%，委派董监高比例为 40%。由此可见，关联大股东的委派董事比例、董监高比例均超过其本身持股比例，分别为持股比例的 4.967（60%/12.08%）和 3.311（40%/12.08%）。关联大股东超额占有公司的董事会和董监高席位，可能会助长家族股东的利益侵占行为。

（二）理论分析与假设提出

对西欧国家的研究发现，第二大股东的存在对公司价值有正效应，第二大股东与控股股东的投票权差异越小，越可与控股股东抗衡，公司价值越高（Laeven 和 Levine，2008）。然而 Faccio 和 Lang（2002）发现，当公司存在多个大股东时，西欧国家的公司的确有较高的股利分配率，但亚洲公司的股利分配率却比较低，他们的解释是西欧公司的其他大股东可抑制控股股东对小股东的侵占，而亚洲的"裙带资本主义"特征（Crony Capitalism）使公司的其他大股东参与侵占合谋。家族企业中股东之间存在典型的裙带关系，难以抑制甚至助长控股股东的侵占行为及其对公司价值的损害。首先，家族多成员持股会增加对私有收益的诉求，多个股东分享控制权私利的要求将增大家族股东索取更多私有收益的动机。其次，其他大股东与家族控股股东的关联将使股权制衡机制的效用销铄殆尽。Maury 和 Pajuste（2005）发现，如果第一大股东为家族、第二大股东是另一个家族，公司价值会下降。而 Attig 等（2008）发现，当两个大股东是同一家族成员时，信息风险高，股权资本成本也高。针对中国上市公司的研究同样发现，当第一、第二股东同为民营企业时，大股东倾向于达成共谋而非彼此监督（刘星、刘伟，2007）。由此推断，若关联大股东与控股股东存在着产权关联或血缘、姻缘关系，或者同为创业伙伴，这种天然的纽带比股权的同质性更进一步地代表利益的统一。他们之间更容易同声同气，不但使监督机制失效，而且促成与家族控股股东之间的合谋。关联大股东掌握的投票权，很可能受控股股东意志左右，在决策时更可能代表控股股东意愿。其持股比例越大，越增强家族控股股东对中小股东利益侵占的能力，导致企业价值的折损。为此，本文提出如下假设：

H1a：其他条件一定，家族企业关联大股东的存在及其持股比例与企业价值负相关。

控股股东为了获取私有收益，必须与管理层合谋完成（Burkart 等，2003）。关联大股东向公司委派董事、监事或高级管理人员，一方面可降低股东与管理层之间的代理问题，但另一方面却助长控股股东对中小股东的利益侵占，造成公司价值的下降。首先，关联大股东委派董事或董监高将降低董事会的独立性。关联董事（Affiliated Director）在董事会中的席位越多，董事会越不独立，其监督、制衡控股股东所派董事的作用越无法得到发挥，甚至与控股股东合谋获取私有收益（Prencipe and Bar-Yosef，2011），企业价值越受损（Anderson 和 Reeb，2004）。其次，控股股东与其关联大股东之间形成的关联董事网络，将大大增强家族对董事会和高管层的控制力，助其达成某些仅服务于家族利益而非全体股东利益的决策。当关联大股东与控股股东共同拥有的董事或董监高席位到达一定数量时，即可实现对董事会的超额控制（Villalonga 和 Amit，2009），董事会和高管的重大决策在更大程度上受到操纵。最后，过多的家族成员、亲信占据董事会和董监高席位，在专业知识、技能和管理才能上可能参差不齐，无法满足企业发展需求，也会影响公司价值。为此，关联大股东委派董事和董监高比例越高，越容易导致企业价值折损。我们提出如下假设：

H1b：其他条件一定，家族企业关联大股东委派董事和董监高比例与企业价值负相关。

关联交易是家族控股股东进行利益侵占的重要手段（Cheung 等，2006；李增泉等，2004），家族企业可通过大规模的关联交易满足其避免退市或发行新股等各种动机（Jian 和 Wong，2010）。在法律体系和监管制度对投资者保护尚不强的环境下，家族企业引进关联大股东持股或参与决策管理，更容易导致关联交易的发生。首先，关联大股东持股和决策管理大大削弱了对控股股东进行监督的力量，也损害了监督控股股东掏空行为的重要机制。部分研究发现股权制衡对控股股东的掏空无影响，股权制衡没有发挥对关联交易的抑制作用（高雷、宋顺林，2007），刘伟等（2010）便认为是股东性质影响了股权制衡对控股股东侵占行为的抑制效果。其次，家族关联大股东持股和参与决策管理本身形成了关联交易的实施通道。企业集团控制将加剧公司控股股东的掏空行为（Jian 和 Wong，2010；高雷等，2006），但家族企业集团原依靠家族控股股东与上市公司进行交易，交易渠道单一且容易受到观测和关注。关联大股东持股将增加家族企业集团与上市公司的连接，为关联交易的进行提供多方通道。因此，关联大股东持股和参与管理实质上加强了集团内部企业的连接，将使掏空行为更为严重。相比于只在上市公司与母公司之间进行关联交易，控股股东与关联大股东之间的关联交易可能更为复杂也更为隐蔽。为此，本文提出假设2：

H2：其他条件一定，家族企业关联大股东的存在、持股比例、委派董事和董监高比例与企业的关联交易行为正相关。

关联交易未必均为大股东转移财富实现自身利益，企业集团可能通过内部关联交易以降低交易成本，从而提高成员企业价值（Khanna 和 Palepu，1997）。部分被市场认为是机会主义的关联交易行为，才导致公司市场价值的下降（Cheung 等，2006）。如果与家族控股和关联大股东相关的关联交易活动是基于掏空动机而开展的，那直接的后果是关联大股东的持股和决策管理将加剧关联交易对企业价值的折损效应。由此也可证明，家族关联大股东对公司价值的作用途径之一是加剧了掏空性关联交易的发生。为此，本文提出假设3：

H3a：其他条件一定，关联交易规模与公司价值负相关。

H3b：其他条件一定，家族企业关联大股东的持股、委派董事和委派董监高加剧关联交易对公司价值的负面影响。

四、样本选择与研究方法

（一）样本选择与数据来源

本文以 2003—2008 年在上海或深圳交易所交易、实际控制人可追溯到个人或家族的 A 股上市公司为样本。以 2003 年为起始年度，是因为 2003 年以后，上市公司对实际控制人的披露趋于完善。我们剔除了金融、保险行业公司，余下共 2492 个公司年度样本。关联大股东的识别、持股比例、委派董事或董监高比例等数据手工收集于公司年度报告。根据公司年报的披露，识别第 2—10 大股东是否与控股股东存在关联关系或是否为一致行动人，具体包括 4 种情形：①产权关联，即与控股股东属于同一最终控制人，或与控股股东存在单向持股或双向持股关系；②亲缘关联，即与控股股东存在亲属关系，或是控股股东的实际控制人的亲属，或其实际控制人是控股股东的亲属，或其实际控制人与控股股东的实际控制人是亲属；③任职关联，即是控股股东的高管，或与控股股东存在同一法定代表人或高管人员；④一致行动人，本文是指根据公司年报的信息披露，与控股股东签订了一致行动人① 协议的其他前十大股东。关联交易数据、财务指标和公司治理等数据来自 CCER 和 CSMAR 数据库。

（二）模型设定

为控制其他因素对因变量的潜在影响，本文通过多元回归的方法对假设进行检验。基础分析使用一般最小二乘法（OLS），并把所有变量在 1% 和 99% 分位数进行 winsorize。为了消除可能存在的异方差问题，OLS 回归中用 robust 进行了调整。此外，在所有回归分析中加入年度和行业虚拟变量，控制近似经济环境所带来的固定效应。我们设定模型（1）检验关联大股东对企业价值的影响。

$$\text{Tobin'sQ}_{i,t} = \alpha_0 + \alpha_1 \text{FRS\_proxy}_{i,t} + \alpha_2 \text{Cons}_{i,t} + \alpha_3 \text{Cons}^2_{i,t} + \alpha_4 \text{Consdman}_{i,t} + \alpha_5 \text{Fam\_ceo}_{i,t} +$$
$$\alpha_6 \text{Inst}_{i,t} + \alpha_7 \text{NonRS\_pert}_{i,t} + \alpha_8 \text{NonRSsddir\_pert}_{i,t} + \alpha_9 \text{Compensation}_{i,t} +$$
$$\alpha_{10} \text{Size}_{i,t} + \alpha_{11} \text{Roa}_{i,t} + \alpha_{12} \text{Lev}_{i,t} + \alpha_{13} \text{Risk}_{i,t} + \alpha_{14} \text{Age}_{i,t} + \varphi_{i,t} \tag{1}$$

---

① 根据《上市公司股东持股变动信息披露管理办法》，"一致行动人是指通过协议、合作、关联方关系等合法途径扩大其对一个上市公司的控制比例，或者巩固其对上市公司的控制地位，在行使上市公司表决权时采取相同意见表示的两个以上的自然人、法人或者其他组织"。

其中：Tobin's Q 代表公司价值[1]，等于公司资产的市场价值与资产的重置成本之比，其中公司市场价值等于发行在外的普通股市场价值加上非流通股账面价值加上负债账面价值，公司资产的重置成本等于总资产的账面价值。为避免行业特征对 Tobin's Q 的影响，稳健性检验中用行业中位数调整后的 Tobin's Q（Indadj_Tobin'sQ）作为因变量。测试变量 FRS_proxy 包括两组变量共 5 个指标。第一组检验 H1a，即关联大股东存在及持股对企业价值的影响。其中，虚拟变量 RS_dum，当家族关联大股东参与持股时取 1，否则取 0；连续变量 RS_pert，表示关联大股东的持股比例。第二组检验 H1b，即关联大股东对董事会及董监高的影响力对企业价值的作用。其中，虚拟变量 RSsend_dum，当关系股东向公司委派董事时取 1，否则取 0；连续变量 RSsddir_pert，表示关联大股东委派董事占董事会的比例；连续变量 RSsdman_pert，表示关联大股东委派董监高占董监高席位的比例。根据 H1a 和 H1b，关联大股东存在、持股及委派董事和董监高可能造成企业价值折损，我们预期 a_1 为负。

模型中我们控制了公司的财务特征和治理特征（Anderson 和 Reeb，2003a），包括：年末负债与总资产之比（Lev）、总资产的自然对数（Size）、年度净利润与年初年末平均总资产之比（Roa）、一年内股票价格的标准差（Risk）、公司设立年度起到样本年度止所历年限（Age）、家族第一大股东持股比例（Con）及其平方（Con^2）、家族第一大股东委派董监高人数占公司董监高总数的比例（Consdman）、第 2—10 股东中其他非关联大股东的持股比例之和（NonRS_pert）及其委派董事占公司董事总数的比例（NonRSsddir_pert）、董事长或 CEO 是否为家族成员（Fam_ceo）、机构持股比例（Inst）以及公司董监高年薪总额的自然对数（Compensation）。

参考 Berkman 等（2010），我们设定模型（2）检验关联大股东对关联交易行为的影响。

$$Tunnel_{i,t} = \lambda_0 + \lambda_1 FRS\_proxy_{i,t} + \lambda_2 Cons_{i,t} + \lambda_3 Consdman_{i,t} + \lambda_4 Fam\_ceo_{i,t} + \lambda_5 Inst_{i,t} +$$
$$\lambda_6 NonRS\_pert_{i,t} + \lambda_7 NonRSsddir\_pert_{i,t} + \lambda_8 Size_{i,t} + \lambda_9 Roa_{i,t} + \lambda_{10} Lev_{i,t} +$$
$$\lambda_{11} Age_{i,t} + \varepsilon_{i,t} \tag{2}$$

Tunnel 表示家族上市公司的关联交易行为，分别用虚拟变量 Tunnel_dum 表示关联交易发生的概率，连续变量 Tunnel_asset 表示关联交易规模。若第 t 年内家族上市公司曾向关联方销售商品及提供劳务，Tunnel_dum 取 1，否则取 0。Tunnel_asset 等于第 t 年内向关联方销售商品及提供劳务总额除以当年的年末总资产（Jian 和 Wong，2010）。稳健性检验中以关联购销（等于第 t 年内向关联方购买或销售产品及劳务总额除以当年年末总资产）及关联交易总额（等于第 t 年内与关联方发生的所有关联交易行为总额除以当年年末总资

---

[1] 我们采用公司价值指标而不采用会计业绩指标，主要的原因是：①会计业绩指标容易受到盈余管理，不一定反映公司的真实经营状况；众多研究表明，我国上市公司在上市后 3—4 年内，会计业绩指标总体上呈显著下降趋势；大量上市公司在保壳、保配的动机下进行盈余管理；②即使会计业绩指标可反映公司的真实经营效率，也不可反映公司的分配效率和未来的成长性，而这些信息均可在投资者对公司价值的评估中得以反映。在后文的补充检验中，我们也考察了以会计业绩为指标的情形。

产）为因变量[①]。同样，测试变量 FRS_proxy 包括 RS_dum、RS_pert、RSsend_dum、RSsd-dir_pert 及 RSsdman_pert 5 个指标，定义同模型（1）。根据 H2，关联大股东存在、持股及委派董事和董监高比例与关联交易行为正相关，我们预期 λ_i 为正。控制变量包括财务指标和公司治理特征，定义同模型（1）。

为了检验家族关联大股东对关联交易的影响是否为其作用于家族上市公司价值的途径，我们在模型（1）的基础上，加入关联大股东与关联交易规模的交叉项，用以下模型进行检验：

$$
\begin{aligned}
\text{Tobin's}Q_{i,t} = & \beta_0 + \beta_1 \text{Tunnel\_asset}_{i,t} + \beta_2 \text{FRS\_proxy}_{i,t} + \beta_3 \text{Tunnel\_asset}_{i,t} \times \text{FRS\_proxy}_{i,t} + \\
& \beta_4 \text{Cons}_{i,t} + \beta_5 \text{Cons}_{i,t}^2 + \beta_6 \text{Consdman}_{i,t} + \beta_7 \text{Fam\_ceo}_{i,t} + \beta_8 \text{Inst}_{i,t} + \\
& \beta_9 \text{NonRS\_pert}_{i,t} + \beta_{10} \text{NonRSsddir\_pert}_{i,t} + \beta_{11} \text{Compensation}_{i,t} + \beta_{12} \text{Size}_{i,t} + \\
& \beta_{13} \text{Roa}_{i,t} + \beta_{14} \text{Lev}_{i,t} + \beta_{15} \text{Risk}_{i,t} + \beta_{16} \text{Age}_{i,t} + \mu_{i,t}
\end{aligned} \tag{3}
$$

其中，因变量为 Tobin'sQ，用于衡量企业价值，Tunnel_asset 表示关联销售的规模，FRS_proxy 为刻画关联大股东的 5 个变量。Tunnel_asset 的系数 β_1 用以衡量家族上市公司的关联交易行为对企业价值产生的影响，预期符号为负。Tunnel_asset×FRS_proxy 系数 β_3 衡量家族关联大股东的持股、委派董事和董监高是否加剧上市公司关联交易行为对公司价值的影响，预期符号为负。变量定义与模型（1）一致。

五、实证结果

（一）描述性统计

表 1 描述样本的情况。在 2492 个公司一年度样本中，836 个存在关联大股东，占总样本的 33.55%。平均而言，以多成员持股的方式组建家族企业的公司约为所有家族上市公司的 1/3。从各类关联大股东在家族企业中的分布来看，存在产权关联大股东的样本为418 个，占存在关联大股东的公司一年度样本的 50%；存在亲缘关联大股东的样本为172个，占存在关联大股东的公司一年度样本的 20.57%；存在任职关联大股东和一致行动人股东的样本分别为 41 个和 61 个，分别占存在关联大股东的公司一年度样本的 4.90% 和 7.30%；存在两种以上的关联大股东的公司一年度样本为 144 个，占存在关联大股东的公司一年度样本的 17.22%。

---

① 关联交易行为包括上市公司向关联方购买或销售商品、接受或提供劳务、资产置换、资金往来、代理委托、抵押担保、租赁、托管经营（管理方面）、赠与、非货币交易、股权交易、债权债务类交易、合作项目、许可协议、研究与开发成果、关键管理人员报酬，其他与收入支出有关的项目。

（二）主要变量的均值和 T 检验

表 2 报告主要变量单因素分析的结果。结果显示，存在关联大股东的家族企业公司价值（Tobin'sQ）和（Indadj_Tobin'sQ）显著地低于不存在关联大股东的家族企业，均在1%水平上显著。对于关联交易的概率（Tunnel_dum），存在关联大股东的家族企业显著高于不存在关联大股东的家族企业，在 5%水平上显著，即存在关联大股东的家族企业进行关联交易的概率显著更大，说明存在关联大股东的家族企业更可能对中小股东进行掏空。存在关联大股东家族企业的关联销售规模（Tunnel_asset）略高于不存在关联大股东的家族企业，统计上不显著，后续模型中我们通过控制其他潜在的影响因素，进一步考察关联大股东对关联交易规模的影响。对这一结果可初步给出的解释是：外部投资者在一定程度上能够识别存在关联大股东的家族企业可能会实施更多的掏空行为，侵占中小投资者利益，因此对其股价进行折价，表现为更低的企业价值。

表 1　样本描述

年份	家族企业	存在关联大股东		控股型产权关联	非控股型产权关联	产权关联	亲缘关联	任职关联	一致行动人	两人或以上
		家数	比例（%）							
2003	266	76	28.57	31	16	47	8	8	2	11
2004	353	113	32.01	41	21	62	20	7	4	20
2005	365	120	32.88	42	23	65	19	8	7	21
2006	429	139	32.40	47	25	72	27	7	7	26
2007	512	177	34.57	57	33	90	45	6	6	30
2008	567	211	37.21	31	51	82	53	5	35	36
小计	2492	836	33.55	249	169	418	172	41	61	144
占存在关联大股东家数比例（%）				29.78	20.22	50	20.57	4.9	7.3	17.22

表 2　主要变量的均值和 T 检验

	所有家族企业		存在关联大股东的家族企业		不存在关联大股东的家族企业			
	均值	标准差	均值	标准差	均值	标准差	均值差异	T 值
Tobin'sQ	1.597	1.028	1.531	0.898	1.631	1.086	−0.100	−2.297***
Indadj_Tobin'sQ	0.287	0.791	0.225	0.685	0.318	0.838	−0.093	−2.760***
Tunnel_dum	0.614	0.487	0.645	0.490	0.599	0.478	0.046	2.214**
Tunnel_asset	0.039	0.180	0.042	0.213	0.036	0.161	0.006	0.863
Cons	0.318	0.131	0.333	0.141	0.311	0.125	0.022	4.037***
Consddir	0.272	0.186	0.252	0.182	0.283	0.187	−0.030	−3.834***
Consdman	0.170	0.121	0.157	0.119	0.177	0.122	−0.020	−3.805***
RS_dum	0.335	0.472	1.000	0.000	0.000	0.000	1.000	0.000***
RS_pert	0.042	0.081	0.124	0.097	0.000	0.000	0.124	52.34***

	所有家族企业		存在关联 大股东的家族企业		不存在关联 大股东的家族企业			
	均值	标准差	均值	标准差	均值	标准差	均值差异	T 值
RSsend_dum	0.198	0.399	0.590	0.492	0.000	0.000	0.590	48.75***
RSsddir_pert	0.051	0.122	0.153	0.169	0.000	0.000	0.153	36.53***
RSsdman_pert	0.031	0.073	0.091	0.101	0.000	0.000	0.091	36.74***
Fam_ceo	0.506	0.506	0.669	0.481	0.424	0.498	0.245	11.72***
NonRS_pert	0.210	0.128	0.155	0.107	0.239	0.128	−0.084	−16.20***
NonRSsddir_pert	0.176	0.206	0.167	0.202	0.181	0.207	−0.013	−0.005
Inst	0.137	0.184	0.163	0.195	0.124	0.177	0.039	5.028***
Size	20.81	0.957	20.92	0.914	20.75	0.972	0.171	4.215***
Lev	0.605	0.936	0.548	0.328	0.635	0.393	−0.087	−2.194**
Roa	0.021	0.106	0.037	0.098	0.013	0.109	0.024	5.305***
Risk	0.907	0.558	0.931	0.540	0.895	0.566	0.036	1.460*
Compensation	13.980	0.838	14.180	0.786	13.880	0.845	0.298	8.461***
Age	7.632	4.285	5.542	4.126	8.687	3.966	−3.145	−18.43***

注：***、**及*分别表示在 1%、5%和 10%水平上显著。

（三）主要变量的相关性分析

我们对主要的因变量、解释变量和控制变量进行 Pearson 相关性分析①。其中，是否存在关联大股东（RS_dum），关联大股东持股比例（RS_pert），关联大股东是否委派董事（RSsend_dum)、关联大股东委派董事比例（RSsddir_pert）及委派董监高比例（RSsdman_pert）均与企业价值（Tobin's Q 及 Indadj_Tobin's Q）显著负相关，与关联交易概率（Tunnel_dum）及规模（Tunnel_asset）显著正相关。家族关联大股东对公司价值和关联交易的作用方向与预期相一致。解释变量之间不存在严重的多重共线性。

（四）多元回归分析及结果

1. 关联大股东与企业价值

表 3 报告家族企业关联大股东的存在、持股及委派董事和董监高与企业价值的多元回归结果。列（1）–列（2）报告关联大股东的存在（RS_dum）和持股比例（RS_pert）对企业价值的影响，两者的系数分别是–0.104、–0.752，均在 1%水平上显著。存在关联大股东的家族企业，其公司价值比其他家族企业平均要低 0.104；家族关联大股东持股比例上升 10%，

---

① 由于篇幅所限，此处仅以文字表述，未插入表格。

公司价值平均下降 0.075。列（3）—列（5）报告家族关联大股东是否委派董事（RSsend_dum）、委派董事比例（RSsddir_pert）及委派董监高比例（RSsdman_pert）与企业价值的关系，三者的系数分别是-0.112、-0.312 和-0.919，分别在 1%、5% 和 1% 的水平上显著。说明当家族关联大股东向公司委派董事时，公司价值平均比其他无委派的家族企业要低 0.112；委派董事比例上升 10%，平均下降 0.031；委派董监高比例上升 10%，Tobin's Q 平均下降 0.092。结果表明，家族企业中关联大股东的存在、持股及委派董事、董监高对企业价值有消极的影响，较好地支持 H1a 和 H1b。

此外，控股股东的持股比例（Cons）系数为-3.45，控股股东持股比例的平方（Cons²）系数为 3.52，均在 1% 水平上显著，说明控股股东持股比例与企业价值存在显著的正 U 型关系。控股股东委派董监高比例（Consdman）为正但不显著，董事长或 CEO 是否为家族成员为负但不显著，可能控股股东持股比例（Cons）已经比较充分地反映了控股股东的影响力。机构持股比例（Inst）显著为正，说明机构投资者对企业的市场价值有积极的促进作用。

2. 关联大股东与关联交易

表 4 和表 5 报告家族企业关联大股东的存在、持股及委派董事和董监高与关联交易发生概率及规模的多元回归结果。表 4 中我们使用 Logistic 回归，因变量为是否发生关联交易（Tunnel_dum），列（1）—列（2）报告是否存在家族关联大股东（RS_dum）及家族关联大股东的持股比例（RS_pert）对家族上市公司关联交易发生概率的影响。RS_dum 和 RS_pert 的系数分别为 0.363、2.254，均在 1% 水平上显著，说明关联大股东的存在和持股显著提高了家族上市公司进行关联交易的概率。存在关联大股东的家族企业发生关联交易的概率平均比其他家族企业高 36.3%；家族关联大股东持股比例增加 10%，公司发生关联交易的可能性平均上升 22.54%。列（3）—列（5）报告家族关联大股东是否委派董事（RSsend_dum）、委派董事比例（RSsddir_pert）及委派董监高比例（RSsend_pert）与关联交易发生概率的关系。RSsend_dum、Rssddir_pert 和 Rssdman_pert 的系数分别为 0.383、1.629 和 3.282，均在 1% 水平上显著，说明关联大股东委派董事和董监高会为家族企业的关联交易行为提供更大的支持。家族关联大股东委派董事，使公司发生关联交易的概率比其他家族企业平均要高 38.3%。委派董事比例提高 10%，关联交易发生概率提高 16.29%；委派董监高比例提高 10%，关联交易概率提高 32.82%，具有十分明显的经济显著性。

表 3　家族企业关联大股东与企业价值

Variables	Tobin's Q				
	（1）	（2）	（3）	（4）	（5）
Constant	11.33*** (0.00)	11.40*** (0.00)	11.29*** (0.00)	11.30*** (0.00)	11.35*** (0.00)
RS_dum	-0.104*** (0.00)				
RS_pert		-0.752*** (0.00)			

续表

Variables	Tobin'sQ				
	（1）	（2）	（3）	（4）	（5）
RSsend_dum			−0.112*** (0.00)		
RSsddir_pert				−0.312** (0.02)	
RSsdman_pert					−0.919*** (0.00)
Cons	−3.450*** (0.00)	−3.278*** (0.00)	−3.456*** (0.00)	−3.480*** (0.00)	−3.558*** (0.00)
Cons^2	3.520*** (0.00)	3.201*** (0.00)	3.556*** (0.00)	3.584*** (0.00)	3.649*** (0.00)
Fam_ceo	−0.026 (0.34)	−0.020 (0.47)	−0.026 (0.35)	−0.029 (0.29)	−0.020 (0.47)
Consdman	0.206 (0.11)	0.183 (0.15)	0.213* (0.10)	0.217* (0.09)	0.189 (0.14)
Size	−0.532*** (0.00)	−0.537*** (0.00)	−0.533*** (0.00)	−0.534*** (0.00)	−0.538*** (0.00)
Lev	0.606*** (0.00)	0.603*** (0.00)	0.599*** (0.00)	0.599*** (0.00)	0.602*** (0.00)
Inst	1.682*** (0.00)	1.700*** (0.00)	1.668*** (0.00)	1.656*** (0.00)	1.671*** (0.00)
NonRS_pert	−0.590*** (0.00)	−0.659*** (0.00)	−0.518*** (0.00)	−0.508*** (0.00)	−0.589*** (0.00)
NonRSsddir_pert	−0.119 (0.19)	−0.148* (0.10)	−0.140 (0.11)	−0.149* (0.09)	−0.152* (0.09)
Roa	0.820*** (0.01)	0.844*** (0.01)	0.826*** (0.01)	0.830*** (0.01)	0.844*** (0.01)
Compensation	0.087*** (0.00)	0.089*** (0.00)	0.089*** (0.00)	0.090*** (0.00)	0.095*** (0.00)
Risk	0.012 (0.76)	0.011 (0.77)	0.010 (0.79)	0.011 (0.78)	0.009 (0.81)
Age	0.016*** (0.01)	0.014** (0.02)	0.016*** (0.01)	0.016*** (0.01)	0.015** (0.01)
Industry & Year	Yes	Yes	Yes	Yes	Yes
Observation	2269	2269	2269	2269	2269
Adj.R^2	0.531	0.532	0.531	0.530	0.533

注：***、**及*分别表示在1%、5%和10%水平上显著。此处样本数量减少223个（2492-2269）的原因是此模型控制企业风险变量（Risk，等于一年内股票价格的标准差），上市未满1年样本被剔除。表6同理。

表 4   家族企业关联大股东与关联交易概率

Variables	Tunnel_dum				
	（1）	（2）	（3）	（4）	（5）
Constant	−10.59*** (0.00)	−10.99*** (0.00)	−10.48*** (0.00)	−10.74*** (0.00)	−10.85*** (0.00)
RS_dum	0.363*** (0.00)				
RS_pert		2.254*** (0.00)			
RSsend_dum			0.383*** (0.00)		
RSsddir__pert				1.629*** (0.00)	
RSsdman_pert					3.282*** (0.00)
Cons	1.416*** (0.00)	1.565*** (0.00)	1.362*** (0.00)	1.393*** (0.00)	1.468*** (0.00)
Consdman	1.594*** (0.00)	1.620*** (0.00)	1.577*** (0.00)	1.670*** (0.00)	1.687*** (0.00)
Fam_ceo	−0.162 (0.10)	−0.171* (0.09)	−0.168 (0.09)	−0.174* (0.08)	−0.181* (0.07)
Inst	0.310 (0.31)	0.270 (0.38)	0.318 (0.29)	0.321 (0.29)	0.320 (0.29)
NonRS_pert	−0.518 (0.30)	−0.420 (0.42)	−0.757 (0.12)	−0.618 (0.20)	−0.491 (0.31)
NonRSsddir_pert	0.567** (0.04)	0.657** (0.01)	0.622** (0.02)	0.670** (0.01)	0.668** (0.01)
Size	0.468*** (0.00)	0.486*** (0.00)	0.470*** (0.00)	0.478*** (0.00)	0.481*** (0.00)
Roa	0.408 (0.43)	0.343 (0.51)	0.391 (0.46)	0.348 (0.51)	0.315 (0.55)
Lev	−0.393*** (0.01)	−0.383** (0.01)	−0.364** (0.02)	−0.353** (0.02)	−0.371** (0.01)
Age	0.042*** (0.00)	0.045*** (0.00)	0.039*** (0.00)	0.041*** (0.00)	0.044*** (0.00)
Industry & Year	Yes	Yes	Yes	Yes	Yes
Observation	2479	2479	2479	2479	2479
Psetudo.R^2	0.117	0.117	0.117	0.118	0.20

注：***、** 及 * 分别表示在 1%、5% 和 10% 水平上显著。表中样本数量减少 13 个（2492-2479）是由于关联交易变量（Tunnel_dum）有缺失值。表 5 同理。

表5　家族企业关联大股东与关联交易规模

Variables	Tunnel_asset				
	（1）	（2）	（3）	（4）	（5）
Constant	−0.272*** (0.00)	−0.298*** (0.00)	−0.277*** (0.00)	−0.297*** (0.00)	−0.289*** (0.00)
RS_dum	0.013 (0.17)				
RS_pert		0.136** (0.02)			
RSsend_dum			0.033** (0.03)		
RSsddir_pert				0.139** (0.02)	
RSsdman_pert					0.191** (0.02)
Cons	0.073** (0.03)	0.090** (0.01)	0.078*** (0.01)	0.084*** (0.01)	0.083*** (0.01)
Consdman	0.021 (0.52)	0.028 (0.40)	0.029 (0.33)	0.037 (0.25)	0.031 (0.32)
Fam_ceo	−0.007 (0.38)	−0.008 (0.29)	−0.009 (0.20)	−0.010 (0.16)	−0.009 (0.18)
Inst	−0.026 (0.26)	−0.030 (0.19)	−0.029 (0.16)	−0.030 (0.15)	−0.028 (0.17)
NonRS_pert	0.045 (0.25)	0.067* (0.10)	0.057 (0.11)	0.070* (0.07)	0.063 (0.11)
NonRSddir_pert	−0.025 (0.24)	−0.019 (0.39)	−0.020 (0.17)	−0.015 (0.32)	−0.018 (0.21)
Size	0.011*** (0.00)	0.011*** (0.00)	0.011*** (0.00)	0.011*** (0.00)	0.011*** (0.00)
Roa	−0.040 (0.36)	−0.047 (0.29)	−0.044 (0.40)	−0.049 (0.35)	−0.048 (0.35)
Lev	0.038*** (0.00)	0.038*** (0.00)	0.039* (0.08)	0.040* (0.07)	0.038* (0.09)
Age	0.001 (0.23)	0.002* (0.10)	0.002 (0.25)	0.002 (0.24)	0.002 (0.28)
Industry & Year	Yes	Yes	Yes	Yes	Yes
Observations	2479	2479	2479	2479	2479
Adj.R²	0.027	0.029	0.03	0.033	0.031

注：***、** 及 * 分别表示在1%、5%和10%水平上显著。

控制变量方面，控股股东的持股比例（Cons）系数为1.42，在1%水平上显著；控股股东委派董监高比例（Cons）系数同样为正，在1%水平上显著。由此可见，家族关联大股东与控股股东对家族上市公司关联交易发生概率的影响方向一致。

表5报告家族关联大股东对家族上市公司关联交易规模的影响。列（1）-列（2）报告

家族关联大股东的存在和持股比例对关联交易规模的影响。RS_dum 和 RS_pert 的系数是 0.013 和 0.136,后者在 5%水平上显著,说明家族关联大股东持股增加了关联交易的规模。家族关联大股东持股比例增加 10%,关联交易占总资产的比例上升 1.36%。列(3)-列(5)报告家族关联大股东是否委派董事(RSsend_dum)、委派董事比例(RSsddir_pert)及委派董监高比例(RSsdman_pert)对关联交易规模的影响。三者的系数是 0.033、0.139 及 0.191,均在 5%水平上显著。家族关联大股东向公司委派董事的上市公司,其关联交易占总资产的比例比其他家族企业高 3.3%;委派董事比例上升 10%,关联交易占总资产的比例上升 1.39%;委派董监高比例上升 10%,关联交易占总资产的比例上升 1.91%。结果表明,家族关联大股东的持股、委派董事和委派董监高对董事会和高级管理人员决策产生显著影响,为家族股东与上市公司之间的关联交易提供更大的便利,H2 得到支持。从控制变量来看,控股股东的持股比例(Cons)系数为 0.073,在 5%水平上显著,控股股东委派的董监高比例(Consdman)系数为正,家族关联大股东与控股股东的持股比例均与家族企业的关联交易规模正相关。

表 4 和表 5 共同说明,家族关联大股东参与持股不仅无法产生制衡,还为控股股东掏空上市公司提供了便利;家族关联大股东持股比例越大、委派董事和董监高比例越高,关联交易发生的概率及规模越大。

3. 关联大股东、关联交易与企业价值

表 6 进一步报告模型(3)的回归结果,检验家族关联大股东与关联交易规模对企业价值的交互影响。列(1)报告关联交易规模对企业价值的影响。结果显示,关联交易规模(Tunnel_asset)的系数为 0.235,统计上不显著,可能的原因是:某些关联交易被视为对中小投资者利益的侵占(Cheung 等,2006),而某些关联交易可能基于内部商品市场而进行(Khanna 和 Palepu,1997)或被用于支持(Propping)上市公司(Jian 和 Wong,2010),正负两种作用相互抵消的情况下关联交易规模对公司价值的作用不显著。列(2)-列(6)分别放入关联大股东的五个变量 FRS_proxy 及其与 Tunnel_asset 的交叉项。列(2)显示,FRS_proxy×Tunnel_asset 交叉项的系数 β_3 方向为负,统计上不显著;而在列(3)-列(5)中,β_3 方向为负并且在 5%水平上显著,说明随着家族关联大股东持股比例和委派董事比例上升,关联交易越可能是基于掏空动机而发生的;家族关联大股东的持股和委派董事的

表 6　家族企业关联大股东、关联交易与企业价值

Variables	Tobin's Q					
	(1)	(2)	(3)	(4)	(5)	(6)
Constant	6.587*** (0.00)	6.629*** (0.00)	6.626*** (0.00)	6.617*** (0.00)	6.605*** (0.00)	6.644*** (0.00)
Tunnel_asset	0.235 (0.25)	0.378 (0.16)	0.403* (0.09)	0.441* (0.07)	0.400* (0.09)	0.370 (0.11)
RS_dum		−0.033 (0.39)				

续表

Variables	Tobin'sQ					
	(1)	(2)	(3)	(4)	(5)	(6)
RS_dum×Tunnel_asset		−0.399 (0.26)				
RS_pert			−0.181 (0.48)			
RS_pertx Tunneljasset			−3.856** (0.02)			
RSsendjdum				−0.035 (0.45)		
RSsend_dumx Tunnel_asaet				−0.762** (0.03)		
RSsddir_pert					−0.083 (0.58)	
RSsddir_pertx Tunnel_asset					−1.784** (0.03)	
RSsdman_pert						−0.497** (0.03)
RSsdman_pertx Tunneljisset						−2.19 (0.18)
Cons	−2.564*** (0.00)	−2.596*** (0.00)	−2.531*** (0.00)	−2.609*** (0.00)	−2.624*** (0.00)	−2.689*** (0.00)
Cons²	2.638*** (0.00)	2.637*** (0.00)	2.523*** (0.00)	2.670*** (0.00)	2.698*** (0.00)	2.739*** (0.00)
Fam_ceo	−0.012 (0.63)	−0.009 (0.77)	−0.007 (0.81)	−0.007 (0.82)	−0.009 (0.77)	−0.004 (0.90)
Consdman	0.138 (0.29)	0.117 (0.38)	0.111 (0.40)	0.109 (0.42)	0.114 (0.40)	0.093 (0.48)
Inst	1.457*** (0.00)	1.472*** (0.00)	1.469*** (0.00)	1.471*** (0.00)	1.462*** (0.00)	1.471*** (0.00)
NonRS__pert	−0.076 (0.65)	−0.156 (0.38)	−0.175 (0.34)	−0.143 (0.41)	−0.129 (0.46)	−0.193 (0.27)
NonRSsddir_pert	−0.150 (0.11)	−0.148 (0.12)	−0.158* (0.09)	−0.152 (0.10)	−0.155* (0.10)	−0.166* (0.08)
Size	−0.265*** (0.00)	−0.266*** (0.00)	−0.268*** (0.00)	−0.267*** (0.00)	−0.267*** (0.00)	−0.270*** (0.00)
Lev	−0.118*** (0.00)	−0.119*** (0.00)	−0.119*** (0.00)	−0.118*** (0.00)	−0.118*** (0.00)	−0.119*** (0.00)
Roa	0.058 (0.86)	0.062 (0.86)	0.071 (0.83)	0.066 (0.84)	0.070 (0.84)	0.081 (0.81)
Compensation	0.011 (0.65)	0.013 (0.60)	0.015 (0.55)	0.014 (0.58)	0.015 (0.56)	0.019 (0.47)
Risk	−0.054 (0.21)	−0.052 (0.23)	−0.053 (0.22)	−0.053 (0.21)	−0.052 (0.22)	−0.053 (0.21)

Variables	Tobin's Q					
	（1）	（2）	（3）	（4）	（5）	（6）
Age	0.022***	0.021***	0.021***	0.021***	0.022***	0.020***
	(0.00)	(0.00)	(0.00)	(0.00)	(0.00)	(0.00)
Industry & Year	Yes	Yes	Yes	Yes	Yes	Yes
Observations	2265	2265	2265	2265	2265	2265
Adj.R²	0.457	0.457	0.457	0.458	0.457	0.458

注：***、**、*分别表示在1%、5%和10%水平上显著。

比例越大，关联交易对企业价值的损害程度越严重。结果表明，关联大股东结构的复杂性为关联交易行为带来隐秘性的同时加剧了信息不对称，投资者对公司价值给予更大程度的折价。H3b 得到支持。

六、进一步分析与检验

（一）不同类型关联大股东影响的差异

前文指出，根据关联大股东与控股股东的关联方式，可将其划分为4种类型。在836个存在关联大股东的样本中，有418个属于产权关联大股东，172个属于亲缘关联大股东，41个属于任职关联大股东、61个为一致行动人关联大股东。为了进一步检验不同类型的关联大股东在公司治理中的作用机制是否存在差异，我们以产权关联大股东和亲缘关联大股东为例进行了分析[①]。

表7的 A 栏列（1）-列（3）展示产权关联大股东对公司治理的影响。结果显示，产权关联大股东持股对企业价值影响显著为负（系数-0.674，显著性10%），对关联交易影响显著为正（系数0.167，显著性5%），其与关联交易的交叉项对企业价值影响显著为负（系数-5.174，显著性1%），产权关联大股东在公司治理上的作用机理与总体样本的分析结果基本一致。列（4）-列（6）展示亲缘关联大股东（QYRS_pert）对公司治理的影响。结果显示，亲缘关联大股东持股对企业价值影响显著为负（系数-1.485，显著性1%），对关联交易影响为负，但不显著（系数-0.036），亲缘关联大股东与关联交易的交叉项对企业价值影响为正，但不显著（系数4.577）。由此，亲缘关联大股东持股同样会导致公司价值折损，但在具体的作用机理上可能与产权关联大股东存在一定差异。一方面，亲缘关联大

---

① 因任职关联和一致行动人关联的样本量太小，进行实证分析代表性不强，在此略去。

股东对关联交易不存在显著影响，可能是由于亲缘关联大股东多为关联自然人而导致的。关联自然人与上市公司之间比较难以发生关联交易（特别是关联购销），因此对关联交易的影响不大，亲缘关联持股与关联交易的交互对公司价值的影响也有限。另一方面，关联自然人存在，意味着上市公司的利益主体不仅局限于控股股东的最终控制人，而是分散于多个家族成员。多个家族成员的直接参与可能会导致股东之间的代理冲突，因而导致公司价值下降。这使亲缘关联与产权关联对公司治理的影响有所差别。

表7 进一步分析与检验

Variables	Tobin'sQ	Tunnel_asset	Tobin'sQ	Tobin'sQ	Tunnel_asset	Tobin'sQ
	(1)	(2)	(3)	(4)	(5)	(6)
ParnielA 不同类型关联大股东治理作用的差异						
Tunnel_asset			0.403			0.331
			(0.10)			(0.21)
CQRS_pert	−0.674*	0.167**	0.112			
	(0.10)	(0.02)	(0.80)			
CQRS_pert × Tunnel_asset			−5.174***			
			(0.01)			
QYRS_pert				−1.485***	−0.036	−0.251
				(0.01)	(0.74)	(0.65)
QYRS_pert × Tunnel_asset						4.577
						(0.23)
PannelB 关联大股东权力来源与治理作用的差异分析						
	RS_lev≤1			RS_lev>1		
Tunnel_asset			0.439*			0.342
			(0.09)			(0.16)
RS_pert	−0.541	−0.021	0.23	−1.533***	0.325*	−0.427
	(0.18)	(0.57)	(0.61)	(0.00)	(0.08)	(0.26)
RS_pert × Tunnel_asset			−4.176			−3.437*
			(0.16)			(0.06)
PannelC 机构投资者对关联大股东的制约作用						
	Inst_high			Inst_low		
Tunnel_asset			0.033			0.827*
			(0.89)			(0.08)
RS_pert	(0.24)	(0.03)	0.27	−1.063***	0.128**	(0.06)
	(0.66)	(0.56)	(0.62)	0.00	(0.01)	(0.87)
RS_pert × Tunnel_asset			−3.751			−4.885**
			(0.13)			(0.03)
PannelD 审计师对关联大股东的制约作用						
	Big4 = 1			Big4 = 0		
Tunnel_asset			−0.549			0.427*
			(0.66)			(0.08)
RS_pert	1.850**	−0.002	1.610*	−0.971***	0.061*	−0.136
	(0.04)	(0.98)	(0.08)	0.00	(0.06)	(0.71)

续表

Variables	Tobin'sQ	Tunnel_asset	Tobin'sQ	Tobin'sQ	Tunnel_asset	Tobin'sQ
	(1)	(2)	(3)	(4)	(5)	(6)
PannelD 审计师对关联大股东的制约作用						
	Big4 = 1			Big4 = 0		
RS_pert × Tunnel_asset			13.74			−3.933**
			(0.54)			(0.02)
PannelE 关联大股东对公司财务业绩的影响						
Variables	ROA$_{t0}$		ROA$_{t1}$		ROA$_{t2}$	
Tunnel_asset	−0.001	0.004	0.013	0.016	0.037	0.059*
	(0.98)	(0.86)	(0.37)	(0.32)	(0.18)	(0.06)
RSsddir_pert	0.0002	0.012	−0.076*	−0.066*	−0.112**	−0.074
	(0.99)	(0.65)	(0.03)	(0.08)	(0.03)	(0.16)
RSsddir_pert × Tunnel_asset		−0.064		0.041		−0.215***
		(0.33)		(0.48)		(0.01)
DACCt0	0.129***	0.128***	−0.029	−0.03	−0.082***	−0.085***
	0.00	0.00	(0.21)	(0.20)	0.00	0.00

注：***、** 及 * 分别表示在1%、5%和10%水平上显著。篇幅限制，此表仅列示关键变量的结果，其他略去。

（二）关联大股东的权力来源与治理作用

由于关联大股东与控股股东的关系亲疏，关联大股东可能基于不同权力来源派出董事：基于关联大股东自身的股权，或是基于控股股东的信任和股权（而非关联大股东自身的股权）。为了识别关联大股东委派董事的权力来源是否对其治理作用产生影响，我们计算关联大股东委派董事比例与关联大股东持股比例之比（委派董事杠杆，RS_lev），当RS_lev≤1时，其委派董事可能主要基于其自身持有的股权；当RS_lev>1时，说明其委派的董事超过了其自身持有股权所享受的投票权，此时，其委派董事更可能是基于控股股东的信任和股权。表7的B栏展示分组检验的结果。列（1）–列（3）显示RS_lev≤1时关联大股东持股对企业价值、关联交易没有显著影响，关联大股东与关联交易交叉项对企业价值也没有显著影响。列（4）–列（6）显示，RS_lev>1时关联大股东持股对企业价值有显著的负向影响、对关联交易有显著的正向影响，关联大股东与关联交易交叉项对企业价值有显著的负向影响。说明当关联大股东委派董事的权力来源于控股股东的信任和股权时，即当其委派董事比例超过其自身拥有的股权比例时，更可能对公司治理产生消极影响。

（三）其他治理机制对关联大股东作用的影响

对于关联大股东对公司治理的消极作用，其他治理机制可能对其有所制约和监督。文献表明，机构投资者和独立审计师能在公司治理中发挥积极的作用。为了探讨这些机制是否能对关联大股东的消极影响有所缓解，我们分组检验这些治理机制对关联大股东行为的影响。首先，根据机构持股比例的中位数把样本分为高机构持股组（Inst_high）和低机构持股组（Inst_low）。表 7 的 C 栏列（1）–列（3）中，在高机构持股组中，关联大股东对企业价值、关联交易及其与关联交易的交互项对企业价值均不存在显著的影响。列（4）–列（6）中，在低机构持股组中，关联大股东对企业价值影响显著为负（系数 1.063，显著性 5%）、对关联交易影响显著为正（系数 0.128，显著性 5%），其与关联交易的交互项对企业价值影响也显著为负（系数–4.885，显著性 5%）。其次，我们检验审计师是否为"四大"对关联大股东行为的影响。根据审计师身份，我们将样本分为审计师为"四大"（Big4 = 1）及审计师为非"四大"（Big4 = 0）两组样本。表 7 的 D 栏列（1）–列（3）中，在审计师为"四大"组，关联大股东持股与企业价值显著正相关，对关联交易及其与关联交易的交互项对企业价值均不存在显著的影响；列（4）–列（6）中，在审计师为非"四大"组，关联大股东对企业价值影响显著为负（系数–0.971，显著性 1%）、对关联交易影响显著为正（系数 0.061，显著性 10%），其与关联交易的交互项对企业价值影响也显著为负（系数–3.933，显著性 5%）。由此说明，机构投资者及审计师分别作为内部和外部治理机制，可对关联大股东的行为产生一定的监督和制约作用。

（四）关联大股东对公司财务绩效的影响

已有研究发现：在某些情况下，一定程度的家族成员参与管理对公司发展和价值创造有积极作用。为了使研究结果更为可信，我们进一步检验关联大股东对财务绩效（ROA）的影响。我们以 ROA 为公司财务绩效的替代作为因变量，重复模型（1）和模型（3）的回归。由于关联大股东对公司财务绩效的影响可能是滞后的，故我们以 T_0 期的关联大股东委派董事情况，分别对 ROA_{t0}、ROA_{t1} 以及 ROA_{t2} 进行回归[①]。表 7 的 E 栏列（1）–列（2）显示，关联大股东委派董事比例对 ROA_{t0} 影响为正，但不显著；关联大股东委派董事比例与关联交易的交互项对 ROA_{t0} 影响为负，但不显著；列（3）–列（4）显示，关联大股东委派董事比例对 ROA_{t1} 的影响显著为负（系数–0.076，显著性 5%），关联大股东委派董事比例与关联交易的交互项对 ROA_{t1} 影响为负，但不显著；列（5）–列（6）中，关联大股东委派董事比例对 ROA_{t2} 的影响显著为负（系数–0.112，显著性 5%），关联大股东委派董事比例与关联交易的交互项对 ROA_{t2} 影响为显著为负（系数–0.215，显著性 1%）。结果表明，关联股东持股对公司财务绩效的影响滞后，即关联股东委派董事比例越高、关联交易规模越大时，对未来的财务业绩产生负向影响，与市场预期（Tobin'sQ）较为一致。控制变量盈余管理水平（$DACC_{t0}$）与 ROA_{t0} 关系显著为正，与 ROA_{t1} 关系为负，与 ROA_{t2} 关系显著为负，说明财务业绩确实明显受到盈余管理的影响，市场业绩（Tobin'sQ）更能反映企业现

---

① 我们在 T+1 期的模型中控制了 T+1 期的关联大股东变量（FRS_proxyt1）及 T+1 期的所有控制变量，在 T+2 期的模型中控制了 T+1 期和 T+2 期的关联大股东变量（FRS_proxyt1、FRS_proxyt2）及 T+1 期和 T+2 期的所有控制变量。由于财务业绩容易受到盈余管理及关联购销的影响，在回归中我们控制了各期的盈余管理程度（修正的琼斯模型 DACC）和关联交易规模（Tunnel_asset）。因 OLS 回归的结果不稳定，固定效应模型和 Housman 检验显示有较严重的内生性问题，为此我们报告固定效应模型的回归结果。

状及投资者对其未来的预期，用其来衡量关联大股东对公司治理的影响更为合理。

七、内生性问题与稳健性检验

（一）内生性问题

公司治理文献提出，股权结构与治理结构可能是由公司所在的契约环境所内生决定的，是公司价值最大化的一种选择。外部制度环境是影响企业股权结构形成的重要因素。在经济相对不发达地区，外部融资较难，家族企业可能通过多个关联大股东共同持股，形成控股联盟或企业集团构造内部融资市场，从而降低其融资成本、提高融资的及时性和便利性（Almeida 和 Wolfenzon，2006）。Amit 等（2010）指出，家族企业的股权结构是家族控股股东基于外部制度环境所做的最优选择，地区发展水平越低的地区，家族越容易对企业形成超额控制。按照这一思路，地区发展水平越低的地区，家族企业可能更容易形成多个关联大股东持股的局面。根据世界银行（2006）发布的中国 30 个省、市、自治区的投资环境排序，将其分为东南、渤海、中部、东北、西南和西北 6 个地区①。我们使用该指标表示影响家族企业是否形成关联大股东的变量：地区制度效率（Institutional Efficiency）。另外，企业上市的方式（Listway）也是影响关联大股东形成的重要因素，采用直接上市的家族企业一般希望尽可能地保持其原有比较紧密的持股结构，即由多个家族成员控制并形成多个关联大股东持股，以保持对上市公司的控制力；而买壳上市迫于资金压力以及收购方式，往往只能先收购控股股东的股权以获得壳资源。因而，在第一阶段回归中我们用地区制度效率②和上市方式估计家族关联大股东形成的概率。在第二阶段回归中，看关联大股东的存在及持股、关联大股东委派董事、委派董事比例及委派董监高比例是否仍会对企业价值、关联交易存在影响。

表 8 的 A 栏中展示家族关联大股东与企业价值的两阶段回归。在第一阶段回归中，家族关联大股东的存在（RS_dum）、持股比例（RS_pert）、委派董事概率（RSsend_dum）、委派董事比例（RSsddir_pert）以及委派董监高比例（RSsdman_pert）与地区制度效率负相关，在 5% 水平上显著；与上市方式正相关，在 1% 水平上显著。结果显示，地区发展程度越高的地区，越容易形成关联大股东，并且关联大股东会委派更多的董事和董监高。这个结果与传统的法律、环境与金融发展的文献不完全相同，但根据 Allen 等（2005）的研究，由

---

① 具体分类为，东南：江苏、上海、浙江、福建和广东；渤海：山东、北京、天津和河北；中部：安徽、河南、湖北、武汉和江西；东北：黑龙江、吉林和辽宁；西南：云南、贵州、广西、四川、重庆和海南；西北：陕西、山西、内蒙古、宁夏、青海、甘肃和新疆。

② 另外，我们采用樊纲《中国市场化指数》中 2003—2008 年各省、市、自治区对应的地区市场化指数来替代，同样得出地区市场化指数越高，家族企业越容易形成关联大股东，且关联大股东越容易委派更多的董事和董监高。

于中国的法制体系和金融环境尚不完善，关系等非正式制度反而成为正式制度的替代，成为促进经济快速发展的主要机制。采用直接上市方式的家族企业也更容易形成关联大股东并委派更多的董事和董监高。而在第二阶段回归中，关联大股东的存在（RS_dum）、持股比例（RS_pert）、委派董事（RSsend_dum）、委派董事比例（RSsddir_pert）及委派董监高比例（RSsdman_pert）与企业价值均为负相关，在1%水平上显著。结果表明，在调整股权结构和公司治理结构的潜在内生性以后，家族关联大股东对家族上市公司价值的负向作用依然存在。

B栏展示家族关联大股东与上市公司关联交易的两阶段回归。第一阶段结果与A栏相似，地区制度效率与家族关联大股东各个变量之间显著为负，上市方式则与家族关联大股东各个变量之间显著为正。在第二阶段回归中，家族关联大股东的存在（RS_dum）、持股比例（RS_pert）、委派董事比例（RSsddir_pert）以及委派董监高比例（RSsdman_pert）与关联交易的概率（Tunnel_dum）显著为正，在5%水平上显著。控制内生性以后，家族关联大股东加剧公司关联交易行为的结果仍基本得到支持。

表8　内生性检验

A栏：关联大股东与企业价值

	Variables	Rs_dum	RS_pert	RSsend_dum	RSsddir_pert	RSsdman_pert
第一阶段	Institutional–efficiency	0.016** (0.03)	0.001 (0.52)	0.012** (0.02)	0.002 (0.30)	0.001 (0.44)
	Listway	0.334*** 0.00	0.048*** 0.00	0.241*** 0.00	0.065*** 0.00	0.036*** 0.00
第二阶段	Tobin's Q	−0.431*** (0.00)	−3.675*** (0.00)	−0.582*** (0.00)	−2.539*** (0.00)	−4.621*** (0.00)
	R^2	0.316	0.304	0.311	0.287	0.288
	Observations	2269	2269	2269	2269	2269

B栏：关联大股东与关联交易

	Variables	Rs_dum	KS_pert	RSsrnd_dum	RSsddirpert	RSsdmnnpert
第一阶段	Instituitional–efficiency	0.026*** (0.00)	0.003*** (0.00)	0.023*** (0.00)	0.005*** (0.00)	0.003*** (0.00)
	Listway	0.172*** (0.00)	0.013*** (0.00)	0.107*** (0.00)	0.024*** (0.00)	0.011*** (0.00)
第二阶段	Tunnel_dum	0.295*** (0.00)	3.155*** (0.00)	0.424*** (0.00)	1.856*** (0.00)	3.572*** (0.00)
	R^2	0.070	0.042	0.044	0.049	0.055
	Observations	2479	2479	2479	2479	2479

注：***、**及*分别表示在1%、5%和10%水平上显著。

（二）稳健性检验

首先，我们使用其他替代指标来衡量因变量和测试变量，重新估计模型（1）—模型

（3）。在企业价值模型中，为避免行业特征对 Tobin's Q 的影响，我们使用同年度同行业的中位数对 Tobin's Q 进行调整，依然发现关联大股东的存在与持股、委派董事和董监高与企业价值负相关。另外，我们使用 BHAR 对 Tobin's Q 进行替代，得出较为一致的结论。在关联交易模型中，我们以关联购销（等于第 t 年内向关联方购买或销售产品及劳务总额除以年末总资产）及关联交易总额（等于第 t 年内与关联方发生的所有关联交易行为总额除以当年年末总资产）为因变量估计模型（2）—模型（3），结论一致；在控制变量上，除了控制第一大股东的委派董监高比例，另外使用第一大股东的委派董事比例作为替代变量重复前面的回归，结论基本一致。

其次，考虑到由于控制权与现金流权相分离可能产生的控股股东掏空问题，我们在模型（1）—模型（3）中分别控制了控股股东的控制权与现金流权分离度，结果与主回归基本保持一致。说明在控制了由于金字塔结构产生的两权分离度的影响之后，关联大股东对掏空的影响仍然存在。

再次，我们剔除了上市当年及上市后两年的样本，重新检验关联大股东对企业价值的影响。由于公司存在上市前盈余管理及上市后的盈余反转现象，并且公司也存在择机上市和上市后 3 年股价下滑的现象，结果发现所有变量的方向和显著性均与主回归保持一致。因此，即便剔除了上市前后企业的盈余管理及择机上市问题，仍可发现：关联大股东的存在、持股以及委派董事和董监高比例的高低均与企业价值负相关。

最后，我们剔除了财务困境的公司年度样本，重新检验家族关联大股东对企业价值、关联交易的影响。财务困境公司可能存在更多的关联交易，以试图改变其经营业绩，或通过兼并重组等改变其财务困境，导致关联交易及企业价值出现异常。删除财务状况异常的公司年度样本后（ST 和 PT 公司），结果与之前的结论基本保持一致。在企业价值模型和关联交易的 Logistic 模型中，家族关联大股东的 5 个替代变量均保持其原有的方向及显著性。在关联交易的 OLS 模型中，关联大股东的存在（RS_dum）系数为正，但不显著；关联大股东持股比例（RS_pert）、是否委派董事（RSsend_dum）、委派董事比例（RSsddir_pert）及委派董监高比例（RSsdman_pert）系数仍保持显著为正。在模型（3）中，关联交易（Tunnel_asset）与企业价值（Tobin's Q）系数不显著，但 FRS_proxy×Tunnel_asset 的交互项仍然保持显著为负，进一步说明，在剔除了财务状况异常的公司可能利用关联交易操纵盈余的可能性之后，投资者仍对家族成员参与持股和决策管理的家族企业所进行的关联交易行为进行折价。从而说明上文所得结论较为稳健。为了消除模型中可能存在的样本非独立问题，我们对所有回归使用 cluster（code）进行了调整，结果仍然保持稳健（篇幅受限，略去表格）。

八、总结讨论

本文关注中国家族企业中关联大股东的治理角色，研究家族企业中家族控股联盟和家族式管理的程度是否加剧家族股东与中小股东之间的代理冲突。以 2003—2008 年中国家族上市公司为样本，我们识别出家族控股股东的关联大股东在公司股权和决策管理团队中的地位，考察其对公司价值的影响，并进一步探讨其引起公司价值变化的途径，即关联交易的变化及其与关联交易的交互作用对公司价值的影响。我们发现：①家族关联大股东持股越多、委派董事和董监高比例越高，公司价值折损越厉害；②家族关联大股东持股越多、委派董事和董监高比例越高，家族上市公司的关联交易行为越严重；③总体上，家族企业的关联交易行为与公司价值的关系不存在显著的负相关关系，但家族关联大股东的持股、委派董事和委派董监高则会加剧关联交易对公司价值的损害效应；④不同类型的关联大股东在公司治理中的作用机理存在一定差异，机构投资者及"四大"审计师分别作为内部、外部治理机制，可对关联大股东的行为产生一定的监督和制约作用。

区别于以往关注金字塔结构、两权分离度、系族企业等上层股权结构的文献，本文从家族企业最根本的特征——家族式的产权安排和决策管理结构，为家族企业中第二类代理问题提供新的解释。有别于大多数文献把家族成员视为一个整体来研究的做法，本文关注家族控股股东的关联股东，从利益分配的角度研究其权力特征所带来的经济后果。不同于一般研究股东制衡的文献，我们关注关联大股东与家族控股股东的关系，以及这种关系对股东制衡或合谋产生的影响。本文的研究发现家族关联大股东在中国较为普遍，且对公司治理产生不良后果，说明中国的家族企业要进一步成长、壮大和提升公司价值，就必须逐步摒弃家族式管理和进行制度转型。因家族式的股权和管理安排可能加剧掏空性的关联交易、损害中小投资者利益，建议监管部门就相关制度的安排和设计进行更为科学和合理的改进。

参考文献

[1] Allen F., Qian J., Qian M. Law, Finance, and Economic Growth in China [J]. Social Science Electronic Publishing, 2005, 77 (1): 57-116.

[2] Ali A., Chen T. Y., Radhakrishnan S. Corporate Disclosures by Family Firms [J]. Journal of Accounting & Economics, 2007, 44 (1-2): 238-286.

[3] Almeida H. V., Wolfenzon D. A Theory of Pyramidal Ownership and Family Business Groups [J]. Journal of Finance, 2006, 61 (6): 2637-2680.

[4] Amit R. H., Yuan Ding, Belen Villalonga, et al. The Role of Institutional Development in the Prevalence and Value of Family Firms [J]. Social Science Electronic Publishing, 2010.

[5] Anderson R. C., Reeb D. M. Founding-Family Ownership and Firm Performance: Evidence from the

S&P 500 [J]. Journal of Finance, 2003, 58 (3): 1301–1327.

[6] Anderson R. C., Reeb D. M. Board Composition: Balancing Family Influence in S&P 500 Firms [J]. Administrative Science Quarterly, 2004, 49 (2): 209–237.

[7] Anderson R. C., Mansi, S. A., Reeb, D. M. Founding Family Ownership and the Agency Cost of Debt [J]. Journal of Financial Economics, 2003, 68 (2): 263–285.

[8] Attig N., Guedhami O., Mishra D. Multiple Large Shareholders, Control Contests, and Implied Cost of Equity [J]. Journal of Corporate Finance, 2008, 14 (5): 721–737.

[9] Bae K. H., Kang J. K., Kim J. M. Tunneling or Value Added? Evidence from Mergers by Korean Business Groups [J]. Journal of Finance, 2002, 57 (6): 2695–2740.

[10] Bennedsen M., Wolfenzon D. The Balance of Power in Closely Held Corporations [J]. Journal of Financial Economics, 2000, 58 (1): 113–139.

[11] Berkman B. H., Cole R. A., Fu L. J. Political Connections and Minority-shareholder Protection: Evidence from Securities Market Regulation in China [J]. Journal of Financial and Quantitative Analysis, 2010, 45 (6): 1391–1417.

[12] Bertrand M., Mehta P., Mullainathan S. Ferreting Out Tunneling: An Application To Indian Business Groups [J]. Quarterly Journal of Economics, 2002, 117 (1): 121–148.

[13] Bloch F. and D. Hege. Multiple Shareholders and Control Contests [J]. Unpublished Manuscript, 2001.

[14] Burkart M., Panunzi F., Shleifer A. Family Firms [J]. Journal of Finance, 2003, 58 (5): 2167–2202.

[15] Cheung Y. L., Rau P. R., Stouraitis A. Tunneling, Propping, and Expropriation: Evidence From Connected Party Transactions in Hong Kong [J]. Journal of Financial Economics, 2006, 82 (2): 343–386.

[16] Chu J. H., J. J. Chrisman and P. Sharma. Defining the Family Business by Behavior [J]. Entrepreneurship: Theory and Practice, 1999 (23): 19–39.

[17] Claessens S., Djankov S., Lang L. H. P. The Separation of Ownership and Control in East Asian Corporations [J]. Journal of Financial Economics, 2000, 58 (1–2): 81–112.

[18] Edmans A., Manso G. Governance Through Trading and Intervention: A Theory of Multiple Blockholders [J]. Review of Financial Studies, 2011, 24 (7): 2395–2428.

[19] Faccio M., Lang L. H. P. The Ultimate Ownership of Western European Corporations [J]. Journal of Financial Economics, 2002, 65 (3): 365–395.

[20] Gomes A. R., Novaes W. Sharing of Control as a Corporate Governance Mechanism [J]. SSRN Electronic Journal, 2001.

[21] Jian M., Wong T. J. Propping through Related Party Transactions [J]. Review of Accounting Studies, 2008, 15 (1): 70–105.

[22] Johnson S., La Porta R., Florencio L. D. S., et al. Tunnelling [J]. Social Science Electronic Publishing, 2000, 58 (5435): 423–439.

[23] Khanna T., Palepu K. Why Focused Strategies May Be Wrong for Emerging Markets [J]. Harvard Business Review, 1997, 75 (4): 41–51.

[24] Rafael La Porta, Florencio Lopez-De-Silanes, Andrei Shleifer. Corporate Ownership Around the World [J]. Journal of Finance, 1999, 54 (2): 471–517.

[25] Laeven L. R. Levine. Complex Ownership Structures and Corporate Valuations [J]. Econpapers of Financial Studies, 2008 (21): 579-604.

[26] Maury B., Pajuste A. Multiple Large Shareholders and Firm Value [J]. Ssrn Electronic Journal, 2005, 29 (7): 1813-1834.

[27] Bar-Yosef S., Prencipe A. Corporate Governance and Earnings Management in Family-Controlled Companies [J]. Journal of Accounting Auditing & Finance, 2011 (26): 199-227.

[28] Villalonga B., Amit R. How Are U.S. Family Firms Controlled? [J]. Review of Financial Studies, 2007, 22 (8): 3047-3091.

[29] Wei Z., Wu S., Li C. et al. Family Control, Institutional Environment and Cash Dividend Policy: Evidence from China [J]. China Journal of Accounting Research, 2011, 4 (21): 29-46.

[30] 陈凌, 王萌, 朱建安. 中国家族企业的现代转型 [J]. 管理世界, 2011 (4).

[31] 陈晓, 王琨. 关联交易、公司治理与国有股改革 [J]. 经济研究, 2005 (4).

[32] 高雷, 何少华, 黄志忠. 公司治理与掏空 [J]. 经济学 (季刊), 2006 (3).

[33] 高雷, 宋顺林. 关联交易、线下项目与盈余管理 [J]. 中国会计评论, 2007 (1).

[34] 贺小刚, 连燕玲. 家族权威与企业价值: 基于家族上市公司的实证研究 [J]. 经济研究, 2009 (4).

[35] 贺小刚, 连燕玲, 李婧, 梅琳. 家族控制中的亲缘效应分析与检验 [J]. 中国工业经济, 2010 (1).

[36] 洪剑峭, 薛皓. 股权制衡对关联交易规模和关联销售的持续性影响 [J]. 南开管理评论, 2008 (1).

[37] 黄俊, 张天舒. 家族企业的会计信息——来自中国资本市场的经验研究 [J]. 中国会计与财务研究, 2011 (4).

[38] 李增泉, 孙铮, 王志伟. "掏空"与所有权安排——来自我国上市公司大股东资金占用的经验证据 [J]. 会计研究, 2004 (12).

[39] 李增泉, 辛显刚, 于旭辉. 金融发展、债务融资约束与金字塔结构——来自民营企业集团的证据 [J]. 管理世界, 2008 (12).

[40] 连燕玲, 贺小刚, 张远飞. 家族权威配置机理与功效——来自我国家族上市公司的经验证据 [J]. 管理世界, 2011 (11).

[41] 刘伟, 刘星, 张汉荣. 股权集中、股权制衡对大股东侵占行为的影响 [J]. 中国会计与财务研究, 2010 (6).

[42] 刘星, 刘伟. 监督抑或共谋? 我国上市公司股权结构与公司价值的关系研究 [J]. 会计研究, 2007 (6).

[43] 刘启亮, 李增泉, 姚易伟. 投资者保护、控制权私利与金字塔结构——以格林柯尔为例 [J]. 管理世界, 2008 (12).

[44] 吕长江, 肖成民. 民营上市公司所有权安排与掏空行为——基于阳光集团的案例研究 [J]. 管理世界, 2006 (10).

[45] 马金城, 王磊. 系族控制人掏空与支持上市公司的博弈——基于复星系的案例研究 [J]. 管理世界, 2009 (12).

[46] 世界银行. 政府治理、投资环境与和谐社会: 中国 120 个城市竞争力的提高 [R]. 2006.

[47] 苏启林, 朱义. 上市公司家族控制与企业价值 [J]. 经济研究, 2003 (8).

[48] 邵军，刘志远. 企业集团内部资本市场对其成员企业融资约束的影响 [J]. 中国会计评论，2008 (3).

[49] 魏明海，程敏英，郑同坚. 从股权结构到股东关系 [J]. 会计研究，2011 (1).

[50] 徐向东，陈小悦. 第一大股东对公司治理、企业业绩的影响分析 [J]. 经济研究，2003 (2).

[51] 许艳芳，张伟华，文旷宇. 系族企业内部资本市场功能异化及其经济后果——基于明天科技的案例研究 [J]. 管理世界，2009 (1).

经营期望与家族内部的权威配置

——基于中国上市公司的数据分析*

贺小刚　连燕玲　张远飞

【摘　要】基于企业行为理论，尤其是业绩反馈理论对家族成员内部的权威配置进行了理论分析，并基于中国上市公司的数据进行了实证检验，主要得到以下几个方面的结论：①在企业实际业绩未达到经营期望水平时，业绩的落差越大则家族企业主越倾向于采取拯救行为而不是放弃对家族企业的控制，同时倾向于历练最有能力的核心家庭成员；②在企业的实际业绩超过经营期望水平时，超额收益越高则家族企业主越倾向于将权威配置给经营能力最强的家族代理人以实现家族王朝梦想，同时还会产生一种亲缘效应，即对核心家庭成员而不是远亲成员赋予更多的权威；③制度环境对家族成员内部权威的配置产生了显著的调节作用，即在制度环境不规范情况下，家族企业主出于仁慈倾向于将具有"负产品"性质的权威配置给有能力的远亲成员而不是有能力的核心家庭成员。

【关键词】经营期望；家族成员；权威配置；业绩反馈理论；制度环境

一、引言

　　家族权威在私营企业的发展过程中起到重要的影响作用，是解释私营企业治理效率的重要理论依据之一[1-4]。权威配置机制的研究是公司治理中一个非常重要的主题，受到学者们的广泛关注。目前关于家族权威配置的研究主要考虑的还是其效率问题。此领域的绝大多数学者重在比较分析权威配置给家族成员与职业经理人的效率差异，主要的理论观点是认为权威应配置给家族成员，因为家族成员的目标完全一致，都是为了家族财富的积累与发展。如 Durand 和 Vargas[5] 的研究表明，业主将权威配置给家族成员比配置给外部职业经理人将产生更好的企业绩效。不过也有学者就这一观点进行了挑战，如 Barth 等[6]

---

* 本文选自《管理科学学报》2013 年第 4 期。

认为将权威配置给家族成员会降低企业的绩效，贺小刚和连燕玲[3]的实证检验结果则表明，家族权威与家族上市公司价值之间存在显著的非线性关系。还有些学者就不同制度环境下的家族企业权威配置对治理效率的影响作用进行了理论探讨与实证研究[7-8]。

另外，由于家族成员也是代理人，是存在机会主义的[1]，家族成员内部的权威配置问题也得到了较大程度的关注。如Schulze等[2]研究分析了家族成员的权力安排对企业财务决策的影响；Kellermanns和Eddleston[9]分析了家族控制权的配置对家族内部的冲突及企业绩效的影响。国内也有学者对家族内部的权威配置效率进行了探讨，如贺小刚等[10]对家族成员内部的权力集中度进行了系统的理论探讨与实证检验，结果发现，倒U型假设相对于线性关系更有助于解释家族成员内部权力集中度与经营绩效之间的关系；连燕玲等[4]的研究则更进一步，他们依据亲缘关系程度将家族成员细分为核心家庭成员、远亲家庭成员等不同的类型，进而探讨了家族资产所有权和管理权的配置效率问题。但家族内部的权威配置并不是一个既定的状态，而是一个动态过程，如此另一个研究领域则是探讨家族权威的形成机理，即基于何种原则或标准对不同的家族成员配置不同的权力。家族成员内部的权威配置是反映企业主或企业创始人的重要决策行为，对这一行为的分析将有助于理解家族企业的根本性质，不过该领域的研究文献并不多[6]。

值得注意的是，前期有关家族权威配置的研究基本上都是基于绝对效用的最大化原则进行分析的，而忽略了权威配置决策的重要情境——组织经营状况与经营期望的差距[11]；另外，前期的研究主要是认为影响到家族成员内部权威配置的因素在于信任、能力与外部环境，而没有关注到决策过程中往往会渗透许多非经济因素、情感因素（如社会情感财富、仁慈等）。本文拟从企业行为理论，尤其是业绩反馈理论等角度对家族成员内部的权威配置进行理论分析与实证检验，研究的结论表明了经营期望将影响到家族企业主在权威配置过程中的决策方式与结果。

二、理论与假设

（一）权威配置的动机：相对于目标期望水平的经营业绩

Hoppe[12]的研究发现，人的目标倾向于与其前期类似工作的业绩保持连续性，这一发现为目标期望理论奠定了基础。在早期的心理学家看来，目标期望水平就是个体对其正常能力的评估与其可感知的理想业绩之间的某个值[13]，它是可变动的，即在取得成功之后会上升，在不成功时则会下降[14]。当代的心理学理论则将个体决策中的目标期望水平描述为"能够给决策者带来满意的最小产出"[15]，于是相对于目标期望水平的业绩就可以作为可感知到的成功或失败的近似值[16]。在组织文献中，目标期望水平的概念由Simon[17]引入，他认为决策者一般是将结果解释为满意或不满意，目标期望水平就是两者之间的分界线。

这些理论的观点后来由 Cyert 和 March[18]、Levinthal 和 March[19] 称为可以检验的数学命题，并广泛运用于很多行业的研究中[20-23]。由于组织是目标导向的体系，它们习惯于用简单化了的规则去调整行为以对业绩反馈做出反应，这一业绩反馈理论或者说目标期望水平绩效理论[21] 是企业行为理论的精髓。

业绩反馈理论认为，组织往往通过将业绩的连续测量转为成功与失败这一更好理解的分类测量以简化决策的流程[24]，并往往将经营业绩与目标期望水平的相对差异作为后续决策行为的依据[25]，其中目标期望水平是由社会比较与历史业绩比较而决定的[21]。首先，由于组织易受短视的影响，所以它们往往依赖于短期的业绩反馈而忽略未来状况[25]，况且组织的未来期望往往存在有意识的或无意识的偏差[18]，所以未来状态中存在太大的不确定性和多种偏差以至于"向前看"似乎并不重要。目前理论上普遍地都将组织描述为向后看的模式[26]，即组织依据经营业绩与历史业绩水平进行比较然后做出渐进的调整。其次，社会比较也是决策者对其能力与结果进行评价的有影响力的因素，即决策主体倾向于将自己与类似的其他人进行比较[27]，一个参考组织或同一集团的业绩水平就是决策者评价其当前业绩的标杆[6]，现有的管理文献往往将社会目标期望水平模型化为行业或社会网络中其他企业的平均绩效[20]。

业绩反馈为企业组织的决策提供了一个重要的参考模式，即现在企业经营状况如何？是否需要探索其他方法并调整规则[22,28]？企业往往就是基于过去的经验而做出适应性调整[18]，并且这种调整往往是渐进的，因为组织在面对困难时往往是做出较小的调整以检验新的解决方案的效果[29]。比如，一些学者认为，当企业组织没有能够达到其目标期望水平就会引致探索性研究开发等行为，这种困境驱动的目标在于快速地解决现在的问题以确保业绩能够回到所期望的目标水平；但当企业达到了它们的目标期望水平时，它们就会倾向于维持现有的规则并很少有动机去探索新的方法[18]。对于家族权威的配置，前期学者主要是基于绝对效用的最大化原则进行决策，但本文认为，家族企业主主要是基于经营期望而做出决策，即通过比较企业的实际业绩与经营期望水平而进行适应性的决策调整。下文拟重点分析低于经营期望与高于经营期望的情况下家族成员内部的权威配置机理及制度环境在其间的调节作用。

（二）低于目标期望水平下的家族权威配置：家族拯救行为与历练效应

家族制企业与非家族制企业的根本区别在于前者具有长期的经营理念，不会轻易退出经营领域。虽然一些学者认为创业企业家会在经营业绩低于一个标准的参考点选择退出经营领域[30]，或以不同的方式解散企业[6]，但这种极端的问题解决方式依存于许多严格的条件，如外部机会足够吸引企业主、社会认同以至于不存在社会压力等。本文认为私营企业主在面临经营困难时更有可能采取的策略是对原先的规则进行变革，而不会丢下一个"烂摊子"给继任者或社会的其他利益相关者。家族企业主不仅要长期经营，更重要的是还要实现对企业的控制，"控制企业"对于一个家族而言之所以重要，不仅在于可以通过控制企业获取经济利益，实现家族物质财富增长的目标，而且可以保护其社会情感财富等非经济性利益的积累[31]。这些社会情感财富包括家族声望的建立、家族对外界影响力的获取、家族氏族地位和身份的维持、家族王朝的不断延续，等等。家族企业主将社会情感财富的降低评价为巨大的损失，为避免该损失的发生，家族成员甚至愿意牺牲潜在的经济利益，决策上往往倾向于保守而不是进行创新[31]。尤其对于那些已经上市的家族制企业，这种优质的壳资源不仅为家族带来物质收益，还产生了稀缺的社会情感财富，放弃对家族企业的控制将对整个家族尤其是核心家庭造成很大的经济与非经济的损失，所以维持家族控制尤其是核心家庭对企业的控制是确定决策方案的前提。

决策者是依据其目标期望水平进行判断的，当企业的经营业绩低于目标期望水平，这导致决策者觉得自己的能力可能出现了问题，技不如人。在这种情况下调整决策方案是一个可选途径，比如增加研发投入等[22,26]。对于家族企业主而言最重要的决策之一则是决定企业权威交给谁，是交给核心家庭成员或远亲控制还是外部人治理？为了拯救企业，家族企业主可能会选择冒险的决策行为[32]，比如引入新的高管和新的投资者，因为，此种情况下物质资源及人力资源的获取对于维持企业的持续发展至关重要。但本文认为，寄希望于职业经理人或其他外部投资者拯救这类企业的可能性较小，因为在预知难以达到企业主的期望水平、未来收益存在较高的不确定性的情况下，职业经理人作为决策者更是典型的风险规避者，外部投资者也不会轻易冒险做这种高风险的投资。在这种情况下最可能雪中送炭的主要还是家族成员，不过并非所有的家族成员都有完全等同的机会得到权威的配置。能否解决企业的经营困境、确保企业能找到继续生存的机会，最终实现家族企业主的经营期望，关键在于掌握了独特的经营能力。另外，当企业处于困境时期，一般关系的家族成员选择共患难的可能性将减小，能够共患难的往往是一些核心家庭成员，因为他们之间的代理问题最小[33-34]。基于此，本文认为在经营业绩低于目标期望水平的情况下，为了拯救处于困境中的企业，实现对企业的长期控制，家族企业主倾向于将权威配置给最有能力的家族成员以及那些最值得信任的核心家庭成员。基于此，本文提出如下假设：

假设1a：实际业绩与目标期望水平的落差越大，则越有可能将权威配置给有能力的家庭成员。

假设1b：实际业绩与目标期望水平的落差越大，则越有可能将权威配置给核心家庭成员。

本文认为，对于那些具有较强经营能力的核心家庭成员而言，他们是家族企业持续成长的栋梁之材。出于互惠利他主义，这些成员对于家族企业主具有明显的利他倾向，不会轻易逃避困难与应尽的家族责任。并且更为重要的是，由于"苦其心志，劳其筋骨，饿其体肤"是中华文化的主要价值取向与行为规范之一，从私营企业主的主观角度来看，他们往往具有强烈的动机让那些最具有经营能力的核心家庭成员在逆境中成长、成熟，锻炼其意志。所以在家族长期经营理念的导向下，为了后续的继承计划能够顺利地得到执行，历练效应就会出现在最具有经营能力的核心家庭成员身上。而作为远亲的家族代理人，他们的利他主义并不如核心家庭成员那么强烈，自利的动机则相对更为明显[34]，尤其是在经营业绩达不到预期值的状况下，经营的高风险性与不确定性致使这些远亲加入企业的意愿并不强烈。所以在业绩水平达不到目标期望值时企业主将权威配置给最具有经营能力的远亲成员的可能性下降了。基于此，本文提出如下假设：

假设 2：实际业绩与目标期望水平的落差越大，则越有可能将权威配置给最有能力的核心家庭成员，而将权威配置给有能力的远亲成员的可能性则越低。

（三）高于目标期望水平下的家族权威配置：家族王朝梦想与亲缘效应

大多数的家族企业主都是创始人，创始人往往将自己所创建的公司视为其人生中的重大成就，他们不会像受聘的管理者那样采取一种只顾及短期利益的决策行为[35]，创始人也往往更具有承担风险的意愿和对成功的高度需求[36]。当企业的经营状况超过了家族企业主的期望水平时，在良好前景的引诱下其傲慢主义与过度自信开始形成[37]，逐渐产生建立自己家族王朝的梦想，但这需要有能力的管理者的参与。很现实地，一个家族对企业所能实施的控制力度主要取决于他们能力的高低，掌握权威的家族代理人的能力大小决定了家族企业所能实施的控制程度[38]。将资产管理权配置给经营能力较强的家族代理人，一方面可以抵制来自企业内部职业经理人和外部利益相关者对家族控制地位的威胁；另一方面也可以更好地防范经营过程中的一些失控问题，如发生财务信息泄露或经理人政变的危机、非家族成员的掏空行为等。而利用外来人的组织人事决策将很容易导致家族企业主失去对企业的长期控制，尤其是随着股权结构的多元化，控股家族所面临的外部利益相关者（如机构投资者）的制约越来越大。在家族股东仅具有较弱的相对控制地位时，为巩固家族企业的长期控制权，最好的方式之一就是将权威配置给经营能力最强的家族成员，如此才能实现家族王朝的梦想。

值得思考的另外一个问题是，谁来一起分享利好的经营绩效？家族企业主并不是完全出于经济目的而建立并经营家族企业的。家族企业是家族与企业的结合体[39]，同时又是情感和工作双重系统的结合，这种特殊性使得家族企业既追求经济性的目标又追求非经济性的目标[40]，普遍存在于家族内部的利他主义行为即是这种非经济性目标的体现。家族成员的利他主义行为是内生于其本能和情感的一种非理性行为和感情偏好，这使得家族成员从心理上产生必须关心其家族成员的责任感，进而在家族成员内部形成相互照顾的风气和习惯。具有利他主义倾向的家族成员会表现出对自己家庭、亲戚等家族成员的慷慨和福利关怀，强调在家庭成员内共享财富分配[38]。但这种分享并非简单的平均主义分配，而是依据一种"亲缘关系至上"的原则进行配置的[3]，即与业主关系越亲近的则越有可能得到权威，享受并控制家族王朝的财富。正由于核心家庭成员之间存在一种无法替代的纯粹的利他主义，所以这些成员之间分享权威的可能性将高于远亲成员。基于此，本文提出如下假设：

假设 3a：企业的实际业绩越高于目标期望水平则越有可能将权威配置给有能力的家族成员。

假设 3b：企业的实际业绩越高于目标期望水平则越有可能将权威配置给核心家庭成员。

并且本文认为，对于那些具有较强经营能力的核心家庭成员而言，由于他们是家族企业持续成长的栋梁之材，建立一个家族王朝需要这些成员的协助；要实现对家族企业的长期控制，以获取社会情感财富，并降低被掠夺的可能性、确保其财富增长的稳定性，也需要这些真正的自家人的参与。况且在资本市场中，业绩越好的家族企业越有可能成为兼并收购的对象。家族权威的丧失将严重地伤害到创业家族，所以在企业经营业绩超过期望值并逐步得到改进的情况下家族企业主更倾向于将权威配置给核心家庭成员以强化对企业的控制。另外，要培育新的接班人也往往首先考虑的是核心家庭成员。Wasserman[41]基于田野调查发现，家族创业者在取得了重要的里程碑成就之后会开始考虑离开企业并将权力传承，Adams 等[42]的研究也发现了创始人急流勇退效应是存在的。所以在经营业绩好转的情况下，是家族企业主培养自己的接班人并为自己顺利退出做好准备的重要时机之一，但毫无疑问，这些候选的接班人主要来自有经营能力的核心家庭成员。而相比之下，远亲成员则可能被排除在权力机构之外。基于此，本文提出如下假设：

假设 4：企业的实际业绩越高于期望水平则越有可能将权威配置给最有能力的核心家庭成员，而将权威配置给有能力的远亲成员的可能性则越低。

（四）制度环境的调节作用：仁慈的影响

权威配置作为企业内部的一种制度安排在很大程度上依赖于其所运行的外部制度环境[8]。当家族企业在较好的制度环境中运行时投资者的权益往往能够得到很好的法律法规的保护，它们无效交易行为的概率得以降低；而在不规范的制度背景下，家族成员从事经营活动的心智成本将非常高昂。首先，在不规范的制度环境下，家族企业获取物质资本和人力资本的市场渠道受到很大的限制，家族企业发展遇到的资源困境更加严重。其次，在不规范的制度环境中，人际信任基础较为薄弱，缺乏人际信任的组织间关系在面临组织文化差异和信息不对等时将会更加困难，更可能产生机会主义行为[43]，即资源分享和承担风险的主动性下降，而资源被攫取的可能性大大增加。最后，更为重要的是，在不规范的制度环境下，政府制定法规和政策具有较高程度的波动性和不一致性，它并不能为家族企业的生产活动和利益提供有效的保护和支持，家族企业的运营面临着巨大的风险和不确定性[44,45]。政策变化带来的不确定性、政府和执法部门工作的不透明性和不规范性，以及资源获取的困难等都导致企业经营者不得不承担更高的心智成本，家族成员在这种情况下拥有权威将不得不承担更大的风险和责任，于是权威类似于一种"负产品"。

毫无疑问，不规范环境所导致的高昂的心智成本将影响到企业主对权威配置的决策。由于家族企业主对其家族成员是有仁慈倾向的，即工作中更多的关心、尽量减少家族成员的劳累程度，并且利他主义越强烈则仁慈水平越高[46]。由于在创业家族企业主看来，不同的家族成员与其亲疏关系是存在很大的差异的，基于血缘或姻缘关系而形成的最为亲近的成员主要为核心家庭成员，他们是真正的内部人；而其他远亲成员则都有自己的核心家庭成员，他们的目标与家族企业主的核心家庭成员目标是存在一定的冲突与差异的，也存在一定的代理问题[33,34,38]，所以相对而言他们在整个大家族内部处于"外部人"的边缘。

相对于外部家族成员，内部家族成员往往可以得到更多情感上的关爱，企业主对他们会更加仁慈。如此，本文认为，在企业业绩低于家族期望时，由于可预期的家族投资损失的风险比较高，家族成员必须投入更多的专有性投资，这是一个充满风险并且非常辛苦的过程。此种情况下出于对核心家庭成员的仁慈，企业主会在核心家庭成员涉入企业的情况下尽可能地弱化家族权威，甚至让核心家庭成员抽身而退。而在企业的业绩高于期望值的情况下，虽然可预期的家族创业投资损失的风险已经降低，但由于不规范的制度环境增加了交易的不确定性，提高了家族成员经营过程中的心智成本。所以这同样会削弱权威作为一种能够产生经济价值与社会情感财富的"正产品"的作用，即出于对核心家庭成员的仁慈和爱护，家族企业主将权威配置给他们的动机更低了。

不过对于具有较高经营能力的远亲而言，由于家族企业主对他们的仁慈与爱护程度降低了，在不规范的制度环境下更加有可能会利用这些家族成员。实际上在业绩落差较大的情况下家族企业主主要是利用这些远亲成员的能力与信任为核心家庭利益不至于遭受到重大损失而替代其核心家庭成员；在业绩出现好转的情况下，则是为了利用这些远亲的能力与信任为家族企业的快速成长、实现其家族的王朝梦想而替代核心家庭成员。所以本文认为，在不规范的制度环境下，由于使用外部职业经理人存在很高的代理问题与风险，而将权威配置给核心家庭成员又违背企业主的仁慈心，相对可以接受的方案则是将权威配置给有能力的远亲成员，这样既可以比较好地控制人事组织结构，不至于影响到核心家庭对企业长期操纵的控制地位，又可以充分利用这些远亲成员的人力资本与社会资本的优势。基于此，本文提出如下假设：

假设5a：在实际业绩低于目标期望水平的情况下，相对于规范制度环境下的企业，不规范制度环境下的家族企业更不可能随着业绩落差的增大而将权威配置给有能力的核心家庭成员，但将权威配置给有能力的远亲成员的可能性将加大。

假设5b：在实际业绩高于目标期望水平的情况下，相对于规范制度环境下的企业，不规范制度环境下的家族企业更不可能随着业绩的增大而将权威配置给有能力的核心家庭成员，但将权威配置给有能力的远亲成员的可能性将更大。

三、研 究 设 计

（一）数据来源

本文以我国家族上市公司为研究对象，通过以下标准确定样本[3]：①最终控制者能追踪到自然人或家族；②最终控制者直接或间接持有的公司必须是被投资上市公司第一大股东。根据 CSMAR 数据库"中国民营上市公司数据库"，获取了"实际控制人名称"和"实际控制人类型"两个指标，据此排除了由外资、集体、社会团体或者职工持股会或工会控制的非家族控制企业，仅保留了由自然人和家族共同控制的公司，删除数据缺失过多的样本，最后得到 1224 个企业层面的观测值，样本年限为 2001—2008 年。依据全球行业分类标准（GICS），涉及工业（21.20%）、信息科技（20.52%）、消费者相机选购品（19.72%）、能源（1.08%）、医疗保健（14.47%）、原材料（9.96%）、日常消费品（5.18%）、金融（7.40%）和公用事业（0.47%）九个行业。根据 World Bank 的地区分类标准，样本分布于东南地区（53.53%）、环渤海地区（7.60%）、中部地区（7.94%）、东北地区（8.28%）、西南地区（14.64%）和西北（8.01%）六个地区。

（二）模型设定

由于本文的被解释变量为 0—1 虚拟变量，并不符合普通最小二乘法 OLS 回归模型的前提假定，所以本文采用 Logit 模型对假设进行检验，待检验的模型如公式（1）所示。

$$S_{i,t} = \beta_0 + \beta_1 I_1(P_{i,t-1} - A_{i,t-1}) + \beta_2(1 - I_1)(P_{i,t-1} - A_{i,t-1}) + \beta_3 L_{i,t} + \beta_4 L_{i,t}(P_{i,t-1} - A_{i,t-1}) +$$
$$\beta_5 L_{i,t}(1 - I_1)(P_{i,t-1} - A_{i,t-1}) + \beta_6 C_{i,t} + \beta_7 Ind_{i,t} + \beta_8 Year_{i,t} + \varepsilon_{i,t} \tag{1}$$

其中 $S_{i,t}$ 是被解释变量，表示企业 i 在第 t 年的权威配置。I_1 代表低绩效企业，如果企业 i 过去一年的业绩水平（$P_{i,t-1}$）低于业绩期望（$A_{i,t-1}$），那么 $I_1 = 1$，否则为 0；$(1 - I_1)$ 代表高绩效企业，如果企业 i 过去一年业绩水平（$P_{i,t-1}$）高于业绩期望（$A_{i,t-1}$），那么 $(1 - I_1) = 1$，否则为 0。$P_{i,t-1}$ 表示企业 i 在过去一年，即第 t–1 年的经营业绩，$A_{i,t-1}$ 表示企业 i 在过去一年，即 t–1 年的业绩期望。$L_{i,t}$ 表示企业 i 在第 t 年所处的制度环境情况，如果企业处于不规范的制度化环境中，则 $L_{i,t} = 1$，否则为 0。$C_{i,t}$ 代表企业层面和个体层面的控制变量，比如，企业规模、寿命、个体年龄等。$Ind_{i,t}$ 代表行业虚拟变量，用来控制行业层面的特征对权威配置的影响，$Year_{i,t}$ 代表年度虚拟变量，用来控制年度变化趋势对企业权力配置的可能影响。β_1 和 β_2 用来分析当企业业绩低于目标期望水平（$I_1(P_{i,t-1} - A_{i,t-1}) < 0$）和高于目标期望水平（$(1 - I_1)(P_{i,t-1} - A_{i,t-1}) \geq 0$）时，业绩期望差距对家族企业权威配置的影响效应；$\beta_3$ 和 β_4 用来分析企业所处的制度环境对业绩期望差距与权威配置之间关系的调节效用。

（三）变量定义

因变量：权威配置（$S_{i,t}$）。本文设定以下四个虚拟变量来描述企业 i 在第 t 年的权威配置情况：①$S_{i,t}^c$：业主将所有权和（或）管理权配置给了核心家庭成员则设定为 1，否则为 0。核心家庭成员包括业主本人及其父母、儿女、配偶、兄弟姐妹。②$S_{i,t}^a$：业主将最大所有权和（或）管理权配置给了最有能力的家族成员则为 1，否则为 0。经营能力是通过专业技能、教育水平和工作经验三个指标分年进行主成分分析而得的因子值，该因子值越高则说明该家族成员经营能力越强。③$S_{i,t}^{c,a}$：如果企业主将最大所有权和（或）管理权配置给了能力最强的核心家庭成员则设计为 1，否则为 0。④$S_{i,t}^{nc,a}$：如果企业主将最大所有权和（或）管理权配置给了能力最强的远亲成员则设计为 1，其他为 0。远亲家庭成员主要包括业主的侄子/侄女、儿媳、堂兄弟/姐妹、女婿、兄弟姐妹的配偶、配偶的父母、配偶的兄弟姐妹、父母的兄弟姐妹等。

自变量：业绩期望差距（$P_{i,t-1} - A_{i,t-1}$）。$P_{i,t-1}$代表企业 i 过去一年的实际业绩，本文参照以往学者的研究选取总资产回报率（ROA）来衡量[22,26,47]。由于本文分析企业过去的实际业绩与期望业绩之间的差距对后续决策行为的影响，所以 $P_{i,t-1}$ 变量相对于因变量取了滞后一期的业绩水平[26]。$A_{i,t-1}$代表企业 i 过去一年的业绩期望水平，本文借鉴 Chen[26] 的方式进行测量，具体计算公式如下：

$$A_{i,t-1} = (1 - \alpha_1)P_{i,t-2} + \alpha_1 A_{i,t-2} \tag{2}$$

其中 α_1 代表权重，介于 [0，1] 之间的数值，考虑到权重设定的不同会影响 $A_{i,t-1}$ 的计算结果，本文将 α_1 从 0 开始，每增加 0.1 进行设定权重，然后利用不同的 $A_{i,t-1}$ 组合结果进行稳健性检验，研究结论均一致。但基于版面限制，正文中仅汇报了 $\alpha_1 = 0.4$ 时的检验结果。所以，企业 i 在 t−1 的业绩期望水平 $A_{i,t-1}$ 是企业 i 在 t−2 期的实际业绩（权重为0.6）和 t−2 期的业绩期望水平（权重为 0.4）的加权组合。企业 i 在 t−1 期的业绩期望差距（$P_{i,t-1} - A_{i,t-1}$），即为实际业绩 $P_{i,t-1}$ 与业绩期望水平 $A_{i,t-1}$ 之差。如果 $P_{i,t-1} - A_{i,t-1} < 0$，则认为企业 i 在 t−1 期的实际业绩低于业绩期望水平，反之则认为企业 i 在 t−1 期的实际业绩高于业绩期望水平。结合公式（1）中对 I_1 和 $(1 - I_1)$ 的定义，分别进一步将 I_1 和 $(1 - I_1)$ 与业绩期望差距变量（$P_{i,t-1} - A_{i,t-1}$）相乘，得到低于业绩期望差距（$I_1(P_{i,t-1} - A_{i,t-1}) < 0$）和高于业绩期望差距（$(1 - I_1)(P_{i,t-1} - A_{i,t-1}) \geq 0$）这两个重要的截尾的期望差距变量。

调节变量：制度环境变量（$L_{i,t}$）。本文采用樊纲等[48]编制的中国市场化指数来测量制度环境，如果企业 i 在 t 期所处地区的市场化指数低于市场化指数的中位数，则认为该企业处于低规范性的制度环境中，此时设定 $L_{i,t} = 1$，否则认为该企业处于高规范性制度环境中，即 $L_{i,t} = 0$。由于制度环境变量是本文假设的重要调节变量，为保持结论的稳健性，本文还采取了世界银行[49]对中国制度环境的分类方法对 $L_{i,t}$ 测量，并进行稳健性检验，研究结论一致，具体可参见后续稳健性检验部分。

控制变量（$C_{i,t-1}$）。为更好地控制其他不可观测因素对权威配置决策的影响，根据已往文献[3,26,32]，对以下变量进行控制：企业规模（$Size_{i,t}$），定义为期末资产总值的自然对数；企业寿命（$Life_{i,t}$），定义为从企业成立日期到统计当年的年限；冗余资源（$Slack_{i,t}$），用权益负债比率来衡量；家庭成员平均年龄（$Age_{i,t}$）和平均受教育年限（$Edu_{i,t}$）；董事长兼任CEO（$Dirceo_{i,t}$），如果符合此条件为 1，否则为 0；独立董事比例（$Indep_{i,t}$），定义为独立董事人数与董事会人数之比。此外，还设置了行业虚拟变量（$Ind_{i,t}$）和年度虚拟变量（$Year_{i,t}$）来控制其他未观察到的行业间差异性和年度变化趋势对企业权威配置可能产生的影响。

（四）描述性分析

表 1 列出了上述主要变量的描述性统计特征。数据显示：$S_{i,t}^c$ 均值为 0.706，说明我国家族上市公司中 70.6% 的公司业主将所有权和（或）管理权配置给了核心家庭成员。$S_{i,t}^a$ 均

值为 0.846，说明我国家族上市公司中 84.6% 的公司业主将所有权和（或）管理权配置给了有能力的家庭成员。$S_{i,t}^{c,a}$ 均值为 0.811，表明我国家族上市公司中 81.1% 的公司业主将所有权和（或）管理权配置给了有能力的核心家庭成员。$S_{i,t}^{nc,a}$ 均值为 0.083，说明我国家族上市公司中仅有 8.3% 的公司业主将最大所有权和（或）管理权配置给了有能力的远亲成员。$I_1(P_{i,t-1} - A_{i,t-1})$ 均值为 -0.040，这表明企业实际业绩低于业绩期望值的平均差距为 0.040，$(1 - I_1)(P_{i,t-1} - A_{i,t-1})$ 均值为 0.033，这表明企业实际业绩高于业绩期望值的平均差距为 0.033。$L_{i,t}$ 均值为 0.211 则表明样本中 21.1% 的企业处于市场化水平较低的制度环境下。

表 1　变量的描述性统计特征

变量代码	含义	均值	标准差	最小值	最大值
$S_{i,t}^{c}$	权威配置给核心家庭成员	0.706	0.455	0.000	1.000
$S_{i,t}^{a}$	权威配置给最有能力的家庭成员	0.846	0.360	0.000	1.000
$S_{i,t}^{c,a}$	最大权威配置给最有能力的核心家庭成员	0.811	0.391	0.000	1.000
$S_{i,t}^{nc,a}$	最大权威配置给最有能力的远亲成员	0.083	0.277	0.000	1.000
$I_1(P_{i,t-1} - A_{i,t-1}) < 0$	低于业绩期望的差距	-0.040	0.117	-1.566	0.000
$(1 - I_1)(P_{i,t-1} - A_{i,t-1}) \geq 0$	高于业绩期望的差距	0.033	0.086	0.000	1.045
$L_{i,t}$	制度环境	0.210	0.407	0.000	1.000
$Size_{i,t}$	企业规模	9.065	0.446	7.169	10.54
$Life_{i,t}$	企业寿命	10.40	4.187	1.180	23.63
$Slack_{i,t}$	冗余资源	-0.440	3.118	-39.81	17.85
$Age_{i,t}$	家庭成员平均年龄	45.93	5.719	29.00	69.00
$Edu_{i,t}$	家庭成员平均受教育程度	15.51	2.470	6.000	22.00
$Dirceo_{i,t}$	董事长兼任 CEO	0.159	0.365	0.000	1.000
$Indep_{i,t}$	独立董事所占比例	0.332	0.093	0.000	0.667

注：N = 1224。

表 2 列出了各变量之间的相关性统计分析，结果显示：①低于业绩期望的差距（$I_1(P_{i,t-1} - A_{i,t-1}) < 0$）与权威配置给核心家庭成员（$S_{i,t}^{c}$）、权威配置给能力强的家族成员（$S_{i,t}^{a}$）和权威配置给能力强的核心家庭成员（$S_{i,t}^{c,a}$）均呈显著负相关关系（$p < 0.01$），即当业绩低于期望的差距越大则越有可能将权威配置给上述三种类型的家族成员；低于业绩期望的差距（$I_1(P_{i,t-1} - A_{i,t-1}) < 0$）与配置给能力高的远亲成员（$S_{i,t}^{nc,a}$）呈显著正相关关系（$p < 0.1$），说明当业绩低于期望的差距越大时，权威配置给这类家庭成员的可能性越低。②高于业绩期望的差距（$(1 - I_1)(P_{i,t-1} - A_{i,t-1}) \geq 0$）与权威配置给能力强的家族成员（$S_{i,t}^{a}$）、核心家庭成员（$S_{i,t}^{c}$）和能力强的核心家庭成员（$S_{i,t}^{c,a}$）均呈显著正相关关系（$p < 0.01$），即当业绩高于期望的差距越大则越有可能将权威配置给上述三种类型的家族成员；高于业绩期望的差距

$((1-I_1)(P_{i,t-1}-A_{i,t-1})>0)$ 与配置给能力高的远亲成员（$S_{i,t}^{nc,a}$）呈显著负相关关系（$p<0.05$），说明当业绩高于期望的差距越大则越有可能将权威配置给这类家庭成员。③制度环境（$L_{i,t}$）与权威配置给核心家庭成员（$S_{i,t}^{c}$）、权威配置给能力强的家族成员（$S_{i,t}^{a}$）和权威配置给核心且能力强的家族成员（$S_{i,t}^{c,a}$）均呈显著正相关关系，说明制度环境对企业的权威配置模式的选择产生重要影响。上述相关性分析仅对变量之间的潜在关系进行了初步分析，后续第四部分回归分析将进一步对各变量之间的关系进行检验。

表2　变量的相关性分析

变量	1	2	3	4	5	6	7	8	9	10	11	12	13
1. $S_{i,t}^{c}$	1.000												
2. $S_{i,t}^{a}$	0.272+	1.000											
3. $S_{i,t}^{c,a}$	0.422+	0.345+	1.000										
4. $S_{i,t}^{nc,a}$	−0.302+	−0.173+	−0.537+	1.000									
5. $I_1(P_{i,t-1}-A_{i,t-1})<0$	0.096+	−0.069+	−0.058+	0.066&	1.000								
6. $(1-I_1)(P_{i,t-1}-A_{i,t-1})\geqslant 0$	0.085+	0.092+	0.075+	−0.051*	0.134+	1.000							
7. $L_{i,t}$	0.064&	0.148+	0.074+	−0.029	−0.102+	0.015	1.000						
8. $Size_{i,t}$	−0.112+	−0.118+	−0.094+	−0.004	0.238+	−0.225+	−0.047*	1.000					
9. $Life_{i,t}$	0.207+	0.165+	0.142+	−0.014	0.074+	0.066&	0.043	0.016	1.000				
10. $Slack_{i,t}$	−0.052*	−0.030	−0.033	0.019	−0.054*	−0.057&	−0.042	−0.039	−0.053*	1.000			
11. $Age_{i,t}$	0.024	−0.045	−0.023	−0.011	0.068&	−0.038	−0.094+	0.131+	0.126+	0.051*	1.000		
12. $Edu_{i,t}$	0.009	0.032	0.044	−0.026	0.075+	−0.046	0.104+	0.094+	0.061&	−0.041	−0.096+	1.000	
13. $Dirceo_{i,t}$	−0.064&	−0.020	−0.012	0.047*	0.018	0.011	−0.093+	−0.037	−0.005	−0.008	0.014	0.058&	1.000
14. $Indep_{i,t}$	−0.044	−0.040	−0.038	−0.005	0.116+	0.052*	−0.057&	0.049*	0.104+	−0.011	0.064&	0.030	0.060&

注：+表示 $p<0.01$，& 表示 $p<0.005$，* 表示 $p<0.1$。$N=1224$。

四、检验结果与讨论

在正式检验前，为避免异常值的影响，对主要连续变量在1%水平上进行缩尾处理；对所有进入模型的解释变量和控制变量进行方差膨胀因子（VIF）诊断，结果显示VIF约为3.000，可排除多重共线性问题。本文检验思路如下：首先，分析家族权威配置的机理，即分析业绩期望差距如何影响家族企业的权威配置；其次，分析制度环境的调节作用，即分析在不同的制度环境背景下，业绩期望差距对权威配置的影响是否存在差异性，检验结果如表3和表4所示。

（一）业绩期望与权威配置关系检验结果

表 3 中的模型 1、模型 3、模型 5 和模型 7 为基本模型，仅包括所有控制变量。模型 2、模型 4、模型 6 和模型 8 则除了所有控制变量之外还纳入了所有解释变量。各个模型都具有很显著的解释力。模型 2 的检验结果显示，当企业的实际业绩低于期望值时 $(I_1(P_{i,t-1} - A_{i,t-1}) < 0)$ 回归系数显著为负（$\beta = -2.995$，$p < 0.001$）。这说明，在企业的经营业绩低于期望值时，如果期望的落差越大、距离企业主的预期越大，则越有可能导致有能力的家庭成员进入权威机构，所以家族企业面临困境时会出现一种家族拯救行为，即假设 1a 得到了验证。模型 4 的检验结果则显示，在企业实际业绩低于期望值时 $(I_1(P_{i,t-1} - A_{i,t-1}) < 0)$ 的回归系数显著为负（$\beta = -3.086$，$p < 0.001$）。这说明，在企业的经营业绩低于期望值时，随着实际业绩与期望值之间的差距越大、距离企业主的预期越远，则越有可能将权威配置给核心家庭成员，所以历练效应是存在的，假设 1b 得到了验证。

模型 2 的检验结果还显示，当企业实际经营业绩高于期望值时 $((1 - I_1)(P_{i,t-1} - A_{i,t-1}) \geqslant 0)$ 的回归系数显著为正（$\beta = 10.138$，$p < 0.001$），这就说明当企业的经营业绩高于期望值时，如果相比于目标期望水平越高、前景越好，则越有可能将权威配置给有能力的家庭成员，即出现了建立家族王朝梦想的动机，所以假设 3a 得到了验证。另外模型 4 还显示，当企业实际绩效高于业绩期望时 $((1 - I_1)(P_{i,t-1} - A_{i,t-1}) \geqslant 0)$ 的回归系数显著为正（$\beta = 3.799$，$p < 0.001$），这就说明当企业的经营业绩高于目标期望水平时，如果相比于目标期望水平越高、前景越好，则越有可能将权威配置给核心家庭成员，即出现了一种强亲缘效应，将好处留给自己最亲近的成员，所以假设 3b 得到了验证。

为了更清楚地解释企业经营期望与权威配置之间的关系，本文绘制了图 1 和图 2。其中图 1 描述了家族权威配置给最有能力的家族成员的可能性分布状况，该图是根据模型 2 中低于和高于业绩期望的回归系数，以及在设定其他控制变量的取值为均值的情况下，在自变量取不同数值求得权威配置概率的基础上得出的 [21]。从图 1 可以得知，随着业绩期望差距的负向扩大 $(I_1(P_{i,t-1} - A_{i,t-1}) < 0)$，权威配置给有能力的家族成员的概率将上升，概率范围为 0.004~0.360；随着业绩期望值差距 $((1 - I_1)(P_{i,t-1} - A_{i,t-1}) \geqslant 0)$ 的正向扩大，权威配置给最有能力的家族成员的概率也将上升，概率范围为 0.004~0.99。这就支持了假设 1a 与假设 3a 的观点。图 2 描述了家族权威配置给核心家庭成员的可能性分布状况，该图是根据模型 4 中低于和高于业绩期望的回归系数，以及在设定其他控制变量的取值为均值的情况下，在自变量取不同数值求得权威配置概率的基础上得出的。从图 2 可以得知，随着业绩期望差距的负向扩大 $(I_1(P_{i,t-1} - A_{i,t-1}) < 0)$，权威配置给核心家庭成员的概率将上升，概率范围为 0.18~0.97；随着业绩期望值差距 $((1 - I_1)(P_{i,t-1} - A_{i,t-1}) \geqslant 0)$ 的正向扩大，权威配置给核心家庭成员的概率也将上升，概率范围为 0.18~0.92。这与假设 1b 和假设 3b 的设想是完全一致的。

表 3 中的模型 6 的检验结果显示，当实际业绩低于期望值时 $(I_1(P_{i,t-1} - A_{i,t-1}) < 0)$ 的回归系数为负但不显著（$\beta = -1.747$，$p > 0.1$），不过在进一步的稳健性检验的表 4 的模型 1

中则可以发现这一变量的作用是显著为负的（β = −4.102，p < 0.05）。这说明，在企业的经营业绩低于期望值时，如果期望的落差越大、距离企业主的预期越大，则越有可能导致企业主将权威配置给有能力的核心家庭成员，所以历练效应是存在的。而在模型 8 中当实际业绩低于期望值时（$I_1(P_{i,t-1} − A_{i,t-1}) < 0$）的回归系数显著为正（β = 11.984，p < 0.001）。这说明，在企业的经营业绩低于期望值时，如果期望的落差越大、距离企业主的预期越大，则越不可能将权威配置给有能力的远亲成员。这进一步说明了家族企业会出现一种历练效应，但这种行为不太可能会出现在远亲成员。所以假设 2 得到了验证。同时，模型 6 的检验结果还显示，当企业实际经营业绩高于期望值时（$(1 − I_1)(P_{i,t-1} − A_{i,t-1}) \geqslant 0$）的回归系数显著为正（β = 4.296，p < 0.001）。这就说明当企业的经营业绩高于期望值时，如果与自己的期望值相比越高、前景越好，则越有可能导致企业主将权威配置给有能力的核心家庭成员，即出现了建立家族王朝梦想的动机。模型（8）的检验结果还显示，当企业实际经营业绩高于期望值时（$(1 − I_1)(P_{i,t-1} − A_{i,t-1}) \geqslant 0$）的回归系数显著为负（β = −9.979，p < 0.001），这就说明当企业的经营业绩高于期望值时，如果与企业主的期望值相比越高、前景越好，则也越不可能出现将权威配置给有能力的远亲成员，即出现了一种家族利益的排他性效应。所以假设 4 得到验证。

表 3 业绩期望与家族权威配置关系检验结果

变量	权威配置给最有能力的家族成员（$S_{i,t}^{a}$）		权威配置给核心家庭成员（$S_{i,t}^{c}$）		权威配置给能力强的核心家庭成员（$S_{i,t}^{c,a}$）		权威配置给能力强的远亲成员（$S_{i,t}^{nc,a}$）	
	（1）	（2）	（3）	（4）	（5）	（6）	（7）	（8）
$I_1(P_{i,t-1} − A_{i,t-1}) < 0$		−2.995*		−3.086**		−1.747		11.984***
		(1.824)		(1.229)		(1.169)		(3.647)
$(1 − I_1)(P_{i,t-1} − A_{i,t-1}) \geqslant 0$		10.138***		3.779***		4.296**		−9.979***
		(3.134)		(1.464)		(1.819)		(3.128)
$L_{i,t}$	1.148***	1.278***	0.193	0.056	0.250	0.103	−0.065	0.281
	(0.296)	(0.332)	(0.171)	(0.181)	(0.206)	(0.217)	(0.281)	(0.291)
$Size_{i,t}$	−0.911***	−0.698***	−0.717***	−0.536***	−0.610***	−0.528***	−0.142	−0.646**
	(0.211)	(0.236)	(0.163)	(0.181)	(0.181)	(0.203)	(0.235)	(0.271)
$Life_{i,t}$	0.133***	0.133***	0.135***	0.125***	0.125***	0.117***	−0.072**	−0.079***
	(0.024)	(0.027)	(0.019)	(0.020)	(0.021)	(0.023)	(0.028)	(0.030)
$Slack_{i,t}$	−0.029	−0.024	−0.041	−0.038	−0.035	−0.038	−0.035	−0.051
	(0.042)	(0.047)	(0.028)	(0.030)	(0.030)	(0.034)	(0.034)	(0.042)
$Age_{i,t}$	−0.018	−0.012	0.017	0.021	−0.004	0.003	−0.018	−0.029
	(0.014)	(0.015)	(0.012)	(0.013)	(0.014)	(0.014)	(0.020)	(0.021)
$Edu_{i,t}$	0.011	0.018	0.019	0.034	0.027	0.041	−0.011	−0.021
	(0.035)	(0.037)	(0.027)	(0.029)	(0.031)	(0.033)	(0.045)	(0.046)
$Dirceo_{i,t}$	−0.082	−0.175	−0.385**	−0.386***	−0.093	−0.164	0.451*	0.490*
	(0.213)	(0.219)	(0.169)	(0.176)	(0.198)	(0.204)	(0.257)	(0.266)
$Indep_{i,t}$	−1.111	−1.587	−0.129	−0.073	−0.315	−0.098	−2.727	−2.954*
	(1.365)	(1.448)	(1.043)	(1.113)	(1.184)	(1.263)	(1.661)	(1.775)
$Indu_{i,t}$	−0.780**	−0.750*	control	control	control	control	control	control

变量	权威配置给最有能力的家庭成员 ($S_{i,t}^{a}$)		权威配置给核心家庭成员 ($S_{i,t}^{c}$)		权威配置给能力强的核心家庭成员 ($S_{i,t}^{c,a}$)		权威配置给能力强的远亲成员 ($S_{i,t}^{nc,a}$)	
	（1）	（2）	（3）	（4）	（5）	（6）	（7）	（8）
$Year_{i,t}$	0.093	0.097	control	control	control	control	control	control
_cons	9.833***	7.307***	4.653***	2.450	4.689**	3.176	3.376	9.404***
	(2.234)	(2.488)	(1.735)	(1.935)	(1.930)	(2.169)	(2.555)	(2.988)
N	1224	1224	1224	1224	1224	1224	1224	1224
LR chi²	109.76***	123.81***	123.12***	125.32***	80.39***	85.02***	58.85***	86.97***
Pseudo R²	0.0964	0.1203	0.0767	0.0859	0.626	0.0726	0.0771	0.1206

注：***、**和*分别表示1%、5%和10%的显著性水平；行业和年度变量均包括在各模型中，结果未列示；括号内为标准误差。

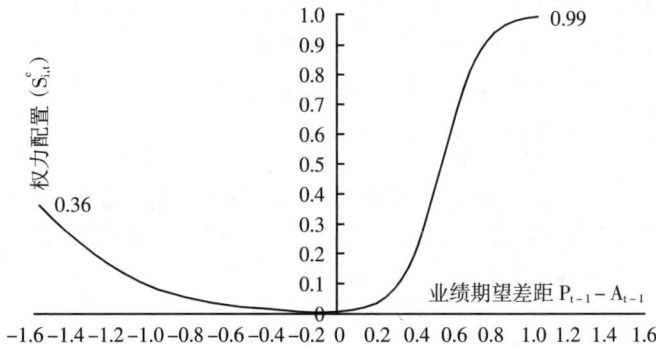

图1 业绩期望差距与权威配置给能力强的家族成员（$S_{i,t}^{a}$）的概率分布

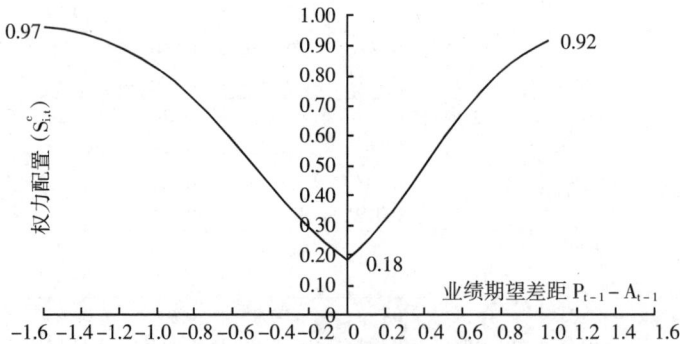

图2 业绩期望差距与权威配置给核心家庭成员（$S_{i,t}^{c}$）的概率分布

为了更清楚地解释企业经营期望与权威配置之间的关系，本文绘制了图3和图4。图3描述了家族权威配置给能力高的家族成员的可能性分布状况，该图是根据模型6中低于和高于业绩期望的回归系数，以及在设定其他控制变量的取值为均值的情况下，在自变量取不同数值求得权威配置概率的基础上得出的。从图3可以得知，随着业绩期望差距的负向扩大（$I_1(P_{i,t-1} - A_{i,t-1}) < 0$），权威配置给能力高的核心家庭成员的概率将上升，概率范围为 0.17~0.76；随着业绩期望值差距（$(1 - I_1)(P_{i,t-1} - A_{i,t-1}) \geqslant 0$）的正向扩大，权威配置给能力高的核心家庭成员的概率也将上升，概率范围为 0.17~0.94。图 4 描述了家族权威配置给能力强的远亲成员的可能性分布状况，该图是根据模型 8 中低于和高于业绩期望的回归系数，以及在设定其他控制变量的取值为均值的情况下，在自变量取不同数值求得权威配置概率的基础上得出的。从图 4 可以得知，随着业绩期望差距的负向扩大（$I_1(P_{i,t-1} - A_{i,t-1}) < 0$），权威配置给能力强的远亲成员的概率将下降，概率范围为 0.0788~0；随着业绩期望值差距（$(1 - I_1)(P_{i,t-1} - A_{i,t-1}) \geqslant 0$）的正向扩大，权威配置能力强的远亲成员的概率也将下降，概率范围为 0.0788~0。这就支持了假设 2 与假设 4 的观点。

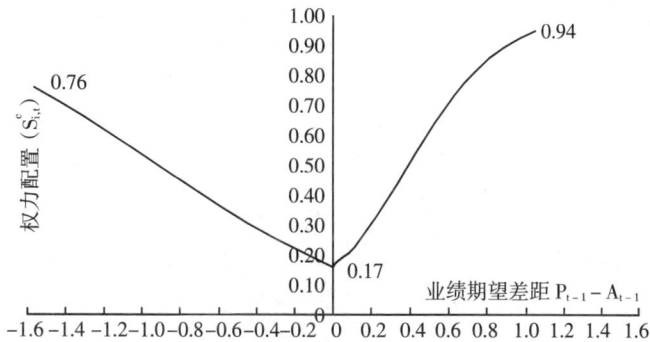

图 3　业绩期望差距与权威配置给能力强的核心家庭成员（$S_{i,t}^{c,a}$）的概率分布

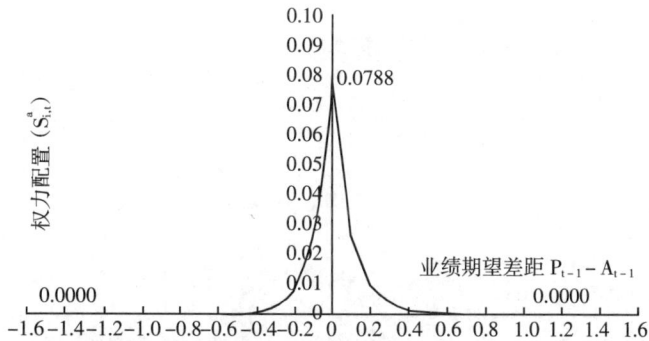

图 4　经营期望与权威配置给能力强的远亲成员（$S_{i,t}^{nc,a}$）的概率分布

（二）制度环境的调节作用检验

制度环境调节作用的检验结果如表 4 所示，其中模型 1 为经营业绩差距、制度环境与家族权威配置给有能力的核心家庭成员的检验结果，模型 2 为经营业绩差距、制度环境与家族权威配置给有能力的远亲成员的检验结果。首先从主效应的结果来看，模型 1 中当企业实际经营业绩低于期望值时（$I_1(P_{i,t-1} - A_{i,t-1}) < 0$）的回归系数显著为负（$\beta = -4.102$，p <

0.001），而模型 2 中当企业实际经营业绩低于期望值时（$I_1(P_{i,t-1} - A_{i,t-1}) < 0$）的回归系数则显著为正（$\beta = 13.320$，$p < 0.001$），这进一步验证了假设 2 的稳健性，即企业的实际业绩与目标期望水平的落差越大则越有可能将权威配置给有能力的核心家庭成员，而将权威配置给有能力的远亲成员的可能性则越低。模型 1 中当企业实际经营业绩高于期望值时（$(1 - I_1)(P_{i,t-1} - A_{i,t-1}) \geqslant 0$）的回归系数显著为正（$\beta = 6.778$，$p < 0.001$），而模型 2 中当企业实际经营业绩高于期望值时（$(1 - I_1)(P_{i,t-1} - A_{i,t-1}) > 0$）的回归系数则显著为负（$\beta = -14.992$，$p < 0.001$），这就进一步验证了假设 4 的稳健性，即企业的实际业绩越高于目标期望水平则越有可能将权威配置给有能力的核心家庭成员，而配置给有能力的远亲成员的可能性则出现下降。

表 4　制度环境的调节作用检验结果

变量	模型 1：权威配置给能力强的核心家庭成员	模型 2：权威配置给能力强的远亲成员
$I_1(P_{i,t-1} - A_{i,t-1}) < 0$	-4.102** (1.930)	13.320** (4.687)
$(1 - I_1)(P_{i,t-1} - A_{i,t-1}) \geqslant 0$	6.778*** (2.516)	-14.992*** (4.599)
$I_1(P_{i,t-1} - A_{i,t-1})*L_{i,t}$	4.092* (2.176)	-2.565 (7.581)
$(1 - I_1)(P_{i,t-1} - A_{i,t-1})*L_{i,t}$	-6.052* (3.569)	10.402* (5.676)
$L_{i,t}$	0.397 (0.254)	-0.014 (0.375)
$Size_{i,t}$	-0.504** (0.205)	-0.682** (0.274)
$Life_{i,t}$	0.115*** (0.023)	-0.082*** (0.030)
$Slack_{i,t}$	-0.036 (0.033)	-0.048 (0.039)
$Age_{i,t}$	0.004 (0.014)	-0.029 (0.021)
$Edu_{i,t}$	0.039 (0.033)	-0.021 (0.046)
$Dirceo_{i,t}$	-0.162 (0.205)	0.497* (0.267)
$Indep_{i,t}$	-0.456 (1.266)	-2.765 (1.781)
$Indu_{i,t}$	control	control
$Year_{i,t}$	control	control
_cons	3.010 (2.189)	9.784*** (3.016)
N	1224	1224
LR chi^2	90.47***	90.27***
Pseudo R^2	0.0773	0.1252

注：***、** 和 * 分别表示 1%、5% 和 10% 的显著性水平；行业和年度变量均包括在各模型中，结果未列出；括号内为标准误差。

模型 1 和模型 2 的交互项检验结果表明制度环境起到了显著的调节作用。在模型 1 中，低规范制度环境与低于期望业绩差异的交互项（$I_1(P_{i,t-1} - A_{i,t-1})*L_{i,t}$）的系数显著为正（$\beta = 4.092$，$p < 0.001$）。这就说明，当企业的实际业绩低于期望值时，在低规范制度环境下随着业绩的恶化而将权威配置给能力强的核心家庭成员的可能性上升了，且在高规范制度环境下随着业绩的恶化而将权威配置给能力强的核心家庭成员的可能性也上升了，但上升的可能性高于低规范的制度环境下上升的可能性。在模型 2 中，低规范的制度环境

与低于期望业绩差异的交互项（I_1 $(P_{i,t-1} - A_{i,t-1})*L_{i,t}$）系数为负但不显著（$\beta = -2.565$，$p > 0.1$）。另外，模型1中还显示，低规范的制度环境与高于期望业绩差异的交互项（$(1 - I_1)$ $(P_{i,t-1} - A_{i,t-1})*L_{i,t}$）的系数显著为负（$\beta = -6.052$，$p < 0.001$），这就说明，当企业的实际业绩高于期望值时，在低规范制度环境下随着业绩的上升而将权威配置给能力强的核心家庭成员的可能性上升了，且在高规范制度环境下随着业绩的改善而将权威配置给能力强的核心家庭成员的可能性也上升了，但上升的可能性高于低规范的制度环境下上升的可能性。模型2中有关交互项的检验结果则可以看出，低规范的制度环境与高于期望业绩差异的交互项（$(1 - I_1)(P_{i,t-1} - A_{i,t-1})*L_{i,t}$）的系数显著为正（$\beta = 10.402$，$p < 0.001$）。这说明，当企业的实际业绩高于期望值时，在低规范制度环境下随着业绩的上升而将权威配置给能力强的远亲成员的可能性下降了，且在高规范制度环境下随着业绩的改善而将权威配置给能力强的远亲成员的可能性也下降了，但下降的程度高于低规范的制度环境下下降的程度，所以假设5a得到了部分支持，而假设5b则得到了完全支持。

为了更形象地说明本文的结论，本文根据模型1和模型2的回归结果绘制了制度规范和不规范两种制度环境下的权威配置的概率图（见图5和图6）。图5描述了在不同的制度环境下，家族权威配置给能力强的核心家庭成员的可能性分布状况。该图显示，低规范制度环境下的权威配置曲线（虚线部分）总体趋势与高规范度环境下的权威配置曲线（实线部分）趋向是比较一致的，但前者曲线位于后者曲线的下方，说明即使在业绩期望差距一定的情况下，不同制度环境下业主将权威配置给能力强的核心家庭成员的概率还是存在显著差异性的。图6描述了在不同的制度环境下，家族权威配置给能力强的远亲成员的可能性分布状况。该图显示，低规范制度环境下的权威配置曲线（虚线部分）总体趋势与高规范制度环境下的权威配置曲线（实线部分）趋向是比较一致的，但在经营业绩高于业绩期望时，规范制度环境下的权威配置曲线显著地在规范制度环境下的权威配置曲线上方，这就说明不规范的制度环境确实降低了将权威配置给有能力的核心家庭成员的可能性，而提高了配置给有能力的远亲成员的可能性。不过在低于业绩期望的情况下，图6坐标轴左边部分实线和虚线的差异性几乎不存在，制度环境并没有对权威配置的概率产生显著影响。上述结论表明，假设5a得到了部分支持，即在实际业绩低于目标期望水平的情况下，不规范制度环境下的家族企业更不可能随着业绩落差的增大而将权威配置给有能力的核心家庭成员，不过将权威配置给有能力的远亲成员的可能性并没有显著增加，假设5b得到了完全支持，即在实际业绩高于目标期望水平的情况下，相对于规范制度环境下的企业，不规范制度环境下的家族企业更不可能随着业绩的增大而将权威配置给有能力的核心家庭成员，但提高了将权威配置给有能力的远亲成员的可能性。

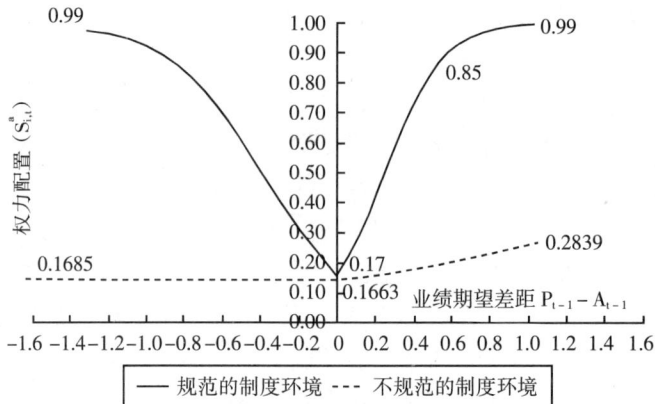

图 5 制度环境对配置给能力强的核心家庭成员（$S_{i,t}^{c,a}$）的调节作用

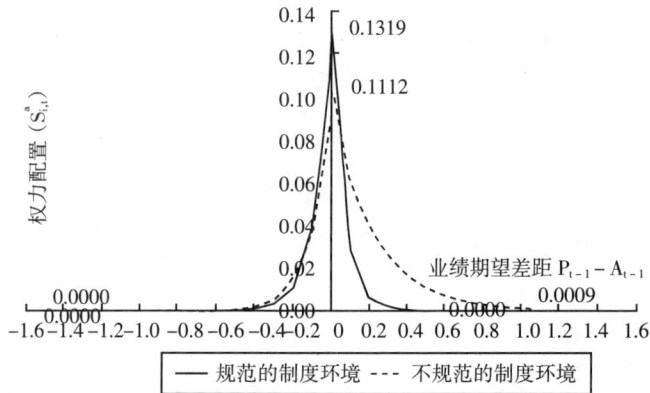

图 6 制度环境对配置给能力强的远亲成员（$S_{i,t}^{nc,a}$）的调节作用

五、稳健性检验

（一）业绩期望的替代检验

上文是针对时间维度来衡量家族企业主的目标期望水平，但实际上影响到家族企业主的权威配置决策过程还将受到行业比较[20,26]或社会比较[6]的影响。下面本文以行业比较来确定家族企业主的目标期望水平，该值的计算方法与基于时间维度的计算方法一致，但对于行业目标期望值的计算则是通过行业的中位数加权求得，业绩则参照以往学者的研究选取总资产回报率（ROA）来衡量。具体计算公式为：

$$A_{i,t-1} = (1 - \alpha_1)P_{i,t-2} + \alpha_1 A_{i,t-2}$$

其中，$A_{i,t-1}$ 代表企业 i 过去一年的行业业绩期望，$P_{i,t-1}$ 代表企业 i 所处的行业中位数业绩值；α_1 代表权重，介于 $[0,1]$ 之间的数值，考虑到权重设定的不同会影响 $A_{i,t-1}$ 的计算结果，本文将 α_1 从 0 开始，每增加 0.1 进行设定权重，然后利用不同的 $A_{i,t-1}$ 组合结果进行稳健性检验，研究结论均一致。但本文仅汇报了 $\alpha_1 = 0.4$ 时的检验结果。企业 i 在 t-1 期的行业业绩期望值 $A_{i,t-1}$ 是企业 i 在 t-2 的行业中位数的实际业绩（权重为 0.6）和 t-2 期的行业业绩期望水平（权重为 0.4）的加权组合。企业 i 在 t-1 期的业绩期望差距 $(P_{i,t-1} - A_{i,t-1})^d$，即为实际业绩 $P_{i,t-1}$ 与业绩期望 $A_{i,t-1}$ 之差。如果 $(P_{i,t-1} - A_{i,t-1})^d < 0$，则认为企业 i 在 t-1 期的实际业绩低于行业业绩期望；反之则认为企业 i 在 t-1 期的实际业绩高于行业业绩期望。本文分别进一步将 I_1 和 $(1 - I_1)$ 与业绩期望差距变量 $(P_{i,t-1} - A_{i,t-1})^d$ 相乘，得到以下两个截尾的期望差距变量：低于业绩期望差距 $I_1(P_{i,t-1} - A_{i,t-1})^d < 0$ 和高于业绩期望差距 $(1 - I_1)(P_{i,t-1} - A_{i,t-1})^d \geq 0$，这两个变量将是回归模型中主要的解释变量。检验的结果如表 5 所示。

表 5　业绩期望与家族权威配置关系的稳健性检验结果

变量	权威配置给最有能力的家族成员 ($S_{i,t}^a$)	权威配置给核心家庭成员 ($S_{i,t}^c$)	权威配置给能力强的核心家庭成员 ($S_{i,t}^{c,a}$)		权威配置给能力强的远亲成员 ($S_{i,t}^{nc,a}$)	
	(1)	(2)	(3)	(4)	(5)	(6)
$I_1(P_{i,t-1} - A_{i,t-1})^d < 0$	−3.936* (2.105)	−3.906*** (1.363)	−1.627 (1.132)	−3.731* (1.928)	18.083*** (5.722)	15.053*** (5.733)
$(1 - I_1)(P_{i,t-1} - A_{i,t-1})^d \geq 0$	13.017*** (3.804)	2.502 (1.963)	0.783 (1.846)	2.281 (2.327)	−3.725 (2.910)	−7.223 (4.608)
$I_1(P_{i,t-1} - A_{i,t-1})^d * L_{i,t}$				3.772* (2.156)		45.989 (33.749)
$(1 - I_1)(P_{i,t-1} - A_{i,t-1})^d * L_{i,t}$				−8.992* (5.187)		10.384 (7.302)
$L_{i,t}$	1.310*** (0.333)	0.059 (0.181)	0.117 (0.216)	0.408 (0.255)	0.225 (0.290)	0.252 (0.407)
$Size_{i,t}$	−0.837*** (0.235)	−0.586*** (0.177)	−0.635*** (0.199)	−0.626*** (0.200)	−0.508* (0.262)	−0.479* (0.263)
$Life_{i,t}$	0.144*** (0.027)	0.126*** (0.020)	0.116*** (0.023)	0.113*** (0.023)	−0.072** (0.030)	−0.070** (0.030)
$Slack_{i,t}$	−0.033 (0.048)	−0.035 (0.029)	−0.035 (0.032)	−0.029 (0.032)	−0.033 (0.037)	0.027 (0.038)
$Age_{i,t}$	−0.018 (0.015)	0.019 (0.013)	0.001 (0.014)	0.001 (0.014)	−0.022 (0.021)	−0.020 (0.021)
$Edu_{i,t}$	0.011 (0.037)	0.032 (0.029)	0.038 (0.033)	0.038 (0.033)	−0.028 (0.046)	−0.030 (0.046)
$Dirceo_{i,t}$	−0.224 (0.220)	−0.409** (0.177)	−0.186 (0.204)	−0.194 (0.204)	0.550** (0.265)	0.531** (0.266)
$Indep_{i,t}$	−1.553 (1.463)	−0.012 (1.121)	−0.026 (1.226)	−0.312 (1.270)	−2.735 (1.799)	−2.634 (1.819)
$Indu_{i,t}$	control	control	control	control	control	control

续表

变量	权威配置给最有能力的家族成员 ($S_{i,t}^{a}$)	权威配置给核心家庭成员 ($S_{i,t}^{c}$)	权威配置给能力强的核心家庭成员 ($S_{i,t}^{c,a}$)		权威配置给能力强的远亲成员 ($S_{i,t}^{nc,a}$)	
	（1）	（2）	（3）	（4）	（5）	（6）
$Year_{i,t}$	control	control	control	control	control	control
_cons	8.715***	3.061	4.429**	4.492**	7.472***	7.041**
	(2.456)	(1.892)	(2.113)	(2.129)	(2.856)	(2.870)
N	1224	1224	1224	1224	1224	1224
LR chi^2	124.67***	124.55***	78.94***	84.29***	85.44***	92.76***
Pseudo R^2	0.1211	0.0853	0.0674	0.072	0.1185	0.1286

注：①$I_1(P_{i,t-1} - A_{i,t-1})^d < 0$ 为企业业绩低于行业目标期望值，$(1 - I_1)(P_{i,t-1} - A_{i,t-1})^d > 0$ 为企业业绩高于行业目标期望值；②*** 、** 和 * 分别表示 1%、5%和10%的显著性水平；③行业和年度变量均包括在各模型中，结果未列示；④括号内为标准误差。

从检验结果可以看出：第一，就主效应而言，在企业业绩低于行业目标期望水平时，随着业绩落差的增加，家族企业主越倾向于将权威配置给有能力的家族成员（$\beta = -3.936$，$p < 0.01$）、核心家庭成员（$\beta = -3.906$，$p < 0.001$）、有能力的核心家庭成员（$\beta = -3.731$，$p < 0.01$），而将权威配置给有能力的远亲成员的可能性则下降了（$\beta = 15.053$，$p < 0.001$）。这与上文的研究结论完全一致，进一步支持了本文的基本假设，即在企业面临困境时，家族企业主具有强烈的拯救企业的动机、历练核心家庭成员的意愿。在企业业绩高于行业目标期望水平时，随着业绩的不断递增，家族企业主很明显地倾向于将权威配置给有能力的家族成员（$\beta = 13.017$，$p < 0.01$），但将权威配置给核心家庭成员（$\beta = 2.502$，$p > 0.1$）、有能力的核心家庭成员（$\beta = 2.281$，$p > 0.1$）的倾向虽然存在但不明显，将权威配置给有能力的远亲成员的可能性也出现下降，但不显著（$\beta = -7.223$，$p > 0.1$）。第二，从交互项的检验结果来看，模型 4 显示，低规范制度环境与低于行业期望水平差异的交互项（$I_1(P_{i,t-1} - A_{i,t-1})^d * L_{i,t}$）的系数显著为正（$\beta = 3.772$，$p < 0.001$），低规范制度环境与高于行业期望水平差异的交互项（$(1 - I_1)(P_{i,t-1} - A_{i,t-1})^d * L_{i,t}$）的系数显著为负（$\beta = -8.992$，$p < 0.01$）。这与上文的检验结果完全一致，这就说明环境的不规范将导致仁慈的家族企业主更加倾向于降低将权威配置给有能力的核心家庭成员的可能性。模型 6 显示，低规范制度环境与低于行业期望水平差异的交互项（$I_1(P_{i,t-1} - A_{i,t-1})^d * L_{i,t}$）的系数显著为正但不显著（$\beta = 45.989$，$p > 0.1$），低规范制度环境与高于行业期望水平差异的交互项（$(1 - I_1)(P_{i,t-1} - A_{i,t-1})^d * L_{i,t}$）的系数为正但也不显著（$\beta = 10.384$，$p > 0.1$），这就说明制度环境对于是否将权威配置给有能力的远亲的影响作用并不明显。本文认为，行业目标期望水平差异的检验结果之所以不如基于历史期望水平差异的检验结果，可能在于家族企业主对行业的敏感性与自己亲历的历史事实的敏感性存在差异，对自己经历的感受敏感性更加强烈，当然这些问题还有待于今后进行进一步的研究。

（二）制度环境的替代变量检验

制度环境作为本文主要的调节变量，为了检验调节机制的稳健性，本文除了采用樊纲等编制的市场化指数来衡量地区的制度环境以外，还参照世界银行[49]的调查报告《政府治理、投资环境与和谐社会：中国 120 个城市竞争力的提高》中的各地区总体投资环境排序进行划分。这份报告对我国 30 个省、市、自治区 120 个城市（2400 个企业）进行调查，并根据这些调查数据，将 30 个省、市、自治区划分为 6 个区域，对这些区域的投资环境进行综合评估，这六个区域分别是：①东南地区（江苏、上海、浙江、福建和广东）；②环渤海地区（山东、北京、天津和河北）；③中部地区（安徽、河南、湖北、湖南和江西）；④东北地区（黑龙江、吉林、辽宁）；⑤西南地区（云南、贵州、广西、四川、重庆和海南）；⑥西北地区（山西、陕西、内蒙古、宁夏、青海、甘肃和新疆）。投资环境的评估包括各地区的城市特征、政府效率和和谐社会建设三个方面的总体情况，因此投资环境可以大体上代表各地区的总体制度发展水平。评估结果发现，总体投资环境较好的地区是东南地区和环渤海地区。当企业属于这两个地区，本文设定企业所在地区的制度环境较好，将制度环境虚拟变量 $L_{i,t}^{w}$ 定义为 1，否则为 0，重新对制度环境在权威配置中的调节作用做了检验（见表 6），检验结果显示，所有主效应与交互效应的结论和上文完全一致。

表 6　业绩期望与家族权威配置关系检验结果

变量	权威配置给最有能力的家族成员（$S_{i,t}^{a}$）	权威配置给核心家庭成员（$S_{i,t}^{c}$）	权威配置给能力强的核心家庭成员（$S_{i,t}^{c,a}$）		权威配置给能力强的远亲成员（$S_{i,t}^{nc,a}$）	
	(1)	(2)	(3)	(4)	(5)	(6)
$I_1(P_{i,t-1} - A_{i,t-1})^d < 0$	−3.249* (1.847)	−2.947** (1.220)	−1.573 (1.166)	−4.481** (2.130)	11.355*** (3.584)	11.228*** (4.307)
$(1 - I_1)(P_{i,t-1} - A_{i,t-1})^d \geq 0$	9.857*** (3.078)	3.721** (1.471)	4.196** (1.838)	9.614*** (3.116)	−9.615*** (3.318)	−14.183*** (4.895)
$I_1(P_{i,t-1} - A_{i,t-1})^{d*}L_{i,t}$				4.321* (2.348)		1.850 (7.869)
$(1 - I_1)(P_{i,t-1} - A_{i,t-1})^{d*}L_{i,t}$				−9.178** (3.594)		8.200* (4.877)
$L_{i,t}$	0.570** (0.242)	0.380** (0.154)	0.608*** (0.185)	0.939*** (0.218)	−0.321 (0.253)	−0.459 (0.323)
$Size_{i,t}$	−0.705*** (0.236)	−0.515*** (0.181)	−0.479*** (0.203)	−0.421** (0.206)	−0.661* (0.270)	−0.6889* (0.272)
$Life_{i,t}$	0.137*** (0.027)	0.116*** (0.020)	0.103*** (0.023)	0.107*** (0.023)	−0.071** (0.030)	−0.075** (0.031)
$Slack_{i,t}$	−0.022 (0.046)	−0.034 (0.031)	−0.032 (0.036)	−0.031 (0.034)	−0.050 (0.044)	0.048 (0.042)
$Age_{i,t}$	−0.013 (0.015)	0.023* (0.013)	0.006 (0.014)	0.008 (0.014)	−0.029 (0.020)	−0.030 (0.020)
$Edu_{i,t}$	0.027 (0.037)	0.027 (0.029)	0.029 (0.034)	0.029 (0.034)	−0.011 (0.047)	−0.012 (0.048)
$Dirceo_{i,t}$	−0.208 (0.219)	−0.321* (0.178)	−0.061 (0.207)	−0.043 (0.208)	0.390 (0.268)	0.380 (0.269)
$Indep_{i,t}$	−1.419 (1.436)	0.077 (1.122)	0.090 (1.279)	−0.273 (1.287)	−2.927 (1.789)	−2.28 (1.797)

变量	权威配置给最有能力的家族成员（$S_{i,t}^{a}$）		权威配置给核心家庭成员（$S_{i,t}^{c}$）		权威配置给能力强的核心家庭成员（$S_{i,t}^{c,a}$）		权威配置给能力强的远亲成员（$S_{i,t}^{nc,a}$）	
	（1）		（2）		（3）	（4）	（5）	（6）
$Indu_{i,t}$	control		control		control	control	control	control
$Year_{i,t}$	control		control		control	control	control	control
_cons	7.227***		2.240		2.746	2.042	9.419***	9.796***
	(2.502)		(1.936)		(2.168)	(2.204)	(2.965)	(3.000)
N	1224		1224		1224	1224	1224	1224
LR chi^2	110.52***		131.41***		96.07***	104.84***	87.72***	90.04***
Pseudo R^2	0.1074		0.09		0.082	0.0895	0.1216	0.1249

注：①$I_1(P_{i,t-1}-A_{i,t-1})^d<0$ 为企业业绩低于行业目标期望值，$(1-I_1)(P_{i,t-1}-A_{i,t-1})^d>0$ 为企业业绩高于行业目标期望值；②***、** 和 * 分别表示 1%、5%和10%的显著性水平；③行业和年度变量均包括在各模型中，结果未列示；④括号内为标准误差。

（三）其他稳健性检验

为确保本文的研究结论具有稳健性，本文还采取了以下方法进行稳健性检验：①不同的时间年限。考虑样本时间期限选择可能产生误差，为此本文还采取了 2001—2004 年、2005—2008 年等不同的年份数据组合进行检验，检验结果与上文并无显著差异。②不同的样本数据。正文中的样本数据为非平衡面板数据，样本中包括了 2001—2008 年至少 1 年至多 8 年的样本值，这样的样本选择过程可能有偏误。因此，为了检验本文的结论是否是基于样本的原因，本文以 2001 年样本为基准，保留连续 8 年内均存在的样本而删除不足 8 年的样本观测值，利用剩下的平衡面板数据进行检验，检验结果与上文并无显著差异。

六、结束语

家族成员内部的权威配置是反映企业主或企业创始人的重要决策行为，但目前有关家族权威的配置机理及其效率的研究基本上都是基于决策中的效用最大化原则进行分析，而没有考虑到决策者往往是基于经营期望差距而做出适应性调整，也没有关注到决策过程中往往会渗透许多非经济因素、情感因素，如社会情感财富、仁慈的作用。本文基于企业行为理论，尤其是业绩反馈理论对家族成员内部的权威配置进行了理论分析与实证检验，主要有以下几个方面的结论：

第一，当企业的实际业绩未达到经营期望水平时，一方面，会出现一种家族拯救行为，即家族企业主倾向于将权威配置给有能力的家族成员、核心家庭成员，而不会放弃对家族企业的控制；另一方面，随着经营业绩与目标期望水平的落差的增加还会产生一种砺练效应，即为了解决企业的困境，家族企业主倾向于将权威配置给最有经营能力的核心家庭成员，而远亲成员的代理行为导致其获得权威的可能性出现下降。

第二，当企业的实际业绩超过经营期望水平时，一方面会出现一种家族王朝梦想，即在冗余资源的推动下私营企业主的傲慢主义与过度自信开始形成，于是他们倾向于将家族权威配置给经营能力较强的家族代理人以实现整个家族对企业资产的长期控制，实现企业主的家族王朝梦想；另一方面，在这种利好的前景下可能产生一种亲缘效应，即企业主也更加倾向于将权威授予核心家庭成员，尤其是那些有能力的核心家庭成员，而远亲成员则由于其代理行为而授予权威的可能性降低，即使他们具有较强的经营能力。

第三，家族企业主具有较为强烈的仁慈动机。在制度环境不规范的情况下，由于家族成员参与经营的心智成本会增加，无论是在经营业绩超过目标期望水平还是低于目标期望水平的情况，企业主都不太倾向于将权威配置给有能力的核心家庭成员，而更有可能将权威配置给有能力的远亲成员以充分地利用这些成员的人力资本与社会资本，进而维持对这些企业的长期控制。

本文的研究具有以下几方面的贡献：第一，本文基于企业行为理论，尤其是业绩反馈理论分析了家族成员内部的权威配置机理，指出了经营期望差距（包括基于时间维度的历史期望差距以及基于社会比较的行业期望差距）是家族企业主进行权威配置与调整的主要依据和决定性因素。第二，本文在基于业绩反馈理论对权威配置机制解释的过程中并没有忽略前期学者所强调的能力、信任与亲缘关系等因素，而是将这些因素融合到本文的理论模型构建中。并且更为重要的是，本文分别指出了能力、信任与亲缘关系在不同的经营业绩状况下的作用是不同的。第三，本文将家族成员之间的"仁慈"因素纳入研究模型，这是前期很多学者所忽略的，这一因素的加入使本文对于家族成员内部的权威配置机理理解更为深入。总体而言，本文的研究对于进一步理解企业的权威配置机理具有指导性意义。但本文认为这一领域仍旧有许多问题期待未来进一步研究，比如，在企业经营业绩达不到期望水平时，企业主是如何运用其社会关系、政府关系以获取资源进而稳定企业的发展？为何在不规范的市场环境下，无论高于还是低于目标期望水平，核心家庭成员都未配置权威？除了企业主的仁慈在起作用之外，还有什么因素在起作用？等等。这些问题都有待于进一步探讨。

参考文献

[1] Eddleston K. A., Otondo R. F., Kellermanns et al. Conflict, Participative Decision-making and Generational Ownership Dispersion: A Multilevel Analysis [J]. Journal of Business Management, 2008, 46 (3): 456–484.

[2] Schulze W. S., Lubatkin M. H., Dino R. N. Agency Relationships in Family Firms: Theory and Evidence [J]. Organization Science, 2001, 12 (2): 99–110.

[3] 贺小刚, 连燕玲. 家族权威与企业价值: 基于家族上市公司的实证研究 [J]. 经济研究, 2009 (4): 101–111.

[4] 连燕玲, 贺小刚, 张远飞. 家族权威配置机理与功效——来自我国家族上市公司的经验证据 [J].

管理世界, 2011 (11): 106-119.

[5] Durand R., Vargas V. Ownership, Organization, and Private Firm's Efficient Use of Resources [J]. Strategic Management Journal, 2003, 23 (7): 667-676.

[6] Barth E., Gulbrandsen T., Schone P. Family Ownership and Productivity: The Role of Owner-management [J]. Journal of Corporate Finance, 2005 (11): 107-127.

[7] Jiang Y., Peng M. W. Are Family Ownership and Control in Large Firms Good, Bad, or Irrelevant? [J]. Asia Pacific Journal of Management, 2011, 28 (1): 15-39.

[8] Peng M. W., Jiang Y. Institutions Behind Family Ownership and Control in Large Firms [J]. Journal of Management Studies, 2010, 47 (2): 253-273.

[9] Kellermanns F. W., Eddleston K. A. A Family Perspective on When Conflict Benefits Family Firm Performance [J]. Journal of Business Research, 2007, 60 (10): 1048-1057.

[10] 贺小刚, 李新春, 连燕玲. 家族成员的权力集中度与企业绩效——对家族上市公司的研究 [J]. 管理科学年报, 2011 (5): 86-96.

[11] Kahneman D. A., Tversky. Prospect Theory: An Analysis of Decision Under Risk [J]. Econometrica, 1979 (47): 263-291.

[12] Hoppe F. Untersuchuangen zur Handlungs and Affektpsychologie IV (Psychological studies of action and affect) [J]. Psychologiche Forschung, 1930 (14): 1-63.

[13] Frank J. D. Recent Studies of the Level of Aspiration [J]. Psychological Bulletin, 1941 (38): 218-226.

[14] Lewin K., Dembo T., Festinger L. Level of Aspiration [J]. Personality and the Behavior Disorders, 1944 (1): 333-378.

[15] Schneider S. Framing and Conflict: Aspiration Level Contingency, the Status Quo, and Current Theories of Risky Choice [J]. Journal of Experimental Psychology: Learning, Memory and Cognition, 1992 (18): 1040-1057.

[16] Greve H. R. A Behavioral Theory of R&D Expenditures and Innovations: Evidence from Shipbuilding [J]. Academy of Management Journal, 2003, 46 (6): 685-702.

[17] Simon H. A. A Behavioral Model of Rational Choice [J]. The Quarterly Journal of Economics, 1955, 69 (1): 99-118.

[18] Cyert R. M., March J. G. A Behavioral Theory of the Firm [M]. Englewood Cliffs, NJ: Prentice Hall, 1963: 121-138.

[19] Evinthal D. A., March J. A Model of Adaptive Organizational Search [J]. Journal of Economic Behavior and Organization, 1981 (2): 307-333.

[20] Baum J. A. C., Rowley T., Shipilov A. Dancing with Strangers: A Spiration Performance and the Search for Underwriting Syndicate Partners [J]. Administrative Science Quarterly, 2005, 50 (4): 536-575.

[21] Greve H. R. Performance, Aspirations, and Risky Organizational Change [J]. Administrative Science Quarterly, 1998, 43 (1): 58-86.

[22] Greve H. R. Organizational Learning from Performance Feedback: A Behavioral Perspective on Innovation and Change [M]. Cambridge: Cambridge University Press, 2003.

[23] Mezias S. J., Murphy P. R., Chen Y. R. Aspiration-level Adaptation in an American Financial Services Organization: A Field Study [J]. Management Science, 2002, 48 (10): 1285-1300.

［24］ Milliken F. J., Lant T. K. The Effect of an Organization's Recent Performance History on Strategic Persistence and Change ［M］. Greenwich, CT: JAI Press, 1991.

［25］ Levinthal D. A., March J. G. The Myopia of Learning ［J］. Strategic Management Journal, 1993 (14): 95–112.

［26］ Chen Wei-Ru. Determinants of Firms' Backward- and Forward-Looking R&D Search Behavior ［J］. Organization Science, 2008, 19 (4): 609–622.

［27］ Miller D. T., Prentice D. A. The Construction of Social Norms and Standards ［M］. In E. T. Higgins & A. W. Kruglanski (Eds), Social Psychology: Handbook of Basic Principles: 799–829. New York: Guilford, 1996.

［28］ Lant T., Mezias S. J. An Organizational Learning Model of Convergence and Reorientation ［J］. Organization Science, 1992 (3): 47–71.

［29］ Quinn J. B. Strategies for Change: Logical Incrementalism ［M］. Homewood, IL: Dow-Jones Irwin, 1980: 203–245.

［30］ Gimeno J., Folta T. B., Cooper A. C. Survival of the Fittest? Entrepreneurial Human Capital and the Persistence of Underperforming Firms ［J］. Administrative Science Quarterly, 1997, 42 (4): 750–783.

［31］ Gómez-Mejia L. R., Haynes K., Jacobson K. Socioemotional Wealth and Business Risks in Family Controlled Firms ［J］. Administrative Science Quarterly, 2007, 52 (1): 106–138.

［32］ Chrisman J. J., Patel P. C. Variations in R&D Investments of Family and Non-family Firms: Behavioral Agency and Myopic Loss Aversion Perspectives ［J］. Academy of Management Journal, 2012, 55 (4): 976–997.

［33］ Schulze W. S., Lubatkin M. H., Dino R. N. Altruism, Agency and the Competitiveness of Family Firms ［J］. Management and Decision Economic, 2002 (23): 247–259.

［34］ Schulze W. S., Lubatkin M. H., Dino R. N. Exploring the Agency Consequences of Ownership Dispersion Among the Directors of Private Family Firms ［J］. Academy of Management Journal, 2003, 46 (2): 179–194.

［35］ Fahlenbrach R. Founder-CEOs, Investment Decisions, and Stock Market Performance ［J］. Journal of Financial and Quantitative Analysis, 2009, 44 (2): 439–466.

［36］ Begley T. M. Using Founder Status, Age of Firm, and Company Growth Rate as the Basis for Distinguishing Entrepreneurs from Managers of Smaller Businesses ［J］. Journal of Business Venturing, 1995 (10): 249–263.

［37］ Hayward M. L. A., Hambrick D. C. Explaining the Premiums Paid for Large Acquisitions: Evidence of CEO Hubris ［J］. Administrative Science Quarterly, 1997 (42): 103–127.

［38］ Chrisman J., Chua J., Zahra S. Creating Wealth in Family Firms through Managing Resources: Comments and Extensions ［J］. Entrepreneurship Theory and Practice, 2003, 27 (4): 331–338.

［39］ Chua J. H., Chrisman J. J., Sharma P. Defining the Family Business by Behavior ［J］. Entrepreneurship: Theory and Practice, 1999, 23 (4): 19–39.

［40］ Sharma P., Chrisman J. J., Chua J. H. Strategic Management of the Family Business: Past Research and Future Challenges ［J］. Family Business Review, 1997, 10 (1): 1–35.

［41］ Wasserman N. Founder-CEO Succession and the Paradox of Entrepreneurial Success ［J］. Organization Science, 2003 (14): 149–172.

［42］ Adams R., Heitor A., Daniel F. Understanding the Relationship Between Founder-CEOs and Firm Performance ［J］. Journal of Empirical Finance，2009，16（1）：136-150.

［43］ Wathne K. H., Heide J. B. Relationship Governance in a Supply Chain Network ［J］. Journal of Marketing，2004（68）：73-89.

［44］ Choi C. J., Lee S. H., Kim J. B. A Note on Counter Trade：Contractual Uncertainty and Transaction Governance in Transition Economies ［J］. Journal of International Business Studies，1999（30）：189-201.

［45］ Cull R., Xu L. C. Institutions, Ownership, and Finance：The Determinants of Profit Reinvestment among Chinese Firms ［J］. Journal of Financial Economics，2004，77（1）：117-146.

［46］ Wu T. Y., Hu C., Yang C. C. When Supervisors Perceive Non-work Support：Test of a Trickle-down Model ［C］. Paperpresented at 2010 Academy of Management Meeting，August 6-10，in Montreal，Canada.

［47］ Bromiley P. Testing a Causal Model of Corporate Risk-taking and Performance ［J］. Academy of Management Journal，1991（34）：37-59.

［48］ 樊纲，王小鲁，朱恒鹏. 中国市场化指数——各地区市场化相对进程 2011 报告 ［M］. 北京：经济科学出版社，2011.

［49］ Mako W., Colin X. China Governance，Investment Climate，and Harmonious Soci ety：Competitiveness Enhancements for 120 Cities in China ［M］. Washington DC：World Bank，2006.

高管减持与公司治理对创业板公司成长的
影响机制研究 *

李维安　李慧聪　郝　臣

【摘　要】选取截止到 2011 年底高管所持股票已过禁售期的 90 家创业板公司作为研究样本，采用最小二乘法分析高管减持和股权结构对创业板公司成长性的影响，研究一股独大的股权结构下公司治理机制对成长性的作用。研究结果表明，核心管理者减持对公司成长性的负面影响显著，初始股权结构是影响处于成长期的创业板公司成长性的主要因素，创业板公司在严格的监管制度下形成被动合规，在股权高度集中的背景下董事会、监事会以及其他内部治理机制的作用弱化，治理的有效性短时间内难以显现；嵌入企业生命周期变量后发现，随着公司的发展，独立董事和监事会的职能逐渐凸显；加强对核心管理者减持行为的监管和优化股权结构有利于提升公司成长性，而创业板公司治理的高起点、高合规性在未来能够成为创业板公司真正实现高成长的制度保障。

【关键词】创业板；企业生命周期；公司成长性；公司治理

一、引言

创业板聚集了高技术和高成长性的中小型公司，然而很多标榜高成长性的创业板公司上市后出现大幅度地超募资金、高管频繁离职和减持、上市后业绩"连连跳"等种种背离创业板设立初衷的现象。根据万得资讯披露的数据，2011 年底之前上市的 281 家创业板公司有近三成在 2011 年业绩下滑，创业板公司业绩变脸的现象引发各界对公司成长性的关注。

创业板公司的一大特征是核心成员集创始人、核心资源掌控者、核心管理者等身份于

* 本文选自《管理科学》2013 年第 4 期。

一身，投资者对公司核心成员的变动比较敏感，认为创业板公司高管大规模减持的现象是高管对公司未来缺乏信心或者计划离开公司的表现。创业板开板近 3 年来，上市公司股东和高管减持行为的数量居高不下，通过深圳证券交易所公开披露的减持公告发现，仅 2011 年，共 109 家创业板公司的高管进行减持，合计减持市值达 97.950 亿元人民币，这被广泛认为是降低公司成长性的主要原因。本文探讨高管减持对公司成长性的影响，由于减持行为的影响与公司初始股权结构密切相关，进而研究初始股权结构对成长性的作用；由于创业板公司存在股权高度集中和一股独大的现象，因而考察公司治理机制对成长性的作用效果。

二、相关研究评述和研究假设

（一）高管减持与公司成长性

创业板公司规模较小并且股权集中，公司生存和发展更多依赖创业团队或者高管人员的个人资源，包括核心技术、社会资源以及相关工作经验等，因此与其他公司相比，创业板公司中高管个人对公司成长性影响更为突出。

大量研究着眼于企业家个人素质和背景对中小企业成长性的影响[1]，Storey[2] 将影响中小企业成长性的因素总结为 3 种，排在首位的是管理者的素质；Harada[3] 实证发现，企业家的相关工作经验与企业成功的可能性有很高的正相关关系。创业板公司成立时间较短，并且上市之初仅披露前 3 年的业绩报告，与主板市场相比缺乏可供投资者参考的业绩信息，因此公司高管的能力和经验是投资者选择投资对象时考察的重要因素。高管团队稳定是创业板公司高成长性的保证，上市公司高管团队在上市后立刻大规模减持，背离了对投资者的承诺，也无法保证公司经营管理的水平。

朱茶芬等[4] 证明，由于中国证券市场缺乏严格的监管，高管在减持交易中利用了信息优势；Bebchuk 等[5] 认为内部人交易破坏了证券市场的公平交易原则，内部人掌握内幕信息并能够从中获益，外部投资者处于信息劣势，导致逆向选择，使证券市场交易效率下降；Bagnoli 等[6] 认为内部人交易不利于公司治理发挥有效性，只有禁止内部人交易才能够防范道德风险。创业板高管作为熟知公司信息的内部人，其大规模非正常的减持行为不利于公司成长，最终导致上市公司的股权激励变成置股东利益于不顾的高管人员的独享盛宴。本文在验证高管减持与公司成长性关系时，为了控制内生性，考察当期高管减持比例与下一期公司成长性的关系，由此本文提出假设。

H1：当期高管减持比例与下一期公司成长性负相关。

（二）初始股权结构与公司成长性

股权结构是公司治理机制的众多影响因素中最为重要的因素[7]，中国上市公司股权高度集中和一股独大是不争的事实[8]。创业板公司上市不久，股权集中的现象更为突出，样本公司前五大股东持股比例之和的均值超过 60%。股权集中与公司成长性之间关系的研究并没有一致结论，利益协同效应和壕沟防御效应两种观点并存。Fama 等[9]实证发现，股权集中度高的公司，大股东在公司治理中的代理成本较低，有利于提高治理效率；Shleifer 等[10]提出的股东监督论认为大股东有能力也有动力加强对经营者的监督；陈德萍等[11]研究中国中小板上市公司时发现股权集中度与绩效之间呈显著的 U 型关系，当股权集中度较高时，更多地表现为利益协同。因此本文认为，在创业板公司股权高度集中的现实背景下，大股东之间可以相互监督和制约，从而实现利益协同。基于此，本文提出假设。

H2a：前五大股东持股比例之和与公司成长性正相关。

当股权高度集中于一个大股东手中，即出现一股独大现象时，委托代理问题研究的关注点从管理层—股东矛盾转向大股东—小股东矛盾。Claessens 等[12]研究发现，当第一大股东持股比例超过某一临界值时，大股东行为呈现出壕沟效应，更倾向于利用公司资源实施利己行为，攫取中小股东利益；蒋学跃[13]认为中小板民营上市公司一股独大有可能导致中小股东与控股股东之间产生严重的利益冲突。截至 2011 年底，上市的 281 家创业板公司第一大股东持股比例平均高达 35.9%，这一比例使其他股东持股比例之和低于 2/3，小股东以及其他利益相关者无法制约和监督大股东。创业板公司中家族企业较多，内部成员之间存在千丝万缕的联系，实际控制人掌握的股权可能远超过第一大股东持股比例，因此本研究选择实际控制人持股比例考察一股独大对公司成长性的影响。因此本研究提出假设。

H2b：第一大股东持股比例与公司成长性负相关。

H2c：实际控制人持股比例与公司成长性负相关。

（三）公司治理与公司成长性

创业板启动不久，产品市场、经理人市场等外部治理机制并不完善，因此本文主要从内部治理机制的角度研究公司治理对成长性的影响，包括董事会治理、监事会治理和实际控制人特征 3 个方面。

1. 董事会治理与公司成长性

对董事会治理机制的研究主要包括董事会规模和结构两部分。董事会规模方面，Simpson 等[14]认为小规模的董事会更容易受管理层的影响和控制，而在规模较大的董事会中决策者可以听取更多的建议；董事会成员在专业知识和管理经验等方面实现互补，有利于做出更加合理的决策，从而减少经营风险。但 Eisenberg 等[15]认为规模较小的董事会具有较高的灵敏度和适应力以及较低的沟通和协作成本，可以为公司带来更高的价值。

Raheja[16] 根据股权比例研究董事会的规模和构成，认为在股权集中的公司中委托代理问题尚不突出，对董事会制衡作用的要求较低，此时小规模的董事会决策效率高的优点更为明显。创业板公司股权结构相对集中，更符合 Raheja[16] 研究的情况。因此本文提出假设。

H3a：董事会规模与公司成长性负相关。

董事会的独立性对董事会的有效性起着至关重要的作用。Fama 等[9,17]认为，独立董事有利于降低公司经营者与董事合谋的可能性，并且独立董事作为外部人员能增强董事会活力；Conyon 等[18]实证发现，独立董事有助于增强高管更替与公司绩效之间的相关性；赵昌文等[19]的研究表明，独立董事在中国家族上市公司治理中的积极作用得到明显体现，具有行业专长、学术机构背景、政府关系、管理经验和国际背景的独立董事对企业价值具有显著的促进作用。本研究认为创业板公司股权高度集中并且两职合一的现象普遍存在，独立董事有效发挥监督职能比较困难，但是考察其背景可以发现，独立董事为本地区知名学者或者前任政府官员者居多，这类独立董事可以发挥智囊的作用，并利用其经验和背景为公司带来需要的资源。基于此，本研究提出假设。

H3b：独立董事比例与公司成长性正相关。

2. 监事会治理与公司成长性

监事会由股东大会选出，负责对董事会和高管进行监督。肖继辉等[20]研究基金公司的内部治理机制，认为扩大监事会规模是改善基金管理公司内部治理的有效途径；郭素勤[21]研究发现，创业板公司监事会的规模越大，对于内部控制信息的需求就越大，因此上市公司的信息披露程度就越高。《公司法》规定监事会应当包括股东代表和适当比例的公司职工代表，其中职工代表的比例不得低于 1/3。设立职工监事的目的是充分发挥职工民主监督作用，对企业财务活动和企业负责人的经营管理活动进行监督。基于此，本文提出假设。

H4a：监事会规模与公司成长性正相关。

H4b：职工监事比例与公司成长性正相关。

3. 实际控制人特征与公司成长性

针对创业板公司中家族企业比例较高的特点，本文探讨实际控制人之间的亲缘关系对公司业绩的影响。Claessens 等[22]考察东亚 9 个国家共 2980 家上市公司的股权结构，发现家族控制广泛存在于东亚公司中，且多数公司管理层被终极股东控制；贺小刚等[23]研究发现家族成员为了其家族财富最大化凝聚在一起，存在侵占其他非家族股东利益的情况；贺小刚等[24]研究发现家族企业中家族成员的权利过度集中会导致绩效下降，尤其是小型家族上市公司集中家族权力对业绩是不利的。家族企业最重要的结构特征就是企业创始人及其家族对企业所有权和经营权的控制，根据企业的生命周期理论，初创期的公司规模较小，业务种类相对简单，家族式治理效率较高。但是随着公司上市、引入外部投资者之后，公司规模扩大、业务类型复杂，过去的家族式治理存在诸多隐患，尤其是一些控制性家族通过构建复杂的金字塔形结构，有条件采取各种隐秘的隧道行为侵占上市公司中小股东利益。基于此，本文提出假设。

H5a：实际控制人之间的亲缘关系与公司成长性负相关。

中国证监会《公开发行证券的公司信息披露内容与格式准则》要求明确披露 IPO 公司实际控制人姓名、国籍、是否取得其他国家或地区居留权等信息，防止实际控制人利用其身份之便规避国内法规的约束甚至向境外转移公司资产。上市公司在国内注册可以利用国家的优惠政策获得税收优惠和财政补贴，这些税收优惠和政策性补贴的来源具有国民性。有的投资者担心，作为公司实际控制人，如果这些大笔的政策性补贴在取得后具备向境外转移的可能性，对中小投资者是很不公平的。基于此，本文提出假设。

H5b：实际控制人具有海外居留权对公司成长性负相关。

（四）企业生命周期与公司成长

引入企业生命周期动态考察公司行为的思想已在部分研究中出现[25]。企业生命周期理论认为企业具有生命体的部分形态，据此本文将企业发展过程划分为若干阶段，各成长阶段面临不同治理问题，公司的信息不对称程度和委托代理关系不同，因此在股权结构和治理方式等方面不尽相同，不同公司治理机制的效果也随企业生命周期发生变化[26]。

初创期的公司资产规模较小、业务单一、公司股权高度集中，创始人或其家族持有公司全部股权，公司主要以管理问题为主，但是出于公司长远发展的考虑，管理者具有基本的治理意识。随着企业的发展，成长期的公司规模扩大，内部层级增加，重视科学的管理理念和手段，管理开始向治理转型，治理由最初的有治理意识发展到按《公司法》等法律法规强制要求建立基本治理架构的被动合规。成熟期的公司资产规模达到一定水平，内部结构明晰，分工明确，股权开始分散，为了保证决策的科学性，公司主动提高治理要求，实现主动合规。在持续发展期，公司各种治理机制共同发挥作用，在合规的基础上实现治理有效，以保证公司决策的科学性。基于企业生命周期的治理阶段演进过程如图 1 所示。

公司治理机制应当根据企业所处生命周期阶段的不同特点进行选择[27]，治理机制的设置应当与公司发展阶段相适应[28]。基于以上分析，本文认为公司治理机制会影响公司

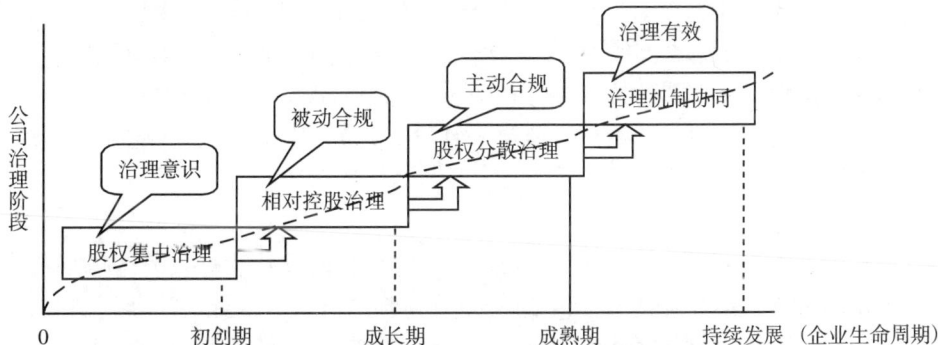

图 1　基于企业生命周期的治理阶段演进过程

成长性，但是在企业生命周期的不同阶段，各种治理机制的作用效果存在差异。公司治理超前或滞后都不利于企业成长，随着企业生命周期的变化，公司治理机制也需要进行动态调整。在实证研究中，本研究主要考察样本公司股权结构和治理机制在不同发展阶段对公司成长性的影响。

三、研究设计

（一）样本选择和数据来源

2009年10月创业板大幕开启，截至2012年1月31日，已有285家公司在创业板上市。高管减持是本研究重要内容之一，创业板设立之初规定高管所持股票的禁售期为一年，2010年11月4日深圳证券交易所又发布了《关于进一步规范创业板公司董事、监事和高级管理人员买卖本公司股票行为的通知》，将可能的禁售期延长为18个月。本文选取截止到2011年底高管所持股票已过禁售期的公司作为样本，即2010年6月30日之前上市的创业板公司，共90家，其中2009年上市的36家，2010年上半年上市的54家。选择样本公司招股说明书披露的初始股权结构数据、公司治理机制数据、高管个人背景信息、2009年10月至2011年6月高管减持数据以及2011年半年报财务数据作为研究对象，其中公司业绩数据来源于万得资讯，IPO时公司治理数据来源于手工收集的各公司招股说明书，高管减持数据来源于深圳证券交易所高管减持公告。创业板尚没有ST股票，并且信息披露要求较主板更为规范，所有数据均可以使用，未作剔除。

（二）变量选取

1. 高管减持比例

高管减持的指标包括减持金额、比例和次数等。由于样本公司规模差别较大，研究期间股价变动较为剧烈，本文选择受外界干扰较少的高管减持比例（ECR）刻画高管减持。考虑到高管减持对公司成长性的影响具有滞后性，本文采用截止到2010年底样本公司高管减持比例数据。深交所披露的信息中包括董事、监事和高管3类人员的减持数据，其中的高管容易与广义的高管（包括董事、监事、高管）相混淆，因此在分类研究中使用核心管理者这一表述。

2. 成长性指标

上市公司成长性包括财务绩效、市场绩效、盈利能力以及运行效率等方面。由于创业板公司上市时间较短，上市之前3年的业绩有粉饰的嫌疑，因此无法获得成长性指标；加之创业板市盈率过高，上市初期公司投入较大、三费比例较高等原因，本文选择能够反映当期绩效水平的财务指标总资产收益率（ROA）和净资产收益率（ROE）作为成长性的替代指标。

3. 股权结构指标

由于创业板公司股权比较集中，前五大股东持股比例之和平均超过 60%，因此股权集中度指标选择前五大股东持股比例之和（cr_5）。第一大股东持股比例（share1）代表第一大股东在公司内部的控制权程度，实际控制人持股比例（controller）表示根据招股说明书披露的实际控制人所控制的股权比例之和。

4. 董事会、监事会治理指标

本文用董事人数表示董事会规模（bd_size），用董事会中独立董事的人数与董事会人数的比值表示独立董事比例（independant），用监事人数表示监事会规模（bs_size），用监事会中职工监事的人数与全体监事人数的比值表示职工监事比例（employee）。

5. 实际控制人特征指标

实际控制人特征指标采用虚拟变量形式，亲缘关系（family）赋值为 1，表示实际控制人之间存在亲缘关系，海外居留权（residence）赋值为 1，表示实际控制人中至少有一人具有海外居留权。

6. 企业生命周期

已有研究采用广泛的衡量企业生命周期的方法包括综合打分法和指标划分法，这两种方法都需要同行业水平相比较或者对所有样本公司进行排序，通过考察相对水平确定样本公司所处阶段。已有研究大都涵盖处于生命周期各个阶段的公司，时间跨度较大，本文中研究对象聚焦于创业板公司，这类公司大都集中于初创期和成长期，并且绝大部分来源于高新技术产业，因此采用相对化的衡量方式不科学。本文借鉴宋福铁等[29]对生命周期阶段的划分方法，利用留存收益与总资产的比值划分本公司所处生命周期的阶段。当公司处于初创期或者成长期时，投资机会较多且利润较少，该指标数值较小；随着公司的发展，利润增加而投资机会减少，该指标数值较大。

7. 控制变量

控制变量包括流通股比例（circulation）、债务资产比例（lev）、公司规模（lnsize）、地区变量（GDP）。

具体变量定义见表 1。

表 1　变量定义

变量名称	变量代码	变量定义和计算方法
高管减持比例	ECR	研究期间高管减持比例之和
总资产增长率	ROA	营业利润/总资产
净资产增长率	ROE	营业利润/所有者权益合计
股权集中度	cr_5	公司前五大股东持股比例之和
第一大股东持股比例	share1	第一大股东所持股份占全部股份的比例
实际控制人持股比例	controller	实际控制人能够掌握的全部股份的比例
董事会规模	bd_size	董事的人数

变量名称	变量代码	变量定义和计算方法
独立董事比例	independant	董事会中独立董事占比
监事会规模	bs_size	监事的人数
职工监事比例	employee	监事会中职工监事占比
实际控制人亲缘关系	family	实际控制人之间具有亲缘关系为1，否则为0
实际控制人海外居留权	residence	实际控制人中至少有1人具有海外居留权为1，否则为0
企业生命周期	RE/TA	留存收益与总资产的比值
流通股比例	circulation	已上市流通的股票数量占总股本的比例
债务资产比例	lev	负债总额/资产总额
公司规模	lnsize	总资产的自然对数
地区 GDP	GDP	上市公司所在省、市、自治区当年 GDP 的自然对数

（三）模型构建

本文设计模型为：

$$ROA/ROE = \alpha_0 + \alpha_1 ECR + d_1 control + \varepsilon_1 \tag{1}$$

$$ROA/ROE = \beta_0 + \beta_1 cr\_5 + \beta_2 share1 + \beta_3 bd\_size + \beta_4 independant + \beta_5 bs\_size + \beta_6 employee$$
$$+ \beta_7 family + \beta_8 residence + d_2 control + \varepsilon_2 \tag{2}$$

其中，α_0 和 β_0 分别为各方程的截距项；α_i 和 β_i 为回归系数，$i = 1, 2, 3, \cdots$；control 为各方程的控制变量，分别为流通股比例、债务资产比例、公司规模和地区 GDP，d_1 和 d_2 为控制变量的系数；ε_1 和 ε_2 为随机扰动项。式（1）衡量高管减持对公司成长性的影响，式（2）考察公司治理对公司成长性的影响。

四、实 证 分 析

（一）描述性统计分析

本文涉及诸多时间点的数据，描述性统计中选择全样本 90 家公司 2011 年 6 月 30 日的统计数据刻画各变量的大致状况，具体见表 2。

表 2　描述性统计

变量	平均值	标准差	极差	最小值	最大值
ECR	0.026	5.289	0.680	0.000	0.680
ROA	0.016	0.009	0.045	−0.003	0.041
ROE	0.020	0.012	0.057	−0.004	0.053

变量	平均值	标准差	极差	最小值	最大值
cr_5	0.606	0.116	0.744	0.135	0.879
share1	0.323	0.128	0.527	0.088	0.615
controller	0.359	0.169	0.641	0.088	0.729
bd_size	8.766	1.366	8.000	5.000	13.000
independant	0.360	0.046	0.266	0.333	0.600
bs_size	3.411	0.946	6.000	3.000	9.000
employee	0.344	0.110	0.666	0.000	0.666
family	0.311	0.465	1.000	0.000	1.000
residence	0.133	0.341	1.000	0.000	1.000
RE/TA	0.154	0.051	0.232	0.041	0.273
circulation	0.321	0.107	0.319	0.249	0.569
lev	0.119	0.086	0.409	0.017	0.426
lnsize	20.694	0.506	2.164	19.712	21.877
GDP	9.881	0.614	3.098	7.626	10.724

描述性统计结果表明，高管减持比例最大值为 0.680，即有公司高管合计减持已经超过一半（该公司高管减持比例数值显著高于其他公司，但是结合公告披露的信息，该公司情况不存在异常，故没有剔除）。该指标方差较大，说明各公司高管减持比例的差别较大。总资产收益率和净资产收益率的均值分别为 0.016 和 0.020，均低于同期主板公司水平。

公司治理的诸多指标中，由 cr_5 和第一大股东持股比例可以看出创业板公司股权集中度较高，前五大股东持股比例之和最大值达到 0.879，第一大股东持股比例最大值超过 60%，实际控制人持股比例均值和最大值都超过第一大股东持股比例；董事会规模最大值为 13，最小值为 5，方差较大，说明创业板公司之间董事会规模差别较大；独立董事比例都符合规定的 1/3 的要求；监事会规模最大值为 9，最小值为 3，尚有公司不具备职工监事；样本公司中有近 1/3 的公司由家族控制。

根据宋福铁等 [29] 的划分，RE/TA 介于 0—0.100，大致处于初创期，介于 0.100—0.200 大致处于成长期，成熟期公司该指标可以大于 0.300。本文中样本公司 RE/TA 均值为 0.154，验证了创业板公司集中于初创期和成长期的事实。

（二）多元回归分析

首先考察高管减持对公司成长性的影响，模型 1-模型 12 考察式（1），具体结果见表 3 和表 4。2010 年上半年上市的公司，正常情况下其最短禁售期持续到 2011 年底，因此本文着重考察 2009 年上市的 36 家公司截止到 2010 年底高管减持比例对 2011 年半年报披露的公司成长性的影响。模型 1 和模型 7 显示当期高管减持比例和下一期公司成长性的关系不显著，说明高管减持比例对公司成长性并没有显著影响，这与 H1 不一致。

为进一步研究不同身份高管减持行为对公司成长性的影响，根据深圳证券交易所披露

表 3   2009 年上市的 36 家公司高管减持比例对 ROA 的影响

变量		2011 年半年报 ROA					
		模型 1	模型 2	模型 3	模型 4	模型 5	模型 6
2010 年 MSR		−0.034					
高管类别	董事		−0.075				
	监事			0.004			
	管理者				−0.258**		
减持者分类	本人					−0.004	
	亲属						−0.009
circulation		−3.862	−3.670	−4.790	−3.163	−4.766	−4.608
lev		−7.774*	−7.396	−8.644*	−7.442*	−8.698*	−8.137*
lnsize		2.292***	2.357***	2.447*	1.650**	2.463***	2.251***
GDP		−0.643	−0.646	−0.710	−0.380	−0.707	−0.677
常数项		−33.923**	35.338**	−36.176**	−24.182	−36.556**	−32.510*
R^2		0.310	0.318	0.331	0.425	0.336	0.299

注：* 为在 10% 的水平上显著，** 为在 5% 的水平上显著，*** 为在 1% 的水平上显著，双尾检验，下同。

表 4   2009 年上市的 36 家公司高管减持比例对 ROE 的影响

变量		2011 年半年报 ROE					
		模型 7	模型 8	模型 9	模型 10	模型 11	模型 12
2010 年 ECR		−0.032					
高管类别	董事		−0.068				
	监事			0.004			
	管理者				−0.288***		
减持者分类	本人					−0.004	
	亲属						−0.027
circulation		−3.621	−3.482	−4.550	−2.738	−4.521	−4.511
lev		−1.448	−1.122	−2.358	−1.031	−2.413	−1.910
lnsize		2.314***	2.368***	2.493***	1.610**	2.509***	2.376***
GDP		−0.711	−0.713	−0.786	−0.419	−0.783	−0.844
常数项		−34.23**	−35.412**	−36.913**	−23.629	−37.297**	−33.826
R^2		0.289	0.295	0.319	0.445	0.325	0.299*

的公告，本研究按照董事、监事和核心管理者进行一种分类，同时对高管本人减持还是与之相关联的亲属减持进行另一种分类。模型 2、模型 3、模型 8、模型 9 显示董事、监事减持对公司成长性影响不显著，模型 4 和模型 10 证明公司核心管理者的减持行为与公司成长性显著负相关，模型 5、模型 6、模型 11、模型 12 的结果说明高管本人及其亲属减持对公司成长性没有显著影响。

深入研究发现，受对实际控制人 36 个月禁售期的限制，研究期间内实际控制人或董事长减持的现象比较罕见，一般情况下减持的董事并非公司核心成员，因此其减持对公司成长性影响不大。创业板公司监事在理论上主要起监督作用，其减持行为对公司成长性的影响不大或者难以在短期内显现出来；研究招股说明书发现，创业板公司监事的选聘在一定程度上演变成对某些元老级成员的补偿，这些人员前期为公司上市做出大量贡献，上市之后出于某种原因淡出公司运营，其持有股票的目的就是获得货币受益，所以这类监事的减持对公司成长性不会产生明显影响。创业板公司上市时间较短，引入职业经理人专门负责公司经营的案例并不多，其核心管理者大都是公司技术、市场渠道等核心资源的掌控者，直接参与公司经营，这类人员减持甚至离职会对公司造成巨大损失。

其次以全样本 90 家公司考察初始股权结构对公司成长性的影响，结果见表 5 和表 6。模型 13 和模型 17 的结果显示，股权结构治理对公司成长性具有显著影响，其前五大股东持股比例之和与成长性显著正相关，第一大股东持股比例对成长性影响的显著性较差，对 ROE 在 10% 水平上有微弱影响；相比较而言，实际控制人持股比例对公司成长性的影响更大，对 ROA 和 ROE 都有显著的负向影响，说明一股独大的弊端十分明显。佟岩等[30]认为股权结构安排对企业价值的影响并不是孤立而绝对的，应将其置于企业所处发展阶段进行分析。引入企业生命周期变量之后，模型 14 显示前五大股东持股比例之和对 ROA 的影响不显著，模型 18 显示与 ROE 关系的显著性下降，说明引入企业生命周期后，随着企业的发展，股权集中在企业发展初期带来的制衡和决策高效率等优势逐渐弱化。而模型 15、模型 16、模型 19、模型 20 证明第一大股东持股比例和实际控制人持股比例对公司成长性的负向影响显著增强，说明随着企业的发展，一股独大的负向作用具有增强的趋势。以上结论与 H2 基本一致。

表 5　全样本 90 家公司初始股权结构对 ROA 的影响

变量	2011 年半年报 ROA			
	模型 13	模型 14	模型 15	模型 16
cr_5	4.986**	5.485		
share1	−0.021		0.055	
controller	−2.278*			−6.443**
RE/TA		−3.498	31.267***	−46.958***
cr_5·RE/TA		54.856		
share1·RE/TA			−0.551	
controller·RE/TA				−64.802***
circulation	4.327	1.297	0.984	1.659
lev	−2.466	2.720	3.174	4.268*
lnsize	0.872	0.532	0.495	0.338
GDP	−0.265	0.097	0.148	0.167
常数项	−15.380	−10.229	−13.428	−12.718
R^2	0.350	0.455	0.425	0.482

表 6　全样本 90 家公司初始股权结构对 ROE 的影响

变量	2011 年半年报 ROE			
	模型 17	模型 18	模型 19	模型 20
cr_5	4.380**	7.144		
share1	−0.017*		−0.039	
controller	−2.457**			−5.680**
RE/TA		−12.062	27.575***	42.452***
cr_5·RE/TA		63.300*		
share1·RE/TA			0.393	
controller·RE/TA				61.560***
circulation	4.619**	1.938	1.851	2.322
lev	0.196	4.771**	5.169*	6.188***
lnsize	0.972**	0.659*	0.661**	0.490
GDP	−0.260	0.071	0.104	0.121
常数项	−17.112	−11.214	−16.085**	−14.709*
R^2	0.344	0.431	0.397	0.453

最后检验公司治理机制对创业板公司成长性的影响，结果见表 7 和表 8。模型 21 和模型 25 没有考虑到企业所处生命周期的阶段，结果显示各种公司治理机制作用有限，仅有董事会规模在 10% 显著水平上与公司成长性负相关，这与研究假设一致，说明在目前股权集中的背景下，小规模董事会更为有效。值得注意的是，实际控制人拥有海外居留权对公司成长性具有显著的负向影响，在实践中有必要注意这方面的监管。实证中也检验了职工监事数量、实际控制人亲缘关系和海外居留权等变量与企业生命周期变量的交互项对公司成长性的影响，限于篇幅，只披露显著的结果。进一步研究引入企业生命周期变量与公司治理机制的交互项，考察引入企业生命周期后公司治理机制的作用是否产生变化。模型 22 和模型 26 显示董事会规模与公司成长性的关系没有显著变化，模型 23 和模型 27 显示独立董事比例对公司成长性具有正向影响，但是显著性较低，而模型 24 和模型 28 说明监事会规模与公司成长性负相关，并且显著性大幅度提高。这与假设相悖，说明小规模监事会效果更好。

表 7　全样本 90 家公司治理机制对 ROA 的影响

变量	2011 年半年报 ROA			
	模型 21	模型 22	模型 23	模型 24
bd_size	−0.217*	−0.003*		
independant	2.450		−10.117	
bs_size	−0.305			0.012*
employee	1.926			
family	0.114			
residence	−0.839*			

变量	2011 年半年报 ROA			
	模型 21	模型 22	模型 23	模型 24
RE/TA		42.723**	11.782***	39.045*
bd_size·RE/TA		−1.405*		
independant·RE/TA				19.975*
bs_size·RE/TA				−2.235**
circulation	4.973	1.397	1.161	1.733
lev	−2.179	−3.136	2.865	3.160
lnsize	1.021**	0.582**	0.566*	0.536**
GDP	−0.133	−0.095	0.044	0.132
常数项	−16.417*	−14.751**	−10.280*	14.430*
R^2	0.221	0.442	0.446	0.447

表 8　全样本 90 家公司治理机制对 ROE 的影响

变量	2011 年半年报 ROE			
	模型 25	模型 26	模型 27	模型 28
bd_size	−0.210*	−0.007		
independant	3.201		−7.416	
bs_size	−0.245			−0.372*
employee	1.980			
family	0.178			
residence	−1.151**			
RE/TA		39.466*	11.461**	41.088*
bd_size·RE/TA		−1.441		
independant·RE/TA				19.045*
bs_size·RE/TA				−3.970**
circulation	5.436	2.244	2.018	2.542
lev	0.293	5.147	4.857	5.082
lnsize	1.172**	0.755*	0.763**	0.677**
GDP	−0.134	0.046	−0.007	0.076
常数项	−20.141*	−17.418*	−14.461**	−17.592*
R^2	0.286	0.418	0.425	0.415

（三）稳健性检验

在稳健性检验中选择每股收益（EPS）作为公司成长性的替代指标，考察高管减持、初始股权结构和公司治理机制对公司成长性的影响。重复以上模型的回归分析，结果见表9、表 10 和表 11。稳健性检验结果除个别指标显著性降低以外，基本与之前的实证研究结果相符，证明了本文结论的可靠性。

表 9　高管减持对公司成长性影响的稳健性检验

变量		2011 年半年报 EPS					
		模型 29	模型 30	模型 31	模型 32	模型 33	模型 34
2010 年 ECR		−0.004					
高管类别			−0.003				
				0.000			
					−0.005**		
减持者分类						0.000	
							−0.001
circulation		−0.206**	−0.204	−0.289*	−0.309*	−0.287*	−0.283*
lev		−0.379	−0.382**	−0.434**	−0.432**	−0.434**	−0.420**
lnsize		0.141***	0.140***	0.136***	0.140***	0.136***	0.130***
GDP		−0.036	−0.036	−0.036	−0.039	−0.036	−0.035
常数项		−2.200***	−2.188***	−2.081***	−2.127***	−2.082***	−1.979**
R^2		0.514	0.512	0.445	0.456	0.444	0.434

表 10　初始股权结构对公司成长性影响的稳健性检验

变量	2011 年半年报 EPS			
	模型 35	模型 36	模型 37	模型 38
cr_5	0.213	0.605		
share1	−0.001		0.212	
controller	−0.278***			−0.022*
RE/TA		−2.830*	1.322*	1.120*
cr_5·RE/TA		3.298*		
share1·RE/TA			−1.426	
controller·RE/TA				−1.071*
circulation	−0.270	−0.123	−0.170	−0.253
lev	−0.419	−0.176	−0.154	−0.212
lnsize	0.126**	0.115***	0.104***	0.107**
GDP	−0.039***	−0.026	−0.017	−0.021
常数项	−1.885**	−2.337***	−1.898**	−1.794***
R^2	0.537	0.554	0.522	0.568

表 11　公司治理机制对公司成长性影响的稳健性检验

变量	2011 年半年报 EPS			
	模型 39	模型 40	模型 41	模型 42
bd_size	−0.006	−0.044		
independant	2.043		8.980*	
bs_size	−0.005			−0.019*
employee	0.007			
family	0.005			

变量	2011 年半年报 EPS			
	模型 39	模型 40	模型 41	模型 42
residence	−0.078*			
RE/TA		22.096	9.611	30.909
bd_size·RE/TA		−0.261*		
independant·RE/TA				6.327*
bs_size·RE/TA				−0.074
circulation	0.067	0.202	0.017	0.194
lev	−0.219	−0.008	0.631	−0.031
lnsize	0.103***	−0.091***	0.013***	0.091***
GDP	0.008	0.006	0.016	0.006
常数项	−1.790***	−1.480**	0.507*	−1.770**
R^2	0.201	0.308	0.164	0.295

五、结　论

　　本文考察创业板公司高管减持、股权结构和公司治理机制对公司成长性的作用，逐层深入分析不同类型高管的减持行为对公司成长性的影响，并嵌入企业生命周期变量考察股权结构和公司治理机制对公司成长性的作用。主要结论如下：

　　（1）并非所有高管减持都会影响创业板公司成长性，核心管理者减持对公司成长性具有显著负向影响，这一结论准确揭示了高管减持监管的重点，即对核心管理者减持行为的监管是创业板公司成长性的保障。

　　（2）初始股权安排对创业板公司成长性影响显著，股权集中有利于股东行使权利，监督公司的运营，从而提高公司成长性。但是当股权过于集中出现一股独大现象，即核心管理者的持股比例过于集中时，会导致大股东侵占中小股东权益，从而对公司成长性起到负向影响。企业股权结构一般要经历创始人绝对控股—创始人相对控股—股权完全社会化。

　　（3）股权结构是公司治理的基础，股权集中会影响董事会、监事会等治理机制的作用。创业板公司在严格的监管制度下形成被动合规，但是治理的有效性相对弱化。尽管创业板公司构建了合规的董事会和监事会，引入了独立董事和职工监事，但是该阶段的被动合规并未显著提升公司治理的整体效能。考虑到企业发展阶段的影响，实证检验发现独立董事和监事会制度未来能够在一定程度上发挥作用，说明公司治理机制设计中增加监督职能尤为重要。

　　以上结论显示，随着企业的治理阶段从股权集中向相对控股模式演进，公司治理的整体协同作用能够逐步得到体现。因此，应进一步优化监管重点，在减持行为和减持比例等方面加强对核心管理者减持行为的监管；注重优化初始股权结构，在创业板发行审核环节加大股权治理因素的比重，逐渐降低或改善高度集中的股权模式，从而形成有效的决策、监督和制衡机制；在公司治理机制设计中加强监督职能。在创业板公司治理高起点、高合规性的背景下，企业的治理理念将逐渐由被动合规向主动合规转变，从关注治理合规到注重治理有效。

参考文献

［1］曾永艺，吴世农，吴冉劼. 我国创业板高超募之谜：利益驱使或制度使然［J］. 中国工业经济，2011（9）：140-150.

［2］Storey D. J. Understanding the Small Business Sector［M］. 2nd ed. Hampshire：Cengage Learning EMEA，1994.

［3］Harada N. Who Succeeds as An Entrepreneur? Ananalysis of the Post-entry Performance of New Firms in Japan［J］. Japan and the World Economy，2003，15（2）：211-222.

［4］朱茶芬，姚铮，李志文. 高管交易能预测未来股票收益吗？［J］. 管理世界，2011（9）：141-152.

［5］Bebchuk L. A.，Fershtman C. Insider Trading and the Managerial Choice Among Risky Projects［J］. Journal of Financial and Quantitative Analysis，1994，29（1）：1-14.

［6］Bagnoli M.，Khanna N. Insider Trading in Financial Signaling Models［J］. The Journal of Finance，1992，47（5）：1905-1934.

［7］Bhagat S.，Black B. The Non-correlation between Board Independence and Long-term Firm Performance［J］. Journal of Corporation Law，2002，27（2）：231-273.

［8］冯根福，韩冰，闫冰. 中国上市公司股权集中度变动的实证分析［J］. 经济研究，2002，37（8）：12-18.

［9］Fama E. F.，Jensen M. C. Separation of Ownership and Control［J］. Journal of Law and Economics，1983，26（2）：301-325.

［10］Shleifer A.，Vishny R. W. Large Shareholders and Corporate Control［J］. Journal of Political Economy，1986，94（3）：461-488.

［11］陈德萍，陈永圣. 股权集中度、股权制衡度与公司绩效关系研究：2007—2009 年中小企业板块的实证检验［J］. 会计研究，2011（1）：38-43.

［12］Claessens S.，Djankov S.，Fan J. P. H.，Lang L. H. P. Disentangling the Incentive and Entrenchment Effects of Large Shareholdings［J］. The Journal of Finance，2002，57（6）：2741-2771.

［13］蒋学跃. 中小板民营上市公司治理调研分析报告［J］. 证券市场导报，2010（3）：35-39.

［14］Simpson W. G.，Gleason A. E. Board structure，Ownership，and Financial Distress in Banking Firms［J］. International Review of Economics and Finance，1999，8（3）：281-292.

［15］Eisenberg T.，Sundgren S.，Wells M. T. Larger Board Size and Decreasing Firm Value in Small Firms［J］. Journal of Financial Economics，1998，48（1）：35-54.

［16］Raheja C. G. Determinants of Board Size and Composition：A Theory of Corporate Boards［J］. Journal of Financial and Quantitative Analysis，2005，40（2）：283-306.

［17］Fama E. F. Agency Problems and the Theory of the Firm［J］. Journal of Political Economy，1980，88（2）：288-307.

[18] Conyon M. J., He L. CEO Turnover and Firm Performance in China's Listed Firms [R]. New York SSRN Working Paper, 2008.

[19] 赵昌文，唐英凯，周静，邹晖. 家族企业独立董事与企业价值：对中国上市公司独立董事制度合理性的检验 [J]. 管理世界，2008（8）：119-126，167.

[20] 肖继辉，彭文平. 基金管理公司内部治理及其效应分析：以开放式基金为样本 [J]. 审计与经济研究，2010，25（1）：105-112.

[21] 郭素勤. 我国创业板上市公司内部控制信息披露影响因素研究 [J]. 财会研究，2011（14）：49-52.

[22] Claessens S., Djankov S., Lang L. H. P. The Separation of Ownership and Control in East Asian Corporations [J]. Journal of Financial Economics, 2000, 58（1/2）：81-112.

[23] 贺小刚，李婧，陈蕾. 家族成员组合与公司治理效率：基于家族上市公司的实证研究 [J]. 南开管理评论，2010，13（6）：149-160.

[24] 贺小刚，李新春，连燕玲. 家族成员的权力集中 度与企业绩效：对家族上市公司的研究 [J]. 管理科学学报，2011，14（5）：86-96.

[25] 曹裕，陈晓红，万光羽. 基于企业生命周期的上市公司融资结构研究 [J]. 中国管理科学，2009，17（3）：150-158.

[26] 李云鹤，李湛. 管理者代理行为、公司过度投资与公司治理：基于企业生命周期视角的实证研究 [J]. 管理评论，2012，24（7）：117-131.

[27] 刘苹，陈维政. 企业生命周期与治理机制的不同模式选择 [J]. 财经科学，2003（5）：73-76.

[28] 李云鹤，李湛，唐松莲. 企业生命周期、公司治理与公司资本配置效率 [J]. 南开管理评论，2011，14（3）：110-121.

[29] 宋福铁，屈文洲. 基于企业生命周期理论的现金股利分配实证研究 [J]. 中国工业经济，2010（2）：140-149.

[30] 佟岩，陈莎莎. 生命周期视角下的股权制衡与企业价值 [J]. 南开管理评论，2010，13（1）：108-115.

大股东财务困境、掏空与公司治理的有效性
——来自大股东财务数据的证据 *

郑国坚　林东杰　张飞达

【摘　要】 目前国内外关于大股东掏空的文献存在的一个重要缺陷是，往往集中于关注被掏空方，对掏空方（控股股东）的关注严重不足，仅仅是简单地从一些静态的结构特征（如家族、国企、控制权、现金流量权等）去刻画其动机，这在很大程度上限制了该文献对现实世界的解释力。本文在国内首次基于掏空方的财务状况这一动态的、更直接的视角分析其掏空行为，并实证检验各种常见的治理机制在公司处于非正常状态（即大股东面临财务困境时）的有效性问题。借助 1999—2008 年全国工业企业数据库关于上市公司第一大股东的 2637 个独特财务数据并定量判定其财务状况，本文提供了有力的证据表明：面临财务困境时，大股东对上市公司的非法资金占用行为异常明显，显示其强烈的掏空动机；此时各种治理机制在抑制大股东掏空行为的有效性方面存在系统性差异：法制监管的治理作用非常明显，且不受其他治理因素的影响，外部审计、大股东所有权和董事持股只能在一定范围内发挥作用，其他治理机制（其他股东制衡和独立董事比例等）均未奏效。

【关键词】 大股东；财务困境；掏空；资金占用；公司治理

一、引言

自从 Johnson 等（2000）开创性地提出"掏空（Tunneling）"的概念及相关理论之后，近十几年，大股东掏空及其后果一直是公司治理领域的热门话题，涌现出了大量的研究成果（Bae 等，2002；Bertrand 等，2002；Baek 等，2006；Cheung，2006；Jian 和 Wong，2010；Jiang 等，2010；Peng 等，2011）。这些文献主要集中于三方面的研究：①如何衡量

---

* 本文选自《管理世界》2013 年第 5 期。

"掏空"行为；②如何刻画"掏空"动机；③公司治理机制对"掏空"行为的抑制作用。

第一，在如何衡量"掏空"行为问题上，现有文献取得了较大的进展，提出了各种间接、直接的指标和模型。早期的文献多使用间接的做法，如通过集团内部的并购行为（Bae 等，2002）和私人证券发行（Baek 等，2006）、集团成员企业之间利润的敏感性（Bertrand 等，2002）等方法验证大股东在集团内部的利益输送现象。后期的文献则多采用更为直接的方法，如考察大股东与上市公司各种形式的关联交易（Jian 和 Wong，2010；Peng 等，2011）、关联交易事件公告的市场反应（Cheung，2006）以及更直接的资金占用（Jiang 等，2010）等。

第二，在如何刻画"掏空"动机问题上，现有的文献大多基于一些静态、间接的治理结构指标去刻画大股东的动机，包括大股东的所有权与控制权（Bae 等，2002；Bertrand 等，2002；Claessens 等，2002；Jensen 和 Meckling，1976；La Porta 等，1997，1998，1999；Shleifer 和 Vishny，1997），另外一组常用的静态指标也单独或伴随着所有权一起出现在大股东文献中，如大股东的组织形式（集团控制）（Chang，2006；Kim 和 Yi，2006）和上市公司改制上市的模式（Deng 等，2010）等。然而，采用这些指标衡量大股东的掏空动机存在一些重要的缺陷。例如，大股东的所有权和组织形式等特征通常是静态的、较少变动的，但大股东的掏空动机却经常是动态的、变化的。少数文献开始基于动态的视角去刻画大股东的动机。如 Peng 等（2011）在 Friedman 等（2003）理论模型的基础上，认为上市公司的财务状况可以反映大股东的掏空动机，上市公司财务状况越好，大股东越有动机从上市公司获取利益。侯晓红等（2008）的研究也发现上市公司的盈余能力不同，大股东的占款行为会发生变化。郑国坚等（2013）则发现，当大股东将上市公司股权进行质押时，大股东明显增加了对上市公司资金的占用，这表明，大股东的股权质押可能暗示其面临较大的融资约束，进而有较强的掏空动机。

然而，这些文献仍然无法对大股东的掏空动机做出更直接有效的衡量。究其原因，无论是所有权的静态指标还是动态的财务状况指标，都是基于被掏空方（上市公司）视角去间接推断掏空方（大股东）的动机，真正反映掏空方动机的是其自身的财务和经营状况，而后者往往受制于大股东数据的缺失而很难付诸研究。

第三，在公司治理机制对"掏空"行为的抑制作用问题上，现有文献取得的成果最多。根据这些研究，诸如法律监管、市场环境、审计师等外部治理机制，以及股权结构、董事会结构、管理层激励等内部治理机制均在不同程度上有助于解决企业各种代理问题（高雷等，2006；郝颖、刘星，2009；李增泉等，2004；申明浩，2008；肖作平、廖理，2007；辛清泉、谭伟强，2009；叶康涛等，2007；郑国坚，2011；等）。但是，上述研究绝大部分是基于常态下的研究，回答的是在正常状态下，哪些治理机制有助于抑制各种代理问题的发生。但是，这些治理机制在非常态下（比如大股东面临严重的财务危机、上市公司处于非持续经营状态等）是否依然有效？当大股东面临严重治理危机而对上市公司虎视眈眈的时候，哪些治理机制可以成为有效的灭火器？而不同治理机制之间是否存在"替代关系"或"互补关系"？这个问题并没有在现有文献中得到很好的解答。而众多资本市场的案例表明，恶性的大股东掏空行为经常是在大股东或实际控制人发生财务或经营危机等非正常状态下发生的。因此，研究何种治理机制可以有效抑制危机状态下的大股东行为，显然更有意义。

本文的主要贡献集中于解决上述公司治理和大股东文献存在的后两个缺陷。第一，缺乏对掏空方特征的关注大大限制了大股东文献的解释力。我们首次借助 1999—2008 年全国工业企业数据库中上市公司第一大股东的 2637 个独特观察样本，及时、动态和准确地反映掏空方自身的财务状况，借此对掏空方的动机进行了更直接、有效的刻画，并显著解释了掏空方的行为，从而为现有大股东文献提供一个新的分析视角和实证工具。第二，我们在大股东发生财务困境的特殊背景下，考察了各种治理机制对制约大股东掏空行为的有效性及其相互制约关系，丰富了我们对常见治理机制在非常态下作用的认识。在目前全球金融危机的背景下，我们的研究很有借鉴意义，也为政府部门监管上市公司大股东行为、保护中小股东利益提供了直接的经验证据和参考价值。

本文余下内容安排如下：第二部分在理论分析的基础上提出本文的研究假设；第三部分为研究设计；第四部分报告了本文的实证结果和稳健性检验；最后研究结论。

二、研究假设

（一）大股东财务困境与掏空

在我国资本市场中，诸多制度安排决定了上市公司第一大股东普遍拥有上市公司的相对或绝对控制权。借此控制权，大股东可以轻易地对上市公司实施各种掏空性和支持性的行为以实现某种目的。根据 Friedman 等（2003）的理论分析和 Peng 等（2011）的经验研究，大股东对上市公司采取何种行为，取决于特定的状态和约束条件。在我国，由于一些上市前的历史遗留问题，加上法律和监管方面的缺陷，约束条件较弱，大股东对上市公司的行为经常表现为利益侵占。其中，占用上市公司资金是大股东掏空上市公司的主要手段（Jiang 等，2010；叶康涛等，2007）。从前几年的"济南轻骑"和"猴王集团"到 2008 年的"中捷股份"和"九发股份"，再到 2010 年 1 月的"ST 锦化"，我国证券市场几乎每年都会发生大股东严重挪用、占用上市公司资金的恶性事件。

我们认为，当大股东陷入财务困境时，其破产清算的概率和控制权丧失的概率增加，高管层的考核压力加大，员工福利也受影响。在这种背景下，一方面，大股东需要寻求外部支持以缓解或解决其自身的财务压力、经营困难和员工福利等问题；另一方面，此时的大股东与上市公司相比，在财务状况和员工福利等方面的比较劣势加大，出于大股东与上市公司两大体系内部和谐和公平待遇等问题的考虑，大股东寻求上市公司帮助的动机也可能更强烈。结合以上两方面，加上大股东通常直接或间接控制上市公司的管理层，陷入困境的大股东往往具有更强的动机通过关联交易等方式从上市公司获取资源或机会，帮助自身渡过难关。据此，本文提出如下假设：

H1：在其他条件一定的情况下，当大股东越处于财务困境时，越可能对上市公司进行利益侵占。

（二）大股东财务困境、掏空与公司治理的有效性

从现有文献来看，公司治理与大股东掏空的研究成果非常丰富，大量文献检验了不同治理机制与大股东掏空之间的经验关系。但上述文献的研究结论存在着一定的争议和不一致性。总的来说，文献在分析法律监管、制度环境等外部治理机制所得出的结论比较一致，而对股权结构和董事会结构等内部治理机制的研究结论分歧较大。

不仅如此，上述文献几乎无一例外地基于上市公司的角度从正常状态下去考察大股东的行为，以及在此基础上各种治理机制的有效性问题，并没有区别大股东的不同情况。显然，当大股东面临财务困境这一非正常状态时，其行为动机和目标函数可能发生变化。由于大股东在很大程度上渗透了上市公司的整个治理系统，因此，发生财务危机的大股东将在一定程度上改变上市公司的治理系统，包括从正式的组织结构到非正式的管理文化（如同一系统内管理层和员工的心态）都可能发生变化，使之从正常状态变成非正常状态，这种改变反过来将或多或少地影响该系统下不同治理机制的功能和效果。但是，不同层次的治理机制受到大股东状况的影响程度可能存在差异。下面，我们分别从外部治理和内部治理两个角度分析大股东财务困境下治理机制的有效性。

1. 大股东财务困境、掏空与外部治理的有效性

大量研究表明，外部治理因素对企业的行为和价值有着显著的影响。其中，法律监管作为最重要的一种外部治理机制，发挥着基础性的治理作用（La Porta 等，1997，1998）。刘峰等（2004）认为，如果站在控股股东利用控制权优势来转移上市公司利益并可能侵害中小股东利益的角度，那么，对控股股东的主要约束条件来自法律风险，特别是：事后当小股东发现控股股东利用控制权侵犯了他们的利益时，小股东能否很容易地通过法律索回这部分利益，同时，给控股股东施加惩罚性赔偿。

关于法律监管治理作用的实证检验，国内已有不少研究。比如，夏立军和方轶强（2005）发现，地区的治理环境越好，体现在法律监管越强，政府干预越小时，当地上市公司的价值越大。罗党论和唐清泉（2007）的研究则发现，政府干预市场越少、金融市场越发达的地区，上市公司越少发生大股东掏空行为。王鹏（2006）通过构建各地区投资者保护水平指标，发现较高的投资者保护水平能够降低大股东资金占用；辛清泉和谭伟强（2009）发现，我国各地区市场化改革的进程会促进管理层薪酬契约的完善，降低代理成本。郑国坚（2011）则发现，地区市场化改革明显缓解了大股东通过关联交易对上市公司进行掏空的后果；连燕玲等（2012）从动态的外部环境出发，发现在经济危机这个恶劣环境的冲击下，大股东监督企业的管家意识增强，掏空行为减少。也有部分学者从深入的案例分析中得出结论，在我国，由于缺乏强有力的法律约束和风险，大股东滥用控制

权牟取私利、损害小股东利益的事件层出不穷（刘峰等，2004；刘峰等，2007；贺建刚等，2008；贺建刚等，2010），这从另一个角度支持了法律监管作为一种外部治理机制的重要监督功能。

尽管上述研究结论得出是基于常态下的公司治理，但是，法律监管等外部治理机制不仅仅是单个公司的治理系统要素，也是所有公司共同的外部环境和约束力量，所以相对于大股东自身的状态、动机和能力来说，外部环境具有外生性，其治理作用较小可能受到大股东状态改变的影响。因此，即使大股东处于财务困境，掏空动机强烈，其行为可能仍然受到这些法制监管环境的钳制。

因此，我们提出如下假设：

H2a：在其他条件一定的情况下，当大股东处于财务困境时，法律监管作为一种外部治理机制可以有效地抑制大股东的掏空行为。

在传统文献中，外部审计也被认为是一种重要的外部治理机制（Fan 和 Wong，2005；Wang 等，2008；等）。关于外部审计的治理作用。研究已经涌现出了不少文献。其中，洪金明等（2011）研究发现，信息披露质量与大股东占用资金负相关，并且信息披露质量高的公司倾向于选择高质量的审计师，而高质量的审计师反过来会进一步减少大股东资金占用，高强和伍利娜（2007）研究发现，大股东占款越严重的公司，越倾向于选择高质量的审计师；周中胜和陈汉文（2006）研究发现，审计师在出具审计报告时会考虑大股东的资金占用情况，大股东资金占用越严重，越有可能被出具非标审计意见，表明审计师在一定程度上能够抑制大股东行为。然而，也有部分文献指出外部审计在我国当前背景下的监督功能可能不存在。例如，岳衡（2006）则研究发现被出具非标审计意见的公司，其被大股东资金占用的情况更加持续，认为审计师对大股东占用资金的监督意义不大。

根据上述研究，理论上，由于大股东掏空会带来公司经营和财务上的风险，从而给外部审计师带来一定的审计风险，因此，高质量的外部审计师应该会对此做出反应，如通过加强与管理层和大股东的沟通，提高审计收费，甚至用直接威慑或退出等方式阻止或减缓后者的机会主义行为，从而降低自身的风险。从这个意义上，当大股东面临财务困境从而掏空行为更猖獗时，审计师应该更有敏感性，外部审计的监督作用应该更明显。但是，在我国的背景下，已有研究表明，外部审计在审计师的选择和审计过程等环节都受到大股东及其背后政府等制度因素的明显干扰，从而很难真正保持其独立性（Wang 等，2008）。面临财务困境的大股东可能更有动机发起对企业控制权的争夺以确保其利益，其中，就可能包括施加对外部审计整个过程的影响力，从而使得外部审计的监督作用大打折扣。

因此，我们提出如下假设：

H2b：在其他条件一定的情况下，当大股东处于财务困境时，外部审计作为一种外部治理机制能够在一定程度上抑制大股东的掏空行为，但作用有限。

2. 大股东财务困境、掏空与内部治理的有效性

传统的内部公司治理机制通常包括所有权结构、董事会与高管激励等，现有的公司治

理文献也主要围绕这些话题展开研究。但是，与关于外部治理尤其是法制监管机制的研究不同，关于内部治理的研究存在的争议和不一致性较大。

作为一种重要的内部治理机制，所有权结构是影响大股东掏空动机和行为的重要因素。Jensen 和 MeCkling（1976）认为，只拥有企业部分股权的所有者不必为其代理行为承担全部责任。从而，当股权集中于某一大股东时，客观上就可能存在着由此带来的"大股东成本"（Shleife 和 Vishny，1997），即大股东可能以牺牲中小投资者利益为代价实现自己的利益最大化。但是，Morck 等（1988）和 Claessens 等（2002）进一步指出，大股东带来的负面效应并不一定与其所有权正相关，在一定的持股范围内，大股东股权比例的提高可能增强其掏空的动机和能力（即大股东控制权的"壕沟防御效应"）。但如果大股东已经实现对企业的控制地位，则股权的增加可能会导致其承担更多的"大股东成本"，从而削弱其掏空的动机（"利益协同效应"）。国内学者如李增泉等（2004）对我国上市公司大股东所有权与资金占用的研究有力地验证了上述假说。

其他制衡股东的存在也会影响大股东的掏空行为。研究表明，制衡股东可以对大股东行使控制权实施有效的监督和威胁，包括在资本市场上的"用脚投票"和在股东大会上与其他股东联盟形成集中的股权（La Porta 等，1999）。因此，其他股东的制衡可能会抑制大股东的"掏空"行为（Facdo 等，2001）。多数学者发现股权制衡改善公司治理和提升业绩，如徐丽萍等（2006）、陈晓和王琨（2005）、洪剑峭和薛暗（2009）分别从业绩、关联交易和会计信息质量角度的考察。也有学者发现股权制衡可能带来公司治理的恶化（汤谷良、戴璐，2006；赵景文、于增彪，2005；朱红军、汪晖，2004；等）。

传统的公司治理理论认为，董事会作为企业最重要的内部治理机制，被认为是企业中一组契约的最高内部监督者（Fama 和 Jensen，1983），在公司治理中起着核心作用。而在没有监事会或监事会无法发挥实际作用的情形下，独立董事对管理层的监督则是董事会发挥治理机制作用的核心。一般认为，在董事会构成中，独立董事或外部董事的比例越高，董事会被内部人控制的可能性也就越低（Beasley，1996）。随着全球公司治理研究的拓展，第二类代理问题被系统地提出并验证，独立董事开始被赋予了监督大股东、防止其损坏小股东利益的义务和职能。在我国，学术界更多的是在第二类代理问题中研究独立董事。部分研究发现，独立董事在我国发挥作用的主要途径包括：对董事会提案发表异议，遏制大股东对小股东的恶意侵占（叶康涛等，2007）；征集小股东的委托投票权，代表小股东参加股东大会，针对大股东侵害小股东的行为投反对票等（刘素芝，2007）。但是，更常见的情况是，由于各种原因，董事会要么被大股东所控制，要么被经理所控制，董事会被架空的现象已经成为现代股份公司的普遍现象，在我国也概莫能外（谭劲松，2003）。大量研究支持了这种观点，如张光荣、曾勇（2006）、唐清泉等（2005）和高雷等（2006）文献均未发现独立董事对大股东掏空的抑制作用。

作为解决管理层代理问题的重要机制，以股权激励为核心的管理层激励是一种将股东利益和管理层利益有机结合、减少代理成本的一种长期激励机制（Jensen 和 Murphy，1990）。因此，学术界对股权激励的定位和研究主要基于第一类代理问题的视角。抛开国外大量的研究不谈，目前为止，国内学者对股权激励机制治理作用的认识还远未形成一致。有学者认为，股权激励能够在一定程度上缓解管理层与股东的冲突，激励管理层努力经营，抑制非效率投资行为（吕长江、张海平，2011），提高企业价值（王华、黄之俊，2006）；也有学者发现相反的结果，如苏冬蔚和林大庞（2010）从盈余管理的角度发现，我国上市公司的股权激励具有负面的公司治理效应。

综上所述，学术界对内部治理机制的有效性问题一直存在争议。一方面，大量的国外文献和部分国内文献均发现，大股东所有权、以独立董事为核心的董事会监督以及管理层持股等传统内部治理机制能够在不同程度上解决第一类和第二类代理问题。另一方面，同样有很多针对我国企业的研究指出，由于诸多制度层面的缺陷，上述治理机制的有效性一直无法或没有完全发挥。

我们认为，导致上述争议的原因，除了我国当前客观上尚未建立一整套完善的公司治理体系和与之配套的制度建设、导致相关治理机制无法发挥应有的作用之外，还有一个重要原因，就是各种内部治理机制均与大股东密切相关。与法制监管等外部治理因素相比，上市公司治理系统中诸如股权结构、董事会、高管股权激励等内部治理机制，本身在很大程度上就内生于大股东的能力和需要，受其影响较大（如大股东决定股权和股东的安排，派遣代表在董事会中任要职，指派高管或实际上主导独立董事的选择，等等）。当大股东自身的状态发生变化时（如发生财务困境），大股东的动机对上市公司的控制方式可能发生变化，进而导致各种内部机制的作用随之改变。因此，当我们观察到各种内部治理机制不一致的监督效果时，可能是由于大股东的状况变化所致。基于这种理解，我们认为，当大股东发生财务困境时，掏空动机加强，由此可能导致大股东影响或改变上市公司的治理系统，削弱相关治理机制的有效性。

因此，本文提出如下假设：

H3：在其他条件一定的情况下，当大股东处于财务困境时，由于受到大股东的干扰较大，总体上内部治理机制（制衡股东、独立董事和管理层持股）无法有效地抑制大股东的掏空行为。

三、研究设计

（一）模型与变量定义

为了检验本文提出的假设 1，我们建立如下回归模型：

$$Tunnel_{i,t} = \alpha_0 + \alpha_1 FD_{i,t-1} + \alpha_2 State_{i,t} + \alpha_3 Size_{i,t} + \alpha_4 Roa_{i,t} + \alpha_5 Lev_{i,t} + \alpha_6 Age_{i,t} + \sum Industry_{i,t} + \sum Year_{i,t} + \varepsilon \quad (1)$$

模型各变量定义见表 1。其中，Tunnel 为被解释变量，衡量大股东掏空行为。Jiang 等

（2010）、杨德明等（2009）和叶康涛等（2007）的研究中，采用上市公司大股东及关联方占用上市公司其他应收款来衡量大股东掏空行为，本文使用该方法来衡量大股东掏空行为。

表 1　变量定义表

变量类	变量名	变量定义
因变量	Tunnel	上市公司的母公司，以及与上市公司受同一母公司控制的其他企业占用上市公司其他应收款占上市公司期末总资产比重
解释变量	FD1	如果大股东净利润为负，则为 1，否则为 0
	FD2	根据大股东财务数据计算得到的 Altman Z 指数从小到大分为五组，当 Z 指数位于得分最低的第一组时，定义 FD2 为 1；当 Z 指数位于其他组时，FD2 为 0
	FD3	如果大股东净利润小于 0，则即 FD3 = −净利润/总资产；若净利润大于 0，则 FD3 为 0
	FD4	大股东前 3 年净利润为负的次数除以 3
	FD5	如果大股东经营活动现金流小于利息支出，则为 1，否则为 0
	Law	樊纲和王小鲁历年（2003，2004，2006，2008，2010）编制的中国市场化指数中的市场中介发育和法律制度环境得分
	Big4	如果上市公司的外部审计师是国际四大事务所，取 1，否则取 0
	Top1	第一大股东持股比例
	Top1^2	第一大股东持股比例的平方
	Balance	第二至第十大股东比例之和，除以第一大股东持股比例
	Ind_per	独立董事人数除以董事人数
	Dir_holding	董事持股数量除以总股本
控制变量	Top2_10	第二至第十大股东持股比例之和
	State	最终控制人是否为国有，如果是国有，则为 1，否则为 0
	Size	期末总资产自然对数
	Roa	总资产收益率，等于当期净利润除以期末总资产
	Lev	资产负债率，等于期末负债除以期末总资产
	Industry	行业虚拟变量，行业按证监会的分类标准（除制造业继续划分为小类外，其他行业以大类为准），共有 21 个行业虚拟变量
	Year	年度虚拟变量，控制不同年份宏观经济因素的影响

FD 为关键解释变量，我们从不同角度，即净利润为负（FD1）、Altman 的 Z 指数（FD2）、亏损程度（FD3）、亏损时间（FD4）、经营活动现金流为负（FD5）构建衡量大股东财务困境的指标，具体定义如下。

（1）FD1（净利润）：参考 Andrade 和 Kaplan（1998）的研究，如果大股东净利润为负，则为 1，否则为 0。

（2）FD2（Z 指数）：Altman 的 Z 指数计算公式为：Z 指数 = 1.2 × 营运资金/总资产 + 1.4 × 留存收益/总资产 + 3.3 × 息税前利润/总资产 + 0.6 × 股票总市值/负债账面价值 + 0.999 × 销售收入/总资产。然而上市公司大股东属于非上市公司，没有股票总市值数据，不能直接参考姜付秀等（2009）的做法，将 Z 指数小于 1.8 认为处于财务困境。同时，Altman

（2000）研究表明，美国企业 Z 指数临界值为 1.81，低于该阀值的公司约占样本总数的 1/5。结合上述情况，我们尝试将总资产账面价值替代股票总市值，并计算出 Z 指数，将 Z 指数从小到大分为五组，当公司 Z 指数位于得分最低的第一组时，认为公司面临困境，FD2 为 1；当 Z 指数位于其他组时，认为大股东财务状况较好，赋值 FD2 为 0。

（3）FD3（亏损程度）：如果大股东净利润小于 0，则 FD3=净利润/总资产；若净利润大于 0，则 FD3 为 0。该指标从亏损程度角度衡量大股东财务困境，FD3 值越大，表示大股东亏损越严重。

（4）FD4（亏损时间）：等于大股东前 3 年净利润为负的次数除以 3。该指标衡量大股东陷入财务困境的时间长短，FD4 值越大，表示陷入财务困境的时间越长。

（5）FD5（现金流量）：Dahiya 等（2003）将财务困境定义为公司没有足够的现金流支付到期债务，我们参照其定义，如果大股东经营活动现金流小于利息支出，则为 1，否则为 0。由于工业企业数据库只有 2003—2007 年的现金流量表数据，而总体样本的数据期间为 1999—2008 年，因此使用该变量时的样本期间为 2003—2007 年。

模型的控制变量参照现有文献的常用设定，在回归模型中加入最终控制人性质（State）、总资产规模（Size）、总资产收益率（Roa）、资产负债率（Lev）、上市年限（Age），在回归模型中亦控制了行业和年份的影响。

对于假设 2 和假设 3，我们设立以下回归模型进行检验：

$$Tunnel_{i,t} = \alpha_0 + \alpha_1 Cor_{i,t} \times FD_{i,t-1} + \alpha_2 FD_{i,t-1} + \alpha_3 Cor_{i,t} + \alpha_4 State_{i,t} + \alpha_5 Size_{i,t} + \alpha_6 Roa_{i,t} +$$
$$\alpha_7 Lev_{i,t} + \alpha_8 Age_{i,t} + \sum Industry_{i,t} + \sum Year_{i,t} + \varepsilon \qquad (2)$$

模型各变量定义见表 1。Tunnel 为被解释变量，衡量大股东掏空行为，FD 衡量财务困境。Cor 为公司治理代理变量，我们分别从外部与内部治理两个方面探讨大股东财务困境下公司治理机制的有效性。

我们选取了法制监管环境和外部审计（Law）作为外部公司治理机制代理变量。其中，参考夏立军和方轶强（2005）等的做法，我们将樊纲和王小鲁历年编制的中国市场化指数中的市场中介发育和法律制度环境指数作为衡量法制监管环境强弱的变量；对于外部审计，我们采用国际上常用的做法，以是否聘请国际四大（Big4）审计师作为衡量外部审计质量的替代变量。在内部治理方面，我们选取了如下的常用指标：第一大股东持股比例一次项及其平方项（Top1、Top1²）、股权制衡（Balance）、独立董事比例（Ind_per）和董事持股（Dir_holding）。

我们将公司治理机制变量（Cor）与滞后一期的大股东财务困境变量（FD）交乘（Cor × FD），分析每一种治理机制对大股东在财务困境下掏空上市公司行为的抑制作用，如果该交乘项的系数显著为负，则说明该机制能够有效抑制大股东财务困境下的掏空行为。

（二）样本和数据

本文所用的上市公司大股东数据来自国家统计局的全国大中型工业企业数据库。该数据库包括绝大部分的国有工业企业和年销售收入在 500 万元以上的非国有工业企业。因此，该数据库理论上包括了大部分上市公司第一大股东的数据。但是，由于部分大股东为投资控股公司或实际上不从事实业经营的空壳公司，或者不属于工业企业或者大股东名称不规范导致难以匹配成功等因素，通过手工精确查找，我们只能找到每年约200—300家上市公司的大股东（绝大部分是集团公司）样本，数据主要包括资产负债表、利润表、现金流量表和其他基本信息。据此，我们可以定量地分析大股东的财务状况。这样，就形成本文区别于以往文献的独特研究样本：上市公司与其第一大股东的组合样本。手工搜集到样本后，剔除金融、保险行业和所需数据缺失的数据，最后从1999—2008年数据库中共获得2637个观测值（如表2所示），占各年上市公司总数的20.77%。必须承认，这样的样本数据并不能代表全体上市公司，有一定的局限性。但这些上市公司的大股东往往为大型工业企业和集团公司，是传统公司治理文献的主要研究对象，具有较好的代表性。参照通常的做法，本文对所有连续变量的上下1%分位逐年进行winsorize处理。

表2　大股东样本的选取

年份	研究样本	上市公司总样本	百分比（%）
1999	216	918	23.53
2000	256	1053	24.31
2001	278	1129	24.62
2002	293	1191	24.60
2003	295	1252	23.56
2004	299	1342	22.28
2005	306	1341	22.82
2006	230	1398	16.45
2007	231	1499	15.41
2008	233	1575	14.79
总计	2637	12698	20.77

四、实验结果

（一）描述性统计

表3为主要变量的描述性统计。表3显示，大股东及关联股东平均占用上市公司的资金占其总资产（Tunnel）的1.5%。大股东净利润为负（FD1）和现金流量不足的情况（FD2）分别占样本的17.1%和26%，大股东的亏损程度（FD3）平均为0.007，前3年平均发生亏损的次数（FD3）为0.164次。其中，由于FD4需要大股东前3年净利润的数据，而工业企业数据库中只有2003—2007年的现金流量表数据，因此，FD4和FD5的观测值

分别只有 1553 个和 1302 个。此外，由于 CSMAR 数据库提供的董事会持股数据始于 2003 年，董事持股变量的观测值只有 1847 个。其他控制变量的分布与现有文献基本一致，不再赘述。

表3　主要变量描述性统计

变量	观测样本量	平均值	中位数	标准差	最小值	最大值
Tunnel	2637	0.015	0.000	0.059	0.000	0.731
FD1	2637	0.171	0.000	0.377	0.000	1.000
FD2	2637	0.200	0.000	0.400	0.000	1.000
FD3	2637	0.007	0.000	0.028	0.000	0.502
FD4	1553	0.164	0.000	0.293	0.000	1.000
FD5	1302	0.260	0.000	0.439	0.000	1.000
Law	2637	5.612	4.990	2.841	1.150	16.610
Big4	2637	0.061	0.000	0.239	0.000	1.000
Balance	2637	0.430	0.215	0.489	0.005	2.667
Top1	2637	0.467	0.475	0.159	0.118	0.847
$Top1^2$	2637	0.243	0.226	0.149	0.014	0.717
Ind_per	2637	0.279	0.333	0.131	0.000	0.556
Dir_holding	1847	0.003	0.000	0.017	0.000	0.196
Top2_10	2637	0.143	0.101	0.122	0.004	0.470
State1	2637	0.705	1.000	0.456	0.000	1.000
Size	2637	21.382	21.318	0.965	18.898	24.943
Roa	2637	0.025	0.030	0.072	−0.475	0.230
Lev	2637	0.479	0.479	0.188	0.064	1.794
Age	2637	6.024	6.000	3.390	1.000	17.000

在回归分析之前，我们先根据大股东是否发生财务困境对其占款行为进行分组检验，结果均显示，当大股东处于财务困境组时，占用上市公司资金比例明显高于非财务困境组，并且 T 检验和 Z 检验均在 1% 的水平上显著（如表 4 所示），这初步支持了假设 1。

表4　大股东财务困境与占款的分组检验

		按 FD1 分组	按 FD2 分组	按 FD5 分组
财务困境组	样本量	451	530	338
	平均值	0.039	0.032	0.029
	中位数	0.000	0.000	0.000
	标准差	0.107	0.092	0.087
非财务困境组	样本量	2186	2107	964
	平均值	0.009	0.010	0.005
	中位数	0.000	0.000	0.000
	标准差	0.041	0.046	0.025
T 检验（双尾）		9.925***	7.578***	7.612***
T 检验（双尾）		5.961***	6.530***	6.475***

注：***、**、* 分别表示 1%、5%、10% 统计水平显著。

（二）实证分析

1. 大股东财务困境与资金占用

表 5 列示了大股东财务困境与资金占用的回归结果，实证结果显示，无论采用何种财务困境的衡量指标，变量 FD 的系数均在 1%的水平上显著为正，表明大股东处于财务困境时具有强烈的资金占用倾向，本文的假设得到了强有力的支持。

表 5 大股东财务困境与资金占用

自变量	（1） FD = FD1	（2） FD = FD2	（3） FD = FD3	（4） FD = FD4	（5） FD = FD5
Cons	0.0795* (1.801)	0.0910* (1.940)	0.0958** (2.082)	0.0876 (1.635)	0.108* (1.881)
FD	0.0204*** (3.719)	0.0128*** (2.614)	0.194*** (3.217)	0.0277*** (2.843)	0.0172*** (3.583)
Law	−0.00112** (−2.316)	−0.00117** (−2.405)	−0.00116** (−2.359)	−0.00100 (−1.636)	−0.00142*** (−2.818)
Big4	0.00218 (0.411)	0.00181 (0.348)	0.00216 (0.409)	0.00606 (0.741)	−0.000688 (−0.087)
Top1	0.0256 (0.359)	0.0304 (0.425)	0.0276 (0.390)	0.0605 (0.676)	0.0302 (0.304)
Top1²	−0.0228 (−0.299)	−0.0198 (−0.260)	−0.0188 (−0.248)	−0.0441 (−0.449)	0.00573 (0.049)
Balance	−0.0166* (−1.851)	−0.0153* (0.714)	−0.0153* (−1.747)	−0.0181 (−1.535)	−0.000878 (−0.103)
Ind_per	0.0317 (1.268)	0.0300 (U97)	0.0299 (1.189)	0.0476 (0.910)	−0.00373 (−0.151)
Top2_10	0.0443 (1.159)	0.0457 (1.190)	0.0450 (1.171)	0.0550 (1.098)	−0.00518 (−0.132)
State	−0.000989 (−0.192)	−0.000459 (−0.087)	−0.000466 (−0.088)	−0.00214 (−0.373)	−0.00629 (−1.286)
Size	−0.00263 (−1.274)	−0.00334 (−1.530)	−0.00349 (−1.602)	−0.00384 (−1.501)	−0.00410 (−1.488)
Roa	−0.220*** (−4.255)	−0.233*** (−4.302)	−0.234*** (−4.332)	−0.243*** (−4.157)	−0.132*** (−3.949)
Lev	0.00781 (0.889)	0.00475 (0.535)	0.00706 (0.778)	0.0104 (0.893)	0.0105 (0.856)
Age	0.000672 (1.245)	0.000803 (1.539)	0.000887 (1.628)	0.000551 (0.842)	0.00129** (2.542)
Industries	控制	控制	控制	控制	控制
Years	控制	控制	控制	控制	控制
N	2637	2637	2637	1553	1302
Adi. R²	0.155	0.146	0.148	0.176	0.121

注：***、**、* 分别表示 1%、5%、10%统计水平显著，括号内为稳健 Z 值，时间序列依赖性 （time series dependence) 经公司层面的 Cluster 修正 (Rogers, 1994; Petersen, 2009)。

2. 大股东财务困境、公司治理与资金占用

表6列示了大股东财务困境下治理机制有效性的实证结果，限于篇幅，我们报告了大股东财务困境指标净利润为负（FD1）的回归结果[①]。根据我们前面的预测，若滞后一期的财务困境指标FD与公司治理机制的交乘项的系数显著为负，则表明该项治理机制能够抑制大股东在财务困境下的掏空行为。

表6 大股东财务困境下治理机制的有效性

	(1)	(2)	(3)	(4)	(5)	(6)
Cons	0.0755* (1.709)	0.0778* (1.761)	0.0801* (1.850)	0.0725* (1.690)	0.0791* (1.794)	0.0869* (1.686)
Law×FD1	−0.00467*** (−2.972)					
Big4×FD1		−0.0281* (−1.948)				
Top1×FD1			0.329* (1.914)			
Top1²×FD1			−0.340* (−1.749)			
Balance×FD1				−0.0114 (−1.293)		
Ind_per×FD1					0.0243 (0.685)	
Dir_holding×FD1						−0.373* (−1.664)
FD1	0.0447*** (3.675)	0.0215*** (3.749)	−0.0494 (−1.552)	0.0257*** (3.709)	0.0136 (1.134)	0.0216*** (3.638)
Law	−0.000463 (−1.007)	−0.00112** (−2.307)	−0.00113** (−2.339)	−0.00111** (−2.291)	−0.00110** (−2.306)	−0.00137*** (−3.313)
Big4	0.00228 (0.432)	0.00499 (0.925)	0.00224 (0.424)	0.00223 (0.421)	0.00217 (0.412)	0.00371 (0.554)
Top1	0.0344 (0.488)	0.0265 (0.370)	−0.00597 (−0.094)	0.0375 (0.500)	0.0247 (0.348)	0.0208 (0.247)
Top1²	−0.0316 (−0.418)	−0.0239 (−0.313)	0.0145 (0.222)	−0.0342 (−0.433)	−0.0220 (−0.290)	−0.000577 (−0.006)
Balance	−0.0154* (−1.764)	−0.0169* (−1.870)	−0.0101 (−1.099)	−0.0114 (−1.100)	−0.0168* (−1.875)	−0.00546 (−0.704)
Ind_per	0.0319 (1.288)	0.0308 (1.232)	0.0340 (1.363)	0.0327 (1.305)	0.0274 (1.094)	−0.0144 (−0.491)
Top2_l0	0.0395 (1.063)	0.0453 (1.184)	0.0262 (0.672)	0.0350 (0.856)	0.0451 (1.188)	−0.00380 (−0.109)

[①] 我们同时做了其他4个财务困境指标的回归结果，发现总体上与FD1的结果（见表6、表7和表8）不存在明显差异。

续表

	(1)	(2)	(3)	(4)	(5)	(6)
State	−0.000493 (−0.095)	−0.000823 (−0.159)	−0.000979 (−0.198)	−0.000678 (−0.133)	−0.00110 (−0.214)	−0.00741 (−1.557)
Size	−0.00270 (−1.309)	−0.00257 (−1.243)	−0.00234 (−1.147)	−0.00246 (−1.227)	−0.00255 (−1.245)	−0.00277 (−1.251)
Roa	−0.217*** (−4.278)	−0.220*** (−4.263)	−0.219*** (−4.258)	−0.220*** (−4.248)	−0.221*** (−4.258)	−0.131*** (−4.747)
Lev	0.00845 (0.967)	0.00797 (0.908)	0.00534 (0.620)	0.00701 (0.808)	0.00756 (0.861)	0.0107 (1.121)
Age	0.000770 (1.479)	0.000673 (1.247)	0.000674 (1.230)	0.000705 (1.284)	0.000650 (1.225)	0.00102** (2.355)
Dir_holding						0.175*** (3.631)
Industries	控制	控制	控制	控制	控制	控制
Years	控制	控制	控制	控制	控制	控制
N	2637	2637	2637	2637	2637	1847
Adj.R^2	0.160	0.155	0.158	0.156	0.155	0.136

注：***、**、*分别表示1%、5%、10%统计水平显著，括号内为稳健Z值，时间序列依赖性（time series dependence）经公司层面的Cluster修正（Rogers，1994；Petersen，2009）。

第（1）列报告了大股东财务困境下外部法制监管力对掏空行为的治理作用。结果显示，交乘项（Law×FD1）的系数在1%的水平上显著为负，表明当外界法制监管力度加强的情况下，即便大股东发生财务困境，其掏空行为也会受到有力的约束。

第（2）列显示，外部审计与财务困境变量的交乘项（Big4×FD1）在5%的水平上显著为负。这表明，当大股东发生财务困境时，外部审计作为一种外部治理机制能够在一定程度上抑制大股东掏空行为。

第（3）列报告了大股东财务困境下其持股比例与掏空行为的关系。结果显示，大股东财务困境变量与大股东持股比例一次方和二次方的交乘项（Top1×FD1和Top1^2×FD1）分别显著正相关和显著负相关，意味着在大股东发生财务困境下，其资金占用行为随着第一大股东持股比例呈现先上升、后下降的线性关系。这说明，随着大股东持股比例的增加，其与上市公司利益联合效应增强，其掏空动机逐渐减弱，这与李增泉等（2004）研究的结论一致。

第（4）列报告了大股东财务困境下股权制衡的治理作用。结果显示，股权制衡与财务困境变量的交乘项（Balance×FD1）的系数为负，但不显著，表明其他股东在抑制来自大股东财务困境下的掏空行为方面作用有限。

第（5）列报告了大股东财务困境下独立董事的治理作用，结果显示，独立董事比例与财务困境变量的交乘项（Dir_holding×FD1）的系数不显著，表明独立董事并不能够有效防止大股东在财务困境下占用上市公司资金，这与现有大部分文献的研究一致。

第（6）列报告了大股东财务困境下董事持股的治理作用[1]。结果显示，董事持股比例与财务困境变量的交乘项（Dir_holding×FD1）的系数显著为负。这表明，当大股东发生财务困境时，董事持股能够在一定程度上抑制大股东占用上市公司资金。

3. 进一步分析：内外治理机制的互补性和替代性

上述结果初步表明，面对大股东财务困境下的非正常状态，不同层次的治理机制表现出了不同的有效性。接下来，我们进一步进行分组回归分析，尝试回答如下问题：在大股东财务困境下，不同治理机制作用的发挥是否存在相互依存或替代关系？

首先，我们按照法制监督力度（Law）的中位数划分为强法制监管和弱法制监管两组样本，结果如表7所示。外部审计与财务困境变量的交乘项（Big4×FD1）、董事持股的交乘项（Dir_holding×FD1）在强法律监管组中显著为负，而在弱法律监管组中则不显著，且系数明显较小。这说明，只有在较强的法制监管环境下，"四大"的外部监督机制和内部的董事持股机制才能有效地发挥作用。这个结果表明，一方面，外部审计和董事持股在抑制大股东掏空方面的作用有限；另一方面，法制监管与外部审计和董事持股等机制之间存在一种互补关系。

表7　大股东财务困境下治理机制的有效性（按法制监管力度分组）

	强法制监管组					弱法制监管组				
	（1）	（2）	（3）	（4）	（5）	（6）	（7）	（8）	（9）	（10）
Cons	0.0766* (1.722)	0.0773* (1.767)	0.0706* (1.686)	0.0800* (1.786)	0.0942 (1.539)	0.0503 (0.493)	0.0690 (0.716)	0.0508 (0.502)	0.0447 (0.436)	0.0632 (0.702)
Big4×FD1	−0.0368*** (−3.548)					0.00483 (0.236)				
Top1×FD1		0.235 (1.367)					0.436 (1.596)			
Top1²×FD1		−0.240 (−1.210)					−0.441 (−1.409)			
Balance×FD1			−0.0109 (−1.308)					−0.0123 (−0.870)		
Ind_per×FD1				−0.00550 (−0.155)					0.0827 (1.379)	
Dir_holding×FD1					−1.000** (−2.383)					−0.219 (−1.317)
FD1	0.0195*** (3.043)	−0.0327 (−1.125)	0.0226** (2.562)	0.0192 (1.630)	0.0213*** (2.672)	0.0186** (2.439)	−0.0763 (−1.458)	0.0244*** (3.036)	−0.00319 (−0.163)	0.0222*** (3.499)
Big4	0.00732 (1.011)	0.00351 (0.522)	0.00343 (0.509)	0.00344 (0.507)	0.00525 (0.645)	−0.00411 (−0.471)	−0.00402 (−0.460)	−0.00390 (−0.441)	−0.00395 (−0.448)	−0.00721 (−1.158)
Top1	0.0259 (0.365)	0.00667 (0.107)	0.0375 (0.502)	0.0254 (0.357)	0.0138 (0.146)	0.0272 (0.108)	−0.0562 (−0.248)	0.0303 (0.120)	0.0276 (0.110)	0.00681 (0.033)

---

[1] 由于 CSMAR 数据库提供的董事持股数据始于 2003 年，为了尽量保全样本，只有在分析董事持股的作用时，才将董事持股（Dir_holding）变量放入回归方程中。

续表

	强法制监管组					弱法制监管组				
	（1）	（2）	（3）	（4）	（5）	（6）	（7）	（8）	（9）	（10）
$Top1^2$	−0.0122 (−0.154)	0.0125 (0.183)	−0.0222 (−0.270)	−0.0106 (−0.134)	0.000536 (0.005)	−0.0266 (−0.116)	0.0551 (0.276)	−0.0305 (−0.133)	−0.0247 (−0.108)	0.0338 (0.150)
Balance	−0.00565 (−0.784)	0.000631 (0.073)	0.000240 (0.026)	−0.00529 (−0.734)	−0.00484 (−0.535)	−0.0221 (−0.852)	−0.0210 (−0.808)	−0.0188 (−0.685)	−0.0222 (−0.859)	−0.00343 (−0.208)
Ind_per	−0.00838 (−0.316)	−0.00507 (−0.197)	−0.00651 (−0.248)	−0.00625 (−0.243)	−0.0633 (−1.506)	0.0954** (1.999)	0.0979** (2.063)	0.0970** (2.036)	0.0803* (1.701)	0.0893 (1.551)
Top2_l0	0.00913 (0.288)	−0.00774 (−0.212)	−0.00264 (−0.073)	0.00813 (0.257)	0.00690 (0.178)	0.0628 (0.771)	0.0566 (0.704)	0.0598 (0.726)	0.0648 (0.810)	−0.0277 (−0.580)
State	−0.00533 (−1.334)	−0.00531 (−1.333)	−0.00521 (−1.341)	−0.00554 (−1.374)	−0.00505 (−1.034)	0.0116 (0.949)	0.0108 (0.962)	0.0119 (1.002)	0.0112 (0.935)	−0.0113 (−1.038)
Size	−0.00283 (−1.213)	−0.00269 (−1.215)	−0.00268 (−1.207)	−0.00300 (−1.280)	−0.00282 (−1.044)	−0.00200 (0.628)	−0.00187 (−0.578)	−0.00208 (−0.657)	−0.00170 (−0.536)	−0.00343 (−1.248)
Roa	−0.0943*** (−4.331)	−0.0932*** (−4.288)	−0.0948*** (−4.255)	−0.0936*** (−4.255)	−0.0905*** (−3.547)	−0.418*** (−3.762)	−0.416*** (−3.771)	−0.417*** (−3.750)	−0.422*** (−3.798)	−0.200*** (−3.690)
Lev	0.0178** (2.024)	0.0159* (1.895)	0.0161* (1.878)	0.0172** (1.971)	0.0133 (1.296)	−0.00407 (−0.178)	−0.00878 (−0.391)	−0.00425 (−0.187)	−0.00529 (−0.233)	0.0141 (1.034)
Age	0.00110** (2.279)	0.00110** (2.315)	0.00112** (2.334)	0.00114** (2.337)	0.00129** (2.220)	0.000356 (0.337)	0.000438 (0.394)	0.000472 (0.414)	0.000243 (0.239)	0.000625 (0.993)
Dir_holding					0.110*** (2.640)					0.274 (1.584)
Industries	控制	控制	控制	控制	控制	控制	控制	控制	控制	控制
Years	控制	控制	控制	控制	控制	控制	控制	控制	控制	控制
N	1677	1677	1677	1677	1226	960	960	960	960	621
Adj.R²	0.107	0.106	0.105	0.103	0.103	0.251	0.254	0.252	0.254	0.210

注：***、**、* 分别表示1%、5%、10%统计水平显著，括号内为稳健 Z 值，时间序列依赖性（time series dependence）经公司层面 Cluster 修正（Rogers，1994；Petersen，2009）。

其次，我们根据外部审计变量（Big4）把样本分为高审计质量和低审计质量两组样本，结果如表8所示。我们发现，法制监管的交乘项（Law×FD1）在不同审计质量的样本中均显著为负，表明法制监管在抑制大股东掏空行为方面始终发挥着重要作用，较少受其他因素的影响。但是，其他治理机制则不同。其中，大股东持股比例与掏空行为之间的明显倒 U 型关系只存在于审计质 M 低组中。同时，董事持股与财务困境的交叉项（Dir_holding×FD1）也同样只有在审计质量低组中才发挥其正向激励作用。上述结果表明，内部人（大股东和董事）持股所带来的激励效果与外部审计之间存在替代关系，即当外部审计较弱时，内部人的持股可以在一定程度上替代缺失的外部审计，发挥一定的激励作用。

（三）稳健检验

高雷和张杰（2009）、侯晓红等（2008）、申明浩（2008）将上市公司大股东及关联方

表 8　大股东财务困境下治理机制的有效性（按外部审计质量分组）

	审计质量高组					审计质量低组				
	（1）	（2）	（3）	（4）	（5）	（6）	（7）	（8）	（9）	（10）
Cons	0.158*	0.190**	0.148	0.160	0.201**	0.0808*	0.0856*	0.0772*	0.0844*	0.0910*
	(1.796)	(2.165)	(1.591)	(1.597)	(2.105)	(1.737)	(1.884)	(1.712)	(1.816)	(1.715)
Law×FD1	−0.00681*					−0.00458***				
	(−1.712)					(−2.878)				
Top1×FD1		1.019					0.344*			
		(1.042)					(1.932)			
Top1²×FD1		−0.932					−0.355*			
		(−0.915)					(−1.771)			
Balance×FD1			−0.00488					−0.0114		
			(−0.147)					(−1.278)		
Ind_per×FD1				−0.0826					0.0244	
				(−1.033)					(0.661)	
Dir_holding×FD1					0.785					−0.424*
					(0.834)					(−1.931)
FD1	0.0426	−0.261	0.00970	0.0303	0.000191	0.0450***	−0.0515	0.0265***	0.0144	0.0220***
	(1.593)	(−1.143)	(0.818)	(1.376)	(0.009)	(3.638)	(−1.568)	(3.783)	(1.152)	(3.685)
Law	0.000944	0.000837	0.000423	0.000329	−0.000187	−0.000517	−0.00118**	−0.00116**	−0.00116**	−0.00151***
	(1.087)	(0.924)	(0.494)	(0.442)	(−0.158)	(−1.070)	(−2.347)	(−2.304)	(−2.322)	(−3.533)
Top1	−0.0323	−0.0759	0.0254	0.0185	−0.0844	0.0665	0.0216	0.0691	0.0553	0.0628
	(−0.138)	(−0.306)	(0.088)	(0.070)	(−0.438)	(0.877)	(0.317)	(0.855)	(0.725)	(0.707)
Top1²	0.0213	0.0472	−0.0249	−0.0220	0.0550	−0.0675	−0.0167	−0.0699	−0.0566	−0.0444
	(0.119)	(0.254)	(−0.112)	(−0.110)	(0.329)	(−0.825)	(−0.237)	(−0.815)	(−0.689)	(−0.425)
Balance	−0.0340	−0.0371	−0.0291	−0.0293	−0.0218	−0.00977	−0.00417	−0.00579	−0.0114	0.00218
	(−1.258)	(−1.286)	(−0.934)	(−0.917)	(−0.835)	(−1.034)	(−0.417)	(−0.513)	(−1.170)	(0.291)
Ind_per	−0.0177	−0.00667	−0.0151	−0.00176	0.0129	0.0424	0.0442*	0.0432	0.0378	0.00546
	(−0.308)	(−0.121)	(−0.271)	(−0.035)	(0.329)	(1.630)	(1.694)	(1.644)	(1.440)	(0.189)
Top2_10	0.115	0.116	0.108	0.106	0.0346	0.0123	−0.00238	0.00773	0.0183	−0.0408
	(1.406)	(1.386)	(1.257)	(1.168)	(0.501)	(0.290)	(−0.054)	(0.166)	(0.422)	(−1.158)
State	−0.00162	0.000226	−0.00138	−0.00199	−0.00118	−0.000350	−0.000740	−0.000463	−0.000910	−0.00770
	(−0.207)	(0.028)	(−0.182)	(−0.242)	(−0.252)	(−0.063)	(−0.139)	(−0.085)	(−0.165)	(−1.520)
Size	−0.00405	−0.00488	−0.00433	−0.00473	−0.00219	−0.00316	−0.00275	−0.00287	−0.00297	−0.00364
	(−1.014)	(−1.189)	(−1.131)	(−1.153)	(−0.771)	(−1.425)	(−1.259)	(−1.336)	(−1.354)	(−1.567)
Roa	−0.0792	−0.0553	−0.0738	−0.0799	−0.00215	−0.220***	−0.222***	−0.223***	−0.224***	−0.131***
	(−1.421)	(−0.983)	(−1.222)	(−1.315)	(−0.041)	(−4.090)	(−4.078)	(−4.066)	(−4.074)	(−4.630)
Lev	−0.00216	0.00422	−0.00190	−0.00955	−0.000913	0.00954	0.00642	0.00810	0.00860	0.0138
	(−0.086)	(0.179)	(−0.085)	(−0.327)	(−0.050)	(1.059)	(0.717)	(0.907)	(0.950)	(1.523)
Age	−0.000151	−0.0000704	−0.0000221	0.0000760	−0.000165	0.000684	0.000554	0.000593	0.000539	0.000921**
	(−0.131)	(−0.060)	(−0.018)	(0.063)	(−0.168)	(1.254)	(0.967)	(1.036)	(0.971)	(2.062)
Dir_holding					−0.00355					0.186***
					(−0.032)					(3.756)
Industries	控制	控制	控制	控制	控制	控制	控制	控制	控制	控制

	审计质量高组					审计质量低组				
	（1）	（2）	（3）	（4）	（5）	（6）	（7）	（8）	（9）	（10）
Years	控制	控制	控制	控制	控制	控制	控制	控制	控制	控制
N	160	160	160	160	105	2477	2477	2477	2477	1742
Adj.R²	0.093	0.085	0.086	0.089	0.230	0.170	0.169	0.166	0.165	0.158

注：***、**、*分别表示 1%、5%、10%统计水平显著，括号内为稳健 Z 值，时间序列依赖性（time series dependence）经公司层面 Cluster 修正（Rogers, 1994; Petersen, 2009）。

占用上市公司其他应收款与其他应付款之差来衡量大股东掏空行为；高雷等（2006）、李增泉等（2004）认为大股东还可能通过应收账款、预收账款等方式占用上市公司资金。参照他们的做法，我们重新定义大股东占款变量，将上市公司的母公司以及与上市公司受同一母公司控制的其他企业占用上市公司的其他应收款，减去其他应付款之差额，再除以期末总资产作为第二个衡量大股东占款指标（Tunnel2），将上市公司的母公司以及与上市公司受同一母公司控制的其他企业占用上市公司的各类应收款之和除以期末总资产作为第三个指标来衡量大股东占款；将上市公司的母公司以及与上市公司受同一母公司控制的其他企业占用上市公司的各类应收款减去各类应付款之差，再除以期末总资产（Tunnel3）作为第四个指标来衡量大股东占款。其中，各类应付款包括应付资金类、应付账款类、应付票据类、应收账款类、应付利润类、应付负债类、其他应付账款类，各类应收、应付款的数据来自于 CSMAR 数据库。根据上述新的大股东占款变量重新进行上述回归分析，实证结果（未报告）没有发生实质变化。

五、结 论

大股东掏空是我国乃至新兴市场经济国家公司治理研究中的核心领域之一，但该领域对掏空方（大股东）动机的刻画存在一些重要缺陷。本文利用 1999—2008 年全国工业企业数据库上市公司第一大股东的独特财务数据，在国内首次基于掏空方的财务状况这一动态的、更直接的视角刻画其掏空动机，分析该动机下的掏空行为，并检验各种常见的治理机制在公司处于非正常状态（即大股东面临财务困境时）的有效性问题。

我们的实证研究提供了有力的证据表明，越处于财务困境的大股东，越有动机占用上市公司的资金。并且，针对大股东财务困境下的掏空行为，不同层次的治理机制表现出了不同的有效性。外部治理方面，法制监管能够有效抑制财务困境下的大股东掏空行为，且不受其他治理因素的干扰。外部审计的监督效果有限，只有在法律监管环境较强的情况下才能有效发挥作用。内部治理方面，大股东所有权和董事持股等激励机制只能在特定情况下发挥其治理作用。其中，大股东所有权与外部审计机制之间存在替代关系，外部审计较弱时，大股东所有权才发挥其激励作用。董事持股一方面与法制监管之间存在互补关系，即只有在较强的法制监管环境下，董事持股机制才能有效地发挥作用；另一方面，与外部审计之间存在替代关系，即当外部审计较弱时，董事的持股可以在一定程度上替代缺失的外部审计机制，发挥一定的激励作用。此外，我们的结果还表明，其他内部治理机制（如其他股东的制衡、独立董事等）均不能有效抑制大股东财务困境下的掏空行为。

综上所述，一方面，我们的研究较早从大股东（即掏空方）的角度刻画并检验大股东的掏空动机和行为，并得到了实证结果的有力支持；另一方面，我们检验并比较了不同公司治理机制在大股东发生财务困境这一非常态下的有效性问题，发现各种内外公司治理机制之间有效性的差异及其相互依赖关系。以上研究为现有的公司治理文献提供了重要的补充检验和新的分析视角，也为政府部门监管上市公司大股东行为、保护中小股东利益提供了直接的经验证据和参考价值。

参考文献

[1] 陈晓，王琨. 关联交易、公司治理与国有股改革——来自我国资本市场的实证证据 [J]. 经济研究，2005（4）.

[2] 高雷，何少华，黄志忠. 公司治理与掏空 [J]. 经济学（季刊），2006（3）.

[3] 高雷，张杰. 公司治理、资金占用与盈余管理 [J]. 金融研究，2009（5）.

[4] 高强，伍利娜. 大股东资金占用与审计师选择的再检验 [J]. 审计研究，2007（5）.

[5] 郝颖，刘星. 资本投向、利益攫取与挤占效应 [J]. 管理世界，2009（5）.

[6] 贺建刚，孙铮，李增泉. 难以抑制的控股股东行为：理论解释与案例分析 [J]. 会计研究，2010（3）.

[7] 贺建刚，魏明海，刘峰. 利益输送、媒体监督与公司治理：五粮液案例研究 [J]. 管理世界，2008（10）.

[8] 洪剑峭，薛皓. 股权制衡如何影响经营性应计的可靠性——关联交易视角 [J]. 管理世界，2009（1）.

[9] 洪金明，徐玉德，李亚茹. 信息披露质量、控股股东资金占用与审计师选择——来自深市 A 股上市公司的经验证据 [J]. 审计研究，2011（2）.

[10] 侯晓红，李琦，罗炜. 大股东占款与上市公司盈利能力关系研究 [J]. 会计研究，2008（6）.

[11] 姜付秀，张敏，陆正飞，陆才东. 管理者过度自信、企业扩张与财务困境 [J]. 经济研究，2009（1）.

[12] 李增泉，孙铮，王志伟. "掏空"与所有权安排——来自我国上市公司大股东资金占用的经验证据 [J]. 会计研究，2004（12）.

[13] 连燕玲，贺小刚，张远飞，周兵. 危机冲击、大股东"管家角色"与企业绩效——基于中国上市公司的实证分析 [J]. 管理世界，2012（9）.

[14] 刘峰，贺建刚，魏明海. 控制权、业绩与利益输送——基于五粮液的案例研究 [J]. 管理世界，2004（8）.

[15] 刘峰，钟瑞庆，金天. 弱法律风险下的上市公司控制权转移与"抢劫"——三利化工掏空通化金马案例分析 [J]. 管理世界，2007（12）.

[16] 刘素芝. 我国征集股东委托书法律制度的实证分析 [J]. 法学评论，2007（1）.

[17] 罗党论，唐清泉. 市场环境与控股股东"掏空"行为研究——来自中国上市公司的经验证据 [J]. 会计研究，2007（4）.

[18] 吕长江，张海平. 股权激励计划对公司投资行为的影响 [J]. 管理世界，2011（11）.

[19] 申明浩. 治理结构对家族股东隧道行为的影响分析 [J]. 经济研究，2008（8）.

[20] 苏冬蔚，林大庞. 股权激励、盈余管理与公司治理 [J]. 经济研究，2010（10）.

[21] 谭劲松. 独立董事与公司治理——基于我国上市公司的研究 [M]. 北京：中国财政经济出版社，2003.

[22] 汤谷良，戴璐. 国有上市公司部分民营化的经济后果——基于"武昌鱼"的案例分析 [J]. 会计研究，2006（9）.

[23] 唐清泉，罗党论，王莉. 大股东的隧道挖掘与制衡力量——来自中国市场的经验证据 [J]. 中国会计评论，2005（1）.

[24] 王华，黄之骏. 经营者股权激励、董事会组成与企业价值——基于内生性视角的经验分析 [J]. 管理世界，2006（9）.

[25] 王鹏，周黎安. 控股股东的控制权、所有权与公司绩效：基于中国上市公司的证据 [J]. 金融研究，2006（2）.

[26] 夏立军，方轶强. 政府控制、治理环境与公司价值——来自中国证券市场的经验证据 [J]. 经济研究，2005（5）.

[27] 肖作平，廖理. 大股东、债权人保护和公司债务期限结构选择——来自中国上市公司的经验证据 [J]. 管理世界，2007（10）.

[28] 辛清泉，谭伟强. 市场化改革、企业业绩与国有企业经理薪酬 [J]. 经济研究，2009（11）：68-81.

[29] 徐莉萍，辛宇，陈工孟. 股权集中度和股权制衡及其对公司经营绩效的影响 [J]. 经济研究，2006（1）：90-100.

[30] 杨德明，林斌，王彦超. 内部控制、审计质量与大股东资金占用 [J]. 审计研究，2009（5）：74-81.

[31] 叶康涛，陆正飞，张志华. 独立董事能否抑制大股东的"掏空"？ [J]. 经济研究，2007（4）：101-111.

[32] 岳衡. 大股东资金占用与审计师的监督 [J]. 中国会计评论，2006（1）：59-68.

[33] 张光荣，曾勇. 大股东的支撑行为与隧道行为——基于托普软件的案例研究 [J]. 管理世界，2006（8）.

[34] 赵景文，于增彪. 股权制衡与公司经营业绩 [J]. 会计研究，2007（12）：59-64.

[35] 郑国坚，林东杰，林斌. 大股东股权质押、占款与企业价值 [J]. 管理科学学报，2014（9）：72-87.

[36] 郑国坚. 市场化改革的微观作用机制：关联交易视角 [J]. 中国会计评论，2011（3）：337-352.

[37] 周中胜，陈汉文. 大股东资金占用与外部审计监督 [J]. 审计研究，2006（3）.

[38] 朱红军，汪辉. "股权制衡"可以改善公司治理吗？ 宏智科技股份有限公司控制权之争的案例研究 [J]. 管理世界，2004（10）：114-123.

[39] Altman E. I. Predicting Financial Distress of Companies：Revisiting The Z-Score And Zeta [J]. Predicting Financial Distress of Companies：Revisiting The Z-Score And Zeta Research Gate，2000.

［40］ Andrade G., Kaplan S. N. How Costly is Financial（Not Economic）Distress? Evidence from Highly Leveraged Transactions that Became Distressed［J］. Journal of Finance, 1998, 53（5）: 1443–1493.

［41］ Bae K. H., Kang J. K., Kim J. M. Tunneling or Value Added? Evidence from Mergers by Korean Business Groups［J］. Journal of Finance, 2002, 57（6）: 2695–2740.

［42］ Baek J. S., Kang J. K., Lee I. Business Groups and Tunneling: Evidencefrom Private Securities Of-feringsby Korean Chaebols［J］. Journal of Finance, 2006, 61（5）: 2415–2449.

［43］ Beasley M. S. An Empirical Analysis of the Relation between the Board of Director Composition and Financial Statement Fraud［J］. The Accounting Review, 1996, 71（4）: 443–465.

［44］ Bertrand M., Mehta P., Mullainathan S. Ferreting Out Tunneling: An Application to Indian Business Groups［J］. Quarterly Journal of Economics, 2002, 117（1）: 121–148.

［45］ Cheung Y. L., Rau P. R., Stouraitis A. Tunneling, Propping, and Expropriation: Evidence from Connected Party Transactions in Hong Kong［J］. Journal of Financial Economics, 2006, 82（2）: 343–386.

［46］ Claessens S., Simenon Djankov J. P. H. Fan, and L. H. P. Lang. Disentangling the Incentive and Entrenchment Effects of Large Shareholdings［J］. Journal of Finance, 2002, 57（6）: 2741–2771.

［47］ Claessens S., Fan J. P. H. Corporate Governance in Asia［J］. International Review of Finance, 2005, 3（2）: 71–103.

［48］ Dahiya S., Saunders A., Srinivasan A. Financial Distress and Bank Lending Relationships［J］. Journal of Finance, 2001, 58（1）: 375–399.

［49］ Deng J., He J., Gan J. Political Constraints, Organizational Forms, and Privatization Performance: Evidence from China［J］. SSRN Electronic Journal, 2007.

［50］ Faccio M., Lang L. H. P., Young L. Dividends and Expropriation［J］. American Economic Review, 2001, 91（1）: 54–78.

［51］ Fan, Joseph P. H., Wong T. J. Do External Auditors Perform a Corporate Governance Role in Emerging Markets? Evidence from East Asia［J］. Journal of Accounting Reaearch, 2005, 43（1）: 35–72.

［52］ Fama E. F., Jensen M. C. Separation of Ownership and Control［J］. Journal of Law & Economics, 1983, 26（2）: 301–325.

［53］ Friedman E., S. Johnson, T. Mitton. Propping and Tunneling［J］. Journal of Comparative Economics, 2003, 31（4）: 732–750.

［54］ Jensen M. C., Meckling W. H. Theory of the Firm: Managerial Behavior, Agency Costs and Owner-ship Structure［J］. Social Science Electronic Publishing, 1976, 3（76）: 305–360.

［55］ Jian M., Wong T. J. Propping through Related Party Transactions［J］. Review of Accounting Studies, 2008, 15（1）: 70–105.

［56］ Jensen M. C., Murphy K. J. Performance Pay and Top Management Incentives［J］. Journal of Political Economy, 1990, 98（2）: 225–264.

［57］ Jiang G., Lee C. M. C., Yue H. Tunneling through Intercorporate Loans: The China Experience［J］. Journal of Financial Economics, 2010, 98（1）: 1–20.

［58］ Johnson S., Porta R. L., Lopez–De–Silanes F. Tunneling［J］. American Economic Review, 2000, 90（2）: 22–27.

［59］ Kim J. B., Yi C. H. Ownership Structure, Business Group Affiliation, Listing Status, and Earnings Management: Evidence from Korea［J］. Contemporary Accounting Research, 2010, 23（2）: 427–464.

［60］ Porta R. L., Lopez-De-Silanes F., Shleifer A. Legal Determinants of External Finance ［J］. Journal of Finance, 1997, 52 (3): 1131-1150.

［61］ Rafael La Porta, Florencio Lopez-De-Silanes, Andrei Shleifer. Corporate Ownership Around the World ［J］. Journal of Finance, 1999, 54 (2): 471-517.

［62］ Porta R. L., Vishny R. W. Law and Finance ［J］. Social Science Electronic Publishing, 1998, 106 (6): 1113-1155.

［63］ Morck R., Shleifer A., Vishny R. W. Management Ownership and Market Valuation: An Empirical Analysis ［J］. Journal of Financial Economics, 1988, 20 (88): 293-315.

［64］ Peng W. Q., Wei K. C. J., Yang Z. Tunneling or Propping: Evidence from Connected Transactions in China ［J］. Journal of Corporate Finance, 2011, 17 (2): 306-325.

［65］ Petersen M. A. Estimating Standard Errors in Finance Panel Data Sets ［J］. Review of Financial Studies, 2009, 22 (1): 435-480.

［66］ Rogers W. Regression Standard Errors in Clustered Samples ［J］. Stata Technical Bulletin, 1994, 3 (13).

［67］ Shiefer A., R. W. Vishny. A Survey of Corporate Governance ［J］. Journal of Finance, 1997, 52 (2): 737-783.

［68］ Wang Q., Wong T. J., Xia L. State Ownership, the Institutional Environment, and Auditor Choice: Evidence from China ［J］. Journal of Accounting & Economics, 2008, 46 (1): 112-134.

大股东控制权私利行为模式研究：
伦理决策的视角 *

郝云宏　朱炎娟　金杨华

【摘　要】大股东控制权私利行为既是全球公认的公司治理难题，也是当前中国公司治理实践的焦点问题。在实践中，大股东控制权私利行为可以感知，但难以直接测量，大股东控制权私利与企业绩效的关系也并不一定都是单向的负相关，这都给相关问题的研究带来困难。本文聚焦于大股东控制权私利行为模式，注意到大股东控制权私利的弹性边界，其行为实际上是主体特征与情境因素动态适配的结果，是典型的伦理决策问题。是否追求控制权私利是大股东面临的伦理困境，对伦理困境的认知和判断，对情境因素和侦查概率的感知等会直接影响控制权私利非伦理行为的发生。在此基础上，本文归纳出大股东控制权私利行为的三种基本模式：违法违规的"闯红灯模式"、可能并不违规（合法但可能不合理）的"擦边球模式"和形式上并不违规（合乎法律规范和公司治理程序但可能有悖社会伦理"不合情"）的"蚕食者模式"，并通过多个案例加以解析。推进大股东控制权私利行为治理，需要我们注意大股东控制权私利行为中的"法、理、情"的纠结，强化公司治理相关法规的刚性约束，严惩各种违法违规行为；规范相关行为边界，提高大股东伦理决策的道德强度，挤压其机会主义选择的空间；完善公司法人制度，尊重利益相关者合法权益，激励大股东控制权私利与企业绩效的兼容和共享。

【关键词】大股东控制权私利；行为模式；伦理决策

一、问题提出

大股东控制权私利（Private Benefit of Control）是大股东掌握公司控制权而形成的排他

---

* 本文选自《中国工业经济》2013 年第 6 期。

性收益。为了获取这种利益，大股东会采用降低公司运行效率，甚至牺牲中小股东权益的方式对公司进行"掏空"（Tunneling）。近些年，成熟的欧美资本市场对控制权私利行为屡出重拳加以规制。作为新兴经济体的中国，大股东控制权私利问题也较为突出，引起广泛关注。2006年明星电力大股东周益明成为中国证券市场上第一个被以合同诈骗罪追究其掏空上市公司行为，并被判处无期徒刑的上市公司高管。2010年，熊猫烟花也因大股东涉嫌掏空公司成为股市的焦点。2011年金智科技、汉王科技内幕交易连带高管巨额减持获利，使得监管层对大股东私利行为倍加关注。

自 Grossman 和 Hart（1980）首次提出控制权私利的概念至今，该领域一直是公司治理研究的核心。现有研究多基于制度视角，关注控股股东（或内部管理者）攫取私人收益的程度及其对公司治理效率所产生的影响，研究焦点集中在控制权私利的内涵界定、影响因素、收益计量以及对公司治理效率和公司绩效的影响等，成果较为丰硕。但是，学术界对控制权私利的内涵界定存在严重分歧（Jensen，Meckling，1976；Holderness，2003；Grossman，Hart，1988；Ehrhardt，Nowak，2001），因而大股东控制权私利行为可以感知，但难以直接测量。基于实证研究方法，学术界对大股东控制权私利行为的影响因素进行了分析，但仍未形成结构化的分析框架（张学洪、章仁俊，2010；沈艺峰等，2008；Morck et al，1988；白重恩等，2005）。基于"行为—绩效"模型，现有研究也没有确立大股东控制权私利对企业绩效的负面影响，或者说大股东控制权私利与企业绩效的关系并不一定是单向的负相关，控制权私利的堑壕效应（Entrenchment Effect）和激励效应（Incentive Effect）（Barberis等，1998；Dyck，Zingales，2004；石水平，2010）的两面性特征日益凸显。

因此，单纯立足法规约束视角，通过制度构建来解决控制权私利问题的思路还存在一些不足，需要有所弥补。一方面，现有研究主要集中在对公司有重大负面影响的"掏空"行为，公司治理实践也多关注大股东与公司之间的违规关联交易、违规担保、内幕交易、违规信息披露、违规减持等行为，相关的公司治理法规建设也集中在关联交易、对外担保、内幕交易、信息披露、大股东行为限制（大小非解禁）等方面的行为规范，难以解释和抑制现实中普遍存在的大股东利用"合法但不合情理"的手段侵占中小股东和公众利益的现象。另一方面，现实中大股东对于企业发展的支持行为与获取控制权私利的现象是同时存在的，大股东控制权私利的获取过程可以理解为大股东在面对具体管理决策情境时的一种策略互动行为。如果能够通过解读中国管理情境下法律制度、伦理环境以及企业文化对大股东行为的影响，有效解析大股东控制权私利行为的具体模式，就能够为大股东控制权私利行为治理指出更加清晰的方向，这就是本文的关注点。

二、大股东控制权私利基础：制度演化与委托代理

大股东控制权私利行为既是全球公认的公司治理难题，也是当前中国公司治理实践的焦点问题，仍然可以在委托代理关系的基础上说明其客观存在的制度基础。

传统的公司治理立足于所有权与控制权相对分离基础上的投资人与经营者之间的委托代理关系，并且注意到，尽管作为委托人的投资者与作为代理人的经营者都面临着风险和收益的不确定性，但是在信息不对称的条件下，委托人处于更加不利的位置。着眼于改善这种委托代理关系，委托人试图通过股东会制度和董事会制度的形式以及行为规范来完善代理人的选择机制和激励约束机制，控制代理成本，维护股东权益。这可以说是股权结构相对分散基础上的第一类代理关系（Jensen，Meckling，1976）。它所关注的控制权私人收益主要表现为经理人利用信息不对称所获得的实际控制权收益，对于投资人来说则表现为代理成本的一个方面。随着资本市场的发展和企业制度的演化，股权结构日益多元化。在一些大股东或者机构投资者相对控股的情况下，大股东或者机构投资者可能利用其在股东会的控制地位在一定程度上控制了代理人的选择权，并倾向于更多地指派其代理人或者一致行动人来承担经营者的职责，从而有效改善了自己所面对的委托代理关系。这时的代理人在履行经营者职责的时候就会面临向全体股东负责还是向大股东负责的困境，并因此使得其代理风险主要成为中小股东的负担，并突出表现为借助代理人行为所掩盖的大股东对中小股东利益的侵害。这就是股权结构相对集中基础上的第二类代理关系，它所关注的控制权私人收益主要表现为大股东控制代理人行为所获得的大股东控制权私利，对于中小股东来说则在一定程度上表现为大股东掠夺（Grossman，Hart，1980；Shleifer，Vishny，1998）。这成为了现代公司治理研究的新问题。随着企业制度以及相应的组织形式的进一步演化，其性质和功能发生了很大的变化。对企业发展起到关键作用的要素已经从股东和经理延伸到更为广泛的利益相关者，企业也不再仅仅表现为股东投资并借以获取回报的所有权对象，而是表现为多种要素所有者贡献其要素并从中获得利益的一种机制。企业的发展受到多种利益相关者的影响，并反过来影响着多方面的利益相关者（Blair，1995）。作为一种利益相关者组织，企业表现为一种契约集合，剩余控制权至关重要，公司外部的非决策类利益相关者与公司内部的股东和经理层之间也形成了一种"隐形"的委托代理关系，并因此使得企业的功能从单纯的经营管理向兼顾社会责任管理发生了重大转变。这时候的代理人在履行经营者职责的时候就会面临向股东负责还是向公司负责的困境，其代理风险主要成为外部利益相关者的负担，并突出表现为以大股东或者经理人为代表的内部人对公司利益的侵害。这可以说是基于公司的利益相关者组织基础上的第三类代理关系，它所关注的控制权私人收益主要表现为以大股东或者经理人为代表的内部人利用信息不对称所获得的剩余控制权私利，对于外部利益相关者来说则在一定程度上表现为一种特殊形式

的代理成本。基于上述第二类和第三类代理问题，企业内部的所有权和经营权关系以及委托代理关系还可能变得更加复杂。由于各种要素所有权与经营团队之间的委托—代理契约实际上是由双方代表签订的，这样，在某些特殊情况下就可能出现双方代表是同一主体（如控股股东）的情况，也就是两权的形式分离和实际重合，即第四类代理关系。此时，大股东借助与企业高管身份的复合，攫取控制权私利的手段就更为隐蔽和多元化，形式上也可能更加合法合理。我们现在讨论的大股东控制权私利行为主要就是基于这样的委托代理关系。

三、大股东控制权私利特性：刚性边界与弹性边界

（一）大股东控制权私利的现实基础：剩余控制权及其共享收益与私人收益

在新古典理论看来，控制权市场具有促进资源配置和解决公司代理问题的功能，但是，这些功能的发挥需要完全契约支持下的产品市场、经理市场和股票市场等条件。由于契约的不完全性，新产权理论将企业控制权收益的配置划分为两个阶段：在初始契约条件下，委托人和代理人根据明确的契约描述进行利益划分，代理人获得与自身能力匹配的明确的契约收益；但是，由于初始契约难以将未来发生的所有事件都包含进去，契约中未尽事项的决策权也就是剩余控制权就将对企业的未来收益进行二次配置。因此，剩余控制权是企业的一种稀缺资源，大小股东与代理人通过外部控制权市场和内部控制权的激烈博弈形成最终的控制权配置模式。从控制主体看，控制权配置模式可以分为股东控制、经理控制、其他利益相关者控制三种不同的模式；从控制类型看，可以分为关系型控制模式与市场型控制模式。掌握控制权（实际控制权或者剩余控制权）的一方通过自身的使用产生了控制权的共享收益和控制权的私人收益（Grossman，Hart，1988）。其中共享收益是所有利益相关者都能获得的效用提升，往往和企业绩效相对一致，而私人收益则是掌握控制权的控股股东或内部管理者对中小投资者和外部债权人等其他利益主体的利益侵占，也就是控制权私利。

在企业控制权配置的过程中，如果大股东凭借其资本结构的股份优势以及经营过程中的信息优势获得了剩余控制权，那么，他的最终收益就包括了初始契约界定的收益以及控制权私人收益，而其他利益相关者获得的只是控制权共享收益。尽管大股东控制权收益可以表现为共享收益和私人收益两个方面，但是二者之间的边界很难划分清楚，一旦大股东与其他利益相关者，特别是中小股东之间的收益失衡，就会导致大股东"掏空"企业、中小股东"用脚投票"的不利局面。

（二）大股东控制权私利的边界划分：刚性边界与弹性边界

大股东控制权私利行为首先是基于大股东的控制权人地位以及追求自身利益的冲动，这是大股东控制权私利的内在激励力量，决定它的刚性边界。这可以从大股东基于代理人身份的薪酬契约以及基于股东身份的现金流权益两个方面表现出来。在一般情况下，为降低"第一类代理成本"，企业所有者通过与代理人签订薪酬契约的形式对企业的剩余进行分配，形成控制权共享收益与私人收益之间的初步划分，并且这个私人收益中特别包括了代理人薪酬这个刚性的部分。无论是经理人还是大股东获得了控制权，在企业的经营活动中都投入了自身的异质性人力资本，薪酬收入就是经理人或大股东自我价值的体现，这部分收益往往是具有下限约束的。当大股东获得了企业的实际控制权，但在制定薪酬契约时因为受到其他股东的制约而使这部分刚性收益界定在低于大股东自身价值的水平时，大股东就会通过其拥有的实际控制权，获取额外的控制权私利来实现自身的价值，此时追求控制权私利的动机就会萌发。与此相反，如果大股东获得的薪酬契约是符合自身价值预期的，在不考虑个人伦理道德水平时，其攫取控制权私利的动机就会降低。我们还要注意，在股东权利平等以及股东权利导向的现行治理框架中，大股东也是股东，也会在意与其股东身份相适应的现金流权益，并借助大股东的实际控制权捍卫自己的权益①。因此，大股东追求与其控制权人地位相适应的正常权益（代理人薪酬与现金流权益）构成了大股东控制权私利的基础与刚性边界。

进一步分析，大股东追求与其控制权人地位相适应的正常权益只是构成了大股东控制权私利的基础与刚性边界，而大股东行为与企业绩效关系的复杂性则决定了大股东控制权私利行为的共享收益边界的模糊性，并因此使得大股东凭借其控制权人地位扩张控制权私利边界成为可能，这就使大股东控制权私利的边界具有了弹性。一方面，大股东追求自身利益的冲动会激励他们不断地探索和冲击道德伦理的限制，甚至突破法律法规的底线；另一方面，日益复杂的委托代理关系以及公司治理环境在对大股东追求其他利益相关者不能获得的独享收益或者控制权私利产生制约力量的同时也可能伴随了许多漏洞，给了他们追求控制权私利的行为空间，使得大股东控制权私利的边界有了一定的弹性。因此，大股东控制权私利的获取及其边界的确定实际上是一个动态博弈的过程，也是大股东凭借其控制权人地位不断挤压共享收益边界、扩张控制权私利的结果。

我们认为，大股东控制权私利的刚性边界具有单向的渗透性和扩张性，而弹性边界具有不同的形态。在弹性边界清晰且具有一定强度时，大股东想提升自身私利水平，就需要更多地兼顾其他利益相关者或者企业发展，在扩张私利弹性的同时带动企业绩效的增长，形成同步扩张；甚至当外部环境影响企业绩效下降时，大股东有可能降低私利弹性，与企业绩效弹性边界共同收缩。而在弹性边界模糊或缺乏强度时，大股东追求控制权私利的内

---

① 这大概也是许多学者特别关注大股东控制权与现金流权偏离度的重要原因。

在冲动就会使大股东控制权私利的边界渗透和扩张到企业绩效中，蚕食共享收益，形成掏空或自肥现象。这在外部环境有利、企业绩效扩张的情况下可能还不明显，而在外界环境变化使得企业绩效收缩时，由于控制权私利的弹性边界，大股东控制权私利并不一定随之收缩，可能出现企业绩效骤减但大股东控制权私利依然很高的情况。

（三）大股东控制私利的治理逻辑：现实困惑与思路拓展

如何认识大股东控制权的共享收益和私人收益二者之间的关系，将直接决定我们在制度设计上对大股东控制权私利是杜绝还是纵容，以及纵容的底线如何。就本质而言，大股东控制权私利是大股东凭借剩余控制权对共享收益的一种挤压，也就是对于其他利益主体的利益侵占，具有伦理上的不合理性，甚至于违法违规。但是，大股东控制权私利的刚性边界与弹性边界的特点使得大股东控制权私利行为的表现非常复杂，有的违法违规，有的合乎法规，有的直接侵害中小股东利益和公众利益，有的则没有直接的受害方，不能一概而论，更不宜采取同样的治理规则予以惩罚或禁止。

在中国的公司治理实践中，对于大股东控制权私利的治理实际上都是基于大股东控制权私人收益是对共享收益的一种挤压，也就是对于其他利益主体的利益侵占，因此，相关的公司治理法规也集中在关联交易、对外担保、内幕交易、信息披露、大股东行为限制（大小非解禁）等方面的行为规范，试图通过对大股东的违规关联交易、违规担保、内幕交易、违规信息披露、违规减持等行为的限制来保护中小股东以及其他利益相关者。但与此同时，我们的治理规则并没有采取禁止关联交易和对大股东担保等类似的规定。这其中的原因恐怕在于类似关联交易和对外担保等行为并不一定都是对于其他利益主体的利益侵占，因而并不一定都要视作违法违规行为。所以，现行的公司治理实际上隐含了可以把大股东控制权私利行为区分为合乎法规的行为与违法违规的行为，没能在形式上保持逻辑关系的一致。这样，现行的公司治理实践，一方面聚焦于大股东的违法违规的控制权私利行为，另一方面又对其合乎法规但不合情理的控制权私利行为缺少必要的解释和有效的治理。

基于我们前面的分析可以看出，一方面，大股东控制权私利的刚性边界使得大股东控制权私利行为具有一定的内在合理性；而在另一方面，大股东控制权私利的弹性边界则使得大股东控制权私利行为有了很大的变通空间。因此，大股东控制权私利行为不仅是基于大股东自身的主体特征，而且与外部治理环境密切相关，具有多样性和灵活性。与此相适应，我们对于大股东控制权私利行为的判断和治理也就不能简单地基于是否违反相应的治理法规，而应该基于更加广泛的伦理分析和价值判断。这应该成为我们对于大股东控制权私利行为的认知和价值判断以及治理规则的基础。

四、大股东控制权私利行为：主体特征与情境因素

（一）大股东控制权私利行为的多样性与控制权共享收益和私人收益关系的复杂性

鉴于控制权私利界定的复杂性（货币的或者非货币的，可转移的或者不可转移的），以及大股东控制权私利的弹性边界，大股东控制权私利行为具有多样性的特点。表现在形式上，大股东控制权私利既包括大股东通过构建私人"帝国"、关联交易或资产转移等（Hart Oliver，2001）隧道行为（Tunneling）掏空上市公司而获取的货币收益，也包括大股东利用高管身份而获取的在职消费，如私人飞机、豪华的办公室等非货币性收益（Ehrhardt，Nowak，2001），以及社会地位、成就感和声誉等难以用货币度量的收益。尽管种类繁多、表现纷杂，但从其行为结果来看，大股东获得的刚性收益和弹性收益与共享收益相对比，可能会表现出四种典型的状态：①高私人收益，高共享收益。表现为大股东高薪酬、高福利，企业高绩效。此时，企业往往处于快速增长期，大股东被充分激励，刚性收益得到满足，私人收益与共享收益之间的边界清晰且富有弹性，大股东在追求自身收益最大化的同时也提升了企业绩效。②低私人收益，低共享收益。这可能发生在企业面临生存危机时，大股东自身刚性收益得不到满足，而严格的制度约束又限制了大股东掏空行为，大股东缺乏热忱，企业绩效较差。③高私人收益，低共享收益。这经常表现为大股东采用掏空的手段形成"自肥"，企业面临经营困境，但相关的制度环境又缺乏对大股东的约束。④低私人收益，高共享收益。这是较为特殊的状态。一种情况出现在大股东并没有将显性的货币性收益作为核心的价值诉求，而是追求"奉献"与"成就感"；另一种情况可能表现为私人收益与共享收益的边界位置不合理，并且边界严重缺乏弹性。

（二）主体特征与情境因素适配下的大股东控制权私利行为

大股东表现出什么样的控制权私利行为特征，或者选择什么样的控制权私利行为模式，既和自身的主体特征相关，也受到情境因素的影响，本质上是一个主体特征与情境因素相互适配的复杂过程。在中国的公司治理环境中，国有控股公司和家族控股公司的大股东在股东会、董事会、经理层乃至关联公司都可能建立起了自己的控制权地位，但这只是大股东追求控制权私利的客观基础。与大股东自身相关的股权特征、素质特征、经历特征、伦理认知等主体特征不同，在面对不同的制度环境、市场压力、利益诱惑时会产生不同程度的控制权私利冲动，并选择不同的控制权私利行为方式。另外，公司内部的董事会特征（特别是其独立性程度）以及公司外部的制度环境也会对大股东追求控制权私利的冲动产生一定的压力。正是在这样的大股东特征与情境特征的相互适配下，大股东追求控制

权私利的冲动及其行为表现出不同的行为特征。

在现实中，大股东追求控制权私利的程度差异，既取决于大股东自身的"欲求"水平，也与公司所处的治理情境密切相关①。当大股东自身的"欲求"水平较高且外部经营环境和治理环境比较适合时，大股东的私人收益水平符合大股东的心理预期，并且与共享收益建立起明确的联动机制，大股东往往倾向于立足企业控制权初次配置的基本规则，尽职尽责，力求获得"双高"的理想结果，表现为一种"尽责"的行为特征。此时，如果大股东自身"欲求"水平下降，不再以自身利益作为行为的准则，而是以较高的共享收益为己任，就会形成"奉献"策略。当年回归苹果的乔布斯仅拿1元年薪就是力证。当大股东自身的"欲求"水平不高且外部经营环境和治理环境不够理想时，大股东可能采用"用脚投票"的方式离开企业，另谋出路。而当大股东自身的"欲求"水平很高且外部经营环境和治理环境不够理想时，大股东的伦理水平就起到至关重要的作用：伦理水平高的大股东会采取"克制"自己欲求的方式，努力提高企业绩效，渡过难关；相反，伦理水平低的大股东则可能会利用自身的控制权进行"掏空"，追求自身的收益。上述"尽责"、"奉献"、"克制"、"掏空"四种行为实际上都是大股东个人欲求与法律法规、企业制度、社会伦理共同作用的结果，其中"掏空"行为又是当前中国公司治理实践中大股东控制权私利行为的主要表现。

（三）大股东控制权私利行为中的"法—理—情"冲突

需要强调的是，大股东控制权私利行为本质上是一个主体特征与情境因素相互适配的复杂过程，并且在一定程度上表现为"法—理—情"冲突和纠结下的行为选择，因此，大股东控制权私利行为并不都是违法违规的行为。例如，在成熟的市场经济体制下，面对比较规范的公司治理环境，一些欧美公司大股东通过在企业中设立"合法但不合理"的"过度金色降落伞条款"而获取控制权私利。即便是大股东的"掏空"行为，其涉及的对象、影响的范围以及最终形成的后果也会存在较大的差异，在"法—理—情"的冲突及处理上也会有不同的表现。在中国，随着公司治理环境的不断改善，关联交易、对外担保、内幕交易、信息披露、大股东行为限制（大小非解禁）等方面的行为规范越来越明晰，法规约束的力度越来越大，但我们还是看到，有的大股东藐视法规约束，通过财务欺诈、违规关联交易、违规担保、内幕交易、违规信息披露、违规减持等明显违法违规的行为疯狂攫取控制权私利。也有的大股东借助对公司的控制权，无视企业长远发展以及中小股东权益和公众利益，利用相关法规和制度的漏洞和信息不对称，通过一些"合法、合理"但是有悖商业伦理"不合情"的行为，如无序减持、频繁派发高额的现金红利等，获取控制权私利。还有的控股股东通过盈余管理来掩盖资金占用对上市公司业绩造成的不利影响，从而

---

① 张学洪和章仁俊（2010）的研究发现大股东控制权私利行为会受以下四个因素影响：股权相对集中条件下控制性股东持股比例、控制权与现金流权偏离度、法律保护程度和惩罚力度。

长期占用公司资金（高雷、张杰，2009；林大庞、苏东蔚，2011）；非公开发行资产注入行为存在着将"支撑行为"变成变相的"隧道挖掘"行为的可能，从而侵占中小股东利益（尹筑嘉等，2010）；定向增发中存在利益输送行为（王志强等，2010）；通过操控重大信息披露、披露虚假信息或操纵财务掏空中小股东利益（吴育辉、吴世农，2010）；通过关联交易进行掏空（李姝等，2009）等。因此，在许多情况下，大股东控制权私利行为不仅面对社会法律的"底线"约束，还对公司的内部制度与社会伦理造成了冲击，实际上表现为一种在特定制度环境下大股东挑战法规权威和自身道德底线的伦理决策过程。

五、大股东控制权私利决策：伦理困境与行为模式

在中国的公司治理实践中，国有控股公司和家族控股公司的大股东在股东会、董事会、经理层乃至关联公司的控制权只是大股东追求控制权私利的客观基础；大股东感知到的控制权私利机会和收益状况是其存在的主观基础；大股东控制权私利与企业绩效间正负向关系的模糊性及动态关联性更增加了大股东控制权私利感知的认知难度与复杂性，使大股东在面临是否追求控制权私利伦理困境时，容易产生认知偏差和非伦理行为；中国转型经济的特殊治理环境又给了大股东较大的行为空间和选择余地，使他们有可能以各种非法或者合法但不合情理的方式追求控制权私利。这既给公司治理实践带来困难，也要求我们进一步拓展相关问题的研究思路。

实际上，当我们注意到大股东控制权私利行为是主体特征与情境因素动态适配的结果的时候，就应该意识到大股东所面临的是否追求控制权私利的伦理困境。他们感知这种伦理困境，并会根据自身特点和情境因素做出权变，这是一种典型的伦理决策问题。基于行为伦理视角，大股东控制权私利行为遵循一般的决策过程，是决策者、伦理问题自身特征和情境因素共同作用的结果（Gino 等，2010）。是否追求控制权私利是大股东面临的伦理困境，对伦理困境的认知和判断，对情境因素和侦查概率的感知等会直接影响控制权私利非伦理行为的发生。Trevino（1986）提出的个体—情境互动模型能较好地解释大股东控制权私利行为。她认为伦理决策始于伦理两难困境，进而在认知道德发展水平影响下产生伦理认知和进行伦理判断，伦理判断又会受个体和情境因素缓冲（个体因素包括控制源、场依赖等，情境因素包括工作背景、组织文化等），并导致伦理或非伦理行为（Bandura，2002）。Reynolds（2006）等进一步从行为伦理理论出发，综合考虑了决策者认知偏差与侥幸心理，大股东私利等伦理问题自身特征，特别是伦理困境所蕴含的道德强度，监管机制和侦查概率等情境因素对伦理决策过程的共同影响，明确了伦理决策问题自身特征、个体因素与情境变量共同决定和影响伦理决策过程的思路，这有助于我们较好地把握大股东伦理决策的特征。

1. 大股东控制权私利是基于问题—权变的伦理困境和行为选择

根据 Jones（1991）的问题—权变模型，伦理决策是涉及伦理意识、伦理判断、伦理行为意向及具体伦理行为的过程，大股东追求控制权私利是考虑伦理困境的效应集中性、社会一致性和后果严重性等道德强度特征，在自身伦理素质的约束下进行伦理决策。大股东在公司治理中具有控制性地位，对公司高层管理者有决定权，中层管理者行为是大股东意志的体现（Reynolds 等，2006），大股东以及体现其意志的管理层的道德认知水平会直接影响从伦理认知开始的决策全过程。大股东在面临是否侵占其他利益相关者权益的伦理决策困境时还会考虑伦理问题自身的特征变量，其中包括效应集中性（私利行为影响对象的集中性）、社会一致性（私利行为的社会普遍性）、后果严重性（私利行为所产生后果的危害程度）。一般而言，影响对象越集中、后果严重性越高，大股东在私利行为选择上会越谨慎；社会一致性越高，大股东越有可能选择私利行为（Jones 等，2007）。大股东开始面临个体伦理意识与社会伦理规范的冲突和博弈时，侦查概率、监管机制、股权和董事会结构等外部情境因素就成为影响大股东私利非伦理行为的关键，会对大股东控制权私利行为带来巨大的诱惑或者压力。

2. 大股东伦理意识与道德水平是控制权私利行为发生的根源

大股东控制权私利行为不仅涉及影响因素与情境变量相互适配，还要经历大股东伦理决策的心理过程，这个过程的核心在于伦理因素对大股东个体特征和行为方式的影响，最终形成不同的大股东控制权私利行为模式。在控制权私利伦理决策中，大股东的伦理水平与道德素质不仅影响伦理决策的直接后果，还通过对一些伦理行为的回应指引管理者的经营理念和伦理准则，从而对管理层伦理水平与组织伦理氛围产生间接影响（Jones 等，2007）。实际上，大股东控制权私利在很大程度上是基于大股东道德水平的、介于"法—理—情"之间的复杂行为，因此，立足伦理视角能够更为清晰地甄别控制权私利行为模式。

3. 大股东在不同伦理决策阶段的有限伦理表现是控制权私利行为模式分类的基础

借鉴伦理决策的问题—权变模型，结合中国公司治理的特殊情境，大股东获取控制权私利的伦理决策实际上是一种"法、理、情"的纠结，并因此表现为三种不同的行为模式。第一种情况是大股东的有限伦理表现在伦理意识淡漠，丝毫没有感知到控制权私利的伦理困境以及道德强度的压力，存在认知偏差与侥幸心理，利用经济转型中的制度漏洞以及监管不力的情境，无视相关法规和伦理困境，以身试法，以明显违法违规的形式疯狂攫取控制权私利，损害了内部利益相关者以及外部非决策类的利益相关者，产生了严重的社会危害，表现为明显的违法违规行为。第二种情况是大股东感知到了控制权私利的伦理困境，但环境因素和道德强度对他们并没有产生较大的决策压力，因此他们的有限伦理主要表现在伦理判断上，认为可以比较从容地利用内外部的制度漏洞和经营活动中的信息不对称，通过多样的手段对中小股东进行利益侵害，但是，并不一定对非决策的外部利益相关者带来直接危害，因而不会突破法律的边界，表现为利用公司治理漏洞形成的"合法但可能不合理"的掏空行为。第三种情况是大股东感知到了控制权私利的伦理困境，并且意识到环境因素和道德强度对他们产生了较大的决策压力，但其有限伦理发生在伦理行为意向选择上，在追求控制权私利的动机激励下，他们还是充分利用制定游戏规则的特权，使外部情境约束失效，从而选择有利于自己的决策行为，通过合理合法的手段"掏空"企业，获得超额的独享收益，表现为形式上合乎法规但可能有悖社会伦理的"不合情"行为。我们把大股东获取控制权私利的这三种行为模式分别称为"闯红灯模式"、"擦边球模式"、"蚕食者模式"，它们各具特点，在现实中屡有表现，我们选取一些典型案例予以解析。

六、大股东控制权私利行为模式：案例解析和行为启示

（一）违法违规的"闯红灯模式"

在这种行为模式下，大股东利用控制权地位，无视相关法规和伦理困境，以合同诈骗、违规对外担保、违规资金占用、内幕交易、财务造假，以及隐瞒重大信息和延迟信息披露掩护下的减持等明显违法违规的形式疯狂攫取控制权私利。

1. 绿大地财务造假、信息披露违规，触及"高压线"

2005—2007 年，绿大地采用伪造合同、发票、工商登记资料等手段，虚构交易业务、虚增资产、虚增收入超 9 亿元，欺诈发行。公司上市后，在绿大地户均持股数下降股价却直升的怪象背后，又隐藏着大股东的掏空行为。绿大地隐藏或延迟重大利空报告，就是为了便于持股数量较多的机构投资者以及大股东减持股票，并在董事长及其团队财务欺诈、隐瞒重大信息时得以顺利抽离资金，将损失转移给中小股东，攫取他们的利益。[1] 上市三年内，绿大地就更换了三家审计机构，且每次都是在年报披露前夕，还利用其关联公司进行银行账户的操作，虚增资产、收入，进行盈余管理，以便于大股东在转移资金的同时仍然保持上市公司的财务公告能够吸引更多的投资者，进一步掏空上市公司。[2] 伴随着大股东大幅度减持、公司财务造假的是绿大地的多次信息披露违规，比如未及时发布 2009 年业绩预亏公告，之后又进行了多次修正，并且修正前后业绩发生了盈亏性质的重大变化，修正时间严重滞后。总之，绿大地在大股东减持、高管频换、业绩变脸等乱象背后隐藏的大股东的掏空行为就是在财务造假和信息披露违规的掩盖下进行的。[3]

---

① 吴育辉和吴世农（2010）曾对上市公司大股东减持过程中的掏空行为进行研究，证明了大股东特别是控股股东通过操控上市公司的重大信息披露来掏空中小股东利益的事实。

② 肖迪（2010）对超额现金流、关联交易和盈余管理三者之间的关系进行了实证检验，证实大股东利用关联交易转移公司资金，并利用盈余管理来掩盖自己的掏空行为。

③ 屈文洲和蔡志岳（2007）对上市公司信息披露违规的动因进行实证研究，发现大股东对上市公司的掏空程度越高，上市公司的盈余管理程度越高，都会增大信息披露违规的可能性，主要原因在于大股东为了掩盖其掏空行为，通过信息披露不及时、不完整、不真实来肆意误导和欺骗中小投资者。

2. 亚星化学沦为大股东的"提款机"

从 2012 年 6 月到 2013 年 2 月，亚星化学因为与大股东亚星集团的大额直接非经营性资金往来未入账导致信息披露违法、未及时披露重大担保事项、未按规定披露关联方关系和关联交易、半年度报告虚假记载等违法事实而两次被证监会行政处罚。更恶劣的是，在 2013 年初被判决在未履行相应审批程序和信息披露义务的情况下，亚星化学还违规给大股东亚星集团提供 1 亿元的借款担保，发生需要承担连带担保责任的重大法律后果。另外，亚星化学信息透明度比较低，常常出现信息披露违规，也方便了亚星集团屡次对其进行资金占用。① 另外，大股东亚星集团还利用制作虚假财务报表、关联交易等盈余管理手段来掩盖资金占用对亚星化学的不利影响。显而易见，当大股东亚星集团一而再，再而三地利用对亚星化学的资金占用和担保时，亚星化学就成为了大股东的圈钱机器。②

（二）可能并不违规的"擦边球模式"

在这种行为模式下，大股东感知到了控制权私利的伦理困境，因此，他们往往利用内外部的制度漏洞，选择并不直接触犯法律的掏空方式，如不完全信息披露、关联交易、盈余管理、规避减持等"合法但可能不合理"的形式获取控制权私利。

1. 重庆啤酒信息披露打"擦边球"

重庆啤酒 1993 年由重庆啤酒集团作为独家发起人改组设立，1997 年 10 月在上交所上市。1998 年，重庆啤酒集团与重庆大学、第三军医大学等联手成立佳辰生物工程有限公司，研发具有自主知识产权的国家一类新药 DD 乙肝治疗性多肽疫苗。同年 10 月，重庆啤酒公告收购大股东重庆啤酒集团持有的佳辰生物 52% 股权，2001 年 1 月又将佳辰生物股权比例增至 93.15%，持续引领公司作为乙肝疫苗概念股反复炒作。2011 年 12 月 8 日，重庆啤酒公告：疫苗二期临床实验疗效相当于安慰剂。至此，备受追捧、历时 10 多年的乙肝疫苗研制一夜间成为一出闹剧，被机构捧上天的"神仙药"其疗效与安慰剂没多大区别。需要指出的是，重庆啤酒在长达 13 年的时间里一直没有公布佳辰生物乙肝疫苗的试验数据，仅仅只是说明临床试验的进展状况，使其成为了 A 股市场 10 多年来信息最不对等的投资标的。尽管其董事会秘书指出，重庆啤酒在信息披露上没有可以参照的模板，在现行的证券法律法规及制度上也找不到有关上市公司披露研发流程的内容和相关信息披露的规范，但是重庆啤酒在信息披露方面的不完整性还是显而易见的，在这场不完全信息披露闹剧背后掩藏的依然是大股东从中获取控制权私利。而对财务报告和信息披露的需求正

---

① 王克敏等（2009）通过对 2002—2006 年上市公司数据的实证研究，以收益激进度、收益平滑度和总收益不透明度为解释变量，回归分析大股东资金占用程度，发现在控制其他影响因素下，公司信息透明度越低，大股东资金占用情况越严重。

② 违规资金占用已经成为中国上市公司大股东获取控制权私利的最常见的违规形式之一。2012 年宏磊股份控股股东宏磊控股及其子公司违规占用上市公司近 5 亿元资金，2013 年 5 月 3 日公司才公告，2 日收到关联方以现金方式偿还的 7000 万元，但仍有 4.044 亿元未偿还。

是源于管理者和外部投资者之间的信息不对称和代理冲突（Healy，Palepu，2001）。[①]

2. 南国置业大股东钻制度漏洞减持掏空

大股东减持是中国监管部门和投资者所面临的棘手问题。为规范大股东与高管减持行为，证监会和交易所出台了一系列法律法规。但所谓上有政策，下有对策，一些公司的大股东与高管绞尽脑汁来规避，钻制度的漏洞，其中南国置业为典型案例。2009年南国置业上市，当时裴笑等是唯一一位放弃入股的高管，其父裴兴辅未在公司任职，却是公司的第三大股东。2010年11月8日，裴兴辅在所持股份解禁之后开始了疯狂的减持，两年时间内通过大宗交易平台累计减持超4000万股，如此"代持"操作合理地规避了相关的规定。2012年11月21日，南国置业发布董事长许晓明及兄弟与中国水电地产于11月20日签订了股权转让意向书，拟向中国水电地产整体转让其持有的新天地投资100%的股权，并且许晓明还拟向中国水电地产转让其所持有的不超过南国置业总股本8%的股权，这样，许晓明实际上将转让其总持股数的34%，远超过了"25%减持"的红线，但公司回应，新天地投资所持的南国置业股份属于董事长间接持有，非直接持有，不存在违规现象。同一时期，许晓明还通过捐赠"减持"股份，捐赠了1000万股给自己担任副理事长的武汉闻一多公益基金会，但未及时公告，而根据《企业所得税法》规定，他在缴纳个人所得税时可以减免相当于捐赠额部分甚至全部的所得税。这样，通过间接减持和捐赠减持，大股东许晓明持股比例减少至49.52%，兑现了大量的资金。类似行为虽然没有触犯相关法律规定，但确实是在钻制度的漏洞，属于"合规但不合理"的掏空方式。[②]

（三）形式上并不违规的"蚕食者模式"

在这种行为模式下，大股东感知到了控制权私利的伦理困境，并且意识到环境因素和道德强度对他们产生了较大的决策压力，但他们还是充分利用制定游戏规则的特权，通过关联交易、盈余管理、战略选择、网络关系重组等形式上合乎法规但可能有悖社会伦理的"不合情"的掏空形式获取控制权私利。

1. 洞庭水殖大股东独裁掏空上市公司

洞庭水殖是典型的地方政府主导的国有上市公司，由于国资部门没有直接派代表进入董事会，第二大股东泓鑫公司就实际控制了上市公司。自2000年6月上市以来，泓鑫公司长期占用资金，发生频繁的关联交易，并在2007年4月25日股改期满一年后便开始抛售，还利用定向增发通过关联交易转移财富。[③]在该案例中，第二大股东泓鑫公司通过一

---

① 屈文洲和蔡志岳（2007）对公司信息披露违规的动因进行实证研究表明，大股东掏空程度、内幕交易程度以及盈余管理程度与公司信息披露违规行为显著正相关。

② 曹国华和林川（2012）基于单个和多个股东侵占模型对大股东减持行为进行了研究，发现大股东持股比例、大股东属性、减持价格、股权制衡程度、投资收益率分离度、外部法律保护程度等都影响着大股东的减持行为；同时发现大股东持股比例越高，其减持力度就越大；而股权制衡度较高的公司，其减持力度就相应较低。

③ 王志强等（2010）通过对定向增发前后关联交易量的对比发现，关联交易总规模、平均单笔交易规模等在定向增发后呈现上升趋势，验证了在定向增发后上市公司可能通过关联交易进行财富转移。

系列的资本市场运作，逐步获取上市公司洞庭水殖的控制权，并通过一系列的关联交易，疯狂地掠夺上市公司资产。例如，通过将水禽开发公司 95% 的股份所占净资产额 1752 万元与泓鑫公司所拥有的所谓精养鱼池资产进行置换，将优良的上市公司资产转移出去；又通过购买湖南洞庭水殖置业公司"泓鑫城市花园"商业房产的形式完成了一笔亏损的交易。从表面上看，洞庭水殖的这些关联交易合规合理，但透过实际投资回报率还是可以看出这一举措的本质仍然是大股东利用对上市公司的控制权牟取控制权私利的蚕食行为。

2. 贵州百灵贷款分红，大股东变相套现

贵州百灵自 2010 年 6 月上市以来一直使用高成本贷款维持货币资金运行，进行现金分红，但高额的财务费用却由上市公司承担。2012 年末公司短期贷款余额 7.59 亿元，长期借款 2 亿元，除首发的募集资金外，公司账面上的货币资金仅有 2.7 亿元。但截至 2012 年，公司连续 3 年的分红总额达 4.97 亿元，3 年的分红分别占当年净利润的 135.67%、45.15%、84.85%，其中大股东和第二、第三大股东（公司前三大股东为一致行动人）得到 3.72 亿元。如此分红方式带来的高额财务费用给上市公司产生了很大的负担，不利于公司健康发展。贵州百灵高派分红的背后是否与大股东资金链紧张相关？截至 2012 年，大股东持有公司 2.48 亿股票，但是质押股票数却高达 2.46 亿股，占 99.19%。因此，大股东若需要资金就只能靠分红来变相套现。① 尽管贵州百灵高派分红的做法在形式上并不违反相关法规（相关的规定反倒是最近 3 年以现金方式累计分配的利润不少于最近 3 年实现的年均可分配利润的 30%），也没有违背公司规章制度，但是大股东利用现金分红的方式"掏空"上市公司有悖社会伦理，不合情理。②

（四）不同案例的启示

在上述六个案例中表现出不同的大股东控制权私利行为模式和伦理决策特点。绿大地和亚星化学的大股东丝毫没有感知到控制权私利的伦理困境以及道德强度的压力，通过合同欺诈、财务造假、信息披露违规、违规对外担保、违规资金占用、违规关联交易等违法行为获取控制权私利，严重侵犯了其他利益相关者的利益，属于"闯红灯模式"。重庆啤酒在长达 13 年来的时间里打"擦边球"，依靠不完全信息披露来掩盖大股东的控制权私利行为，而南国置业大股东则钻制度漏洞，通过代持减持、间接减持和捐赠减持等并不明显违规的方式掏空公司，类似行为表明大股东感知到了控制权私利的伦理困境，但环境因素和道德强度对他们并没有产生较大的决策压力，因此，他们可以利用内外部的制度漏洞，选择并不直接触犯法律的"合规但可能不合理"的掏空方式，属于"擦边球模式"。拥有洞庭水殖控制权的第二大股东通过一系列资本市场运作及关联交易疯狂蚕食上市公司资产，贵州百灵大股东则通过贷款维持现金分红，变相套现，类似行为表明大股东感知到

---

① 现金分红不仅不能缓解大股东与中小股东之间的代理问题，相反，很可能成为大股东掏空的一种常用手段。高派分红会使得大量的现金流向少数股东，不利于公司的长远健康发展。

② 对于此类社会现象，我们经常会听到这样的呼吁：他们应该流着道德的血液，或者谴责他们太不道德了。

了伦理困境，并且意识到环境因素和道德强度对他们产生了较大的决策压力，但是作为游戏规则的制定者，他们还是可以利用一些看起来并不违规的形式掏空企业，属于"蚕食者模式"。

其实，即便是利用同样的行为获取大股东控制权私利，也可以具有不同的伦理决策特点，表现为不同的行为模式。例如，在上述案例中，绿大地、亚星化学和重庆啤酒都涉及信息披露，但绿大地和亚星化学是明显的信息披露违规，而重庆啤酒则是不完全信息披露（可能不合理，但并不明显违规）。再如备受关注的关联交易行为同样可以表现为不同的控制权私利行为模式：一种情况是无视伦理困境和道德强度的压力，只在意自己的私利，因而罔顾关联交易和信息披露的相关规定，不按规定披露关联方关系、不按规定披露关联交易（如亚星化学、金智科技、佛山照明、勤上光电）、不经过合规程序实施关联交易，明显的违法违规，属于"闯红灯模式"；另一种情况是感受到伦理决策困境，并承担较大的道德强度压力，完全按照关联交易和信息披露的相关规定如实、及时地披露关联交易，并在程序上保证关联交易合规合理，这样，关联交易一样发生了，其中也可能伴随着利益输送，但却不违法违规，合乎公司治理要求，属于"蚕食者模式"；介于两者之间的是感受到伦理决策困境，并承担一定的道德强度压力，希望通过合适的方法逃避道德压力，因而利用信息披露的时间差和交易额限制，调整交易的时间或者额度，规避信息披露的要求，在某种程度上隐瞒关联交易的真相，但这种行为可能并不违规，属于"擦边球模式"。

七、结论与展望

大股东控制权私利行为既是全球公认的公司治理难题，也是当前中国公司治理实践的焦点问题。国有控股公司和家族控股公司的大股东在股东会、董事会、经理层乃至关联公司的控制权只是大股东追求控制权私利的客观基础；大股东感知到的控制权私利机会和收益状况是其存在的主观基础；大股东控制权私利与企业绩效间正负向关系的模糊性及动态关联性更增加了大股东控制权私利感知的认知难度与复杂性，使大股东在面临是否追求控制权私利伦理困境时，容易产生认知偏差和非伦理行为；中国转型经济的特殊治理环境又给了大股东较大的行为空间和选择余地，使他们有可能以各种非法或者合法但不合情理的方式追求控制权私利。本文聚焦于大股东控制权私利行为模式，注意到大股东控制权私利的弹性边界，其行为实际上是主体特征与情境因素动态适配的结果，是典型的伦理决策问题。是否追求控制权私利是大股东面临的伦理困境，对伦理困境的认知和判断，对情境因素和侦查概率的感知等会直接影响控制权私利非伦理行为的发生。在此基础上，本文归纳出大股东控制权私利行为的三种基本模式：违法违规的"闯红灯模式"、可能并不违规（合法但可能不合理）的"擦边球模式"和形式上并不违规（合乎法律规范和公司治理程序但可能有悖社会伦理"不合情"）的"蚕食者模式"，并通过多个案例加以解析。

推进大股东控制权私利行为治理，需要我们注意现行公司治理框架隐含的股东所有权与公司法人所有权的复合和冲突，合理解读股东权利导向，尊重公司法人所有权的治理逻辑。以此为基础，在具体的公司治理规范方面，还需要我们注意大股东控制权私利行为中的"法、理、情"的纠结，强化公司治理相关法规的刚性约束，严惩各种违法违规的"闯红灯模式"的大股东掏空行为；规范公司治理相关行为边界，引导大股东遵纪守法，提高大股东伦理决策的道德强度，挤压其机会主义选择的空间，抑制各种合法但可能不合理的"擦边球模式"的大股东控制权私利行为；完善公司法人制度，尊重利益相关者合法权益，强化董事会行为的独立性，提高相关决策的透明度，激励大股东控制权私利与企业绩效的兼容和共享，减少那些合乎法律规范和公司治理程序但可能有悖社会伦理"不合情"的"蚕食者模式"的大股东控制权私利行为。

而就相关的学术研究来说，以往研究出现较大分歧的原因可能主要在于制度分析视角下的计量指标难以揭示大股东控制权私利的主体行为。在大股东控制权私利研究中，对控制权私人收益的度量是这一研究领域的关键问题。但鉴于大股东掏空行为的难以识别性、攫取控制权私人收益的隐蔽性，尤其是获取非货币收益的隐蔽性（吴冬梅、庄新田，2010），对控制权私人收益运用直接测量的方法是非常困难的，因而当前的研究大都是利用间接的方法对大股东掏空行为进行度量。Dyck 和 Zingales（2004）认为只有当控股股东攫取公司资源来获得个人收益的行为非常困难或者不可能度量时，控制性股东才会这么做，而如果控制权私人收益很容易度量，那么，这些收益就不是私人的，因为外部股东可以通过法律手段来要求补偿这部分损失。这样的研究结论实际上也印证了我们的研究，是否追求控制权私利是大股东面临的伦理困境，对伦理困境的认知和判断，对情境因素和侦查概率的感知等会直接影响控制权私利非伦理行为的发生。因此，我们可以基于伦理决策的视角去研究大股东控制权私利行为模式。我们还应该进一步注意到，解析大股东控制权私利行为的核心问题在于描述大股东控制权私利伦理决策的心理过程以及由此形成的行为策略，因而可以借鉴策略性实验（Camerer C. F.，2003）的方法。以往，这种方法受到中国管理情境的限制，缺乏具有中国本土特征的实验方案以及研究参照。本文的后续研究将继续关注大股东控制权私利行为，借鉴策略性实验方法，设计符合中国管理情境的实验方案并进行多维实证，推进大股东控制权私利行为的伦理决策过程研究。我们期望这样的研究思路得到更多同行的关注，产生更有针对性的研究成果，特别是能够结合不同政策工具和治理手段的预警机制和对策建议。

参考文献

[1] Grossman S., Hart O. Takeover Bids, the Free-Rider Problem, and the Theory of the Corporation [J]. Bell Journal of Economics, 1980, 11 (1).

[2] Jensen M. C., Meckling W. H. Theory of the Firm: Managerial Behavior, Agency Costs and Ownership Structure [J]. Journal of Financial Economics, 1976, 3 (4).

[3] Holderness C. A Survey of Blockholders and Corporate Control [J]. Economic Policy Review, 2003 (9).

［4］ Grossman S., Hart O. One Share One Vote and the Market for Corporate Control ［J］. Journal of Financial Economics, 1988, 20 (1/2).

［5］ Ehrhardt O., Nowak Eric. Private Benefits and Minority Shareholder Expropriation Empirical Evidence from IPOs of German Family-owned Firms ［R］. Humboldt University Working Paper, 2001.

［6］ Morck R., Shleifer A., and Vishny R. Management Ownership and Market Valuation: An Empirical Analysis ［J］. Journal of Financial Economics, 1988 (20).

［7］ Barberis N., Shleifer A., and Vishny R. A Model of Investor Sentiment ［J］. Journal of Financial Economics, 1998 (49).

［8］ Dyck A., Zingales L. Private Benefits of Control: An International Comparison ［J］. Journal of Finance, 2004 (2).

［9］ Blair M. M. Ownership and Control: Rethinking Corporate Governance for the 21st Century ［R］. The Brooking Institution, Washington DC, 1995.

［10］ Hart O. Financial Contracting ［J］. Journal of Economic Literature, 2001, 39 (4).

［11］ Gino F., Shu L. L., and Bazerman M. H. Nameless+Harmless=Blameless: When Seemingly Irrelevant Factors Influence Judgment of (Un) Ethical Behavior ［J］. Organizational Behavior and Human Decision Processes, 2010, 111 (2).

［12］ Trevino L. K. Ethical Decision Making in Organizations: A Person-Situation Interactionist Model ［J］. Academy of Management Review, 1986, 11 (3).

［13］ Bandura A. Selective Moral Disengagement in the Exercise of Moral Agency ［J］. Journal of Moral Education, 2002, 31 (2).

［14］ Reynolds S.J. A Neurocognitive Model of the Ethical Decision-Making Process: Implications for Study and Practice ［J］. Journal of Applied Psychology, 2006, 91 (4).

［15］ Jones T. M. Ethical Decision Making by Individuals in Organizations: An Issue-Contingent Model ［J］. Academy of Management Review, 1991, 16 (2).

［16］ Reynolds S. J., Schultz F. C., and Hekman D. R. Stakeholder Theory and Managerial Decision-Making: Constraints and Implications of Balancing Stakeholder Interests ［J］. Journal of Business Ethics, 2006, 64 (4).

［17］ Jones T. M., Felps W., and Bigley G. A. Ethical Theory and Stakeholder Related Decisions: The Role of Stakeholer Culture ［J］. Academy of Management Review, 2007, 32 (1).

［18］ Healy P.M., Palepu K.G. Information Asymmetry, Corporate Disclosure, and the Capital Markets: A Review of the Empirical Disclosure Literature ［J］. Journal of Accounting and Economics, 2001 (31).

［19］ Camerer C. Behavioral Game Theory: Experiments in Strategic Interaction ［M］. Princeton, NJ: Princeton University Press, 2003.

［20］ 张学洪, 章仁俊. 金字塔结构下控制权、现金流权偏离与隧道行为 ［J］. 经济经纬, 2010 (4).

［21］ 沈艺峰, 况学文, 聂亚娟. 终极控股股东超额控制与现金持有量价值的实证研究 ［J］. 南开管理评论, 2008 (1).

［22］ 白重恩, 刘俏, 陆洲, 宋敏, 张俊喜. 中国上市公司治理结构的实证研究 ［J］. 经济研究, 2005 (2).

［23］ 石水平. 控制权转移、超控制权与大股东利益侵占——来自上市公司高管变更的经验证据 ［J］. 金融研究, 2010 (4).

[24] 高雷，张杰.公司治理、资金占用与盈余管理 [J].金 融研究，2009（5）.

[25] 林大庞，苏东蔚.股权激励与公司业绩——基于盈余管理视角的新研究 [J]. 金融研究，2011（9）.

[26] 尹筑嘉，文凤华，杨晓光.上市公司非公开发行资产注入行为的股东利益研究 [J].管理评论，2010（7）.

[27] 王志强，张玮婷，林丽芳.上市公司定向增发中的利益输送行为研究 [J].南开管理评论，2010（3）.

[28] 吴育辉，吴世农.股票减持过程中的大股东掏空行为研究 [J].中国工业经济，2010（5）.

[29] 李姝，叶陈刚，翟睿.重大资产收购关联交易中的大股东"掏空"行为研究 [J].管理学报，2009（4）.

[30] 肖迪.资金转移、关联交易与盈余管理——来自中国上市公司的经验证据 [J].经济管理，2010（4）.

[31] 屈文洲，蔡志岳.我国上市公司信息披露违规的动因实证研究 [J].中国工业经济，2007（4）.

[32] 王克敏，姬美光，李薇.公司信息透明度与大股东资金占用研究 [J].南开管理评论，2009（4）.

[33] 曹国华，林川.基于股东侵占模型的大股东减持行为研究 [J].审计与经济研究，2012（5）.

[34] 吴冬梅，庄新田.所有权性质、公司治理与控制权私人收益 [J].管理评论，2010（7）.

连锁董事与并购绩效

——来自中国 A 股上市公司的经验证据 *

田高良　韩　洁　李留闯

【摘　要】本文以社会镶嵌理论为基础，选择 2000—2011 年并购公司和目标公司均是以我国沪深两市 A 股上市公司的并购事件为样本，主要探索并购双方的连锁董事关系是否会影响并购绩效。研究发现，并购双方的连锁董事关系会减损并购公司、目标公司以及将二者作为一个整体考虑的并购后实体的并购绩效。进一步研究发现，当并购公司的公司治理质量较高时，这种减损作用会降低。当并购双方存在连锁董事关系时，目标公司更易接受股票作为并购支付方式。本文的研究成果对于解释我国证券市场的"并购损益之谜"提供了有益的启示。

【关键词】连锁董事；并购绩效；公司治理质量；并购支付方式；事件研究

一、引言

　　董事会是现代公司治理的重要内部机制之一，它在制定公司战略、决定公司生产经营计划以及监督管理者等方面都起着重要作用。[1]"一人同时担任两家或两家以上企业的董事职务"即连锁董事[2]现象已非常普遍。根据卢昌崇和陈仕华的研究，我国沪深两市 A 股上市公司中，约 72.13% 的公司至少拥有一名连锁董事。[3]大量的研究表明，连锁董事对企业的决策制定过程以及由此产生的经济后果有着重要影响。[4-7]然而，纵观国内外关于连锁董事的研究，大部分研究主要集中在连锁董事对单一的公司决策及经济后果的影响，如连锁董事对企业战略、公司绩效以及高管薪酬等的影响，[8-11]却鲜有文献研究连锁董事对公司间共同经济行为的影响，如连锁董事对公司并购的影响。

　　公司并购是重要的企业活动，并购成功与否会直接影响公司价值或股东财富。并购决

---

* 本文选自《南开管理评论》2013 年第 6 期。

策过程极其复杂并要求并购双方董事及高管参与其中，那么，当并购双方存在连锁董事关系时，该关系是否会影响并购决策过程进而影响并购双方的并购价值呢？本文以 2000—2011 年并购公司和目标公司均为我国沪深两市 A 股上市公司的并购事件为样本，以并购双方是否存在连锁董事以及双方董事的平均连接作为连锁董事的衡量，研究其对企业并购绩效的影响，并进一步研究并购方的公司治理质量对二者关系的影响，以及连锁董事对并购支付方式的影响。研究发现，并购双方的连锁董事关系会减损并购公司、目标公司以及并购后实体的并购绩效，而当并购公司的公司治理质量较高时，这种减损作用会下降，并且，连锁董事关系会促使目标公司更易接受股票作为并购支付方式。

本文的主要贡献在于：①是国内较早研究连锁董事对企业间决策影响的文章，并且是国内较早系统研究连锁董事对公司并购绩效影响的文章。②以往关于并购的研究主要关注并购公司的价值，本文不但关注连锁董事对并购公司价值的影响，同时探讨了其对目标公司以及将二者作为一个整体考虑的并购后实体并购价值的影响，使得研究更为全面。

二、文献回顾与假设提出

Granovettor 提出社会镶嵌理论，认为企业经济行为和后果镶嵌于社会关系结构之中。[12] 连锁董事作为企业的重要社会关系，必然会影响企业的经济行为和后果。目前，关于连锁董事与公司并购绩效的研究，主要有以下两种相左的观点：

第一种观点从信息传递以及沟通角度出发，认为并购双方的连锁董事关系对并购绩效有积极影响。首先，并购双方的董事联系可以促进公司间信息的交流及沟通，促进对彼此经营情况以及企业文化等了解，由此形成的信息沟通机制降低了交易双方的信息不对称程度，该信息优势最终会促使并购双方做出更优决策。其次，双方的连锁董事关系会降低并购公司对潜在目标公司的搜寻成本，减少银行的咨询服务成本等，从而提高并购绩效。Bruner 发现，并购公司寻找潜在目标公司通常需要几个月甚至更长的时间，任何影响搜寻成本以及尽职调查成本的因素都是经济显著的。[13] Cai 等通过将并购公司间的连锁关系分为两层：第一层为并购公司和目标公司拥有一个或以上的共同董事；第二层为并购公司董事和目标公司董事共同在第三方公司拥有董事席位，研究发现，无论是第一层连锁还是第二层连锁均会促进并购公司的并购绩效。[14] Schonlau 等以美国上市公司为研究样本发现，无论对于并购公司还是目标公司，其董事网络中心度越高，越可能获得更优的并购绩效。[15]

第二种观点认为，并购双方的连锁董事关系对并购绩效存在负面影响。Ishii 和 Xuan 认为，并购双方社会联系的存在导致了熟悉度偏差（Familiarity Bias），降低了并购公司对潜在目标公司的尽职调查标准，过高估计并购协同效应，放弃或错失了其他潜在更好的机会，从而损害并购价值，其实证检验也表明，并购双方的董事联系与并购公司、目标公司以及并购后实体的并购绩效负相关。[16] Wu 认为，并购双方之间的连锁董事关系会加剧代理冲突，由于连锁董事对并购双方的股东都负有受托责任，当其参与到并购决策中，在个人财富最大化动机的驱使下，增加了使一方公司价值受益，另一方公司价值受损或双方公司价值同时受损的可能性。[17] 同时，Jensen 发现，由连锁董事所建立的董事间的个人关系会妨碍并购决策判断，双方高管极有可能从中共谋自身利益，做出有损价值的并购决策，降低双方并购绩效。[18] 魏乐等以中国上市公司为样本发现，董事网络中心度越大，并购绩效越低。[19]

可见，国内外学者（主要以国外学者为主）从不同的理论视角出发得出的连锁董事与并购绩效的关系是不尽相同的，甚至对于同一国家的研究，也得出相异的结论。本文认为这些互相矛盾的结果主要归因于连锁董事是一把"双刃剑"，既可以给并购双方公司带来信息沟通方面的优势，降低并购双方的信息不对称程度，又由于连锁董事同时在并购双方公司任职，为其谋取自身利益提供了更大的空间，加剧了代理冲突。事实上，Ishii 等提出的熟悉度偏差归根结底仍然属于代理冲突。可见，连锁董事最终会如何影响并购绩效，取决于信息沟通和代理冲突共同作用的结果。如果信息沟通带来的优势不足以弥补代理冲突所造成的不良后果，则连锁董事会降低并购绩效；反之，连锁董事会提高并购绩效。

那么，对于中国上市公司并购，连锁董事到底会降低还是提高并购绩效呢？根据仲继银[20] 以及陈运森等研究[21] 国外研究连锁董事的文献一般并不区分内部董事和外部董事，但是中国作为一个新兴资本市场国家，在董事监管和独立性等方面都与发达国家存在很大差别，因而，研究中国的连锁董事时，区分内部董事和外部董事是重要且必要的。以下分析将区分并购双方连锁董事的类型：

首先，代理问题是困扰中国企业并购绩效提升的核心问题。[22] 如张鸣和郭思永以中国上市公司为样本研究发现，由于并购的决策权掌握在公司高管手中，公司高管有强烈的动机通过并购增加自身的薪酬收益以及控制权收益。[23] 李善民等认为，中国上市公司的并购活动已成为公司董事高管谋取私人收益的行为，高管通过并购活动谋求更高的薪酬以及在职消费。[24] 可见，代理问题在并购活动中是极为严重的。

如果并购双方存在内部连锁董事，由于内部董事在公司决策中有着更大的话语权，发挥着更重要的作用，同时有更大的空间和便利为自身谋取私有收益。出于个人利益最大化的考虑，并得益于自身在董事会的优势，无疑会使原本已存在的代理问题更加突出。

对于外部连锁董事来讲，众多的研究表明，中国整个沪深两市上市公司的董事社会网络的主要构成是外部董事。[21,25] 陈运森等的研究发现，外部董事连锁对高管的薪绩敏感性有着重要影响。[26] 陈仕华等的研究也表明，存在外部连锁董事与存在内部连锁董事的两家公司对会计师事务所的选择均具有重要影响。[27] 可见，外部连锁董事也对公司决策及经济后果产生了重要影响。

外部董事制度是以有效监督内部董事、改善公司治理、提高股东价值为初衷设计的。但是来自西方发达国家以及发展中国家的经验证据均表明，外部董事并没有促进公司价值的增加。[28] 谢德仁以及王平心等的研究认为，外部董事不能发挥积极作用的根本原因在于，外部董事存在某种程度的经理人性质，和股东存在着客观的代理冲突，而公司在聘请、激励外部董事时并没有意识到这一点，想当然地认为外部董事和股东同属一个阵营。他们从企业的本质分析认为，经理人以自身的经营才能加入企业，行使企业的决策控制权，其决策控制权行使的好坏直接决定着股东的财富，股东和经理人之间存在代理问题。在中国等实行单层董事会制度的国家，由经理人所形成的企业管理层构成公司董事会，从而董事会实质拥有企业决策控制权。即使公司以监督内部董事有效行使决策控制权为目的引入外部董事，但外部董事除了独立性这一功能外，依然需要确保做出正确判断的知识、技能等，在这一点上，他们与内部董事一样，也是以自身才能这一人力资本加入企业的，是企业经理人的组成部分之一，从而客观上和股东存在代理冲突。[28,29] 如果这一问题不能被很好地认知和解决，外部董事是无助于改进公司治理、提高公司价值的。

可见，外部董事和股东的代理问题也是不容忽视的，如果外部董事同时在并购双方公司任职，这为其最大化攫取自身利益提供了便利，加上公司股东普遍没有意识到外部董事的代理问题，其追求个人财富最大化的行径更不易被发现和重视，这些无疑会加剧代理冲突，使并购活动原本存在的代理问题更加严重。

通过以上分析，无论是内部董事连锁还是外部董事连锁都会使并购原本存在的代理问题雪上加霜。并且，都可以通过正式或非正式的途径在并购双方起着信息沟通、降低信息不对称的作用。本文认为，虽然连锁董事可以降低并购双方的信息不对称程度，但其并不是降低并购双方信息不对称的唯一途径，并购双方公司还可以通过其他渠道获取对方信息，但是连锁董事所引起的代理冲突的加剧却是不容忽视的，代理问题又是影响并购绩效提升的核心问题。因而，可以初步认为，无论是外部董事连锁还是内部董事连锁，并购双方的连锁董事关系所带来代理冲突的加剧应都是占上风的。连锁董事的类型不会对并购绩效产生显著影响。魏乐等通过研究中国上市公司，也发现连锁董事网络中心度越大，并购长期绩效越低，[19] 支持了本文的理论分析。

进一步分析，从连锁董事的本质出发，连锁董事给并购双方公司所带来的信息沟通优势以及加剧代理冲突的劣势到底哪个占上风，取决于连锁董事主要是服务于组织目的还是个人目的。如果连锁董事主要服务于组织目的，是企业间获取稀缺资源、传递有效信息的渠道，将会促进公司价值；如果连锁董事的建立主要服务于个人目的，那么，董事和高管极有可能会为了追求自身利益最大化做出损害公司利益的行为，损害公司价值。卢昌崇和陈仕华通过研究中国企业间断裂的连锁关系是否重构，认为中国上市公司仅1/3的连锁董事服务于组织目的，绝大部分连锁董事的建立服务于个人目的，是董事高管共谋自身利益的渠道。[3] 并且，中国尚处在转型经济中，资本市场的发展尚不成熟，制度缺失的情况也较为严重。魏乐等认为，在这种制度背景下，公司治理失灵催生了连锁董事这一社会凝聚的工具，旨在实现管理层自身利益最大化。[19] 从这个角度出发，我们也有理由认为，信息沟通的优势不足以弥补代理冲突加剧所带来的负面影响。因而连锁董事会降低中国上市公司并购绩效。基于以上考虑，提出假设1：

H1：在其他条件不变的情况下，并购公司和目标公司的连锁董事关系会降低并购公司、目标公司以及并购后实体的并购绩效。

从前文的分析可知，加剧代理冲突是连锁董事对并购绩效产生负面影响的最重要因素，那么当并购公司的公司治理质量较高时，是否会改善这种情况呢？

公司治理质量在并购活动中起着重要作用。Carline 等认为，并购公司的公司治理质量会影响并购经济后果。并购公司的公司治理质量的提高会对整个并购活动产生正面影响，避免损害公司绩效的决策形成，提高了并购价值。[30] 赵玉洁的研究发现，上市公司的公司治理质量会影响公司在股票市场的表现以及经营绩效，存在"公司治理溢价"。其基于代理成本的研究也表明，公司治理质量的提高可以降低代理成本，内部治理质量较高的公司获得比内部治理质量较低的公司更高的累计异常收益率。[31] Wu 认为，并购公司的公司治理质量影响连锁董事与并购绩效的关系，并购公司的公司治理质量的提高会降低连锁董事对并购公司、目标公司以及并购后实体的减损作用。其实证结果表明，当并购公司治理质量较高时，连锁董事对并购公司及并购后实体的并购绩效的减损作用降低，但对目标公司没有显著影响。[17] Ishii 和 Xuan 仅研究了当以 CEO 持股比例作为并购公司公司治理质量的代理变量时，其对连锁董事和并购公司绩效关系的影响作用，[16] 得出了和 Wu 相同的结论。

本文认为，并购公司的公司治理质量较高时，意味着公司可以较为有效地监督、激励管理者，管理层以公司利益为代价获取私人收益的空间以及动机较小，代理冲突会相应降低，会对整个并购决策产生积极影响，进而提高并购公司、目标公司以及并购后实体的并购价值。因此，提出假设 2：

H2：在其他条件不变的情况下，当并购公司的公司治理质量较高时，会降低并购双方的连锁董事关系对并购公司、目标公司以及并购后实体并购绩效的减损作用。

由于并购公司与目标公司存在信息不对称，并购公司股价信息的不确定性导致目标公司更倾向于接受现金作为并购支付方式。但是并购公司对于目标公司企业价值的了解程度低于目标公司本身，基于现金支付能力的制约[18] 以及风险共享的考虑，[32] 更倾向于使用股票作为并购支付方式，目标公司须共同承担并购后市场重估价值的风险。当并购双方存在连锁董事时，其所带来的信息沟通机制的优化，双方的信息不对称程度降低，并购公司股票价值的不确定性减小，目标公司更易获得并购公司的额外信息，从而更可能接受股票作为并购支付方式。至此，提出假设 3：

H3：在其他条件不变的情况下，并购公司和目标公司连锁董事关系会影响并购支付方式。当双方存在连锁董事关系时，目标公司更易接受股票作为并购支付方式。

三、研究设计

（一）变量定义

1. 并购绩效的衡量

由于中国证券市场已通过了弱式有效检验，[33] 近年来，越来越多的学者使用事件研究法计算累计异常收益率衡量市场反应或股票绩效。[34-36]

本文参照 Cai 等[14]、刘笑萍等[37] 以及李青原[38] 等，采用事件研究法，计算累计异常收益率 CAR 衡量并购绩效。估计期的选择参照李青原，[38] 以并购首次公告日前 180 个交易日到前 30 个交易日作为估计期。事件期选择参照 Calomiris 等、[34] Gaur 等、[36] 李青原[38] 对于中国上市公司的研究，选取 [−1，+1]、[−2，+2]、[−3，+3] 作为事件期，依据市场模型计算并购公司、目标公司的 CAR。

首先，根据估计期数据结合市场模型估计出参数 α_i 和 β_i，公式如下：

$$R_{it} = \alpha_i + \beta_i R_{mt} + \varepsilon_{it} \qquad t = [-180,\ -30]$$

其中，R_{it} 是股票 i 在 t 时期的实际收益率；R_{mt} 是市场在 t 时期的收益率，由于本文的并购事件涉及创业板股票，因此使用 CSMAR 数据库中综合 A 股和创业板市场考虑现金红利再投资的等权平均法收益作为市场收益；ε_{it} 为随机扰动项。

通过上式进行最小二乘回归，运用估计期数据估计出 α_i 和 β_i，通过下式可以得到每只股票事件期的超额收益率：

$$AR_{it} = R_{it} - \alpha_i - \beta_i R_{mt}$$

其中，AR_{it} 是事件期股票 i 在 t 时期的超额收益率；R_{it} 是事件期股票 i 在 t 时期的实际收益率；R_{mt} 为事件期 t 时期的市场收益率（综合 A 股和创业板市场考虑现金红利再投资的等权平均法收益）；α_i 和 β_i 是由市场模型估计出的参数值。

超额收益率 AR_{it} 在事件期的加总即为股票 i 在事件期 $[t_1,\ t_2]$ 的累计超额收益率 CAR，如下式所示：

$$CAR_i(t_1,\ t_2) = \sum_{t_1}^{t_2} AR_{it}$$

在计算出并购公司以及目标公司的 CAR 后，根据 Kaplan 等[39] 以及 Bradley 等[40] 采用如下方法计算并购后实体的 CAR。

$$并购公司权重 = \frac{并购公司在并购首次公告日前 20 个交易的权益市场价值}{并购公司在并购首次公告日前 20 个交易日的权益市场价值 + 目标公司在并购首次公告日前 20 个交易日的权益市场价值 - 并购公司拥有的目标公司股票价值}$$

$$目标公司权重 = \frac{目标公司在并购首次公告日前 20 个交易的权益市场价值 - 并购公司拥有的目标公司股票价值}{并购公司在并购首次公告日前 20 个交易日的权益市场价值 - 并购公司拥有的目标公司股票价值}$$

并购后实体 CAR = 并购公司权重 × 并购公司 CAR + 目标公司权重 × 目标公司 CAR

2. 连锁董事的衡量

本文采用两个指标来衡量并购公司和目标公司的连锁董事关系：

第一个指标为 Interlock，如果并购公司和目标公司在并购事件发生的会计年度的上一年度末存在共同董事，则取值为 1；否则取值为 0。

第二个指标为董事平均连接，该指标的计算参照 Ishii 等。[16] 首先，将并购公司和目标公司的所有董事和高管组成一个矩阵，并购公司的任意一个董事或高管与目标公司的任意一个董事或高管的配对为矩阵中的元素。董事平均连接即为并购双方拥有共同董事的个数与董事会成员矩阵元素总数之比，如并购公司和目标公司存在两名连锁董事，并购公司有五名董事，目标公司有四名董事，则平均连接为 10%，可见，董事平均连接衡量了并购双方连锁董事关系的密度。

3. 公司治理质量的衡量

本文参照 Bizjak 等，[41] 使用高管持股比例作为公司治理质量的衡量指标。

4. 其他变量的衡量

除了连锁董事、公司治理质量以外，公司规模、公司风险、公司现金流量、公司成长性、公司所有权等公司特征，相对并购价值、并购双方是否属于同一行业、并购是否为要约收购等并购交易特征也会对并购绩效、并购支付方式产生影响。因此，结合已有文献以及中国公司的并购特征，本文的实证检验中还控制了其他可能会影响并购绩效、并购支付方式的因素。所有变量定义如表 1 所示。

表 1　变量定义表

变量名称	变量定义
ACAR	并购公司累计异常收益率
TCAR	目标公司累计异常收益率
CCAR	并购后实体累计异常收益率
interlock	虚拟变量，并购双方存在连锁董事时取值为 1，否则为 0
avg connection	并购双方的董事平均连接
type	当并购双方的董事连锁属于外部董事与外部董事之间的连锁时取 1，否则取 0
manshare	并购前一年并购公司高管持股比例
size	公司规模，并购前一年资产总额的自然对数
q	并购前一年的 Tobin's Q 值，权益市值与净债务市值之和与资产总额减去无形资产之差的比
MB	并购前一年权益市值与权益面值比
LEV	并购前一年总负债与总资产之比
cash flow	并购前一年经营性现金流量与总资产的比值

变量名称	变量定义
growth	并购前一年主营业务收入的增长率
SOE	虚拟变量，公司实际被国有控制时取 1，否则取 0
relative deal value	交易总额与并购首次公告日前 20 个交易日并购公司权益市场价值之比
stock deal	虚拟变量，并购支付方式为股票时取 1，否则取 0
related industry	虚拟变量，并购公司和目标公司属于同一行业时取 1，否则取 0
tender offer	虚拟变量，并购交易为要约收购时取 1，否则取 0
hostile	虚拟变量，并购交易为敌意收购时取 1，否则取 0
related	虚拟变量，并购交易为关联交易时取 1，否则取 0
samecity	虚拟变量，并购公司和目标公司属一个地方政府管辖时取 1，否则取 0
relative cash	并购公司的现金净流量与交易价值之比
run up	并购公司在首次公告日前 42 个交易日的股价与前 2 个交易日股价之比
market run up	市场在并购首次公告日前 42 个交易日的股指与前 2 个交易日股指之比
year	年度虚拟变量合集
industry	行业虚拟变量合集

注：根据 Ishii 和 Xuan[16]，并购后实体的 q、MB、LEV、cash flow、growth 分别根据并购公司和目标公司并购前一年资产总额加权进行计算。并购后实体的 SOE、industry 与并购公司一致。

（二）实证模型

根据前人的研究，结合中国上市公司并购活动的特色，本文采用如下三个回归模型分别检验假设 1、假设 2、假设 3。

模型（1）：

$$\text{Merger Performance} = \alpha_0 + \alpha_1 \text{lock} + \alpha_2 \text{size} + \alpha_3 q + \alpha_4 \text{MB} + \alpha_5 \text{LEV} + \alpha_6 \text{cash flow} + \alpha_7 \text{growth} + \alpha_8 \text{SOE} + \alpha_9 \text{relative deal value} + \alpha_{10} \text{stock deal} + \alpha_{11} \text{related industry} + \alpha_{12} \text{tender offer} + \alpha_{13} \text{hostile} + \alpha_{14} \text{related} + \alpha_{15} \text{samecity} + \alpha_{16} \text{year} + \alpha_{17} \text{industry} + \varepsilon$$

模型（2）：

$$\text{Merger Performance} = \alpha_0 + \alpha_1 \text{lock} + \alpha_2 \text{lock} \times \text{manshare} + \alpha_3 \text{manshare} + \alpha_4 \text{size} + \alpha_5 q + \alpha_6 \text{MB} + \alpha_7 \text{LEV} + \alpha_8 \text{cash flow} + \alpha_9 \text{growth} + \alpha_{10} \text{SOE} + \alpha_{11} \text{relative deal value} + \alpha_{12} \text{stock deal} + \alpha_{13} \text{related industry} + \alpha_{14} \text{tender offer} + \alpha_{15} \text{hostile} + \alpha_{16} \text{related} + \alpha_{17} \text{samecity} + \alpha_{18} \text{year} + \alpha_{19} \text{industry} + \varepsilon$$

模型（3）：

$$\text{stock deal} = \alpha_0 + \alpha_1 \text{lock} + \alpha_2 \text{relative cash} + \alpha_3 \text{size} + \alpha_4 q + \alpha_5 \text{run up} + \alpha_6 \text{market run up} + \alpha_7 \text{related industry} + \alpha_8 \text{tender offer} + \alpha_9 \text{year} + \alpha_{10} \text{industry} + \varepsilon$$

模型（1）和模型（2）中，并购公司、目标公司以及并购后实体的 Merger Performance 分别使用 ACAR [−1，+1]、TCAR [−1，+1] 以及 CCAR [−1，+1] 衡量，lock 即连锁关系，使用并购双方是否存在连锁董事以及双方董事的平均连接衡量。对应于并购公司（目标公司、并购后实体）的检验，公司特征控制变量分别使用并购公司（目标公司、并购后实体）的数据。根据 Wu,[17] 模型（3）中除了交易特征的其他控制变量，均使用并购公司的数据。

（三）样本和数据来源

本文所有数据均来自于 CSMAR 数据库，并对 CSMAR 数据库中个别并购特征缺失的数据通过巨潮资讯网查找公司并购公告进行了手工补充。连锁董事数据从 CSMAR 上市公司治理结构研究数据库中整理获得，对并购公司和目标公司的高管通过姓名、年龄、性别以及简历——进行配比整理，得到连锁董事的衡量。本文并购事件的样本区间为 2000—2011 年，选择 2000 年作为样本起始年，是由于 CSMAR 中可获得的最早的高管简历信息为 1999 年，并购事件需滞后董事信息以及其他控制变量一年。

文章按照以下标准筛选样本：①从 CSMAR 中国上市公司并购重组研究数据库中找到并购公司和目标公司均是中国沪深两市 A 股上市公司的并购样本；②剔除交易不成功的样本；③剔除并购公司或者目标公司属于金融行业的样本；④剔除并购类型属于债务重组、股份回购、资本分拆、资产置换以及资产剥离的样本；⑤同一上市公司在同一天公告两笔或两笔以上的并购交易，目标公司属于同一家公司，将其合并为同一笔交易；⑥为避免对 CAR 的影响，剔除同一上市公司在同一天公告两笔或两笔以上的并购交易，而目标公司属于不同公司的样本；⑦剔除同一上市公司连续发生多次并购，最近两次并购的间隔时间小于三个月的样本；⑧剔除交易金额小于 500 万元的样本；⑨剔除其他控制变量数据缺失的样本。按以上标准筛选样本后，最终获得 247 个样本。为消除异常值的影响，本文对所有连续型变量 1%、99%分位数进行 Winsorize 处理后再进行回归。

四、实证研究结果

（一）变量的描述性统计分析

1. 样本概况

样本分年度统计如表 2 所示。表 2 首先报告了分年度的并购样本，其次报告分年度存在连锁董事的样本。2007 年是发生并购事件最多的年份，其次为 2001 年和 2003 年，且样本的年度分布较为均衡。并购双方存在连锁董事关系的样本一共有 54 个，占到总样本的 21.86%，连锁董事样本最多的年份为 2006 年，其次为 2007 年、2001 年以及 2009 年。

2. 样本描述性统计分析

表 3 分累计异常收益率、连锁董事特征、与并购支付方式相关的控制变量、并购交易特征、并购公司公司层面特征、目标公司公司层面特征、并购后实体公司特征七方面对样本进行了全面的描述性统计分析。在并购事件首次公告的窗口期 [–1, +1] 内，并购公

表 2　按年分类的样本概况

年份	总样本	样本比例（%）	连锁董事样本	连锁董事样本占总样本的比例（%）
2000	16	6.48	1	6.25
2001	25	10.12	6	24.00
2002	21	8.50	5	23.81
2003	25	10.12	4	16.00
2004	17	6.88	2	11.76
2005	15	6.07	2	13.33
2006	20	8.10	10	50.00
2007	27	10.93	7	25.93
2008	23	9.31	4	17.39
2009	23	9.31	6	26.09
2010	19	7.69	2	10.53
2011	16	6.48	5	31.25
总计	247	100.00	54	21.86

表 3　描述性统计分析

变量	样本数	均值	标准差	最小值	中值	最大值
CAR						
ACAR [−1, +1]	247	−0.0002	0.0494	−0.1296	−0.0004	0.2364
TCAR [−1, +1]	247	0.0019	0.0423	−0.1253	0.0023	0.1493
CCAR [−1, +1]	247	0.0014	0.0516	−0.1704	0.0021	0.1930
连锁董事特征						
interlock	247	0.2186	0.4142	0.0000	0.0000	1.0000
avg connection	247	0.0027	0.0094	0.0000	0.0000	0.0667
type	247	0.0405	0.1975	0.0000	0.0000	1.0000
并购支付方式相关控制变量						
relative cash	247	43.5292	63.6971	0.3440	18.7196	347.7408
runup	247	1.0123	0.2202	0.5159	1.0113	2.2824
market run up	247	0.9949	0.1346	0.6589	0.9949	1.6141
并购交易特征						
deal value	247	$3.07*10^8$	$1.08*10^9$	5764352	$8.95*10^7$	$1.55*1010$
relative deal value	247	31.4090	33.3614	1.4987	21.1282	126.2010
stock deal	247	0.0283	0.1663	0.0000	0.0000	1.0000
related industry	247	0.5182	0.5007	0.0000	1.0000	1.0000
tender offer	247	0.0121	0.1098	0.0000	0.0000	1.0000
hostile	247	0.0081	0.0898	0.0000	0.0000	1.0000
related	247	0.2955	0.4572	0.0000	0.0000	1.0000
samecity	247	0.5709	0.4960	0.0000	1.0000	1.0000
并购公司特征						
size	247	21.8604	1.1925	19.5462	21.6969	24.8718

变量	样本数	均值	标准差	最小值	中值	最大值
并购公司特征						
q	247	0.0018	0.0014	0.0003	0.0014	0.0071
MB	247	0.0034	0.0023	0.0008	0.0028	0.0134
LEV	247	0.4547	0.1720	0.0283	0.4628	0.7723
cash flow	247	0.0514	0.0852	−0.2874	0.0521	0.3081
growth	247	0.2397	0.3811	−0.6800	0.2096	1.9333
SOE	247	0.5705	0.4966	0.0000	1.0000	1.0000
manshare	247	0.0239	0.1083	0.0000	0.0001	0.6664
目标公司特征						
size	247	21.4790	1.0586	18.8783	21.4055	24.3023
q	247	0.0017	0.0014	0.0002	0.0013	0.0074
MB	247	0.0038	0.0042	−0.0012	0.0027	0.0325
LEV	247	0.5289	0.2238	0.0684	0.5297	1.6535
cash flow	247	0.0456	0.0739	−0.1925	0.0459	0.2343
growth	247	0.1741	0.5248	−0.8466	0.1132	2.6809
SOE	247	0.5443	0.4996	0.0000	1.0000	1.0000
并购后实体公司特征						
size	247	22.5852	0.9219	21.1592	22.5656	25.0771
q	247	0.0016	0.0010	0.0002	0.0013	0.0049
MB	247	0.0031	0.0019	0.0005	0.0026	0.0097
LEV	247	0.5047	0.1341	0.1479	0.5051	0.7433
cash flow	247	0.0483	0.0637	−0.2179	0.0488	0.1970
growth	247	0.2214	0.2920	−0.4136	0.1903	1.4678
SOE	247	0.5705	0.4966	0.0000	1.0000	1.0000

司、目标公司以及并购后实体的累计异常收益率均值（中值）分别为−0.0002（−0.0004）、0.0019（0.0023）、0.0014（0.0021），这意味着平均来看，并购给并购公司股东带来负的财富效应，给目标公司股东带来正的财富效应；若将并购公司和目标公司作为一个整体来看，则财富效应为正。这与 Ishii[16] 以及 Wu[17] 的研究结论是一致的。并购公司与目标公司存在连锁董事的样本占到了总样本的 21.86%，平均连接（Avg Connection）的均值为 0.27%。Wu[17] 以及 Cai 等[14] 以并购双方均为美国上市公司为研究样本，存在连锁董事的样本分别占到了总样本的 9.38%、6.38%，低于本文样本的连锁董事比例。在存在连锁董事的样本中，有 10 个样本属于外部连锁董事，其余 44 个样本均为内部连锁董事。并购支付方式为股票的仅占样本的 2.83%，大部分公司选择现金作为支付方式。赖步连等[42] 关于异质波动和并购绩效的研究中 93.8% 的样本并购支付方式也是现金支付。并购双方属于同一行业的样本占到了总样本的约 52%。并购双方存在关联关系的样本占到了总样本的约 30%。并购双方属于同一地方政府管辖的样本占到了总样本的 57%，可见并购多发生于

地域相近的公司之间。

（二）主要变量的相关性检验

表 4 列示了文中主要变量的 Spearman 相关系数矩阵，Interlock 与并购公司、目标公司以及并购后实体的首次并购公告窗口期的 CAR 至少在 5% 水平上呈显著负相关关系，平均连接（Avg Connection）与 CAR 至少在 10% 水平上呈显著负相关关系，股票支付方式与 Interlock 以及平均连接在 5% 水平上呈显著正相关关系，初步支持了本文的研究假设。

表 4　主要变量的 Spearman 相关系数矩阵

	ACAR〔−1，+1〕	SCAR〔−1，+1〕	CCAR〔−1，+1〕	stock deal	interlock	avg connection
ACAR〔−1，+1〕	1					
SCAR〔−1，+1〕	0.267***	1				
CCAR〔−1，+1〕	0.255***	0.763***	1			
stock deal	0.201***	0.0750	0.120*	1		
interlock	−0.142**	−0.208***	−0.166***	0.144**	1	
avg connection	−0.109*	−0.187***	−0.150**	0.147**	0.947···	1

（三）实证检验结果

本文首先针对每个模型测试了变量的 VIF 值，发现所有变量的 VIF 值均小于 4.93，证明模型不存在多重共线性问题。其次，以并购公司、目标公司以及并购后实体首次并购公告窗口期〔−1，+1〕的 CAR 作为因变量，运用模型（1）以及模型（2）进行普通最小二乘回归；以股票支付方式为因变量，运用模型（3）进行普通最小二乘回归，得到各假设的检验结果。

1. 假设 1 的检验

假设 1 的检验结果如表 5 所示。模型（1）和模型（2）的结果显示，无论是以并购双方是否存在连锁董事还是以并购双方的董事平均连接作为并购双方连锁董事关系的衡量，连锁董事关系均与并购公司在〔−1，+1〕窗口的累计异常收益率至少在 5% 水平上显著负相关，表明并购双方的连锁董事关系降低了并购公司的并购绩效。对此，有两种解释：第一，并购双方的连锁关系确实引起了并购价值的减损；第二，并购双方的连锁关系导致并购价值从并购公司向目标公司的转移。而模型（3）和模型（4）的结果表明，并购双方的连锁关系与目标公司累计异常收益率在 5% 水平上显著负相关，也即其同样引起了目标公司并购价值的减损，可见，双方的连锁董事关系并非引起价值的转移，从而否定了第一种解释。模型（5）和模型（6）表明，将并购公司和目标公司作为一个整体，检验连锁董事关系与并购后实体的并购绩效时，其同样导致了并购价值的减损，从而进一步证实了第一种解释，实证支持了假设 1。

为了进一步检验连锁董事的类型是否会对并购绩效产生影响，本文在假设 1 的模型检

表 5　假设 1 的检验

	并购公司		目标公司		并购后实体	
	（1）	（2）	（3）	（4）	（5）	（6）
interlock	−0.0029*** (−2.78)		−0.0025** (−2.53)		−0.0021** (−2.41)	
average connection		−0.8526** (−2.25)		−0.7901** (−2.29)		−0.6316** (−2.07)
size	0.0025 (0.66)	0.0028 (0.73)	−0.0011 (−0.27)	−0.0013 (−0.32)	0.0002 (0.06)	0.0002 (0.05)
Tobin'sQ	−13.2526 (1.41)	13.2605 (−1.40)	3.9170 (1.56)	3.9006 (1.55)	−4.4378 (−0.96)	4.3584 (−0.94)
MB	6.9311 (1.48)	70486 (1.49)	−0.1822 (1.25)	−0.1754 (0.20)	−0.3143 (−0.32)	−0.2830 (−0.28)
LEV	−0.0752** (−2.01)	−0.0783** (−2.08)	−0.0042 (−0.30)	−0.0051 (−0.36)	−0.0006 (−0.02)	−0.0035 (−0.15)
cash flow	−0.0194 (−0.47)	−0.0233 (−0.56)	0.0400 (0.90)	0.0377 (0.84)	−0.0069 (−0.16)	−0.0105 (−0.25)
growth	0.0050 (0.69)	0.0052 (0.72)	−0.0007 (−0.41)	−0.0007 (−0.41)	0.0004 (0.06)	0.0006 (0.10)
SOE	−0.0221** (−2.34)	−0.0219** (−2.31)	−0.0049 (−0.61)	−0.0046 (−0.57)	−0.0126* (−1.66)	−0.0125 (−1.64)
relative deal value	0.0002*** (3.93)	0.0002*** (3.90)	0.0001*** (3.02)	0.0001*** (2.98)	0.0001** (2.34)	0.0001** (2.32)
Stock deal	0.0420* (1.90)	0.0406* (1.82)	−0.0058 (−0.29)	−0.0057 (−0.28)	0.0154 (0.85)	0.0151 (0.83)
related industry	0.0020 (0.25)	0.0007 (0.09)	−0.0046 (−0.66)	−0.0050 (−0.72)	0.0005 (0.08)	−0.0002 (−0.03)
tender offer	0.0435 (0.79)	0.0430 (0.78)	0.0253 (0.52)	0.0260 (0.53)	−0.0135 (−0.31)	−0.0139 (−0.31)
hostile	−0.0807 (−1.31)	−0.0802 (−1.29)	−0.0219 (−0.38)	−0.0234 (−0.40)	−0.0022 (−0.05)	−0.0021 (−0.04)
related	0.0085 (1.15)	0.0087 (1.16)	0.0026 (0.38)	0.0027 (0.40)	−0.0070 (−1.20)	−0.0070 (−1.18)
samecity	−0.0046 (−0.65)	−0.0048 (−0.69)	−0.0119* (−1.87)	−0.0121* (−1.89)	−0.0050 (−0.89)	−0.0052 (−0.92)
截距	−0.0363 (−0.41)	−0.0413 (−0.47)	0.0250 (0.27)	0.0298 (0.32)	−0.0162 (−0.18)	−0.0139 (−0.15)
年度	控制	控制	控制	控制	控制	控制
行业	控制	控制	控制	控制	控制	控制
样本数	247	247	247	247	247	247
调整后 R²	0.1383	0.1276	0.0319	0.0266	0.0584	0.0516

注：括号内为 t 值，*、**、*** 分别表示显著性水平为 10%、5%、1%。

验中加入了连锁董事的类型，如表6所示：从表6可以看出，并购双方的连锁董事类型对并购公司、目标公司以及并购后实体的并购绩效均没有显著影响，但即使控制了连锁董事类型，并购双方的连锁董事关系依然与并购绩效显著负相关，与本文的理论分析一致，进一步验证了假设1结果的稳健性。

表 6　假设 1 的补充检验

	并购公司	目标公司	并购后实体
interlock	−0.0031***	−0.0026***	−0.0028*
	(−2.87)	(−2.68)	(−1.96)
type	−0.0133	−0.0045	−0.0155
	(−0.26)	(−0.09)	(−0.23)
size	0.0014	−0.0004	−0.0007
	(0.36)	(−0.09)	(−0.12)
Tobin'sq	−16.3002*	4.0657	−6.2767
	(−1.71)	(1.61)	(−0.83)
MB	7.8842*	−0.1771	0.7893
	(1.65)	(−1.21)	(0.48)
LEV	−0.0812**	−0.0046	0.0067
	(−2.14)	(−0.33)	(0.18)
cashflow	−0.0178	0.0397	0.0386
	(−0.42)	(0.89)	(0.55)
gfowih	0.0049	−0.0007	0.0031
	(0.67)	(−0.45)	(0.29)
SOE	−0.0229**	−0.0051	−0.0173
	(−2.38)	(−0.63)	(−1.39)
relative deal value	0.0001***	0.0002***	0.0001*
	(2.98)	(3.17)	(1.81)
stock deal	0.0598***	−0.0075	−0.0234
	(2.79)	(−0.37)	(−1.06)
related industry	0.0012	−0.0048	−0.0010
	(0.14)	(−0.69)	(−0.09)
tender offer	0.0420	0.0238	−0.0544
	(0.75)	(0.48)	(−0.75)
hostile	−0.0847	−0.0214	0.0131
	(−1.34)	(−0.37)	(0.16)
related	0.0060	0.0019	−0.0175*
	(0.80)	(0.28)	(−1.82)
samecity	−0.0041	−0.0123*	−0.0070
	(−0.57)	(−1.92)	(−0.75)
截距	0.0036	0.0156	0.0357
	(0.04)	(0.17)	(0.24)
年度	控制	控制	控制
行业	控制	控制	控制
样本数	247	247	247
调整后 R²	0.1070	0.0219	0.0225

注：括号内为 t 值，*、**、*** 分别表示显著性水平为 10%、5%、1%。

2. 假设 2 的检验

假设 2 的检验结果如表 7 所示。模型（1）、模型（3）以及模型（5）显示，并购双方存在连锁董事与并购公司、目标公司以及并购后实体在窗口期 [−1，+1] 的累计异常收益率在 1%水平上显著负相关，连锁董事与高管持股比例的交叉项与并购公司、目标公司以及并购后实体的累计异常收益率至少在 10%水平上显著正相关。模型（2）、模型（4）以及模型（6）显示，并购双方的董事平均连接与并购方、目标公司以及并购后实体的累计异常收益率在 5%水平上显著负相关，平均连接与高管持股比例的交叉项与并购公司、目标公司以及并购后实体的累计异常收益率至少在 10%水平上显著正相关。以上结果表明，当并购公司的公司治理质量较高时，并购双方的连锁董事关系对并购绩效的减损作用会降低，但连锁董事关系对并购绩效的绝对影响依然是负面的。实证支持了假设 2。

表 7　假设 2 的检验

	并购公司		目标公司		并购后实体	
	（1）	（2）	（3）	（4）	（5）	（6）
interlock	−0.0030*** (−2.82)		−0.0028*** (−2.86)		−0.0023*** (−2.73)	
interlock*manshare	0.0194* (1.81)		0.0117** (2.11)		0.0113** (2.15)	
average connection		−0.9400** (2.50)		−0.9138** (2.59)	−0.7327** (−2.38)	
average connection *manshare		6.8117** (2.57)		3.2845* (1.68)		3.9158** (2.12)
manshare	0.0068 (0.65)	0.0049 (0.47)	0.0204 (0.42)	0.0024 (0.22)	0.0022 (0.05)	0.0015 (0.03)
size	0.0026 (0.68)	0.0026 (0.70)	−0.0014 (−0.35)	−0.0014 (−0.36)	0.0002 (0.05)	0.0002 (0.06)
Tobin's Q	−12.8544 (−1.38)	−12.7046 (−1.37)	3.8378 (1.54)	3.8526 (1.54)	−4.0931 (−0.89)	−3.6716 (−0.80)
MB	6.8003 (1.46)	6.8499 (1.47)	−0.2339 (−1.59)	−0.2576* (−1.69)	−0.7220 (−0.71)	−1.0479 (−0.99)
LEV	−0.0691* (−1.85)	−0.0690* (−1.85)	−0.0043 (−0.31)	−0.0051 (−0.36)	0.0017 (0.07)	0.0003 (0.01)
cash flow	−0.0122 (−0.30)	−0.0139 (−0.34)	0.0438 (0.99)	0.0384 (0.86)	−0.0042 (−0.10)	−0.0092 (−0.22)
growth	0.0043 (0.60)	0.0043 (0.60)	−0.0006 (−0.35)	−0.0007 (−0.43)	0.0002 (0.03)	0.0002 (0.03)
SOE	−0.0186* (−1.94)	−0.0176* (−1.84)	−0.0034 (−0.42)	−0.0036 (−0.44)	−0.0101 (−1.28)	−0.0102 (−1.29)
relative deal value	0.0002*** (3.98)	0.0002*** (3.98)	0.0001*** (2.98)	0.0001*** (2.93)	0.0001** (2.31)	0.0001** (2.29)
stock deal	0.04291* (0.95)	0.0421* (1.92)	−0.0021 (−0.11)	−0.0031 (−0.15)	0.0175 (0.97)	0.0167 (0.92)

	并购公司		目标公司		并购后实体	
	（1）	（2）	（3）	（4）	（5）	（6）
related industry	0.0038 (0.48)	0.0035 (0.44)	0.0047 (−0.68)	−0.0044 (−0.63)	−0.0004 (−0.07)	−0.0011 (−0.18)
tender offer	0.0380 (0.69)	0.0378 (0.69)	0.0231 (0.47)	0.0226 (0.45)	−0.0162 (−0.37)	−0.0166 (−0.38)
hostile	−0.0768 (−1.25)	−0.0769 (−1.26)	−0.0206 (−0.36)	−0.0218 (−0.38)	−0.0012 (−0.02)	−0.0009 (−0.02)
related	0.0090 (1.20)	0.0085 (1.13)	0.0003 (0.04)	0.0006 (0.09)	−0.0092 (1.55)	−0.0093 (−1.55)
samecity	−0.0040 (−0.58)	−0.0040 (−0.58)	−0.0110* (−1.74)	−0.0113* (−1.76)	−0.0042 (−0.75)	−0.0042 (−0.75)
截距	−0.0461 (−0.52)	−0.0468 (−0.53)	0.0301 (0.33)	0.0321 (0.35)	−0.0160 (−0.18)	−0.0152 (−0.17)
年度	控制	控制	控制	控制	控制	控制
行业	控制	控制	控制	控制	控制	控制
样本数	247	247	247	247	247	247
调整后 R^2	0.1504	0.1540	0.0439	0.0336	0.0701	0.0627

注：括号内为 t 值，*、**、*** 分别表示显著性水平为 10%、5%、1%。

3. 假设 3 的检验

假设 3 的检验如表 8 所示。模型（1）和模型（2）显示，无论是以并购双方是否存在连锁董事还是以并购双方的平均连接作为并购双方连锁董事的衡量，连锁董事与股票支付方式在 1% 水平上呈显著正相关关系。表明并购双方连锁关系的存在，使得目标公司更易接受股票作为并购支付方式。假设 3 得到了实证支持。

表 8　假设 3 的检验

	（1）	（2）
interlock	0.0099*** (2.84)	
average connection		3.5542*** (2.90)
relative cash	−0.0001 (−0.88)	−0.0002 (−0.79)
size	0.0139 (1.20)	0.0143 (1.24)
q	10.6265 (0.98)	10.5412 (0.97)
run_up	0.0029 (0.05)	−0.0005 (−0.01)

续表

	（1）	（2）
market_run_up	−0.0576 （−0.51）	−0.0368 （−0.33）
related_industry	−0.0542** （−2.07）	−0.0528** （−2.03）
tender_offer	−0.0069 （−0.06）	−0.0040 （−0.03）
截距	−0.1705 （−0.60）	−0.1970 （−0.69）
样本数	247	247
年度	控制	控制
行业	控制	控制
调整后 R^2	0.0211	0.0221

注：括号内为 t 值，*、**、*** 分别表示显著性水平为 10%、5%、1%。

4. 稳健性检验

首先，采用并购公司、目标公司以及并购后实体在首次并购公告的窗口期 [−2，+2] 以及 [−3，+3] 的累计异常收益率作为因变量，通过普通最小二乘估计，重新检验了本文的假设 1 和假设 2。一些文献中使用 ROA、ROE 等会计指标作为并购绩效的衡量，[43] 而 Ishii 等[16] 认为，以衡量长期绩效的会计指标作为并购绩效的衡量噪声很大。本文认为，虽然会计指标有噪声，但依然可以提供一些参考。因此使用并购公司、目标公司并购发生当年的 ROA（ROE）减去并购前一年的 ROA（ROE）作为并购绩效的衡量，通过普通最小二乘估计，测试连锁董事关系对并购绩效的影响。稳健性测试表明，这些检验的结果与前文是一致的。

其次，鉴于本文仅使用高管持股比例这一单一指标作为公司治理质量的衡量来检验假设 2，参照陈俊等[44]、白重恩等[45] 的研究，选取第一大股东持股比例、第二到第十大股东持股量集中度、公司是否为国有控股、董事长和总经理是否兼任、前三位高管总薪酬的自然对数、独立董事比例、是否在其他市场交叉上市、是否由四大事务所审计等变量进行主成分分析，主成分综合得分即为公司治理质量的衡量（CGI）。我们发现，以并购公司、目标公司以及并购后实体在首次并购公告的窗口期 [−1，+1]、[−2，+2] 以及 [−3，+3] 的累计异常收益率作为各自并购绩效的衡量，以 CGI 作为公司治理质量的衡量，稳健性检验结果与前文基本一致。

最后，值得注意的是，本文近 30% 的样本属于关联交易，可能存在的内生性问题使关联交易同时导致了并购双方连锁董事关系的存在以及并购绩效的降低。在前文的实证模型检验中，关联交易对并购绩效的影响并不显著。为进一步检验该内生性问题是否存在，本文根据 Roberts 等[46] 关于公司金融领域内生性处理的方法，以剔除关联交易的并购事件为样本，检验连锁董事对并购绩效的影响，证明无论是以是否存在连锁董事还是并购双方董事的平均连接作为连锁董事的衡量，连锁董事对并购绩效的影响依然是显著的，从而证明了本文结论的稳健性。由于篇幅所限，稳健性检验结果不再一一列示。

五、研究结论

本文以我国 2000—2011 年沪深两市 A 股上市公司发生的并购事件为样本，从并购双方连锁董事的视角探索并购损益问题，系统考察了并购双方的连锁董事关系对并购绩效的影响，发现并购双方的连锁关系会减损并购公司、目标公司以及两者作为一个整体的并购后实体的价值，为中国上市公司并购发生后投资者财富减损提供了一种新的解释。本文还发现，当并购公司的公司治理质量较高时，这种减损作用会降低，表明了公司治理质量在促进并购绩效、保护投资者财富方面的重要作用；当并购双方存在连锁关系时，目标公司更易接受股票作为并购支付方式，证明了连锁董事会降低并购双方的信息不对称程度，促进并购双方对彼此公司价值的了解。

本文的不足之处在于：主要测试了连锁董事对并购绩效的影响，至于连锁董事是如何影响并购决策过程，在该过程中发挥了怎样的作用，并没有进行研究。同时，也没有探索连锁董事对并购长期绩效的影响，这也是该领域未来的研究方向之一。

参考文献

[1] Santos R. L., Silveira A. D., Barros L. A. Board Inter locking in Brazil: Directors' Participationin Multiple Companies and its Effect on Firm Value [J]. Working Paper, 2009.

[2] Mizruchi, M.S. What Do Interlocks Do? An Analysis, Critique, and Assessment of Research on Interlocking Directorates [J]. Annual Reviewof Sociology, 1996, 22 (4): 271–298.

[3] 卢昌崇, 陈仕华. 断裂联结重构: 连锁董事及其组织功能 [J]. 管理世界, 2009 (5): 152–165.

[4] Mizruchi, M. S., Stearns, L. B. A Longitudinal Study of the Formation of Interlocking Directorates [J]. Administrative Science Quarterly, 1988, 33 (2): 194–210.

[5] Fich, E.M., White, L.J. Why Do CEOs Reciprocally Siton Each Other's Boards? [J]. Journal of Corporate Finance, 2005, 11 (1): 175–195.

[6] 彭正银, 廖天野. 连锁董事治理效应的实证分析——基于内在机理视角的探讨 [J]. 南开管理评论, 2008, 11 (1): 99–105.

[7] 陈运森, 谢德仁. 董事网络、独立董事治理与高管激励 [J]. 金融研究, 2012 (2): 168–182.

[8] Zajac, E.J. Interlocking Directorates as an Interorganizational Strategy: A Test of Critical Assumptions [J]. Academic Managerial Journal, 1988, 31 (2): 428–438.

[9] Peng, M.W., Luo, Y. Managerial Ties and Firm Performance in a Transition Economy: The Nature of a Micro–Macro Link [J]. The Academy of Management Journal, 2000, 43 (3): 486–501.

[10] 任兵, 区玉辉, 彭维刚. 连锁董事与公司绩效: 针对中国的研究 [J]. 南开管理评论, 2007 (1): 8–15.

[11] 田高良，李留闯，齐保垒. 连锁董事、财务绩效和公司价值 [J]. 管理科学，2011（3）：13–24.

[12] Granovettor, M. Economic Action and Social Structure：The Problem of Embeddedness [J]. American Journal of Sociology, 1985, 91（3）：481–510.

[13] Bruner, R. Applied Mergers and Acquisitions [J]. NewJersey：John Wiley & Sons, Inc., 2004.

[14] Cai, Y., Sevilir, M. Board Connections and M&A Transactions [J]. Journal of Financial Economics, 2012, 103（2）：327–349.

[15] Schonlau, R., Singh, P.V. Board Networks and Merger Performance [J]. Working Paper, 2009.

[16] Ishii, J., Xuan Y. Acquirer Target Social Ties and Merger Outcomes [J]. Working Paper, 2010.

[17] Wu, Q. Information Conduitor Agency Cost：Top Management and Director Interlock between Targetand Acquirer [J]. Working Paper, 2011.

[18] Jensen, M. Agency Costs of Free Cash Flow, Corporate Finance and Takeovers [J]. American Economic Review, 1986, 76（2）：323–339.

[19] 魏乐，张秋生，赵立斌. 连锁董事网络对企业并购影响的实证研究 [J]. 珞珈管理评论，2012（1）：87–96.

[20] 仲继银. 连锁董事会 [J]. 中国新时代，2012（7）：82–84.

[21] 陈运森，谢德仁，黄亮华. 董事的网络关系与公司治理研究述评 [J]. 南方经济，2012（12）：84–93.

[22] 周军. 资本结构对上市公司并购中代理问题的影响研究 [D]. 天津大学，2010.

[23] 张鸣，郭思永. 高管薪酬利益驱动下的企业并购——来自中国上市公司的经验证据 [J]. 财经研究，2007（12）：103–113.

[24] 李善民，毛雅娟，赵晶晶. 高管持股、高管的私有收益以及公司的并购行为 [J]. 管理科学，2009（6）：2–12.

[25] 段海艳，仲伟周. 网络视角下中国企业连锁董事成因分析——基于上海、广东两地 314 家上市公司的经验研究 [J]. 会计研究，2008（11）：69–76.

[26] 陈运森，谢德仁. 董事网络、独立董事治理与高管激励 [J]. 金融研究，2012（2）：168–182.

[27] 陈仕华，马超. 连锁董事联结与会计师事务所选择 [J]. 审计研究，2012（2）：75–81.

[28] 王平心，吴清华，殷俊明. 独立董事制度之弱化治理效用：一种理论假说及其证据 [J]. 西安交通大学学报（社会科学版），2006（1）：7–42.

[29] 谢德仁. 独立董事：代理问题之一部分 [J]. 会计研究，2005（2）：39–45.

[30] Carline, N. F., Linn, S. C., Yadav, P. K. Operating Performance Changes Associated with Corporate Mergers and the Role of Corporate Governance [J]. Journal of Banking & Finance, 2009, 33（10）：1829–1841.

[31] 赵玉洁. 上市公司治理溢价检验及其形成机制研究——基于重新构建的指标体系分析 [D]. 复旦大学，2011.

[32] Hansen, R. G. A Theory for the Choice of Exchange Mediumin Mergers and Acquisitions [J]. Journal of Business, 1987, 60（1）：75–95.

[33] 何诚颖，程兴华. 基于中国证券市场的有效性研究——以高 B/M 类上市公司为例 [J]. 管理世界，2005（11）：145–151.

[34] Calomiris, C. W., Fisman R., Wang Y. Profiting from Government Stakes in a Command Economy：Evidence from Chinese Asset Sales [J]. Journal of Financial Economics, 2010, 96（3）：399–412.

［35］Chi J., Sun Q., Young M. Performance and Characteristics of Acquiring Firms in the Chinese Stock Markets［J］. Emerging Market Review，2011，12（2）：152–170.

［36］Gaur, A. S., Malhotra, S., Zhu P. Acquisition Announcements and Stock Market Valuations of Acquiring Firms'Rivals：A Test of the Growth Probability Hypothesis in China［J］. Strategic Management Journal，2013，34（2）：215–232.

［37］刘笑萍，黄晓薇，郭红玉.产业周期、并购类型与并购绩效的实证研究［J］.金融研究，2009（3）：135–153.

［38］李青原.资产专用性与公司纵向并购财富效应：来自中国上市公司的经验证据［J］.南开管理评论，2011（6）：116–127.

［39］Kaplan, S. N., Weisbach, M. S. The Success of Acquisitions：Evidence from Divestitures［J］. The Journal of Finance，1992，47（1）：107–138.

［40］Bradley, M., Desai A., Kim, E.H. Synergistic Gains from Corporate Acquisitions and Their Division between the Stockholders of Target and Acquiring Firms［J］. Journal of Financial Economics，1988，21（1）：3–40.

［41］Bizjak, J., Lemmon M., Whitby R. Option Back dating and Board Interlocks［J］. Review of Financial Studies，2009，22（11）：4821–4847.

［42］赖步连，杨继东，周业安.异质波动与并购绩效——基于中国上市公司的实证研究［J］.金融研究，2006（12）：126–138.

［43］张学平.外资并购绩效的实证研究［J］.管理世界，2008（10）：169–170.

［44］陈俊，陈汉文.公司治理、会计准则执行与盈余价值相关性——来自中国证券市场的经验证据［J］.审计研究，2007（2）：45–52.

［45］白重恩，刘俏，陆洲等.中国上市公司治理结构的实证研究［J］.经济研究，2005（2）：81–91.

［46］Roberts M. R., Whited T. M. Endogeneity in Empirical Corporate Finance［J］. Working Paper，2012.

母子公司治理研究脉络梳理与演进趋势探析 *

方　政　徐向艺

【摘　要】 本文在文献梳理的基础上，首先从积极治理效应内生和外生以及消极治理效应内生和外生四个视角对现有的母子公司单向治理研究进行了述评；然后，在剖析了单项治理研究不足之后，通过引入行为经济学的参照点契约理论，即放松子公司作为行为主体不能讨价还价的假设，对母子公司双向治理研究的现状进行了述评，最后对后续双向治理研究进行了简要展望。

【关键词】 母子公司；单向治理；双向治理；参照点契约

一、引言

自 La porta 等（1999）实证研究指出全球大部分上市公司都隶属于企业集团，且呈现复杂的股权结构以来，越来越多的学者开始关注企业集团治理问题。本文以最典型的企业集团——股权呈金字塔形的母子公司——为研究对象，对母子公司治理研究现状进行了深入剖析。通过梳理国外相关研究，我们发现该领域的研究主要集中在母子公司间自上而下的单向治理问题上，而忽略了以母子公司互动为核心的双向治理问题，如母公司基于控制权收益的道德风险、母子公司间的讨价还价等问题。近年来，随着行为经济学的发展，母子公司治理研究开始关注子公司在母子公司治理方面的能动性，单向治理研究开始向双向治理研究演进。双向治理研究拓宽了母子公司治理研究的范畴，同时也为复杂的企业集团治理进行了有益的理论探索。

---

* 本文选自《外国经济与管理》2013 年第 7 期。

二、母子公司单向治理研究评述

国外学者运用不同理论研究了母子公司这种企业组织形式的成因及治理问题，但并没有得出一致的结论。有学者（如 Claessens 等，2006；Dow 等，2009；Peng 等，2011）甚至研究发现，股权结构呈金字塔形的控股集团同时存在积极和消极两种治理效应。本文按照治理效应（积极效应和消极效应）和治理范围（母子公司整体治理或者子公司个体治理）两个维度，把现有的母子公司治理研究细分为积极治理效应内生、积极治理效应外生、消极治理效应内生、消极治理效应外生四个研究视角（见图1）。其中，内生视角把母子公司视为一个整体，认为治理效应内生于母子公司之间，关注母子公司整体绩效的提升；而外生视角则把母公司与子公司作为两个独立的个体，认为治理效应由母公司外生作用于子公司，主要关注母公司对子公司的影响。

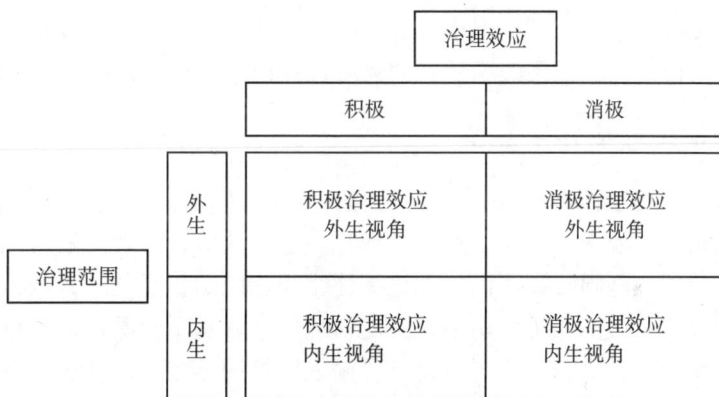

图1　母子公司单向治理研究视角分类

（一）积极治理效应内生视角

积极治理效应内生视角主要着眼于母子公司整体治理效应，即母子公司具体的治理行为是否有助于母子公司整体利益水平的提升。学者们基于交易费用理论完成的相关研究得出了基本一致的结论，认为母子公司这种企业组织形式具有"内部市场替代"功能，能够有效应对市场失灵问题，即母子公司是一种替代市场的组织形式，可用于规避由市场失灵导致的资本、劳动和管理低效率问题（Khanna，2000）。

许多学者不仅验证了"内部市场替代"假说，而且还提供了来自于不同国家的经验证据，从而大大提高了该假说的适用性。具体而言，Claessens 等（2000）采用印度尼西亚、日本、韩国、中国香港等九个东亚国家和地区 1996 年的数据研究发现：在这些国家和地区的公司里，母公司通过金字塔形股权结构和交叉持股来加强对子公司的控制，因此，其表决权大于其正式的现金流权；而且，所有这些都对控股股东侵占中小股东利益的能力和动机产生重要影响。Faccio 等（2002）采用欧洲大陆 13 国 1996-1999 年的数据研究发现：尽管家族控制是这些国家比较常见的母子公司控制形式，但控制权与现金流权分离的问题并不严重。为了提高研究结论的适用性，Lin 等（2012）综合运用以上两项研究 22 个相关国家和地区 3056 家公司作为样本，对相关数据（1998—2006 年）进行了多元回归分析，结果发现：在子公司现金流权与控制权两权分离的情况下，实际控制人能凭借企业集团的信誉，从地理位置相近或者相关产业借贷经验丰富的银行组成的贷款银团那里获得融资。还有学者（Andres 等，2008；Haas 等，2010）以跨国银行集团为样本研究发现：跨国银行集团常常通过内部协调来方便和优化资本转移，从而证实了它们以集团内部市场来替代外部市场的倾向。另有学者采用不同国家数据完成的实证研究，从不同的侧面支持了母子公司"内部市场替代"假说。例如，Dow 等（2009）采用日本企业集团 1987—2001 年的数据研究发现：在信贷压力增大的宏观经济环境下（1991 年之后），由母公司提供信用担保的子公司具有较强的应变能力；Cheong 等（2010）考察了韩国公平交易委员会圈定的 30 家韩国最大的企业集团，结果表明母公司能够为自己旗下的子公司营造便利的融资环境和发展空间；Manos 等（2007）比较分析了印度 4506 家独立上市公司和 2042 家隶属于某一企业集团的上市公司，结果表明后者的财务杠杆比率较高，融资空间也较大。

（二）积极治理效应外生视角

积极治理效应外生视角以子公司利益为出发点，认为母公司行为外生作用于子公司，并主要关注母公司对子公司产生的正面作用或积极治理效应，该视角的研究通常把资源依赖理论作为自己的理论基础。资源依赖理论关注组织之间的相互关系，认为外部环境是组织的重要资源来源。致力于母子公司治理问题研究的学者基于资源依赖理论研究了母子公司之间的资源依赖关系，认为子公司（尤其是陷入困境的子公司）通过与母公司的互动和协同，能够获取母公司的资源支持，实现资源整合，并创造有利的竞争环境。Chang 等（2000）较早就关注企业集团内部母子公司之间的"支持"（Propping）行为，并且研究发现企业集团出于保证整体利益的需要，有可能对陷入困境的子公司实施救济或提供援助。Friedman 等（2003）则最先为企业集团的支持行为提供了实证证据：陷入困境的子公司能够取得高额贷款就是母公司支持行为的具体表现。近年来，许多学者还利用不同国家的样本进行了研究，为企业集团的支持行为提供了经验证据，而且证明在宏观经济不景气时母公司支持行为的作用就更加显著。例如，Gonenc 等（2008）以 1991—2003 年的土耳其母子公司为研究样本，不仅证实了支持行为的存在，而且还发现在 1991—1999 年经济"低度负增长"时期母公司对子公司明显采取了支持行为；Peng 等（2011）基于中国上市公司的研究表明，某些母公司倾向于通过关联交易来支持上市公司，而且在经济状况欠佳时尤为明显；Dow 等（2009）以及 Cheong 等（2010）对日本、韩国的研究也表明：虽然平时母公司会对子公司实施掏空行为，但在宏观经济不景气时期会对子公司提供支持。

（三）消极治理效应内生视角

消极治理效应内生视角主要基于第二类代理问题，从母子公司整体利益出发来考察母公司的治理行为可能对子公司利益造成的侵害，并且认为母公司的治理行为有可能产生消极效应，而不能提升母子公司的整体利益。具体而言，基于消极治理效应内生视角的研究主要根据廉价现金流假说和有效市场假说，从转移风险引发的过度投资以及转移资源导致的市场价值贬损两个方面验证了母公司治理行为对子公司产生的消极效应。

（1）过度投资。按照廉价现金流假说，企业内部现金流充裕，会导致现金价值下降，或者说导致廉价现金流，因而容易引发过度投资。有学者结合风险转嫁假说，运用廉价现金流假说来考察母子公司治理问题，认为母公司在自身扩张冲动的驱使下会把子公司的现金流投到高风险项目上。例如，Wei 等（2008）选取东南亚金融危机发生前（1991—1996年）中国香港、韩国、马来西亚等八个东亚新兴经济体为样本，将控制权与现金流权分离程度引入分析框架，考察了实际控制人对子公司投资水平的影响，结果发现：随着现金流权与控制权分离程度的提升，子公司的投资—现金流敏感度也相应提高，进而引发过度投资行为。可见，Wei 等（2008）的这项研究证实了自由现金流假说。

（2）市场价值贬损。还有学者基于代理理论，运用有效市场假说和信号理论来研究母子公司治理问题，结果发现：母子公司间滥用关联交易，会向外界发送"资源转移不合理"的信号，从而导致市场对公司做出负面评价，进而导致公司市场价值贬损。具体而言，George 等（2008）利用 1998—2000 年的数据，对印度 476 家独立上市公司和 368 家非独立上市公司进行了比较研究，结果发现母公司的不当利润分配行为容易导致市场低估子公司的价值；Marisetty 等（2010）以印度 1990—2004 年间的 IPO 公司为样本，研究发现隶属于某母公司的上市公司股价被低估的程度要比独立上市公司严重，而且长期绩效一般都是负值；Bennedsen 等（2010）在考察了欧盟国家 4096 家上市公司后发现，母公司或者实际控制人现金流权较小的上市公司普遍存在"股价被低估"的现象，而且这一现象在投资者保护水平较高的国家显得更加严重；Lei 等（2011）以 181 家在中国香港上市的内地子公司为样本，以托宾 Q 值、账面价值和累计异常收益率（CAR）为企业价值评判标准，实证考察了母子公司关联交易对子公司市场价值的影响，结果发现母子公司之间的关联交易会显著降低子公司的市场价值，但完善的信息披露制度能够显著弱化这一负向关系。

（四）消极治理效应外生视角

消极治理效应外生视角从子公司的利益出发，着重关注由实际控制人寻租所导致的子公司利益损失，或者说实际控制人的"掏空"行为对子公司利益的影响（Johnson 等，2000）。由于实际控制人与中小股东利益并不一致，在投资者尤其是中小投资者保护尚不完善的情况下，子公司实际控制人很容易实施"掏空"行为，具体体现为自我交易、实际控制人与子公司高管合谋、借助财务杠杆和盈余管理来"掏空"子公司等。

（1）自我交易。"自我交易"是指实际控制人（经理人或/和控股股东）与有着直接或间接重大财产利益关系的经营实体发生的交易。实际控制人通过自我交易利用职权实施"自肥式"财富转移（Djankov 等，2008）。在公司治理实践中，自我交易有多种表现形式，如过高的高管薪酬、过度投资、关联交易等（Shleifer 等，1997）。Azofra 等（2011）利用1996—2004 年的数据，对西班牙 80 家商业银行进行了研究，结果表明确实存在实际控制人通过自我交易进行跨领域信贷转移的现象，并且导致商业银行绩效水平下降。

（2）实际控制人与子公司高管合谋。在某些特殊情形下，可能出现委托代理签约双方是同一主体（如控股股东）的情况，这样就会导致代理人与代理人之间的合谋，即两权形式上的分离而实际上的重合①。在母子公司治理框架下，子公司的代理人与实际控制人之间就有可能出现两权形式分离和实际重合的情况，并通过合谋侵害子公司和中小股东的利益。Wang 等（2011）采用中国上市公司 1999—2005 年的面板数据实证检验了上市公司高管薪酬—业绩敏感度的影响，结果显示：控股股东挪用公司资源谋取私利的上市公司高管薪酬—业绩敏感度低于其他上市公司。究其原因，大量的掏空性交易降低了公司业绩以及控股股东对管理层实施绩效薪酬计划的要求，而且大大超越了管理层的控制能力，从而导致绩效指标无法客观反映管理层的努力，也无法用于确定管理层薪酬。Francissco（2009）在考察了智利 157 家非金融类上市公司后发现：在现金流权较小的情况下，实际控制人更倾向于提升子公司董事与高管的薪酬水平，而不是提升股利水平。这说明实际控制人因现金流权较小而承担较低水平的风险，进而倾向于提升子公司董事与高管薪酬水平，以便赢得他们的支持，而不是与股东分享收益。

（3）借助财务杠杆和盈余管理"掏空"子公司。现有研究也关注财务方面的治理问题，从以下两个方面对实际控制人的控制权私利进行了研究。首先，采用子公司担保或者抵押等方式转移子公司的资产（即所谓的"掏空"），从而增加子公司的财务风险水平与融资成本。学者们基于代理理论实证检验了"掏空"问题。例如，Bany-Afiffin 等（2010）考察了马来西亚上市公司，结果证实了母公司通过债务融资"掏空"子公司现象的存在，并利用盈余管理向外界释放积极信号，从而攫取市场溢价。其次，部分学者结合信号理论和有效市场假说对上述问题进行了研究，如 Aharony 等（2010）研究中国 IPO 公司发现：在 IPO之前，关联交易被投机性地用于调高公司盈余；而在 IPO 以后，这种行为又被掏空机会预期所驱动，如利用上市公司中小股东的经济资源来为母公司谋利。Lin 等（2011）采用新加坡以及我国香港和台湾等 22 个国家和地区 1996—2008 年的面板数据研究了母子公司框架下的子公司财务风险问题，结果表明：由于终极控制人的"掏空"行为，隶属某一母公司的上市公司债务融资成本显著高于没有这种隶属关系的上市公司。Paligorova 等（2012）也研究发现，隶属某一母公司的上市公司与没有这种隶属关系的上市公司相比，前者的财务杠杆比率明显较高，原因主要在于终极控制人对上市子公司实施了"掏空"行为。

---

① 郝云宏（2012）将实际控制人与子公司高管合谋定义为第四类代理关系。

（五）单向治理研究评价

在以上文献回顾的基础上，现根据治理效应和治理范围两个维度，对基于不同视角的母公司单向治理研究进行总结和比较（见表1）。

表1　母子公司单向治理不同视角研究比较

研究视角	基础理论	治理问题	具体表现
积极治理效应内生	交易费用理论	内部市场替代、税盾效应	获取银行支持，资源共享或转移，合理避税
积极治理效应外生	资源依赖理论	支持行为	对陷入困境的子公司进行救济，如提供高额贷款等
消极治理效应内生	代理理论	过度投资、资源转移	旨在转嫁风险的投资、不合理的资源转移
消极治理效应外生		掏空行为	自我交易，实际控制人与子公司高管合谋等

资料来源：根据相关文献整理。

如表1所示，虽然学者们基于不同视角对母子公司治理问题进行了研究，但现有的母子公司治理研究大多采取单边主义，基本上都是从母公司的角度来研究母公司对子公司实施的行为及其后果，而忽略了子公司在母子公司治理关系中的主观能动性。因此，严格地说，这些研究是"母公司治理研究"，而不是"母子公司治理研究"。这是现有相关研究的一个严重缺陷：从母公司单向治理的视角出发，关注母公司的单向治理行为对母子公司整体或者子公司的影响。

据笔者分析，造成这种研究状况的原因主要有两个：首先，代理理论作为公司治理研究的主要基础理论，就是采取了委托人如何治理代理人的单边主义治理观。具体而言，代理理论的单边主义倾向主要表现为：假定委托人与代理人之间是一种单向契约关系，代理人只能被动接受，没有讨价还价的空间，而忽视了委托人与代理人之间的互动性（冯根福等，2012）。在母子公司治理情境下，基于代理理论的母子公司治理研究关注的是，母子公司框架下的控制链延伸可能会导致由代理人或者子公司的内部控制引发的效率损失问题，因此把母子公司治理定格为母公司对子公司实施的自上而下的治理，而没有把作为委托人的母公司基于控制权私利的道德风险问题纳入研究框架。其次，片面迎合母子公司治理实践的需要，从而导致聚焦于母公司治理行为的母子公司治理研究。随着母子公司现象的日益普遍，母公司越来越希望通过公司治理来提升母子公司的整体效率。因此，现有相关研究便同时关注母公司的控制强度和效率问题，从而导致母子公司治理研究成了"母公司治理研究"。母公司按出资额对子公司承担有限责任的原则，虽然能够帮助母公司在一定程度上避免由控制链延伸而导致的潜在效率损失问题，但却容易产生源于"权责不对等"的母公司"越位"问题，即母公司越位实施"掏空"行为来侵害子公司的利益。由此可见，母子公司治理研究绝不能忽视处于从属地位的子公司的自主性和自我保护问题。

由上可见，母子公司治理研究亟须引入全新的视角，以克服单边主义治理研究的不足。因此，严格意义上的母子公司治理研究一方面要突破传统代理理论的束缚，把母子公司间的互动性和母公司的道德风险纳入研究框架；另一方面要按照权责对等原则关注母子公司之间的权利和义务对等问题。也就是说，严格意义上的母子公司治理研究应该从只关注母公司治理的单边主义转变为同时关注母公司和子公司行为及其互动性的双边主义。

三、母子公司治理研究的演进趋势

从单向治理到双向治理 Hart（2009）把行为经济学原理引入契约理论，承认缔约双方的能动性，并且放松了关于契约双方不能讨价还价的假设。此后，有关母子公司治理的研究开始关注子公司的能动性，从强调子公司互动的全新视角来审视母子公司治理问题，从单向治理观转向了双向治理观。

（一）母子公司双向治理研究：行为经济学的引入

行为经济学认为，个体存在感知、价值判断等方面的差异，一方面表现出自利倾向，即在判断过程中优先考虑自己的利益得失，难以容忍"损己利人"；另一方面又会表现出互惠倾向，即在自身利益得到保证以后有追求互惠的利他动机。Hart（2009）率先把行为经济学关于以上个体差异的观点引入新古典分析框架，提出了参照点契约（Contract as A Reference Point）理论。根据参照点契约理论，契约不再是可以完全预设的，而只能为契约双方提供一个符合双方预期的参照点，为双方提供议价空间，允许双方就自身利益进行讨价还价。如果契约方觉得契约规定有利于自身利益的实现，那么就会尽力履行契约；如果契约方觉得契约规定难以保证自身利益的实现，那么就会消极履约甚至违约（徐细雄，2012）。

通过把参照点契约概念引入母子公司治理研究，即允许母子公司双方出于自利和互惠的考虑进行再谈判，给予双方讨价还价的空间，那么，原来由母公司监控子公司的单向治理也就转变为以母子公司互动为核心的双向治理。由此可见，参照点契约理论可以作为母子公司双向治理的基础理论。母子公司双向治理不仅要求母公司从集团的整体利益出发来治理子公司，而且还要求母公司认识到在提高监管效率的过程中自己也可能存在道德风险问题，因此必须充分尊重子公司的自主性，允许子公司基于自身利益进行合理的讨价还价。这在治理实践中表现为子公司对自主权的诉求和自我保护行为。

（二）母子公司双向治理实现途径研究

虽然双向治理问题目前还没有引起普遍的关注，但已有一些学者致力于这方面的研究。目前，他们主要从内部治理机制、子公司特征与外部治理机制三个方面来考察双向治理的实现途径。

（1）基于内部治理机制的双向治理实现途径。有学者认为可以从股权结构和董事会两个方面来考察基于内部治理机制的双向治理实现途径。第一，股权结构。学者们基本认同股权结构的合理配置有利于提升治理水平的观点。首先，避免过度集中的股权结构，引入机构投资者参与治理。Hughes（2009）考察了 12 个西欧国家上市子公司股权结构与市场评价之间的关系，结果表明：在投资者保护水平较低的法律环境下，分散的股权结构以及较低的现金流权与控制权分离程度能够有效抵御由终极控制权导致的子公司"价值贬损"问题。Cheung 等（2009）以中国企业集团为对象研究发现：国有股"一股独大"容易导致"掏空"行为，但如果有外国投资者参股或者子公司双重上市，那么，"掏空"行为就有可能转变为"支持"行为。其次，在控制权与现金流权分离程度较大时，有必要限制现金流权的表决权。Belkhir（2009）以及 AZofra 等（2011）分别考察了 2002 年标普 260 家有银行参股的上市公司和 80 家西班牙商业银行（1996—2004 年），结果发现在现金流权与控制权两权分离的情况下，股权结构配置在一定程度上可以取代董事会的职能，因为后者也受到实际控制人的控制。

第二，董事会治理。基于代理理论，学者们研究发现：董事会治理能够有效提升子公司的决策自主性。具体而言，首先，为了增强董事会决策的独立性与科学性，进而保证子公司董事会决策的自主性，应该引入更多的独立董事（Dahya 等，2008；Lefort 等，2008）。其次，实施董事长与 CEO 两职分离，可避免决策权过度集中，从制度层面实现权力分散化（Kim 等，2005）。最后，较大的董事会规模能够提高实际控制人或者控股股东的机会成本，有效降低其对子公司决策的过度干预（Kim 等，2005）。还有学者分别考察了董事会独立性对自愿性披露（Lo 等，2010，2011）和母子公司关联交易（Yeh 等，2012）的影响，并且验证了董事会独立性能够有效制约实际控制人并保护子公司核心利益这一假设。Lo 等（2010，2011）以中国上市公司（2004—2005 年）为对象研究发现：随着董事会独立性的提高（独立董事人数增多），子公司的自愿性信息披露水平显著提升；Yeh 等（2012）选用 1996—2008 年的数据研究了我国台湾上市公司的关联交易情况，结果发现：董事会治理机制的优化能够有效限制子公司与母公司关联交易的规模。

（2）基于子公司特征的双向治理实现途径。另有学者认为，子公司可以根据自身的特征来增强自己与母公司讨价还价的实力，进而实现自我保护。具体而言，基于子公司特征的双向治理实现途径研究主要关注子公司地位、自治性和社会资本等问题。

第一，子公司地位。子公司在企业集团中的地位，一方面能够体现子公司在母公司心目中的重要性以及母公司对子公司的干预与控制程度，另一方面还可以反映母子公司之间的相互依存度以及子公司是否拥有一定的话语权，即是否有与母公司讨价还价的实力。基于子公司地位的双向治理实现途径研究主要从母公司对子公司业绩的评价、母子公司关联强度以及母子公司业务重叠程度和持久性三个方面展开。Lovett 等（2009）从业绩评价角度研究了子公司地位，通过访谈调研了美国在墨西哥设立的 44 家子公司后发现：母公司对子公司业绩的积极评价能够增强子公司的讨价还价实力，进而显著弱化母公司的控制。Aggarwal 等（2012）从母子公司关联强度角度研究了日本企业集团的股利政策问题，采用混合截面数据（1990—1991 年、1996—1997 年、2000—2001 年）研究发现：母子公司关联强度显著影响母公司在股利分配方面对子公司的倾斜程度，即母子公司间关联程度越强，其相互依存度就越高；母子公司之间强关联在一定程度上能够抑制母公司对子公司的过度干预[①]。Piana 等（2012）则在分析了意大利家族企业集团 2006—2008 年的数据以后发现：母子公司业务重叠程度和持久性能够显著提升子公司在母公司心目中的地位，进而增强治理机制的积极效应。

第二，子公司自治性。Lin 等（2010）以外国企业集团在我国台湾设立的子公司为对象研究发现：享有自主权或者在企业集团中扮演自治性战略角色的子公司具有较强的自发协同能力，从而能够降低来自于母公司的监控压力。Santangelo（2012）考察了意大利卡塔尼亚省 20 家外资子公司 2005 年的数据以后指出，子公司的信息共享主动性能够弱化母公司的控制，尤其是文化方面的控制。

第三，还有学者注意到子公司的社会资本对于提升其独立性的作用，认为子公司掌握的社会资本越多，就越能通过与母公司讨价还价来保护自身的利益。例如，Gammelgaard 等（2012）对外国公司设在英国、德国和丹麦的子公司进行了考察，结果发现，子公司在企业集团内部和外部掌握的社会资本是子公司进行自我保护的有力保证。

（3）基于外部治理机制的双向治理实现途径。有关子公司外部治理机制的研究为数有限，可能是因为学术界基于代理理论默认了母公司单向治理的思想。但是，通过梳理相关文献，还是能够找到一些有价值的研究。这些研究主要是从外部审计师、政治关联与投资者保护三个方面来研究基于子公司外部治理机制的双向治理实现途径。首先，在外部审计师方面，Fan 等（2005）采用东亚八国和地区上市公司 1994—1996 年的数据研究了家族控股上市公司是否愿意为了赢得投资者的信任而聘用更有声望的外部审计师这一问题。结论显示：代理冲突越严重，家族控股上市公司就越倾向于聘用声誉较好的外部审计师；而且，声誉较好的外部审计师出具非标准审计意见的可能性也较大。这说明，外部审计师作为外部治理机制能够较有效地履行自身的公司治理职责，能够较好地补充内部治理之不足。其次，在政治关联方面，Peng 等（2011）利用沪深两市上市公司 1998—2004 年的数据实证检验了政治关联是否会显著影响市场对上市公司关联交易的反应，结果表明：上市公司的政治关联能够抵消部分由"掏空"行为导致的市场价值贬损。最后，在投资者保护方面，Lin（2010）采用随机选取的 50 家中国上市公司 2002—2007 年数据考察了中国上市公司实际控制人是否对子公司实施"掏空"行为的问题，结果证实了中国资本市场普遍存在"掏空"行为，仅靠内部治理机制很难抑制"掏空"行为，因此有必要建立、健全投资者保护法律体系，从企业外部切实保护投资者利益。

[①] Tang 等（2012）研究日本企业集团在华子公司发现，母子公司关联强度负向影响子公司绩效，原因就在于子公司对母公司的过度依赖。

四、结论与研究展望

现有的母子公司治理研究对母公司自上而下的单向治理予以了充分的关注，研究视角也十分全面，具体可细分为积极治理效应内生和外生、消极治理效应内生和外生四个视角。由于代理理论自身所固有的不足以及片面迎合母公司治理子公司的实践需要，已有相关研究很少论及子公司自主性以及以母子公司互动为核心的母子公司双向治理问题。本文在回顾了近几年国外的母子公司治理研究后发现，目前关于母子公司双向治理的研究主要从内部治理机制、子公司特征与外部治理机制等三个方面来考察母子公司双向治理的实现路径，而忽视了母子公司双向治理理论框架构建、影响因素剖析和治理绩效评价等重要方面。

因此，后续研究应该着力关注双向治理理论框架构建，双向治理内、外部治理机制以及双向治理绩效评价等问题。具体而言，首先，完善母子公司治理理论框架，将母子公司互动引入理论框架，实现基于代理理论的分析框架向基于行为理论的分析框架的转变。把行为经济学中的参照点契约理论引入母子公司治理研究，既注重母公司对子公司治理的一面，又不忽略子公司作为行为主体应有的主观能动性，从理论上解决母、子公司间是否存在最优参照点水平以及母子公司双方如何通过再谈判或者讨价还价来达到最优参照点水平等问题。

其次，拓展母子公司双向治理的实证研究，系统阐述治理机制互动的影响和机理。在母子公司双向治理的理论框架下，母子公司会根据自身的利益诉求进行再谈判，这就需要引入治理机制为谈判过程提供保障和约束，以保证再谈判能够切实提高母子公司整体治理效率。因此，后续研究应该对母子公司能否通过再谈判来提升整体治理效率、在母公司由实际控制人控制的情况下董事会能否有效履行自己的职能、在母公司由实际控制人控制的情况下子公司的外部审计师或者媒体监督能否有效制约实际控制人的治理行为等问题进行实证检验。

最后，加大研究母子公司双向治理绩效评价的力度。母子公司双向治理要求母子公司双方寻求最优契约参照点，以实现整体治理效率最优化。因此，双向治理研究不能光关注母公司监控子公司的治理效率，还应该致力于构建全新的母子公司治理绩效评价体系，即兼顾母子公司各自绩效和整体绩效的评价体系，以便在提升母公司治理效率的同时有效规避母公司对子公司的过度干预。另外，母子公司双向治理的绩效评价不但要兼顾短期绩效和长期绩效，而且还应同时注重经济绩效和社会绩效。

参考文献

［1］Aggarwal R., Dow S. M. Dividends and Strength of Japanese Business Group Affiliation ［J］. Journal of Economics & Business, 2012, 64（3）: 214–230.

［2］Andres P. D., Vallelado E. Corporate Governance in Banking: The Role of the Board of Directors ［J］. Journal of Banking & Finance, 2008, 32（12）: 2570–2580.

［3］Azofra V., Santamaría M. Ownership, Control, and Pyramids in Spanish Commercial Banks. ［J］. Journal of Banking & Finance, 2011, 35（6）: 1464–1476.

［4］Mohamed Belkhir. Board Structure, Ownership Structure and Firm Performance: Evidence from Banking ［J］. Applied Financial Economics, 2009, 19（19）: 1581–1593.

［5］Bennedsen M., Nielsen K. M. Incentive and Entrenchment Effects in European Ownership ［J］. Journal of Banking & Finance, 2009, 34（9）: 2212–2229.

［6］Cheong K. S., Choo K., Lee K. Understanding the Behavior of Business Groups: A Dynamic Model and Empirical Analysis ［J］. Journal of Economic Behavior & Organization, 2010, 76（2）: 141–152.

［7］Claessens S., Djankov S., Lang L. H. P. The Separation of Ownership and Control in East Asian Corporations ［J］. Journal of Financial Economics, 2000, 58（1–2）: 81–112.

［8］Dahya J., Dimitrov O., Mcconnell J. J. Dominant Shareholders, Corporate Boards, and Corporate Value: A Cross–country Analysis ［J］. Journal of Financial Economics, 2008, 87（1）: 73–100.

［9］Djankov S. The Law and Economics of Self–dealing ［J］. Journal of Financial Economics, 2006, 88（3）: 430–465.

［10］Dow S., Mcguire J. Propping and Tunneling: Empirical Evidence from Japanese Keiretsu ［J］. Journal of Banking & Finance, 2009, 33（10）: 1817–1828.

［11］Gammelgaard J., Mcdonald F., Stephan A. The Impact of Increases in Subsidiary Autonomy and Network Relationships on Performance ［J］. International Business Review, 2012, 21（6）: 1158–1172.

［12］George R., Kabir R. Business Groups and Profit Redistribution: A Boon or Bane for Firms ［J］. Discussion Paper, 2004, 61（9）: 1004–1014.

［13］Hart O. Hold–Up, Asset Ownership, and Reference Points ［J］. Quarterly Journal of Economics, 2009, 124（1）: 267–300.

［14］Hughes J. P. Corporate Value, Ultimate Control and Law Protection for Investors in Western Europe ［J］. Management Accounting Research, 2009, 20（1）: 41–52.

［15］Johnson S., Porta R. L., Lopez–De–Silanes F. Tunneling ［J］. American Economic Review, 2000, 90（2）: 22–27.

［16］Khanna T. Business Groups and Social Welfare in Emerging Markets: Existing Evidence and Unanswered Questions ［J］. European Economic Review, 2000, 44（99）: 748–761.

［17］Rafael La Porta, Florencio Lopez–De–Silanes, Andrei Shleifer. Corporate Ownership Around the World ［J］. Journal of Finance, 1999, 54（2）: 471–517.

［18］Lei A. C. H., Song F. M. Connected Transactions and Firm Value: Evidence from China–affiliated Companies ［J］. Pacific–Basin Finance Journal, 2011, 19（5）: 470–490.

［19］Li G. The Pervasiveness and Severity of Tunneling by Controlling Shareholders in China ［J］. SSRN Electronic Journal, 2010, 21（2）: 310–323.

［20］Lin C., Ma Y., Malatesta P. Corporate Ownership Structure and Bank Loan Syndicate Structure ［J］.

Journal of Financial Economics, 2011, 104（1）: 1–22.

［21］Lin S. L., Hsieh A. T. International Strategy Implementation: Roles of Subsidiaries, Operational Capabilities, and Procedural Justice ［J］. Journal of Business Research, 2010, 63（1）: 52–59.

［22］Lo A. W. Y., Wong R. M. K., Firth M. Can Corporate Governance Deter Management from Manipulating Earnings? Evidence from Related–party Sales Transactions in China ［J］. Journal of Corporate Finance, 2010, 16（2）: 225–235.

［23］Lo A. W. Y., Wong R. M. K. An Empirical Study of Voluntary Transfer Pricing Disclosures in China ［J］. Journal of Accounting & Public Policy, 2011, 30（6）: 607–628.

［24］Paligorova T., Xu Z. Complex Ownership and Capital Structure ［J］. Journal of Corporate Finance, 2012, 18（4）: 701–716.

［25］Peng W. Q., Wei K. C. J., Yang Z. Tunneling or Propping: Evidence from Connected Transactions in China ［J］. Journal of Corporate Finance, 2011, 17（2）: 306–325.

［26］Piana B. D., Vecchi A., Cacia C. Towards a Better Understanding of Family Business Groups and Their Key Dimensions ［J］. Journal of Family Business Strategy, 2012, 3（3）: 174–192.

［27］Santangelo G. D. The Tension of Information Sharing: Effects on Subsidiary Embeddedness ［J］. International Business Review, 2012, 21（2）: 180–195.

［28］Tang J., Rowe W. G. The Liability of Closeness: Business Relatedness and Foreign Subsidiary Performance ［J］. Journal of World Business, 2012, 47（2）: 288–296.

［29］Wang K., Xiao X. Controlling Shareholders'Tunneling and Executive Compensation: Evidence from China ［J］. Journal of Accounting & Public Policy, 2011, 30（1）: 89–100.

［30］Yeh Y. H., Shu P. G., Su Y. H. Related–party Transactions and Corporate Governance: The Evidence from the Taiwan Stock Market ［J］. Pacific–Basin Finance Journal, 2012, 20（5）: 755–776.

［31］冯根福，赵珏航. 管理者薪酬、在职消费与公司绩效——基于合作博弈的分析视角［J］. 中国工业经济, 2012（6）: 147–158.

［32］郝云宏. 公司治理内在逻辑关系冲突: 董事会行为的视角［J］. 中国工业经济, 2012（9）: 96–108.

［33］徐细雄. 参照点契约理论: 不完全契约理论的行为与实验拓展 ［J］. 外国经济与管理, 2012（11）: 52–60.

中国上市公司实施股权激励的效果 *

刘广生　马　悦

【摘　要】 中国上市公司实施股权激励有着不同于西方的市场条件和制度背景，对于其激励效果的研究，目前学术界存在两种不同的基本结论。鉴于中国上市公司 2006 年才开始实行真正意义上激励相容的股权激励机制，本文以 2006—2011 年公司年报中公布实施股权激励的上市公司为样本，采用其 2005—2012 年的年报数据为研究对象，运用独立样本 T 检验、配对样本 T 检验以及多元线性回归的分析方法，对股权激励与公司业绩的关系以及不同激励模式的激励效果进行实证研究。结果表明：实施股权激励对上市公司的业绩提升具有一定效果，但影响不显著；股票期权的激励效果略好于限制性股票。

【关键词】 股权激励；公司业绩；股票期权；限制性股票

一、引言

现代企业所有权与控制权的分离产生了委托代理问题。作为解决股东与管理层利益冲突的长期激励机制，股权激励在西方国家得到了广泛应用。而我国对公司治理问题的关注主要集中在控股股东与小股东之间的利益冲突，具体表现为大股东凭借其控制权地位进行侵害小股东利益的"掏空"行为（李增泉等，2004；唐清泉等，2005），从而忽视了对管理层的监管和激励。近年来特别是 2006 年股权分置改革之后，国企改制引起的"两权分离"及由此产生的委托代理问题，使激励不足成为公司管理层贪污、受贿和优秀人才外流的主要原因（徐义群等，2010），并逐渐成为公司治理问题的焦点。为此，我国上市公司纷纷提出股权激励计划。由于市场条件、制度背景和公司治理结构等不同于西方发达国家，我国上市公司在借鉴其经验对管理层进行股权激励时，能否达到激励管理层、提高公司业绩的效果，现有研究尚未达成一致意见，即存在"利益趋同假说"与"管理者防御假

---

* 本文选自《中国软科学》2013 年第 7 期。

说"两大类迥异的理论假说，并在此基础上形成了不同的实证研究结论（徐宁，2012）。那么，在我国市场环境不健全和公司内部治理机制弱化的情况下，上市公司股权激励的实施效果到底如何？它对公司业绩究竟会产生怎样的影响？就成为我们要深入探讨的问题。

不仅如此，现阶段我国上市公司在探索实施股权激励的过程中采用了多种激励模式，以股票期权和限制性股票为主。而现有的关于股权激励实施效果的实证研究多将其视为同质的，没有考虑不同激励模式由于作用机理不同，其激励效果可能会存在差异的问题。那么两类不同的激励模式在实践中的效果究竟存在怎样的差异？目前针对该问题的具体研究多基于理论分析层面（李曜，2008；刘浩和孙铮，2009），尚缺乏相关的实证研究。据国泰安数据库统计，截至 2012 年，我国实行股权激励的上市公司中有 73%采取股票期权激励模式，这一数据给我们提出了这样的问题：为什么上市公司更多地选择股票期权激励模式？上述这两个问题也需要我们去关注和研究。

针对上述问题，本文试图在现有研究的基础上，以 2006 年股权分置改革以后截至 2011 年年报中公布实施股权激励的上市公司为研究样本，对股权激励与公司业绩的关系以及不同激励模式的激励效果进行进一步的实证检验，以期能够更真实地反映我国股权激励实施效果的现状，为上市公司选择股权激励模式提供参考。

二、文献回顾

西方有关股权激励的研究兴起于 20 世纪 70 年代，针对其实施效果，从规范研究的角度，学者们提出了两种假说：以 Jensen 和 Meckling（1976）为代表的利益趋同假说认为，股权激励使管理层拥有剩余索取权，促使管理层与股东的目标函数趋于一致，从而有助于降低代理成本，提高公司业绩。与之相反，Fama 和 Jensen（1983）提出的"管理者防御假说"认为，股权激励使公司管理层拥有大量控制权，反而会使公司的价值降低。从实证研究的角度，国外学者对股权激励的实施效果有以下结论：Mehran（1995）对美国的工业性企业进行实证研究，发现高级管理层持股比例与企业的经营业绩存在显著的正相关关系。Hillgeist（2003）通过对已实施和未实施股权激励的公司业绩进行对比研究，结果发现实施股权激励公司的业绩和增长速度更高。Akimova 和 Sehwodiauer（2004）对乌克兰 1998—2000 年的 202 家大中型企业进行研究，实证结果显示对管理层实施的股权激励与企业绩效具有相关关系。Aboody、Johnson 和 Kasznik（2010）以 1990—1996 年的 1773 家公司为样本，研究发现适当地对管理层进行股权激励，其公司的营业利润和现金流的增长幅度会高于其他公司，即股权激励改善了公司业绩。持此观点的还有 Benston（1985）、Morck（1988）、Smith（1990）、Berger（1997）、Muurling R.（2004）、Holland L. C.（2006）、Cornett 等（2008）、Low（2009）等。也有学者认为管理层股权激励与公司业绩无相关关系：Demsetz 和 Lehn（1985）以美国 1980 年的 511 家上市公司为研究对象，通过对股权集中度进行回归分析发现，高级管理层持股与企业经营绩效之间不存在显著的相关关系。Gibbon 和 Murphy（1990）在考虑了行业因素的影响下，对上市公司进行回归分析，结果发现公司的经营业绩与高级管理层持股之间没有显著的相关关系。Victoria 和 Krivogorsky（2006）以 87 家欧洲上市公司为样本，考察股权激励比例与公司业绩的关系，结果表明二者不存在显著的相关关系。Demetz 和 Villalonga（2007）以管理层股权激励比例和股权集中度来考察公司所有权结构，结果表明管理层股权激励比例与公司业绩不相关。Duffhues 和 Kabir（2008）以荷兰 1998—2001 年上市公司的数据为样本，结果发现高管会运用权力自定薪酬，而与绩效不相关。

在我国，关于管理层股权激励与公司业绩的研究结果与国外类似，也分为以下两种不同观点：①管理层股权激励与公司业绩相关或显著相关。吴淑琨（2004）指出对高级管理层的股权激励是有效的，即股权激励与企业的经营业绩具有一定的正相关关系。刘永春等（2007）以 2000—2004 年的 399 家国内上市公司为样本进行分析，结果表明对管理层进行股权激励有助于提升公司的市场价值。葛文雷等（2008）研究指出，管理层股权激励水平与公司业绩的正相关关系在统计上是显著的，说明我国上市公司在管理层股权激励方面取得了较大的进步。张俊瑞等（2009）利用 2006 年的样本数据，从实际财务绩效方面对中国上市公司股权激励效果进行了验证，结果表明，实施股权激励公司的财务业绩指标在一年后有明显提升。持此类观点的还有王克敏和陈井勇（2004）、姚琼（2004）、黄惠馨和代冰彬（2005）、俞鸿琳（2006）、康平（2007）、陈旭东（2008）、黄志忠等（2009）等。②管理层股权激励与公司业绩不相关或基本不相关。陈勇等（2005）通过对样本公司股权激励计划实施前后的经营绩效进行对比研究，发现股权激励对上市公司业绩的提升具有一定的积极作用，但效果不显著。黄顾斌和周立烨（2007）运用纵向对比的研究方法，分析发现在考虑了行业因素的影响下，大部分上市公司在实施股权激励后，其经营绩效都没有得到明显的提高，该结果表明我国的股权激励是基本无效的。程隆云、岳春苗（2008）研究指出我国上市公司股权激励从总体上来看是无效的，虽然股权激励的系数为正，但两者不存在统计意义上的正相关。何凡（2010）以 2005—2007 年 41 家实施股权激励的上市公司为样本，将股权激励比例与公司业绩进行回归分析，结果发现股权激励水平与上市公司业绩不存在显著的相关关系。徐义群、石水平（2010）通过对我国已经实施股权激励的79 家上市公司进行因子分析，并构建回归模型揭示上市公司实施股权激励对企业绩效的影响，结果表明，我国上市公司股权激励与经营绩效具有一定的正相关关系，但并不显著。持类似观点的还有高明华（2001），向朝进和谢明（2003），刘英华、陈守东和那铭洋（2003），宋增基（2005），杨贺、柯大纲和马春爱（2005）等。

综观国内文献，对于股权激励实施效果的研究为何会出现两种不同的观点？原因是多方面的，以下两点值得关注：①对管理层股权激励的界定问题。目前大多数实证研究均把管理层持股等同于股权激励，将管理层是否持股视为实施股权激励的操作性计量，然而股权激励的实施与管理层持股并不是同质的，两者之间不存在直接的相关关系。一方面，在很多已经实施股权激励的上市公司中，股份并没有被管理层实际持有，只是作为计算其年终奖金的中介变量。另一方面，在很多未实施股权激励的上市公司中，管理层都持有公司股份如早期推行的内部职工持股等。因此管理层持股与真正意义上的股权激励不同，以其作为自变量会导致实证结果存在一定的噪声。②样本及数据的选取问题。一方面，鉴于我国股权激励推行的时间短、监管条件严格，现有研究为保证样本量，大多采用包含 2006年以前实施股权激励的上市公司数据进行实证研究。正如前文所述，2005 年 11 月中国证券监督管理委员会（CSRC）正式启动股权激励制度后，我国才开始出现真正意义上的股权激励制度（张俊瑞等，2009），因此以 2006 年以前公布实施股权激励的上市公司数据进行实证研究也会导致结果存在一定的噪声。另一方面，部分实证研究在数据选取时未考虑激励效果的滞后性。作为一种长期激励机制，股权激励对公司业绩的影响在其实施一段时期后才较为显著，因此在实证研究中应注意时序性，不宜选用股权激励实施当年的数据来进行效果检验。

基于上述分析，本文针对已有研究存在的不足进行改进和深化，且在实证过程中结合对比分析方法，从横向和纵向两个角度进行公司业绩比较：首先，以上市公司 2011—2012 年的年报数据为依据，运用两独立样本 T 检验将实施和未实施股权激励的公司业绩进行横向比较；其次，将样本公司股权激励计划实施前一年和实施后一年的业绩进行纵向比较，即以 2006—2011 年公布实施股权激励的上市公司为样本，以其 2005—2012 年的年报数据为对象，运用两配对样本 T 检验判断实施股权激励后，上市公司的经营业绩是否有了较大提升，进而通过两个角度的分析，判断实施股权激励是否对公司业绩的提升具有一定的积极作用。同时，以 2006—2011 年公司年报中公布实施股权激励的上市公司为样本，以其 2012 年的年报数据为对象，运用线性回归的分析方法，就不同股权激励模式的实施效果进行实证检验。

三、研究假设

现代企业所有权与控制权的分离使管理层与股东之间的委托代理问题成为公司治理的焦点，而激烈的竞争性市场约束机制和企业内部治理机制是解决此问题的两个关键途径。由于我国缺乏竞争性的市场约束机制，因而公司经营业绩的提高主要通过完善其内部治理机制。股权激励作为将股东和管理层利益有机结合的一种长期激励机制（Jensen 和 Murphy，1990），对完善我国公司内部治理尤为重要。同时孙青霞、韩传模（2007）通过对 60余篇实证论文进行全面回顾，得出中国资本市场有效性的主要结论——基本达到弱式有效，但未达到半强式有效，我国资本市场效率随发展阶段而不断提高。张健光、张俊瑞（2007）通过对中国上市公司股权激励实施效果的回归分析，发现中国资本市场达到了次强式有效的成熟程度。这些研究表明我国资本市场已为上市公司实施股权激励提供了基本的环境条件。此外，国内外大部分学者认为股权激励的实施，使管理层成为享有企业剩余索取权的特殊股东，在某种程度上弥合了与普通股东的目标差异，使其背离股东利益的行为减少，提高其追求企业价值最大化的积极性，自觉主动地关心企业长期价值的增加，在降低代理成本的同时提高了公司业绩（Chourou，2008）。同时，部分学者指出股权激励有助于抑制公司的非效率投资，即推出股权激励方案的公司抑制了投资过度行为，也缓解了投资不足的问题（吕长江等，2011），从而实现了资源的有效配置，提高了公司业绩。经济学家舒尔茨曾提出当今时代促进国民经济增长的主要原因是人力资本，而股权激励的实施可以使企业在吸引、保留和激励人力资本等方面具有优势（张俊瑞等，2009），一方面，目前我国的现金薪酬存在较大的限制，股权激励的实施可以弥补有限现金薪酬对管理层造成的激励不足问题。此外，股权激励还可以在一定程度上规避现金薪酬需要交税的问题（吕长江等，2011），如 Smith 和 Watts（1982）曾强调部分公司采用股权激励主要是出于为管理层节省税收的考虑。因而在我国税收相对较高的制度背景下，股权激励的实施可以对管理层起到较大的激励效应。另一方面，股权激励能够克服年薪、奖金等固有的短期导向的缺陷，且许多学者已用规范的研究方法加以证明，如鲍曼等（张俊瑞等，2009）。可见，股权激励通过薪酬激励的长期化设计，对人力资本的价值予以肯定，促使人力资本价值创造活动增加，提高经营效率，从而提高公司业绩。据此，提出如下研究假设：

假设 1：股权激励与公司业绩存在正相关关系。

现阶段在我国的上市公司中，实施股权激励的模式主要有股票期权和限制性股票两种（丁保利等，2012），而不同的激励模式由于其设计本身的优缺点，会给激励效果带来一定的差异性。据统计自 2010 年起，沪深两市 A 股上市公司大范围实施股权激励计划，并普遍选择股票期权激励模式，截至 2012 年，我国实行股权激励的上市公司中有 73% 采取股票期权激励模式（数据来自国泰安数据库）。股票期权激励使上市公司的激励成本低且基本不影响公司的现金流量，同时会给管理层带来巨额财富，对其具有很大的吸引力，因而成为我国上市公司最受青睐的激励模式。此外，股票期权激励使管理层不承担风险，因而期权数量设计中基本不受其风险承担能力的限制，通过增加期权的数量，公司可以产生很大的杠杆激励作用。这种激励方式将鼓励管理层"创新和冒险"。西方学者 Bryan、Hwang 和 Lilien（2000）对限制性股票进行了研究，发现在促使风险厌恶的 CEO 投资于有风险但是增加公司价值的项目方面，限制性股票不是一种有效的激励方式；对于高成长性的公司来说，更应当选择股票期权而不是限制性股票。Richard A. Lambertand 等（2004）通过数值计算显示，对于同一给定的努力程度，以不同模式进行激励时，激励成本是股票期权执行价格的减函数，股票激励是执行价格为零的期权激励的特殊情形，因此股票激励模式是成本最高的激励方式，股票期权的激励模式优于限制性股票的激励模式（徐宁，2010）。此外，Bebchuk 和 Fried（2003）通过对股票期权进行研究发现，股票期权不仅具有激励作用，与其他报酬方式相比还具有非常强的约束作用。据此，提出如下研究假设：

假设 2：股票期权的实施效果好于限制性股票。

四、研究设计

（一）样本选择与数据来源

2006年我国开始实行《上市公司股权激励管理办法（试行）》，此前大部分上市公司的治理机制存在一定程度上的缺失，无法为股权激励提供良好的环境，此时管理层持股的动机和性质有别于西方发达国家的股权激励。从2006年开始，随着股权分置改革的进行，上市公司非流通股股东和流通股股东的利益趋于一致，管理层和股东具备了相同的公司治理目标，可以实行真正意义上激励相容的股权激励机制，许多上市公司开始提出类似西方发达国家的股权激励计划。同时考虑到股权激励效果具有滞后性，本文通过wind资讯和国泰安数据库搜集2006—2011年公司年报中公布实施股权激励的上市公司为研究样本，在此期间公布并执行了股权激励的上市公司有286家。

为确保实证检验的有效性和准确性，样本选择严格依照如下原则：①剔除发行B股、H股以及同时发行多种股票的公司，保留只发行A股的上市公司，因为发行不同股票的公司在编制年度财务报告时依照的财务会计准则不同，其财务指标缺乏可比性；②剔除ST、PT公司，因为这类公司经营业绩较差，财务报告的风险较大，可信性值得怀疑，不具备分析价值；③由于金融行业的特殊性，故剔除金融类公司；④剔除在股权激励实施期间进行资产重组、管理层有大幅度变动的以及被注册会计师出具过保留意见、否定意见和无法表示意见等审计意见的上市公司，因为以上情况可能对公司的经营绩效产生影响，使研究结论存在一定程度的偏误；⑤剔除数据缺失以及中途停止实施股权激励的上市公司。经过以上处理，得到有效样本198家。

（二）变量定义及说明

1. 被解释变量

西方学者常用托宾Q值等作为业绩评价的指标（Morck等，1988；McConnell和Servaes，1990），在西方完全的资本市场中，股价变动可以很好地反映公司的财务状况和经营业绩。然而我国的资本市场目前还处于起步阶段，证券市场并不是完全有效的，存在着诸多的信息不对称，并且证券持有投机性强，二级市场股票内幕交易、机构投资者操纵股价的现象也时有发生，股价难以体现公司的真实价值。因此，采用托宾Q值来评价我国上市公司的业绩并不妥当。而国内学者在此类研究中多以净资产收益率（ROE）此单一指标作为公司业绩的替代变量（李增泉，2000；陈德萍和陈永圣，2011；周仁俊和高开娟，2012），然而仅以单独一项指标作为上市公司经营业绩的操作性计量会有诸多缺点，无法全面真实地反映公司整体的财务状况（徐义群，2010），且容易被操纵。已有研究发现，上市公司的股权结构和托宾 Q 值基本在一条净资产收益率等于 10%的水平线上，原因是为保证配股资格，上市公司会进行会计利润操纵，人为将净资产收益率维持在 10%或略超过 10%（孙永祥，2000）。另外，运用过多的评价公司业绩的指标也会造成不必要的重复，且缺乏可比性。特别是，会计业绩度量方式还存在"会计度量噪声"的负面影响（于旭辉，2008）。

本文借鉴盛明泉（2011）会计业绩的度量指标，选取净资产收益率（ROE）、总资产收益率（ROA）和主营业务利润率（ROM）3 个会计指标来评价公司业绩。这些指标不仅具有财务指标可比性、客观性的特点，而且比较容易获取，综合使用这些指标还可以反映公司所有者权益的增值能力、公司竞争能力和长期发展潜力。

  2. 解释变量

本文对股权激励模式的研究限定在股票期权和限制性股票的范围内，由于激励模式属于定性数据，因此以虚拟变量 OPTION 来代替。如果样本公司运用股票期权激励模式，则其 OPTION 设定为 1；如果样本公司运用限制性股票激励模式，则其 OPTION 设定为 0。

3. 控制变量

在研究中，除了股权激励会对公司业绩产生影响，其他一些变量如公司规模、资产负债状况以及所属行业等，也会对公司业绩产生重要影响，在实证研究过程中遗漏任何重要的影响因素都可能导致实证结果有偏误。为了更准确地探讨股权激励对公司业绩的影响，避免因遗失其他重要的公司治理因素而造成实证结果的失真，本文选取公司规模、资产负债率和股权集中度等作为控制变量。由于样本资料较少，所以不以行业属性为控制变量。相关变量说明如表 1 所示。

表 1　变量设置

变量类别	变量名称	符号	计算公式
被解释变量	净资产收益率	ROE	净利润/平均净资产
	总资产收益率	ROA	净利润/平均资产总额
	主营业务利润率	ROM	主营业务利润/主营业务收入
解释变量	股权激励模式	OPTION	如果采用股权期权模式，OPTION=1 如果采用限制性股票模式，OPTION=0
控制变量	公司规模	SIZE	总资产的自然对数
	资产负债率	LEV	总负债/总资产
	股权集中度	Shrhfd5	公司前 5 位大股东持股比例之和
	总资产周转率	ATO	营业收入/平均资产总额
	净利润增长率	GROW	(本年净利润−上年净利润)/上年净利润

（三）实证模型

本文借鉴魏刚（2000）等的研究方法，构建如下三个多元线性回归模型来检验所提出的第二个假设：

模型 1：$ROE = a_0 + a_1 OPTION + a_2 SIZE + a_3 LEV + a_4 Shrhfd5 + a_5 ATO + a_6 GROW + \varepsilon$

模型 2：$ROA = b_0 + b_1 OPTION + b_2 SIZE + b_3 LEV + b_4 Shrhfd5 + b_5 ATO + b_6 GROW + \varepsilon$

模型 3：$ROM = c_0 + c_1 OPTION + c_2 SIZE + c_3 LEV + c_4 Shrhfd5 + c_5 ATO + c_6 GROW + \varepsilon$

其中，a_0、b_0 和 c_0 是常数项，$a_1 \sim a_6$、$b_1 \sim b_6$ 和 $c_1 \sim c_6$ 是系数，ε 是误差项。运用上述模型进行统计分析时，必须保证每个模型中各自变量不存在多重共线性问题；如果存在多重共线性问题，须对模型进行修正调整后再进行分析。

五、实证检验

（一）股权激励的实施对公司业绩影响的检验

对于假设 1，本文从横向和纵向两个方面进行公司业绩的比较。通过这两方面的对比分析，综合判断股权激励的实施是否促进了公司业绩提高。

1. 横向比较分析

从表 2 可以看出，实施股权激励的上市公司 2011 年业绩 ROE、ROA、ROM 的平均值分别为 0.1441、0.0842 和 0.1422，均显著高于未实施股权激励的上市公司业绩。无论是实施股权激励的上市公司还是未实施股权激励的上市公司，其业绩的分布都呈一定的偏态分布，并且未实施激励的上市公司偏斜程度更大些。同时，两类公司的业绩均呈现尖峰分布，且未实施股权激励的公司更尖峰，说明两类公司业绩的分布比标准正态分布要高一些。由此可见，实施股权激励的上市公司业绩总体上好于未实施股权激励的上市公司，且其业绩较为均衡，各个公司的差异较小。对比 2011 年与 2012 年的数据可以发现，实施股

表 2　描述性统计

年份	项目	未实施股权激励公司			实施股权激励公司			全体上市公司		
		ROM	ROA	ROE	ROM	ROA	ROE	ROM	ROA	ROE
2011	极大值	23.0538	0.9285	4.1375	0.9523	0.3514	0.4580	23.0538	09285	4.1375
	极小值	−44.4376	−0.3312	−10.9897	−0.0986	−0.0461	−0.4675	−44.4376	−0.3312	−10.9897
	均值	0.0430	0.0476	0.0701	0.1422	0.0842	0.1441	0.0548	0.0508	0.0769
	偏度	−18.652	1.724	−17.657	2.080	1.472	−0.296	−20.068	1.634	−18.745
	峰度	635.252	26.579	537.130	10.105	4.846	8.259	735.606	25.439	610.512
2012	极大值	2.2014	0.7900	1.4386	1.0766	0.0557	0.5204	2.2013	0.7900	1.4386
	极小值	−9.0112	−0.3715	−4.6760	−0.6993	−0.1300	−0.5568	−9.0112	−0.3715	−4.6760
	均值	0.0779	0.0416	0.0675	0.0991	0.0557	0.0933	0.0807	0.0434	0.0708
	偏度	−17.398	1.373	−12.166	1.181	0.797	−1.019	−17.766	1.289	−12.155
	峰度	539.122	21.467	317.418	15.765	3.539	8.645	581.193	19.334	330.753

权激励的公司业绩有所下降，同时全体上市公司的业绩也普遍下降，由此说明该年度上市公司受到了市场大环境的影响，公司业绩普遍降低。而 2012 年实施股权激励公司的业绩普遍降低，说明样本公司业绩的分布较 2011 年更为对称。此外，这些实施股权激励的上市公司连续两年的业绩高于全体上市公司，这一方面表明上市公司通常会在业绩较好时才会考虑实施股权激励，另一方面也表明实施股权激励对业绩增长的影响可能不是很明显。

为了消除行业、规模、资本结构以及股权结构对实证结果造成的噪声影响，进一步研究股权激励对公司业绩增长的效果，本文借鉴程隆云等（2008）采用配对法选取未实施股权激励公司的方法，将已实施股权激励公司业绩与未实施股权激励公司业绩进行比较。本文遵循以下原则进行配对样本的选择：①所属行业相同，以中国证监会《上市公司行业分类指引》为标准划分；②公司的规模类似；③资产负债情况类似；④控股股东性质相同。本文严格遵循以上条件挑选配对样本。

选定之后，运用两独立样本 T 检验，对样本公司和配对样本公司的 ROA、ROE 和 ROM 进行统计分析，其结果如表 3 和表 4 所示。由表 3 和表 4 可知，样本公司的 ROA 与配对样本公司 ROA 的均值分别为 0.0842 和 0.0532，其差值为 0.0310，说明样本公司的 ROA 比配对样本公司的 ROA 高 0.0310。另外，t 统计量的观测值为 4.017，对应的双尾概率 P 值接近于 0，由于概率 P 值小于显著性水平 0.05，因此，可以拒绝原假设，即表明样本公司与配对样本公司的 ROA 之间存在显著差异，并且前者大于后者。同理，样本公司的 ROE、ROM 与配对样本公司的 ROE、ROM 之间存在显著性差异，并且前者均大于后者。

表 3　组统计量

	公司类型	均值	标准差	均值的标准误
总资产收益率（ROA）	样本公司	0.0842	0.0416	0.0057
	配对公司	0.0532	0.0377	0.0052
净资产收益率（ROE）	样本公司	0.1441	0.0715	0.0098
	配对公司	0.0893	0.0600	0.0082
主营业务利润率（ROM）	样本公司	0.1422	0.0864	0.0119
	配对公司	0.1041	0.0984	0.0135

表 4　独立样本检验结果

		方差方程 Levene 检验		均值方程的 t 检验				
		F	Sig.	t	df	Sig.（双侧）	均值差值	标准误差值
ROA	假设方差相等	0.335	0.564	4.017	104	0.000	0.0310	0.0077
	假设方差不相等			4.017	102.995	0.000	0.0310	0.0077
ROE	假设方差相等	1.189	0.278	4.273	104	0.000	0.0548	0.0128
	假设方差不相等			4.273	100.954	0.000	0.0548	0.0128
ROM	假设方差相等	0.095	0.758	2.114	104	0.037	0.0381	0.0180
	假设方差不相等			2.114	102.272	0.037	0.0381	0.0180

由于本文在筛选配对样本时，已经控制了一些如行业、规模、资产负债情况以及控股股东性质等对公司经营业绩有影响的因素，因此实证结果的差异可认为是由于股权激励的实施造成的，也就是说，实施股权激励公司的业绩优于未实施股权激励的公司业绩。

2.纵向比较分析

为了进一步分析我国股权激励的实施效果，本文运用两配对样本T检验，对制定股权激励计划的公司实施前一年和实施后一年的经营业绩进行描述性统计，以判断股权激励实施过程中公司的业绩是否发生了较大改变。其检验结果如表5、表6和表7所示。

表5　成对样本统计量

		均值	标准差	均值的标准误
对1	T+1期的ROM	0.11199	0.10271	0.00730
	T-1期的ROM	0.10671	0.15850	0.01126
对2	T+1期的ROA	0.06417	0.06117	0.00435
	T-1期的ROA	0.06079	0.06453	0.00459
对3	T+1期的ROE	0.12486	0.10093	0.00717
	T-1期的ROE	0.09334	0.24427	0.01736

表6　成对样本相关系数及检验

		N	相关系数	Sig.
对1	T+1期ROM & T-1期ROM	198	0.494	0.000
对2	T+1期ROA & T-1期ROA	198	0.333	0.000
对3	T+1期ROE & T-1期ROE	198	0.367	0.000

表7　成对样本检验结果

	成对差分					t	df	Sig.（双侧）
	均值	标准差	均值的标准误	差分的95%置信区间				
				下限	上限			
T+1ROM—T-1ROM	0.00528	0.14001	0.00995	-0.01435	0.02490	0.530	197	0.596
T+1ROA—T-1ROA	0.00337	0.07262	0.00516	-0.00680	0.01355	0.654	197	0.514
T+1ROE—T-1ROE	0.03142	0.25630	0.01821	-0.00450	0.06734	1.725	197	0.086

从表5可知，股权激励实施前与实施后样本公司业绩的平均值有差异。样本公司实施后一年即T+1年ROM、ROA和ROE的平均值高于样本公司实施前一年即T-1年各项指标的平均值。

由表6可知，股权激励实施前与实施后样本公司业绩ROM、ROA、ROE的简单相关系数分别为0.494、0.333、0.367，说明股权激励实施前后公司业绩存在线性相关关系，且其相关系数检验的概率P值均为0.000，表明样本公司实施股权激励前后的公司业绩存在明显的线性变化。

由表7可知，样本公司实施股权激励前一年即T-1年和后一年即T+1年ROM的均值分别为 0.10671 和 0.11199，均值之差为 0.00528，说明实施股权激励后样本公司业绩 ROM 提高了 0.00582。另外，T 检验统计量的观测值为 0.530，其对应的双尾概率 P 值为 0.596，大于 0.05，不能通过 0.05 的显著性水平检验，说明股权激励实施过程中前后两年的 ROM 虽然存在差异，但并不显著。同理可知，股权激励实施前一年和后一年 ROA 和 ROE 虽然存在差异，但并不显著。综上所述，从 ROM、ROA 和 ROE 的两配对样本 T 检验的结果来看，实施股权激励后，上市公司的经营业绩有所提高，但提升幅度不大。

综合上述两个角度对公司业绩的对比分析可以看出，股权激励与公司业绩存在正相关关系，证明了本文的假设 1。但对于实施股权激励后公司经营业绩提升的效果如何，横向和纵向比较分析却给出了不同的结果。对此，笔者认为纵向分析的结果更能接近实际情况，原因有以下几点：①在横向比较时，尽管控制了很多影响公司业绩的因素，但由于人工操作选择配对样本，当众多控制因素相同的企业较多时，选择样本较随性，缺乏科学依据。②横向比较分析的效果显著，一方面很可能是在我国资本市场不完善的条件下，业绩相对较好的公司才有能力实施股权激励计划。另一方面，在我国股票期权是需要费用的，这会使企业产生大量的费用，甚至发生亏损，迫于亏损退市政策的压力，很多业绩差的公司无力进行股权激励。综合以上两点，笔者认为实施股权激励后，上市公司经营业绩的提升效果不显著，我国股权激励的效用尚未充分发挥。

（二）两种股权激励模式的激励效果检验

针对假设 2，运用统计软件对 3 个模型中的关键变量进行描述性统计，结果如表 8 所示。

表 8 描述统计量

	极小值	极大值	均值	标准差	偏度		峰度	
	统计量	统计量	统计量	统计量	统计量	标准误	统计量	标准误
ROM	−0.3122	0.3907	0.1008	0.0955	−0.235	0.189	3.056	0.376
ROA	−0.1078	0.2459	0.0602	0.0496	0.478	0.189	2.402	0.376
ROE	−0.3076	0.3839	0.1069	0.0843	−0.443	0.189	4.045	0.376
OPTION	0	1	0.72	0.450	−0.996	0.189	−1.021	0.376
SIZE	20.0013	26.2494	22.0254	1.1820	1.042	0.189	1.342	0.376
LEV	0.0314	0.8636	0.4242	0.1974	−0.013	0.189	−0.844	0.376
Shrhfd5	19.9700	92.4200	51.8250	15.4077	−0.058	0.189	−0.545	0.376
ATO	0.0878	2.8175	0.7536	0.4495	1.449	0.189	2.698	0.376
GROW	−30.1681	42.8289	0.0553	5.0903	1.380	0.190	43.041	0.378

由表 8 可知，虚拟变量 OPTION 的均值为 0.72，大于 0.5，根据前文定义可知，在我国，上市公司实施股权激励时普遍采用股票期权激励模式。另外，从表 8 可以看出，样本公司 ROM、ROA 和 ROE 的平均值分别为 0.1008、0.0602 和 0.1069，且样本公司之间业绩的差异比较小。样本公司的 ROM 和 ROE 的分布呈现一定的左偏分布（两个统计量分

别为–0.235 和–0.443），而样本公司的 ROA 呈现一定的右偏分布，且其偏斜程度均不大，同时样本公司的业绩呈现尖峰分布，其数据的分布比标准正态分布更陡峭。控制变量 SIZE、LEV 的均值分别为 22.0254 和 0.4242，高于上市公司的平均水平，表明在我国，资产负债率较高、规模较大的上市公司才会实行股权激励方案。Shrhfd5 指标的标准差为 15.4077，说明实施股权激励的上市公司其股权集中程度有很大区别，有些公司的股权过于集中，而有些则过于分散。

对模型中的各变量进行 Pearson 简单相关分析的结果如表 9 所示。

表 9 相关系数表

		ROM	ROA	ROE	OPTION	LEV	ATO	GROW	SIZE	Shrhfd5
ROM	Pearson 相关性	1	0.715**	0.623**	0.204**	–0.319**	–0.278**	0.305**	0.012	–0.065
ROA	Pearson 相关性	0.715**	1	0.808**	0.110	–0.418**	0.179*	0.301**	–0.068	0.023
ROE	Pearson 相关性	0.623**	0.808**	1	0.094	0.048	0.212**	0.436**	0.267**	–0.007
OPTION	Pearson 相关性	0.204**	0.110	0.094	1	–0.178	–0.018	0.205	–0.185*	0.011
LEV	Pearson 相关性	–0.319**	–0.418**	0.048	–0.178	1	0.116	–0.007	0.600	–0.016
ATO	Pearson 相关性	–0.278**	0.179*	0.212**	–0.018	0.116	1	0.068	0.088	0.060
GROW	Pearson 相关性	0.305**	0.301**	0.436**	0.205	–0.007	0.068	1	–0.038	–0.137
SIZE	Pearson 相关性	0.012	–0.068	0.267**	–0.185*	0.600	0.088	–0.038	1	–0.004
Shrhfd5	Pearson 相关性	–0.065	0.023	–0.007	0.011	–0.016	0.060	–0.137	–0.004	1

注：** 表示在 0.01 水平（双侧）上显著相关；* 表示在 0.05 水平（双侧）上显著相关。

由表 9 可知，股权激励模式 OPTION 与 ROM、ROA、ROE 的相关系数分别为 0.204、0.110 和 0.094，且 OPTION 与 ROM 在 0.01 的显著性水平下存在显著的线性关系。由于股权激励模式是设定的虚拟变量，因此通过正的相关系数，可以简单判断在两种激励模式中，股票期权与公司业绩的相关程度更高。此外，表中其他各控制变量的 Pearson 相关系数均小于 0.8，可以初步判断三个回归模型中各个变量间不存在多重共线性，回归模型是可用的、有效的。

对模型 1、模型 2 和模型 3 分别进行线性回归分析得到表 10。

表 10 模型 1、模型 2、模型 3 的回归系数表

	模型 1			模型 2			模型 3			共线性判断	
	B	t	Sig.	B	t	Sig.	B	t	Sig.	容差	VIF
Constant	–0.506	–3.980	0.000	–0.166	–2.283	0.024	–0.380	–2.709	0.008		
OPTION	0.007	0.556	0.579	0.002	–0.116	0.908	0.022	1.516	0.131	0.912	1.097
SIZE	0.027	4.558	0.000	0.012	3.524	0.001	0.028	4.133	0.000	0.611	1.636
LEV	–0.81	–2.245	0.026	–0.154	–7.505	0.000	–0.226	–5.697	0.000	0.616	1.623
Shrhfd5	0.000	0.681	0.497	0.000	0.744	0.458	–1.02	–0.025	0.980	0.971	1.030
ATO	0.031	2.514	0.013	0.022	3.105	0.002	–0.058	–4.226	0.000	0.975	1.026
GROW	0.007	6.367	0.000	0.003	4.546	0.000	0.006	4.642	0.000	0.930	1.075

	模型 1			模型 2			模型 3			共线性判断	
	B	t	Sig.	B	t	Sig.	B	t	Sig.	容差	VIF
Adj_R^2	0.292			0.334			0.315				
F	12.141			14.526			13.438				
Sig.	0.000			0.000			0.000				

从表 10 中模型 1 的回归结果可知，模型的调整 R 方为 0.292，说明模型的拟合优度较好。F 统计量为 12.141，相伴概率 Sig.F 为 0.000，小于 0.05，说明模型整体上显著。所有的方差膨胀因子 VIF 都小于 2，表明该模型各变量间没有严重的多重共线性问题。由于模型中虚拟变量 OPTION 的存在，因而其系数只能简单说明采用不同激励模式的上市公司中哪类公司的业绩情况更好。当系数大于 0，表明实施股票期权激励模式（OPTION = 1）的公司业绩较好；当系数小于 0，则表明实施限制性股票激励模式（OPTION = 0）的公司业绩较好。由表 10 可知，OPTION 与 ROE 的标准回归系数为 0.007，t 值为 0.556，其相伴概率为 0.579，大于 0.05 的显著性水平，说明采用股票期权模式的上市公司 ROE 比采用限制性股票模式的公司 ROE 更高，但二者激励效果的差异并不明显。

同理可知，模型 2、模型 3 的调整 R 方分别为 0.334 和 0.315，两模型的拟合优度均较好。两模型的 F 统计量分别为 14.526 和 13.438，其相伴概率 Sig.F 均为 0.000，小于 0.05 的显著性水平，说明模型整体上是显著的。所有的方差膨胀因子 VIF 都小于 2，表明多元回归模型不存在多重共线性问题，其结果具有可信性。虚拟变量 OPTION 与 ROA、ROM 的标准回归系数分别为 0.002 和 0.022，回归系数均大于 0，但未通过显著性检验，说明采用股票期权模式的上市公司 ROM 和 ROA 比采用限制性股票模式的公司 ROM 和 ROA 更高，但差异不显著。

综合以上 3 个模型的回归结果，可以认为股票期权激励模式的实施效果优于限制性股票激励模式，但二者的差异并不明显。

（三）稳健性检验

为提高研究结论的可靠性，本文做了如下稳健性检验：在借鉴国家财政部颁布的公司业绩评价指标的基础上，选 10 项财务指标利用主成分分析和因子分析得出的综合指标作为公司业绩的替代变量，对模型 1、模型 2、模型 3 重新进行回归（限于篇幅，稳健性检验表格略），回归结果与前文研究结论没有实质性差异。基于上述分析，我们认为前文的结论是比较稳健的。

六、研究结论与建议

本文以 2006—2011 年公司年报中公布实施股权激励的上市公司为样本，对股权激励与公司业绩的关系以及不同激励模式的激励效果进行了深入的实证分析，研究发现：①实施股权激励对上市公司业绩的提升具有一定的积极作用，但影响效果较小，并不显著。究其原因，主要是我国资本市场的弱有效性、经理人市场的发育不成熟、公司治理结构的不完善以及法规和政策的不健全，这些都可能导致股权激励的失效。②实施股票期权模式的公司业绩略微好于实施限制性股票的公司，但二者之间的差异并不明显。这一实证分析结果与我国目前上市公司中大部分采用股票期权激励模式的现状相符。分析其可能的原因，有以下三点：一是目前我国采用限制性股票激励模式的主要是国有改制上市公司，而国有上市公司由于其历史原因，在经营灵活性和体制适应性方面比不上民营上市公司；二是在我国，股权激励是一个新兴事物，其实施的环境条件并不完备，目前采用的激励模式都处于摸索实践阶段，并没有充分发挥出各自的优势；三是国内上市公司对于激励方案的具体设计并未形成统一标准，即使两个公司采用同类型的激励模式，激励效果也会存在较大差异。以上原因有待今后进一步研究证明。

基于上述研究结论，对我国上市公司实施股权激励提出如下建议：其一，由于不同股权激励模式对公司业绩的影响不同，企业应依据自身情况如发展规模、发展阶段和发展战略规划来选择适宜的激励模式，基于股票期权激励模式在我国使用相对普遍且较有成效，上市公司可考虑作为首选；其二，对于政府监管部门，应放松对因期权费用而亏损的上市公司的退市管制，以鼓励业绩差的上市公司选择股权激励机制；其三，应建立和完善有效的职业经理人市场，引入竞争机制，选拔出业务能力强、素质高的管理人才，实现人力资源的有效配置，以推进股权激励的实施效果；其四，完善公司内部的治理结构，解决内部人控制问题，加强监督约束机制，以使股权激励发挥良好的激励效应；其五，提高证券市场的有效性。目前我国证券市场上公司股价与业绩并不完全相关，不能全面反映公司的质量，因而使股权激励的作用受到限制，为使股权激励真正的发挥作用，必须提高证券市场的有效性。

参考文献

[1] 刘绍娓，万大艳.高管薪酬与公司绩效：国有与非国有上市公司的实证比较研究 [J].中国软科学，2013（2）：90-101.

[2] 丁保利，王胜海，刘西友.股票期权激励机制在我国的发展方向探析 [J].会计研究，2012（6）：76-80.

[3] 王烨，叶玲，盛明泉.管理层权力、机会主义动机与股权激励计划设计 [J].会计研究，2012

（10）：35-41.

　　[4] 吕长江，严明珠，郑慧莲等. 为什么上市公司选择股权激励计划？[J]. 会计研究，2011（1）：68-75.

　　[5] 林大庞，苏冬蔚. 股权激励与公司业绩——基于盈余管理视角的新研究 [J]. 金融研究，2011（7）：162-177.

　　[6] 李曜. 股票期权与限制性股票股权激励方式的比较研究 [J]. 经济管理，2008（23/24）：11-13.

　　[7] 刘浩，孙铮. 西方股权激励契约结构研究综述 [J]. 经济管理，2009（4）：166-168.

　　[8] 高雷，宋顺林. 高管人员持股与企业绩效 [J]. 财经研究，2007，33（3）：134-143.

　　[9] 周仁俊，高开娟. 大股东控制权对股权激励效果的影响 [J]. 会计研究，2012（5）：50-58.

　　[10] 徐宁. 上市公司股权激励方式及其倾向性选择——基于中国上市公司的实证研究 [J]. 山西财经大学学报，2010（3）：81-87.

　　[11] 李增泉. 激励机制与企业绩效—— 一项基于上市公司的实证研究 [J]. 会计研究，2000（1）：24-30.

　　[12] 张俊瑞，张健光，王丽娜. 中国上市公司股权激励效果考察 [J]. 西安交通大学学报，2009（1）：1-5.

　　[13] 黄顾斌，周立烨. 我国上市公司股权激励实施效果的研究 [J]. 会计研究，2007（2）：79-84.

　　[14] 盛明泉，蒋伟. 我国上市公司股权激励对公司业绩的影响——基于2006—2008年度的面板数据 [J]. 经济管理，2011（9）：100-106.

　　[15] 何青. 股权激励与公司业绩关系的实证研究 [D]. 江西财经大学，2010.

　　[16] Muurling R., Lehnert T. Option-based Compensation：A Survey [J]. The International Journal of Accounting，2004（39）：365-401.

　　[17] Holland L. C., Elder E. M. Employee Stock Options in Compensation Agreements：A Financing Explanation [J]. Journal of Corporate Finance，2006（12）：367-379.

　　[18] Hanson R. C., Song M. H. Managerial Ownership, Board Structure, and the Division of Gains in Divestitures [J]. Journal of Corporate Finance，2000（6）.

　　[19] Jensen M., W. Mekling. Theory of the Firm：Managerial Behavior Agency 152 Costs and Ownership Structure [J]. Journal of Financial Economics，1976：305-360.

　　[20] Timothy G. P., M. F. Harald, B. W. James. The Role of Politics in Repricing Executive Options [J]. Academy of Management Journal，2002：1172-1182.

　　[21] Morck R., Shleifer A., Vishny R. Management Ownership and Market Valuation：An Empirical Analysis [J]. Journal of Financial Economics，1988（20）：293-315.

宗教传统与公司治理 *

陈冬华　　胡晓莉　　梁上坤　　新　夫

【摘　要】目前公司治理研究对法律及管制等正式制度较为关注，对非正式制度的研究较少，本文探讨了作为非正式制度的重要组成部分之宗教传统对公司治理的影响。以2000—2009 年为观察期，以公司违规、盈余管理、审计意见类型衡量公司治理水平，检验了上市公司所在地的宗教传统对其公司治理的影响。研究发现，上市公司所在地的宗教传统越强，其发生违规行为越少，也更少被出具非标准审计意见；宗教传统亦能够显著抑制上市公司的盈余管理。并且，上述关系在法律制度环境较好的地区更为明显，表明法律制度（正式制度）与宗教传统（非正式制度）存在一定的互补关系。本文提供了宗教传统可以显著提高公司治理质量的正面证据，拓展了对新兴和转型经济体（特别是在法律薄弱或后发国家）中非正式制度的作用以及其与正式制度之间互动关系的理解。

【关键词】宗教传统；非正式制度；公司治理；法律制度

一、引言

正式制度（包括法律、管制以及媒体等）的构建与执行，对于经济与社会的发展具有重要的推动作用（La Porta 等，1997，1998）。基于新兴市场国家（如中国资本市场）的研究也显示了正式制度的重要作用（杨瑞龙，1998；许年行、吴世农，2006；沈艺峰等，2009；李培功、沈艺峰，2010）。然而，关注正式制度重要性的同时，也需要注意到，采用相似法律制度的国家，在社会、经济发展各方面同样会存在巨大的差异，这些差异也许是正式制度难以超越的解释力极限。而不同国家在长期历史发展中所积累下来的宗教、文化、习俗、惯例等种种非正式制度，至少部分构成了正式制度生长及发挥作用的土壤，或者和正式制度一道，平行地推动着社会的演进（Greif，1994；韦伯，1958；诺思，2008）。

---

* 本文选自《经济研究》2013 年第 9 期。

具体到中国这样一个法律制度的制定和执行并不完善的转型和新兴市场国家，非正式制度可能占据着更为重要的地位。理解中国的种种社会、经济问题，如果仅局限于近代以来中国所接纳、吸收和改良的种种正式制度，而忽略长达数千年的历史中缓慢形成而影响深远的非正式制度，应该是不够的（Allen等，2005；陈冬华等，2008）；更何况，"文化、宗教和语言的差异使新兴和转型经济体国家无法完整地移植发达国家成熟的投资者法律保护制度"（李培功、沈艺峰，2010）。Greif（1993）关于11世纪地中海地区商会组织的案例对于中国这样的转型国家则极具启发，该研究发现，在缺乏国际法保护的中世纪地中海域，商人自发组成商会，在商会内部有着严格的行为规范和社会准则，形成个人良好的信誉，保障相互间的贸易往来。这种跨国家、跨文化的贸易网络在缺乏法律保护的情况下正是通过人与人之间的信赖得以维持。当经济理性人遭遇"道德困境"时，从文化信仰、宗教伦理等非正式制度中探寻答案似乎很早就形成了共识（斯密，1759）。在中国转型当下、正式制度日臻完善但依然欠缺的同时，从非正式制度出发，探寻市场经济的道德和伦理基础，同样极具现实意义（韦森，2002）。

基于上述原因，本文试图找到并描绘在我国可能起到重要作用的某一类非正式制度，如宗教传统。[①]之所以选择宗教传统作为切入点，有两方面原因：第一，宗教是文化的重要组成部分，在一个社会的非正式制度中扮演了非常重要的角色（Williamson，2000）。同时，宗教作为一种文化信仰，与社会、经济、政治之间的互动关系长期备受关注（Huntington，1993；韦伯，1958；桑巴特，1958；涂尔干，1999）。在世界范围内，许多地区的主要宗教都在经历复苏。例如，在美国，无论是宗教团体和信众的数量，还是宗教的影响，都在增加（Iannaccone，1994）。而不同宗教之间的冲突和融合也在加剧，Huntington（1993）曾预言，不同文明之间的冲突与协调将超越国家、种族成为未来世界新秩序的主要矛盾。第二，宗教相对其他非正式制度而言更容易量化。已有一些研究在设计宗教这一代理变量方面进行了探索（Stulz和Williamson，2003；Riahi-Belkaoui，2004）。Hilary和Hui（2009）利用美国上市公司的公开数据，首次研究了公司的投资行为如何受到宗教环境的影响；Dyreng等（2010）、McGuire等（2012）沿用其方法，分别考察了宗教社会规范与公司财务报告激进程度、宗教与公司失当行为、宗教环境与财务报告违规等研究主题。已有的成果为深入理解宗教传统在经济、社会、政治生活中的作用提供了可参照的分析框架和技术路径。

本文采用中国上市公司作为样本，以上市公司违规、盈余管理及审计意见类型作为公司治理水平的代理变量，检验上市公司所处地域内宗教传统对上市公司治理质量的影响。La Porta等（1997）指出，公司治理是公司内外确保投资者权益不受侵害的一系列措施。盈余管理、审计意见、公司违规均属于公司治理范畴，对应情形下，公司质量被破坏的强

---

① 近代宗教学的奠基人麦克斯·缪勒曾说过"世界上有多少种宗教，就会有多少种宗教的定义"。Iannaccone（1994）则认为，"基于一种对超自然力量的信仰所产生的一套共享的信念、活动和制度"足以界定宗教经济学研究的范围。按照Iannaccone的定义，道教在本文研究中可以被界定为宗教，而儒学则不是。

度递增；且三者分别对应着高管决策、中介监督、政府管制三方面，较为全面地涵盖了公司治理，且有助于相互印证。

二、文献、制度与理论

（一）文献回顾

公司治理的成因及其后果始终是公司财务与金融市场研究的重点领域，当前的研究主要集中在正式制度的层面。正式制度主要包括正式的、书面的法律、法规的制定和执行等（姜国华等，2006）。无论是国家层面还是公司层面，国内外对于正式制度与公司治理的研究已相当丰富（Shleifer 和 Vishny，1986；La Porta 等，1997，1998；于东智、池国华，2004；陈冬华等，2008；沈艺峰等，2009；李培功、沈艺峰，2010）。

在正式制度之外，一些学者也尝试用非正式制度（文化、宗教、关系等）来比较和解释公司治理的差异。Newman 和 Stanley（1996）使用同一公司在欧亚的 176 个分部研究了地域文化对公司治理的影响，结果发现分部的组织结构与当地文化越契合，其业绩越好。Haniffa 和 Cooke（2002）研究了马来西亚公司中文化与公司信息披露的关系，发现文化对于信息披露质量具有显著的影响。Fidrmuc 和 Jacob（2010）显示个人主义感强、权利距离小、不确定性规避低的文化下，公司发放的股利更多。[1] Bae 等（2010）发现不确定规避程度高的文化中，只有投资者处于较强的保护下，公司才会发放更多股利，此外长期取向文化下公司倾向更少地发放股利。Gu 等（2013）发现分析师与基金公司之间的关联较强时，分析师会为基金公司重仓持有的股票给出更为乐观的评级。Bunkanwanicha 等（2013）研究了泰国家族企业婚姻关系对公司价值的影响，结果显示，当通婚对象为商界或政界家族时，公司的股票会获得正的异常回报。

在非正式制度与公司治理的研究中，宗教与公司治理的研究也构成重要部分。Stulz 和 Williamson（2003）发现主流宗教的差异会影响这个国家债权人权利。Riahi-Belkaoui（2004）研究了 24 个不同国家宗教信仰程度对于会计信息透明度的影响，发现会计信息透明度与每月出席礼拜次数存在显著的正相关关系；而与是否相信天堂和地狱的存在没有显著关系。Callen 等（2011）采用跨国比较的方法研究了文化（特别是宗教）能否降低盈余管理水平，结果发现盈余管理与其所采用的宗教信仰衡量的四个指标均不相关。

以上研究均为跨国研究，然而，非正式制度与正式制度之间存在着复杂而微妙的作用，这样的研究很难排除两者之间的交互影响。而同一个国家内正式制度差异往往相对较

---

[1] 这些文化维度的划分来自社会学的一系列研究，个人主义感强、权利距离小、不确定性规避低的文化代表是英美，而中国文化则是较为典型的相反的例子，详见 Hofstede（2001）。

小，所以，将上述比较框架置于某一个国家的不同地区内进行比较，可以更好地观察宗教与公司治理之间的关系。但到目前为止，一国之内宗教与公司行为关系的实证研究仍然比较少（McGuire 等，2012）。这其中最大的困难在于宗教传统（宗教信仰程度）及其差异的度量。Weaver 和 Agle（2002）认为，有充分的理由相信宗教确实会影响组织中的道德行为；而如何用实证的方式去发现这种关系，具有很大的挑战。[1] 对于如何解决这一问题，学术界在不断探索。追根溯源，公司的行为是由参与公司契约的个人（尤其是公司高管）决策和执行的。因此似乎公司员工或者高管个人信仰的汇总是最好的度量方式，但这并不容易。即使是在"宗教是社会科学研究中数据比较丰富和齐全的领域"的美国，为避免"宗教歧视"嫌疑，公司中员工个人宗教信仰的数据也是无法取得的（Iannaccone，1998）。

近年来，一些学者尝试使用公司所在地宗教环境来衡量公司受到的宗教影响（Riahi-Belkaoui，2004；Hilary 和 Hui，2009；Callen 等，2011）。[2] Akerlof（1980）建立的一个社会习俗如何影响个体行为的模型，显示对于某一项行为规范，某个社会中认可并遵循这一行为规范的人越多，社会中的个人遵循这一规范的激励也就越高。由此，位于宗教信仰度高的地区的公司，其管理层和员工遵守那些与宗教相关的行为准则的可能性也越高，从而所在地的宗教规范能够形成一种社会影响，并很有可能影响总部设在当地的公司的态度和公司文化（McGuire 等，2012）。Hilary 和 Hui（2009）首次针对某一个国家内的不同公司研究了宗教环境对公司行为的影响。使用公司总部所在地宗教信徒数量与当地人口的比例作为宗教信仰程度的衡量发现：宗教对公司的决策行为有显著影响，宗教信仰程度与股票回报和资产回报率的标准差、投资、研发支出等负相关，而与资产回报率正相关；同时，投资者们能够识别出宗教信仰程度较高地区的公司规避风险的态度，因而愿意为此类公司的投资支付更高的价格。一些学者进一步从财务报告信息的角度考察了宗教环境与公司治理之间的关系。Dyreng 等（2010）发现，总部所在地宗教信仰程度越高的公司，其盈利达到或超过分析师预测的可能性越低，同时，此类公司的应计质量越高，财务造假的可能性越低，进行财务报表重述的可能性也越低。McGuire 等（2012）基于 61 万份调查问卷，从认知、影响和行为三个层面考察了宗教对受调查者的影响，结果发现，宗教影响与财务报告违规的行为有显著的负向关系；外部监管较弱的公司，宗教的上述影响更强；此外，宗教影响与超额应计项目负相关，但与真实活动盈余管理正相关，即宗教会影响管理层盈余管理手段的选择。

目前有关宗教传统与公司治理的研究，除少数国别研究，基本局限在美国。我们认为，在中国展开宗教传统与公司治理关系的研究有独特的意义。第一，中国的宗教传统由

---

[1] 其中一个困难在于如何衡量一个组织的"宗教信仰程度"。也存在例外的情况，在一些伊斯兰教国家，经济组织被要求做出"是否服从伊斯兰教义"的选择。这种情况下，可以认为公司作为一个整体拥有其宗教信仰（Abdul Rahman 等，2009）。

[2] 关于公司所在地的定义，通常采用的是公司总部所在地，因为总部是决策核心。

来已久，且影响广泛。^① 中国地域辽阔，历史上各地区之间大一统和诸侯割据的格局交替出现，造成了中国不同地区之间的宗教传统存在较大差别。相比那些地域范围较小的、宗教传统较为趋同的国家，像中国这样地区间宗教传统差别较大的国家，可以帮助我们更好地审视宗教传统的重要性。第二，Hilary 和 Hui（2009）指出宗教信仰和公司行为之间难以理清因果关系，这导致了非常严重的内生性问题。也就是说，究竟是宗教信徒导致了公司的行为方式，还是公司的行为方式吸引了那些有特定信仰的人？这一点在西方国家的研究中可能是难以解决的。而中国居民由于恋乡传统的影响以及户籍制度的限制，人口流动性要低很多，因此，采用中国的数据进行研究，可以降低上述内生性对研究发现的影响，从而更好地展现宗教传统与公司治理之间的因果关系。第三，在中国研究宗教传统的影响可以促使我们更加深入地思考正式制度与非正式制度（宗教）交互作用的机制。与西方国家相比，中国的正式制度更为薄弱；审视国家内部，各地区正式制度的发展又存在差异。首先，在一个不同于 McGuire 等（2012）关注的正式制度相对完善的国家，本文展示了宗教传统是否以及如何发挥影响。其次，在同一个国家，正式制度发展不一的各地区之间，宗教传统的影响又有无差别，这些发现对 Callen 等（2011）也是较好的补充。最后，本文结合中国背景对宗教传统的度量，可能对此领域未来的研究有一定启发。尽管 McGuire 等（2012）调查问卷的研究方式更精确地获取了个人宗教信仰的强度^②，然而这一研究的推广性可能存在一定局限（发放、回收数十万份问卷面临巨大的成本）。此外，这种调查方式也依赖于应答者积极、诚实的回答（存在应答者不愿意回答或者回答中夸大宗教信仰强度的可能）。与之对比，本文的度量方法更加偏重整体宗教环境，这些测量所需的数据相对客观并且容易取得。具体的三个度量指标各具代表性，对检验的相互印证又较为全面，这可能会为今后的研究奠定一定的基础。^③

（二）制度背景与理论分析

中国是一个多宗教国家，各种宗教在中国也有着悠久的历史。例如，佛教早在秦朝时期就已传入中国；基督教最早在唐朝时候已经进入中国；伊斯兰教则于公元前 7 世纪中叶传入中国；而发源于本土的道教，距今已有 1800 余年的历史。这些历史久远的宗教不仅对其信仰者有影响，也融入了中国的传统文化，比如，赖永海（1992）认为佛教本体论对儒家思想的影响、佛教"顿悟"的思想对中国人欣赏诗、书、画注重的"意境"、"气韵"的影响以及"去恶行善"等对中国人思想的影响，等等。这些影响可能大众并不自知，但却客观存在，与差异化的环境对比时才会显现。此外，宗教在今天的中国也有着较大的影响范围。根据 1997 年中华人民共和国国务院新闻办公室发布的"中国宗教信仰自由状况"

---

① Miller（2000）认为东方国家"一神教和宗教依附的要求比较低"，从而信仰宗教与对待风险的态度之间的关系不明显，但其研究只涉及了日本和印度。

② Riahi-Belkaoui（2004）、Callen 等（2011）采用的是世界银行的调查数据。

③ 以受宗教名刹影响大小来度量宗教传统强度的方式也可以在东亚、东南亚其他国家尝试。

报告，截至当时的不完全统计，中国有各类宗教信徒一亿多人，宗教活动场所 8.5 万余处，宗教教职人员约 30 万人。2009 年的另一项报道显示，自 1997 年白皮书发布以来，中国宗教信徒的人数呈增长态势，目前宗教活动场所已经达到约 13 万处（张炳升、曹建文，2009）。而理论界的一些研究，也显示了宗教在我国居民社会生活中发挥着一定的作用。比如，李涛等（2008）的研究显示居民的宗教信仰对社会信任水平有正面的影响。

因此，宗教传统在中国是一项重要的非正式制度，这一制度会影响社会、经济、生活各个方面，包括影响到公司治理。宗教传统影响公司治理行为的具体理由，至少有下面三点：

第一，宗教传统会影响信仰者遵循的规则。许多学者认为，对于宗教信徒而言，不仅法律法规等正式制度安排会约束他们的行为，宗教的各种规定也可能会约束他们的行为，虔诚的宗教信徒通常面临着严格的约束（Conroy 和 Emerson，2004）。古今中外的宗教除极少数教派，绝大多数宗教强调对欲望的约束，而且这种约束在特定的一些历史阶段是有积极作用的（吕大吉，1989）。而宗教世界中"全知"的神的存在以及"来世"、"天堂"等概念则更加强化了上述约束，因为前者意味着违反规则必然会被观测到，而后者意味着违反规则的成本的增加。① 在这个意义上，宗教可能提供了法律制度外的约束。比如在较强的宗教环境下，公司的管理层可能会以较高的标准来要求自己，更加严格地遵守各种法律法规，这些公司的生产经营可能更为规范，更少发生违规、腐败行为。

第二，宗教传统会减轻信徒利己的心态。很多宗教强调对他人的互助和友爱，而对完全的利己之心有一定程度的反对（Annis，1976）。比如，基督教就强调人应有"忏悔"之心；佛教强调"自利利他"，就是为自己的解脱而修行，也要为救济一切众生而努力行善（方立天，1996）。同时现代社会生活节奏快、人与人接触时间短而频繁，宗教活动也可能激发信仰者对合作、关爱的渴望，而更少地因一己私利去侵害他人的权益。所以宗教友爱利他的影响，可能会减少管理层的一些利己行为，如腐败、违规等。

第三，宗教传统会影响信徒对待风险的态度。大量的研究发现，宗教信仰与风险呈负相关关系（Miller 和 Hoffmann，1995）。因为，宗教信徒往往有着较强的对未来不确定性的厌恶（Homans，1941）。Ahmad（1973）的研究结果也表明宗教信徒往往是更焦虑的。如果说宗教传统确实会降低对待风险的激进态度，那么必然也会在公司行为上发现对应的证据。比如在浓厚的宗教环境下，公司可能更少地采用激进的会计政策，更稳健地进行投资等。

第四，公司作为法人的社会存在与公司的利益相关者之间存在天然的冲突。这种矛盾与冲突，在经济学范畴表现为"代理问题"，而在宗教的语境中，则表现为对"现世与来世"，或"此岸与彼岸"的内在超越。宗教通过内在修行和禁欲等方式，协调公司长远目

---

① 尽管在某些问题上不同宗教会有差异，甚至冲突，但一些人类社会基本的价值观在不同的宗教中是共存的，如诚实守信、与人为善、孝顺父母、扶助穷苦等。

标与个人短期行为之间内在冲突。从这一点看，宗教对公司治理的影响具有普适意义。[①]

本文在研究宗教传统时，未使用个人的宗教信仰数据，而是采用了地区层面的宗教传统强度度量，主要原因如下：首先，个人宗教信仰数据难以取得。Iannaccone（1998）指出即使在美国为了避免"宗教歧视"的嫌疑，公司中员工的个人宗教信仰的公开数据也是无法获得的。其次，地区的宗教传统会反映或者影响环境中个人的宗教信仰。以宗教活动场所为例，宗教活动场所是宗教信徒进行宗教活动、举行宗教仪式的公共空间。一个特定的宗教场所的繁荣，与当地的宗教环境相辅相成。一方面，宗教场所的产生、维持需要大量经费的投入，而当地信徒的供奉无疑是其中最重要的来源，古刹名寺历史悠久，许多存续、跨越了多个朝代，这意味着当地有数量较多的宗教信徒。另一方面，古刹名寺经过长时间的存续，拥有了很高的声誉和名望，也对宗教起到了宣传、推广的作用，会对附近的个人产生潜移默化的影响。最后，地区的宗教传统是较为稳定的，且存在地域差异。我国作为一个有着悠久宗教历史的国家，不同地区的宗教信仰经过长时间的发展已经融入了当地的文化、社会习俗之中。并且历史上中国各地区之间大一统和诸侯割据的格局交替出现，不同地区的宗教文化和传统存在着较大的差别。这种差异能够保持相当长的时间，并且改变缓慢（Williamson，2000）。因此地区宗教传统的量度是存在差异且相对稳定的，在非个人层面的宗教传统量度方法中具有一定优势。

本文认为，在宗教传统较强的地区，公司内部人会更多地受到宗教中强调的"诚实守信"观念影响，更加约束自身行为，从而表现出更高的治理水平。[②] 由于宗教传统的地区差异，中国不同地区上市公司的公司治理质量会有所不同。本文从三个角度考察公司治理：①上市公司违规情况；②上市公司财务报告的盈余管理程度；③上市公司财务报告被出具的审计意见类型。相应地提出如下两个假设：

H1：上市公司所在地的宗教传统越强，上市公司越不容易违规。

H2：上市公司所在地的宗教传统越强，上市公司信息披露质量越高，表现为盈余管理程度越低，被出具非标准审计意见的可能性越小。

---

① 本文没有对不同宗教传统进行深入分析，一方面是数据难以获取；另一方面我们认为，宗教传统在对公司治理的影响可能是普适的。这主要源于公司治理本身内在的冲突和矛盾恰好契合了宗教传统存在的价值所在，即通过修行禁欲等方式协调个人短期行为与公司长期目标的冲突。

② 有观点争论地区信任水平与宗教传统影响是否是替代的，但地区信任水平本身可能正是宗教传统影响的结果（李涛等，2008）。

三、研究设计

（一）样本与数据

选取 CCER 上市公司财务数据库中 2000—2009 年的非金融类 A 股主板上市公司为本文初始观测。为提高研究的有效性，按以下原则进行筛选：①剔除中小板、创业板公司；②剔除无法确定经纬度的公司及其他变量缺失的公司；③多元回归中会按行业进行分类，剔除按 CSRC 行业分类标准（非制造类取一位，制造业取两位）公司数量小于 30 行业的公司；④剔除资产负债率大于等于 1 及等于 0 的公司。由此，得到用于模型（1）检验的初始观测 10185 个。模型（2）、模型（3）、模型（4）使用的观测在模型（1）的基础上进一步筛选，分别得到 9446 个、7177 个、8319 个观测用于检验。[①]对模型中所有连续变量在 1% 的水平进行 Winsorize。

（二）宗教影响的变量定义

Hilary 和 Hui（2009）通过衡量上市公司所在地的宗教环境来衡量上市公司受到的宗教影响。一个地区宗教环境可以通过该地区宗教场所的数量、宗教人口的数量以及占总人口的比重、宗教参与度等指标表示。按照 Hilary 和 Hui（2009）的基本思路，本文以国内影响力比较大的寺庙与公司注册地距离以及这些寺庙在每个省内所占比重来度量宗教对上市公司的影响。寺庙选取的标准有两个来源：①1983 年 4 月 9 日中华人民共和国国务院批转 《国务院宗教事务局关于确定汉族地区佛道教全国重点寺观的报告》附件所列中国汉族地区佛教全国重点寺院名单确定的 148 所省级重点寺庙，[②]简称"省级重点寺庙"（国务院，1983）；②2010 年民族宗教事务局评选出的"首届全国创建和谐寺观教堂先进集体和先进个人"中获奖的宗教场所，简称"获奖宗教场所"（国家民族宗教事务局，2010）。在此基础上，本文从公司层面和省份层面计算了宗教影响的指标。

1. 公司层面

采用上市公司注册地与宗教活动场所的距离衡量上市公司个体受到的宗教传统影响。利用 Google-Earth、百度地图等互联网工具，手工搜集样本上市公司 2000—2009 年的注册地址以及 148 个省级重点寺庙所对应的经纬度坐标。利用上述坐标，计算每家上市公司与

---

① 考虑到我国是一个多民族的国家，不同民族之间的文化差异较大，为更好地考察宗教的影响，将样本限定在汉族地区（即不包括新疆、内蒙古、广西、宁夏和西藏 5 个自治区）；剩余的 26 个省中，有 3 个（甘肃、海南、青海）不包含在宗教影响衡量指标标准中（"省级重点寺庙"和"获奖宗教场所"不包括少数民族地区，这些地区另外评选）。故最终的样本限定为剩余 23 个省的上市公司。

② 原文件附注为 142 所，但实际名单中可辨识的有 148 所。按始建年代看，东汉至民国均有。

148 所重点寺庙之间的距离。如果上市公司注册地附近存在影响力较大的寺庙，上市公司更容易受到宗教传统的影响。Frel1 表示上市公司注册地 200 公里范围内重点寺庙的数量。

2. 省级层面

计算了每个省获奖的宗教场所数量（Frel2）。此外，还手工搜集了 2007 年底至 2008 年初各省政协委员换届名单中各个行业、领域的代表人数，并计算了各省政协委员中宗教界人士的比例（Frel3）。[①]

（三）模型构建与相关变量定义

本文从三个角度来考察宗教传统对公司治理的影响：①上市公司违规情况；②上市公司财务报告的盈余管理程度；③上市公司财务报告被出具的审计意见类型。分别构建模型进行检验。

1. 宗教影响与公司违规

借鉴以往中国上市公司违规、财务丑闻研究的文献（张翼、马光，2005；陈冬华等，2008；李培功、沈艺峰，2010），构建多元回归模型（1），检验宗教传统对公司违规的影响：

$$Violation = \alpha + \beta_1 \times Religion + \beta_2 \times Roa + \beta_3 \times Loss + \beta_4 \times Law + \beta_5 \times Gov + \beta_6 \times Lngdp +$$
$$\beta_7 \times Size + \beta_8 \times Leverage + \beta_9 \times Indboard + \beta_{10} \times Board + \sum Industry +$$
$$\sum Year + \varepsilon \tag{1}$$

模型（1）采用 Logistic 回归估计模型。其中，因变量 Violation 为上市公司的违规情况。当年涉及违规时 Violate 取 1，否则取 0。由于上市公司违规的行为无法被直接观测到，只有当上市公司违规行为被处罚并公布时，才能知晓其违规行为，所以本文沿用陈国进等（2005）的方法，以因违规受到处罚的上市公司作为违规研究样本。利用 CSMAR 数据库"上市公司违规事件及其公告文件"中的数据[②]，通过对被处罚公司进行追溯的方法，将被处罚的违规行为涉及的年份定义为违规年份，以上市公司当年是否违规衡量其是否违规。[③] Religion 为衡量宗教影响的各个指标。宗教指标数值越高，代表宗教的影响越高。按照假设 1，预期 $\beta_1 < 0$，即宗教影响越高，公司越不容易违规。控制变量包括公司层面和地区层面影响公司治理的变量。公司层面变量包括：Roa 为净利润/（期初总资产与期末总资产均值）；Loss 为哑变量，公司当年亏损取 1，否则取 0；Size 为公司年末总资产的自然对数；Leverage 为公司年末总负债/总资产；Indboard 为上市公司独立董事数量；Board 为上市公司董事会规模。地区层面变量包括：Law 为各省法律发展指数；Gov 为各省政府干预程度指数；[④] Lngdp 为当年该省 GDP 的对数。Industry 为行业虚拟变量，Year 为年度

[①] 根据政治协商制度，各界人士作为其所在行业、领域的代表共同参政议政。某个省的宗教活动在该省的地位越重要，相应的，政协委员中宗教界人士的比例也会较高。

[②] 一些违规事件会同时受多个监管机构的处罚，将重复处罚的事件予以剔除。

[③] 上市公司违规事件及其公告文件提供了上市公司受罚行为涉及的年份。若某一年份涉及违规行为，定义上市公司当年存在违规行为，这包括了 2010—2011 年被处罚而在 2000—2009 年涉及的违规。

[④] 取自樊纲等（2010），2002 年之前用 2002 年的数据代替，2007 年之后用 2007 年的数据代替。

虚拟变量。

2. 宗教影响与盈余管理

参照叶康涛等（2007）和潘越等（2010），构建多元回归模型（2）和模型（3），检验宗教传统对公司盈余管理行为的影响：

$$Absda = \alpha + \beta_1 \times Religion + \beta_2 \times Size + \beta_3 \times Leverage + \beta_4 \times Roa + \beta_5 \times Loss + \beta_6 \times Law +$$
$$\beta_7 \times Gov + \beta_8 \times Lngdp + \beta_9 \times Indboard + \beta_{10} \times Board + \sum Industry + \sum Year + \varepsilon$$
$$(2)$$

$$Absnr = \alpha + \beta_1 \times Religion + \beta_2 \times Size + \beta_3 \times Leverage + \beta_4 \times Roa + \beta_5 \times Loss + \beta_6 \times Law +$$
$$\beta_7 \times Gov + \beta_8 \times Lngdp + \beta_9 \times Indboard + \beta_{10} \times Board + \sum Industry + \sum Year + \varepsilon$$
$$(3)$$

模型（2）和模型（3）采用 OLS 回归估计模型。其中，模型（2）的因变量 Absda 为操纵性应计利润的绝对值；模型（3）的因变量 Absnr 为非经常性损益/上年总资产的绝对值。控制变量定义同模型（1）。按照假设 2，预期 $\beta_1 < 0$，即宗教影响越高，公司信息披露质量越高，盈余管理程度越低。

3. 宗教影响与审计意见

审计意见反映了审计师对于上市公司财务报表态度。被出具非标准的审计意见，代表审计师对于上市公司的财务信息质量的可靠、公允性以及上市公司可存续性存疑。因此，审计意见能够一定程度上反映上市公司财务信息的可靠程度。构建多元回归模型（4），检验宗教传统对公司被出具审计意见的影响：

$$Audop = \alpha + \beta_1 \times Religion + \beta_2 \times Roa + \beta_3 \times Size + \beta_4 \times Leverage + \beta_5 \times Loss + \beta_6 \times Law +$$
$$\beta_7 \times Gov + \beta_8 \times Lngdp + \beta_9 \times Indboard + \beta_{10} \times Board + \beta_{11} \times Lnfee + \beta_{12} \times Bigfour +$$
$$\sum Industry + \sum Year + \varepsilon$$
$$(4)$$

模型（4）采用 Logistic 回归估计模型。其中，因变量 Audop 为上市公司年报的审计意见类型，当审计意见为非标审计意见时，取 1，否则取 0；Lnfee 为审计费用的对数；Bigfour 为审计事务所类型，如果为四大审计，取 1，否则取 0，其他控制变量定义同模型（1）。按照假设 2，预期 $\beta_1 < 0$，即宗教影响越高，公司信息披露质量越高，公司被出具非标意见的可能性越低。

为减轻序列相关的影响，模型回归中控制了行业和年度效应，并按照公司进行了 Cluster 处理。为了减轻异方差的影响，报告了经异方差调整的 Robust t 值。

四、实证结果与分析

（一）变量描述性统计与分析

表 1 报告了各省政协委员中宗教界人士的比例、省级重点寺庙、获奖寺庙的数量以及两类宗教场所的合计值。值得注意的是，各省宗教传统与法律发展水平、政府干预程度及人均 GDP 排名并不存在一致或相反的趋势。[①]

表 1　省政协委员中宗教界人士的比例、省级重点寺庙、获奖寺庙的数量

地区	安徽	北京	福建	广东	贵州	河北	河南	黑龙江	湖北	湖南	吉林	江苏	江西	辽宁	山东	山西	陕西	上海	四川	天津	云南	浙江	重庆
宗教界人士比例（%）	0.9	1.2	2.4	1.2	1.7	3.8	2.9	1.3	2.2	1.3	2.2	1.8	1.5	1.8	1.2	1.9	1.8	2.0	0.8	1.0	3.2	1.8	1.3
获奖寺庙	30	5	36	14	8	21	43	8	18	27	12	27	35	11	24	13	12	5	15	5	28	52	5
重点寺庙	14	7	14	6	2	2	3	1	4	6	3	13	4	2	2	14	13	5	9	1	5	13	3
寺庙合计	43	11	43	19	8	22	43	8	18	29	14	35	35	12	24	25	24	9	23	5	32	59	7

对主要变量进行描述性统计分析显示[②]：①5.29%的公司年至少发生 1 次违规事件（Violate）；②盈余管理水平（Absda）的均值（中位数）为 0.0832（0.0087），非经常损益（Absnr）的均值（中位数）为 0.0120（0.0240）；③7.04%的公司年被出具非标准审计意见；④上市公司注册地 200 公里范围内平均有 9 所重点寺庙（Frel1 = 8.9398），最多的达到 25 所，最少的则为零；每个省获奖的宗教场所数量平均约为 19 所（Frel2 = 18.8439），各省政协委员中宗教界人士的比例平均达到 1.68%。

表 2 是单变量检验的结果（以 Frel1 为例）。根据宗教传统影响的中位数将全样本分为宗教传统影响较高组、宗教传统影响较低组，对因变量进行描述性统计并比较组间差异。结果显示，宗教传统影响较高组的违规概率和被出具非标准审计意见的概率均更低，分别低 1.96%、1.66%。考虑到全样本两者的均值分别为 5.29%与 7.04%，上述差距是巨大的。盈余管理的结果则不一致。当然以上发现仅为初步证据，需要控制其他变量才能得出最终结论。

---

① 例如，两类宗教场所合计数量最多的 7 个省依次为浙江、安徽、河南、福建、江西、江苏、云南，而这 7 个省 2005 年法律发展指数水平排名分别为 4、6、15、5、20、3、19；政府干预指数排名分别为 3、17、19、8、20、6、22；而人均 GDP 排名分别为 4、21、15、9、19、5、22。

② 限于篇幅，未报告。此处及其他限于篇幅未报告的结果，均欢迎来信索取或参阅经济研究网站。

表 2　单变量检验

	宗教传统影响较高组	宗教传统影响较低组	均值差（较高-较低）	T 值	P 值
Violate	0.0432	0.0628	0.0196	4.4212	< 0.0001
Absda	0.0839	0.0825	−0.0014	−0.7643	0.4447
Absnr	0.0127	0.0114	−0.0013	−2.2184	0.0266
Audop	0.0621	0.0787	0.0166	2.9243	0.0035

（二）宗教传统影响与公司违规

首先，考察宗教传统对公司违规的影响。表 3 的 PanelA 是模型（1）的回归结果。控制了其他因素后，宗教衡量各项指标的系数符号均与预期一致：公司层面，Frel1 在 5% 水平上显著小于零（Z 值为-2.24）；省级层面，Frel2 的系数在 5% 的水平上显著（Z 值为-2.08），Frel3 在 1% 水平上显著小于零（Z 值为-2.77）。经济意义上，以 Frel1 为例，其他条件不变，Frel1 每提高一个标准差，将降低 Violate 取 1 的概率 0.58%。考虑到总样本中 Violate 取的概率仅为 5.29%，这意味着宗教传统的增强使公司违规的可能下降了 10.96%（0.58%/5.29%）。上述结果表明，上市公司受到的宗教传统影响越强烈，越不容易发生违规行为。这一结果与 McGuire 等（2012）的发现基本一致。Stulz 和 Williamson（2003）指出，文化习俗、宗教传统代际相传，通过言传身教和上行下效，成为影响人类经济行为的一个重要因素，也是解释不同文化传统下产生不同投资者保护机制差异的原因。从这个意义上，本文首次利用中国的经验证据得到了一些初步结果，在中国这样一个宗教传统历史悠久的国度，宗教传统对经济行为产生了影响，对公司违规具有抑制作用。这一发现对投资者权益保护具有积极意义。

（三）宗教传统影响与盈余管理

公司违规属于较为严重的损害投资者利益的行为。其次，考察宗教传统对公司盈余管理的影响。表 3 的 PanelB、PanelC 分别是模型（2）和模型（3）的回归结果。操纵性应计利润（Absda）的回归结果显示：宗教传统影响三个指标的回归系数均为负，但只有 Frel1 通过了 10% 的显著性水平检验（T 值为-1.92）。非经常性损益（Absnr）的回归结果显示，三个宗教传统影响指标的回归系数均为负，其中，Frel1、Frel2 分别在 10% 和 5% 水平上显著（T 值分别为-1.86 和-2.08）。以上结果说明，宗教传统能够抑制上市公司利用非经常性损益进行盈余管理的行为。描述性统计显示，样本公司更倾向于采用非经常性损益来进行盈余管理；同时，采用非经常性损益盈余管理更容易被投资者"看穿"（Chen 和 Yuan，2004）。因此有理由推断，较之操纵性应计利润，宗教传统更容易抑制通过非经常损益进行的盈余管理。这一研究结果与 Riahi-Belkaoui（2004）以及 Dyreng 等（2010）一致。区别在于，本文的发现表明，宗教传统对盈余管理的抑制作用更多地体现在非经常性损益操控上。

（四）宗教传统影响与审计意见

最后，考察宗教传统能否降低公司被出具非标准审计意见的可能性。表 3 的 PanelD 是模型（4）的回归结果。控制了其他因素后，宗教传统衡量的各项指标的系数符号均与预期一致：公司层面，Frel1 在 10%水平上显著小于零（Z 值为-1.89）；省份层面，Frel2 在 5%的水平显著（Z 值为-2.16）。经济意义上，以 Frel1 为例，其他条件不变，Frel1 每提高一个标准差，将降低 Audop 取 1 的概率 0.59%。考虑到总样本中 Audop 取 1 的概率仅为 7.04%，这意味着宗教传统的增强使得公司被出具非标准审计意见的可能下降了 8.38%（0.59%/7.04%）。上述结果总体表明，上市公司受到的宗教传统影响越强烈，上市公司越不容易被出具非标准审计意见。

表 3　宗教传统对公司治理的影响

	PanlA：公司违规（Violate）			PanelB：盈余管理（Absda）		
	公司层面	省份层面		公司层面	省份层面	
	Frel1	Frel2	Frel3	Frel1	Frel2	Frel3
Frel	−0.0271** (−2.24)	−0.0163** (−2.08)	−32.02*** (−2.77)	−0.0000353* (−1.92)	−0.0000534 (−0.44)	−0.0657 (−0.38)
Other Variables Industry & Year Dummies	Controlled	Controlled	Controlled	Controlled	Controlled	Controlled
N	10185	10185	10185	9446	9446	9446
Preudo R^2/Adj.R^2	0.153	0.153	0.154	0.065	0.065	0.065
	PanelC：盈余管理（Absnr）			PanelD：审计意见（Audop）		
	公司层面	省份层面		公司层面	省份层面	
	Frel1	Frel2	Frel3	Frel1	Frel2	Frel3
Frel	−0.0000983* (−1.86)	−0.0000619** (−2.08)	−0.0427 (−0.86)	−0.0266* (−1.89)	−0、0172** (−2.16)	−9.190 (−0.80)
Other Variables Industry & Year Dummies	Controlled	Controlled	Controlled	Controlled	Controlled	Controlled
N	7177	7177	7177	8139	8139	8139
Preudo R^2/Adj.R^2	0.098	0.099	0.098	0.29	0.291	0.288

注：***P＜0.01，**P＜0.05，*P＜0.1。

表 4　不同正式制度环境下的宗教传统影响

	PanelA：公司违规（Violate）					
	公司层面		省份层面		省份层面	
	Frel1		Frel2		Frel3	
	法律较高	法律较低	法律较高	法律较低	法律较高	法律较低
Frel	−0.0291 (−1.47)	−0.0247 (−1.37)	−0.0152 (1.01)	−0.0101 (−0.89)	−56.14* (1.68)	−33.84*** (2.72)
Other Variables Industry & Year Dummies	Controlled		Controlled		Controlled	
Chi2（1）	0.06		0.17		0.81	

	PanelA：公司违规（Violate）					
	公司层面		省份层面		省份层面	
	Frel1		Frel2		Frel3	
	法律较高	法律较低	法律较高	法律较低	法律较高	法律较低
N	4884	5191	4884	5191	4884	5191
Pseudo R^2	0.183	0.135	0.182	0.134	0.183	0.140
	PanelB：审计意见（Audop）					
	公司层面		省份层面		省份层面	
	Frel1		Frel2		Frel3	
	法律较高	法律较低	法律较高	法律较低	法律较高	法律较低
Frel	−0.0278*	−0.0176	−0.0249**	−0.00425	−53.06*	5.526
	(−1.69)	(−0.81)	(−2.31)	(−0.39)	(−1.87)	(0.47)
Other Variables Industry & Year Dummies	Controlled		Controlled		Controlled	
Chi2（1）	0.23		3.16*		7.12***	
N	4055	4028	4055	4028	4055	4028
Pseudo R^2	0.296	0.328	0.299	0.328	0.296	0.328

注：***$P<0.01$，**$P<0.05$，*$P<0.1$。

（五）不同正式制度环境下的宗教传统影响

在肯定了公司所处环境的宗教传统对公司治理水平的影响后，本文进一步探寻：决定公司治理水平的过程中，正式制度（法律）与非正式制度（宗教）两种不同力量，作用的方向是一致的、有所替代的还是无关的。我们认为，问题的关键可能在于行为人的最终目标是否仅仅是"满足最低标准"，毕竟高质量的公司治理水平的供给也是需要成本的。

一种情形，行为人的最终目的仅仅是满足监管机构的最低要求，比如，只是按照监管要求按时按量地提供信息披露。那么，法律制度环境与宗教传统两方面力量可能是替代的。在既定的成本约束下，法律等正式制度约束较强的地区，宗教传统起到的作用可能是低微的。相反地，在法律等正式制度约束较弱的地区，宗教传统的作用就可以展示出来，弥补正式制度的不足，在公司治理水平的提高中发挥更大的作用。[①]另一种情形，行为人的最终目标并非"满足最低标准"。这种情况下，宗教传统影响了行为人的效用函数和风险态度，行为人愿意支付更高的成本而达到更高的标准（与前文的分析一致，这种情形更有可能）。一是宗教传统恪守规则的内在要求使其竭尽所能做到更好，如更及时、真实地披露公司信息，更好地保护中小投资者；二是在法律等正式制度约束较强的地区，宗教传统厌恶风险的内在要求使其更需要披露真实信息（违规被查处和被投资者诉讼的可能性更

---

① 当然两者作用的先后可能是相反的，即先是宗教发挥影响，而后才是法律发挥影响，这里暂不做区分。

高）。① 对于前者，两方面的力量是无关的；对于后者，两方面的力量是互补的。

为回答这些问题，本文进行了额外的测试。按照法律制度环境指数（樊纲等，2010），将所有地区分为法律制度环境水平较低组与法律制度环境水平较高组，分组重新进行测试。表 4 是回归结果。② 在所有组中，宗教传统影响的系数均为负，即正面提高了公司治理水平；组间差异，法律制度环境水平较高组的宗教传统影响系数的绝对值均更大（即公司违规、被出具非标准审计意见的概率更低，但仅最后两组显著）；在审计意见回归结果中，法律制度环境水平较高组的宗教传统影响均显著，而法律制度环境水平较低组的宗教传统影响均不显著。综合以上发现，正式制度（法律）与非正式制度（宗教）在决定中国公司治理水平的过程中存在一定的互补关系，两者共同推动了公司治理的进步。此外，这一分析还可以视为韦森（2002）理论阐述的一个实证检验，而且本文发现与之吻合。③

（六）公司相关其他主体的宗教传统影响

到目前为止，有关宗教传统对公司行为影响的视角主要还停留在公司内部中（主要是高管）。即宗教传统影响了公司高管的效用函数、风险态度，高管的决策和表现决定了公司的行为。然而事实上，并不能将公司行为仅仅归结为高管单方面的结果，公司面临的其他利益相关者与监督者同样会影响公司行为。④ 那么，这些主体所受的宗教传统影响是否也会在公司行为中有所体现呢？当他们受到较强的宗教传统影响时，是否也有助于抑制公司代理问题呢？

为回答这些问题，本文进行了额外的测试，选取审计师事务所作为研究对象。原因在于，相对于其他主体，审计师事务所与上市公司的关系比较稳定，且与本文关注的公司治理水平的三个方面（违规、盈余管理、被出具审计意见类型）都有直接的、较强的联系。参照公司受到宗教传统影响的度量方法，度量了审计师事务所受到宗教传统的影响。度量过程中，剔除了受四大审计和国内十大所审计的观测。原因在于这些事务所的分所较多，难以确知是哪一分所对上市公司进行了审计。若用总部受到的宗教传统影响替代，偏差较大。⑤ 回归结果显示（限于篇幅，未报告）：审计师事务所的宗教传统影响的系数基本为负，即抑制了公司违规、盈余管理程度和非标准审计意见的获得；同时，公司所受宗教传统影响的

① 这里并不强调受宗教传统影响较强的人不存在自利动机，但即使相对差异也会导致个体行为的不同。市场运行对人的理性与道德的要求也许并不高，因为，它似乎总是奖励那些具有一般德行（如善良、宽恕、不嫉妒）而又不懦弱的理性人，即那些总是采取"针锋相对"策略（道德铁律）的"善良理性好人"（韦森，2002）。

② 此处仅报告了公司违规与审计意见的结果，一方面是出于篇幅考虑，另一方面 McGuire 等（2012）认为盈余管理是在会计准则框架内的公司的持续的行为（他们也确实未发现公司外部监督水平不同的组，宗教对盈余管理的影响有差异）。在本文未报告的盈余管理分析检验中，法律制度环境水平较高组的宗教传统影响系数的绝对值均更大，且法律制度环境水平较高组中有两组宗教传统影响系数显著；但同时法律制度环境水平较低组的系数却不显著。

③ 从国别间差异的对比来说，证据似乎也是一致的。否则很难理解，在正式制度异常发达的美国，宗教传统依然能起到异乎寻常的重要作用（McGuire 等，2012）。

④ 这些利益相关者与监督者包括地方政府、机构投资者、公司员工、供应商客户、审计师事务所等。

⑤ 从 CSMAR 数据系统，只能获取审计师事务所总部的信息。

显著性下降。尽管证据较为微弱，这些结果显示公司内外主体受到的宗教传统影响可能共同作用于公司行为，减少了公司的代理问题。

（七）稳健性测试

本文进行了如下一系列检验：①配对检验。按同行业、同年份中总资产规模最接近的标准选取配对观测，再进行回归。②违规次数。计算上市公司某年度违规次数，进行Poisson 回归。③其他衡量宗教影响的方法。包括：上市公司距离 300 公里范围内省级重点寺庙的数量、距离上市公司最近的 3 个重点寺庙到上市公司平均距离的相反数、各省获奖寺庙的数量与总人口的比值。④剔除北京、上海、广东的上市公司。⑤控制人均 GDP 水平。以上检验得到的结果均不改变文章之前的发现。

五、结论与局限

中国的上市公司分布于广泛的地域，不同的地区由于历史、地理等因素在宗教传统等方面存在较大的差异。这种差异可能会对上市公司的治理质量产生影响。本文研究了宗教传统对于上市公司治理水平的影响。采用上市公司违规、盈余管理及审计意见类型作为上市公司治理水平的代理变量，研究发现，上市公司所在地的宗教传统越强，其越少发生违规行为，也越少被出具非标准审计意见；宗教传统能够抑制上市公司（利用操纵性应计利润和非经常性损益进行）盈余管理的行为。此外，上述关系在法律制度环境较好的地区更为明显，即法律制度（正式制度）环境与宗教传统（非正式制度）影响存在一定的互补关系。

本文还存在一些局限：首先，本文没有区分不同宗教的影响。应该说，不同宗教对于人的风险和偏好影响是不同的；其次，使用重点寺庙名录、获奖寺庙名录等作为宗教衡量的方法，不能保证完全覆盖了宗教传统的影响程度；最后，违规样本存在一定的样本生存偏差。这些局限留待未来的研究逐步解决。

参考文献

［1］陈冬华，章铁生，李翔.法律环境、政府管制与隐形契约［J］.经济研究，2008（3）.

［2］陈国进，林辉，王磊.公司治理、声誉机制和上市公司违法违规行为分析［J］.南开管理评论，2005（6）.

［3］樊纲，王小鲁，朱恒鹏.中国市场化指数——各地区市场化相对进程报告（1997—2007）［M］.北京：经济科学出版社，2010.

［4］方立天.中国佛教伦理思想纲论［J］.中国社会科学，1996（2）.

［5］国家民族宗教事务局政法司.中央统战部、国家宗教事务局关于表彰首届全国创建和谐寺观教堂先进集体和先进个人的决定［R］.2010-12-31.

［6］国务院.国务院宗教事务局关于确定汉族地区佛道教全国重点寺观的报告［R］.1983-04-09.

［7］姜国华,徐信忠,赵龙凯.公司治理和投资者保护研究综述［J］.管理世界,2006(6).

［8］赖永海.佛教对中国传统思维模式的影响［J］.中国社会科学,1992(1).

［9］李培功,沈艺峰.媒体的公司治理作用:中国的经验证据［J］.经济研究,2010(4).

［10］李涛,黄纯纯,何兴强,周开国.什么影响了居民的社会信任水平?——来自广东省的经验证据［J］.经济研究,2008(1).

［11］吕大吉.概说宗教禁欲主义［J］.中国社会科学,1989(5).

［12］诺思(Douglas C.North).制度、制度变迁与经济绩效［M］.上海:格致出版社,2008.

［13］潘越,吴超鹏,史晓康.社会资本、法律保护与 IPO 盈余管理［J］.会计研究,2010(5).

［14］桑巴特(Werner Sombart).现代资本主义［M］.北京:商务印书馆,1958.

［15］沈艺峰,肖珉,林涛.投资者保护与上市公司资本结构［J］.经济研究,2009(7).

［16］斯密(Adam Smith).道德情操论(1759:中译本)［M］.北京:商务印书馆,1997.

［17］涂尔干(Emile Durkheim).宗教生活的基本形式,涂尔干文集(第一卷)［M］.上海:上海人民出版社,1999.

［18］韦伯(Max Weber).新教伦理与资本主义精神［M］.上海:三联出版社,1958.

［19］韦森.经济学与伦理学——探寻市场经济的伦理维度与道德基础［M］.上海:上海人民出版社,2002.

［20］许年行,吴世农.我国中小投资者法律保护影响股权集中度的变化吗?［J］.经济学(季刊),2006(3).

［21］杨瑞龙.我国制度变迁方式转换的三阶段论——兼论地方政府的制度创新行为［J］.经济研究,1998(1).

［22］叶康涛,陆正飞,张志华.独立董事能否抑制大股东的"掏空"?［J］.经济研究,2007(4).

［23］于东智,池国华.董事会规模、稳定性与公司绩效:理论与经验分析［J］.经济研究,2004(4).

［24］张炳升,曹建文.1997 年宗教白皮书发表以来我国宗教发展情况［N］.光明日报,2009-09-05.

［25］张翼,马光.法律、公司治理与公司丑闻［J］.管理世界,2005(10).

［26］Abdul-Rahman R., A. Rahman, S. Courtenay. Religion and Earnings Mangement［J］. Working Paper, 2009.

［27］Ahmad, M. Religiosity as a Function of Rigidity and Anxiety［J］. Indian Journal of Experimental Psychology, 1973, 7(2): 49-50.

［28］Akerlof G. A. A Theory of Social Customs, of Which Unemployment May Be One Consequence［J］. Quarterly Journal of Economics, 1980, 94(4): 749-775.

［29］Allen, F., J. Qian, M. Qian. Law, Finance, and Economic Growth in China［J］. Journal of Financial Economics, 2005, 77(1): 57-116.

［30］Annis, L. V. Emergency Helping and Religious Behavior［J］. Psychological Reports, 1976(39): 151-158.

［31］Bae, S. C., K. Chang, E. Kang. Culture, Corporate Governance, and Dividend Policy: International Evidence［J］. Working Paper, 2010.

［32］Bunkanwanicha, P., J. P. H. Fan, Y. Wiwattanakantang. The Value of Marriage to Family Firms［J］. Journal of Financial and Quantitative Analysis, forthcoming, 2013.

［33］Callen, J. L., M. Morel, G. Richardson. Do Culture and Religion Mitigate Earnings Management?

Evidence from a Cross-country Analysis [J]. International Journal of Disclosure and Governance, 2011, 8 (2): 103-121.

[34] Chen, K. C. W., H. Yuan. Earnings Management and Capital Resource Allocation: Evidence from China's Accounting-Based Regulation of Rights Issues [J]. Accounting Review, 2004, 74 (3): 645-665.

[35] Conroy, S. J., L. N. Emerson. Business Ethics and Religion: Religiosity as a Predictor of Ethical Awareness among Students [J]. Journal of Business Ethics, 2004, 50 (4): 383-396.

[36] Dyreng, S. D., W. J. Mayew, C. D. Williams. Religious Social Norms and Corporate Financial Reporting [J]. Working Paper, 2010.

[37] Fidrmuc, J. P., M. Jacob. Culture, Agency Costs, and Dividends [J]. Journal of Comparative Economics, 2010, 38 (3): 321-339.

[38] Greif, A. Contract Enforceability and Economic Institutions in Early Trade: The Maghribi Traders' Coalition [J]. American Economic Review, 1993, 83 (3): 525-548.

[39] Greif, A. Cultural Beliefs and the Organization of Society: A Historical and Theoretical Reflection on Collectivist and Individualist Societies [J]. Journal of Political Economy, 1994, 102 (5): 912-950.

[40] Gu, Z., Z. Li, Y. G. Yang. Monitors or Predators: The Influence of Institutional Investors on Sell-Side Analysts [J]. Accounting Review, 2013, 88 (1): 137-169.

[41] Haniffa, R. M., T. E. Cooke. Culture, Corporate Governance and Disclosure in Malaysian Corporations [J]. Journal of Accounting Finance and Business Studies, 2002, 38 (3): 317-349.

[42] Hilary, G., K. W. Hui. Does Religion Matter in Corporate Decision Making in America? [J]. Journal of Financial and Economics, 2009, 93 (3): 455-473.

[43] Hofstede, G. Culture's Consequences: Comparing Values, Behaviors, Institutions, and Organizations Across Nations, Second Edition [J]. Thousand Oaks CA: Sage Publications, 2001.

[44] Homans, G. Anxiety and Ritual: the Theories of Malinowski and Radcliffe-Brown [J]. American Anthropologist, 1941, 43 (2): 164-172.

[45] Huntington, S. P. The Clash of Civilization? [J]. Foreign Affairs, 1993: 22-49.

[46] Iannaccone, L., Process in the Economics of Religion [J]. Journal of Institutional and Theoretical Economics, 1994, 150 (4): 734-744.

[47] Iannaccone, L. Introduction to the Economics of Religion [J]. Journal of Economic Literature, 1998, 36 (3): 1465-1496.

[48] La Porta, R. F. Lopez-De-Silanes, A. Shleifer, R. Vishny. Legal Determinants of External Finance [J]. Journal of Finance, 1997, 52 (3): 1131-1150.

[49] La Porta, R., F. Lopez-De-Silanes, A. Shleifer, R. Vishny. Law and Finance [J]. Journal of Political Economy, 1998, 106 (6): 1113-1155.

[50] McGuire, S. T., T. C. Omer, N. Y. Sharp. The Impact of Religion on Financial Reporting Irregularities [J]. Accounting Review, 2012, 87 (2): 645-673.

[51] Miller, A. S. Going to Hell in Asia: The Relationship between Risk and Religion in a Cross Culture Setting [J]. Review of Religious Research, 2000, 42 (1): 5-18.

[52] Miller, A. S., J. P. Hoffmann. Risk and Religion: An Explanation of Gender Difference in Religiosity [J]. Journal for the Scientific Study of Religion, 1995, 14 (1): 63-75.

[53] Newman, K. L., D. N. Stanley Culture and Congruence: The Fit between Management Practices and

National Culture [J]. Journal of International Business Studies, 1996, 27 (4): 753-779.

[54] Riahi-Belkaoui, A. Law, Religiosity and Earnings Opacity Internationally [J]. International Journal of Accounting Auditing, and Performance Evaluation, 2004, 1 (4): 493-502.

[55] Shleifer, A., R. Vishny. Large Shareholders and Corporate Control [J]. Journal of Political Economy, 1986, 94 (3): 461-488.

[56] Stulz, R. M., R. Williamson. Culture, Openness, and Finance [J]. Journal of Financial Economics, 2003, 70 (3): 313-349.

[57] Weaver, G. R., B. R. Agle. Religiosity and Ethical Behavior in Organizations: Asymbolic Interactionist Perspective [J]. Academy of Management Review, 2002, 27 (1): 77-97.

[58] Williamson, O. E. The New Institutional Economics: Taking Stock, Looking Ahead [J]. Journal of Economic Literature, 2000, 38 (3): 595-613.

法律制度效率、金融深化与家族控制权偏好 *

陈德球　魏　刚　肖泽忠

【摘　要】 本文从股东大会剩余控制权和董事会决策控制权两个层次，将家族企业控制权结构分解为金字塔结构和家族超额董事席位实现机制，并以 2003—2010 年家族上市公司为研究样本，从法律制度效率和金融深化两个维度实证检验家族控制权偏好背后蕴含的策略动机和机会主义行为。结果发现，地区法律制度效率和金融深化显著降低家族控制权结构中的控制权与现金流权分离度和家族董事席位超额控制程度，其影响家族控制权偏好的机理分别是降低控制权私人收益和缓解融资约束。这些结果表明，在转型经济中的家族企业控制权结构是一种对制度蕴含机会的利用和对制度风险规避的机制。

【关键词】 法律制度效率；金融深化；家族企业；控制权结构

一、引　言

改革开放以来，民营经济成为国民经济增长的重要力量。我国民营企业多以家族成员控股并掌握主要经营管理权。其中，相当比例的家族企业诞生于改革开放之初，经过 30 多年的发展，在未来 5—10 年，将迎来大规模的权力转移与继承。在这些企业中，家族既要保持对企业的控制权又要谋求企业发展，二者之间的矛盾越来越大。家族企业并不总是以企业增长为目标的，其实际控制人还会考虑到在增长过程中能否持续掌握企业的控制权。在成长与控制之间，大多数家族企业家选择了保留控制权，而放弃了以控制权稀释为代价的高成长率。许多小企业最初都是由家族所有和管理的，但企业规模扩大和公开上市后，其创始家族却依然会积极保持控制权 (Chu, 2011)。如何破解控制权代际传承中的难题，实现家族控制和企业可持续发展双重目标引起了家族企业实践者和研究者的注意，而控制权配置是其中的关键问题之一。

---

* 本文选自《经济研究》2013 年第 10 期。

自 Hart 和 Moore（1990）以来，不完备合同理论将控制权放到企业组织的核心地位上。这是因为在不完备合同的情况下，控制权的配置是产权效率的重要决定性因素。家族企业对于控制权有着天生的偏爱，这是因为控制权的创造性运用是企业获取价值或创造企业家利润的重要工具，也与家族企业的传承和家族价值观或使命密切相关。在产权保护和代理成本较高的制度环境下，控制权也成为一种替代性制度工具而被家族用来保护其产权利益免遭侵犯。在分散的所有权结构成为现代大型企业的主导性结构以来，家族企业如何在分散的所有权和家族对于剩余控制权的掌握上获得平衡，是一个现实的困境。家族企业最重要的治理结构特征是控股家族在股东大会、董事会等不同层级上控制企业，形成家族超额控制，这对家族企业的持续成长和竞争力提升有着直接的影响，由此也会影响家族企业在我国经济发展中的作用。然而，面对制度转型中的市场化进程，家族企业如何应对？家族缘何保持对企业的高度控制？中国家族企业控制权结构的决定机制是什么？其背后的策略动机或者机会主义行为是什么？这些问题迫切需要构建起与国际接轨而又适合国情的家族企业治理平台。

就目前国际上对家族控制权的研究来看，学界多集中于家族通过金字塔结构实现家族控制程度及其经济后果方面的研究（La Porta 等，1999；Bertrand 等，2002）。实际上，家族股东还可通过其他多种途径对企业决策施加影响（Hart 和 Moore，1990），如发行双级股票，通过委派家族成员进入董事会。国内学者对家族控制的研究主要从治理视角分析家族控制上市企业的代理问题及对企业绩效和投资行为的影响（王明琳、周生春，2006；李增泉等，2008；贺小刚、连燕玲，2009）。

综观国内外理论文献，尽管学者们已经关注家族企业，但是对中国家族企业的控制权结构特征及控制权偏好的成因仍缺乏足够的认识，特别是缺乏足够的经验认识。诸多的研究并未能对家族控制企业的行为及其动因给出明确的理论解释和实证支持。家族控制权结构和方式可能是一个受到制度影响显著的变量，然而在目前代理理论主导的研究框架下，研究人员可能严重忽视了制度和环境情境因素对家族治理的影响，其研究结论的适用性是有疑问的。Peng 和 Jiang（2010）基于跨国比较研究发现，家族所有权和控制权与企业价值的关系（正向、负向或无关）取决于一国法律制度环境所蕴含的投资者保护程度。这说明，基于制度理论的研究将有助于扩展家族企业控制权的理论框架和实证研究，而对于家族企业控制权结构和方式的分类研究将丰富和拓展家族控制的内涵。

过去 30 多年来，中国通过从计划经济制度向市场经济制度的转型，经历了一场举世瞩目的经济增长。经济学家们已经认识到了市场化进程中的法律制度和金融市场在解释经济转型和增长方面的作用（Henisz，2000）。改革开放以来，中国不同地区的制度变迁方式和经济发展模式呈现出多样化的格局，这为我们研究不同的制度特征如何影响家族控制权偏好提供了可能。家族企业数量的增长和规模的扩容依托于一种合理的控制权结构，它体现了中国经济改革的市场化方向，同时也必将成为中国未来宏观经济增长的一个主导因素。但家族企业自 20 世纪 90 年代以来却面临着越来越紧的发展约束，这些约束有来自市场化进程中的法律制度，也有来自于金融方面的约束。

家族企业应对转型风险，有赖于完善其公司治理结构，真正实现所有权与经营权相互分离、相互制约。现有的家族控制权分析框架主要以股东大会的终极控制权和现金流权分离度作为主要内容，忽略了董事会层面的控制权。家族控制权结构不仅需要股东大会层面的控制权，也需要董事会层面的决策权。以黄光裕家族企业为例。在国美上市之初，黄光裕不断修改公司章程，使得董事会凌驾于股东会之上，无须股东大会批准，董事会可以随时调整董事会结构，以各种方式增发回购股份，以及对管理层和员工实行股权期权激励等；董事会还可以订立各种与董事会成员"有重大利益相关的"合同。2010年5月，国美股东大会做出决定，阻止贝恩等3名董事进入国美董事会；晚上，董事会就以"投票结果并没有真正反映大部分股东的意愿"为由，否决了股东大会的相关决定。可见，控制权不仅体现在股东大会层次上的控制权和现金流权，而且还体现在董事会层面上的决策控制权。基于上述理论分析和现实背景需要，本文超越现有的代理理论和范式，利用制度理论来研究中国特定制度环境下，家族控制权结构的内生决定动因，期望能给出对我国家族企业控制权偏好有实践价值的理论解释和政策含义。具体而言，本文首先对家族企业控制权结构进行分解，从股东大会层面推进至董事会层面，同时结合中国各地区之间影响家族企业发展的法律制度效率和金融深化程度的不平衡特征，通过控制权私人收益动机和内部资本市场的融资优势动机两种渠道，考察家族控制权偏好的决定机理和因素。

家族企业在不同地区的发展是特定的历史环境造成的结果，地区市场化进程中的法律制度和金融深化变量与控制权私人收益、外部融资便利性相关（Khanna和Palepu，2000）。因此，从法律制度效率和金融深化的视角分析，能够让我们了解家族企业控制权偏好的内在动因。本文发现，在法律制度效率较高，司法体系对投资者的权益实施有效保护和金融深化程度较高的地区，家族企业股东大会层面控制权和现金流权分离度、董事会层面家族董事席位超额控制程度较低。法律制度效率和金融深化影响家族控制权偏好的机理分别是降低控制权的私人收益和缓解所在地家族企业的融资约束。本文研究结论表明，转型经济中的家族企业控制权结构是一种对制度蕴含机会利用和对制度风险规避的机制。

本文可能的贡献主要体现在三个方面：第一，现有文献对家族企业控制权的研究更多的是从外生角度考察控制权的经济后果（Amit等，2011），对形成不同控制权配置模式的内在机理研究不足。本文通过考察家族控制权偏好内生决定机制，揭开控制权背后的黑箱，为家族企业采用的不同控制权配置路径提供了理论解释。具体而言，以中国上市家族企业为样本，从地区法律制度效率和金融深化两个视角考察家族控制权偏好的制度效率动因，由此发现，控制权私人收益动机和融资便利动机分别是地区法律制度效率和金融深化程度影响家族控制权偏好的内在机理。家族企业控制权偏好背后的策略动机是缓解融资约束，家族机会主义行为的动机是获取控制权私人收益，这一发现有助于解释家族企业在转轨经济环境中得到迅速发展的内在机理。第二，相对于已有对中国家族企业控制权结构的研究（Chen等，2011；贺小刚、连燕玲，2009），本文将控制权结构分解为股东大会剩余控制权和董事会决策控制权两个层次，从而将控制权结构研究由股东大会层面推进至董事会层面，揭示了更完整意义上的终极控制权配置特征与模式，突破现有研究家族企业控制权机制仅仅考虑金字塔结构的局限性。第三，尽管本文中的法律制度效率和金融深化都属于市场化进程中的制度效率范畴，但是它们又是相对独立的制度因素。法律制度效率属于法律和金融学的研究范畴，金融深化更多的是在金融经济学领域讨论。因此，本文对于区分制度效率两个维度的考察，不应该简单地被认为是制度效率中两个不同的衡量方法，而是在对制度效率与家族控制权偏好这一领域有所贡献之外，也将丰富两个维度各自所属领域的文献，同时相关结论也各有相应不同的政策含义。

二、制度背景、理论分析与研究假说

（一）控制权私人收益、融资约束与家族企业发展

家族企业控制权结构受其所在具体国家的制度影响（North，1990）。中国在不同历史时期和不同地区间的家族企业呈现出了明显的发展路径上的差异，为什么在中国不同历史时期，或是同一历史时期的不同国家或地区，家族企业的发展表现出差异性特征？这是因为制度效率在家族企业的创建和生存过程中起着不同的作用（Amit 等，2011）。本文主要从地区法律制度效率和金融深化两个维度考察制度效率。

随着中国经济转型，中国东南部沿海地区制度发展水平较高，特别是市场化进程的加快和法律制度等投资者保护程度的不断提高，家族企业在该地区实现了快速发展（Amit 等，2011）。在市场化改革的进程中，中国的家族企业正在不断扩大其规模和影响力，各地区间的家族企业发展也呈现出了明显的制度及其变迁和发展路径上的差异。当前我国的信任水平和产权保护水平较低，家族希望通过强有力的控制权避免家族财产受到侵犯。随着地区市场化进程的加快，制度效率不断提高，企业面临的环境不确定性会降低，家族企业主会根据其所在地区的制度效率，比较经济收益与成本，来选择不同的控制权模式。家族企业在成长过程中面临着既要保持高速成长，又要保持控制权的困境：一方面，家族企业的发展需要外部融资，缓解发展过程中所面临的融资约束问题；另一方面，当外部资本进入家族企业时，家族企业面临着控制权的稀释，特别是在制度效率低的地区，家族需要考虑到在企业成长过程中能否持续掌握控制权，有时为保留家族对企业的控制权，甚至放弃一些有利于企业成长壮大的外源融资或者合作。而在家族保持家族控制权时，产生了大股东治理问题，大股东此时的收益分为控制权共享收益和控制权私人收益，特别是大股东获得控制权后，利用公司内部信息使大股东关联公司获取的超额利润，通过转移公司资源来获取控制权的私人收益。因此，缓解融资约束和获得并保护控制权私人收益是转

型经济中的中国家族企业控制权结构衍生的两个主要问题。①

（二）理论分析与研究假说

1. 法律制度效率、控制权私人收益与控制权结构

伴随着集中性股权结构成为世界上大多数国家和地区公司所有权结构的主导形态，现代公司治理的逻辑起点从股东与经理人之间的代理问题转变到公司大股东与小投资者之间的代理问题。而这种代理问题的产生和控股股东私人收益的实现一般是通过金字塔结构、交叉持股、发行具有双重投票权股票和董事席位等控制权增强机制（Villalonga 和 Amit，2009），以较少的现金投入获得较多的控制权，通过控制公司董事会的投票权和管理层职位来实现家族对企业的超额控制。在这种控制权结构下，控股股东具有潜在的动机去侵占小股东利益，形成利益输送渠道（Johnson 等，2000）。

我国从计划经济向市场经济转轨，重要标志就是开始于 1978 年的分权化改革，在中央授权的前提下各地方政府纷纷开始推进本地的市场化进程，到目前为止中国的市场化进程已经取得了很大的进展，但是区域间非常不均衡（Amit 等，2011）。家族企业作为在中国市场化进程中蓬勃发展起来的产物，其治理结构与其所镶嵌的外部制度环境是密切相关的。为了适应不同的地区制度发展程度，家族企业会做很多自适应的调试，采用不同的控制权实现机制来应对外部制度环境的不确定性。从法律制度提供的产权保护视角看，转型经济为企业经营带来了许多不确定性，提高了企业的经济交易成本。Peng 和 Heath（1996）认为，在转型经济中，虽然市场机制发挥一定作用，但制度缺陷（如保护私有财产权的法制环境的不足），使得家族企业在发展过程中面临着制度发展的约束。Johnson 等（2002）的研究表明，在转型经济中，由于法律对私有财产权保护不明确，私营企业的发展存在不确定性，面临更大的风险。在法律制度比较薄弱的地区，家族企业不仅面临被内部管理者转移资源的风险，同时还面临受强权政府干预的风险（North，1990），家族企业主的私有财产受到机会主义行为侵害时，现有的立法体系和执法上无法提供相应的维权保障机制。因此，为了保持家族对企业的控制权，规避风险，家族控股股东有动机通过控制董事席位和通过金字塔结构提高公司的控制权为家族构建防范风险的隔离带。此时，拥有公司控制权不仅可以防御来自管理者的剥削，还能够通过其控制的资源对政府行为施加影响以降低受其剥削的风险，也可以通过对政府的影响来侵占其他投资者的权益（Morck 等，2005），或者利用控股地位来侵占其他中小投资者的利益。此外，在较弱的投资者法律保护环境下，控股股东因转移公司资源而被法律惩罚的概率降低（Almeida 和 Wolfenzon，2006）。因此，家

---

① 这是两个不同的，但有一定联系的问题。缓解融资约束有利于企业发展，从而保障或提高家族控制权私人收益。同时，某些缓解融资约束的方式（如股权筹资）可能提高或减少家族控制权及其私人收益。可见，缓解融资约束可以用作获取或减少家族控制权私人收益的手段，但不是唯一手段；而获取或减少家族控制权私人收益也不是缓解融资约束的唯一目的或后果。家族控制权私人收益受更多因素的影响，如内外部公司治理机制、管理政策（如股利和投资政策）。感谢审稿人针对此问题提出的宝贵建议。

族控制人倾向于将资金投向某一个企业，形成集中的股权结构以掌握对企业的控制权，来获得较高的控制权私人收益（Harris 和 Raviv，1988）。金字塔式结构也更便于控股股东向市场与政府监管当局隐匿真实身份，规避外界的管制（Bianchi 等，2001），从而成为控股股东掩饰其利益侵占行为的面纱。

另外，为了获得和保护控制权私有收益，家族股东也可通过任命更多的家族成员或关联成员为公司董事并且减少家族之外的股东委派的董事和独立董事，控制董事会成员结构，使董事会失去独立性，沦为家族股东侵占中小股东利益、"掏空"上市公司的一个工具。因此，在较弱的法律保护环境下，家族控股股东"掏空"上市公司的动机会增强，导致家族通过提高家族控制董事席位的比例来增强对董事会的控制。

简言之，当司法体系对投资者的保护程度较低时，为保护家族资产利益或者未来可实现的控制权的潜在收益，控股家族将持有较高的控制权，并通过不合理的董事席位控制实现对家族企业重大决策的控制，更多地参与企业的经营管理，以防止职业经理人的侵占，同时实现家族控制权私人收益。相反，当司法体系对投资者保护程度较高时，家族大股东对于小股东的利益侵害行为更可能受到约束，家族实现控制权私人收益的动机会下降；同时，人们对法律保护下的非人格化规范契约的有效性越有信心，家族聘请非家族成员担任公司董事的比例会增强，家族企业控制权的非家族化也就越容易。据此，我们提出以下研究假设：

假设1.1：家族企业所在地区的法律制度效率越高，控股家族的控制权和现金流权分离度越低。

假设1.2：家族企业所在地区的法律制度效率越高，控股家族在董事会中的超额控制程度越低。

2. 金融深化、融资约束与控制权实现机制

中国的金融发展总体并不发达，而且各地区的金融发展水平也呈现出较大的差距（卢峰、姚洋，2004）。从金融深化角度看，尽管在我国经济发展过程中，非公有经济（特别是家族企业）的快速发展已成为经济高速增长的支柱之一，但融资难的问题却严重影响了家族企业的发展。信贷市场的抑制，造成了民营企业无法以较低的成本获得信贷；而资本市场的抑制，使民营企业不易获得社会资本化融资。两者一起造成了民营企业的融资渠道狭窄，资金短缺，难以有效发挥发展潜力。因此，经济发展中的融资约束是我国家族企业的融资难的主要原因。

企业的融资约束与一国（或地区）的金融发展水平是显著相关的。Rajan 和 Zingles（1998）发现，金融发展能降低企业的外部融资成本，从而促进那些依赖外部融资的企业更好地成长。金融制度有效配置资本的能力是让公司识别较好的增长机会，获取更多的外部融资渠道。发达的金融市场不仅能为企业提供充足的外部资金，而且能通过减轻投资者与企业间的信息不对称，使企业更加容易地获取外部资金（Demirguc-Kunt 和 Maksimovic，1998），减轻企业的融资约束。相反，不完善的金融市场，特别是欠发达的金融制度可能会限制公司获取资金、阻碍信息和资源的流动。Love（2003）对金融发展在减轻企业融资

约束中的作用进行了研究，发现企业融资约束会随着一国金融发展水平的提高而降低。Fama（1985）认为，银行在收集信息、监督借款人方面具有比较优势。

因此，当地方金融深化程度较低时，家族企业面临较高的融资约束。一种减缓融资约束的方式是组织内部的资本市场，即家族采取参股、控股等方式将一些上市公司纳入旗下，以复杂的、金字塔式的股权结构控制上市公司，形成家族企业集团内部的资本市场。Hoshi 等（1991）从集团内部资本市场的视角考察了融资约束问题，通过采用经典的融资约束模型证实集团控制公司的投资行为比独立公司受到更小的融资约束，依靠集团内紧密的银企关系构建内部资本市场有利于缓解企业的融资约束。Shin 和 Park（1999）采用融资约束模型研究表明韩国的集团控制公司面临的融资约束不显著，而非集团控制公司却面临更强的、显著的融资约束，从而验证了集团内部资本市场有助于缓解企业融资约束。因此，在金融深化程度较低的地区，家族企业的外部融资成本较高，在增长与控制之间，家族控股股东放弃以控制权稀释为代价的高增长率，而保持对家族的控制，通过内部构建资本市场来缓解家族企业在成长过程中所遇到的融资约束，而这需要通过家族控制权结构来实现，一是在股东大会层面上保持足够的控制权，二是控制董事会层面的董事席位。家族控股股东通过股权控制或董事席位控制上市公司间接获取股市资金以及银行资金而成为一条捷径。因此，家族对企业较强的控制权偏好不仅具有实现控制权私人收益的动机，还可以通过控制权、董事席位等多层次的组织结构，组建内部资本市场，降低企业融资约束，替代外部不发达的金融市场。

上述制度背景、理论研究和实证证据表明，面对着融资约束，家族企业有动机通过超额控制组建企业集团来缓解融资约束。首先是通过金字塔结构组建企业集团；其次，家族通过对董事会的超额控制，在决策层面进一步通过控制上市公司的资金流动，从而使得整个集团内部的资本市场运行更为顺畅，达到缓解融资约束的目的。而较高水平的金融深化能够为产业部门提供较好的金融服务，包括获取更多的融资、更快地获取资金，降低融资成本和现金短缺的成本，缓解公司融资约束，进而降低家族控股股东通过股东大会的股权设计或通过董事席位来控制企业的动机。基于上述分析，我们提出以下研究假设：

假设 2.1：家族企业所在地区的金融深化水平越高，控股家族的控制权和现金流权分离度越低。

假设 2.2：家族企业所在地区的金融深化水平越高，控股家族在董事会中的超额控制程度越低。

三、研究设计

（一）样本选择与数据来源

家族企业研究的一个难点是关于家族企业的定义。根据现有文献（Anderson 和 Reeb，2003；Yu 和 Zheng，2011），本文界定家族企业的标准为：①企业创立者或者其家族成员为公司第一大股东，并持有至少 10%的股份；②企业的创立者或其家族成员为公司董事。该定义的一个关键词是"创立者"，即在判定家族企业时应考察企业创立者或者其家族成员是否为公司第一大股东和董事会成员。在样本选择过程中，我们剔除 ST、PT 以及一些数据缺失的公司，最终样本为 2477 个观测值。样本区间为 2003—2010 年。家族控制权结构特征数据（终极控制权和现金流、家族对董事席位超额控制程度）通过年报人工收集整理，其他财务和治理数据均来自 CSMAR 数据库。我们对所有的研究连续变量上下 1%样本进行 Winsorize 处理。

（二）主要研究变量的定义

1. 家族控制权结构变量

结合转轨经济背景下中国家族企业公司治理特征，借鉴及拓展 Villalonga 和 Amit（2009）、La Porta 等（1999）对家族企业控制权测度的方法，我们分别以股东大会层面公司终极控制权和现金流权分离度、董事会层面家族董事席位超额控制为度量指标，对家族企业控制权进行分解，度量家族控制权偏好程度。

（1）家族对股东大会的超额控制为其所获得的控制权（Control Rights）与现金流权（Cash Flow Rights）分离度 Wedge=Control Rights−Cash Flow Rights，这主要是通过金字塔结构的增强机制来实现。Control Rights 是指最终控制人的表决权比例，即直接或间接持有上市公司股份比例的总和。Cash Flow Rights 指最终控制人享有上市公司的现金流量（收益）权。

（2）家族对董事席位的超额控制程度（Excess Board Control），指公司董事会成员中家族成员和在家族控制链的公司中担任职务的非家族成员人数之和与董事会规模的比例（Family Board Control）与公司控制权（Control Rights）之间的差额（Villalonga 和 Amit，2009）。即 Excess Board Control=Family Board Control−Control Rights，这是通过董事席位控制增强机制来实现。

（3）家族控股股东对公司的总超额控制程度为：Total Excess Control =（Family Board Control − Control Rights）+（Control Rights − Cash Flow Rights）= Family Board Control − Cash Flow Rights

2. 法律制度效率与金融深化变量

（1）法律制度效率（Law Efficiency）。法律制度的发展和法律实施机制的有效性能够提高公众责任，抑制腐败，鼓励家族企业的发展，但法律制度有效性难以直接度量。借鉴 Pistor 和 Wellons（1999）、Djankov 等（2006）的研究，我们用法律专业人士的存在作为法律诉讼和法律内容质量的代理变量，以度量地区法律制度效率，该变量为地区律师人数占总人口比例（Lawyers）。同时，法律制度影响经济增长的一个重要维度是对产权（特别是知识产权）的认识和保护（Gould 和 Gruben，1996；Park 和 Ginarte，1997），保护知识产权是维护市场秩序、保障企业尤其是家族企业基础进步和创新的重要条件，因此，我们用反映地区知识产权程度的地区专利申请和受理情况作为第二个法律制度效率的代理变量，该指标是三种专利申请受理量/科技人员数（Patent）。同时，作为稳健性检验，我们还采用三种专利申请批准量与科技人员数比例（Citation）作为法律制度效率的替代变量。以上数据均来自于樊纲等（2011）的《中国市场化指数》。

（2）金融深化（Finance Deepen）。金融深化是指减少人为的对金融过程的干预，发挥金融机构的中介作用，通过市场机制吸收储蓄和配置资金，形成金融与经济的良性关系，提高资源配置和经济发展的效率。金融部门的发展和经济增长之间的关系已被广泛研究（Levine，1997）。通过银行的中介活动，能够在各种可能的投资机会之间更有效地分配稀缺资源。由于银行贷款是中国企业融资的主要来源，我们采用信贷资金分配的市场化程度（Nonstateloan）作为度量指标，主要用来考察公司所在地区非国有企业在银行贷款中所占的比例，数据来于樊纲等（2011）《中国市场化指数》。同时，借鉴已有的研究（Wu 等，2012），我们采用公司所在地区银行贷款总额与地区 GDP 比例（Bankloan）作为金融深化的代理变量进行稳健性检验。银行数据来自于《中国金融年鉴》，GDP 数据来源于《中国统计年鉴》。

3. 回归方程与控制变量

为验证上文提出的研究假设，我们构建以下方程：

$$\text{Excess Rights}_{i,t} = \alpha + \beta_1 \text{Law Efficiency}_{i,t-1} + \beta_2 \text{Finance Deepen}_{i,t-1} + \beta_3 \text{Size}_{i,t-1} + \beta_4 \text{Lev}_{i,t-1} + \beta_5 \text{Growth}_{i,t-1} + \beta_6 \text{Roa}_{i,t-1} + \varepsilon_{i,t} \tag{1}$$

被解释变量 Excess Rights 为家族企业控制权结构的代理变量，主要由 Wedge、Excess Board Control、Total Excess Control 分别表示。借鉴 Liu 等（2011）的研究，我们引入了公司规模（Size）、财务杠杆（Lev）、公司成长性（Growth）、公司业绩（Roa）等控制变量，为降低在回归分析过程中可能存在的内生性问题，我们对所有的解释变量和控制变量都滞后一期。公司规模（Size）采用公司总资产的自然对数度量，财务杠杆（Lev）为总负债与总资产比例，公司成长性（Growth）为市场账面价值比，ROA 为公司资产报酬率。同时，我们控制了年份和行业因素，行业分类按照中国证监会行业分类标准，其中制造业"C"字头代码，取两位，其他行业取一位代码，剔除金融行业，一共有 21 个行业。

四、实证结果分析

（一）描述性统计分析

由表 1 所示的描述性统计可以发现，法律制度效率的代理变量 Lawyer 和 Patent 的均值分别为 5.415 和 16.140，标准差分别为 2.373 和 14.660，金融深化代理变量 Nonstateloan 均值为 10.770，标准差为 2.950，Bankloan 均值为 1.878，标准差为 0.637，在家族企业样本中，家族企业股东大会层面上的终极控制权与现金流权分离度的均值为 10.7%，董事会层面家族超额董事席位控制比例的均值为–0.088%，家族总超额控制的均值为 1.9%。这与 Amit 等（2011）的研究相一致。

表 1　描述性统计分析

变量名	样本数	平均值	标准差	P25	中位数	P75
Lawyer	2477	5.415	2.373	4.060	5.800	7.190
Patent	2477	16.140	14.660	3.600	10.780	27.920
Citation	2477	16.15	16.30	2.820	10.090	26.110
Nonstateloan	2477	10.770	2.950	9.070	11.300	13.150
Bankloan	2477	1.878	0.637	1.431	1.843	2.246
Wedge	2477	0.107	0.144	0.008	0.053	0.165
Excess Board Control	2477	–0.088	0.208	–0.203	–0.079	0.037
Total Excess Control	2477	0.019	0.187	–0.108	0.0131	0.144
Cash Rights	2477	0.224	0.149	0.106	0.205	0.324
Control Rights	2477	0.331	0.176	0.204	0.294	0.430

（二）检验假设 1：法律制度效率与家族控制权偏好

表 2 报告了研究假设 1 的回归结果。回归 1 的结果显示，Lawyers、Patent 分别与 Wedge 显著负相关，这表明，在法律制度水平较高的地区，家族控股股东在股东大会层面上控制权与现金流权分离度较低，控制权与现金流权分离度是地区法律制度水平的减函数。回归 2 的结果表明，Lawyers、Patent 分别与家族董事席位超额控制程度（Excess Board Control）显著负相关，这说明，随着地区法律制度效率的提高，家族通过董事会席位实现家族控制权的动机会降低。其可能的原因是，为了获得和保护控制权私有收益，家族股东也可通过任命更多的家族成员或关联成员为公司董事并且减少家族之外的股东委派的董事和独立董事，控制董事会成员结构，使董事会失去独立性，沦为家族股东侵占中小股东利益、"掏空"上市公司的一个工具。但在较强的法律保护环境下，家族控股股东会

降低"掏空"上市公司的动机，进而导致家族对董事会成员结构的控制程度的降低，家族控制董事席位的比例相应降低。

表 2 法律制度效率与家族控制权偏好

变量	Wedge		Excess Board Control		Total Excess Control	
	1		2		3	
	Lawyers	Patent	Lawyers	Patent	Lawyers	Patent
Law Efficiency	−0.007***	−0.001***	−0.021***	−0.002***	−0.029***	−0.003***
	(0.000)	(0.000)	(0.000)	(0.000)	(0.000)	(0.000)
$Size_{t-1}$	0.035***	0.036***	−0.025***	−0.026***	0.010**	0.010**
	(0.000)	(0.000)	(0.000)	(0.000)	(0.018)	(0.021)
Lev_{t-1}	−0.002	−0.002	0.003	0.004	0.001	0.002
	(0.698)	(0.704)	(0.632)	(0.604)	(0.800)	(0.752)
$Growth_{t-1}$	0.011***	0.010***	0.009*	0.008*	0.020***	0.019***
	(0.001)	(0.001)	(0.058)	(0.077)	(0.000)	(0.000)
Roa_{t-1}	−0.059**	−0.057*	−0.043	−0.046	−0.102***	−0.103***
	(0.043)	(0.054)	(0.272)	(0.232)	(0.000)	(0.000)
Industry & Year	控制	控制	控制	控制	控制	控制
N	2477	2477	2477	2477	2477	2477
Adj.R²	0.088	0.092	0.104	0.092	0.182	0.167

注：***P＜0.01，**P＜0.05，*P＜0.1。

回归 3 列示了 Total Excess Control 对法律制度效率的回归结果，Lawyers 和 Patent 分别与 Total Excess Control 负相关，并通过显著性检验。这进一步说明，在法律制度越高的地区，家族控制权偏好程度越低。家族控制权结构内生于其所在的制度环境，在较弱的制度环境地区，缺乏有效的法律和市场约束机制，家族企业更有可能面临着不公平的待遇和不完全的产权保护。同时，家族实际控制人更为容易和完全地侵占他们控制上市公司的外部投资者利益（Dyck 和 Zingales，2004），他们更倾向于通过金字塔结构和董事席位控制来获取更多的控制权私人收益。

在代理问题从股东与经理层之间向控股股东与小股东之间转移时，家族控股股东控制权集中度的实现伴随着对小股东利益的侵占（Dyck 和 Zingales，2004）。家族股东可能通过金字塔结构和董事席位实现对企业的超额控制，轻松地将公司财富转移成为他们自身的财富。家族企业控制权偏好最为广泛的解释是它有助于实现控制权的私人收益。那么，家族企业在日常的经营管理中是否确实利用家族股东大会层面上的超额控制权和董事会层面的超额董事席位控制为自己谋私利？

我们从大股东侵占上市公司资源的角度考察控制权私人收益。大股东常常为追求控制权的私人收益而转移公司资源，从而对中小股东利益造成侵害。大股东通过隐蔽渠道侵占公司资源的行为被称为掏空行为。参照叶康涛等（2007）的研究，我们用第 t 年末第一大股东及其子公司占用上市公司的其他应收款/期末总资产（Tunneling）表征大股东掏空行为。回归结果列于表 3。我们发现，Total Excess Control 的回归系数显著为正，这说明，家族控股股东的控制权结构越集中，超额控制程度越强，大股东的控制权私人收益现象越严重。表3中第2列报告了 Lawyers 与 Total Excess Control 的交互项，我们发现，交互项回归系数显著为负，第3列回归结果显示 Patent 与 Total Excess Control 的交互项也显著为负。这说明，在法律制度水平较高的地区，家族控制权结构所带来的控制权私人收益会降低。法律制度影响家族控制权集中度的机理之一是降低其所带来的控制权私人收益。

表3 法律制度效率与控制权私人收益

变量	Tunneling		
	1	2	3
		Lawyers	Patent
Law Efficiency		-0.001^{***}	-0.0025^{**}
		(0.002)	(0.012)
Total Excess Control	0.006^{***}	0.018^{***}	0.009^{**}
	(0.008)	(0.009)	(0.012)
Law Efficiency*Total Excess Control		-0.003^{**}	-0.001^{**}
		(0.015)	(0.033)
$Size_{t-1}$	-0.001	-0.001	-0.001
	(0.677)	(0.876)	(0.805)
Lev_{t-1}	-0.001	-0.001	-0.001
	(0.647)	(0.589)	(0.608)
$Growth_{t-1}$	-0.001	-0.001	-0.001
	(0.117)	(0.154)	(0.118)
ROA_{t-1}	-0.033^{***}	-0.032^{***}	-0.032^{***}
	(0.000)	(0.000)	(0.000)
Industry*Year	控制	控制	控制
N	2477	2477	2477
Adj.R^2	0.129	0.134	0.131

注：$***P<0.01$，$**P<0.05$，$*P<0.1$。

作为稳健性检验，我们采用第 t 年末第一大股东及其子公司占用上市公司的（应收账款+预付账款+其他应收款）/期末总资产表征大股东掏空行为，同时借鉴 Jiang 等（2010）的研究，采用了第 t 年末公司其他应收款/期末总资产进行检验，我们发现主要研究结论没有发生变化。

（三）检验假设2：金融深化与家族控制权偏好

表4报告了 Nonstateloan 与家族控制权结构代理变量的回归结果。我们发现，Nonstateloan 与 Wedge、Excess Board Control 和 Total Excess Control 显著负相关。这说明，在金融深化程度较低的地区，家族企业可能面临着更强的外部融资约束，因而有动机通过控制权增强机制如金字塔结构和董事席位来控制有效的集团组织结构，构架内部资本市场，作为企业的替代融资渠道。而在金融深化程度较高的地区，家族企业构建金字塔结构和董

事席位控制的动机会降低。另外，当地区金融深化程度较高时，控股家族会降低因规避高昂的融资成本而持有的较高的控制权。其可能的动因是，随着地区金融深化的发展，一方面，国有商业银行商业化改革和银行放贷的日益规范化，银行和风险投资等金融中介机构获取家族企业的真实信息较为容易，能够缓解企业面临的融资约束；另一方面，债权人监督功能会强化，从而有足够的动机来监督企业资金的使用情况，参与企业治理机制的构建，如协助组建董事会，充分发挥董事会的监督决策功能，降低企业实际控制人通过金字塔结构和董事席位控制实现对公司的超额控制。上述回归结果总体表明，家族企业控制权结构是一个动态过程，在这个动态过程中，家族企业内部各利益相关主体之间、家族企业与外部相关主体之间通过相互之间的博弈使其各自利益达到平衡。

表 4 金融深化与家族企业控制权结构

变量	Wedge	Excess Board Control	Total Excess Control
Nonstateloan	0.006*** (0.000)	0.004*** (0.092)	0.010*** (0.000)
$Size_{t-1}$	0.035*** (0.000)	0.028*** (0.000)	0.007 (0.120)
Lev_{t-1}	−0.001 (0.802)	0.004 (0.569)	0.003 (0.633)
$Growth_{t-1}$	0.010*** (0.001)	0.008* (0.084)	0.019*** (0.000)
ROA_{t-1}	0.062** (0.033)	0.056 (0.159)	−0.117*** (0.000)
Industry*Year	控制	控制	控制
N	2477	2477	2477
Adj.R^2	0.088	0.082	0.139

注：***$P<0.01$，**$P<0.05$，*$P<0.1$。

表 4 回归结果显示，地区金融深化水平降低家族控制权偏好动机。在本部分，我们进一步检验地区金融深化影响家族控制权偏好的具体机制，即检验金融深化是否通过降低企业的交易成本和融资约束来影响家族企业控制权偏好。Almeida 等（2004）发现，融资受到约束的企业不但持有更多的现金，而且现金持有量随着内部现金流的增加而增加，然而融资不受约束的公司，现金持有量与现金流的关系则不敏感。因此，我们采用 Almeida 等（2004）的现金—现金流敏感度融资约束模型，考察金融深化对融资约束的影响。我们加入了衡量金融深化的变量（Nonstateloan）及其与 Cashflow 的交叉项，构建模型（2）。在模型（2）中，ΔCashratio 为公司现金持有的变化程度，Cashflow 为公司经营活动净现金流量，Nonstateloan 为地区金融深化水平，控制公司的规模（Size）、托宾 Q 值（Q）、资本支出（Capex）、净营运资本变化程度（NWC）、短期负债（SDebt）等控制变量。在回归方程中 Cashflow 系数显著为正，估计的系数在一定程度上反映融资约束的程度。而 Cashflow 和 NonstateLoan 的交互项反映了地方金融深化程度对于融资约束附加的效果，此时融资约束的度量为 $\beta_1 + \beta_3$。如果较高金融深化程度可以帮助企业降低融资约束，则我们预计 $\beta_3 < 0$。

$$\Delta Cashratio = \beta_0 + \beta_1\, Cashflow + \beta_2\, Nonstateloan + \beta_3\, Nonstateloan \times Cashflow + \beta_4\, Size +$$
$$\beta_5 Q + \beta_6\, Capex + \beta_7\, \Delta NWC + \beta_8\, \Delta SDebt + Industrydummy + Yeardummy + \varepsilon$$

$$(2)$$

表 5 第 1 列报告了金融深化对家族企业融资约束的影响。我们发现 Nonstateloan × Cashflow 的交互项的回归系数确实显著为负，这表明，较高的地区金融深化程度能够降低家族企业外部融资成本，进而可以有效地降低现金—现金流敏感度，影响家族控制权偏好动机。

表 5 金融深化与家族企业融资约束

变量	Δcash ratio	Capx
	1	2
Cashflow	1.246***	0.202**
	(0.001)	(0.032)
Nonstateloan	−0.001	0.003***
	(0.883)	(0.000)
Nonstateloan* Cashflow	−0.092***	−0.019**
	(0.007)	(0.026)
Size	0.002	−0.001
	(0.807)	(0.958)
Leverage		−0.011***
		(0.000)
Q	0.011	0.004**
	(0.144)	(0.011)
Capex	−0.614***	
	(0.000)	
△NWC	−0.072*	
	(0.051)	
SDebt	−0.058*	
	(0.088)	
Industry&Year	Yes	Yes
N	2477	2477
Adj.R²	0.115	0.084

注：***P < 0.01，**P < 0.05，*P < 0.1。

在考察企业融资约束的研究方面，Fazzari 等（1988）认为，企业融资约束的存在使得企业投资受到内部资金和外部资金的共同影响，融资约束程度较大的企业更多地依靠内部资金，而融资约束相对较弱的企业，其投资行为不必依赖于内部资金。为此，我们进一步采用 Fazzari 等（1998）的投资—现金流敏感度模型检验金融深化是否会降低家族企业的融资约束。

$$Capx = \beta_0 + \beta_1\, Cashflow + \beta_2\, Nonstateloan + \beta_3\, Cashflow + \beta_4\, Control + u_{it} \qquad (3)$$

在该模型中，如果金融深化可以帮助家族企业降低融资约束，则我们预计 $\beta_3 < 0$。表 5 第 2 列显示了金融深化对家族企业上市公司资本投资以及投资—现金流敏感度的影响。我

们发现 Nonstateloan 与 Cashflow 的交互项的回归系数为负，并且在 5%水平上通过显著性检验。回归结果表明，较高的地区金融深化水平能够降低企业外部融资成本，进而可以有效地降低投资—现金流敏感度，影响家族企业控制权偏好。

(四) 稳健性分析

（1）为考察研究结果的稳健性，我们对表 2 和表 4 的结果做了以下稳健性分析：其一，用三种专利申请批准量与科技人员数比例（Citation）替代 Patent 变量。其二，用公司所在地区银行贷款总额与地区 GDP 比例（BankLoan）作为金融深化的代理变量（FinanceDeepen）检查法律制度效率和金融深化程度对家族企业控制权结构内生决定机制的影响，研究结果显示，Citation 和 Bankloan 分别与家族超额控制代理变量显著负相关，上述稳健性分析结果均显示，表 3、表 4 的主要研究结论不变。

（2）法律制度效率和金融深化两变量之间是否存在着替代关系，进而影响本文主要研究结论？我们把法律制度效率代理变量和金融深化代理变量一起进行回归分析，结果显示，法律制度效率和金融深化代理变量分别与家族企业控制权结构代理变量显著负相关。这说明，尽管法律制度效率与金融深化之间存在着相关性，但它们分别通过不同的机制影响家族控制权偏好。结果进一步说明上文研究结论的稳健性。

（3）内生性检验。尽管我们的被解释变量家族控制权偏好特征是公司层面变量，解释变量法律制度效率和金融深化变量是地区层面变量，但内生性可能是一个值得关注的问题。我们已经包含了影响家族控制权结构特征的控制变量，但可能会存在一些遗漏变量，并且这些变量与家族企业控制权结构代理变量和法律制度效率与金融深化变量相关。另外，地区层面的制度变量的微观基础是其所在地区企业的发展水平，地区层面的制度变量与公司特征变量之间可能潜在地受到一些逆向因果关系的影响。因此，我们采用工具变量来解决内生性问题。对于内生性变量的选择，我们采用地区腐败案件数量（Corruption）和地区高等学校数量（University）作为法律制度效率代理变量——地区律师人数占总人口比例（Lawyers）和反映地区知识产权程度的地区专利申请和受理情况（Patent）的工具变量，采用地区城乡储蓄余额（Savings）作为地区金融深化（Finance Deepen）——信贷资金分配的市场化程度（Nonstateloan）的工具变量，并分别进行 2SLS 回归分析。结果显示，法律制度效率和金融深化变量显著为负，这与前文的研究结果一致，进一步说明其稳健性。

五、研究结论

中国经济转型以国有经济的民营化和本土家族企业的成长为两大基本特征，伴之以市场化制度的发展和金融市场的不断完善。转轨的特定背景也决定了中国家族企业的外部治

［30］ La Porta, R., F. Lopez-de-Silanes, A. Shleifer, R. W. Vishny. Corporate Ownership around the World ［J］. Journal of Finance, 1999 (54): 471-517.

［31］ Levine, R. Financial Development and Growth ［J］. Journal of Economic Literature, 1997 (35): 688-726.

［32］ Liu, Q., Y. Zheng, Y. D. Zhu. The Evolution and Consequence of Chinese Pyramids ［J］. Working Paper, Peking University, 2011.

［33］ Love, I. Financial Development and Financing Constraints: International Evidence from the Structural Investment Model ［J］. Review of Financial Studies, 2003 (16): 765-791.

［34］ Morck, R., D.Wolfenzon, B. Yeung. Corporate Governance, Economic Entrenchment, and Growth ［J］. Journal of Economic Literature, 2005 (43): 655-720.

［35］ North, D. Institutions, Institutional Change and Economic Performance ［M］. Cambridge: Cambridge University Press, 1990.

［36］ Park, W. G., J. C. Ginarte. Intellectual Property Rights and Economic Growth ［J］. Contemporary Economic Policy, 1997 (15): 51-61.

［37］ Peng, M., P. Heath. The Growth of the Firm in Planned Economies in Transition: Institutions［J］. Organizations, and Strategic Choice, 1996 (21): 49-528.

［38］ Peng, M. W., Y. Jiang. Institutions behind Family Ownership and Control in Large Firms ［J］. Journal of Management Studies, 2010 (47): 253-273.

［39］ Pistor, K., P. Wellons. The Role of Law and Legal Institutions in Asian Economic Development ［J］. Oxford University Press, Hong Kong, 1999.

［40］ Rajan, R., L. Zingales. Financial Dependence and Growth ［J］. American Economic Review, 1998, (88): 559-586.

［41］ Shin, H. H., Y. S, Park. Financing Constraints and Internal Capital Markets: Evidence from Korean Chaebols ［J］. Journal of Corporate Finance, 1999 (5): 169-191.

［42］ Villalonga, B., R. Amit. How Are U. S. Family Firms Controlled? ［J］. Review of Financial Studies, 2009 (22): 3047-3091.

［43］ Wu, W. W., M. O. Rui, C. F. Wu. Trade Credit, Cash Holdings, and Financial Deepening: Evidence from a Transitional Economy ［J］. Journal of Banking and Finance, 2012 (36): 2868-2883.

［44］ Yu, X., Y. Zheng. IPO Under Pricing to Retain Family Control under Concentrated Ownership: Evidence from Hong Kong ［J］. Journal of Business Finance and Accounting, 2012 (39): 700-729.

新时期的新思路：国有企业分类改革与治理 *

黄群慧　余　菁

【摘　要】本文认为，国有企业改革在经历"放权让利"、"制度创新"和"国资发展"三个阶段后，取得了巨大成就，但也面临着更加复杂的形势和问题。从国际环境看，国有经济面临国家使命提升与国际环境严峻的双重压力；从国内经济环境看，中国经济发展方式亟待转变，国有企业所熟悉的要素驱动型的发展环境正在改变；从市场化进程看，国有企业改革总体还不到位，现有国有企业行为离成熟社会主义市场经济体制的要求还有较大差距。在这种形势下，国有经济不仅要承担国有资产保值增值、自身不断发展壮大的使命，同时还要承担推进经济发展方式转变、加快"走出去"和适应建设成熟市场经济体制要求等新使命，这意味着国有企业改革与发展已经步入一个新时期。在新时期，国有企业改革的主要目标，绝不是通过国有企业私有化、民营化最终消灭国有企业，也不仅仅是围绕国有资产保值增值建立激励机制以追求国有资产自身发展壮大，而应是建立有效的制度基础保证国有经济追求"国家使命导向"的发展。围绕这个目标，解决国有经济现在面临的"盈利性使命"和"公共性使命"冲突则成为新时期国有企业改革的重要任务。这要求突破那种将国有经济看做"铁板一块"的认知观念，引入分类治理的工作思路。本文提出，应将国有经济部门区分出公共政策性、特定功能性和一般商业性三类，为它们分别构造不同的治理机制。最后本文针对中央企业提出了具体的分类改革的初步设想。

【关键词】国有经济；国有企业改革；分类；企业使命

一、引言

对不少人而言，国有企业改革，这是一个老调重弹的问题。党的十一届三中全会以后，搞活国有企业、推进国有企业改革成为中国经济体制改革的中心环节。20 世纪 90 年

---

* 本文选自《中国工业经济》2013 年第 11 期。

代中后期，各种针对国有企业有关问题的争论达到白热化状态，在这个过程中，社会渐渐就国有企业改革方向和任务——建立现代企业制度和推进国有经济战略性重组达成了基本的共识。进入 2000 年以后，针对国有企业及其改革问题的研究，在总体上呈现出日渐式微的态势。这从图 1 列示的 1994—2012 年基于期刊网收入文献的统计数据中可以得到证实。如图 1 所示，以"国有企业"为关键词的文献数量在 2000 年达到峰值，以"国有企业改革"为关键词的文献数量则在 1998—2000 年这三年达到峰值水平。而到 2011—2012 年，无论是以"国有企业"，或是以"国有企业改革"为关键词的文献数量，都回落到低于 1994 年时的水平。

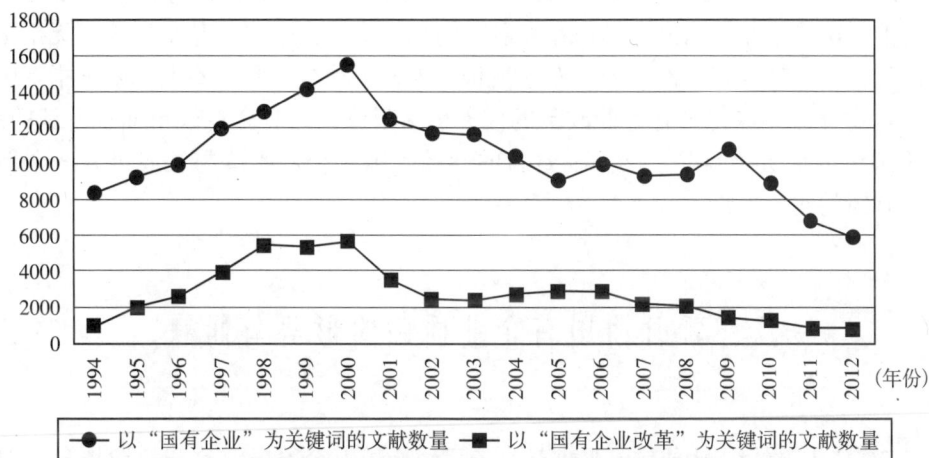

图 1   1994—2012 年"国有企业"及"国有企业改革"文献数量

注：图中数据采集自期刊网（http//：www.cnki.net.cn），2012 年 12 月 31 日。

2000 年以来，国有企业改革问题的研究热度呈现出明显的下降态势。有些人认为，在国有企业改革这个主题上可研究的内容已经非常有限了。"断崖式"的下降出现在 2001 年，从这一年到 2003 年，这段时期的研究具有很强的"惯性"特征，主要在于进一步巩固 20 世纪 90 年代中后期达成的研究共识。2003 年，国务院国有资产监督管理委员会（以下简称"国资委"）的成立，标志着新的国有资产管理体制建立。2003—2012 年，国有企业改革的有关研究工作明显趋于弱化，但这期间仍然涌现出两个阶段性的小的研究浪潮。第一个小浪潮出现在 2004—2006 年，这段时期围绕国有企业改制以及相关的国有资产流失和加强国资监管的问题出现了激烈的讨论；第二个小浪潮出现在 2008 年底至 2010 年，这段时期"国进民退"之争以及相关的国有经济和国有企业功能与作用的问题成为阶段性的研究热点，在图 1 中圆点线展示得十分清晰。

近些年国有企业改革研究文献数量的回落，有其客观原因，一方面，国有企业改革在中国经济体制改革的重要性相对下降。一个典型的证据是，在党的文件中提及国有企业及国有经济改革的次数在不断下降，其中，党的十五大报告提到 26 次、党的十六大报告提到 21 次、党的十七大报告提到 9 次、党的十八大报告仅提到 6 次。另一方面，总体上看，这些年国有企业发展取得了巨大的成就，以中央企业为例，2002—2011 年，中央企业的资产总额从 7.13 万亿元增加到 28 万亿元，营业收入从 3.36 万亿元增加到 20.2 万亿元（方栓喜，2012）。国有企业比较令人乐观的发展形势，在一定程度上淡化和降低了国有经济改革研究的必要性和紧迫性。

然而，无论是国有企业改革与发展取得巨大成就，还是国有企业改革研究文献量递减，这些都不能说明国有经济运行良好、高枕无忧，或者说是国有企业改革的任务已接近尾声。尤其是近年来国有企业改革与发展的环境日趋复杂，给国有企业改革与发展提出了新的挑战。从国际环境看，受国际金融危机影响世界经济形势低迷，一些西方国家还提出"竞争中立性"原则，限制中国国有企业发展；从国内环境看，宏观经济形势下行压力加大，社会上对国有企业的地位、作用和发展方向出现了巨大争议，甚至出现了无论国有企业发展与否社会上都会有指责声音，发展被指责损害了社会福利，不发展则被指责国有资产流失。这意味着，深化国有企业改革的任务仍然艰巨，国有企业改革面临着新的形势，既存在未解决的深层次问题，又面临着新的问题，国有企业改革与发展进入一个新的时期，需要有新的改革思路。

二、新时期国有企业面临的形势与问题

回顾 30 多年来的中国国有企业改革，先后经历了三个阶段。这三个阶段分别对应了不同形势下的改革任务，各自侧重于解决不同层面困扰改革的主要矛盾和问题。

第一个阶段是改革开放之初到党的十四届三中全会的"放权让利"阶段，该阶段大体用了 15 年的时间，贯穿 20 世纪 80 年代和 90 年代初。当时，改革的重心落在国有企业层面。这一阶段，改革主要任务是引导国营单位走出计划经济体制的旧观念与行为的束缚，使它们能够逐步适应商品化的经营环境，完成自身的企业化改造，解决了一个个国有企业进入市场的问题。

第二个阶段是 20 世纪 90 年代初至 21 世纪初的"制度创新"阶段，该阶段大体上有 10 年的时间。当时，改革的重心落在建立现代企业制度和推动国有经济结构调整上。这一阶段，改革的主要任务是引导国有企业确立与市场经济要求相适应的资本和产权的观念，建立现代企业制度，通过国有经济布局与结构战略性调整，初步解决了整个国有经济部门如何适应市场竞争优胜劣汰的问题，改变了国有经济量大面广、经营质量良莠不齐和国家财政负担过重的局面。

第三个阶段是党的十六大以后，以 2003 年国资委成立为标志的"国资发展"阶段，国有企业改革进入到以国有资产管理体制改革推动国有企业改革时期。这一阶段，改革的主要任务是由国资委负责监督管理国有企业实现国有资产保值增值目标，解决了以往国有经济管理部门林立、机构臃肿、监管效率低下的问题，使国有资产利用市

场机制发展壮大成为可能。

上述三阶段的改革进程取得了巨大的成效，一是国有企业经营机制发生了重大变化，大部分已经实施了公司制、股份制改革，初步建立起现代企业制度，公司治理结构逐步规范。全国90%以上的国有企业完成了公司制股份制改革，中央企业的公司制股份制改革面由2003年的30.4%提高到2011年的72%（王勇，2012；温源，2013）。二是国有经济的布局和结构有了很大的改善，在市场经济体制逐步建立的大背景下，国有资本逐步从一般生产加工行业退出，据国资委统计，在39个工业行业中，有18个行业国有企业总产值占比低于10%（王勇，2012；罗志荣，2013），国有资本更多地集中于关系国民经济命脉的重要行业和关键领域，在国民经济中发挥着主导作用。三是政府和国有企业关系发生了变化，初步建立起有效的国有资产管理体制，经营性国有资产得到了比较规范的管理。财政预算不再安排用于补充国有企业资本金性质的支出和经营性亏损，政府的公共管理职能和出资人职能初步分离。四是国有企业发展质量和运行效率得到了提升，竞争力有了很大增强，国有经济已经摆脱困境，对经济社会发展的贡献进一步显现。以下统计数据中清楚表明了这一点：2003—2011年，全国国有企业实现营业收入从10.73万亿元增长到39.25万亿元，年均增长17.6%；实现净利润从3202.3亿元增长到1.94万亿元，年均增长25.2%；资产总额85.37万亿元，所有者权益29.17万亿元，分别是2003年的4.3倍和3.5倍。截至2011年底，全国国有企业拥有自主知识产权专利21.4万项；中央企业境外资产总额3.1万亿元，营业收入3.5万亿元，实现净利润1034.5亿元，分别占全部中央企业资产总额、营业收入和利润的11%、16.9%和11.3%（王勇，2012；罗志荣，2013）。

概括地说，可以将国有企业改革与发展的成就归结为经济改革与经济发展两大方面。在经济改革方面，通过国有经济战略性重组和建立现代企业制度，在计划经济体制下形成的以国有经济为主体的单一的微观经济结构已经得到显著改观，适应建立社会主义市场经济要求的公有制为主体、多种所有制共同发展的混合经济结构已经确立；在经济发展方面，国有企业改革与发展，在保持中国经济稳定增长、推进中国快速的工业化进程、提高中国经济国际竞争力方面发挥了重要的作用。总体而言，国有企业改革已经基本达到它在20世纪90年代的预设目标。

但是，我们也必须清楚地认识到，经历三个阶段、取得很大成效后的国有企业改革，步入了一个新的时期，国有企业面临着更加复杂的形势和问题。

（1）从国际环境看，在经济全球化的大趋势下，中国开放水平进一步提高，国有经济面临国家使命提升与国际环境严峻的双重压力。加入WTO后，中国经济的全球化程度和中国国有经济部门的开放度都大大提高了。而在这之前，我们对上一轮国有经济体制改革以及国有资产管理体制的考虑，主要是针对一个相对封闭的国内经济体系进行的。在新的国际环境下，不仅国有企业面临国内市场的国际化竞争，而更为重要的是国有企业还被赋予"走出去"使命，必须在国际市场上与世界级公司进行竞争。但是，在国际竞争中，国有企业的身份往往处于不利的地位。一些国家提出"竞争性中立"政策，并试图上升为国际规则，有些国家则以国家安全为名对中国国有企业海外投资并购实施严格的个案审查。

（2）从国内经济环境看，进入"十二五"规划以后，中国已经步入工业化后期（陈佳贵、黄群慧，2012），中国经济发展方式亟待转变，国有经济所熟悉的要素驱动型的发展环境正在改变。长期以来，国有企业形成了依靠扩大规模、增加投入的外延式发展方式以及与这种方式相适应的制度基础，这种适应快速工业化中期阶段的扩张方式和制度基础无法适应新的经济发展时期，如果未来国有经济要在整个国民经济中继续发挥主导作用，国有企业必须推进产业转型升级、创新能力提升、发展方式转变，而要实现发展方式的重大转变，还必须深化国有经济改革，建立适应新的发展方式的制度基础。这不仅是国有企业可持续发展的需要，也是中国社会主义市场经济整体发展的需要。考虑到经济发展方式转变的艰巨性，国有企业改革面临的问题也将十分复杂。

（3）从市场化进程看，这些年，中国市场化水平不断提升，但还没有建立成熟的社会主义市场经济体制，目前的国有企业行为模式离成熟社会主义市场经济体制的要求还有很大差距。作为中国市场化进程的成效，国有企业作为独立的市场主体的特性日益凸显，这构成了国有企业效率改善的基础，但是，由于社会主义市场经济体制还不完善，国有企业在追求自身发展壮大的过程中也出现了一些不当的经济行为，诸如国有企业为了谋求自身经济利益而谋求行政垄断等问题，它们不仅有可能造成社会经济效率损失，更有可能在不同程度上，触犯到社会公平信念，激发各方面的不满情绪。这些问题十分复杂，根本不在20世纪末的国有企业改革的议事范围中，迄今为止，在理论界争议很人，在政策方针层面，尚无有效的对策安排。在实践中，一些国有企业在该坚持市场化原则的时候，想方设法诉诸非市场的力量；另一些国有企业一味讲求市场化，使其他利益相关者受到其经营行为过度市场化的伤害。

（4）从企业改革进程看，虽然一大批具有股权多元化、经营管理市场化导向的"新型国有企业"在市场竞争中日益成长起来（金碚、黄群慧，2005），但国有企业改革总体还不到位，还处于整个管理体制转型的进程之中。具体表现在以下几个方面：一是国有企业公司制、股份制的改革没到位。为数众多的国有大企业，其母公司及二级以上公司层面的股权多元化改革大多是止步不前的。这样的结果是，一方面企业治理结构不够规范，市场化经营权利无法得到充分保障；另一方面，企业有行政级别，可以从政府那里得到稀缺资源，影响市场公平性。二是垄断行业国有企业改革不到位。社会各界对垄断行业改革还缺乏相对统一的认识，没有探索出一条明确、可信又可行的改革路径。垄断行业的国有企业追求行政垄断地位的行为，影响构建公平有效的市场经济格局，造成一定的社会福利损失。三是国有经济战略性调整不到位。除国家安全和国民经济命脉的重要行业和关键领域外，国有企业还在不少一般竞争性的行业领域拥有相当数量的资产。据统计，到目前为止，仍然有一半左右的国有企业资产分布在非基础性行业和非支柱产业中。四是国有资产管理体制改革不到位。国有资本流动性仍然较差，还满足不了有进有退、合理流动和实现国有资本动态优化配置的要求。在传统制造业中，过量的国有资本滞留激化了产能过剩问题，形成对非公资本的挤出。一些国有大企业借力于有利的信贷政策，迅速发展壮大，其投资规模扩张速度与企业实际的管控能力不相称，挤压了民营企业的经营空间，给自己留下高资产负债率和低利润率的隐患。在关系国民经济命脉、改善民生和国家长远发展的重要领域中，国有资本的作用没有充分发挥。五是地方政府新设立的各种国有投资与开发建设平台发展很快，这些企业与银行之间信贷关系密切，显著带动了国有企业的资产规模扩张，但对这些企业的管控制度与规范手段不到位，潜在风险较大。六是国有企业监督约束机制改革不到位，存在国有企业经营管理者享受"行政官员"和"职业经理人"双重激励的现象，相应的约束机制不健全，实际约束效能水平亟待提高，经济腐败案件时有发生。

（5）从改革动力机制看，虽然今日国有企业的发展成就得力于过去的改革，但当一些国有企业和国资部门成为以前改革的既得利益集团时，就缺乏了进一步改革的动力。过去10年，不同所有制的企业都在发展，国有企业也充分享受了20世纪末的改革红利和21世纪前几年的重化工业景气（张文魁，2013），基本解决了温饱问题，同20世纪90年代相比，当下的国有企业所面临的改革压力大大减轻了。从体制机制上看，也存在削弱改革动力的制度方面因素。2003年底，国资委成立，国有企业改革的重心转向国有资产管理体制改革，核心任务是国有资产保值增值。经过10年实践，现在看来，整个国有经济部门，包括国资监管部门和国有企业在内，按照自己的意愿追逐利润发展壮大的动力很足，但改革动力不足。现行体制设计是由国有资产管理部门来负责推动改革，但改革涉及权力安排的调整，这样一种"自己改自己"的体制，权力安排即使实际发生调整也比较难向着不符合改革主体自利理性的方面变化。

三、新时期国有企业改革的目标与任务

面对复杂的国有企业改革形势和问题，亟待相关的理论研究进行分析和指导。近些年，围绕对国有经济的地位作用、现状评价、未来改革方向等重大问题，出现了一个研究小浪潮，但是看似喧嚣和激烈的争论，却没有"生产出"能够有实质性影响力、推进国有企业改革与发展实践的研究共识。这种局面和20世纪末国有企业改革研究局面形成了鲜明对照。当时，研究者众，最后共识颇多；而21世纪以来，研究者相对少，却始终众说纷纭，莫衷一是。

关于国有经济的使命、地位和功能作用，存在一般功能论和特殊功能论两种相对观点（黄群慧、白景坤，2013）。金碚（2001）、黄速建和余菁（2006）等曾探讨过，作为特殊企业的国有企业，应该有与一般企业相区别的特殊使命和企业社会责任。一般功能论认为，国有经济更适合在"市场失灵"的领域发挥作用，应该从竞争性领域中退出；而特殊功能论认为国有经济应该承担特殊功能，是社会主义制度的经济基础，是社会主义市场经济的骨干力量，是实行宏观调控、参与国际竞争以及保证党的执政地位、国家的长治久安、人民的共同富裕的重要力量，应该不断发展壮大，不能从竞争性领域退出。

关于国有企业的现状评价，争议主要集中在国有企业效率问题和是否存在"国进民

退"现象两方面。从国有企业效率看，一种极端观点认为，国有企业注定低效，即使企业业绩好，靠的也不是公平竞争和效率提升，而是靠垄断。支持这种观点的研究测算表明，2001—2009 年，国有及国有控股工业企业平均的净资产收益率仅从 8.16% 提高到 8.18%，而同期非国有工业企业平均的净资产收益率从 12.9% 提高到 15.59%，如果通过扣除国有企业在政府财政补贴、融资成本和土地及资源租金等方面享受的种种政策优惠来测算企业的真实绩效，那么，2001—2009 年，国有及国有控股工业企业平均真实净资产收益率则为–1.47%（天则经济研究所课题组，2011）。从近期国有企业的个案看，伴随宏观经济的周期性波动，像中远集团以及钢铁、化工等重化工领域的国有大企业"巨亏返贫"的个案在一定程度上也支持了这种观点。与之相反的观点则认为，改革开放以来，国有企业取得了巨大的成就，尤其是进入 21 世纪以后，国有企业资产、营业收入和利润等指标稳步增长；代表中国国有企业较高水平的中央企业发展更为迅猛，"十一五"期间的资产总额、营业收入、上缴税金和税后净利润等主要经营指标均实现了翻番。有学者据此认为，国有企业是有效率的，效率不仅不是垄断造成的，还在促进社会整体效率方面发挥着关键性的作用（张宇等，2012）。而"国进民退"争论重大分歧主要集中在"国进民退"的真伪与规模问题，以及"国进民退"与基本经济制度稳固和改革开放取向关系的问题（冷兆松，2013），一种观点认为，"国进民退"浪潮大规模呈现，2009 年以后这种趋势更加明显，这是市场化改革的倒退，而另一种观点认为，无论从经济事实上还是经济理论上看，"国进民退"都是一个伪命题，所谓"国进民退"的言论可能影响基本经济制度的稳固。

关于国有企业改革的未来方向，存在通过"私有化"的"改革"来消灭国有企业和通过"发展"替代"改革"来壮大国有企业的两种极端对立观点。从理论层面看，这些年，"改革"这个词和国有企业结合在一起有被标签化的迹象。改革，常常被狭义地理解为"私有化"，也常常被理解为"发展"的反义词。在舆论方面，最坚定的改革派常常是主张消灭国有企业的，认为没有了国有企业改革也就成功了。对立的观点却认为，国有企业也能搞好，只要国有企业"发展"好了，业绩好了，国有企业改革任务自然就完成了。现在国有经济发展已经取得了很好的业绩，未来改革的关键是如何创造更好的环境保证国有经济进一步发展壮大。

上述对国有企业改革现状评价不一、国有经济地位和深化改革的前景和方向不明的状况，对国有企业改革与发展的实践带来了极大的不利影响。由于没有公认的业绩评价标准，也没有取得共识的改革主张，现实中国有企业无论业绩好坏，都会有来自舆论方面的批评：业绩不好的企业，既有人批评它们，说改革不彻底，需要加快改革，也有人批评它们发展方法不得当，需要加快发展；而业绩好的企业，则被批评为损失了社会公平和效率。这些批评的存在使得在实践层面，无论是国有资产监管部门还是国有企业本身都无所适从，不知道努力的方向是否正确，最终造成国有企业使命混乱，企业持续发展的正常机制被腐蚀。因此，近些年理论界和舆论界的巨大争议和国有经济部门自身改革动力不足的现实情况捆绑在一起，形成了奥尔森（中译本，2011）笔下的"喧闹的疯人院"。这种几乎没有什么秩序可言的集体选择的局面无疑不利于改革的深入推进，不利于国有经济的健康持续发展，不利于社会主义市场经济体制的完善。

我们认为，走出上述争论困局，需要建立对国有经济未来走向的正确认识。在新时期，国内外环境发生了变化，国有企业不仅要承担国有资产保值增值、自身不断发展壮大的使命，同时还要推进经济发展方式转变、"走出去"和未来如何适应建设成熟的市场经济体制等新使命，这需要继续推进国有企业改革。而经过前面三个阶段后，国有企业改革仍存在诸多不到位的问题，使得进一步深化国有经济改革更有必要。但是，面对理论界国有经济改革主张的矛盾和混乱、现实中国有经济部门的改革动力不足的局面，新时期国有企业改革的继续推进必然十分困难。对此，我们必须首先认识到，对于中国未来经济改革发展而言，新时期推进国有企业改革是一项意义重大的任务，同时也是一项困难巨大的挑战。

新时期推进国有企业改革，尽管存在很大的困难，但也有重要的有利条件。那就是，中国特色的社会主义理论体系已经确立，与过去"摸着石头过河"的改革逻辑相比，新时期国有企业改革目标是明确的。中国经济改革的目标是建立社会主义市场经济，现在正在逐步完善的过程中，中国经济发展任务是转变经济发展方式，促进经济又好又快发展，因此，新时期国有企业改革必须是有利于完善社会主义市场经济体制，必须有利于促进国有经济更好地服务于中国经济发展方式转变、经济健康持续发展。应该说，各种被标签化的"改革"主张，无论是通过"私有化"消灭国有企业，还是否认市场化改革方向，从理论上说是与中国特色社会主义理论要求不符的，从实践上说是和中国经济改革与发展现实相脱节的，违背了社会主义初级阶段经济制度的基本要求，因此是不正确的，必然会导致实践混乱。我们需要符合社会主义市场经济体制要求、与中国经济改革发展实践紧密结合的改革主张。在我们看来，国有企业改革的根本目的在于服务国家社会经济发展的大局，在于巩固社会主义初级阶段的基本经济制度。深化改革的核心问题不在于国有经济是"国进民退"还是"国退民进"，而在于国有经济怎样才能有利于社会主义市场经济体制完善和中国社会经济可持续发展，有利于公有制主体、多种所有制共同发展的社会主义初级阶段基本经济制度的完善。深化改革，不能将视野局限在国有经济部门内部，仅仅着眼于如何运营管理好现有的存量国有资产的问题，而应放眼社会、放眼世界、放眼未来，从社会性、国际化和可持续性的视角入手，更好地配置国有资本，更好地发挥出国有经济部门与非国有经济部门的互补功能，为整个国民经济向更健康、更有竞争力、更具可持续性的方向发展，为中华民族实现伟大复兴，为实现"中国梦"而贡献积极力量。我们认为，新时期国有企业改革的目标，绝不是通过国有企业私有化、民营化最终消灭国有企业，也不是仅仅围绕国有资产保值增值建立激励机制以实现国有企业自身发展壮大，而是在新的形势下建立有效的制度基础保证国有企业追求"国家使命导向"的发展。

企业运行的基本逻辑是"使命决定战略定位、战略定位决定战略内容、战略内容决定组织结构、组织结构决定企业运行效率、企业运行效率决定企业使命的实现"。使命就是企业存在的理由，是企业的价值取向和事业定位，使命不明确或者使命冲突会导致企业行为逻辑混乱。对于国有企业而言，实现国家赋予的使命——"国家使命"是企业生存发展的理由。纵观国有企业改革的历程，无论是"放权让利"阶段，还是"制度创新"阶段以及"国资发展"阶段，国有企业的"国家使命"主要体现在自身的生存发展上，即搞活国有经济、提高国有企业效率、国有资产保值增值等方面，即使提出国有经济战略性重组，也是因为有限的国有资本无法支撑过长的国有经济战线，为了提高效率而必须收缩国有经济战线、调整国有经济布局。正因如此，国资委成立以来，考核国有企业的主要指标是国有资产保值增值率。

目前，经过多年改革开放和快速的工业化进程，近些年中国的国际地位和国家社会经济结构已发生重要变化，社会主义市场经济体制逐步完善，社会上期望国有企业所承担的"国家使命"内涵也发生变化。一个重要的变化是，以前我们强调国有企业在巩固社会主义基本经济制度和发挥在国民经济中的主导作用，要求国有企业要控制的行业和领域主要涉及国家安全行业、自然垄断行业、重要公共产品和服务行业以及支柱产业和高新技术产业，而现在的社会期望国有企业承担更多的社会公共目标。在一般市场经济国家，国有企业的使命一般是一个，即弥补市场缺陷的社会公共目标。随着中国市场经济体制的不断完善，国有企业也必须承担弥补市场缺陷这样的公共性的功能。也就是说，中国的国有企业的"国家使命"不仅包括巩固社会主义基本经济制度、国有资产保值增值、保证国家经济安全方面，还包括弥补市场缺陷等公共性功能。这是社会主义市场经济体制包括社会主义特性和市场经济特性两方面要求所决定的。应该说，一方面赋予中国国有企业巩固社会主义基本经济制度、发挥在国民经济中的主导作用的经济利益使命；另一方面赋予其弥补市场缺陷的社会公共使命，这样对国有经济整体定位的"国家使命"，是符合社会主义市场经济体制要求的，也是与中国经济改革发展现实紧密结合的，整体是科学合理的。但是，近些年的实践表明，对于具体的国有企业而言，如果每个国有企业都担当上述两方面"国家使命"，国有企业个体会面临"盈利性企业使命"与"公共性政策使命"诉求的冲突。一方面，国有企业要发挥巩固社会主义基本经济制度和国民经济主导作用，作为企业要通过追求盈利性来保证自己的不断发展壮大，从而实现上述使命，这需要考核国有资产保值增值。为此，国有企业就有动机寻求一切机会盈利，包括利用行政资源获取垄断地位、限制其他企业的进入，或者快速扩张、进入利润率高而非关国计民生的行业，等等。同时，国有企业人员还有理由追求市场化高水平的薪酬待遇。另一方面，国有企业要弥补市场缺陷，定位为政策工具，要求牺牲盈利，服务公共目标。为此，国有企业要具有行政级别，这在某种程度成为国有企业股权多元化改革的障碍。这两方面定位要求，使得当前国有企业陷入赚钱和不赚钱两难的尴尬境界——不赚钱无法完成国有资产保值增值、壮大国有经济的目标，赚了钱又被指责损害了市场公平和效率。

上述分析表明，国有企业存在"国家使命冲突"是导致现阶段国有企业众多问题的深层次原因。如果说，新时期国有企业改革的目标是在新的形势下建立有效的制度基础保证国有企业追求"国家使命导向"的发展，那么，解决国有企业"国家使命冲突"就成为新时期国有企业改革的重要任务。

四、国有企业分类改革与治理的基本思路

上述整体上国有经济使命和定位合理，而具体到个体国有企业使命存在冲突的现象表明，中国国有企业改革现在只停留在对国有经济的功能定位的整体认识阶段，而还没有细化到基于国有经济功能定位而对每家国有企业使命进行界定，进而推进国有经济战略性重组的具体操作阶段，这难以实现不断增强国有经济活力、控制力和影响力的目标。

为破解上述国有企业使命"整体与个体"的矛盾，应突破那种将国有企业看做"铁板一块"的认知观念，引入分类治理的工作思路，根据企业使命、定位和目标的不同，确定差异化的国有企业治理思路（黄群慧，2007，2008；余菁，2008），并据此思路，改革现行的国有资产管理体制，增强改革的动力。我们认为，新时期国有企业改革的基本思路应该是"精细化分类改革"，中国国有企业改革与发展应该进入"分类改革与治理"的新时期。

关于国有企业分类改革，多年来，学者们不断在提出自己的分类改革建议（中国人民大学经济研究报告课题组，1998；黄群慧，2007；常修泽，2011；荣兆梓，2012），比较常见的分类法是将国有企业区分为公益性和竞争性两类。邵宁（2011）也认为可以将国有大企业大体分为功能性和竞争性企业两种进行分类改革，但是，迄今为止，如何具体将现有国有企业进行分类改革还没有形成共识，也缺少具体的分类方案。这里，我们认为，应该将国有企业区分出公共政策性、特定功能性和一般商业性三种类型。我们用"一般商业性"的提法替代常见的"竞争性"的提法，以及用"公共政策性"的提法替代"公益性"的提法，其意义在于运用基于企业使命差异的分类逻辑来替代多年来人们常用的、基于行业性质差异的分类逻辑。一旦明确分类思路，不同类型的企业应该实行差异化的治理机制（如表1所示）和改革政策。

表1　国有企业的分类改革与治理

治理特征 / 企业类型	企业使命	适用法律	股权结构	资产管理
公共政策性企业	弥补市场缺陷、以是否完成国家赋予的具体政策目标为核心考核指标的"公共政策"导向	针对企业的单独立法	国有独资	严格预算管理
特定功能性企业	巩固社会主义基本经济制度和发挥在国民经济中的主导作用	《公司法》及专门针对其具体功能的管制法规	国有绝对控股、股权有限多元化	一般预算管理，在履行特殊功能条件下适度追求股权投资收益
一般商业性企业	以国有资产保值增值为核心考核指标的"市场盈利"导向	《公司法》	股权相对多元化	不存在政府预算管理，股东享受股权投资收益

资料来源：作者自撰。

（1）"公共政策性"国有企业。所谓"公共政策性"国有企业，是国家保证实现社会公众利益的一种手段和工具，其"国家使命"是弥补市场缺陷、以是否完成国家赋予的具体政策目标为核心考核指标的"公共政策"导向，有学者也称其为"公共企业"。这类企业数量有限，却是未来国资管理的重中之重。改革的方向是"一企一法"、"一企一制"。这类企业一般是国有独资企业。每个企业都需要专门的法律法规来规范其行为，要用复杂的治理手段对这些企业各种重要经营活动细节予以明文规范，严格政府预算管理，确保企业活动高效率地追求社会公共利益。对公共政策性企业而言，其未来的治理体制，应该比我们现行的、面向所有国有企业的国资管理体制要来得更为复杂、精细。公共政策性企业，在数量上可能仅占全部国有企业的 10%，但从长远看，对它们的监管成本或将占到整个国资管理体制运行成本的一半。尽管其治理成本高，但如此高昂的制度成本对确保公共政策性企业正当履行服务社会公共利益的职责而言，又是非常必要的。

（2）"一般商业性"国有企业。所谓"一般商业性"国有企业，也就是人们常说的竞争性国有企业，其"国家使命"是以国有资产保值增值为核心考核指标的"市场盈利"导向。量多面广的国有中小企业和产业竞争度高的国有大中型企业都属于这类企业。它们约占全部国有企业的 60%~70%，其改革方向是促进国有股权的资本化和市场化，促使企业商业活动全面和彻底地融入市场，企业完全按照《公司法》的制度规范来运行，企业投资主体也可以相对多元化。目前，中央企业母公司绝大多数都是国有独资企业或国有独资公司，地方国有企业母公司也多是如此。将国有企业特别是中央企业母公司改制成为投资主体多元化的混合所有制企业，这是国有企业改革下一步的方向，但还没有破题，这个任务非常艰巨（周放生，2011）。我们认为，那些中央或地方国有企业的母公司一旦被划为"一般商业性"国有企业，其滞后的改革就应该及时破题。还有专家指出，国有企业改革的主导方向应当及时转向寻找国有资产资本化的管理形式，使国有资产"资本化"（陈清泰，2012）。我们认为，这一提法，适用于一般商业性的国有企业。这些企业融入市场，并不等同于民营化、私有化。只要是运营有效率的企业，其国有出资人可以继续保留其所有权。这类企业应只追求经济目标，不需要过多关注社会目标，其改革有效与否的衡量准绳，应是纯粹的市场化原则。凡适应市场竞争者，企业可以免于政府干预之苦，健康发展壮大，国资管理部门乐享其成。不适应市场竞争者，那也就是国资管理部门的包袱，这些企业对国家与社会索取多、消耗多、贡献少，通过市场竞争将被逐步淘汰。这类国有企业的改革应加快，实实在在地落实政企分开，做到全面"去行政化"，做到与民营企业平等竞争。这既符合经济效率主义和公平市场竞争的要求，又有助于缓解国有资产管控压力，提升国有资本运营效率，大幅度降低高昂的制度运行成本。

（3）"特定功能性"国有企业。这类国有企业是具有混合特征的国有企业，既非纯粹的一般商业性企业，也非典型的公共政策性企业。其"国家使命"在于巩固社会主义基本经济制度或者是在国民经济中发挥主导作用，包括"走出去"、促进经济发展方式转变、保证国家经济安全和主导经济命脉等具体功能，而这些功能的实现要求以企业自身发展和经营活动盈利为基础。这类企业有一定数量，且其具体情况千差万别。它们是近期及未来一段时期国有企业改革的重点与难点，其改革方向是坚持市场化主导。这类企业一般为国有控股的相对多元化公司。需要强调的是，这些企业的具体"国家使命"应该是可以陈述清楚的，而且，是可以用明确的经济政策手段予以计量和补偿的，需要有相应的财政预算管理约束，其实现"国家使命"功能的行为需要有专门的行业性法规来约束。从远期看，这类国有企业承担的具体"国家使命"功能是动态的，是随着国家的经济发展和国情变化而变化的。一方面，其相应的"国家使命"功能可能会完成或者因不必要而被取消掉，那么这些企业将陆续转化为竞争性的国有企业，国家为其履行"国家使命"功能提供必要经济资源与政策支持也必须相应取消掉；另一方面，国家也可能赋予其新的"国家使命"功能，从而提供新的相应的经济资源或者政策支持。从当前国有企业整体情况看，伴随社会主义市场经济体制日益完善，这类企业中的一些企业，在将来有转型、升级成为真正具有国际竞争力和影响力的企业领导者的潜质。

参照以上分类标准，来尝试推进分类改革，我们还必须认识到现实国有经济部门的复杂性和动态性，进而认识到上述三分法具有相对性。所谓复杂性，指的是我们所做的三分法中被划归某一类型的企业，现实中它作为一个复杂的企业，其中可能含有其他属性的成分。比如，一些企业被划为公共政策性国有企业，虽然它的业务中含有比较突出的公共性业务，但现实中它的业务却又包含有不少商业性的成分。在我们看来，使每种类型的国有企业的角色定位趋于纯净化，这应该是国有经济战略性调整的重要任务，是国有企业改革的目标之一。所谓动态性，指的是上述三类企业随着环境变化不是一成不变的，一些目前看起来有非常重要的公共政策性或者特定功能性的国有企业，在未来，它们的重要性或影响力可能会因为各种原因而下降，进而可能会演变为一般商业性国有企业。而一般商业性国有企业，它也可能会因为国家需要赋予其新的"国家使命"功能而转变为特定功能性国有企业。这意味着，在实践层面，上述理论上的分类方法不是绝对的，而是一个可供参考的理论分析工具，在将分类方法付诸运用时，实践者应具体根据"国家使命"要求，结合企业历史沿革、具体业务特征和企业自身的改革意愿进行分类调整。

基于上述分类改革思路，新时期国有企业改革要立足未来国际竞争的需要，适时地推动新的国有经济布局和结构战略性调整，引导国有经济部门各就各位。一方面，一般商业性国有企业，其行为应朝与纯粹的市场竞争规则接轨的方向发展，尊重自主经营、优胜劣汰的市场规律；另一方面，重要的特定功能性国有企业和公共政策性国有企业，则应强化"为国争光"和"为民创利"的意识，积极主动退出那些竞争格局趋于成熟、战略重要性趋于下降的产业领域，积极拓展更加具有国家战略价值的产业机会。

五、中央企业分类改革的初步设想

在实践中，如何推进国有经济分类改革、探索建立分类治理的管理体制，这里结合

2013 年初国资委管辖的 115 家中央企业的情况，我们尝试对这些企业进行分类[①] 和给出相应的改革建议。具体分类结果如图 2 所示。

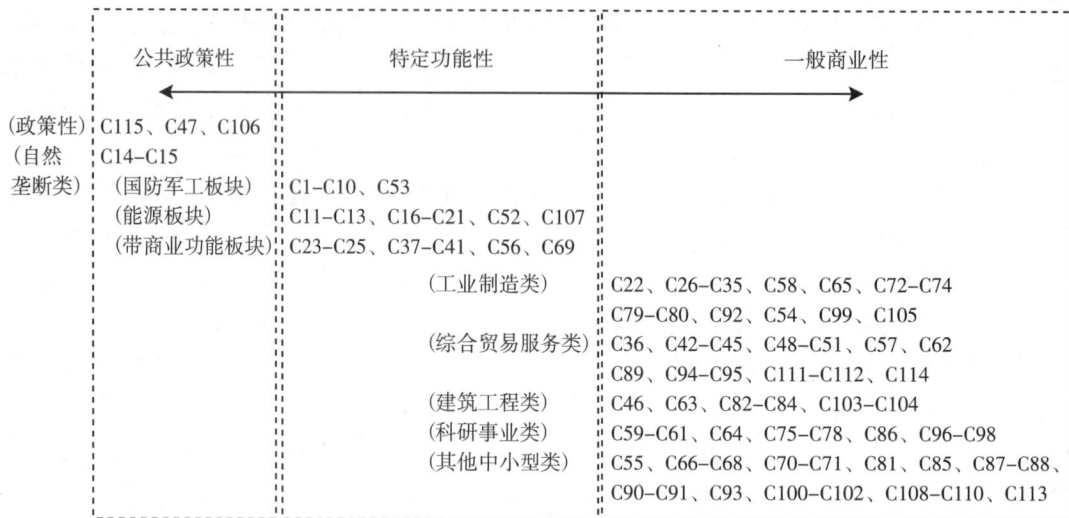

图中的内容如下：

- 公共政策性 / 特定功能性 / 一般商业性（横向箭头）

- （政策性）（自然垄断类）：C115、C47、C106、C14–C15
  - （国防军工板块）
  - （能源板块）
  - （带商业功能板块）：C1–C10、C53 / C11–C13、C16–C21、C52、C107 / C23–C25、C37–C41、C56、C69

- （工业制造类）：C22、C26–C35、C58、C65、C72–C74、C79–C80、C92、C54、C99、C105
- （综合贸易服务类）：C36、C42–C45、C48–C51、C57、C62、C89、C94–C95、C111–C112、C114
- （建筑工程类）：C46、C63、C82–C84、C103–C104
- （科研事业类）：C59–C61、C64、C75–C78、C86、C96–C98
- （其他中小型类）：C55、C66–C68、C70–C71、C81、C85、C87–C88、C90–C91、C93、C100–C102、C108–C110、C113

图 2　中央企业分类

如图 2 所示，图中 "Cn" 代表一个个具体的中央企业。[②] 我们将 115 家中央企业分为三大类。具体分类结果如下：①公共政策性企业有 5 家，其数量占全部中央企业数量的比重约为 4%，包括中国国新（C115）、中储粮总公司（C47）和中储棉总公司（C106）3 家政策性企业，以及国家电网（C14）和南方电网（C15）2 家自然垄断企业。②特定功能性企业有 32 家，其数量占比约为 28%，包括三大板块：一是国防军工板块，包括十大军工企业（C1–C10）和中国商飞公司（C53），共 11 家；二是能源板块，包括三大石油公司（C11–C13）、国家核电（C52）、中广核集团（C107）和六大电力公司（C16–C21），共 11家；三是其他带商业功能板块，包括中盐公司（C69）、华孚集团（C56）、三大电信公司（C23–C25）以及中远集团、中国海运和三大航空公司（C37–C41），共 10 家。③其余 78家为一般商业性企业，其数量占比约为 68%，包括 22 家工业制造企业、17 家综合贸易服务企业、7 家建筑工程企业、12 家科研企业和 20 家资产规模在 500 亿元以下的其他中小企业。对于上述分类结果，我们作两点说明：

[①] 2013 年初，在进行这项分类时，"深入推进国有经济战略性调整研究"课题组对 115 家中央企业的基本情况进行了逐一分析和讨论，在课题组共同研讨的基础上，笔者最终确定了本文中的分类思路。参与该研究工作的课题组成员包括：刘戒骄、王钦、李钢、刘湘丽、原磊、王欣、张航燕、霍景东、白景坤、常蕊、邵婧婷、王鸿鑫。此外，还要感谢国新公司李果博士参与课题组研讨会并发表宝贵意见。

[②] 作者对国资委监管的 115 家中央企业进行了编码。每家中央企业简记为 "Cn"，例如，"C1" 为 "中国核工业集团公司"、"C2" 为 "中国核工业建设集团公司" …… "C115" 为 "中国国新控股有限责任公司"，每个企业各有其编码。因文章篇幅限制，此处未刊出详细的编码表；读者如有兴趣，可向作者索要。

（1）此分类主要基于我们对各企业自己描述自己企业使命和业务活动的有关公开资料的主观判断而进行的。目前，所有的中央企业——即使是被我们归为公共政策性和特定功能性的中央企业，在现实中多少都有开展商业性业务的倾向，有的企业，其商业性业务活动所占比例还不低。这很大程度上是由于现行国资管理体制下考核国有资产保值增值造成的，而并非国家赋予其"国家使命"所要求的。从理论上说，具体分析一家国有企业拥有多大比例的商业性业务或者功能性、公共政策性业务，进而确定其所属的企业类型，可能更有说服力。但在现实中，受限于数据采集因素，理论上的思路相当难实现。所以，我们在分类时尽量充分考虑所获得的企业资料，最终则依赖于研究者的经验性判断。

以政策性企业为例，我们认为，国新（C115）、中储粮（C47）、中储棉（C106）3家企业拥有比较显著的公共政策性特征。中国盐业（C69）和华孚集团（C56）也拥有一定公共政策性业务活动，但其业务活动的公共政策特性不如前面3家企业那么突出，而且，这2家企业也有比较明显的商业性业务活动。在实际分类时，我们将前3家公司列入公共政策性类别，而将后2家企业列入特定功能性类别中的其他带商业功能板块。如果后2家企业在未来的改革实践中进一步压缩其商业性活动，可以考虑将其重新纳入政策性企业的范畴。

以人们通常谈论的垄断类企业为例，我们认为，两家电网公司（C14和C15）的自然垄断特性及公共性特征要比另外3家石油公司（C11-C13）和3家电信公司（C23-C25）更加突出，而后面6家公司的主营业务活动的盈利性特征要比2家电网公司更为显著。为此，我们将两家电网公司划归为公共政策性企业，而将另外6家公司划归为特定功能性企业。其中，3家石油公司被归入能源板块，3家电信公司则被归入"带商业功能板块"，被划入公共政策性类型的中央企业，并非说它们就没有商业性的业务活动。最近一段时期，有媒体披露，中储粮作为政策性企业在享受国家给予政策性补贴的优惠和利益的同时，对不得让粮食储备机构参与经营的政策持有抵触意见，该公司有通过经营活动来谋利的意愿，同时，也存在政策性的粮食储备业务和经营性业务不分，以及将粮食储备业务分包出去牟取利益的行为。而在几年前，有关该公司定位的讨论已经见诸报端。我们从研究者的角度看，中储粮的经营业务在公司业务活动中所占比重不高，该公司属于典型的公共政策性企业的范畴。从未来的分类改革和治理的要求看，一旦明确了公司使命与定位，像中储粮这样的公共政策性企业必须主动限制自身的经营性活动。

（2）考虑到具体分类的复杂性和动态性原因，本文中提供的针对具体某家企业的分类是相对的，可能存在一些企业归类不准确的情况。如果要将本文所强调的分类方法真正付诸实践，我们认为，更具可操作性的分类做法应该是由国资管理部门基于"国家使命"要求和企业特性逐一与中央企业们进行谈判与协商以军工板块为例，我们认为，中国船舶（C6）、中船重工（C7）、兵器装备（C9）和中国电科（C10）4家公司的主营业务活动的功能性特征与其他6家军工企业（C1-C5和C8）相比更显得弱化。在未来的企业发展与改革过程中，伴随各家军工企业业务活动发生变化，那么，这4家公司有转变为一般商业性公司的更大可能性。而另外6家公司或其中的某些部分的业务活动，如果进一步强化突出其经营活动的公共政策性特征且弱化盈利性特征，它们也有转变成为公共政策性企业的可能性。以能源板块为例，我们认为，石油公司（C11–C13）和核电公司（C52和C107）与火电公司（C16–C21）相比，前者的功能性特征更加突出。在未来发展与改革中，能源板块的公司如果进一步突出其竞争性经营业务活动的发展，就有转化为一般商业性公司的可能。不少被划入一般商业性类型的中央企业尽管其主营业务活动的很大一部分有很强的经营性和竞争性特征，但它们仍然多多少少有一些带有"国家使命"色彩的功能性业务活动。像工业制造领域和综合贸易服务类的一些国有特大企业集团，大都具有上述特点。在未来的改革实践中，如果这些公司希望将自己定位于特定功能性公司，那么，它们应该继续强化自身的特殊功能，向承担更多的国家使命和社会责任方向努力；如果这些公司希望将自己定位于一般商业性公司，它们则应该进一步强化自身经营活动的商业性和竞争性一面。

六、结　语

在我们看来，按照上述央企初步分类，应该考虑从国有企业、国资管理和国有经济三个方面同时深化改革，且要兼顾国有经济部门与非国有经济部门的良性共处关系。

在国有企业层面上，如上文所指出的，三种类型的国有企业应各就各位，一般商业性的国有企业加快市场化，公共政策性的国有企业逐步向"一企一制（法）"的管控精细化的方向发展，特定功能性的国有企业应转向更加适应其细分化特征的、有的放矢的管理体制。

在国资管理体制层面，一是收缩管理幅度的问题，用更加简化的制度框架但同时又显著增强资本硬约束的方法来管理为数众多的一般商业性国有企业，并且，这方面的精力和资源投入应该越来越少，以增进其管理的"投入—产出"效率；二是管控力应进一步向公共政策性国有企业聚焦；三是对特定功能性国有企业的管理，应分步骤实现化繁为简，在短期里更注意因企制宜，在长期里则要不断强化一致性的制度要求。

在国有经济层面上，改革的路线图将表现为国有经济实现动态优化与平衡的过程，不仅涉及国有经济内部的结构趋于优化——公共政策性国有企业的占比将进一步稳步提高，一般商业性和特定功能性国有企业的数量和比重将有所下降；还涉及国有经济在国民经济中的地位和作用的不断完善，不一味通过求规模、求效益来维系国有经济的控制力和影响力，而追求国有经济的高质量和可持续性的发展。从改革的时间进程角度考虑，应该引导人们对不同类型国有企业的发展走向形成相对稳定的预期。关于国有企业的未来发展，一般商业性国有企业可能用10—15年的时间完全走向市场；公共政策性国有企业可能要用15—20年甚至更长的时间，来探索和营造适合它们的管理制度环境；特定功能性国有企业需要因企制宜，采用不同的时间表来深化改革。

最后需要提出的是，在新时期，沿着上述分类改革思路全面深化国有经济改革需要改革和完善现行的以国资委为中心的国有资产管理体制机制。曾有人说过，比出资人机构到位更难解决的是出资人职能到位的问题。在现行体制下，国资委是一个集政策制定和部分国资监管职能于一身的机构，这一方面使得宏观上的改革政策制定职能被虚化了，另一方面，其国资运营管理职能也难以实现必要的集中化和具体化。我们建议通过改革举措，形成三层次的组织架构：一是政策决策部门，全面负责全部国有经济改革、国资管理与发展大政方针的设计与制定工作；二是国资经营管理部门，包括国资运营管理机构、国有资产控股公司和大型国有企业集团等，对上一层次的政策决策部门负责，是政策执行层；三是具体的国有企业。在这种架构下，除国资委监管之外的其他重要国有企业也将逐步被纳入本文所说的"三分类"的范畴，实现有针对性的治理与管控。

参考文献

[1] 方栓喜. 国企：从现代企业制度到公共企业制度 [N]. 上海证券报，2012-05-21.

[2] 王勇. 国务院关于国有企业改革与发展工作情况的报告——2012 年 10 月 24 日在第十一届全国人民代表大会常务委员会第二十九次会议上 [N]. 中华人民共和国全国人民代表大会常务委员会公报，2012-11-15.

[3] 温源. 十年改革路，国企步铿锵 [N]. 光明日报，2013-05-14.

[4] 罗志荣. 国企改革——十年攻坚探出发展新路子 [J]. 企业文明，2013（3）.

[5] 陈佳贵，黄群慧. 中国工业化进程报告（1995—2010）[M]. 北京：社会科学文献出版社，2012.

[6] 金碚，黄群慧. "新型国有企业"现象初步研究 [J]. 中国工业经济，2005（4）.

[7] 张文魁. 国企需要新一轮改革 [R]. 中国经济报告，2013（1）.

[8] 黄群慧，白景坤. 国企改革和国有经济战略性调整综述 [A]// 中国社会科学院经济学部. 中国经济学年鉴（2012）[M]. 北京：中国社会科学出版社，2013.

[9] 金碚. 国有企业的历史地位和改革方向 [J]. 中国工业经济，2001（2）.

[10] 黄速建，余菁. 国有企业的性质、目标与社会责任 [J]. 中国工业经济，2006（2）.

[11] 天则经济研究所课题组. 国有企业的性质、表现与改革 [EB/OL]. http//www.unirule.org.cn，2011.

[12] 张宇等. 如何看待国有企业的效率 [N]. 北京日报，2012-10-22.

[13] 冷兆松. "国进民退"主要分歧综述 [J]. 红旗文稿，2013（1）.

[14] ［美］曼瑟尔·奥尔森. 集体行动的逻辑 [M]. 陈郁等译. 上海：格致出版社，2011.

[15] 黄群慧. 关于进一步明确国有企业具体使命与定位的建议 [J]. 中国经贸导刊，2007（18）.

[16] 黄群慧. 新时期国有企业的使命与国企领导人的薪酬制度 [J]. 经济与管理研究，2008（1）.

[17] 余菁. 走出国有企业理论纷争的丛林：一个关于国有企业目标、绩效和治理问题的综合分析 [J]. 中国工业经济，2008（1）.

[18] 中国人民大学经济研究报告课题组. 国有企业的分类改革战略 [J]. 教学与研究，1998（2）.

[19] 常修泽. 打响"破垄"攻坚战——对中国垄断性行业改革的思考 [J]. 前线，2011（10）.

[20] 荣兆梓. 国有资产管理体制进一步改革的总体思路 [J]. 中国工业经济，2012（1）.

[21] 邵宁. 关于国企改革发展方向的思考 [J]. 上海国资，2011（18）.

[22] 周放生. 国有经济的定位与进退 [J]. 企业观察家，2011（2）.

[23] 陈清泰. 国企改革转入国资改革 [J]. 财经，2012（13）.

董事会特征、CEO 权力与现金股利政策
——基于中国上市公司的实证研究 *

冯慧群　马连福

【摘　要】本文基于代理理论和信号理论，以 2008—2011 年间中国上市公司为研究对象，考察董事会特征的三个方面——独立性、网络性和稳定性对现金股利政策的影响，结果发现董事会独立性对现金股利分配倾向没有影响；而董事会网络性和稳定性均对现金股利分配倾向具有显著正影响。此外，本文通过构建 CEO 权力指数，发现 CEO 权力在董事会特征作用于现金股利政策中具有调节作用，其效果是减弱董事会网络性和稳定性对现金股利分配倾向的影响。

【关键词】董事会特征；现金股利；代理理论；信号理论

一、引言

随着中国资本市场的不断规范和发展，投资者保护问题越来越受到上市公司和监管部门的重视 [1]。如何保证投资者获得合理收益，既是上市公司履行股东受托责任的重要体现，也是资本市场稳定持续发展的内在要求 [2]。基于此，现金股利作为上市公司分配利润的一种重要方式，已经成为股东获得合理投资收益的有效途径，从而引起了学术界与实践界的广泛关注。根据代理理论 [3,4] 和信号理论 [5]，现金股利能够降低道德风险，减少逆向选择，有效地控制上市公司内外部人信息不对称问题和委托代理问题 [6]。然而，在当前的中国资本市场上，由于治理机制的不完善，许多上市公司依然采取不分配现金股利或少分配现金股利的政策，让投资者无法通过现金股利的方式来分享公司的盈利。虽然证监会和上交所在近几年颁布了一系列规定以推动和引导上市公司进行现金股利分配，但是

---

* 本文选自《管理评论》2013 年第 11 期。

我国在这方面与成熟的资本市场相比，依然存在较大的差距（具体内容见图1）。

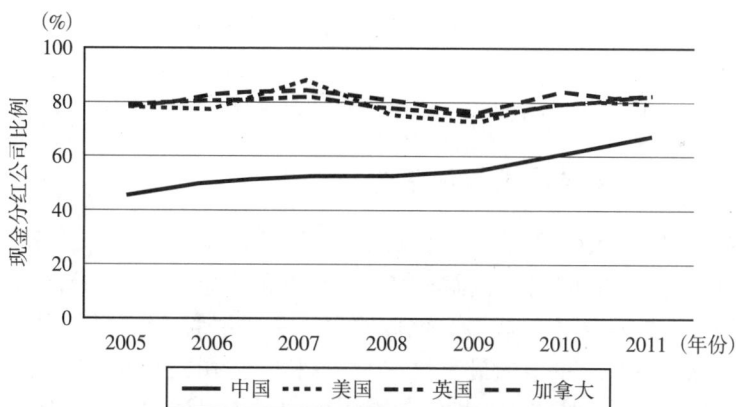

图1　不同国家历年现金分红的公司比例

资料来源：中国数据来自 CSMAR 数据库；美国、英国和加拿大数据来自 Compuatat 数据库。

　　虽然 Black[7] 的"红利之谜"理论认为：现金股利（亦称红利，分红）的增加会带来资本利得的减少，最终使得投资者并没有从现金股利中获得真正的收益；但是"在手之鸟"理论认为：投资者天生具有风险厌恶性，他们不愿意放弃今天的股利收益而等待未来的资本利得。因此，在资本市场上，由于投资者的偏好，分配现金股利较多的公司往往具有较高的市场价值[8]。鉴于此，近年来，国内外学者纷纷从不同角度来研究现金股利的生成过程，取得了一些成就，但是这些研究多集中在股权结构、控制人性质、宏观经济和资本市场等方面，很少涉及股利政策制定的核心——董事会。根据《中华人民共和国公司法》第四十七条（五）规定董事会拥有"制定公司的利润分配方案和弥补亏损方案"的职权。显然，依据法理，董事会在我国公司利润分配中居于核心地位，是现金股利政策的制定和决策机构。到底什么样的董事会倾向于分配现金股利，这其中又会受到什么因素的影响呢？本文从代理理论和信号理论出发，致力于上述问题的研究和挖掘，通过建立董事会独立性、网络性和稳定性变量，来考察董事会的特征对现金股利政策的影响。同时，考虑到以 CEO 为代表的管理层对董事会的决策会产生影响[9]，本文设置 CEO 权力变量，来考察其在董事会特征与现金股利政策中的调节因素。

　　本文主要有以下两个方面的贡献：第一，在以往研究的基础上[10]，我们通过建立董事会独立性、网络性和稳定性变量，来考察在中国资本市场情景下，什么样的上市公司董事会倾向于分配现金股利；第二，本文首次研究 CEO 权力对董事会制定和决策现金股利政策的影响。通过建立 CEO 权力调节变量以及对全样本的分组检验，可以看出不同的 CEO 权力在董事会特征与现金股利政策中的影响作用。基于此，本文以 2008—2011 年沪深股市上市公司中披露的董事会信息和股利分配信息为样本，使用 Logit 模型来检验董事会特征对现金股利分配的作用，进而分析这个过程中 CEO 权力的调节影响。

二、文献评述与研究问题

(一) 代理理论、信号理论与现金股利政策

投资者保护的根本问题是保证投资者获得合理的投资回报[11]。代理理论认为管理者具有自利性，他们为了获得自身利益而不惜损害股东的利益。以往的研究证实，管理者最大的利益在于由控制权而产生的收益，他们倾向于建立"商业帝国"，获得更高的薪酬和职务津贴，而不是实现公司价值的最大化[12]。这样，公司的利润分配就成为管理者和股东争夺的焦点[13]。显然，股东作为投资者希望尽快获得投资回报，而管理者则希望用这些利润再投资以扩大经营规模，提高自己的控制权。Easterbrook[4]认为现金股利能够缓和此类代理问题，保护投资者的利益：当公司存在大量自由现金流时，管理者很可能为了提高控制权而进行不合理的项目投资，从而损害股东的利益。如果这部分自由现金流以现金股利的方式分配给股东，那么管理者只能通过债务融资来扩大经营规模，此时他们受到债权人的监督和到期还款的压力，必定会认真选择投资项目，而不仅仅是为了扩大规模而投资。因此，分配现金股利能够在一定程度上减少代理成本，缓和代理矛盾。

Bhattacharya[5]认为现金股利在资本市场上具有信号作用。投资者普遍奉行"在手之鸟"理论，他们对风险有天生的厌恶，认为风险会随着时间的延长而增大，实际能拿到手的股利，同增加留存收益后再投资得到的未来收益相比，后者的风险更大。因此，在资本市场上，投资者往往追逐现金股利分配较多的公司，并给其赋予更高的价值[14]。信号理论认为公司内部管理者和外部投资者之间存在信息不对称，作为内部人的管理者可以使用现金股利的方式向外部传递信号，而作为外部人的投资者则通过现金股利是否发放来判断公司的价值与发展前景，进而选择是否进行投资。

(二) 董事会特征与现金股利政策

基于代理理论和信号理论的观点，本文研究董事会特征对现金股利政策的影响，主要从董事会独立性、网络性和稳定性三个方面来考察。

Fama和Jensen[15]认为，独立董事制度能够有效地调节管理者和股东之间的代理冲突，提高公司的价值。实证研究证明，董事会独立性（独立董事在董事会中所占比例）越高，公司的代理成本就越少，市场价值就越高[16]。独立董事的价值在于其对资本市场上投资者的保护，由于他们与公司、管理者都没有直接的利益联系，能够站在股东的角度，监督上市公司内部人的行为，促使他们做出有利于股东的决策。当公司有大量自由现金流时，管理者为了扩大自身控制权，自然地选择再投资而不是分配现金股利[17]。如果该公司的董事会比较独立，那么它就能从中立的角度来评价投资的可行性，限制管理者出于私

利而进行的投资。当公司没有可行的投资项目时，独立的董事会会倾向于分配现金股利，从而保证资本市场上的投资者获得合理的投资回报。因此，当上市公司董事会独立性越高时，管理者越不容易滥用自由现金流来进行无价值的投资，反而越倾向于发放现金股利，来提高股东的投资收益，由此，得到：

假设1：董事会独立性越高，上市公司越倾向于分配现金股利。

Carpenter 和 Westphal [18] 对董事网络的研究发现，董事会成员在其他公司做连锁董事，可以提高本公司的战略治理水平。Cook 和 Wang [19] 也认为连锁董事能够给管理者有利的建议，推动管理者做出有利于公司价值提高的决策。连锁董事之所以能够受聘于多家公司，在于其具有良好的声誉；为了保持这种声誉，连锁董事一般会尽职尽责，促使公司不断地提高治理水平，保护股东的利益 [20]。因此，本文认为，董事会网络性（连锁董事在董事会中所占的比例）越高，公司的决策水平和治理水平就越高。当公司有大量自由现金流时，连锁董事为了自身声誉，会限制管理者进行无效率的投资，保护股东的利益，因此，他们倾向于发放现金股利。由此，得到：

假设2：董事会网络性越高，上市公司越倾向于分配现金股利。

Vance [21] 的研究认为，董事任职时间越长，其对公司的经营业务和战略计划就越熟悉，能够更好地为公司提供咨询与建议，促进公司价值（以 TobinQ 值来表示）的提高。根据代理理论，董事会受股东之托，监督管理者，其监督效率在一定程度上取决于股东对董事会的认可性 [22]。由此，我们认为，比较稳定的董事会，一方面说明他们的工作基本得到股东的认可，另一方面说明他们的决策符合公司的利益。显然，这两方面都显示董事会的稳定性有利于股东利益的保护。因此，在公司存在大量自由现金流时，董事会稳定性越高，董事越能够从股东利益的角度出发，限制管理者的资金滥用行为，倾向于给股东发放现金股利。由此，得到：

假设3：董事会稳定性越高，上市公司越倾向于分配现金股利。

（三）CEO 权力影响下董事会特征对现金股利政策的影响

尽管董事会在现金股利决策中处于核心地位，但是 CEO 权力依然会在其中产生重要影响。Dalton 和 Kesner [23] 认为一个强有力的 CEO 能够威胁董事会的独立判断，甚至干预董事会的决策。如果没有 CEO 的介入，董事会能够在平等的讨论中，做出符合投资者利益的决策。但是，在有强势 CEO 存在的上市公司中，他一方面会通过影响力来说服董事会同意自己的提案；另一方面会通过控制董事会选举，来安排符合自己利益的董事人员。这样，CEO 就将自己的权力植入了董事会，从而影响董事会的决策。在有大量自由现金流的上市公司中，强势 CEO 显然会试图进一步扩大自己的控制力，将这些现金进行再投资而不是发放现金股利。董事会在面对强势 CEO 时，很有可能会采取"妥协"的政策，这样，董事会的独立性、网络性和稳定性对现金股利分配倾向的影响就会减弱，由此，得到：

假设4：CEO 权力能够调节董事会特征对现金股利政策的影响，其影响方式是减弱董事会独立性、网络性和稳定性对现金股利分配倾向的作用。

三、研究设计

（一）样本选取与数据来源

本文以 2008—2011 年沪、深两地中国 A 股上市公司作为研究样本。为了保证数据的准确性和可靠性，我们将样本做了一定的筛选，剔除标准如下：①剔除金融行业、公共事业上市公司，因为这些公司存在行业特殊性；②剔除在年报、Wind 数据库、CCER 数据库和 CSMAR 数据库中找不到最终控制人资料的公司；③剔除 ST、*ST 以及退市后又复牌的公司，因为这些公司财务数据存在不稳定性；④剔除亏损当年仍发放股利的公司；⑤剔除上市时间不满三年的公司，因为这些公司相关数据资料存在大量缺失；⑥为了控制极端值对回归结果的影响，我们对解释变量中的连续变量 1% 以下和 99% 以上的分位数进行了缩尾处理。最后，本文获得 1560 家上市公司的数据。本文的数据来源于 Wind 数据库、CCER 数据库、CSMAR 数据库以及上市公司披露的年报。

（二）现金股利政策的测度

现有文献对现金股利政策的测量大致分为两类：一类是以现金股利支付意愿为研究对象；另一类是以现金股利支付水平为研究对象[24]。由于在我国资本市场上，接近 1/3 的上市公司不支付现金股利，而支付现金股利的公司间水平差异不大。因此，本文重点研究董事会特征对现金股利支付意愿的影响。由此，我们将每年发放现金股利的公司取值为 1，不发放现金股利的公司取值为 0。

（三）董事会特征变量的测度

本文主要考察董事会独立性、网络性和稳定性三个方面的特征对现金股利分配倾向的影响。①董事会独立性，用独立董事人数占董事会总人数的比例来考察，比值越高，意味着董事会独立性越高；②董事会网络性，用连锁董事人数占董事会总人数的比例来考察，比值越高，意味着董事会网络性越高；③董事会稳定性，我们借鉴杨清香等[22]的董事会平稳指数来衡量董事会的稳定性，计算公式如下：

$$\text{Network}_{ji} = \frac{N_j - \#(S_j/S_i)}{N_j} \times \frac{N_i}{N_j + N_i} + \frac{N_i - \#(S_i/S_j)}{N_i} \times \frac{N_j}{N_j + N_i} \quad (j < i)$$

其中，Network_{ji} 代表在时点 j 到时点 i 期间内董事会的稳定性；N_j 表示董事会在 j 时刻的成员个数，N_i 表示董事会在 i 时刻的成员个数；$\#(S_j/S_i)$ 表示某一董事在 j 时刻是董事会成员，但在 i 时刻离开董事会，$\#(S_i/S_j)$ 表示某一董事在 i 时刻是董事会成员，但在 j 时刻却不在董事会。董事会平稳指数取值为 0—1，越靠近 1 代表董事会的稳定性越高。

（四）CEO 权力变量的测度

我们在设计 CEO 权力变量时，主要参考权小锋和吴世农建立的 CEO 权力指数，并做了相应的修改和调整，具体内容如表 1。

表 1　CEO 权力的维度指标

指标维度	指标解释
两职兼任	董事长与 CEO 是否两职兼任，是取值 1，不是取值 0
任职时间	CEO 在本公司任职时间是否超过中位数，是取值 1，不是取值 0
外部兼职	CEO 是否在本公司外兼职，是取值 1，不是取值 0
持有股权	CEO 是否持有本公司股权，是取值 1，不是取值 0
研究学历	CEO 是否具有研究生学历，是取值 1，不是取值 0
机构持股	机构投资者持股比是否低于中位数，是取值 1，不是取值 0

注：CEO 包括总经理、首席执行官。

资料来源：权小峰，吴世农. CEO 权力强度、信息披露质量与公司业绩的波动性——基于深交所上市公司的实证研究 [J]. 南开管理评论，2013（4）：142-153. 作者有适当修改。

由于 CEO 权力维度指标中，每一个维度与其他维度的相关性都较低（最高值为 0.22），难以用一个因子概括所有 CEO 权力的信息，因此我们不使用因子分析方法来拟合 CEO 权力变量，而采用 Haynes 和 Hillman [9] 设计的加总方法，将每一个维度进行加总，由此得出 CEO 权力变量，通过 Cronbach's α 检验，信度值为 0.76。

（五）控制变量的测度

Fama 和 French [25] 认为公司的盈利能力和成长性能够影响现金股利政策，因此本文选择 ROA 和 TobinQ 值作为相应的控制变量；Richardson [26] 认为有大量现金流的公司容易出现过度投资行为，从而影响现金股利的发放，因此本文使用每股经营活动净现金流量来控制此方面的影响。DeAngelo 等 [17] 研究发现资产负债率对现金股利的发放有重要影响，因此本文也将此作为控制变量。同时，依据张纯和吕伟 [2] 的研究，本文也考虑每股未分配利润和主营业务增长率对现金股利政策的影响。最后，我们设置了总资产对数变量来控制公司规模；年份和行业哑变量来控制时间效应和行业效应。所有本文使用的变量详见表 2。

表 2　被解释变量、解释变量和控制变量含义表

变量类型	变量名称	变量含义	前人研究
被解释变量	Dividend	现金股利哑变量，如果上市公司当年支付现金股利，其取值 1，否则取 0	魏志华等（2011） Sharma（2011）
解释变量	Independence	董事会独立性，独立董事人数/董事会总人数	王跃堂等（2008）
	Network	董事会网络型，连锁人数/董事会总人数	Stuart 和 Yin（2010）

变量类型	变量名称	变量含义	前人研究
解释变量	stability	董事会稳定性，董事会平稳指数确定	杨清香等（2009）
调节变量	CEOpower	CEO 权力，由评价 CEO 权力的各项指标加总得出	权小峰和吴世农（2010）
控制变量	Cash	每股经营活动净现金流量，经营活动现金净流量/总股数	Richardson（2006）
	Reta	每股未分配利润，未分配利润/总股数	张纯和吕伟（2009）
	Increasing	主营业务增长率，当年主营业务收入/上年末主营业务收入−1	许文彬和刘猛（2009）
	Lever	资产负债率，总负债/总资产	DeAngelo 等（2004）
	ROA	盈利能力，净利润/［（年初总资产+年末总资产）］/2	Fama 和 French（2001）
	TobinQ	公司成长性，托宾 Q 值	Fama 和 French（2001）
	ROEdum	再融资法规效应，ROE 值在（6%，7%）之间取值 1，否则取 0	魏志华等（2011）
	Lnsize	公司规模，总资产自然对数	李增泉（2004）
	Year	时间哑变量	雷光勇和刘慧龙（2007）
	Industry	行业哑变量，以证监会行业分类标准进行划分	雷光勇和刘慧龙（2007）

资料来源：作者自行整理设计。

（六）回归模型与方法

为了检验研究假设 1–5，我们构建了以下的计量模型：

$$Dividend = \alpha + \beta_i \, Explanatory \ Variable + \gamma_j \, Control \ Variables + \varepsilon \qquad (1)$$

$$Dividend = \alpha + \beta_i \, Explanatory \ Variable + \delta_i \, Explanatory \ Variables \times CEOpower + \gamma_j \, Control \ Variable + \varepsilon \qquad (2)$$

其中，Dividend 是被解释变量，取值为 0 或 1；ExplanatoryVariables 是解释变量，主要包括董事会独立性、网络性和稳定性；ControlVariables 是控制变量（见表 2）；CEOpower 是调节变量。依据研究假设和数据特性，我们选择 Logit 模型方法来进行估计。

四、实 证 结 果 与 分 析

（一）描述性统计

各变量的描述性统计如表 3 所示。可以看出，分配现金股利的上市公司各项指标要优于不分配现金股利的上市公司。在董事会独立性方面，分配与不分配公司间没有差异，可能的原因是证监会 2001 年发布了《关于在上市公司建立独立董事制度的指导意见》，其中规定独立董事人数不低于 1/3，统计结果也显示，全样本中董事会独立性为 0.367，不分配现金股利公司为 0.367，分配现金股利公司为 0.366，这说明大多数上市公司的独立董事比例只是满足证监会的规定而已，并没有多少公司追求更高的独立性。在董事会网络性与稳定性方面，分配现金股利的公司要优于不分配现金股利的公司（T 值分别为 3.468 和 1.119，均在 1%水平下显著），这说明分配现金股利的公司董事会建设做得相对较好。

表3　主要变量的描述性统计与差异检验

	全样本		分配现金股利		不分配现金股利		差异检验
	均值	方差	均值	方差	均值	方差	T 检验
Independence	0.367	0.053	0.366	0.052	0.367	0.055	−1.043
Network	0.785	0.183	0.791	0.182	0.770	0.184	3.468***
Stability	0.605	0.341	0.618	0.341	0.505	0.340	1.119***
CEOpower	1.904	1.198	1.968	1.213	1.758	1.152	5.129***
Cash	0.569	2.045	0.755	2.298	0.149	1.197	8.880***
Reta	1.075	1.193	1.396	1.087	0.348	1.102	28.495***
Increasing	1.015	17.918	0.803	17.999	1.470	17.743	−1.085
Lever	0.460	0.290	0.421	0.223	0.548	0.388	−13.237***
ROA	0.051	0.068	0.067	0.050	0.017	0.085	22.525***
TobinQ	2.440	2.243	2.382	1.521	2.572	3.342	−2.511***
ROEdum	0.058	0.234	0.058	0.234	0.058	0.234	−0.008
Lnsize	22.005	1.429	22.127	1.498	21.727	1.218	8.387***

注：***、** 分别表示显著水平为 1%、5%（双尾）。

（二）董事会特征对现金股利政策的影响

表4给出了董事会三个特征对现金股利政策影响的统计结果。

表4　董事会特征对现金股利的影响

	模型 1-1	模型 1-2	模型 1-3	模型 1-4	模型 1-5
Independence		0.131 (0.19)			0.106 (0.15)
Network			0.380** (1.85)		0.348** (1.69)
Stability				0.243*** (2.87)	0.235*** (2.77)
Cash	0.049 (1.30)	0.049 (1.31)	0.050 (1.32)	0.045 (1.20)	0.046 (1.22)
Reta	0.898*** (14.31)	0.898*** (14.30)	0.900*** (14.30)	0.906*** (14.40)	0.906*** (14.38)
Increasing	0.001 (1.49)	0.001 (1.49)	0.001 (1.53)	0.001 (1.58)	0.001 (1.61)
Lever	−1.935*** (−8.06)	−1.932*** (−8.05)	−1.932*** (−8.04)	−1.967*** (−8.18)	−1.963*** (−8.14)

	模型 1-1	模型 1-2	模型 1-3	模型 1-4	模型 1-5
ROA	16.645***	16.651***	16.570***	16.620***	16.550***
	(13.84)	(13.84)	(13.76)	(13.81)	(13.73)
TobinQ	−0.180***	−0.180***	−0.180***	−0.179***	−0.180***
	(−5.14)	(−5.14)	(−5.15)	(−5.10)	(−5.12)
ROEdum	0.441***	0.441***	0.438***	0.447***	0.444***
	(3.03)	(3.03)	(3.01)	(3.06)	(3.05)
Lnsize	0.367***	0.366***	0.361***	0.368***	0.362***
	(9.32)	(9.27)	(9.17)	(9.31)	(9.13)
Year	Yes	Yes	Yes	Yes	Yes
Industry	Yes	Yes	Yes	Yes	Yes
_cons	−7.497***	−7.532***	−7.673***	−7.601***	−7.787***
	(−8.98)	(−8.81)	(−9.14)	(9.06)	(9.02)
Chi2	0.2630	0.2635	0.2630	0.2644	0.2649
Pseudo R^2	1544.70***	1548.12***	1544.73***	1552.97***	1555.86***

注：括号内为 z 值，* $p < 0.1$，** $p < 0.5$，*** $p < 0.01$。

模型 1-1 检验了本文的控制变量对现金股利分配倾向的影响，可以看出，每股未分配利润（Reta）、资产负债率（Lever）、盈利能力（ROA）、公司成长性（TobinQ）、再融资法规效应（ROEdum）和公司规模（Lnsize）在 1% 的置信水平下对现金股利分配倾向具有显著的影响，这说明控制变量的选择能够有效地控制非董事会特征因素对现金股利分配倾向的影响，为下文的实证分析奠定了良好的基础。

模型 1-2 检验了董事会独立性对现金股利分配倾向的影响，可以看出，两者之间存在正相关的关系（β = 0.131），但是统计结果并不显著。可能的原因是在我国的上市公司中，普遍的做法是按照证监会发布的《关于在上市公司建立独立董事制度的指导意见》中的规定，将独立董事的比例设定为 1/3。由于董事会独立性公司间差距不大，因此对现金股利分配倾向的影响也就不会显著，这与 Sharma[10] 的研究不同，说明在中国资本市场中，上市公司没有动力主动提高董事会的独立性。由此，假设 1 没有得到实证检验。

模型 1-3 检验了董事会网络性对现金股利分配倾向的影响，可以看出，两者之间存在显著正相关关系（5% 水平下显著）。这说明董事会成员在多家公司任职，普遍具有较高的声誉，他们为了维持这种声誉，会尽力努力工作，保护股东的利益，限制管理者滥用资金，并在公司具有大量自由现金流时，倾向于分配现金股利，这同 Carpenter 和 Westphal[18] 以及 Cook 和 Wang[19] 的研究相一致。由此，假设 2 得到实证检验。

模型 1-4 检验了董事会稳定性对现金股利分配倾向的影响，可以看出，两者之间存在正相关关系（1% 水平下显著），说明董事会越稳定，其成员在保护股东利益和促进公司价值提升方面做得越好。相应地，他们为了继续保持自己的职位，会努力地做好董事的工作，不会与管理者进行勾结，侵害股东的利益。在公司有大量自由现金流时，稳定的董事会会保持与股东的利益相一致，倾向于分配现金股利，而不是支持管理者进行无效率的投资。由此，假设 3 得到实证检验。

模型 1-5 验证了董事会独立性、网络性和稳定性对现金股利分配倾向的联合影响。从表 4 中可以看出，上述三个变量的系数与各自独立模型中的系数相近，且统计结果的显著性也没有发生变化，这说明三个变量之间的相关性较低，相互影响不大。

（三）CEO 权力调节下董事会特征对现金股利政策的影响

表 5 给出了 CEO 权力变量在董事会特征和现金股利分配倾向间的调节作用。

表 5　CEO 权力调节下董事会特征对现金股利的影响

	模型 2-1	模型 2-2	模型 2-3	模型 2-4
CEOpower	−0.039** (−0.09)			
Independence		0.468 (0.65)		
Independence×CEOpower		−0.133 (−1.33)		
Network			0.725*** (2.96)	
Network×CEOpower			0.090** (−1.87)	
Stability				0.474*** (3.49)
Stability×CEOpower				−0.127*** (−2.15)
Cash	0.054 (1.42)	0.054 (1.42)	0.055 (1.45)	0.049 (1.29)
Reta	0.860*** (13.74)	0.861*** (13.74)	0.857*** (13.69)	0.865*** (13.79)
Increasing	0.001 (1.41)	0.001 (1.41)	0.001 (1.46)	0.001 (1.50)
Lever	−1.893*** (−7.80)	−1.897*** (−7.81)	−1.909*** (−7.84)	−1.916*** (−7.90)
ROA	16.353*** (13.61)	16.349*** (13.60)	16.173*** (13.43)	16.329*** (13.59)
TobinQ	−0.192*** (−5.42)	−0.193*** (−5.45)	−0.193*** (−5.47)	−0.188*** (−5.31)
ROEdum	0.439*** (3.01)	0.439*** (3.00)	0.439*** (3.00)	0.451*** (3.08)
Lnsize	0.383*** (9.66)	0.382*** (9.59)	0.376*** (9.48)	0.385*** (9.69)
Year	Yes	Yes	Yes	Yes
Industry	Yes	Yes	Yes	Yes

	模型 2-1	模型 2-2	模型 2-3	模型 2-4
_cons	−7.922*** (−9.31)	−8.038*** (−9.28)	−8.252*** (−9.72)	−9.132*** (9.58)
Chi2	0.2693***	0.2695***	0.2707***	0.2712***
Pseudo R^2	1582.14	1582.95	1589.98	1594.33

注：括号内为 z 值，* $p<0.1$，** $p<0.5$，*** $p<0.01$。

如模型 2-1 所示，在控制各种影响现金股利分配的因素后，CEO 权力变量对现金股利分配倾向具有负影响（β = −0.039），并在 5% 的置信水平下显著，这证实了假设 4 的部分结论，即 CEO 权力能够影响现金股利政策的实行。虽然国家法律规定，董事会是上市公司利润决策的核心，但是 CEO 往往就是董事会成员，并通过自身的影响力引导或迫使董事会做出有利于自己的决定。因此，当上市公司的 CEO 权力较大时，他就能左右董事会的决策，进一步扩大自己的控制权力，实现代理利益最大化。显然，当公司拥有大量自由现金流时，强势 CEO 会"挟持"董事会进行再投资，而不是给股东分配现金股利。

模型 2-2 显示了 CEO 权力变量在董事会独立性和现金股利分配倾向间的调节作用。与表 4 中模型 1-2 相似，董事会独立性对现金股利分配倾向的影响不显著，相应地，CEO 权力在其中的调节效应也不显著，这说明在我国上市公司中，董事会独立性对现金股利决策的影响不大，CEO 权力不通过影响董事会独立性来制约现金股利的分配。由此，假设 4 中关于董事会独立性方面的推断没有得到实证的检验。

模型 2-3 显示了 CEO 权力变量在董事会网络性和现金股利分配倾向间的调节作用。与表 4 中模型 1-3 近似，董事会网络性对现金股利的分配倾向具有 1% 置信水平下显著的正影响。但是，CEO 权力变量与董事会网络性的交乘项为负（β = −0.090），并在 1% 置信水平下显著，这验证了假设 4 中关于董事会网络性方面的推断，即 CEO 权力能够减弱董事会网络性对现金股利分配倾向的影响。可能的原因有以下两点：第一，CEO 权力可以干涉董事会的决策，从而让声誉高的董事难以坚持己见，只能屈从于强势；第二，声誉高的董事可能是强势 CEO 为了提高公司声誉而聘请来的，这样他会与 CEO 存在妥协；两者都会降低现金股利的分配倾向。

模型 2-4 显示了 CEO 权力变量在董事会稳定性和现金股利分配倾向间的调节作用。与表 4 中模型 1-4 相似，董事会稳定性和现金股利分配倾向在 1% 显著水平下正相关。然而，CEO 权力变量与董事会稳定性的交乘项为负（β = −0.127），统计结果在 1% 水平下显著，即在 CEO 权力调节下，董事会稳定性对现金股利分配倾向的影响减弱，这与假设 4 中关于董事会稳定性方面的推断一致。由此，可以看出，如果上市公司 CEO 权力较强，那么他就能够控制董事会成员的选择和连任，通过安排支持自己的人和剔除反对自己的人，CEO 就能够实现控制董事会，进而控制董事会决策，实现自己代理利益最大化的目的。因此，频繁变动的董事会可能是 CEO 权力介入的结果，这不利于股东利益的维护，也不利于现金股利的发放。

综上所述，CEO 权力在董事会特征与现金股利分配倾向间具有调节作用，能够减弱董事会网络性和稳定性对现金股利分配倾向的正影响，但是对董事会独立性没有作用，由此，假设 4 得到了部分验证。

(四) 稳健性检验

为了保证上述结果的稳健性，我们做了如下的检验：①用现金股利支付水平来代替现金股利支付倾向。根据 La Porta 等[11] 的研究，我们用现金股利支付率和股息率与董事会特征做面板回归，发现董事会独立性依然不起作用，而董事会网络性和稳定性对现金股利支付水平具有显著的正影响。②更换董事会独立性的代理变量。我们使用异议董事的比例来衡量董事会的真实独立性，发现所得结果依然不显著，这说明在我国上市公司中，董事会独立性与现金股利政策之间不存在相关性。③内生性问题。Sharma[10] 认为现金股利分配倾向会影响董事会特征，为此，我们使用滞后一年的现金股利分配倾向数据，来与当年的董事会特征做 Logit 回归，发现结果没有差异。④加入控制变量。肖珉[6] 认为连续三年分配现金股利的公司，资本市场会存在一定的预期性，因此，我们将 2008—2011 年每个年度之前的三年连续分配现金股利的公司取值为 1，然后代入模型，发现结果依然没有变化。

五、结 论 与 展 望

本文主要的研究结论有：①董事会特征对现金股利的分配倾向具有影响。与 Sharma[10] 的研究不同，董事会独立性与现金股利分配倾向不存在相关性，原因在于我国上市公司只按照证监会的规定将独立董事比例设为 1/3，没有动力进一步提高董事会的独立性，因此，也就不会对现金股利政策产生影响了；除此之外，董事会网络性和稳定性都对现金股利分配倾向具有显著的正影响，说明上市公司的董事会建设越好，越能够保护股东的利益，倾向于分配现金股利。②CEO 权力对董事会特征和现金股利政策具有调节作用。CEO 权力能够减弱董事会网络性和稳定性对现金股利分配倾向的正影响。这说明，在我国上市公司中，CEO 权力介入董事会的现象依然很普遍。

根据本文的分析，我们得到如下的启示：①上市公司没有建设董事会的主动性，因此，证监会在此方面需要做好引导作用，鼓励上市公司提高董事会独立性，根据西方学者的研究，董事会独立性越高，上市公司越能保护股东的利益，倾向于分配现金股利。②尽量在董事会中多配置连锁董事，因为连锁董事更加注重自己的声誉，他们不愿意和管理者勾结而损失自己在董事市场的价值，所以当他们在公司存在大量自由现金流时，能够抑制管理者进行无效率投资而倾向于分配现金股利。③稳定的董事会有利于保护股东的利益。较为稳定的董事会一般是得到了股东和管理层的双重认可，他们能够有效地协调管理者和股东的利益，在公司存在自由现金流时，能够公正决断，避免无效率投资，增加分配现金股利的概率。④CEO权力在现金股利分配中占有重要的地位，它在一定程度上可以左右董事会的决策，进而影响现金股利政策的实现，因此，必须采取措施，抑制强势CEO为了自身的利益而干涉董事会对现金股利分配的决策。

本文研究的局限性主要有以下几个方面：①董事会特征存在很多方面，如董事会议出席频率、董事薪酬、董事工作努力程度等。本文仅研究董事会独立性、网络性和稳定性三个方面的特征，尚不能断言其他的董事会特征会不会对现金股利政策产生影响，未来的研究可以对此做进一步剖析。②董事会网络性指标有待改进。本文用连锁董事人数与董事会总人数的比例来考察董事会的网络性，虽然能够反映公司间董事会存在着网络联系，但是这种联系没有测度出连锁董事间的关系，也没有考察连锁董事的工作效率，以后的学者可以从这方面入手，找出能够体现董事会网络性效率的指标，来考察其对现金股利政策的影响。③董事会资本，如董事具有的资源、职业经历、人脉等，可能还会对董事的决策产生影响，进而作用于上市公司的现金股利政策，但是本文限于篇幅，没有研究此方面的影响，希望有学者能够在这方面给予补充。

参考文献

[1] 李维安. 公司治理学（第二版）[M]. 天津：南开大学出版社，2009.

[2] 张纯，吕伟. 信息环境、融资约束与现金股利 [J]. 金融研究，2009，349（7）：81-94.

[3] Jensen, M. C., Meckling W. Theory of the Firm: Managerial Behavior, Agency Costs and Ownership Structure [J]. Journal of Financial Economics, 1976, 3 (4): 305-360.

[4] Easterbrook, F. Two Agency Cost Explanations of Dividends [J]. American Economic Review, 1984, 74 (4): 650-659.

[5] Bhattacharya, S. Imperfect Information, Dividend Policy and "the Bird in the Hand" [J]. Fallacy Bell Journal of Economics, 1979, 10 (1): 259-270.

[6] 肖珉. 现金股利、内部现金流与投资效率 [J]. 金融研究，2010，364（10）：117-133.

[7] Black, F. The Dividend Puzzle [J]. The Journal of Portfolio Management, 1976, 2 (2): 5-8.

[8] 魏刚. 我国上市公司股利分配的实证研究 [J]. 经济研究，1998，33（6）：30-36.

[9] Haynes, K. T., Hillman A. The Effect of Board Capital and CEO Power on Strategic Change [J]. Strategic Management Journal, 2010, 31 (11): 1145-1163.

[10] Sharma, V. Independent Directors and the Propensity to Pay Dividends [J]. Journal of Corporate Finance, 2011, 17 (4): 1001-1015.

[11] La Porta R., Lopez-de-Silanes F., Shleifer A., Vishny R. W. Agency Problems and Dividend Policies around the World [J]. Journal of Finance, 2000, 55 (1): 1-33.

[12] Shleifer, A., Vishny R. W. A Survey of Corporate Governance [J]. The Journal of Finance, 1997, 52 (2): 737-783.

[13] Jensen, M. Agency Cost of Free Cash Flow, Corporate Finance and Takeovers [J]. American Economic Review, 1986, 76 (2): 323-329.

[14] Miller, M. H., Rock K. Dividend Policy under Asymmetric Information [J]. The Journal of Finance,

1985，40（4）：1031-1051.

［15］ Fama，E.，Jensen M. C. Separation of Ownership and Control ［J］. Journal of Law and Economics，1983（262）：301-325.

［16］ Brickley，J. A.，James C. M. The Takeover Market，Corporate Board Composition，and Ownership Structure：The Case of Banking ［J］. Journal of Law and Economics，1987，30（1）：161-180.

［17］ De Angelo H.，De Angelo L.，Stulz R. M. Dividend Policy and the Earned /contributed Capital Mix：A Test of the Life-cycle Theory ［J］. Journal of Financial Economics，2006，81（2）：227-254.

［18］ Carpenter，M. A.，Westphal J. D. The Strategic Context of External Network Ties：Examining the Impact of Director Appointments on Board Involvement in Strategic Decision Making ［J］. Academy of Management Journal，2001，44（4）：639-660.

［19］ Cook，D. O.，Wang H. The Informativeness and Ability of Independent Multi-firm Directors ［J］. Journal of Corporate Finance，2011，17（1）：108-121.

［20］ 陈运森，谢德仁. 网络位置，独立董事治理与投资效率 ［J］. 管理世界，2011，16（7）：22-31.

［21］ Vance，J. O. The Care and Feeding of the Board of Directors ［J］. California Management Review，1979，21（4）：29-34.

［22］ 杨清香，俞麟，陈娜. 董事会特征与财务舞弊——来自中国上市公司的经验证据 ［J］. 会计研究，2009，19（7）：64-70.

［23］ Dalton，D.，Kesner I. Composition and CEO Duality in Boards of Directors：An International Perspective ［J］. Journal of International Business Studies，1987，18（3）：33-42.

［24］ 王爱国，宋理升. 民营上市公司实际控制人与现金股利研究 ［J］. 管理评论，2012，24（2）：97-107.

［25］ Fama，E. F.，French，K. R. Disappearing Dividends：Changing Firm Characteristics or Lower Propensity to Pay? ［J］. Journal of Financial Economics，2001，60（1）：3-43.

［26］ Richardson，S. Over-investment of Free Cash Flow ［J］. Review of Accounting Studies，2006，11（6）：159-189.

公司治理的路径演化和路径选择 *

刘汉民　康丽群

【摘　要】 公司治理路径演化是由行动主体、行动客体以及外部环境共同决定的复杂过程，路径依赖和路径创造是公司治理演化到一定阶段所出现的两种路径选择。本文从行动主体多样性、演化路径动态性以及外部环境多变性三个视角分析了公司治理的演化过程，探讨了不同阶段影响公司治理路径演化和选择的主要因素，并构建了公司治理的演化博弈模型。研究结果表明，行动主体的预期收益、风险偏好及利益集团势力对比、认知能力、路径发展阶段和转换成本、外部环境等是影响公司治理路径选择的重要因素；在公司治理路径演化的不同阶段上，路径依赖的程度和公司治理效率是不同的，随着路径的演化，路径依赖的程度呈递增趋势，而公司治理效率先上升后下降，呈抛物线形。在上述研究基础上，本文针对中国公司治理现状，从行动主体、行动客体和外部环境三个方面，就提高预期收益和认知能力、分化或瓦解既得利益集团、设计和选择演化路径、改善外部治理环境等提出了一些对策建议。

【关键词】 公司治理；演化博弈；路径依赖；路径创造；制度变迁

一、问题提出

公司治理不是脱离具体情境的一种现象（Aguilera，Jackson，2003；Aoki 等，2008；Yoshikawa，Rasheed，2009），而是与一个国家曾经的历史以及融入其中的政治、经济、法律、文化等环境因素密切相关。虽然全球化和网络技术的发展加快了信息和知识传播的速度，缩短了各国之间的距离，但由于历史的路径依赖和有意识的路径创造，公司治理的国别差异仍然存在。如果忽视了这种差别，不全面考虑本国专有的公司治理演化路径，盲目套用他国的所谓先进经验，不仅无法解决本国公司治理中的现实问题，甚至会

---

* 本文选自《中国工业经济》2013 年第 12 期。

导致路径中断或消失。

中国的公司治理经过 30 多年的发展已经初具雏形：在经营者的激励上，有年薪、奖金、股份赠予、股票期权奖励、社会荣誉（如劳模、劳动奖章、优秀企业家等）和政治地位（如党代表、人大代表、政协委员等）等多种手段；在监督方面，采取了多元监督体制，外部有强制性信息披露（上市公司）和政府职能机构（如国资监管部门和审计机构）监管，内部有董事会、监事会、工会、党委会制衡，并且控制权和经营权逐渐分离。这种兼收英美德日之经验同时保留中国传统的公司治理模式，在从计划经济向市场经济的转轨过程中，曾经发挥了巨大的作用。然而，随着市场经济的发育成熟以及人的行为和环境复杂程度的加大，这种模式越来越表现出其先天不足，其主要问题是：多头监管、机会主义行为严重、社会责任缺失、利益集团控制、违法犯罪现象层出不穷等。无论前几年的中石化案、黄光裕案，还是近年的中石油案、丁书苗案，都暴露了现有公司治理的缺陷。也就是说，中国现有的公司治理系统（包括微观治理结构和宏观治理体制）陷入低效率的路径依赖，需要根据现实国情适时进行路径破解或路径创造。

在公司治理领域，路径依赖指的是一个国家或地区现存的公司治理系统或多或少地受到主客观条件和环境的影响，并由此决定了公司治理的有效性；路径创造则指的是行动主体不断克服阻碍公司治理变革的习惯势力和短视行为，有意识地偏离原有路径，积极创造新路径以提高公司治理有效性的行为和过程。国外的一些学者曾经基于路径依赖理论对公司治理的路径演化和多样性进行了探索（Roe，1996；Bebchuk，Roe，1999；Gugler 等，2004；Jackson，2009；Zhong，Grabosky，2009；Blodgett，Kane，2011；Matoussi，Jardak，2012），但没有考虑行动主体和环境的复杂性，忽视了有意识的行动主体在公司治理演化中的能动作用。近年来，一些学者开始将人的因素纳入路径演化分析，探索更有实际价值的路径创造和突破（刘汉民等，2012）。

二、公司治理的演化机理

公司治理路径演化是由行动主体、行动客体以及外部环境共同决定的复杂过程，具有行动主体多样性、演化路径动态性以及外部环境多变性等复杂性特征，即主体复杂性、过程复杂性和空间复杂性。

（一）行动主体

行动主体是指有关公司治理决策的当事人。在不同国家，行动主体的规模和范围是不一样的。在同一国家，不同决策的行动主体也是有差别的。在公司治理路径演化过程中，行动主体的预期收益、风险偏好及利益集团势力对比、认知能力是影响公司治理演化路径和公司治理效率的重要因素。

行动主体的预期收益是公司治理路径演化的重要驱动力。这里，预期收益是指如果没有偶发事件的干扰，行动主体根据已知信息所预测的能从路径选择中获得的收益，通常用可能的收益与其对应的概率的乘积来表示。每一行动主体都有自身的利益诉求，因而有不同的预期收益。在其他条件不变时，某种路径的预期收益越高，行动主体对之进行选择的动力就越大。为实现各自的预期收益，每一行动主体都希望能够成为公司治理结构和规则的主导者和制定者，为此会在公司治理路径演化过程中不断地相互抗争，从而推动了路径的演化。

行动主体风险偏好影响其公司治理创造意愿和势力对比，从而影响公司治理演化路径。根据博弈论和信息经济学的一般原理，行动主体对待风险的态度有三种类型：风险喜爱、风险中性和风险厌恶。据此可以将公司治理的行动主体分为三大利益集团：创新派（风险喜爱者）、稳健派（风险中性者）和保守派（风险厌恶者）。由于稳健派的态度取决于创新派或保守派的势力对比，在关键时刻会转向，因此，公司治理的博弈主要在创新派和保守派之间进行。路径的形成是相互冲突势力之间长期对抗的过程和结果（Djelic，Quack，2007），当公司治理的演化路径获得强势利益集团的认可和支持时，此路径就能占据主导地位并获得稳定发展。这里，所谓利益集团是指那些试图维护或控制现有系统或活动以便从中获得私人收益的团体，具体是指成为某种治理路径（或系统）的捍卫者或阻挠者的群体。当公司治理演化路径被锁定时，利益集团就成为决定公司治理演化方向的关键力量。从各国公司治理的实践可以看到，一旦公司治理进入较为稳定的发展轨道，有人就会从中获利，即便实践证明这条路径是缺乏效率的、不合理的，一些利益集团也会拼命维持，并想方设法强化这种低效的路径依赖，阻挠新路径的创造。Bebchuk 和 Roe（1999）曾指出，公司治理路径依赖的成因有两个：一是结构驱动，二是规则驱动。事实上，无论结构还是规则都与利益集团密切相关：一方面，结构和规则需要依靠利益集团来维系；另一方面，利益集团的利益又需要由这些结构和规则来保护。利益集团常常通过以下两种方式获取利益：一是设计并维护有利于该利益集团的系统或制度规则；二是在预期其报酬递增的情况下抵制任何触动其利益的变革。从中国企业来看，利益集团分两类：企业内部的利益集团和企业外部的利益集团。前者如大股东和中小股东、资深员工和新员工、董事和高管团队等；后者有党政官员、消费者团体、金融机构、社区居民等。在某些情况下，企业的在位领导人是最强势的利益集团。一方面，他们可以凭借既有权利收买和影响其他利益集团，如大股东和政府官员，巩固自己的权力和地位；另一方面，他们可以操控演化的方向，当公司治理变革不可避免时，也可以使公司治理路径向对己有利的方向演化，公司治理由"内部人和外部人串谋"（Insider-outsider Collusion）演变为"事实上或权利上的内部人控制"（De Facto or De Jure Insider Control）（Lee，Hahn，2004）。不过，需要指出的是，保守派和创新派不是固定不变的，会随着风险偏好的变化、利益格局的调整和认知能力的提高而发生角色转换。比如，当创新派势力占优时，新的公司治理路径将获得产生、发展和固化的机会，从而创新派会从中获益并逐渐演变为既得利益者，进而成为现有路径的捍卫者，即保守派；而对于保守派来说，如果现有的公司治理无法满足其利益诉求或面临外部压力，保守派也会增强创造新路径的动力，在一定条件下转变为创新派。

行动主体认知能力的差异也影响公司治理路径演化。认知能力是指在一定环境下，在已有知识的基础上，探索、识别、吸收和利用内外部知识或信息对环境做出反应的能力，不仅影响行动主体对转换成本和预期收益的准确估计，而且影响其创造意愿和创造行动。在其他条件不变的情况下，行动主体的认知能力越强，创造意愿就越强，越容易选择路径创造。后天学习和经验积累可以提高行动主体发现和创造新路径的水平，强化认知能力。

（二）行动客体

行动客体是指公司治理的演化路径。根据 Sydow 等（2009）、Martin 和 Sunley（2012）对路径依赖阶段的划分，结合公司治理实践，本文把公司治理的演化路径划分为以下四个阶段：

第一阶段（S1）为"土路"（混沌）阶段。由于初始条件的不同，这个阶段存在各种各样的公司治理实践，每一种实践都有可能成为占主导的模式；行动主体不仅种类多，而且势力分散，每一行动主体都有可能成为主导者，其显著特征是混沌。这个阶段的公司治理还只是具有雏形，大多通过较为粗糙的公司法或商法对公司这种企业形式的运作做一些基本规定，尚未成为体系，路径依赖的程度很轻，公司治理效率较低并呈上升趋势。

第二阶段（S2）为"沙路"（冲突）阶段。为了成为规则的制定者，掌握路径演化的方向，各种势力不断抗争，此消彼长，偶尔会有一些偶发事件（小历史事件）对路径演化带来冲击，改变路径演化方向。随着公司治理实践的种类的减少，少数占优的行动主体会主导公司治理演化的方向，并从现有的系统中获益；与此同时，为了维护自身的利益以及适应环境的需求，行动主体纷纷采取措施对公司治理系统进行完善，形成了公司治理的基本框架和结构，路径依赖的程度开始加重，但仍然比较轻；治理效率进一步提高并继续呈现上升趋势。

第三个阶段（S3）为"石路"（稳定）阶段。行动主体围绕公司治理系统进行了大量的投资，形成了健全的公司治理体系。获得主导地位的行动主体从系统结构和规则制定中获益并成长为系统的既得利益集团；与此同时，产生了巨额的转换成本，主要是沉没成本、建立成本以及维护成本，路径依赖的程度进一步加重，公司治理呈现出较为明显的差异化特征。公司治理效率在此阶段达到最高峰，并在较长一段时间内处于较高状态，随后由于外部环境的变化，系统与环境的适配性降低，效率逐渐下降。

第四阶段（S4）为"岔路"（选择）阶段。此时，各种矛盾集中爆发，路径依赖的程度进一步强化，公司治理效率持续下降，超出了社会的承受能力，呈现出严重的内外危机，面临着演化路径的重新抉择。行动主体选择路径依赖还是路径创造则取决于内部的和外部的、主观的和客观的诸多因素的影响。

在上述公司治理路径演化的不同阶段上，影响公司治理路径演化的因素是不一样的：

就第一阶段看，主要影响因素是初始条件。所谓初始条件在此处是指公司治理系统开始产生和运行时（即 t = 0 时）所处的状态。公司治理系统在其形成之前，可能面临多种选择方案，哪种方案会被选中则受当时所处的历史和传统、法律和文化以及社会认知等因素的影响。这些主客观的初始条件及系统对初始条件的敏感依赖性决定了公司治理的雏形及其演进路径。如以美国为代表的市场导向型公司治理模式和以德国为代表的网络导向型公司治理模式就是基于不同的初始条件而形成的。美国是一个移民国家，建国之初绝大部分居民是来自西欧的白人移民，这些移民因在母国曾遭受过各种各样的折磨和迫害，既不喜欢政治权力的过度集中，也不喜欢经济权力的垄断。因此，当经济发展需要大量资金而银行因规模受限而难以满足其需求时，不得不面向社会直接融资，由此形成了所有权高度分散、内部经营者控制、外部独立董事参与等公司治理特征。而德国在经历了连年战乱、四分五裂之后，痛定思痛，到威廉一世时期，终于由"铁血宰相"俾斯麦统一了德国。为了促进工业发展，俾斯麦动用政府的势力发展金融业，促进了包括德意志银行在内的大银行的建立和发展，使银行在经济发展中不仅为企业提供贷款，而且取得中小股东股票的托管权，从而为银行参与公司治理提供了法律依据；同时，德国在历史上深受费尔巴哈以及马克思人本主义哲学思想的影响，在企业管理和公司治理中强调职工参与，由此形成了大股东（银行）集中持股、股东和职工共同控制、控制权和经营权高度分离的公司治理特征。

就第二阶段看，主要因素是偶发事件。初始条件对公司治理的影响是有限的。如果将公司治理看成是一个动态系统，那么在一定时期内，这个系统所产生的结果并不是由任何特定初始条件所决定的，结果与初始条件之间的关系是随机的，更多时候是由处于初始条件和结果之间的中间事件（Intermediate Events）决定的（Goldstone, 1998）。这些偶发事件在恰当的时点（Real Time）会使系统演化偏离原有的方向，有时甚至导致新路径的产生。此处的偶发事件（Radom Event），是指超出行为主体事前知识和解决问题能力的事件或情况（Arthur, 1989）。偶发事件常常会带来不确定的结果，有时甚至是对系统整体的颠覆性影响。也就是说，偶发事件虽小，往往具有正反馈效应，能够不断地自我强化，从而影响或改变公司治理的演化路径。但偶发事件对公司治理演化的影响在路径发展的不同阶段是不一样的。在第一和第二阶段，由于公司治理的根基还不够深厚，转换成本较低，微小的扰动就可能带来公司治理的巨大变化。如法国在公司治理系统产生不久就爆发了"密西西比泡沫"事件，使法国很早就十分注重资本市场的监管，而英国早期发生的"南海泡沫"事件也使英国很早就形成以外部市场治理为主的公司治理系统。不过，随着路径的演化，路径依赖的程度越来越严重，转换成本越来越高，一些偶发事件对公司治理的影响就会日渐式微，甚至毫无作用。

就第三阶段看，主要影响因素是转换成本（Transfer Costs）。公司治理系统的设计和创立需要投入大量的人力和财力，人们为探索、认识、学习和适应这些系统和规则需要花费建立成本（Set-up Costs）；公司治理系统的发展需要企业和社会持续不断地进行投资，而这些投资往往是不可逆的（Irreversible Investments），当系统运行的路径改变时，这些原有的投资就难以收回，成为沉没成本（Sunk Costs）；同时，公司治理系统的顺利运行需要花费一定的维护成本（Maintenance Costs），即维持路径的正常运行的支出。建立成本、沉没成本和维护成本的存在制约着公司治理的路径创造和路径转换，使社会只能在旧路径上继续投资，沿袭旧路径，至多进行一些修修补补式的改良，不可能改变既有演化路径。如英美等国 10 年前公司丑闻的集中暴露和近年金融危机的爆发使其在强化传统的外部监管的同时不得不更加注重企业内控体系的建设，出台了一系列补救措施，但由于巨额的转换成本和传统体制的惯性作用，这些国家的公司治理系统并没有发生大的变化。也就是说，公司治理的演化路径被锁定在既有的轨道上了。

就第四阶段看，除上述所有因素继续发挥作用外，影响公司治理路径选择的还有摩擦成本（Frictional Costs）的存在。所谓摩擦成本，是指由于新旧路径转换引起的冲突和损失，主要包括以下几种形式：一是违约成本。由一条路径转到另一条路径会造成大量违约，签约人的损失需要给予补偿。二是效率损失。在路径转换过程中，由于效率会降低，带来效率损失。三是风险成本。转换期的风险和不确定性增大，会造成社会的不稳定和危机，人们心理上和生理上也会感到不适应。摩擦成本是一种预期成本，在一定意义上也可以看做是一种转换成本。摩擦成本的存在一定程度上抵消了行动主体对未来收益的预期，会影响路径选择。

（三）外部环境

公司治理的演化不仅受自身条件的约束，而且受政治、经济、法律和文化等外部制度环境的影响。这些相互依赖的制度构成了制度结构或制度矩阵，从而产生了大量的递增报酬（North，1990）。报酬递增的制度结构具有网络外部性或网络效应，使得任何想改善公司治理的努力都不得不受其他制度的制约，从而强化了公司治理的路径依赖。在这种情况下，要想打破路径依赖，唯有统筹规划和其他改革措施配套，整体推进。不过，在开放的环境下，随着人们学习能力、适应能力、变革能力和创新能力等的逐步提高，路径创造的可能性大大增加。

制度分为正式制度和非正式制度。公司治理的演化路径同时受正式制度和非正式制度的影响。在国际化和全球化过程中，世界各国正式制度（如政治和法律制度）的差距越来越小，影响公司治理演化路径的主要是非正式制度（如传统和文化）。Estrin 和 Prevezer（2011）的经验研究证实，在新兴经济体国家，非正式制度对所有权结构或产权结构（公司治理的重要方面）的影响要高于正式制度。

外部环境是公司治理路径演化和创新的动力源泉。公司治理以提高与外部环境的适配度和效率为目标，动态地沿着既定的方向发展。在路径演化的过程中，每个阶段的公司治理系统与环境的互动关系决定其能否在动态变化的环境中延续下去，动态适应能力成为公司治理系统存续的评判标准。一方面，公司治理路径的产生和发展受制于外部环境，行动主体间各种势力在动态变化中保持相对的平衡和相互的制约；另一方面，公司治理路径也会对外部环境带来变化，占优的行动主体可以有意识地主动改变不相适应的外部环境的某些方面。

公司治理的演化过程如图 1 所示。

从图 1 可以看到，公司治理演化阶段不同，路径依赖程度和公司治理效率也不一样。

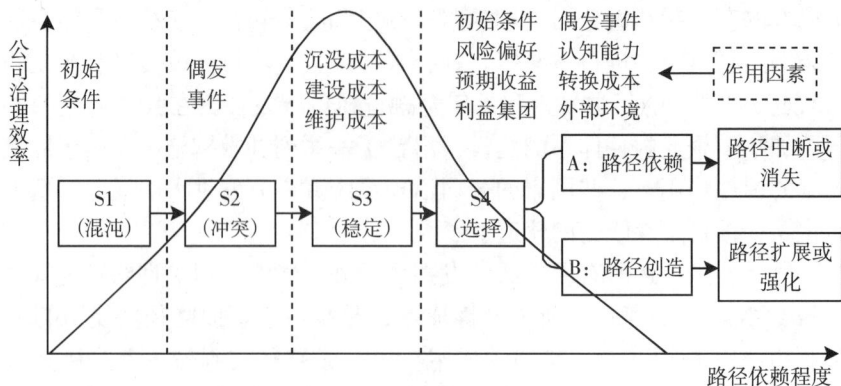

图1 公司治理的演化过程

①就公司治理路径依赖程度看，在公司治理路径演化的初期，路径依赖程度较轻；随着路径的演化，公司在其上及周围持续进行了大量的投资，路径依赖的程度逐步加重，呈现递增趋势。②就公司治理效率看，初期阶段，由于公司治理系统还没有发育成熟，公司治理效率较低；随着公司治理系统的成熟和完善，公司治理效率逐步提高，在稳定阶段达到高峰；此后，随着行动主体的利益冲突和内外部环境变化，公司治理效率逐步下降。公司治理效率呈现出典型的抛物线形，即先递增后递减。当公司治理系统难以满足所有行动主体的利益诉求且与环境冲突时，公司治理效率就会很低，需要在恰当的时点及时进行路径创造。

三、公司治理的演化博弈模型

（一）前提假定

路径依赖和路径创造是路径演化的两个方面，任何变迁过程都是由两者共同驱动的，两者相互作用，互为补充（Meyer，Schubert，2007；Garud 等，2010）。公司治理的路径演化也是路径依赖与路径创造并存、互相影响、共同推进的复杂过程。虽然与路径依赖理论注重过去的遗产和被动地接受相比，路径创造理论更强调当前行动主体的主观能动性，但两者不是对立的关系，而是公司治理演化到一定阶段后必然出现的行动主体的博弈选择。根据前述，公司治理的路径演化受行动主体、行动客体和外部环境的影响，博弈的结果可能成功，也可能失败；公司治理的演化博弈主要在创新派和保守派两大利益集团之间进行，当公司治理的演化路径获得强势利益集团的认可和支持时，此路径就能占据主导地位并获得稳定发展；无论路径依赖还是路径创造，行动主体都需要付出成本，同时取得收益，但取得收益的概率是不一样的，不同阶段行动主体选择路径依赖和路径创造的概率也是不同的；路径转换会造成大量的沉没成本、建立成本、维护成本以及摩擦成本，因而创造新路径的成本会大于因循旧路径依赖的成本。此外，公司治理的外部环境可分为简单和复杂两种情况：在简单环境中，行动主体需要考虑的因素较少，变化也不大，行动主体选择路径依赖的可能性更大、更容易成功；而在复杂环境中，行动主体需要考虑的因素数量较多，并且处于不断变化中，行动主体选择路径创造的可能性更大、更容易成功。但外部环境为简单还是复杂是不确定的。根据上述分析，本文做出以下前提假定：

（1）公司治理的行动主体分为创新派和保守派，公司治理的演化博弈主要在两者之间进行，两种势力的对比和冲突决定公司治理演化的方向和过程。

（2）公司治理演化路径陷入低效率状态时有两种策略选择：路径依赖和路径创造，且每种选择都有成功或失败两种可能的后果。

（3）在时期 t，行动主体选择路径创造的概率为 p_1，路径创造成功取得收益的概率为 γ_0；选择路径依赖的概率为 $1 - p_1$，路径依赖成功取得收益的概率为 x_0。

（4）当公司治理面临低效状态时，路径创造的成本高于路径依赖的成本；路径创造的成本为 C，路径依赖的成本为 C'。

（5）外部环境为复杂动态的概率为 h_0，简单静态的概率为 $1 - h_0$。

（二）收益矩阵

根据以上假定，可以得到路径选择的收益函数如下：

（1）公司治理在面临低效状态时选择路径创造的收益函数为：

$$R_1(r_t, e_t) = f(I, r_t, e_t) - C \tag{1}$$

其中，$f(I, r_i, e_t)$ 是由创新派或保守派的规模 I、t 时期选择路径创造成功的比例系数 $r_t = p_t \gamma_0$ 以及外部环境状况 e_t 等决定的行动主体选择路径创造的效用函数。e_t 是独立同分布的，且服从伯努利分布，$e_t = 1$ 表示公司治理处于复杂的环境中，$e_t = 0$ 表示公司治理处于简单的环境中，并且 $p(e_t = 1) = h_0$，$p(e_t = 0) = 1 - h_0$。

在其他条件不变的情况下，创新派的规模越大，路径创造越容易成功，从而越容易获得预期收益，因此有：$\partial f / \partial I > 0$；路径创造成功的比例系数越高，行动主体选择路径创造的收益与社会平均收益的差距就越小，公司治理就越容易趋于一致（容易被模仿），从而越不容易获得预期收益，因此有：$\partial f / \partial r_t < 0$；此外，环境越复杂，创新派越容易利用环境的不确定性进行新路径的创造，从而越容易获得预期收益，因此有：$\partial f / \partial e_t > 0$。

（2）公司治理在面临低效状态时选择路径依赖的收益函数为：

$$R_1'(r_i, e_t) = f'(I, r_i, e_t) - C' \tag{2}$$

其中，$f'(I, r_i, e_t)$ 是由创新派或保守派的规模 I、t 时期选择路径创造成功的比例系数 $r_t = p_t \gamma_0$ 以及外部环境状况 e_t 等决定的行动主体选择路径依赖的效用函数。r_t、e_t 的假设与式（1）相同。

在其他条件不变的情况下，保守派的规模越大，路径依赖越容易成功，从而越容易获得预期收益，因此有：$\partial f' / \partial I > 0$；路径创造成功的比例系数越高，原有的公司治理演化路径越容易被替代，从而维持旧路径越不容易获得预期收益，因此有：$\partial f'/\partial r_t < 0$；此外，环境越复杂，保守派就越容易利用人们对未来不确定性的恐惧心理维持旧路径，从而越容易获得预期收益，因此有：$\partial f'/\partial e_t > 0$。

行动主体选择路径创造和路径依赖的收益可概括如表1所示。

表1　行动主体不同路径选择的收益矩阵

外部环境 复杂环境：h_0 简单环境：$1-h_0$			行动主体			
			以概率 p_t 选择路径创造		以概率 $1-p_t$ 选择路径依赖	
			以概率 γ_0 成功	以概率 $1-$率 γ_0 失败	以概率 x_0 成功	以概率 $1-x_0$ 失败
行动主体	以概率 p_t 选择路径创造	以概率 γ_0	$R_1(r_t, e_t)$	$R_1(r_t, e_t)$	$R_1(r_t, e_t)$	$R_1(r_t, e_t)$
		成功	$R_1(r_t, e_t)$	$-C$	$R_1'(r_t, e_t)$	$-C'$
		以概率 $1-\gamma_0$	$-C$	$-C$	$-C$	$-C$
		失败	$R_1(r_t, e_t)$	$-C$	$R_1'(r_t, e_t)$	$-C'$
	以概率 $1-p_t$ 选择路径依赖	以概率 x_0	$R_1'(r_t, e_t)$	$R_1'(r_t, e_t)$	$R_1'(r_t, e_t)$	$R_1'(r_t, e_t)$
		成功	$R_1(r_t, e_t)$	$-C$	$R_1'(r_t, e_t)$	$-C'$
		以概率 $1-x_0$	$-C'$	$-C'$	$-C'$	$-C'$
		失败	$R_1(r_t, e_t)$	$-C$	$R_1'(r_t, e_t)$	$-C'$

（三）模型建立

公司治理面临低效状态时，行动主体以概率 p_t 选择路径创造后，由公司治理所处环境状态以及路径创造成功或失败等条件可知收益有四种可能的情形：①路径创造成功且处于复杂环境时的收益为 $R_1(r_t, 1)$，概率为 $\gamma_0 h_0$。②路径创造成功且处于简单环境时的收益为 $R_1(r_t, 0)$，概率为 $\gamma_0(1-h_0)$。③路径创造失败且处于复杂环境时的收益为 $-C$，概率为 $(1-\gamma_0)h_0$。④路径创造失败且处于简单环境时的收益为 $-C$，概率为 $(1-\gamma_0)(1-h_0)$。

同理，当公司治理面临低效状态时，行动主体以概率 $1-p_t$ 选择路径依赖后，由公司治理所处环境状态以及路径依赖成功或失败等条件可知行动主体的收益也有四种情况：①路径依赖成功且处于复杂环境时的收益为 $R_1'(r_t, 1)$，概率为 $x_0 h_0$。②路径依赖成功且处于简单环境时的收益为 $R_1'(r_t, 0)$，概率为 $x_0(1-h_0)$。③路径依赖失败且处于复杂环境时的收益为 $-C'$，概率为 $(1-x_0)h_0$。④路径依赖失败且处于简单环境时的收益为 $-C'$，概率为 $(1-x_0)(1-h_0)$。

由此可以得到行动主体在公司治理面临低效状态时选择路径创造和路径依赖的预期收益分别为：

$$ER_1(r_t, e_t) = \gamma_0 h_0 R_1(r_t, 1) + \gamma_0(1-h_0)R_1(r_t, 0) - C(1-\gamma_0)h_0 - C(1-\gamma_0)(1-h_0) =$$
$$\gamma_0 h_0 R_1(r_t, 1) + \gamma_0(1-h_0)R_1(r_t, 0) - C(1-\gamma_0) \qquad (3)$$

$$ER_1'(r_t, e_t) = x_0 h_0 R_1'(r_t, 1) + x_0(1-h_0)R_1'(r_t, 0) - C'(1-x_0)h_0 - C'(1-x_0)(1-h_0) =$$
$$x_0 h_0 R_1'(r_t, 1) + x_0(1-h_0)R_1'(r_t, 0) - C'(1-x_0) \qquad (4)$$

行动主体在 t 时期以概率 p_t 进行路径选择的预期收益为：

$$ER(r_t, e_t) = p_t ER_1(r_t, e_t) + (1 - p_t)ER'_1(r_t, e_t) =$$
$$p_t[\gamma_0 h_0 R_1(r_t, 1) + \gamma_0(1 - h_0)R_1(r_t, 0) - C(1 - \gamma_0)] +$$
$$(1 - p_t)x_0 h_0 R'_1(r_t, 1) + x_0(1 - h_0)R'_1(r_t, 0) - C'(1 - x_0) \qquad (5)$$

根据 Hofbauer 和 Sigmund（2003）的研究，行动主体不同时期选择路径创造概率的变化可以用如下离散动力系统描述：

$$P_{t+1} = P_t \frac{ER_1(r_t, e_t)}{ER(r_t, e_t)} \qquad (6)$$

上述方程表示：若行动主体选择路径创造的预期收益大于路径选择的平均预期收益，那么将增加下一期行动主体选择路径创造的概率；否则，将减少下一期选择路径创造的概率。

在式（6）两边同减去并集合式（1）、式（2）、式（3）、式（4）、式（5）整理后，得：

$$p_{t+1} = P_t + \frac{P_t(1 - p_t)(\gamma_0 Ef - x_0 Ef' - C + C')}{P_t(\gamma_0 Ef - x_0 Ef' - C + C') + x_0 Ef' - C'} \qquad (7)$$

其中，$Ef = h_0 f(I, r_t, 1) + (1 - h_0)f(I, r_t, 0)$，$Ef' = h_0 f'(I, r_t, 1) + (1 - h_0)f'(I, r_t, 0)$。

若取 $f(I, r_t, e_t) = \eta I/(1 + r_t)$，$f'(I, r_t, e_t) = \delta I/(1 + r_t)$（易余胤等，2005），其中 η、δ 为常数且满足条件 $0 < \delta$，$\eta < 1$，则 $Ef = \eta I/(1 + r_t)$，$Ef' = \delta I/(1 + r_t)$。把 Ef，Ef' 的表达式以及 $r_t = p_t \gamma_0$ 代入式（7），则式（7）变为：

$$p_{t+1} = P_t + \frac{P_t(1 - p_t)(\Delta_1 P_t + \Delta_2)}{\Delta_1 P_t^2 + (\Delta_2 + \Delta_3)p_t + \Delta_4} \qquad (8)$$

其中，$\Delta_1 = -\gamma_0(C - C')$，$\Delta_2 = (\gamma_0 \eta - x_0 \delta)I - (C - C')$，$\Delta_3 = -\gamma_0 C' < 0$，$\Delta_4 = x_0 \delta I - C'$。

在 $\Delta_1 < 0$（即路径创造的成本大于路径依赖的成本）的前提下，分三种情况讨论均衡：

第一种情况：$0 < -\Delta_2/\Delta_1 < 1$。令 $p_{t+1} = p_t$，若 $\Delta_1 < 0$，$\Delta_2 > 0$，且 $\Delta_1 + \Delta_2 < 0$（$\Delta_1 + \Delta_2 < 0$ 由 $0 < -\Delta_2/\Delta_1 < 1$ 推导而来），则系统（8）有三个均衡，分别是 0，1，$-\Delta_2/\Delta_1$。

第二种情况：$-\Delta_2/\Delta_1 < 0$。令 $p_{t+1} = p_t$，$\Delta_1 < 0$，$\Delta_2 < 0$（$\Delta_2 < 0$ 由 $\Delta_2/\Delta_1 < 0$ 推导而来），则系统（8）的均衡点为 0，1。

第三种情况：$-\Delta_2/\Delta_1 > 1$。令 $p_{t+1} = p_t$，若 $\Delta_1 < 0$，$\Delta_2 > 0$，且 $\Delta_1 + \Delta_2 > 0$（$\Delta_1 + \Delta_2 > 0$ 由 $-\Delta_2/\Delta_1 > 1$ 推导而来），则系统（8）的均衡点为 0，1。

根据系统动力学原理，可得如下结论（证明从略，参见易余胤等，2005）：

（1）若 $\Delta_1 < 0$，$\Delta_4 > 0$ 且 $\Delta_2 > 0$，$\Delta_1 + \Delta_2 < 0$，$-(\Delta_1 + \Delta_2)/2 < \Delta_3 + \Delta_4 < -(\Delta_1 + \Delta_2)$ 或 $\Delta_3 + \Delta_4 > -(\Delta_1 + \Delta_2)$，则系统（8）演化稳定于均衡点 $-\Delta_2/\Delta_1$。

（2）若 $\Delta_1 < 0$，$\Delta_4 > 0$ 且 $\Delta_2 > 0$，$\Delta_1 + \Delta_2 < 0$，$\Delta_1 \Delta_4 - \Delta_2 \Delta_3 > 0$，则系统（8）演化稳定于均衡点 1。

（3）若 $\Delta_1 < 0$，$\Delta_4 > 0$ 且 $\Delta_2 > 0$，$\Delta_1 + \Delta_2 < 0$，$\Delta_3 + \Delta_4 > -(\Delta_1 + \Delta_2)$，则系统（8）演化稳定于均衡点 1。

（4）若 $\Delta_1 < 0$，$\Delta_4 > 0$ 且 $-2\Delta_4 < \Delta_2 < 0$，$-(\Delta_1 + \Delta_2)/2 \leq \Delta_3 + \Delta_4 < (\Delta_1 + \Delta_2)$ 或 $\Delta_3 + \Delta_4 > -(\Delta_1 + \Delta_2)$，则系统（8）演化稳定于均衡点 0。

（四）数值模拟与结果分析

通过上述模型的构建和求解，可以得到公司治理面临低效状态时路径选择的演化均衡。由于模型较为复杂和繁琐，本文运用 MathematiCa7.0 软件进行数值模拟，以便更为直观地对模型和问题做进一步的讨论。

例 1(a)：令系统（8）中的参数分别取值为：$\gamma_0 = 0.7$，$x_0 = 0.6$，$C = 2$，$C' = 1$，$\eta = 0.6$，$\delta = 0.5$，$I = 12$，那么，$\Delta_1 = -0.8$，$\Delta_2 = 0.44$，$\Delta_3 = -0.7$，$\Delta_4 = 2.6$，则数值模拟图如图 2 所示（横轴为 t，纵轴为 p_t，下同）。

例 1(b)：令系统（8）中的参数分别取值为：$\gamma_0 = 0.8$，$x_0 = 0.5$，$C = 3$，$C' = 2$，$\eta = 0.3$，$\delta = 0.4$，$I = 30$，那么，$\Delta_1 = -0.8$，$\Delta_2 = 0.2$，$\Delta_3 = -1.6$，$\Delta_4 = 4$，则数值模拟图如图 3 所示。

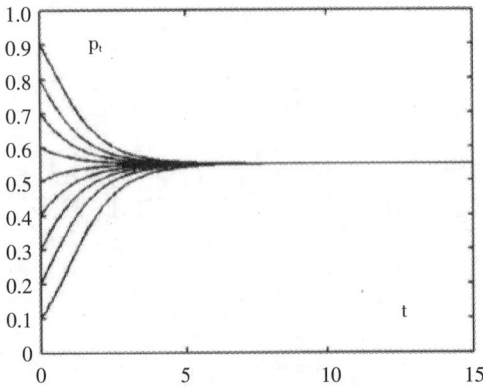

图 2 例 1(a) 数值模拟   图 3 例 1(b) 数值模拟

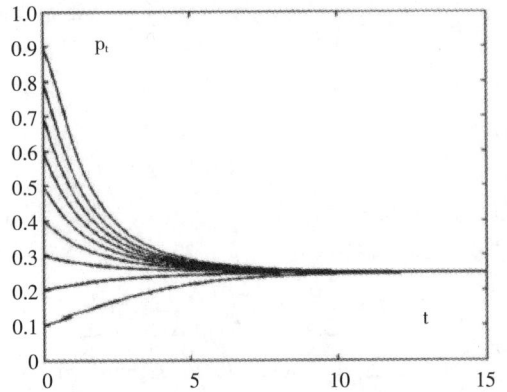

从图 2 和图 3 可以看出，在符合例 1 的条件下，系统（8）将逐渐演化稳定于 $-\Delta_2/\Delta_1$（例 1（a）中 $-\Delta_2/\Delta_1 = -[0.44/(-0.8)] = 0.55$，例 1(b) 中 $-\Delta_2/\Delta_1 = -[0.2/(-0.8)] = 0.25$）。由于 $-\Delta_2/\Delta_1 = [(\gamma_0\eta - x_0\delta)I - (C - C')]/[\gamma_0(C - C')]$，也就是说，当公司治理面临低效状态时，若路径创造的成本高于路径依赖的成本，影响公司治理路径选择的主要因素是预期路径创造成功的概率、路径依赖取得预期收益的概率、创新派或保守派势力对比以及外部环境状态。从两组数值的对比中可以发现，外部环境状态、路径转换成本以及创新派或者保守派势力对比三个因素变化较大时，系统的稳定均衡点的变化也较大。如果路径创造成本与路径依赖成本都较低，保守派势力弱，且处在复杂环境时，公司治理更倾向于选择路径创造；反之，则更倾向于路径依赖。

例 2(a)：令系统（8）中的参数分别取值：$\gamma_0 = 0.4$，$C = 2$，$C' = 1$，$\eta = 0.3$，$\delta = 0.2$，$I = 25$，$x_0 = 0.2$，那么，$\Delta_1 = -0.4$，$\Delta_2 = 0.5$，$\Delta_3 = -0.4$，$\Delta_4 = 0.5$，则数值模拟图如图 4 所示。

例 2(b)：令系统（8）中的参数分别取值为：$\gamma_0 = 0.4$，$C = 2$，$C' = 1$，$\eta = 0.4$，$\delta = 0.4$，$I = 20$，$x_0 = 0.3$，那么，$\Delta_1 = -0.4$，$\Delta_2 = -0.2$，$\Delta_3 = -0.4$，$\Delta_4 = 1.4$，则数值模拟图如图 5 所示。

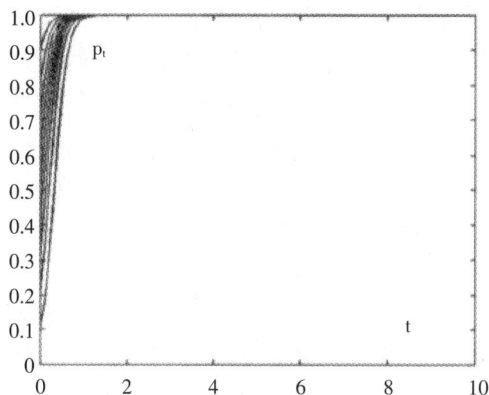

图 4　例 2(a) 数值模拟

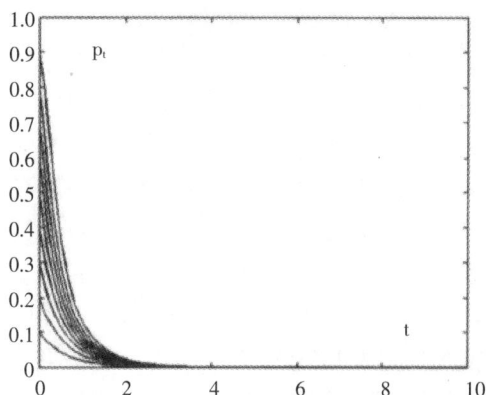

图 5　例 2(b) 数值模拟

在满足结论 2 和结论 3 的情况下，系统的轨迹逐渐趋向于 1，在满足结论 4 的情况下，系统将趋近于 0。也就是说，在公司治理面临低效状态时，如果环境特别复杂、各种成本均较低、路径创造的预期收益高于路径依赖的预期收益，且创新派势力强（或者保守派势力弱）时，公司治理更倾向于选择路径创造；反之，则选择路径依赖。不过这两种情况都属于较为极端的情况，虽不排除发生的可能性（通常发生在突变的情况下），但发生的条件较为严苛，需要创新派具有强大的改革魄力和支持条件。

最后，$\Delta_1 < 0$ 意味着维持旧路径的成本小于建立新路径的成本。可能的原因是公司治理陷入低效的时期 t 较短，而创造新路径所面临的不确定性又较大。此时，路径依赖是较好的选择。$\Delta_4 < 0$ 意味着公司治理可能处于简单环境中，保守派势力大，行动主体对路径依赖的收益预期较高；或者公司治理虽然处于复杂环境中，但由于保守派势力过于强大，行动主体不愿或不敢改变既有的利益格局，因而不得不选择因循旧路径。

通过上述分析可以看出：①当公司治理路径演化到一定阶段时，需要在恰当的时点及时进行演化路径的重新选择。②行动主体选择路径创造还是路径依赖，取决于所处阶段路径选择成败的概率、行动主体的风险偏好、不同利益集团的势力对比和预期收益、转换成本和外部环境状态等多种因素。③当公司治理陷入低效状态时，如果路径创造成功的概率高、外部环境复杂多变、路径转换成本比较低、预期收益比较高、创新集团势力强，那么，公司治理演化将趋向于选择路径创造；反之，则选择路径依赖。④行动主体的认知能力影响其对成本和收益、机会和风险等做出准确客观的判断，因而是影响公司治理路径选择的关键因素。

四、对策和建议

中国公司治理的演化路径与国有企业改革的历史进程是相一致的。改革开放以前，企业不是法人，因而也就不存在所谓的法人治理问题，国家对企业的治理是通过类似于董事会的机构进行的，如新中国成立初期的军管会、"文革"期间的革委会和其他时期的党委会等。中国真正意义上的公司治理演化之路是从 1978 年开始的，大致可以分为四个阶段：第一阶段为"土路"阶段（1978—1984 年），以扩权让利为标志，发展没有明确的目标和方向，摸着石头过河，其典型特征是混沌；第二阶段为"沙路"阶段（1984—1992 年），以确立企业法人地位为标志，中心（厂长经理）和核心（党的书记）争权夺利，相关利益集团针锋相对，势不两立，其典型特征是冲突；第三阶段是"石路"阶段（1992—2002 年），以建立现代公司制度为标志，各利益集团都期望从改革中获益，相安无事，其典型特征是稳定。1992 年 7 月，国家颁布并实施《全民所有制工业企业转换经营机制条例》，重点是确立国有企业的法人地位，实行自主经营、自负盈亏、自我发展、自我约束。随着转机建制，企业控制权逐步下放到企业，由董事会行使，国家（各级政府）作为大股东，保留了剩余索取权和剩余控制权。1994 年 7 月 1 日生效的《中华人民共和国公司法》，明确了公司的两种基本形式：有限责任公司和股份有限公司，规定了公司法人治理结构形式，即决策（董事会）、监督（监事会）、执行（经理人员）"三权分立"。股份有限公司和有限责任公司都要设立董事（会）和监事（会），董事由股东选举产生，监事中必须有一定数量的职工代表，总经理由董事（会）聘任。从此，中国开始了大规模的公司化。

进入 21 世纪以来，随着国内外形势的变化和公司化后公司治理效率的不尽如人意，公司治理路径演化到了第四阶段——"岔路"阶段，面临方向选择：从国外看，在全球化和网络化推动下，传统官僚制组织设计支配下的治理逐渐呈现碎片化（Fragmentation）趋势（戈德史密斯、埃格斯，2008），扁平化、个性化、多元化、去中心化等要求对传统的公司治理实践提出挑战，特别是发达国家。系列公司丑闻和金融危机的爆发宣告了固有模式的失败，重构公司治理系统成为全球人心所向。从国内看，中国正处于经济转轨和社会转型的敏感时期，现有公司治理的缺陷已经影响到社会的和谐安定，潜藏着各种各样的危机和风险，如不及时纠正和完善，就会导致路径中断或消失。因此，需要打破公司治理演化中的路径依赖，及时进行路径创造和路径转换。与自然界生物演化的路径发展不同，公司治理作为一种制度安排，一方面受其自身演化规律的影响，另一方面也受人的主观能动性的影响。也就是说，其路径是可以通过主观努力改变的。根据前述研究结果，针对中国公司治理实践，就公司治理改革问题提出以下对策和建议：

（1）从行动主体说，要大力提升社会成员对未来收益的预期和整体认知能力，分化和瓦解既得利益集团，尽快形成改革共识：①提高社会成员的预期收益。预期收益的多寡不仅关系民心向背，而且关系公司治理改革的成败得失。要采取坚决果断、切实可行的措施和方案让大多数社会成员预期到未来收益的增加，分享到改革的成果，从而成为公司治理改革的拥护者和创新者。②提高社会成员的整体认知能力。社会成员的认知能力不仅影响其对成本和收益的预期，而且决定其路径发现和创造的能力，从而影响公司治理的路径选择和治理效率。由于公司治理的复杂性和人的认知能力的有限性，人们对公司治理的认识和见解是不一致的，有的过于迷信理论模式和"先进"经验，忽视治理路径的专用性；有的就治理论治理，忽略了复杂的外部环境；有的虽然提出一些有意义的思路和对策，但缺乏长期效应。要找到一条长期有效的适合中国国情的公司治理之路并非易事，需要不同学科领域的专家学者以及政府和企业部门的实际工作者共同探讨。目前，中国在此领域已经有了几个交流平台，如上海证券交易所主办的面向实业界的中国公司治理论坛（每年一次）、南开大学主办的面向学术界的公司治理国际论坛（两年一次）等。今后需要吸收不同学科领域和社会各界的专家学者共同参与，进一步解放思想，敢于直面现实问题，并将研究成果向民间扩散，提高社会成员的整体认知水平。③强制性改革和诱致性改革相结合，分化和瓦解既得利益集团。保守和腐败的既得利益集团不仅成为公司治理改革的拦路虎，也是整个社会进步和发展的绊脚石。Lin（1989）在 20 世纪末曾提出诱致性制度改革思路，试图通过利益分享让既得利益者支持和引领改革。然而诱致性制度改革是以利益为前提的，当既得利益者将改革的红利吞噬完毕后，就没有动力进一步改革，甚至会抵制改革，因此需要强制性改革予以配合。根据 Olson（1995）的分析，利益集团分为相容性集团和排外性集团。由于集体行动的逻辑困难，无论相容性集团还是排外性集团，其内部成员在行动的成本分担、利益分享等方面都存在矛盾或冲突。创新行动主体要善于利用这种矛盾和冲突对之进行分化和瓦解。可以考虑由公共部门承担部分改革成本并对积极创新者予以物质和精神激励，使其净收益超过因循旧路径的既得利益；对阻挠改革创新的既得利益者则予以坚决打击，通过法律或行政手段剥夺或减少其既得利益。

（2）从行动客体看，要适时把握改革良机，科学评估和设计演化路径。中国大部分企业是从旧体制转轨过来的，虽然在形式上具备了现代公司制企业的特征，有了比较齐全的公司治理结构，但由于初始条件的不同和历史的路径依赖，在具体运作中与现代公司制的要求相去甚远，需要根据中国现实国情重新设计和选择公司治理演化路径。从现实条件看，当前是实行路径转换的最恰当时点：一方面，中国公司治理的历史不长，转换成本不高，路径依赖尚处于可克服时期；另一方面，全国上下要求改革的呼声强烈，创新派占据主导地位，既得利益集团已成为过街老鼠。不过，公司治理作为一个复杂的动态开放系统，系统内各层级和因素之间存在错综复杂的关系，有的相互影响，有的相互依存。因此，公司治理演化路径的设计和选择要综合考虑所处阶段的特征，不仅要做定性研究，还要做定量研究；不仅要分析成本（C）和收益（B），还要评估机会（O）和风险（R）。根据公司治理的复杂性和演化阶段的特殊性，本文建议采用 ANP（Analytic Network Process）法对中国公司治理演化路径进行设计和选择。ANP 法自萨蒂（Saaty，1996）提出以来，在各个领域得到了广泛应用，是一种对系统内各层次和元素存在相互依存、相互影响关系的复杂系统进行定性和定量相结合的分析方法。根据 ANP 法，通过构造网络层次模型和判断矩阵，借助 SD（Super Decision）软件，从 CBOR 四个维度对公司治理演化路径进行分析和评估，可以科学地设计和选择与中国现实国情最适配的公司治理路径，从而提高中国公司治理效率。

（3）从外部环境看，要加强改革的总体设计，同步推进配套改革，减少不确定性。任何公司治理系统都是在一定的外部环境下运行的。外部环境不仅影响公司治理的路径演化和选择，也影响公司治理的效率。中国之所以在公司治理制度建立后各种治理问题层出不穷，跟整个社会的政治、经济、法律、文化制度没有同步推进有很大的关系。因此，要改革现有的制度性遗产中与新的公司治理路径不相容的成分，通过配套改革完善外部环境：①从政治环境来说，要尽快割断公权力的持有者和金钱的持有者之间的联系。公权力的持有者和金钱的持有者相互勾结，形成了庞大的既得利益集团，如果缺乏必要的隔离带和防火墙，他们之间的权钱交易就会由于局部的帕累托最优而具有报酬递增效应。公共权力部门应逐步退出对企业的直接控制，特别是对人事和资金的控制，让企业在有序的市场中自主运营、自我发展。②从经济环境来说，应尽快形成公平、守信的交易环境，减少交易成本。市场交易的信用缺失、交易成本的居高不下，已经成为社会的流弊，公权部门要加大对违约失信的处罚力度，完善企业和个人的信誉和信用体系。③从法律环境来说，应进一步改革和完善司法体制，重点防范非正式制度（如人情、关系、潜规则等）对正式制度的侵蚀和破坏，维护法律公平和尊严，减少社会震荡，降低摩擦成本。④从文化环境来说，要倡导平等、淡泊、简约的人生观和价值观，取消或限制各种劳民伤财的评奖、选优和会议，禁止年龄、性别、出身和职位等习以为常的歧视，缩小不同群体的差距，缓解社会矛盾和压力；同时，要提高社会成员的风险意识和承受能力，尽力减少不确定性，保证公司治理路径的平稳转换。

参考文献

［1］Aguilera, R. V. A., G. Jackson. The Cross-National Diversity of Corporate Governance: Dimensions and Determinants ［J］. Academy of Management, 2003, 28 (3).

［2］Aoki, M., G. Jackson, H. Miyajima. Corporate Governance in Japan: Institutional Change and Organizational Diversity ［M］. Oxford: Oxford University Press, 2008.

［3］Yoshikawa, T., A. A. Rasheed. Convergence of Corporate Governance Review and Future Directions ［J］. Corporate Governance, 2009, 17 (3).

［4］Roe, M. J. Chaos and Evolution in Law and Economics ［J］. Harvard Law Review, 1996 (109).

［5］Bebchuk, L. A., M. J. Hoe. A Theory of Path Dependence in Corporate Ownership and Governance ［J］. Stanford Law Review, 1999 (52).

［6］Gugler, K., D. C. Mueller, B. B. Yurloglu. Corporate Governance and Globalization ［J］. Oxford Review of Economic Policy, 2004 (20).

［7］Jackson, G. The Japanese Firm and Its Diversity ［J］. Economy and Society, 2009 (38).

［8］Zhong, L. Y., P. N. Grabosky. The Pluralization of Policing and the Rise of Private in China ［J］. Crime, Law and Social Change, 2009, 52 (5).

［9］Blodgett, M. S., S. A. Kane. Global Corporate Governance: Implications for A Functionally Harmonized Legal Infrastructure ［J］. Journal of Business & Economics, 2011 (1).

［10］Matoussi, H., M. K. Jardak. International Corporate Governance and Finance: Legal, Cultural and Polotical Explanations ［J］. The International Journal of Accounting, 2012, 47 (1).

［11］Djelic, Marie-Laure, S. Quack. Overcoming Path Dependency: Path Generation in Open Systems ［J］. Theory and Society, 2007 (36).

［12］Lee，K.，D. Hahn. From Insider-Outsider Collusion to Insider Control in China's SOEs［J］. Issues & Studies，2004，40（2）.

［13］Sydow，J.，G. SchreyOgg，J. Koch. Organizational Path Dependence：Opening the Black Box［J］. Academy of Management Review，2009，34（4）.

［14］Martin，R.，P. Sunley. The Place of Path Dependence in an Evolutionary Perspective on the Economic Landscape［A］// R. Boschma，R. Martin. The Handbook of Evolutionary Economic Geography［C］. Chapter 1，Edward Elgar Publishing，2012.

［15］Goldstone，J. A. Initial Conditions，General Laws，Path Dependence，and Explanation in Historical Sociology［J］. American Journal of Sociology，1998，104（3）.

［16］Arthur，W. B. Competing Technologies，Increasing Returns，and Lock-in by Historical Events［J］. The Economic Journal，1989，394（99）.

［17］North，D. C. Institutions，Institutional Change and Economic Performance［M］. Cambridge：Cambridge University Press，1990.

［18］Estrin，S.，M. Prevezer. The Role of Informal Institutions in Corporate Governance：Brazil，Russia，India and China Compared［J］. Asia Pacific Journal of Management，2011，28（1）.

［19］Meyer，U.，C. Schuberl. Integrating Path Dependency and Path Creation in a General Understanding of Path Constitution［J］. Science，Technology and Innovation Studies，2007，3（1）.

［20］Garud，R.，A. Kuniaraswamy，P. Kamoe. Path Dependence or Path Creation［J］. Journal of Management Studies，2010，47（4）.

［21］Hofbauer，J.，K. Sigmund. Evolutionary Game Dynamics［J］. American Mathematical Society，2003，40（4）.

［22］Lin，Y. F. J. Economic Theory of Institutional Change：Induced and Imposed Change［J］. Cato Journal，1989，9（1）.

［23］Olson，M. The Logic of Collective Action：Public Goods and the Theory of Groups［M］. Massachusetts：Harvard University Press，1995.

［24］Saaty，T. Decision Making for Leaders［M］. Pitlsburgh：RWS Publications，1996.

［25］刘汉民，谷志文，康丽群. 国外路径依赖理论研究新进展［J］. 经济学动态，2012（4）.

［26］易余胤，盛昭瀚，肖条军. 企业主创新、模仿创新行为与市场结构的演化研究［J］. 管理工程学报，2005.

［27］［美］斯蒂芬·戈德史密斯，威廉·埃格斯. 网络化治理［M］. 孙迎春译. 北京：北京大学出版社，2008.

中央企业公司治理结构设计研究 *

王寿君　　齐中英　　曹利战

【摘　要】中央企业规模巨大且科层较多，如何构建一个有效率的治理结构成为向现代企业制度改革的关键。本文首先用一个比较静态分析模型检验了中央企业实行分权制衡的公司制的必要性。然后，对于国资委和监事会委托—代理关系中存在的双重委托—代理链条进行了整合，变外派监事会为内部监事会，破解了现行治理结构中董事会和经理层"合谋"的问题。我们通过一个含有监督和惩罚的委托—代理模型进一步检验了新治理结构比旧治理结构更加有效，这为中央企业出资人实现最大化收益提供了一个可行的治理方案。

【关键词】中央企业；治理结构；委托—代理；分权制衡

一、引言

中央企业是管理权属于中央政府的国有企业①，因此它有一般国企"所有者缺位"的共性问题，同时由于资产规模巨大、管理层级多等特点使其治理问题更加复杂。我国的国有企业经历了六十多年的发展历程，从初创、动荡、分权让利、企业承包到建立现代企业制度和 1998 年以来的国企改革攻坚，完成了从行政治理到双轨制治理到现代企业制度治理的过渡 [8]，为中央企业公司治理结构的完善提供了可资借鉴的重要素材。

从 2003 年起，国有企业的改革进入国有重点大型企业改革的阶段，尤其是国务院国资委的成立，是党中央、国务院对国有资产管理体制的重大改革举措，既属于国家经济转型的重要一环，又属于国企改革的关键一环，更是从政府层面、体制机制层面做出的重大

---

* 本文选自《管理评论》2013 年第 12 期。

① 中央企业按主管机关或部门分为国务院国资委、银监会、保监会、证监会和其他由国务院负责管理的央企五部分，本文的研究对象为国务院国资委辖下的央企。另外，在国资委央企董事会试点工作中，设计了多元化央企和国有独资型央企两种类型，这里针对后者展开研究。

实践。一方面，它确定了代表国家履行出资人职责的机构，初步改变了"九龙治水"的混乱局面，防止其他机关的直接干预，这在公司治理委托—代理关系上是一次重要的改进。另一方面，从 2004 年起，国务院国资委逐步展开对中央企业的董事会试点工作，这在中央企业治理结构的完善上迈出了重要的一步。公司治理结构是各行为主体分权制衡的一种组织管理制度[5,9,12]，一般来说，决策权归属董事会，监督权归属监事会，日常经营管理权归属经理层。对于中央企业来说，由于其经理层具有多重身份，既是企业经营管理的经理人，也是被任命的公务员，在党组织中任职。经理人身份追求经济利润最大化，公务员和党员身份追求的是政治目标，因此如果在中央企业的公司治理中实行分权制衡机制会不会是有效的？

在中央企业的双层委托—代理（国家→委托→国资委、国资委→委托→董事会）关系中，第二层委托—代理又存在两条委托—代理链，一条是以"管理权"为核心的"国资委→委托→董事会→委托→经理层"，另一条是以"监督权"为核心的"国资委→委托→监事会"（见图 1：旧治理结构）。"管理权"链条为两层委托代理关系，而"监督权"为单层委托代理关系，因此监事会实际上监督的对象有董事会和经理层两个，由于现行外派监事会的"外派"属性，以及监事会潜在的"惩罚"行为，董事会和经理层容易结成内部联盟，共同对抗外来的惩罚。在一般的公司治理结构中，董事会与经理层之间是标准的委托代理关系，由单层委托代理模型表示，并以此设计经理人的激励机制。他们或者认为激励机制本身能起到一定的监督作用，或者认为委托人付出一定的费用并采取相应的惩罚措施也能实现对代理人的有效监督[1,6,11]。不过，无论哪种情形，委托人和代理人都属于同一层委托代理关系，用各自的期望效用函数表示，并在参与性和激励相容的约束条件下实现委托人的效用最大化。但是，在中央企业中，由于实行"监督权"的监事会和掌握"经营权"的经理层不在同一个委托代理层级内，因此基于委托人目标函数最大化的有效监督作用难以充分实现。那么，可否构建一个更有效的委托—代理关系使得中央企业的治理结构更加完善？下文将对这一问题展开详细的分析。本文的组织结构如下：第二部分是从中央企业经理人的角度分析分权制衡的必要性问题；第三部分是针对中央企业第二层委托—代理关系中存在的问题重新设计委托—代理链条，并明确各行为主体的权和责；第四部分是对新、旧委托—代理关系效率的比较分析，检验新治理结构的可行性；最后是全文的总结。

二、经理人目标与分权制衡机制

中央企业经理人（掌握实际经营权的决策人），一般来说，拥有多重身份，如在企业层面上，他是经理人，在政府层面上，他是公务员，而在党组织中，他是党员。对于不同的身份，其追求的目标往往也不相同。经理人追求经济利润最大化，而公务员和党员的身份追求的则是政治晋升最大化。与经理人的多重目标不同，出资人（国资委）追求的是国有资产的增值或者说盈利。当两者的目标不一致时，出资人往往会设计或者选择一种治理结构以最大化其收益。那么，分权制衡的公司治理结构是不是一个好的选择呢？下面将通过一个比较静态分析模型进行检验。

假设中央企业经理人的工作目标有两个：一个是"生产"，记为 p_1；一个是"政治"记为 p_2。为简化分析，假设企业产出由中央企业经理人付出的努力 e 和资本投入量 k 共同决定。中央企业经理人的努力是本模型分析的重点，它的变化包括两个部分：一个是努力水平在"生产"和"政治"两个目标上的分配，分别记为 e_1 和 e_2，它们是分权程度 λ 的函数；另一是在分权程度既定的情况下努力水平 e 的变化。分权指的是中央企业各行为主体相互制衡的状态。分权程度 λ 越大，意味着各行为主体的工作越有效率，就越有助于中央企业总经理对"生产"目标的追求，从而在"生产"上分配的努力就越大。

进一步假定中央企业经理人对工作努力的分配遵循以下安排：$e_1 = \lambda \cdot e$，$e_2 = (1 - \lambda) \cdot e$，$\lambda \in [0, 1]$。那么，中央企业的产出为：$p_1 = f(k, e_1)$，$p_2 = f(k, e_2)$，k 为中央企业投入"生产"的资本比例，$k \in [0, 1]$。记产出为 $p = p_1 + p_2$，有：$f_k = df/dk > 0$，$f_{e1} = df/de_1 > 0$，$g_k = dg/dk > 0$，$g_{e2} = dg/de_2 < 0$。

显然，对于"生产"和"政治"两种不同的生产模式，有：$f(0, e_1) < g(0, e_2)$，且 $f(1, e_1) > g(1, e_2)$。根据拉格朗日中值定理，至少存在一点 $k^* \in (0, 1)$ 使得 $f(k^*, e_1) = g(k^*, e_2)$，这里进一步假设局部均衡用下式表示：

$$p_1 = p_2 \text{ 且 } df/dk < dg/dk \tag{1}$$

由 $dp_1 = dp_2$，进一步推导出：

$$dk = e \cdot \frac{g_{e2} + f_{e1}}{g_k - f_k} \cdot d\lambda \tag{2}$$

$$dp_1 = dp_2 = e \left[f_{e1} + \frac{f_k(g_{e2} + f_{e1})}{g_k - f_k} \right] \cdot d\lambda \tag{3}$$

令 $h(\lambda) = f_k / g_k$，由 $df/dk > 0$，$dg/dk > 0$ 和式（1）可知，$h(\lambda) \in (0, 1)$。因此：

$$\frac{dp_1}{d\lambda} = \frac{dp_2}{d\lambda} = \frac{e}{1 - h(\lambda)} \left[f_{e1} + h(\lambda) g_{e2} \right] > 0 \tag{4}$$

式（4）的结果表明，中央企业总产出 p 会随着分权程度 λ 的增加而增加。

接下来，我们考虑在分权程度 λ 为给定的情况下，努力水平 e 的变化情况。假设由于某种原因，比如，董事会宣布一项刺激性的激励方案，中央企业经理人加大了工作努力，因此，这里需要考虑的是这一外生冲击是否会对中央企业的生产带来积极的影响。

由 $dp_1 = dp_2$，可以推导出：

$$dk = \frac{\lambda f_{e1} + (1 - \lambda) g_{e2}}{g_k - f_k} de \tag{5}$$

$$\frac{dp_1}{de} = \frac{dp_2}{de} = \frac{1}{1 - h(\lambda)} \left[\lambda f_{e1} - (1 - \lambda) h(\lambda) g_{e2} \right] \tag{6}$$

令式（6）为 0，且令 $c = f_{e1} / g_{e2}$，于是得到：

$$\lambda^* = \frac{1}{1 + \dfrac{c}{h(\lambda^*)}} \tag{7}$$

式（6）和式（7）说明，当 $\lambda > \lambda^*$ 时，$dp_1/de = dp_2/de > 0$；当 $\lambda < \lambda^*$ 时，$dp_1/de = dp_2/de < 0$。其含义是，只有当现有的分权程度超过某个临界值后，中央企业经理人努力水平提高所带来的总产出效果才是正向的。结合上面的分析，我们可以得出这样的结论：如果中央企业实行分权制衡的治理结构，将会促进其生产的增长。

三、中央企业委托—代理链的重新设计

上一部分的分析表明，中央企业如果能够实行有效的分权制衡的治理结构，将会促进其成长和发展。我们回到现行的治理结构（旧治理结构）上来，发现其并不是有效的，尤其是董事会和经理层容易结成内部联盟（合谋），共同对抗外来（国资委）的惩罚[2]，这是由于委托—代理关系的不清晰所致。为了理解新治理结构的变化，我们首先来简要回顾一下中央企业委托—代理关系的建立过程。

（一）中央企业委托—代理关系的产生

在计划经济体制下，国有企业并非具有完全的市场地位主体，其所具有的行政特点更加明显，因此，其治理结构具有较为典型的垂直型行政管理特征，在这种情况下，委托—代理关系无从谈起。从 1993 年现代企业制度建立起，国有企业逐步确立了委托—代理关系，而 2003 年国务院国资委成立后，中央企业的委托—代理关系才正式确立。这是建立在全民所有制基础上的公共产权关系，是双层的委托—代理关系。

第一层委托—代理关系是代表全民利益的国家公共产权委托给国资委。这一层委托并不具有公司法意义形式，不需要得到全民的委托，而是依据法律制度规范保证实施的，这也就说明了其不具有一般意义的契约特征，这是公权力的体现。

第二层委托—代理关系是接受国家委托的国务院国资委委托给中央企业行使其实际经营权，因为作为国务院的特设机构，其政府机关无法实际履行经营权。而后通过利益的二次分配，达到全民收益，行使剩余收益权的实现。

在第一层关系中，国家产权虽然委托给国资委，但其并不能实际执行国有产权，其行为的依据也不是一般意义上的契约关系，而是依据国家的法律、法规；在第二层关系中，国务院国资委通过机构设置，如现行的董事会试点制度和外派监事会制度即双重委托—代理链条来行使其代理国家的国有产权。

（二）委托—代理链条的重新设计

我们的分析主要在第二层委托—代理关系中展开，其思路如下：国资委通过任命董事长以及选择董事的方式，组成中央企业的董事会。作为出资人代表的央企董事会，委托以总经理为代表的经理层对中央企业实施具体的经营管理，同时授权内部监事会代以监督经理层。为此，相应的机构和人员调整如下：

第一，国资委向中央企业选派董事长。国资委通过选派有公务员身份的干部作为国有产权的代表进入中央企业董事会，并且担任董事长，通过对代表国有产权的董事会的管理来体现国有出资者的利益要求。既有利于提高经营决策的科学性和管理效率，也有利于进行当期监督。

第二，董事会推荐并选聘经营管理人员并组成经理层。国资委制定选拔、招聘的体制，对于董事会推荐或建议免职的主要的经营管理者，按相关制度进行遴选、任免。

第三，外部监事会与董事会合并，建立内部监事会。外派监事会存在较高的缺位成本风险，这一点在中央企业内部监事会中可以被有效降低。由经董事会委托的内部监事会直接向其负责，其人事任免和薪酬体系都在董事会的层面上，不受其所监督企业的任何限制，这种职责上的独立性就决定了其总体的交易费用较低，其所包含的缺位成本风险、错位成本风险和越位成本风险都较低。为了发挥监事会的职能，提高监督的有效性，提升监事会的地位，强化其监控职能，内部监事会主席最好由企业纪检组长兼任，既有利于纪检、监察工作的开展，又可以切实加强中央企业内部监事会制度建设，更有利于中央企业的集团化管控，是更合理的公司治理手段。

此外，新治理结构将党委行为制度化。中央企业由于其国有企业的性质，党组织有两种基本行为：一个是参与公司重大问题决策，依靠政治优势保证中央企业领导层经营行为的"公有性"；另一个是对于掌握实际经营权的经理层的监督。对于党组织参与公司治理，在实践层面是存在的，本书吸收其合理要素，将其纳入新中央企业治理结构之中。同时设立内部监事会与党委是考虑到两者的分工与互补。一般来说，内部监事会是公司制企业的一个必要组成部分，而党组织是国有企业的一个必不可少的组成部分[3,13,14]。中央企业兼具"国有"和"公司"两种属性，因此由内部监事会和党组织来构成监督体系就是一个合理的结果。内部监事会和党组织的进一步监督并不是无意义的功能"重叠"，两者存在分工。内部监事会倾向于一般意义上的经济和会计行为监督，而党组织由于其政治性，其监督行为更多的是对于党员的人事监督，这种明确的分工对于中央企业来说，也是一种监督职能上的互补。

我们结合在实践中的操作经验，对各主要行为主体的定位和权责安排如下：

（1）董事会。

第一，确保董事会在中央企业治理结构中的核心地位。从现实情况来看，通过国家层面或者行业监管层面来加强中央企业外部治理环境的建设还需要一定的时间和过程，中间的不可控因素较多。由国资委代表国务院派出的监事会存在组织管理和职能定位不清晰、

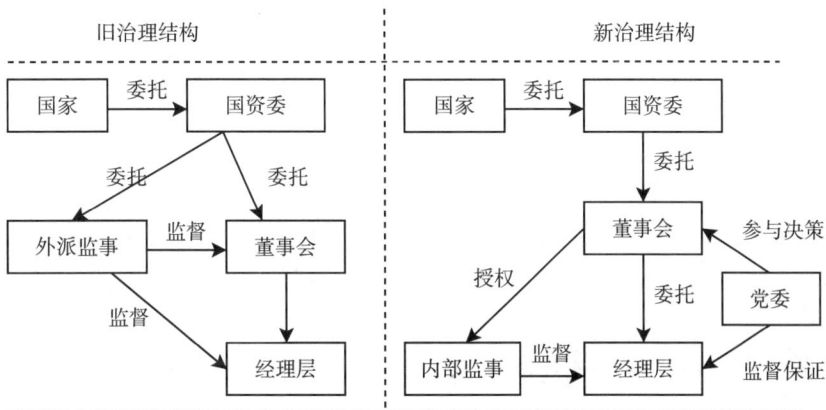

图1 中央企业公司治理结构变化示意图

工作内容不能充分适应新形势需要、内部监事独立性低等问题，一时间还难以发挥其预想的作用。切实可行的办法就是在中央企业中做实董事会，并确保其公司治理的核心地位。在我国，外部董事的功能与外派监事会的功能相当接近，许多职能是重合的。公司治理模式能够通过在不同权力机构之间对权利进行合理的分立，通过相互制衡，实现对公司控制权的合理配置。在国外，一般有外部董事就没有监事会，有监事会就没有外部董事。而我国是两者兼有。为了改变这种重叠的情况，可以将外派监事会与董事会合并。国资委管理中央企业的数目将来设置在80—100家，通过现有的二十多个监事会主席出任董事长，每个监事会主席出任相同或相近的3-4家企业的董事长，不仅解决了董事长人选问题，也使董事会的独立性得到质的变化，职能也得到强化。这样的董事会，是独立于公司的经理层。

国资委要监督管理中央企业，除了现在的职能部门外，应该增加行业管理部门。因此，可以把外派监事会办事处转化为董事会秘书处，不仅作为董事会日常办事机构，也可以作为国资委的行业管理部门，解决行业的管理问题。将外派监事会转化为董事会后，这种新结构中的董事长今后继续沿用监事会主席的产生办法产生，并按照董事会的议事规则和程序行使权力，不仅可以发挥董事会在公司治理中的根本性作用，也可以把外派监事会工作带到董事会，这样才能做到真正的当期监督[7]。

第二，逐渐明晰中央企业董事会的职能与权力。当董事会在中央企业公司治理中的核心地位得以确认后，接下来就要对其职能与权力进行明晰，为其更好地行使股东代言人的权力，发挥股东代言人的作用。首先要明确中央企业董事会的职能：制定公司的长期规划（五年规划或是更长期的规划）和近期目标（如年度目标）；选拔、监督和约束中央企业的经理、副经理、财务负责人和其他高级管理人员；监控重大风险的发生、谨防国有资产的流失。其次要赋予中央企业董事会更多的权力：股东会（国资委）作为中央企业经营管理的最高权力机构，一般情况下只需对重大事项如企业合并、分立、改制、上市，增加或者减少注册资本，发行债券，进行重大投资，为他人提供大额担保，转让重大财产，进行大额捐赠，分配利润，以及解散、申请破产等进行表决和管理。对于中央企业而言，国资委应该给予董事会以充分的信任和权力，逐步将主业投资决策权等权力"下放"给董事会，使其决策的科学性得到更好的发挥。

第三，充分发挥外部董事在中央企业董事会中的作用。2009年10月，国资委发布了《董事会试点中央企业专职外部董事管理办法（试行）》（以下简称《办法》）。如前文所述，目前中央企业董事会的外部董事相关工作还存在一些问题。因此，我们要在《办法》的基础上，进一步完善中央企业董事会建设中与外部董事相关的制度和措施，充分发挥外部董事在中央企业董事会中的作用。应该按照多元化的来源渠道、市场化的选聘方式来加强中央企业外部董事选拔，并且外部董事连任不超过两届，应每年更换一名。

（2）内部监事会。

中央企业应该在董事会领导下建立健全企业内部监事会[10]。为了发挥内部监事会的职能，提高监督的有效性，提升内部监事会的地位，强化其监控职能，内部监事会主席最好由企业纪检组长兼任。这样既可以切实加强中央企业内部监事会制度建设，又有利于纪检、监察工作的开展，更有利于中央企业的集团化管控，是更合理的公司治理手段。

第一，确保内部监事会的独立性。独立性是内部监事会作用得以有效发挥的先决条件。为塑造内部监事会的独立性，要形成内部监事会机构独立、人员独立、工作独立、考核奖惩独立、经费独立的"五独立"格局。①机构独立是指内部监事会是统一的组织，不再分层或分级设置；②人员独立是指内部监事会监事实现委派制、专职化，专职监事的任免由内部监事会决定；③工作独立是指监事会的专职监事工作接受内部监事会指导和管理，直接向内部监事会报告工作；④考核奖惩独立是指专职监事的考核评价由内部监事会来组织，薪酬高低由内部监事会根据评价结果来确定，不与所监督企业年度经营指标的完成情况挂钩；⑤经费独立是指内部监事会工作经费实行年度预算管理，由董事会对内部监事会年度经费额度进行审批，并纳入企业年度费用预算。工作经费由内部监事会根据经费管理办法独立自主使用。

第二，确保内部监事会的权威性。权威性是内部监事会作用得以有效发挥的重要条件。内部监事会在企业中有位置、有权威才能有所作为。企业领导要高度重视、支持和关心内部监事会。董事会和经营班子要支持内部监事会依法开展工作，并授予内部监事会足够的权限。要确保内部监事会可以参加企业的任何会议、可以查阅企业的任何资料、可以就有关问题直接找人谈话。要保证内部监事会向董事会和经营班子反映问题的渠道畅通。只有这样才能逐步增强内部监事会的权威性，使其真正成为公司治理的"三驾马车"之一。

第三，确保内部监事会的时效性。时效性是监事会作用得以有效发挥的关键条件。监督的时效性很大程度上制约着监督成果的客观效果，从而影响内部监事会职能的充分发挥。因此，唯有提高内部监事会监督的时效性，其作用的发挥才显得更有层次、更有价值。

第四，确保内部监事会的日常性。日常性是监事会作用得以有效发挥的基础条件。内部监事会监督主要采取日常监督和集中检查两种方式，监督工作覆盖企业的方方面面，是全过程、多角度的跟踪监督。日常监督主要通过参加企业各种会议、查阅分析文件资料、深入部门和基层检查了解等，适时掌握企业重要经营管理事项。日常监督使监事会监督更加深入、细致和全面。

第五，发挥内部监事会的过程监督作用。内部监事会的作用就是加强过程监督，充分发挥其管控的"前哨"作用。内部监事会监督的独立性、权威性、时效性、日常性等优势决定了它可以充分发挥"前哨"作用。除此之外，还要通过上报的方式使内部监事会了解企业的各种信息；确保内部监事会人员全部来自企业、常年驻守企业；保障内部监事会监督检查的实践、人员及条件；对企业经营管理过程中的重大事项要及时向内部监事会汇报。唯此，其管控的"前哨"作用才能够更有效地发挥。

第六，发挥内部监事会的监督、预防、反馈职能。监督是内部监事会的基础职能，预防和反馈是内部监事会的引申职能。内部监事会首先通过监督发现企业经营管理中存在的问题，体现监督职能；对于发现的问题，分析原因，追本溯源，对可能发生的问题和风险进行提示，防患于未然，体现预防职能；对于企业经营管理中存在的共性、普遍性和倾向性问题，内部监事会将及时反馈给董事会和经理层，便于董事会和经理层及时采取有效措施加强管控，体现反馈职能。

（3）总经理部。

董事会与总经理部之间必须建立清晰的委托、授权、代理关系。也就是前述的国有资产管理体系中第二层委托—代理关系，是典型的制度设计的聘任关系。我们通过对西方主要经济体考量后得出：由于其具有完善的职业经理人市场，其被聘任后，对公司日常的经营管理，为股东利益服务，同时获取报酬和股东期权、激励等利益收入；西方法学界并不崇尚对于职业经理人的法定化，因为这是对社会资源流动性的限制。在西方民商法学界比较赞同公司章程的严肃性——由其决定经理人的法律身份。从此项观点，我们可以充分发现西方对于契约权利和义务的认同。由此，在中央企业中董事会和总经理部的定位也应当确定为契约责任，而不应类似于行政上下级关系，不具有行政体系中的管理和被管理关系，因而股东（国资委）、董事会、以总经理部为代表的经理层相互之间是一组授权关系。

正确处理董事会与总经理部之间的委托代理关系是现代公司治理结构的关键。前者掌控公司的法人财产权，而把经营管理权交给代理方——以总经理为代表的经理层。这是由于现代公司所有权与经营权相分离必然产生的关系。尽管董事会把公司的经营大权委托给以总经理为代表的经理层（执行委员会），但为防止内部人控制，现代公司的董事会又通过在其下设各种委员会的制度，履行相应的职能：一方面保证其行使对公司的重大经营决策权和对经理层的激励与监督权，另一方面又保证这些重大经营决策和激励监督措施的科学合理性。总经理主持总经理部的工作，负责全面经营管理。设副总经理若干名，协助总经理分管一个及以上的系统。

四、新治理结构的治理效果分析

新治理结构中的委托—代理链由两条变为一条，这是因为新治理结构将国资委的外派监事会内部化，形成内部监事会，由于内部监事会是由董事会授权形成，因此，这一改变最大的好处在于破除了原治理结构中实际"监督权"与"经营权"的委托代理层级混乱，使得董事会与经理层构成了包括监督行为的标准委托代理关系。那么，这一改变是否有效呢？我们将用一个含有监督和惩罚行为的委托代理模型[4,15]来检验。

（一）经理层

假设 e 表示代理人（经理层，M）的努力水平，$\varepsilon \sim N(0, \sigma^2)$，表示一系列其他影响工作绩效的外生变量，因此代理人的绩效函数为：

$$x = e + \varepsilon \tag{8}$$

为简化分析，假设代理人的努力成本函数为：

$$C(e) = e^2/2 \tag{9}$$

显然，式（9）满足 $dC/de > 0$，$d^2C/de^2 > 0$。

一般的委托代理模型中，对于代理人的激励方式为绩效工资形式。假定工资激励函数是线性的，即：

$$w(x) = \alpha + \beta x \tag{10}$$

其中，α 表示固定工资部分，β 为激励系数。

由于这里的分析要考察监督机制的作用，因此在代理人最终收入中还应包括通过监督发现其背德行为而遭受的惩罚。假设监督体系发现代理人背德行为的概率为 p，所受惩罚标准化为 1 个单位，因此，代理人遭受惩罚的期望值为：

$$EP = (1 - p) \cdot 0 + p \cdot 1 = p \tag{11}$$

假设代理人是具有不变绝对风险规避度 ρ，其风险成本为 $\frac{1}{2}\rho\beta^2\sigma^2$，因此根据确定性等价理论，代理人的期望效用为：

$$EU_M = E(w) - EC(e) - EP - \frac{1}{2}\rho\beta^2\sigma^2 = \alpha + \beta e - p - \frac{1}{2}e^2 - \frac{1}{2}\rho\beta^2\sigma^2 \tag{12}$$

（二）董事会

这里的分析假定委托人为董事会。但是，在旧中央企业治理结构中，外派监事会是由国资委委托的，为了实现对新、旧治理结构的比较，需要将旧监督行为进行转化。首先，假定国资委对外派监事会支付的监督成本由委托人（董事会）支付。为简化分析，假设监督成本为发现背德行为概率 p 的函数：

$$S(p) = p^2/2 \tag{13}$$

式（13）满足 $dS/dp > 0$，$d^2S/dp^2 > 0$，并且惩罚期望值不小于监督成本，即 $EP \geq S(p)$。

另外，如果外派监事会发现了经理层的严重背德行为，其信息反馈和惩罚路径为：

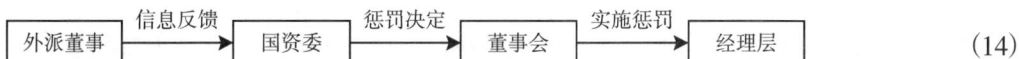

$$\boxed{外派董事} \xrightarrow{\text{信息反馈}} \boxed{国资委} \xrightarrow{\text{惩罚决定}} \boxed{董事会} \xrightarrow{\text{实施惩罚}} \boxed{经理层} \tag{14}$$

与新治理结构由监事会反馈董事会采取惩罚措施相比，旧治理机制的惩罚路径更迂回，也就是说，新公司治理的惩罚更有及时性。为了表示出新、旧监督机制的此点差异，需要将发现代理人背德行为的概率修改为获取惩罚的发现概率，可知，新监督机制的该概率要大于旧监督机制。为了保持一致性，下文仍用 p 表示获取惩罚的发现概率。

假设委托人的风险是中性的，因此其期望效用函数为：

$$EU_D = E(x) - E(w) - E(s) + P(x) = e - (\alpha + \beta e) + P - \frac{1}{2}p^2 \tag{15}$$

（三）最优化问题

在上述条件下，考虑对代理人的最优激励设计，这里的"最优"是以委托人效用最大化为条件的。该目标函数可用下面的模型表达：

$$\max_{\alpha,\beta} EU_D = e - (\alpha + \beta e) + p - \frac{1}{2}p^2 \tag{16}$$

$$s.t.(IR)EU_M \geq 0; \quad (IC)\max_e EU_M$$

其中，IR 为参与性约束条件，即代理人从委托人设计的报酬体系中得到的效用要不小于其不接受该报酬体系的机会收入，为简化分析，这里假设机会收入为 0。IC 为激励相容约束条件，即代理人关于努力程度的期望效用最大化。因此，对式（13）求关于 e 的一阶偏导数得到最优努力程度为：

$$e = \beta \tag{17}$$

结合式（6）-（10）求解，其结果为：

$$\beta^* = \frac{1}{1 + \rho\sigma^2}; \quad \alpha^* = \frac{1}{2}\beta^2\left(\rho\sigma^2 - \frac{1}{c}\right) + p \tag{18}$$

当委托人采取参数为 α^* 和 β^* 的报酬激励时，委托人期望效用最大化可表示为：

$$\max_p EU_D = \frac{\beta^* - \beta^{*2}}{c} - \alpha^* + p - \frac{1}{2}p^2 \tag{19}$$

对式（19）求解关于发现概率 e 的一阶偏导数为：

$$\frac{\partial EU_D}{\partial p} = 1 - p \geq 0 \tag{20}$$

式（20）表明委托人的期望效用是受到惩罚的发现概率的增函数，这意味着当委托人执行最优激励机制时，由于新公司治理结构的发现概率更高，因此其期望效用更大。这从监督机制的角度分析了中央企业新治理结构的优势。

五、结 论

中央企业数量虽少，但规模巨大、覆盖范围广，既有关系国家战略利益和自然垄断型的企业，也有提供重要的、涉及国计民生，维护国家稳定，保护人民群众日常生活的企业。同时，在全球化背景下，中央企业还要参与国际市场的激烈竞争。因此，中央企业的治理结构这种"元"问题成为其现代企业制度改革中的关键。本文在国有企业（中央企业）治理结构理论和实践的基础上，分析了为什么要在中央企业中实行分权制衡的治理机制。在此之上利用委托—代理理论分析了现行中央企业治理结构的不足，并变外派监事会为内部监事会，引入党组织，构建了新的委托—代理链条（新治理结构）。我们用一个含有监督和惩罚行为的委托代理模型检验了新委托—代理关系的有效性，这对于现行的中央企业治理结构来说是一个改进。我们还基于实践层面，对各主要行为主体的权责进行了明确的划分，对机构（如董事会、内部监事会、总经理部）和人员（如董事长、内部监事会主席、总经理）的设置，也提供了建设性的安排方案。

参考文献

［1］敖志军，惠益民. 存在道德危害的委托—代理模型中多重激励问题的研究［J］. 中国管理科学，1997，5（4）：36-40.

［2］曹正汉. 国有企业多重委托代理关系中的合谋问题：一个博弈论模型［J］. 佛山科学技术学院学报（社会科学版），1999，17（2）：21-27.

［3］崔涛. 国有企业公司治理中的特殊关系研究［J］. 华南理工大学学报（社会科学版），2008，10（3）：36-40.

［4］范鹏飞，赵怀罡. 委托—代理理论中的监督问题及其应用［J］. 南京邮电学院学报（自然科学版），2000，20（4）：70-72.

［5］贾和亭等. 法人治理结构：分权与制衡［M］. 福州：福建人民出版社，1995.

［6］李富强，李斌. 委托代理模型与激励机制分析［J］. 数量经济技术经济研究，2003，10（9）：29-33.

［7］李秋蕾. 中央企业专职外部董事制度评析［J］. 经济与管理，2010，24（3）：35-39.

［8］刘少雄. 中国公司制国有企业治理机制研究［D］. 华中科技大学硕士学位论文，2008.

［9］王峻岩. 建立现代企业制度健全公司法人治理结构［J］. 今日海南，1999，10（11）：22-23.

［10］王守义. 关于国有企业内部监事会运行模式的构想［J］. 北京市经济管理干部学院学报，2007，22（3）：70-74.

［11］汪贤裕，颜锦江. 委托代理关系中的激励和监督［J］. 中国管理科学，2000，8（3）：33-38.

［12］吴敬琏. 现代公司与企业改革［M］. 天津：天津人民出版社，1994.

［13］杨家志. 现代企业制度与企业中党的基层组织［J］. 中国工业经济，1995，10（12）：40-44.

［14］杨秋娜. 新时期国有企业基层党组织建设的路径选择［J］. 上海党史与党建，2009，11（2）：42-44.

［15］朱林美，周晶，吴孝灵. 基于委托代理的工程监理激励——监督模型［J］. 运筹与管理，2011，20（3）：176-180.

基于新任 CEO 视角下的战略变革动因研究 *

刘　鑫　薛有志

【摘　要】基于组织理论和代理理论的分析认为，新任 CEO 相较前任的特征差异及其继任后可能在短期内会面临被解聘的威胁，是新任 CEO 主动发起战略变革的动力。同时，考虑到 CEO 变更时的公司业绩和前任 CEO 任期作为 CEO 变更时的公司情境因素对新任 CEO 发起战略变革的影响。应用多元调节回归模型以及均值比较的方法，以 2000—2009 年中国上市公司为样本对上述观点进行了检验。结果表明，即使公司业绩优异，CEO 变更依然与公司战略变革显著正相关；CEO 变更时，公司业绩和前任 CEO 任期显著地负向调节 CEO 变更对战略变革的影响。

【关键词】战略变革动因；CEO 变更；公司业绩；前任 CEO 任期

随着业务的发展以及外部环境的变化，企业必须调整甚至变革其战略以适应动荡的竞争环境。战略变革动因理论的研究有助于探索企业在不同市场、不同业务之间进行战略转移的动力机理，从根本上为企业战略转型提供系统性指导 [1]。

战略变革的动因是指引起战略调整、变革导致业务转型的一系列关键因素。这些因素影响着企业战略变革的方向，同时对企业成功地进行战略选择和顺利实施起着重要的指导作用。传统的战略变革动因研究，主要以企业外部环境视角 [2] 以及内部资源基础理论 [3] 为理论基础。已有文献认定外部环境变化和内部组织演化是推动企业战略变革的主要驱动力，潘安成 [4] 从"内在资源"和"外部环境"两个视角对相关文献进行了较为详尽的梳理。

在战略管理研究中，一个基本的假设是，公司的高层管理者，特别是 CEO 在公司战略的制定和形成方面扮演着核心角色 [5]。CEO 作为高管团队的领导核心，承担着发起和实施战略变革的责任。这主要体现在：①CEO 位于公司层级的制高点，因而有权威、有能力来进行战略规划 [6]；②CEO 通过多种方式（如作为其他公司的外部董事）与外界进行信息的交流，因而有能力来推动战略变革 [7]。然而，现任 CEO 大多是在企业可能遭受严

---

* 本文选自《管理学报》2013 年第 12 期。

重威胁或面临业绩大幅下滑的压力时，才不得不进行战略变革。这是因为：一方面，进行战略变革会面临多种风险和阻力；另一方面，在位的 CEO 作为公司发展的掌舵人有维持现状的偏好 [8]。因此，当企业业绩出现下滑时，董事会以及利益相关者会质疑 CEO 的能力及其实施的战略，往往采取解聘在任 CEO 的方式来进行战略变革，以达到提升业绩的目的。新任 CEO 为满足董事会通过战略变革改善业绩的期望，必须在上任后发起并推动企业的战略变革。

鉴于此，本文以 CEO 变更事件作为逻辑起点，将新任 CEO 特征及其所面对的公司情境因素作为分析对象，主要关注以下两个问题：①CEO 变更与战略变革的关系是什么，新任 CEO 进行战略变革的动机是什么？②新任 CEO 上任后，公司当前的情境因素对其发起战略变革会产生什么样的影响？

本文从文献回顾入手，基于代理理论和组织理论，构建了新任 CEO 的战略变革动因模型，并论证了：新任 CEO 发起战略变革往往来自于其特征与偏好，而非出自改善业绩的考虑。实证研究结果也证明，即使在公司业绩优异的情况下，新任 CEO 也会进行战略变革；公司情境因素对新任 CEO 进行战略变革的动力与能力产生显著的影响。新任 CEO 上任后的战略决策会受到公司情境的制约，这是因为 CEO 变更时的公司业绩和前任 CEO 的任期作为重要因素会从动力和能力两个方面来制约新任 CEO 发起战略变革的行为。

一、文献回顾

企业进行战略变革会受到长期发展中所形成的组织惯性和政治阻力的阻碍 [9]，组织中的政治抵抗以及既得利益方所支持的企业惯性会使企业的战略变革难以发起或难以推进 [10]。以往文献指出，建立时间较长的组织经常会受到组织惯性和战略刚性的困扰。比如，Fondas 等 [12] 认为，企业在长期发展过程中所积累的成功经验会不自觉地嵌入企业文化中，由此形成了对战略变革的阻力。Tushman 等 [13] 则从公司资产专有性的角度指出，企业在某一特定领域的资产（包括设备、厂房等有形资产或是品牌、专有技术等无形资产）会形成企业的战略刚性，从而使企业错过战略变革的最佳时机。虽然企业的惯例会减少组织决策成本和管理复杂性，但是程式化的管理惯例会因为长时间的重复而变为组织惯性，限制了企业的组织灵活性和战略柔性 [14]。企业不仅要面对动荡的外部环境，还要面对内部组织发展中不断出现的新问题。尽管意识到了过去的经验和已形成的惯例会给公司成长带来局限性，但大多数企业仍因缺乏动力或能力无法实施战略变革 [15]。

如前所述，企业面临来自惯例、政治阻力、企业文化以及公司资产专有性等因素的阻碍，所以难以发起并实施战略变革。以往文献认为，CEO 如果克服重重阻碍进行战略变革，其动力往往来自于公司业绩的压力。公司业绩是评价 CEO 能力和努力的重要衡量基准 [16]。人们往往倾向于用简单的逻辑关系来解释复杂的事情，因此董事会及公司的利益相关者倾向于将组织业绩的异常（不管好的还是坏的）归咎于企业的领导者[17]。所以，当公司业绩实际水平下滑，或低于行业平均水平抑或是低于董事会的期望时，CEO 会有动力来进行战略变革。以往研究证明了业绩下滑是 CEO 进行战略变革的重要动因，比如，Kiesler 等[18] 强调 CEO 对业绩的关注程度，证明了 CEO 对业绩下滑非常敏感，并会积极采取措施提升业绩。Haveman[19] 认为，业绩下滑会使企业的领导者更加容易克服企业中战略变革的阻力从而成功实施战略变革。Zajac 等[20] 指出，企业的业绩水平是战略可行与否最明显的指标，它预示了企业能否改变其在行业内的竞争地位或是改变其所在的竞争市场。

有研究指出，在位的 CEO 由于多方面的原因并不是发起战略变革的合适人选[21]。董事会往往将业绩低下归因于在位 CEO 能力不足，因此并不期待在位的 CEO 能进行彻底的战略变革以扭转企业业绩的下滑。董事会在这种情况下，倾向于更换 CEO 来达到战略变革的目的。以往研究也一致地证明了业绩低下与 CEO 被迫离职显著正相关。董事会为了使公司更加适应日益变化的环境，有责任和义务替换业绩低下的 CEO，来提升公司价值并保护股东利益[22]。也有学者证明，在国有控股为主体的上市公司中，公司业绩与 CEO 变更之间存在显著的正相关关系[23]。CHANG 等[24] 证明，中国国有控股公司虽然有多样的经营目标（如维持就业稳定等），但是在公司业绩出现明显下滑时公司更换其 CEO 的可能性显著提高。

综上所述，以往文献认为战略变革的逻辑起点是：公司的业绩恶化体现了公司内部条件和外部环境的不匹配，从而引起了 CEO 变更。新任 CEO 作为战略变革的实施者，必须进行战略变革以满足董事会提升企业业绩的迫切需要（如图 1 所示）。

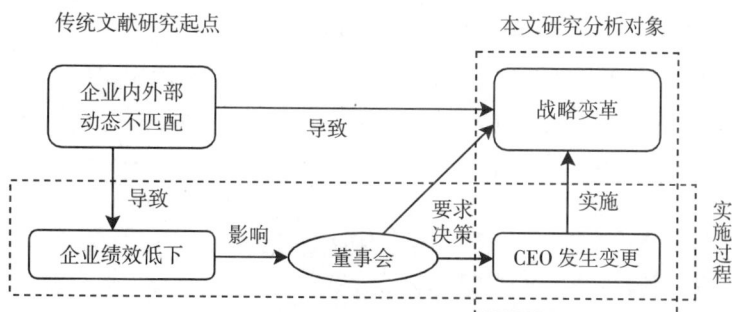

图 1　传统战略变革动因逻辑思路

二、理论分析与研究假设

(一) 新任 CEO 的战略变革动因模型

除了 CEO 变更时的公司业绩会成为新任 CEO 发起战略变革的动力以外，本文认为新任 CEO 自身具有在上任后推动战略变革的强烈动机。这可以从新任 CEO 相较前任 CEO 所独有的特征和新任 CEO 所面对的短期内被解聘的压力两个方面来分析（如图 2 所示）。

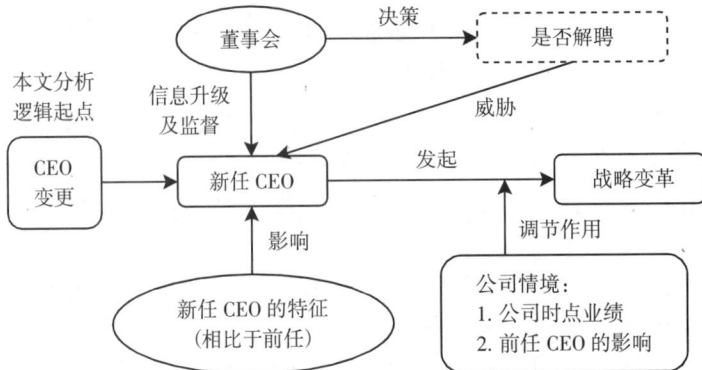

图 2　基于新任 CEO 的战略变革动因模型

1. 新任 CEO 的差异性特征作为战略变革动因

本文认为，新任 CEO 进行战略变革的动因，首要来自于与前任相比的差异性特征[14,16]。具体来说，这源于前任 CEO 本身的权威、才能以及与企业已有战略所形成的嵌入关系：一方面，由于心理上对现有战略成功模式的路径依赖[25]，前任 CEO 很难改变原有的战略决策；另一方面，前任 CEO 也会因为避免自身权威受到质疑而拒绝进行战略变革[26]，因为频繁地改变战略决策会招致董事会对其管理能力的质疑。所以，即使面临环境发生巨大变化时，前任 CEO 也很少会做出战略上的重大变革。

新上任 CEO 相比于前任 CEO 的差异性特征表现在：

（1）注重员工的决策支持作用。从 CEO 权力的角度来说，前任 CEO 可能是企业的创始人或者在位时间较长。因此，前任 CEO 可能会在企业创业期或是快速发展期形成企业内部令人信服的权威，进而形成了其在战略制定和决策上的选择自主权。这种 CEO 权力会使其忽略来自企业内部人员的建议或意见。相反地，新任 CEO 缺少这种企业特殊时期的经历所带来的权威与声誉。在这种情况下，新任 CEO 为了能够快速建立起权威，必须依赖其他人员的政治支持和信息指导[5]。因此，新上任的 CEO 经常会下放权力并且加强沟通。这种行为能使新任 CEO 通过更多地与员工接触而了解企业内外部环境，进而增大了战略变革发生的可能[4]。

（2）建立新的信息渠道。从信息的来源和组织学习的角度来说，新任 CEO 上任后必须发展自己的信息渠道。这是因为：首先，原有的信息渠道是前任 CEO 所依赖的，这种渠道很难为新任 CEO 所用；同时，这种渠道还有可能成为新任 CEO 和前任 CEO 产生矛盾的原因，特别是在前任 CEO 依然对企业产生影响（如留任董事会，担任董事长，作为咨询顾问或作为关联企业的董事等）的情况下。其次，由于新任 CEO 面临短期内被解聘的威胁，因此必须发展自己的信息网络。其作用在于：一方面新任 CEO 可以观察公司的战略匹配情况而进行战略的再匹配、再调整；另一方面通过信息网络来了解自己受到威胁的程度。这两个动因使得新任 CEO 在分析和形成战略决策时必然广泛搜集信息，开拓新的信息渠道。扩展的信息渠道会带来更多的备选战略，从而增加了产生战略变革的可能性。

（3）较低的路径依赖。新任 CEO，尤其是外来的 CEO，受公司路径依赖的影响程度较低。公司的发展是有路径依赖的，这种依赖性体现在：会将过去的成功经验作为战略制定的重要依据，而忽略所在行业内发生的变化以及公司内部条件和环境的不匹配状态。新任 CEO 往往缺少关于新任职公司的固定战略模式假设或成形的认知资源库，这在缺乏 CEO 职位经验的新任 CEO 身上尤其如此。人力资本理论认为，行业专有技能和公司专有技能很难成功地转移，因此新任 CEO 原有的认知模式往往很难用在新的 CEO 职位上[27]。当新任 CEO 来到企业任职时，会对公司的资源配置方式、原有战略和内外部环境的匹配情况做出与前任 CEO 不同的判断。对于多单位、多部门或实施多元化的企业集团，新任 CEO 会重新考虑各个部门的发展潜力和环境的动态发展方向，重新确定企业对各部门的资源配置，而这正是战略变革的开端。

（4）不受已有战略决策制约。从组织决策的理论观点来看，前任 CEO 往往会执着愚守，即坚持失败的行动方案和决策。这主要来自于两个方面的原因：①当管理者必须对某项失败的决策负责时，他最可能的选择是封锁消息或扭曲绩效不良的信息。在认识到决策不能实现预期目标时，管理者往往不知道该何时停止这一行动方案，并会将资源继续投入这一方案中，妄图纠正偏误[26]。②因为始终如一和坚持不懈是当代社会和商界普遍看重的行为准则。相比于朝令夕改，始终如一的 CEO 更受赞誉[28]。新任 CEO 则不需要对以往的决策负责，也没有义务坚持某个决策或是原有的战略方向。有研究指出，新任 CEO 上任时往往倾向于否定前任 CEO 所坚守的战略决策，以此来强调自己上任后会实施正确的战略给企业带来利益和希望[29]。

2. 新任 CEO 短期内离任威胁作为战略变革动因

新任 CEO 的上任并不意味着公司 CEO 变更过程的结束，因为新任 CEO 在上任后要继续面对董事会和其他利益相关者的考察和监督[16]。根据代理理论中有关信息不对称问题的论述，新任 CEO 可能会在职位和薪酬的吸引下，隐匿自己的真实能力或其与公司特征匹配程度的相关信息，从而导致董事会做出错误的选聘决策[30]。为了避免不称职的新任 CEO 对公司造成不可逆转的损失，董事会必须对新任 CEO 的能力进行全面了解和信息升级。当董事会发现新任 CEO 的真实能力与期望不符或者是新任 CEO 与公司特征并不匹配时，董事会要在新任 CEO 给公司价值造成严重破坏之前将其解聘[31]。最近的研究指出，CEO 被解聘发生的频率，特别是在新上任短期内（3 年内）被迫离职的发生频率近年来有显著上升的趋势[32]。由此可见，影响新任 CEO 上任后战略制定的一个重要因素便是短期内被解聘的威胁。

在上任的初始阶段，由于董事会很难用业绩表现作为评估新任 CEO 的标准，因此董事会会借用其他参照系来评估新任 CEO。这些参照系可能是前任 CEO 的表现，董事会成员的经验，新任 CEO 以前的经历等。这种非客观、非财务性的评判标准具有复杂性、多维性和不确定性。这些参照系会使新任 CEO 面对巨大的不确定性。新任 CEO 为了应对这一时期特殊的评判标准，往往会努力表达出一种"信号"：他具有领导公司的能力，并且在积极努力地提升公司的价值。进行战略变革，无疑是一个可观察的信号，可据此向董事会及利益相关者证明新任 CEO 的能力和努力。发动战略变革一方面会证明新任 CEO 努力在使企业达到内外部最佳匹配；另一方面会为新任 CEO 争取更多时间以获取足够的权威，来巩固自己在企业中的地位。因为战略变革往往意味着对公司长远目标的调整和资源配置方式的转变，所以使新任 CEO 有充足的理由向董事会及其他利益相关者说明：公司短期业绩无法充分反映其能力。

综上所述，新任 CEO 相比于前任 CEO 在多方面呈现出独有的特征和巨大的差异，因而有发起企业战略变革的可能性。同时，新任 CEO 上任后还要面对短期内被解聘的威胁，因此，新任 CEO 有动机发起企业的战略变革以证明自己的能力和努力，并争取时间巩固其领导地位。本文认为以往有关战略变革动因的研究存在一定的局限性：集中于公司业绩与公司战略变革相关关系，以公司业绩所反映的公司内外部环境的不匹配作为战略变革的动因；这种观点忽略了新任 CEO 的变革能动性，即其本身特征以及面对短期内被迫离任的威胁，有可能成为公司战略变革的动因。换句话说，新任 CEO 上任后进行战略变革，并非出于董事会对于业绩提升的要求，或公司内外的不匹配，而是由于新任 CEO 的本身特征或者是面对短期解聘压力的本能反应。据此，提出如下假设：

假设 1：即使不存在公司业绩的压力，新任 CEO 也会发起战略变革。

（二）公司情境对战略变革的制约作用

新任 CEO 上任后并不能随心所欲地制定战略决策或完全自由地进行战略变革[14]。虽然新任 CEO 具有与前任 CEO 不同的特征，并面对短期内被迫离任的威胁，但是新任 CEO 进行战略变革的决策会受到 CEO 变更时公司情境因素的影响和制约。

1. 公司发生 CEO 变更时业绩的调节作用

新任 CEO 继任并不意味着领导层变更过程的结束；相反地，新任 CEO 要面对的是来自于董事会对其才能的持续评估[33]。董事会所采用的评判标准来自于多个维度，包括股票市场的反应、证券分析师的评价等，但最重要的当属最能直观体现 CEO 才能的公司业绩指标。人们普遍认为，高管的能力是以 CEO 才能和公司业绩表现的相关关系来衡量的[16]。虽然 CEO 的能力和公司业绩之间的联系中存在很多非人为因素，但是公司的成败依然很大程度上取决于 CEO。因此，新任 CEO 在其上任后，会对于公司当时的业绩进行分析和了解，并将其作为进行战略变革的重要参考依据。当业绩良好时，新任 CEO 会较少做出激进式的变革，避免破坏业绩发展的良好势头。即使进行战略变革，往往也是按照原有的业务发展方向进行调整。相反地，当业绩低下或是出现恶化势头时，新任 CEO 则有较强的动力来加大变革力度以谋取业绩增长，向董事会证明自己的才能。据此，提出如下假设：

假设 2：公司 CEO 变更时的业绩会显著地负向调节 CEO 变更对战略变革的影响。

2. 公司前任 CEO 任期的调节作用

新任 CEO 上任所面对的公司并不是一个可以随其意愿改变的公司。以往研究强调了新任 CEO 要面对前任 CEO 对公司所留下的影响。在 CEO 任期的初始阶段，新任 CEO 所面对的公司表现出其路径依赖性，也就是说，公司的发展方式和资源配置方式受到了前任领导者的影响。董事会对于新任 CEO 进行评估时，常常以前任 CEO 作为参照系，特别是当前任 CEO 具有很高的声誉或是公司创立者时[16]。Quigley 等[14] 关注了前任 CEO 在 CEO 变更时未离开公司并担任董事会主席的情况。他们指出，前任 CEO 留任董事会对于新任 CEO 的经理人自主权产生了制约，进而限制了新任 CEO 进行战略变革。根据 CEO 权力论的观点，CEO 权力会随 CEO 任职的时间增强[34]。前任 CEO 长时期在公司任职会导致以下两种情况：①长期在位的前任 CEO 创建了公司在经营模式和资源配置上的惯例，而且这种惯例可能曾给公司带来成功，或是被认为是公司生存的基础；②前任 CEO 在公司的长时间任职，形成了公司的利益格局和利益团体。当新任 CEO 尝试打破业已形成的利益格局时，可能会造成公司发展的风险和波动，甚至会造成新任 CEO 受到各方利益相关者的排挤，导致新任 CEO 被迫离职。以上两种情况都会阻碍新任 CEO 进行企业的战略变革。据此，提出如下假设：

假设 3：公司继任发生时，前任 CEO 任期会显著地负向调节 CEO 变更对战略变革的影响。

三、研究设计和方法

（一）样本选择

本文选取 2000—2009 年的沪深两市 A 股上市公司作为样本。根据研究设计框架，对样本的初始数据进行了如下筛选和调整：①剔除了金融、保险类上市公司。这主要是由于这类公司与其他行业的上市公司所采用的会计制度不同，具有一定的异质性。②按照证监会对于行业的新分类，将行业分为 13 类。为了使各个行业分布平均，并具有更强的同质性，进一步将制造业 C0-C9 分为 9 组，将行业代码 C2、C3 的样本进行了合并。③剔除了研究变量在公司/年度中数据缺失的上市公司。由于要研究公司继任时的公司业绩，所以对于公司业绩可能采取滞后一期的处理，由此，舍去 1 年（2000 年）的观测值；同时又由于研究中要控制公司在发生继任前的业务增长趋势（用前一期的主营业务增长率作为替代变量），因此又舍去 1 年（2001 年）的观测值。

经过以上处理后，共得到来自 1554 个上市公司的 9042 个观察值，表 1 呈现了各年度中样本的分布状况。研究数据中所涉及的财务数据和高管变更数据来自于 CSMAR 系列研究数据库。公司多元化指数的相关数据来自于 Wind 数据库。本研究数据处理，描述性统计，Pearson 相关矩阵和均值比较分析以及回归分析所使用的软件为 stata12.0 统计软件。

表 1   2002—2009 年 CEO（总经理）变更统计

年份	2002	2003	2004	2005	2006	2007	2008	2009	合计
CEO 未发生变更	664	748	820	825	899	880	996	1137	6969
CEO 发生变更	279	271	240	265	250	267	237	264	2073
合计	943	1019	1060	1090	1149	1147	1233	1401	9042

（二）研究变量设计

1. 因变量

与战略一样，战略变革可以有多种定义的方法。在一些研究中，战略变革是在某个特定战略纬度的变化，比如，公司的产品多元化水平、地理多元化水平，或是研发投入密度的变化。战略变革应该定义为企业在多个主要的战略维度和层面上的资源配置总体变化[35]。这种对战略变革的定义是基于 Mintzberg[36] 关于将企业资源配置方式作为企业战略的理论观点。

在以往文献的基础上，将战略变革定义为：随着时间的推移，企业在主要战略维度的资源配置上所进行的调整和变化。本质上，战略的变化与调整就是一个企业主要战略维度上的资源配置模式随时间改变的程度。

值得注意的是，随着行业颠覆性技术的出现，或是并购所造成的市场结构的变化，企业会超出行业的界限来调整和变化其主要战略维度的资源配置，因此，在行业总体环境发生变化的情况下，企业会超越行业来调整现有的资源配置模式。为此，公司跨行业的资源配置变化，或是公司改变原有的专注于某行业的资源配置模式也应该涵盖在战略变革的定义内。

基于此，新任 CEO 与前任 CEO 相比，其不同的特征既包括新任 CEO 要面临不同的环境压力，也包括新任 CEO 自身特定的技术专长和行业经验，这会导致其在公司内部资源的配置上做出与以往不同的战略决策。同时，新任 CEO 意识到自己在短期内被评估和监督的压力，以及可能被替代的风险。在这种情况下，新任 CEO 会采取一切可能的措施来巩固自己的地位，构筑管理防御。而多元化一直被视为经理人构建管理防御、巩固地位的有效手段。通过拓展公司跨行业的业务，公司 CEO 可以提升自己的人力资本价值，从而减少被替换的概率。同时，多元化经营使公司的管理架构复杂，增加了股东准确评估公司业绩的难度，因而可降低 CEO 变更的业绩敏感性[37]。

2. 战略变革的具体度量

（1）企业内部资源配置变化度量。企业内部资源的配置往往反映了 CEO 在公司层战略决策方面的影响力。在以往的研究中，内部资源配置指的是在销售投入、研发投入以及管理投入方面的支出比例[38]。根据以往文献，本文将企业内部资源配置变化定义为企业销售费用、研发费用以及管理费用的变化（增量或减量）之和。由于企业的研发费用并不属于年报强制披露内容，同时研发费用往往在会计中归入到管理费用中。为此，本文主要以企业销售费用及管理费用的变化之和来定义企业内部资源配置变化（C_1）的替代变量。参考 Quigley 等[14] 使用的计算方法并进行了改进，本文用下式来进行估算：

$$C_1 = \left| s_t \left[\frac{\ln(c_{s_i}) - \ln(c_{s_{i-1}})}{\ln(c_{s_{i-1}})} \right] \right| + \left| s_t \left[\frac{\ln(c_{m_i}) - \ln(c_{m_{i-1}})}{\ln(c_{m_{i-1}})} \right] \right|$$

其中，c_s 为企业年度销售费用；c_m 为企业度年管理费用；s_t 表示按照行业对于数据进行标准化处理；t 为 CEO 变更的年份。

（2）企业跨行业的资源配置变化度量。本文将企业的跨行业资源配置定义为企业在主营行业与所涉及的其他行业的资源配比，因此跨行业资源配置的变化反映了企业对所涉及行业发展方向的战略调整与变革。本文运用公司多元化指数的变化作为衡量企业跨行业资源配置变化（C_2）的替代变量。多元化的指数参照欧阳瑞[37] 的计算方法，运用行业收入的赫芬达尔指数 H 来进行计算，计算公式如下：

$$C_2 = |H_t - H_{t-1}|$$

$$H_{j,t} = 1 - \sum_{j=1}^{n} \left[\frac{[\ln(s_{ij})]^2}{[\ln(s)]^2} \right]$$

其中，s_{ij} 为公司在所涉及的 j 行业的年度经营收入，按照提供的数据本文关注的情况；s 为公司年度总营业收入；n 表示公司涉及的行业的数量，最大值为 5。

（三）自变量及调节变量

1. CEO 变更（C_n）

本文统计了从 2000—2009 年的沪深两市的上市公司总经理发生变更的情况（见表1）。对于 CEO 变更，本文取 0-1 虚拟变量，即当发生总经理变更时，$C_n = 1$；未发生 CEO 变更时，$C_n = 0$。值得说明的是，如果一家公司在一年内连续出现多次总经理变更，本文只保留公司最后一次发生总经理变更的数据。

2. CEO 变更时公司业绩（R）

本文在实证分析中关注了 CEO 变更前公司业绩所反映的公司情境因素对新任 CEO 上任后发起战略变革行为造成的影响。在以往研究中，特别是在探讨 CEO 相关问题中，大部分研究采用的是资产收益率（ROA）作为公司业绩的替代变量[37,39]，采取的具体做法基本上取 CEO 变更前一年的 ROA 的指标（R_{t-1}）。同时，有研究进一步考虑到了不同行业对于公司绩效的影响，采用行业中位数调整后的 ROA 作为公司绩效的替代变量[24]。本文基于以往研究，进一步细化了公司发生 CEO 变更时的公司业绩指标。考虑到继任发生的时间，如果继任公告报告 CEO 继任发生在前半年，则取前一年度的 ROA 作为公司业绩指标；如果变更公告报告继任发生在后半年，则取当年的 ROA 作为公司业绩指标。

3. 前任 CEO 任期（T）

本文关注了前任 CEO 的任期作为公司情境因素对新任 CEO 发起战略变革造成的影响。如前文所述，前任 CEO 的在位时间是公司组织行为惯例的稳定性和战略刚性的体现，因而会对新任 CEO 发起战略变革造成阻碍。本文的 CEO 任期数据来自国泰安数据库以及部分上市公司年报披露的数据。

（四）控制变量

1. 公司特征及业务层变量

控制了对于公司进行战略变革相关的公司特征以及业务的相关变量。这些变量往往通过决定公司战略的惯性[14]、战略变革的能力[40]来影响公司的战略变革发起和实施：①公司规模（S），当年公司总资产的自然对数；②公司的年龄（1），公司的上市时间；③公司负债率（1_e），公司负债总额除以公司的总资产；④公司业务增长趋势（g_{t-1}），公司前一年度的主营业务收入增长率；⑤公司的年度虚拟变量；⑥公司所属行业的虚拟变量。

2. 公司治理变量

以往文献强调了公司治理结构对公司战略制定和实施的影响。本文选取了能够影响战略制定与实施的公司治理结构相关变量。根据以往研究，股权结构对于公司战略制定和实施有重要的影响，特别是在中国上市公司中，国有股、法人股往往被第一大股东持有，因此，第一大股东的影响力以及其他大股东与第一大股东之间的制衡应该成为考虑的因素。同时，公司治理的相关文献以及 CEO 离职的相关研究中强调了董事会的重要影响与作用[41]，这其中董事会规模（反映了可能出现的董事会冲突）和董事会的独立性（防止大股东和内部人的机会主义行为）是公司战略决策制定和实施的重要影响因素。CEO 持股在中国上市公司中非常少见[42]，本文参照以往文献的做法没有包含 CEO 持股这一变量。设置具体的变量有：①控股股东持股比例（t_1），公司第一大股东的持股量除以公司的总股本；②其他大股东权力变量（t_{2-5}），公司第二大股东至第五大股东持股比例之和除以与第一大股东的持股比例；③董事会规模（s_b），董事会的总人数；④董事会独立性（i），独立董事总人数除以董事会规模。

（五）研究与分析模型

首先，要证明新任 CEO 发起战略变革动力来自于自身的特征（与前任 CEO 相比）及其所面对的上任后短期内被解聘的压力，因此要证明在没有业绩压力的情况下新任 CEO 也会发起战略变革（假设 1）。为此，以公司在 CEO 变更时的盈利水平作为标准对样本进行了分组，将样本分为全样本组、盈利样本组以及业绩优异样本组。其中，盈利样本组定义为 CEO 变更时盈利水平为正的公司，业绩优异样本组定义为在盈利的公司中盈利水平处于行业前 20% 的公司。

其次，为了证明假设 1，对业绩优异样本组的公司以均值比较的方法来检验 CEO 发生变更的公司和 CEO 未发生变更的公司在战略变革方面是否存在显著的差异。

最后，为了进一步证明假设 1，对业绩优异样本组、盈利样本组和全样本组分别进行了多元线性回归分析以验证 CEO 变更与战略变革之间的关系。

为了验证假设 2 及假设 3，采用多元调解回归模型来检验 CEO 变更时的业绩水平和前任 CEO 任期作为公司情境因素对 CEO 变更与战略变革之间关系所产生的调解作用。

四、研究结果与讨论

（一）研究结果

1. 描述性统计

表 2 作为描述性统计，报告了所有变量的样本量、均值、标准差、最小值与最大值，表 3 列出了 Person 相关矩阵和相关系数。根据相关矩阵，本文采用了 Pearson 等[43] 和汪金爱等[42] 的检验多重共线性的标准（临界标准为 0.6），本文所选取变量中董事会独立性变量 i 和董事会规模 s_b 的相关系数为 -0.64，原因在于两者本身取值方式的相关性；其余变量均不存在共线性的问题。

表 2　各变量描述性统计

变量	样本数	均值	标准差	最小值	最大值
C_1	9042	1.334	0.978	0.228	3.734
C_2	6544	0.025	0.025	0.001	0.110
C_n	9042	0.229	0.420	0	1
g_{t-1}	9042	0.149	0.262	-0.383	0.703
R	9042	0.028	0.044	-0.086	0.107
S	9042	21.38	0.904	19.88	23.18
l	9042	9.728	3.305	3	15
l_e	9042	0.505	0.170	0.181	0.788
t_1	9042	0.387	0.155	0.156	0.680
t_{2-5}	9042	0.413	0.449	0.015	1.530

续表

变量	样本数	均值	标准差	最小值	最大值
i	9042	0.400	0.148	0	0.750
s_b	9042	8.604	2.292	5	13
T	9042	3.171	1.692	0.080	15

表 3 各变量的 Pearson 相关矩阵

变量	C_1	C_2	C_n	g_{t-1}	R	S	l	l_e	t_1	t_{2-5}	i	s_b	T
C_1	1												
C_2	0.234***	1											
C_n	0.112***	0.057***	1										
g_{t-1}	−0.116***	0.034***	−0.051***	1									
R	−0.245***	−0.053***	−0.126***	0.318***	1								
S	−0.141***	−0.040***	−0.085***	0.168***	0.245***	1							
l	0.083***	0.047***	0.041***	−0.104***	−0.140***	0.052***	1						
l_e	0.074***	0.098***	0.037***	0.071***	−0.306***	0.228***	0.127***	1					
t_1	−0.025**	−0.043***	0.001	0.079***	0.140***	0.194***	−0.148***	−0.076***	1				
t_{2-5}	0.056***	0.083***	0.050***	−0.029***	−0.079***	−0.208***	−0.035***	0.042***	−0.564***	1			
i	−0.002	−0.029**	−0.057***	0.041***	0.068***	0.101***	−0.009	0.009	−0.106***	−0.301***	1		
s_b	−0.033***	0.001	0.029***	0.009	−0.021**	0.068***	−0.042***	0.028***	0.071***	−0.294***	−0.640***	1	
T	−0.061***	−0.061***	−0.101***	0.027**	0.101***	0.115***	0.037***	−0.078***	0.038***	0.085***	0.032***	−0.031***	1

注：样本选取同一行业中盈利水平大于 0 的公司中排名前 20% 的公司；**、*** 分别表示 $p < 0.05$，$p < 0.01$，下同。

2. 均值比较分析

本文的假设 1 试图证明新任 CEO 的战略变革动机来源于内在特征和上任后在短期内所面临的解聘威胁而不是来自于企业业绩的压力。本文用业绩优异组来检验 CEO 变更对企业战略变革的影响。在业绩优异组的样本公司中，新任 CEO 并没有改善公司业绩的压力，因而新任 CEO 发起战略变革的动机主要来自于其本身内在特征和短期解聘威胁等内在因素而非外在压力。业绩优异组共有 1482 组观察值，其中有 259 组来自于 CEO 发生变更的公司，均值比较的分析结果呈现于表 4。

表 4 业绩优异公司的战略变革比较分析

业绩优异样本组 (n = 1482)	CEO 未发生变更 (n = 1223)		CEO 发生变更 (n = 259)		t 检验结果	
变量	均值	中位数	均值	中位数	t 值	p 值
C_1	1.207	0.991	1.351	1.087	−2.369***	0.009
C_2	0.024	0.018	0.028	0.022	−1.803**	0.035
g_{t-1}	0.248	0.222	0.228	0.209	1.214	0.225
R	0.085	0.087	0.083	0.084	1.741	0.181

业绩优异样本组 (n = 1482)	CEO 未发生变更 (n = 1223)		CEO 发生变更 (n = 259)		t 检验结果	
变量	均值	中位数	均值	中位数	t 值	p 值
S	21.601	21.53	21.436	21.371	2.641***	0.008
l	8.994	9.000	9.602	10.000	−2.470**	0.014
l_e	0.405	0.393	0.417	0.405	−1.115	0.265
t_1	0.423	0.42	0.412	0.390	1.036	0.301
t_{2-5}	0.393	0.226	0.448	0.238	−1.832*	0.067
i	0.405	0.333	0.400	0.364	0.517	0.605
s_b	8.531	9.000	8.514	9.000	0.117	0.907

注：*、**、*** 分别表示 p<0.1，p<0.05，p<0.01，下同。

结果显示，在业绩优异样本组中，CEO 未变更的公司在以公司内部资源配置变化和公司跨行业资源配置变化所代表的战略变革方面显著低于 CEO 发生战略变革的公司（分别在 1% 和 5% 的程度上显著）；而在业绩上以及销售增长率方面并不存在显著差异。由此可知，即使在公司变更前业绩优异的情况下（盈利水平位于行业内盈利公司的前 20%），新任 CEO 也会发起战略变革。也就是说，即使 CEO 变更时企业业绩优异或是企业内外部动态匹配程度较高的情况下，CEO 的变更一样会造成企业战略的变革。因此，通过对业绩优异样本组进行均值比较分析，假设 1 得以验证。

3. 回归模型分析

表 5 显示了分组多元线性回归的实证检验结果。本文分别以全样本、盈利样本组、业绩优异样本组检验了 CEO 变更对战略变革的影响。同时，为了体现年份和行业的差异，在各个模型中都加入了年份和行业的虚拟变量来加以控制。

表 5　分组多元线性回归分析结果

变量	C_1			C_2		
	全样本	盈利样本组	业绩优异样本组	全样本	盈利样本组	业绩优异样本组
C_n	0.165000*** (6.94)	0.13200*** (5.13)	0.11600** (2.15)	0.00270*** (3.60)	0.00245*** (3.00)	0.00342* (1.77)
g_{t-1}	−0.13900*** (−3.43)	−0.06800 (−1.54)	−0.00524 (−0.05)	0.00430* (3.45)	0.00530*** (3.89)	0.01330*** (4.26)
R	−4.24500*** (−15.89)	−4.15400*** (−13.83)	3.83700*** (2.94)	−0.00582 (−0.70)	−0.01310 (1.39)	0.06120 (1.51)
S	−0.09750*** (−7.74)	−0.04850*** (−3.58)	−0.05050* (1.79)	−0.00134*** (−3.39)	−0.00087** (−2.04)	−0.00134 (−1.53)
l	0.01980*** (6.35)	0.01880*** (5.74)	0.01810*** (2.70)	0.00032*** (3.36)	0.00027** (2.70)	0.00077*** (3.81)
l_e	0.17200*** (2.60)	−0.04090 (−0.56)	0.64100*** (3.84)	0.01380*** (6.70)	0.01500*** (6.56)	0.02020*** (3.91)

续表

变量	C_1			C_2		
	全样本	盈利样本组	业绩优异样本组	全样本	盈利样本组	业绩优异样本组
t_1	0.59600*** (6.96)	0.63200*** (6.95)	0.42000** (2.03)	0.00484* (1.85)	0.00706** (2.52)	−0.00133 (−0.21)
t_{2-5}	0.20400*** (6.64)	0.18400*** (5.54)	0.03030 (0.39)	0.00515*** (5.44)	0.004114*** (4.01)	0.00118 (0.49)
i	0.25600*** (2.78)	0.37100*** (3.77)	0.43200* (1.93)	−0.00266 (−0.92)	−0.00016 (−0.05)	0.00495 (0.70)
s_b	−0.01750*** (−3.01)	−0.01710*** (−2.80)	0.00142 (0.10)	−0.00048*** (−2.65)	−0.00034* (−1.74)	0.00035 (0.78)
常数项	0.01300*** (11.75)	1.97800*** (7.23)	1.32600*** (2.29)	0.04330*** (5.37)	0.03060*** (3.54)	0.0306* (1.71)
N	9042	7423	1452	6544	5416	1069
Adj.R^2	0.104	0.093	0.079	0.103	0.089	0.116

注：括号内数值为 t 值，下同。

结果表明，在 3 个样本组中，CEO 变更与战略变革都呈现显著的正相关关系。而本文主要关注不存在业绩压力的情况下新任 CEO 是否会发起战略变革，因而为了分离业绩对新任 CEO 战略决策的影响，主要检验在盈利样本组和业绩优异样本组的公司中 CEO 变更与战略变革的关系。

首先，在盈利样本组中，CEO 变更与公司内资源配置变化所表示的战略变革以及与公司跨行业资源变化表示的战略变革显著正相关（在 1% 水平上显著）。其次，在业绩优异样本组中，CEO 变更与 C_1 在 5% 的水平上显著正相关，而 CEO 变更与 C_2 则在 10% 的水平上显著正相关。

根据分组多元线性回归模型的实证结果可知，在公司盈利的情况下，甚至公司处于行业内业绩领先地位的情况下，CEO 变更都与战略变革正相关。通过分析 CEO 变更时，业绩所可能产生的影响，本文试图证明新任 CEO 进行战略变革的动机不仅仅来源于公司变更前业绩低下所带来的压力，也来自于其内在特征和上任后面临的解聘威胁。可以说，新任 CEO 本身具有进行战略变革的内在特征和内生偏好。

综上所述，基于均值比较分析和分组多元回归分析，假设 1 得以验证。

表 6 按照全样本、盈利样本组、业绩优异样本组分别给出了 CEO 变更时公司业绩作为调节变量的回归结果。结果表明，在全样本中，交互项（R×Cn）和公司内部资源配置变化在 1% 水平上显著负相关；在盈利样本组中，交互（R×Cn）和公司内部资源配置变化在 5% 的水平上显著负相关。这表明，在总体上，CEO 变更时公司业绩作为公司 CEO 变更的情境因素负向地调节 CEO 变更对公司内部资源变化的影响。但是，在业绩优异样本中，交互项（R×Cn）与公司内部资源配置变化并没有显著的相关性，同时加入这一交互项之后 CEO 变更也变得不显著。这表明，在 CEO 变更时公司业绩处于行业内的优异水平的情况下，CEO 变更时公司业绩作为公司 CEO 变更的情境因素所发挥的调节作用并不明显。

表 6 多元调节回归模型实证结果 1（以 CEO 变更时公司业绩作为调节变量）

变量	C_1			C_2		
	全样本	盈利样本组	业绩优异样本组	全样本	盈利样本组	业绩优异样本组
C_n	0.25900*** (5.99)	0.21100*** (3.98)	1.96600 (1.43)	0.00254* (1.91)	0.00234 (1.46)	0.04720 (1.25)
g_{t-1}	−0.14500*** (−3.11)	−0.07110 (−1.38)	−0.02930 (−0.29)	0.00445*** (2.85)	0.00579*** (3.38)	0.01300*** (4.20)
R	−3.93900*** (−11.86)	−4.04100*** (−10.47)	3.25200** (2.13)	−0.00896 (−0.89)	−0.0147 (−1.30)	0.08880* (1.88)
S	−0.11400*** (−8.37)	−0.07370*** (−4.97)	−0.08690*** (−2.85)	−0.00190*** (−4.51)	−0.00144*** (−3.11)	−0.00192** (−2.07)
l	0.01990*** (6.15)	0.01830 (5.28)	0.00908 (1.19)	0.00015 (1.46)	0.00014 (1.04)	0.00070*** (3.07)
l_e	0.18100*** (2.47)	−0.03800 (−0.47)	0.52700*** (3.00)	0.01300*** (5.55)	0.01380*** (5.36)	0.01860*** (3.39)
t_1	0.52100*** (5.51)	0.62300*** (6.17)	0.36000 (1.60)	0.00435 (1.48)	0.00566* (1.80)	−0.00345 (−0.52)
t_{2-5}	0.19900*** (5.92)	0.20300*** (5.66)	0.01890 (0.23)	0.00471*** (4.42)	0.00337*** (3.01)	−0.00143 (−0.57)
i	0.29300** (2.51)	0.31600** (2.50)	0.62100** (2.20)	0.00108 (0.30)	0.00473 (1.22)	0.00524 (0.61)
s_b	−0.02030*** (−3.27)	−0.01620 (−2.48)	−0.00357 (−0.24)	−0.00052*** (−2.83)	−0.00043** (−2.22)	−0.00079* (−1.67)
$R \times C_n$	−3.64700*** (−2.99)	−2.80400** (−2.00)	−36.10000 (−1.38)	−0.00007 (−0.00)	−0.00440 (−0.10)	−0.84300 (−1.17)
常数项	3.40700*** (11.48)	2.60700*** (8.04)	2.72700*** (4.00)	0.05900*** (6.52)	0.04730*** (4.82)	0.04800** (2.33)
N	9042	7423	1452	6544	5416	1070
Adj.R^2	0.164	0.127	0.105	0.093	0.079	0.106

由表 6 可知，在 3 个样本组中，交互项（R×Cn）与公司跨行业资源配置变化并不存在显著的相关关系。这表明了 CEO 变更时公司业绩作为 CEO 变更的公司情境因素并不能对新任 CEO 以跨行业资源配置变化来实施战略变革造成显著的影响。其中原因可能在于跨行业的资源配置变化会使新任 CEO 面临较大的不确定性和风险。综上所述，假设 2 部分得到了验证。

作为公司 CEO 变更的情境因素，只在公司业绩一般或较差的情况下，CEO 变更时的公司业绩才显著地负向调节 CEO 变更对公司内部资源配置变化的影响。也就是说，在公司业绩并不优异的情况下，CEO 变更时的公司业绩越低，新任 CEO 以改变公司内部资源配置来进行战略变革的动力越强。同时，本文实证结果表明，CEO 的变更对公司跨行业的资源配置变化的作用并不受公司 CEO 变更时公司业绩的影响。

表 7 按照表 6 相似的分组方式分别给出了前任 CEO 任期作为调节变量的回归结果。

在以公司内部资源配置变化作为因变量的回归结果中，3个样本组的回归结果都表明前任CEO任期与CEO变更的交互项和公司内部资源配置变化显著负相关（分别在1%、5%、5%水平上）。在以公司跨行业资源配置变化的因变量的回归结果中，在全样本组和盈利样本组中，交互项（R×Cn）和公司跨行业资源配置变化显著负相关（在5%的水平上），而在业绩优异样本组中，交互项（R×Cn）和跨行业资源配置变化并不存在显著的相关关系。这表明在业绩优异的公司中，前任CEO任期对新任CEO进行公司跨行业的资源配置调整并没有显著的影响。综上所述，假设3基本得到数据支持。

表7　多元调节回归模型实证结果2（以前任CEO任期作为调节变量）

变量	C_1			C_2		
	全样本	盈利样本组	业绩优异样本组	全样本	盈利样本组	业绩优异样本组
C_n	0.37300***	0.28700***	0.46200***	0.00765***	0.00554**	0.004
	(5.76)	(3.85)	(2.64)	(3.41)	(2.25)	(0.84)
g_{t-1}	−0.14500***	−0.07200	−0.01340	0.00450***	0.00579***	0.012
	(−3.10)	(−1.39)	(−0.13)	(2.88)	(3.39)	(4.10)
R	−4.28100***	−4.30600***	3.06000**	−0.00853	−0.01490	0.085
	(−13.81)	(−11.86)	(2.04)	(−0.90)	(−1.39)	(1.83)
S	−0.11100***	−0.07210***	−0.08790***	−0.00182***	−0.00140***	−0.001
	(−8.16)	(−4.86)	(−2.90)	(−4.32)	(−3.01)	(−1.87)
l	0.01990***	0.01820***	0.01010	0.00015	0.00011	0.000
	(6.14)	(5.25)	(1.33)	(1.44)	(1.01)	(2.86)
l_e	0.17100**	−0.04450	0.49500***	0.01270***	0.01370***	0.019
	(2.33)	(−0.55)	(2.81)	(5.46)	(5.33)	(3.50)
t_1	0.52800***	0.62600***	0.35400	0.00432	0.00560*	−0.005
	(5.59)	(6.20)	(1.58)	(1.47)	(1.78)	(−0.78)
t_{2-5}	0.19700***	0.20100***	0.01390	0.00465***	0.00334***	−0.001
	(5.85)	(5.61)	(0.17)	(4.37)	(2.98)	(−0.67)
i	0.28900**	0.31300**	0.66300**	0.00096	0.00471	0.006
	(2.47)	(2.47)	(2.35)	(0.27)	(1.21)	(0.77)
s_b	−0.02010***	−0.01630**	−0.00108	−0.00053***	−0.00044**	−0.00085*
	(−3.27)	(−2.48)	(−0.24)	(−2.83)	(−2.22)	(−1.67)
T	−0.00485***	−0.01080	−0.03720***	−0.00022***	−0.00020*	0.000
	(−2.71)	(−1.53)	(−2.77)	(−3.03)	(−1.93)	(−0.23)
$T×C_n$	−0.08400***	−0.06270**	−0.14500**	−0.00203**	−0.00129**	0.000
	(−3.54)	(−2.32)	(−2.34)	(−0.58)	(−2.50)	(−0.30)
常数项	3.35100***	2.57700***	2.71700***	0.05770***	0.04660***	0.049
	(11.28)	(7.94)	(4.01)	(6.39)	(4.75)	(2.47)
N	9042	7423	1452	6544	5416	1070
Adj.R^2	0.149	0.131	0.112	0.113	0.097	0.104

（二）讨论与分析

在以往研究中，公司变更CEO是由公司业绩低下所反映的内外部不匹配造成的，新任 CEO 发起战略变革是为迎合董事会对战略变革的迫切需求。本文的理论贡献在于，从新任 CEO 的个人层面分析战略变革的动因，并分析了 CEO 变更时的公司业绩对新任 CEO 进行战略变革的影响，从而证明了新任 CEO 本身具备发起战略变革的动机和可能。本文将新任 CEO 进行战略变革的动机解释为来自以下两个方面：①新任 CEO 相对于前任 CEO 在认知、信息处理以及决策影响因素方面的差异；②新任 CEO 上任时所面临的董事会和利益相关者进一步考察和监督所带来的压力（本文概括为"短期解聘威胁"）。运用业绩优异样本组均值比较以及分组回归分析的实证方法，实证结果都一致地证明了新任 CEO 即使不存在改善业绩的压力也具有进行战略变革的动机。

本文关注了 CEO 变更时的公司情境因素如何影响新任 CEO 进行战略变革的过程，从新任 CEO 进行战略变革的动力和能力两个层面来分析 CEO 变更时的公司情境因素对新任 CEO 进行战略变革的影响。本文用 CEO 变更时的公司业绩作为影响新任 CEO 进行战略变革动力的情境因素，而以前任 CEO 任期作为影响新任 CEO 进行战略变革能力的情境因素。

在以 CEO 变更时的公司业绩为调节变量的模型中，发现 CEO 变更时公司业绩对新任 CEO 进行战略变革的影响只反映在公司内部资源配置变化方面，并只在全样本组和盈利样本组中统计意义上显著。这表明了在业绩优异的公司中，CEO 变更时的业绩对新任 CEO 进行战略变革并无显著的影响，而表 5、表 6 的检验结果也证明了本文的观点：新任 CEO 进行战略变革并非只是出于业绩压力。在以公司跨行业资源配置变化作为因变量的模型中，CEO 变更时的公司业绩在 3 个样本组中都不显著。这主要是由于进行跨行业资源配置层面的战略变革要涉及公司的重大战略重新定位和公司进行重大的战略决策，如进入新行业、实施多元化战略或是跨行业并购。新任 CEO 在刚上任时很难以跨行业资源调整作为战略变革手段提升业绩。原因在于：①新任 CEO 尤其是来自于公司外或行业外的 CEO 继任者需要时间来全面了解公司的经营情况、以往战略的实施情况并考察行业发展和行业竞争情况，因而很难迅速地实施跨行业的资源配置方面的战略变革。②跨行业的资源配置变化涉及公司重大战略决策和战略定位问题，这需要 CEO 有很大的经理人自主权。然而，新上任的 CEO 并不具备足够的经理人自主权，也不具备力排众议的权威。因而，新任 CEO 在上任伊始便对公司进行跨行业的资源配置调整很容易遭到公司董事会的质疑和高管团队中原有成员的抵制。③公司跨行业的资源配置变化反映了公司战略方向的重大调整，这对于新任 CEO 来说意味着巨大的风险和不确定性。为了能够巩固职位并规避风险，即使面对业绩的压力新任 CEO 也不会选择在刚上任的情况下便进行涉及公司跨行业资源配置方面的战略变革。

在以前任 CEO 任期作为调节变量的模型中，除了在以公司跨行业资源配置变化作为因变量的业绩优异样本组回归模型以外，前任 CEO 任期与 CEO 变更组成的交互项和战略变革的替代变量（公司内资源配置变化、公司跨行业资源配置变化）显著负相关。这表明了公司前任 CEO 的任期作为公司 CEO 变更的情境因素，会阻碍新任 CEO 进行战略变革的行为。公司前任 CEO 的任期越长，则意味着公司已有的管理惯例越固化，新任 CEO 上台就会面临更大的战略刚性以及来自既得利益群体更大的阻碍。从实证检验的数据结果可以看出，在业绩优异组的样本中前任 CEO 的任期对新任 CEO 进行公司内部资源配置调整的负向影响相比于其他样本组更大。这表明在公司业绩优异的情况下，前任 CEO 在任期间实施的战略使公司获得了良好的业绩而受到认可，这会使新任 CEO 在进行战略变革时受到更大的阻碍或更多的质疑。如果前任 CEO 在任时间较长，并且 CEO 变更时公司业绩优异，公司往往会聘任离任的 CEO 作为董事会成员，或是担任顾问等职务。这无疑会造成新任 CEO 进行战略变革时受到政治阻碍或是缺乏足够的权力。

五、研究局限性与展望

必须承认本文具有一定的局限性，但这些局限性在一定程度上对未来的相关研究提供了如下启示：

（1）对新任 CEO 战略变革的其他动因的探索。本文关注新任 CEO 发起战略变革的动力，认定动力主要来自以下两个方面：①相比于前任 CEO 的独有特征；②新任 CEO 上任之后会面临董事会可能将其解聘的压力。新任 CEO 上任发起战略变革的动力可能是多元化的，也是个性化的。同时，应该指出，新任 CEO 作为战略的决策者在上任这一特定阶段的风险偏好是影响其发起战略变革的重要因素。本文只是提出了新任 CEO 本身可能发起战略变革的理论观点，未来研究中在分析影响新任 CEO 发起战略变革的因素方面还有待进一步完善和深入。

（2）对解聘威胁的有效测度。董事会在新任 CEO 上任后会对其能力做进一步的了解和信息升级，进而可能产生是否解聘新任 CEO 的决策。这种短期内被解聘的威胁对于新任 CEO 是存在的，但是本文没有对这种威胁进行测度。这种威胁的测度很难通过第三方观测来获取，因此，在以后的研究中为了测度解聘威胁，可以通过寻找合理的替代变量或是采用组织行为领域的研究方法设置量表进行个体调查采访。

（3）对战略变革的全面衡量。本文对于战略变革的界定和对于战略变革的替代变量选取是基于明茨伯格关于将公司资源配置方式作为公司战略的观点。但是，对于战略的界定和研究视角的多样化决定了战略变革定义的多样化。虽然本文选取资源配置变化确实反映了公司战略变革的一个层面，但还无法全面地涵盖公司战略变革的全貌，战略变革应包含多方面的指标，如定位的变化、组织结构的变化、公司文化与价值观的转变等。因此，在未来研究中可以对战略变革进行量表的设计，以全面综合衡量公司的战略变革，并可以根据变革的程度来定义公司的战略转型。

参考文献

［1］Sull, D. N. Closing the Gap between Strategy and Execution［J］. MIT Sloan Management Review, 2007, 48 (4): 30–38.

［2］Porter, M. Competitive Strategy［M］. New York: Free Press, 1980.

［3］Barney, J. Firm Resources and Sustained Competitive Advantage［J］. Journal of Management, 1991, 17 (1): 99–120.

［4］潘安成. 企业战略变革动因理论的述评与展望［J］. 预测, 2009 (1): 1–8.

［5］Westphal, J. D., Fredrickson J. W. Who Directs Strategic Change? Director Experience, the Selection of New CEOs, and Change in Corporate Strategy［J］. Strategic Management Journal, 2001, 22 (12): 1113–1137.

［6］Lenz, R. T., Lyles M. A. Managing Human Problems in Strategic Planning Systems［J］. Journal of Business Strategy, 1986, 6 (4): 57–66.

［7］Cao, Q., Maruping L. M., Takeuchi R. Disentangling the Effects of CEO Turnover and Succession on Organizational Capabilities: A Social Network Perspective［J］. Organization Science, 2006, 17 (5): 563–576.

［8］Westphal, J. D., Bednar M. K. Pluralistic Ignorance in Corporate Boards and Firms' Strategic Persistence in Response to Low Firm Performance［J］. Administrative Science Quarterly, 2005, 50 (2): 262–298.

［9］Ocasio, W. The Structuring of Organizational Attention and the Enactment of Economic Adversity: A Reconciliation of Theories of FailurInduced Change and Threat–Rigidity［D］. Cambridge, MA: Massachu－seetts Institute of Technology, 1993.

［10］Tushman, M., Romanelli E. Organizational Evolution: A Metamorphosis Model of Convergence and Reorientation［C］. Cummings L., Staw M. Research in Organizational Behavior. Greenwich, CT; JAI Press, 1985.

［11］Fredrickson, J., Iaquinto A. Inertia and Creeping Rationality Strategic Decision Processes［J］. Academy of Management Journal, 1989, 32 (3): 516–542.

［12］Fondas, N., Wiersema M. Changing of the Guard; The Influence of CEO Socialization on Strategic Change［J］. Journal of Management Studies, 1997, 34 (4): 561–584.

［13］Tushman, M., Anderson P. Technological Discontinuities and Organizational Environments［J］. Administrative Science Quarterly, 1986, 31 (3): 439–465.

［14］Quigley, T. J. Hambrick D. C. When the Former CEO Stays on as Board Chair: Effects on Successor Discretion, Strategic Change, and Performance［J］. Strategic Management Journal, 2012, 33 (7): 834–859.

［15］Miller, D., Stale in the Saddle: GEO Tenure and the Match between Organization and Environment［J］. Administrative Science Quarterly, 1991, 37 (3): 34–52.

［16］Graffin, S. D., Boivie S., Carpenter M. A. Examining CEO Succession and the Role of Heuristics in Early–Stage CEO Evaluation［J］. Strategic Management Journal, 2013, 34 (4): 383–403.

［17］Meindl, J. R., Ehrlich S. B., Dukerich J. M. The Romance of Leadership［J］. Administrative Science Quarterly, 1985, 30 (1): 521–551.

［18］Kiesler, S., Sproull L. Managerial Response to Changing Environments: Perspectives on Problem: Sensing From Social Cognition［J］. Administrative Science Quarterly, 1982, 27 (4): 548–570.

［19］Haveman, H. A. Follow the Leader: Mimetic Isomorphism and Entry into New Markets［J］. Administrative Science Quarterly, 1993, 38 (4): 593–627.

[20] Zajac，E.，Kraatz M. A Diametric Forces Model of Strategic Change：Assessing the Antecedents and Consequences of Restructuring in the Higher Education Industry [J]. Strategic Management Journal, 1993, 14 (1)：83–102.

[21] Miller，D. Some Organizational Consequences of CEO Succession [J]. Academy of Management Journal, 1993, 36 (3)：644–659.

[22] Fredrickson，J. W.，D. C. Hambrick，S. Baumrin. A Model of CEO Dismissal [J]. Academy of Management Review, 1988, 13 (2)：255–270.

[23] Pi，Lili，Lowe J. Can a Powerful CEO Avoid Involuntary Replacement? An Empirical Study from China [J]. Asia Pacific Journal of Management, 2011, 28：775–805.

[24] Chang，E. C.，Wong S. M. L. Governance with Multiple Objectives：Evidence from Top Executive Turnover in China. [J]. Journal of Corporate Finance, 2009, 15 (2)：230–244.

[25] Hambrick，D. C.，Geletkanycz，M. A.，Freirickson J. W. Top Executive Commitment to the Status Quo：Some Tests of Its Determinants [J]. Strategic Management Journal, 1993, 14 (6)：401–418.

[26] Brockner，J. The Escalation of Commitment to a Failing Course of Action：Toward Theoretical Progress [J]. Academy of Management Review, 1992, 17 (1)：39–61.

[27] Zhang，Y.，Rajagopalan N. When the Known Devil is Better than an Unknown God：An Empirical Study of the Antecedents and Consequences of Relay CEO Successions [J]. Academy of Management Journal, 2004, 47 (4)：483–500.

[28] Daft，R. L. Organization Theory and Design [M]. Sigapore：South–Western Pub, 2009.

[29] Sonenshein，S. We are Changing—or are We? Untangling the Role of Progressive, Regressive, and Stability Narratives During Strategic Change Implementation [J]. Academy of Management Journal, 2010, 53 (3)：477–512.

[30] Zajac，E. J. CEO Selection, Succession, Compensation and Firm Performance：A Theoretical Integration and Empirical Analysis [J]. Strategic Management Journal, 1990, 11 (3)：217–230.

[31] Ertugrul，M.，Krishnan K. Can CEO Dismissals Be Proactive? [J]. Journal of Corporate Finance, 2011, 17 (1)：134–151.

[32] Denis，D. Performance Changes Following Top Management Dismissal [J]. Journal of Finance, 1995, 50 (4)：1029–1057.

[33] Zhang，Y.，Rajagopalan N. CEO Succession Planning：Finally at the Center Stage of the Boardroom [J]. Business Horizons, 2010, 53 (5)：455–462.

[34] Shen，W.，Cannella A. A. Power Dynamics within Top Management and Their Impacts on CEO Dismissal Followed by Inside Succession. [J]. Academy of Management Journal, 2002, 45 (6)：1195–1206.

[35] Finkelstein，S.，Hambrick D. C. Top–Management Team Tenure and Organizational Outcomes：The Moderating Role of Managerial Discretion [J]. Administrative Science Quarterly, 1990, 35 (3)：484–503.

[36] Mintzberg，H. Patterns in Strategy Formation [J]. Management Science, 1978, 24 (9)：934–948.

[37] 欧阳瑞. 多元化、公司业绩与总经理变更 [J]. 管理科学, 2010, 3 (1)：44–51.

[38] Westphal J. D.，Seidel M. D. L.，Stewart K. J. Second–Order Imitation：Uncovering Latent Effects of Board Network Ties [J]. Administrative Science Quarterly, 2001, 46 (4)：717–747.

[39] 周建，方刚，刘小元. 企业绩效、治理机制与影响力下的总经理变更——来自沪深股市的经验证据 [J]. 中南财经政法大学学报, 2009 (3)：112–118, 44.

［40］ Weng，D. H.，Lin Z. J. Beyond CEO Tenure：The Effect of CEO Newness on Strategic Changes［J］. Journalof Management，2012，39（1）：1-25.

［41］ Haynes，K. T.，Hillman A. The Effect of Board Capital and CEO Power on Strategic Change［J］. Strategic Management Journal，2010，31（11）：1145-1163

［42］汪金爱，章凯，赵三英. 为什么 CEO 解职如此罕见？一种基于前景理论的解释［J］. 南开管理评论，2012，5（1）：54-66.

［43］ Pelled，L. H.，Eisenhardt K. M.，Xin K. R. Exploring the Black Box：An Analysis of Work Group Diversity，Conflict and Performance［J］. Administrative Science Quarterly，1999，44（1）：1-28.

第二节

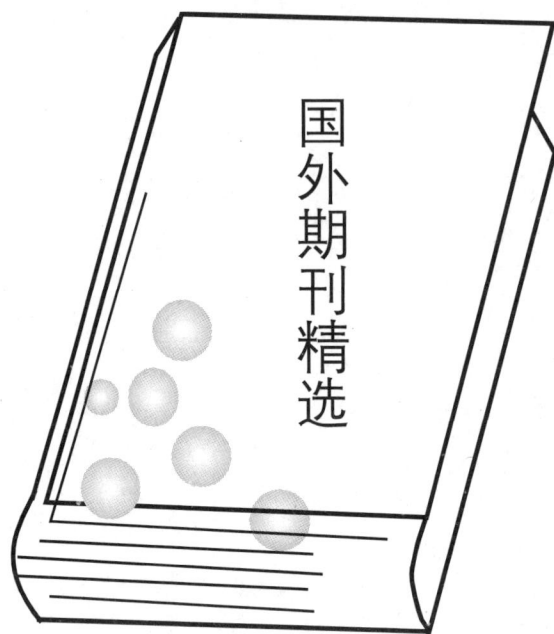

国外期刊精选

题目：审计独立性，公司治理和激进财务报告：一个实证分析

作者：艾哈迈德·米 等

期刊：管理治理杂志

卷（期）：2013 年第 2 期

摘要：本文旨在提供有关三个重要的治理机制（审计人员、董事会、法人股东）在限制激进的财务报告、代理的异常收益方面效力的实验性证据。本文还探讨了萨班斯—奥克斯利法案（SOX）在他们效力方面的影响。本文使用在 2000—2004 年由四大审计的一些美国公司为样本，文章证明了异常收益（代理的激进性财务报告）和审计师与他们客户之间经济独立性的正向关系。此外，我们发现这种关系之前是由于公司无审计治理机制，之后是由于制定萨班斯—奥克斯利法案的驱动。研究结果表明，激进的财务报告只发生在多重治理机制"失败"的时候。更具体地说，这种类型的报告高度依赖审计人员在一个比较差的治理环境中运作。因此，本文强调了强有力的治理对激进的财务报告的约束的重要性。此外，我们的研究结果表明，治理监管（如 SOX）并不能取代强有力的治理机制，从而告诫人们在其他地方不要过分依赖 SOX 范例的立法。

关键词：公司治理；审计性；外部董事；机构股东；激进的财务报告，萨班斯—奥克斯利法案（SOX）

Title: Auditor Independence, Corporate Governance and Aggressive Financial Reporting: An Empirical Analysis

Author: Ahmed M. Abdel-Meguid, Anwer S. Ahmed, Scott Duellman

Periodical: Journal of Management & Governance

Vol. (issue): 2013, Vol.17 (2): 283–307

Abstract: This paper seeks to provide empirical evidence on the efficacy of three important governance mechanisms (auditors, directors, and institutional shareholders) in constraining aggressive financial reporting, proxied by abnormal accruals. It also examines the effects of the Sarbanes-Oxley Act (SOX) on their efficacy. Using a sample of US firms audited by the Big 4 auditors between 2000 and 2004, we document a positive relation between abnormal accruals (our proxy for financial reporting aggressiveness) and auditors'economic dependence on their clients. Furthermore, we find that this relation is driven by firms with weak non-auditor governance mechanisms before and after the enactment of SOX. The results suggest that aggressive financial reporting occurs only when multiple governance mechanisms 'fail'. More specifically, such type of reporting requires that a highly dependent auditor operates in a 'poor' governance setting. Thus, the paper underscores the importance of strong governance in constraining aggressive financial reporting. Moreover, our results suggest that governance regulation (such as SOX) is not a substitute for strong governance mechanisms and thus caution against the over reliance on SOX-type legislation in other parts of the world.

Key words: Corporate governance; Auditor independence; Outside directors; Institutional shareholders; Aggressive financial reporting; the Sarbanes-Oxley Act (SOX)

题目：公司治理和公司社会责任披露：来自新兴经济的证据

作者：奥芙伦·可汗等

期刊：企业伦理杂志

卷（期）：2013 年第 2 期

摘要：我们考察了孟加拉国公司的年度报告中企业社会责任（CSR）披露程度的关系。采用一个合法性理论框架来理解公司治理的特点，包括高管持股、公有制、外资持股、董事会独立性、CEO 的二元性以及影响组织反应的各个利益相关者。研究结果表明，尽管企业社会责任信息披露一般与高管持股负相关，但与出口导向型产业却呈显著正相关关系。公有制、外资持股、董事会独立性和审计委员会的存在对企业社会责任信息披露有积极重要的影响。然而，我们没有找到任何 CEO 二元性对社会信息披露的重要影响。因此，研究结果表明，来自外部利益相关者的压力和公司治理机制，包括独立的局外人，可能会减轻有关家庭影响企业社会责任信息披露实践的隐忧。总体而言，公司治理通过企业社会责任信息披露在确保组织合法性上发挥了至关重要的作用。研究结果应该对于孟加拉国具有相似企业所有权和监管结构的国家的监管机构和政策制定者有一定的意义。

关键词：企业社会责任；公司治理；合法性理论；信息披露；孟加拉国

Title：Corporate Governance and Corporate Social Responsibility Disclosures：Evidence from an Emerging Economy

Author：Arifur Khan，Mohammad Badrul Muttakin，Javed Siddiqui

Periodical：Journal of Business Ethics

Vol.（issue）：2013，Vol.114（2）：207–223

Abstract：We examine the relationship between corporate governance and the extent of corporate social responsibility（CSR）disclosures in the annual reports of Bangladeshi companies. A legitimacy theory framework is adopted to understand the extent to which corporate governance characteristics，such as managerial ownership，public ownership，foreign ownership，board independence，CEO duality and presence of audit committee influence organizational response to various stakeholder groups. Our results suggest that although CSR disclosures generally have a negative association with managerial ownership，such relationship becomes significant and positive for export–oriented industries. We also find public ownership，foreign ownership，board independence and presence of audit committee to have positive significant impacts on CSR disclosures. However，we fail to find any significant impact of CEO duality. Thus，our results suggest that pressures exerted by external stakeholder groups and corporate governance mechanisms involving independent outsiders may allay some concerns relating to family influence on CSR disclosure practices. Overall，our study implies that corporate governance attributes play a vital role in ensuring organizational legitimacy through CSR disclosures. The findings of our study should be of interest to regulators and policy makers in countries which share similar corporate ownership and regulatory structures.

Key words：Corporate social responsibility；Corporate governance；Legitimacy theory；Disclosure；Bangladesh

题目：公司治理、股利状况、股权结构及希腊增发股票的市场表现

作者：阿伯斯多·戴思兰等

期刊：国际商业经济学杂志

卷（期）：2013 年第 3 期

摘要：我们研究了雅典证券交易所（ASE）上市的公司，在其发布股票增发（SEO）公告前后的短期和长期股价表现。为了研究公司治理机制、股权结构和股利支付状况对股票增发公告的影响，我们针对雅典证券交易所的特点做了一个有趣的调查。我们研究了杠杆风险和系统风险的变化，以及这些公司在增发股票期间的长期股价走势和运营表现。研究发现，在股票增发的公告日，公司股价有显著的涨势，股票增发公告日之前股价上升，之后股价轻微下降。我们的研究结果表明，公司治理结构、分红状况与股权集中度能提升股票增发公告的信息容量。最后，我们研究结果表明，公司的长期经营业绩和公司资本结构在宣告增发股票后有长达两年的恶化情况。

关键词：权利问题；公司治理；股利状况；股权集中度；长期绩效

Title：Corporate Governance, Dividend Status, Ownership Structure, and the Performance of Greek Seasoned Equity Offerings

Author：Apostolos Dasilas, Stergios Leventis

Periodical：International Journal of the Economics of Business

Vol. (issue)：2013, Vol.20 (3)：387-419

Abstract：We examine the short-term and long-term share-price behaviour surrounding the announcement of seasoned equity offerings (SEOs) by firms listed on the Athens Stock Exchange (ASE). The idiosyncrasies of the ASE make for an interesting investigation of SEO announcements in relation to the effect of corporate governance mechanisms, ownership structure, and dividend-paying status. We examine changes in leverage and systematic risk, as well as the long-term share price and operating performance of those firms involved in a SEO. We report significant share-price appreciations on SEO announcement day. We find a share-price rally before the announcement of SEOs and subsequent share-price reversals. Our results suggest that corporate governance structures, dividend status, and ownership concentration enhance the information content of SEOs. Finally, we report evidence that the long-term operating performance and the capital structure of firms announcing a SEO deteriorates for up to two years following the announcement.

Key words：Rights issues; Corporate governance; Dividend status; Ownership concentration; Long-run performance

题目：台湾家族企业制度改革中公司治理的风险承担

作者：苏维持，李成玉

期刊：亚太管理杂志

卷（期）：2013 年第 3 期

摘要：内部公司治理机制（如董事会）和外部公司治理机制（如制度改革）可以增加家族企业的冒险行为吗？本文认为，被称为"资本—资本"的多数所有者和少数所有者之间的冲突，以及董事会的任人唯亲行为使得公司承担风险。此外，机构公司任命外部董事的改革措施可能不会立即解决这些问题。基于台湾家族企业的样本，我们发现任命外部董事可以缓解家族所有权和承担风险间的负面关系。但是，当进一步调查其影响的时候，我们发现在这些在机构改革后上市的样本公司，任命外部董事并没有改善家族所有权和风险承担之间的关系。

关键词：外部董事；代理理论；承担风险；公司治理改革

Title：Effects of Corporate Governance on Risk Taking in Taiwanese Family Firms During Institutional Reform

Author：Weichieh Su，Cheng-Yu Lee

Periodical：Asia Pacific Journal of Management

Vol.（issue）：2013，Vol.30（3）：809-828

Abstract：Can internal corporate governance mechanisms（such as boards of directors）and external corporate governance mechanisms（such as institutional reform）promote risk-taking behavior in family firms? This paper argues that conflicts between majority and minority owners，known as principal-principal conflicts，and cronyism in the board of directors affect firm risk-taking. Moreover，institutional corporate governance reform to appoint outside directors may not have an immediate effect on reducing these problems. Based on a sample of family firms in Taiwan，we find that outside directors reduce the negative relationship between family ownership/involvement and risk taking. However，when their influence is examined further，it is found that in those sample firms that went public after institutional reform，outside directors did not improve the relationship between family ownership/involvement and risk-taking.

Key words：Outside directors；Agency theory；Risk -taking；Corporate governance reform

题目：联盟和公司治理

作者：博德纳克 等

期刊：金融经济学杂志

卷（期）：2013 年第 3 期

摘要：我们研究公司治理质量及其联盟活动之间的关系。我们将联盟视为一种承诺技术，该技术能帮助公司的 CEO 克服与事前无法激励部门经理的代理问题。研究发现，治理良好的公司更具备这种技术，用来预测事后承诺问题并解决这些问题。当承诺问题更为严重的时候，治理的角色就显得尤其重要，例如风险极大/长期项目或内部资源分配更加无效的公司（企业集团）。治理也能减轻联盟伙伴之间的代理问题；占主导地位的联盟伙伴，若能同意将权力公平分配给资历浅的合伙人，则说明治理的更好。通过一个"实验"，引发联盟承诺技术成本的截面变化，证明了治理和联盟之间的因果联系。

关键词：联盟；公司治理；非正常收益；盈利能力

Title：Alliances and corporate governance

Author：A. Bodnaruk，M. Massa，A. Simonov

Periodical：Journal of Financial Economics

Vol.（issue）：2013，107（3）：671–693

Abstract：We study the link between a firm's quality of governance and its alliance activity. We consider alliances as a commitment technology that helps a company' Chief Executive Officer overcome agency problems that relate to the inability to ex ante motivate division managers. We show that well-governed firms are more likely to avail themselves of this technology to anticipate expost commitment problems and resolve them. The role of governance is particularly important when the commitment problems are more acute, such as for significantly risky/long-horizon projects ("longshots") or firms more prone to inefficient internal redistribution of resources（conglomerates），as well as in the absence of alternative disciplining devices（e.g., low product market competition）. Governance also mitigates agency issues between alliance partners；dominant alliance partners agree to a more equal split of power with junior partners that are better governed. An "experiment" that induces cross-sectional variation in the cost of the alliance commitment technology provides evidence of a causal link between governance and alliances.

Key words：Alliances；Corporate governance；Abnormal return；Profitability

题目： 跨行业兼并中公司治理差异

作者： 斯达克 等

期刊： 国际金融评论

卷（期）： 2013 年第 3 期

摘要： 我们考察公司治理差异是否影响跨国并购中的企业估值。研究发现，通过股票完成的交易，如果外国收购者的母国公司治理质量较高，则收购溢价趋于减少，这表明收购方因为面临较差的公司治理机制而补偿目标股东。相应地，我们发现：如果股票发行公司的公司治理质量高，收购公司股东在并购宣布期间的非正常收益呈增长趋势。最后，我们发现：外国收购者，如果母国的公司治理质量较好，则更有可能发行股票。

关键词： 汇率传递；按市场定价；生产分工

Title： Cross–Border Mergers and Differences in Corporate Governance

Author： Starks L. T., Wei K. D.

Periodical： International Review of Finance

Vol. (issue)： 2013, 13（3）：265–297

Abstract： We examine whether corporate governance differences affect firm valuation in cross–border mergers. We find that takeover premiums are decreasing in the quality of the foreign acquirer's home country governance for deals completed with stock, suggesting that the acquirers compensate target shareholders for the resulting exposure to inferior corporate governance regimes. Correspondingly, we find that the acquiring firm stockholders' abnormal returns at the merger announcement are increasing in the quality of corporate governance for stock offers. Finally, we find that foreign acquirers from countries with better corporate governance are more likely to make stock offers.

Key words： Exchange rate pass–through; Pricing to market; Production sharing

题目：董事会、CEO 联盟与资本成本

作者：詹姆士·都

期刊：金融经济学杂志

卷（期）：2013 年第 3 期

摘要：现有文献对 CEO 人员流动的研究聚焦于 CEO 的能力问题。本文认为，董事会的能力也很重要。更换 CEO 会给市场传达董事会能力差的消极信号、增加融资成本，因此董事会都不愿意更换 CEO。该模型中的管理层自利行为并非产生于 CEO 的能力问题或代理问题。如果运营资产充足，管理层自利行为就能减少。本文还比较了公共股本和私人股本的差异。私人所有权能够消除 CEO 自利行为，但是市场信号提升投资决策。最后，模型暗示上市公司的董事会选择将会很保守。

关键词：管理层自利；资本成本；公司董事会；CEO 人员流动

Title：Boards，CEO Entrenchment and the Cost of Capital

Author：James Dow

Periodical：Journal of Financial Economics

Vol.（issue）：2013，110（3）：680–695

Abstract：Existing research on chief executive officer（CEO）turnover focuses on CEO ability. This paper argues that board ability is also important. Corporate boards are reluctant to replace CEOs，as this makes financing expensive by sending a negative signal about board ability. Entrenchment in this model does not result from CEO power，or from agency problems. Entrenchment is mitigated when there are more assets–in–place relative to investment opportunities. The paper also compares public and private equity. Private ownership eliminates CEO entrenchment，but market signals improve investment decisions. Finally，the model implies that board choice in publicly listed firms will be conservative.

Key words：Managerial entrenchment；Cost of capital；Corporate boards；CEO turnover

题目：董事联结影响股东价值？ —— 一个自然实验证据

作者：阿玛·科赫 等

期刊：金融经济学杂志

卷（期）：2013 年第 3 期

摘要：已被广泛接受的交错董事会（Staggered Boards）和公司价值的负相关性，或许是由于交错董事会导致更低的价值或反映低价值公司更倾向于保留交错董事会。我们采用一个自然实验的方法来分析该因果问题。该实验采用特拉华州衡平法院的两个法庭裁决，间隔数周，对交错董事会的反收购力量起截然不同的作用。对于交错董事会长久的争议，我们通过提供跟市场观点一致的实验证据证明交错董事会会导致公司价值降低。

关键词：公司治理；交错董事会；收购防御；反收购条款；代理权之争；托宾 Q 值；企业价值；代理成本；特拉华州衡平法院

Title：How Do Staggered Boards Affect Shareholder Value？ Evidence from a Natural Experiment

Author：Alma Cohen，Wang C. C. Y.

Periodical：Journal of Financial Economics

Vol.（issue）：2013，110（3）：627–641

Abstract：The well–established negative correlation between staggered boards（SBs） and firm value could be due to SBs leading to lower value or a reflection of low–value firms' greater propensity to maintain SBs. We analyze the causal question using a natural experiment involving two Delaware court rulings separated by several weeks and going in opposite directions that affected the antitakeover force of SBs. We contribute to the long–standing debate on staggered boards by presenting empirical evidence consistent with the market viewing SBs as leading to lower firm value for the affected firms.

Key words：Corporate governance；Staggered board；Takeover defense；Antitakeover provision；Proxy fight；Tobin's；Firm value；Agency cost；Delaware Chancery court

题目： 媒体报道、董事会结构和 CEO 薪酬——以中国台湾为例

作者： 陈驰为等

期刊： 国际财务管理杂志

卷（期）： 2013 年第 5 期

摘要： 本文探讨了 CEO 薪酬与媒体对公司的报道之间的关系，其中分析师的预估和董事会结构所使用的数据信息来源于台湾证券交易所。我们发现，在其他条件相同的情况下，媒体对公司的报道越多、公司有更多的积极消息、更多的分析师预测以及更大规模的制度性控股，CEO 的现金薪酬越高。董事会规模和董事会独立性不影响 CEO 现金薪酬，同时，CEO 兼任与 CEO 现金薪酬呈负相关关系。

关键词： CEO；薪酬；媒体报道；董事会；公司治理

Title： Media Coverage, Board Structure and CEO Compensation：Evidence from Taiwan

Author： Chia-Wei Chen, Bingsheng Yi, J. Barry Lin

Periodical： Journal of Multinational Financial Management

Vol.（issue）： 2013, Vol.23（5）：434-445

Abstract： This paper investigates the relationship between CEO cash compensation and media coverage of firms, analyst forecasts and board structure using data from the Taiwan Stock Exchange. We find that, other things being equal, CEO cash compensation is much higher for firms with greater media coverage, firms with more positive news, firms with more analyst forecasts, and firms with larger institutional holdings. There is little evidence that board size and board independence affect CEO cash compensation, and CEO duality is negatively associated with CEO cash compensation.

Key words： CEO；Compensation；Media coverage；Board；Corporate governance

题目：在 CEO 任期内董事会领导结构和多样性：来自意大利公司的演化观点

作者：法彼·左娜

期刊：欧洲管理杂志

卷（期）：2013 年第 10 期

摘要：关于 CEO 和董事会关系的一个演化观点表明，CEO 的目标和利益随时间而变化，其在董事会的角色应该相应地转变，从早期阶段的办公室里 CEO 领导力发展，转变为最新阶段的公司监管。本文探讨双层董事会特征、董事会领导结构和董事会多样性如何影响意大利公司的创新投资。实证结果支持假设，表明董事会的影响与 CEO 在办公室的时间有关。

关键词：首席执行官；董事会；二元性；董事会多样性；创新

Title：Board Leadership Structure and Diversity over CEO Time in Office：A Test of the Evolutionary Perspective on Italian Firms

Author：Fabio Zona

Periodical：European Management Journal

Vol. (issue)：2013，32（10）：672-68

Abstract：An evolutionary perspective on CEO-board relations suggests that CEO objectives and interests change over time，and that board roles should shift accordingly，from CEO leadership development during the early stages of CEO time in office toward monitoring during the latest stages. This study examines how two board characteristics，board leadership structure and board diversity，shape innovation investment among Italian firms. Empirical results support the hypothesized effects，suggesting that the board's effects are contingent upon CEO time in office.

Key words：CEO；Board；Duality；Board diversity；Innovation

第三章　公司治理学 2013 年出版图书精选

　　2013 年，国内外公司治理领域的学术著作成果丰硕，达到数百种，对公司治理领域的各个方面都进行了分析研究，对推动公司治理的发展和研究大有益处。作者从中选择了12 本中文著作和 10 本英文著作，将相关信息和主要内容列示出来，给读者提供一个参考。通过这些内容的介绍，读者不但可以了解书中的重要内容、知悉相关知识，还可以方便读者的选择。

　　这些书籍的选择考虑到公司治理的各个部分，兼顾不同读者的需求。这些书籍中除了有专家学者的学术性著作，还有公司工作多年的成功人士所写著作；有表达作者观点、紧跟学术前沿的著作，也有挖掘历史、学术与基础相结合的著作。这些著作论述翔实，并且提供了很多相关的资料，对读者了解相关领域的历史、现状，理解作者观点大有帮助。本书推荐的外文书籍都是英文著作，相比较其他语种在中国的影响要大得多，所以只选择了英文书籍。在排列顺序上按照出版时间的先后排列。

　　当然，除了本书所选择的图书外，2013 年还有许多优秀的有关公司治理方面的著作，读者可以根据需要进行选择。

第一节

中文图书精选

书名：《中国公司治理：转型与完善之路》
作者：李维安，陈小洪，袁庆宏
出版时间：2013 年 1 月
出版社：机械工业出版社

书籍简介：随着中国经济的发展和经济体制转型的逐步深化，中国现代企业制度也在不断完善，企业中公司治理结构和机制发生了深刻的变化，在当前以及未来较长时期内会对中国企业发展产生重要影响。本书就是在中国企业公司治理发展历程、现状及存在问题进行梳理的基础上，以行政型治理向经济型治理的转型为主线，从理论上初步探讨了中国公司治理问题，并以若干代表性企业为案例尝试进行了中国公司治理的实践提炼，最后提出完善中国公司治理的途径与建议。

本书分为 6 章，理论部分为第 1—5 章，案例部分为第 6 章。第 1 章绪论，说明研究中国公司治理的背景：中国企业改革的进程，有关治理的基本概念及中国公司治理思想、基本制度规则引入的情况，并提出中国公司治理改革与发展需要解决社会责任意识问题、垄断行业治理问题、家族企业代际传承问题、跨国经营风险问题、金融机构治理风险问题等。第 2 章中国国有企业的公司治理，国有企业的治理结构问题与国有企业在国民经济中的地位作用有关，本章简要说明国有企业的布局和其在国民经济中的地位，当企业产权结构、经营组织、国有企业法律形式变迁后，国有企业公司治理的内外部环境和条件也会发生深刻变化，国有企业公司治理发展经历四个阶段演进，呈现出从行政型治理向经济型治理转变的总体特征，提出国有企业定位与公司治理目标问题，特别提出党组织参与公司治理的问题。第 3 章中国民营企业公司治理，中国民营经济发展是一个持续的制度创新过程，从最初的个人企业到引入不同股份和职业经理人，成为比较现代的上市公司法人治理结构，在本章中分析了民营企业公司治理的发展与现状，提出民营企业公司治理的问题，包括民营企业控制人角色的转变、家族企业控制权传递、政府的角色作用、金字塔结构与企业系等问题。第 4 章中国上市公司的治理与评价，本章介绍了中国资本市场发展的基本情况，中国上市公司治理的基本情况及特点，提出了中国上市公司治理评价指标体系，可以从股东治理、董事会治理、监事会治理、经理层治理、信息披露、利益相关者治理角度进行评价，据此分析了中国上市公司治理状况。第 5 章公司治理的相关理论问题研究，从国际趋势与中国模式介绍了公司治理研究的新进展，讨论了中国国有企业公司治理的转型路径，以行政型治理为起点，逐步实现从行政型治理向经济型治理转型，在转型层次方面，内部治理结构转型上强化董事会建设，外部治理转型上逐步确立监管体系和完善相关法律法规。最后实证分析了行政型治理环境下，民营企业政治偏好与公司绩效的有关问题。第 6 章案例情境下的中国公司治理讨论，主要介绍了案例企业研究框架及有关问题，陈述案例企业选择的理由，讨论了宝钢、云天化、哈电、新希望、用友、中兴通信、复兴等案例企业公司治理体系演进的状况、影响因素及现状，并以案例企业的描述为基础，进一步讨论了中国企业公司治理转型的特点及影响因素，提出中国大型国有企业公司治理改进的建议。

本书的特点：第一，提出了中国国有企业公司治理的转型路径，以行政型治理为起点，逐步实现从行政型治理向经济型治理转型，要强化董事会建设，逐步建立监管体系和完善法律法规。第二，提出了中国上市公司治理评价指标体系，可以从股东、董事会、监事会、经理层、信息披露、利益相关者等治理角度进行评价，构建完善的中国上市公司治理评价体系，并且针对民营企业的政治偏好和公司治理绩效的关系进行实证研究。第三，从案例研究的角度出发，介绍了案例企业研究的有关问题，从国有企业、民营企业、上市企业中选择代表性企业进行案例分析，针对不同公司分析其公司治理体系演进的状况、影响因素及现状，探讨中国大型国有企业公司治理改进意见。

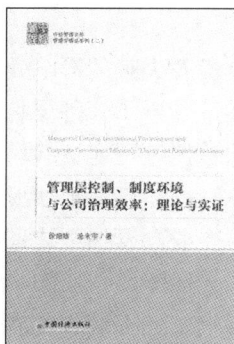

书名：《管理层控制、制度环境与公司治理效率：理论与实证》

作者：徐细雄，涂未宇

出版时间：2013 年 1 月

出版社：中国经济出版社

　　书籍简介：该书旨在揭示公司治理实践中因管理层控制而引发的控制权私利问题及其实现路径，并尝试通过优化企业控制权配置实现抑制控制权私利，增强投资者利益保护的治理目标。本书突破传统的现金流分析思路，综合运用理论模型、实证分析与案例研究方法，从控制权角度揭示企业控制权配置机制在抑制控制权私利、保护投资者利益中的作用与内在机理。作者对国内外的控制权私利现状进行了较为详细的研究与评析，试图从实证层面揭示中国制度背景下普遍存在的管理层控制现象对公司治理效率的影响及其实现路径，在此基础上通过理论模型构建优化企业控制权配置的基本框架。

　　第一章，作者从我国企业普遍存在的内部管理层控制这一现实背景出发，结合控制权私利理论的相关文献，阐述了从管理层控制视角对公司治理过程与效果展开研究的理论和现实的必要性。并明确了本文的切入点：控制权私利、企业控制权配置、管理层权利理论。第二章，作者重点阐释了企业控制权的基本内涵以及构成维度，并基于控制权理论视角阐述管理层控制引发的代理冲突，构建本书的基本分析框架。第三章，作者从控制权视角出发，考察高管权利强度对企业投资效率的影响。之所以选择投资决策作为研究切入点，是因为作者考虑到以下两个方面：一方面，管理者影响企业绩效会首先影响企业投资者决策，继而对企业绩效产生影响。资本投资是管理者战略决策的核心内容并对企业成败至关重要，因此，选择过度投资这一"中间桥梁"可以为管理者攫取控制权私利的实现机理提供新的视角。另一方面，丰富了直接检验企业内部权力配置对管理者投资决策的影响领域的研究文献。第四章，作者着重从独立董事履职意愿和履职能力双重视角考察企业控制权配置模式对独立董事制度治理有效性的影响效应及内在机理。第五章，作者从管理层激励视角出发，考察管理层控制引发的薪酬操纵效应。重点检验中国制度背景下的高管薪酬水平是否受到高管权力强度的影响。第六章，作者侧重考察高管隐性激励问题，即管理层控制引发的企业高管腐败问题。重点检验中国制度背景下的企业高管腐败是否源于权力集中引发的寻租动机。第七章，作者侧重考察影响企业控制权配置模式的关键因素。以家族企业治理转型为研究背景，构建博弈模型系统揭示创业家族控制和经理人控制两类控制权配置模式的本质差异及其决定因素。第八章，作者通过一个典型案例，从反面揭示企业控制权配置失衡引发的代理冲突及其诱发机理，并讨论了优化企业控制权配置的具体措施，为我国企业控制权配置提供实践指导。第九章，作者对全文进行了总结，并指出本书存在的不足之处以及未来进一步深入研究的方向。

  本书的主要创新点有：第一，系统分析了管理层控制对企业投资者决策的影响效应及内在机理，并利用我国 A 股上市公司数据进行实证检验。第二，系统分析了管理层控制对董事会治理效率的影响效应及内在机理，并利用我国 A 股上市公司数据进行实证检验。第三，基于管理层权力理论视角，采用实证研究方法检验了 CEO 权力强度与高管薪酬水平之间的关系。第四，以政府放权改革为背景，考察了管理层控制与企业高管腐败之间的内在联系，并检验了市场化改革、政府薪酬管制等外部制度因素对企业高管腐败的影响效应。第五，以控制权私利理论为基础，构建动态博弈模型揭示了影响企业控制权配置模式选择的关键因素及内在机理。第六，以国美电器"控制权之争"为案例背景，采用典型案例研究方法探讨了企业控制权配置失衡可能导致的代理冲突及其诱发机理。

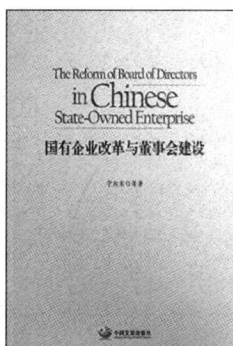

书名：《国有企业改革与董事会建设》
作者：宁向东
出版时间：2013 年 3 月
出版社：中国发展出版社

书籍简介： 本书所关注的重点是中央企业的董事会制度建设，作者力求在足够了解中国国有企业改革总体背景的基础上，基于国务院国资委成立之后的一系列改革举措的系统描述，介绍和分析了中央企业规范董事会制度建设的种种细节。本书首先通过一个理论框架揭示了国有企业改革的基本逻辑，并依照这个逻辑来概述迄今为止的国有企业改革过程；其次，作者综述了我国国有企业从计划经济时代到当前的发展历程，并以此为背景着重梳理了国有企业董事会制度建设的发展过程；再次，以宝钢集团、中外运长航、神华集团和新兴际华集团的董事会建设实例为依据，阐述了国有企业董事会建设的思路；最后，作者讨论了国有企业深化董事会建设中不能回避的一些问题。

具体来说，绪论部分作者将市场经济条件下运作的企业需要面对的问题按照组织架构层级分为了资产经营与管理体制层面的问题、治理结构层面上的问题和企业经营管理层面的问题三类。进而作者发现我国国企改革是以企业运行层次的改革作为最初的启动点，经过二十多年的摸索逐步上升至国有资产管理体制层面，并借助治理结构层次的机制塑造，进入改革层面。基于这一逻辑，作者推断未来的改革目标：在资产管理层次上建立更加有效的国家所有权制度，并探索恰当的表现形式；在治理结构层级，进一步完善治理结构，保证出资人权利在国有企业内部能够落地，从而保证股东权利的精准化实现；在企业运行层级，需要继续深化改革，目标是将我国国有企业管理运营水平提高至国际一流水平。第一章是关于国有企业最初 20 多年改革过程的历史研究。这一阶段国有企业先后经历了从计划经济走向市场经济，从承包制改革走向现代企业制度，但这一阶段的改革都是在企业治理层级进行的改革，并没能从根本上解决我国国有企业低效率的问题。第二章梳理了从2003 年国务院国资委成立之后所进行的一系列改革工作。国务院国资委成立之后，为了有效管理"经营性国有资产"进行了清产核资、明确主业、强化战略的工作。之后，国资委以出资人代表的身份对企业经营者建立了经营责任制与任期考核制，这也为董事会制度的建设埋下了伏笔。第三章，作者综述了中央企业董事会建设的历史过程与主要进展，包括规范建设董事会的背景、中央企业董事会的职能定位、董事会的规模与结构、外部董事的选择与考核等内容。第四章全第七章作者选取了四个企业的试点工作进行案例研究，以更加直接的形式描述了董事会建设的多样性。宝钢集团有阵容强大的外部董事，在形成决策前的咨询和治理督导上作用突出。中外运长航集团在 2011 年之前一直是外部董事长主导董事会运作，这在促进决策与执行分离方面的作用是突出的。神华集团是一家主营业务与下属上市公司主营业务有较大重叠的企业。今天，双层董事会运作所有决策和支配的在很大程度上是同一笔资产，集团董事会应当如何运作？神华集团的做法值得关注和研究。新兴际华集团的特色在于借助国资委主导董事会的试点，在集团内部各级子公司也开始进行董事会建设，并将集团业务管控一体化、集团母子关系管理与董事会体系建设相结合，取得了一定成效。第八章总结了国企改革中董事会建设领域面临的一些问题，例如，国资委虽然是出资人代表但却没有国有资本经营预算的编制和收取权、干部管理体制行政化色彩浓厚、多数人对董事会制度和作用的不信任等。作者在叙述问题后给出了他的答案。本书还有三个附录，分别是新加坡淡马锡公司、美国安然公司和雷曼兄弟公司的案例研究，作为董事会制度建设正反两方面的参考。

本书的特点在于，一是系统梳理了中国国有企业改革的路径，总结出国企改革在三个层面上的改革逻辑，并以此为出发点大胆预测了国企改革未来的方向和路径。二是从国有企业董事会建设试点单位的实践中总结出了适合我国国企的董事会制度建设理论，并指出了发展中存在的问题。全书资料翔实，逻辑严谨，较多使用实例证明观点，使读者能够很好的理解作者的观点，实例基于当前国企改革一线的试点经验，具有一定的前瞻性。

书名：《公司策略与公司治理：如何进行自我管理》

作者： 佛雷德蒙德·马利克

出版时间： 2013 年 4 月

出版社： 机械工业出版社

书籍简介： 本书介绍了复杂时代所需要的通用管理学的核心内容：未来企业自动管理的最重要条件。其重点是揭示企业管理中的复杂性科学，把控制论、系统论和仿生学的理论应用到企业管理中。在复杂的时代里，不仅企业面临的环境是一个错综复杂的、动态的、非线性的系统，并且所有各类经营企业都是复杂的、动态的、非线性的、概率的、错综复杂的系统，要成功地应对如此高度的复杂性，大多数企业必须进行彻底深入的调整，从管理的基本模式开始，改革公司策略和公司治理，对系统和组织进行革新。作者认为，管理对于人类社会如同基因对于生物的生存能力一样重要，他从生物学、逻辑学的视角，以仿生学的原理，对企业及社会组织结构及其管理提出了一些重要的理论，对于 21 世纪的中国企业也具有指导意义。

第一部分包括第 1—4 章，作者向读者提供了对于把握复杂性所需要注意的最重要的条件：拥有知识，但有了知识还是不够，人们需要的是理解力、纵览能力和洞察力；知识首先是资源，必须应用知识去理解和认识复杂性系统是如何起作用的。作者还根据其自身理解制定公司策略的"路线图"，该图用控制论阐述了下列问题：应当做什么、为什么做？如何做、怎样做、由谁来做？如何利用系统中的自然力量？这些问题即为本书后面三个部分内容的结构与框架。第二部分包括第 5—8 章，这部分作者介绍了一些基本原理，阐述了什么是复杂性系统中的全局控制，为什么能够起作用，其用途是什么。首先涉及的是在不断变化中如何定位的问题，其次是利用控制论的公司策略实现全局控制的问题，最后涉及利用模式来应对复杂性问题。第三部分包括第 9—11 章，这部分作者详细介绍了全局控制以及公司策略的三个核心部分的结构和内容：公司计划、环境计划和管理计划，即如何通过全局控制开发和形成一个环境策略或系统策略。第四部分包括第 12—20 章，作者针对负责制定公司策略的最高层领导，如何达到所要求的系统行为，还介绍了高层领导者必须用于自身的全局控制。例如，高层领导应该同时关注四个方向：组织的内部世界、外部世界、当前和未来。同时介绍了公司管理机构的新任务，也可以理解为对复杂的自我管理系统的构建和控制。在本书最后的附录中，作者归纳总结了马利克管理系统。

本书的主要特点有：第一，本书虽然谈的是公司治理，事实上书中表达的观点和见解同样适应于政府以及各类复杂机构的管理。第二，本书进一步把控制论、系统论和仿生学的理论应用到企业管理和公司治理中，把公司治理视作复杂性系统，拓展了公司治理研究的思路。第三，把控制论用到管理中，有意识系统地利用复杂性，解决了大多数在传统管理思想中出现的矛盾和疑点。第四，作者刻意不用德语界流行的名称和概念，以免与"旧的观念、旧的思维和旧的理解"相混淆，而是找来大量的英文词汇和自造词来表达其思想，让读者感到耳目一新。

书名：《中国国有企业发展道路》

作者：金碚，刘吉超，卢文波

出版时间：2013 年 4 月

出版社：经济管理出版社

书籍简介：本书首先介绍了我国国有企业改革与发展的新阶段，对国有企业性质、地位、功能、作用和布局演变及战略调整有一个总体认识。其次对国企的分类改革进行了详细阐述，分别对战略性竞争产业、战略性资源产业、垄断行业、城市公用事业、战略性高技术产业、金融业、新闻出版业、卫生医疗服务业中的国有企业状况进行了详细说明。最后，以美国及西方国家的国企为他山之石，提出思考和讨论。

具体来说，在第一章国有企业性质中，从马克思、恩格斯的理论出发，结合现实逻辑，认为国有企业是一种特殊的企业，对国有企业的优缺点、国有制度对企业组织和经营方式的影响、国有企业的双重绩效标准，现代制度中的国有企业分别做出主要评述。第二章回顾国有企业的改革历程，确立了国有企业的地位、功能和作用，对国有企业的现实地位、经营目标、特殊功能和控制力、分类改革都发表了独特的见解。第三章通过与其他国家进行比较分析，阐述了国有企业的布局演变及战略调整。第四章从战略性竞争产业的角度出发，对该产业中的国有企业进行分析，认为应当降低国有企业比重，以适应市场经济发展和参与国际竞争需求。第五章从战略性资源产业的角度出发，认为只要产业布局和国家的产业管制制度完善，非国有企业进入战略性资源产业同样能保证国家和社会利益的实现。第六章对垄断行业国有企业的改革进行回顾分析，从改革的起点和路径、政企分离与监管体制、企业组织结构和纵向关系重组、产权多元化与治理改善、相关配套与竞争政策等维度对国企改革进行研究。第七章分析了城市公用事业中的国有企业，从基本状况及现行体制问题入手，提出改革的总体思路。第八章从战略性高技术产业的角度出发，探讨该产业中国有企业的调整与改革方向。第九章从金融业的角度，认为金融业态将逐步多元化，国有商业银行需要重塑自身的竞争优势。第十章是新闻出版业中的国有经济，以报业和图书出版业为例，探讨这类敏感性产业中的国有经济及其改革方向。第十一章以卫生服务业为例，讨论非营利性行业中国有经济的有关理论问题和改革方向。第十二章主要从各个角度对本书的一些重要问题做进一步的讨论和引申：国有企业改革究竟向何处去？在社会主义市场经济中，国有企业究竟有什么地位，发挥怎样的作用？改革的正确指导思想和政策究竟是什么？第十三章以美国联邦政府直接拥有的三家典型国有企业——田纳西河流域管理局（TVA）、美国邮政服务（USPS）和美国全国铁路客运公司（Amtrak）为例，介绍和分析美国联邦政府对其直接拥有的企业的治理。第十四章在比较系统地介绍本次国有化主要措施的基础上，拟就本次国有化的历史脉络和原因、国有化措施的特点进行一些分析和讨论。

本书的特点主要有：第一，本书对我国国有企业的发展历程进行了详细的回顾，对当下国企改革的浪潮具有系统性的启发作用。第二，本书分别对国家不同行业的国企改革进行了案例研究，见解独特。

书名:《国家开发投资公司考察》

作者: 黄群慧, 余菁

出版时间: 2013 年 5 月

出版社: 经济管理出版社

书籍简介: 本书是《中国国情调研丛书·企业卷》中的一本。选取国家开发投资公司作为考察对象是因为该公司符合作者所定义的"具有使命感的新型国有企业"。作者将市场经济下的国企分为三类:公共政策性、特定功能性和一般商业性。国家开发投资公司就属于第二类国企。

全书分为四篇, 共 22 章。第 1—4 章为总论篇, 介绍了国投公司概况、发展历程和未来的挑战。着重介绍了国投公司"以人为本"的治企理念和"为出资人, 为社会, 为员工"的"三为"宗旨, 以及由此派生出的独特的企业家精神、企业文化和社会责任。总论中还提到了国投公司以"资产投资+资本投资"的双轮驱动经营模式, 一方面紧跟国家战略方向, 另一方面也实现了自身的跨越式发展, 为国有资产投资公司的建立做出了探索。第 5—9 章为管理篇, 描述了国投公司在公司治理、组织管控、人力资源管理、经营管理和基础管理等方面的具体举措。在公司治理方面, 国投公司建立了以流程控制为核心的投资决策体系, 建立了外部董事占多数的董事会, 建立了国家与社会对公司、总公司对子公司、子公司对投资公司的三层监管体系。在组织管控方面, 国投公司作为中央直接管理的投资控股公司, 着重设计了以流程控制为主的投资决策管理体系, 构建"总部—子公司—投资公司"三级管控模式, 建立了"防火墙"制度, 最大限度上防范国有资本流失的风险; 在人力资源管理方面, 国投公司面临的是员工多、分布广和差异大的难题, 国投公司坚持"人才强企"的战略, 建立了职业生涯管理体系, 优化干部晋升和退出机制, 着重培养多样化的人才, 建立了全覆盖的绩效考核体系; 在经营管理方面, 国投公司以财务为入口, 逐步发展到覆盖全面预算、差异化考核、全方位的过程监管和风险控制等方面。国投集团利用要素管理, 明确决策类要素和监管类要素, 总公司与分公司各司其职, 保证了投资项目的高效审批与风险控制; 在基础管理方面, 本书介绍了财务管理、安全生产管理、信息化管理和法律事务管理四个方面的内容。财务管理上国投公司成立了集团旗下的财务公司, 将金融资源统一管理使用, 提高了资产利用效率。安全生产管理的两大特点是: 赋予安全管理部门直接干预基层生产经营活动的权利和科学性与系统化的安全管理体系。信息系统方面, 国投公司将企业经营管理的十大模块纳入信息系统, 提高了工作效率。法律事务管理关系到投资的安全性, 是"防火墙"的重要组成部分。第 10—16 章为产业篇, 分别介绍了国投集团投资的不同行业板块的情况。电力板块是国投公司最主要的业务, 占到总资产的一半以上。国投电力通过对火电结构的优化，发展新能源，形成了水火风光互补的电源结构。煤炭业务主要由国投集团的全资子公司——国投煤炭有限公司负责，煤炭本款总资产 481 亿元，煤炭年生产力 3633 万吨。虽然煤炭并不是国投集团收入占比最高的业务，但是在国投集团内部扮演了"现金牛"的角色。交通板块由国投交通公司负责，主要经营港口和铁路业务。国投集团的交通业务主要是依托其煤炭行业，投资建设了一些吞吐量很大的煤炭港口，并由煤炭港口向通用综合港口发展。发展重点由沿海向内陆转移，港口向综合转移，投资了哈罗铁路等。新兴产业板块占比不多，却是发展速度较快的一项业务，目前国投公司的新兴产业主要包括钾肥产业、汽车零部件产业、页岩气产业和海水淡化产业。国投公司的新兴产业项目与国家战略有着密切的联系，立足自身优势，依托企业发展。另外，国投公司还围绕集团整体战略开展了"走出去"业务，一方面为国家的外交、外经战略发展服务；另一方面提高了投资回报率，实现了国有资产保值增值。资产管理也是国投公司的一项业务，由于历史问题，国投公司旗下有一些不良资产。国投公司根据自身发展对一些项目进行了有步骤的退出。在这个过程中国投集团着力进行制度建设，保证了资产处理的合法、合规、合理。金融业务也是国投公司的业务之一，是投资公司提高收益、降低综合风险的重要手段，也是近十年来国投公司发展较快的一项业务。虽然国投公司的金融业务收益较高，但一直无缘发展金融业核心的银行、证券业务。未来国投公司计划形成牌照齐全、实力雄厚、业绩优异的具有央企背景的金融控股公司，完成实业资产、金融服务和国际业务 7：2：1 的比重调整。第四篇是案例篇，介绍了雅砻江水电、国投新集、国投罗钾、中国高新、北疆发电厂和曹妃甸码头六个项目的相关情况。

　　本书的特点在于用完全"白描"的笔法，详细地向读者介绍了国家开发投资公司。内容翔实，数据可靠，令读者对国投公司有了比较深入的了解。全书在分章节介绍时，结构严谨，方便读者进行对比。作者将自己对国有企业，特别是国家控股的国有资本投资公司改革的思考渗透在字里行间，启发读者进行更加深入的思考。

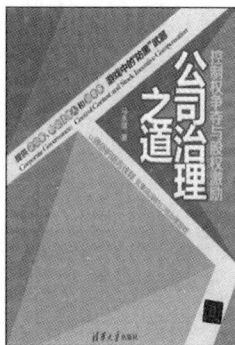

书名：《公司治理之道：控制权争夺与股权激励》

作者： 马永斌

出版时间： 2013 年 5 月

出版社： 清华大学出版社

书籍简介： 这是一本写给企业家、职业经理人和资本家的书。本书的重点读者群是企业做到一定规模或想接触资本运营的企业家，尤其是准备向资本家过渡的企业家。公司治理是一种主要涉及三种人的游戏：企业家、职业经理人和资本家。公司治理的概念源自美国，主要着眼于股权分散的上市公司股东、董事、经理三者之间的权力分配和利益制衡关系，以解决职业经理人和董事会对股东利益侵占的问题，对经理人行为实施有效监督和制约，确保经理人行为合乎股东利益成为公司治理概念的核心内容。

公司治理制度设计的本质是解决三种"黑"与"被黑"的关系。首先要解决的是股东之间互相"黑"的问题，主要涉及股权结构设计、控制权争夺、公司章程制定等；其次要解决经理人"黑"老板的问题，主要涉及董事会制度、信息披露制度和股权激励等；最后要解决公司的实际控制人"黑"利益相关者的问题，这里主要指债权人保护问题。作者认为，公司治理是一个企业家在资本运营和企业做大过程中必须掌握的"防黑武器"。

从一个企业家的角度来看，解决股东和股东之间相互"黑"的问题以及经理人"黑"老板的问题主要取决于四个方面的制度安排，即股权结构设计、公司章程设计、经理人约束机制设计和股权激励设计。逻辑思路是：首先，通过股权结构和公司章程配置股东对企业的控制权，以防止出现股东黑股东的问题。在此基础上，通过以董事会制度为核心的约束机制从基本面上保护老板的资产。其次，通过股权激励这种"贿赂"的方式将经理人的利益和老板的利益长期捆绑在一起，就可以防止经理人黑老板的现象发生。

基于这种思想，本书的主要内容全部围绕着股权结构、公司章程、经理人约束机制和股权激励机制四个方面的制度安排，作者的目的就是要找到一种适合我国企业的公司治理之道。本书分为 10 章，具体内容如下：第 1 章公司治理常识，开篇就提出作者自己对公司治理本质的理解，认为公司治理是管理企业各种关系的总和，具体来说，主要是解决三种"黑"与"被黑"的关系。本章详细描述了股东黑股东以及经理人黑老板这两种公司治理问题是随着企业的发展而出现的，并且指出企业的制度创新、战略执行、投融资要成功，就离不开公司治理坚实的制度保障。第 2 章公司治理制度的设计原则，讲述了公司治理制度设计的本质是为自己找到一个适合的"防黑"武器。并且从管理学、经济学、金融学和人性的角度提出了寻找"防黑武器"的基本方法。第 3 章股权结构和控制权争夺，揭示了一些上市公司圈钱的奥秘：一是通过金字塔股权结构、交叉持股和类别股份建立复杂的集团股权结构；二是使得控制性股东在上市公司的现金流所有权和控制权产生分离，并提出了解决这种问题的思路。第4章制定权利与股东权利保护，讨论了股东"黑"股东的一种更普遍现象，也就是在控制权和现金流所有权并没有产生分离的情况下，大股东欺负了小股东，小股东该怎么办的问题。该章指出，对小股东保护的关键在于公司控制权的合理配置，其中最有效的"武器"有两个：一是以《公司法》为代表的各种法律法规；另一个尤为重要的是以公司章程为代表的股东自治文件。第5章经理人道德风险的五道基本防线，从公司治理体系入手，比较分析了中国治理模式的有效性，并且提出防止经理人黑老板的五道基本防线：即股东大会制度、董事会制度、信息披露制度、独立的外部审计制度和公司控制权市场，这五道防线起到的是对经理人的约束作用。其中作者花了较大篇幅讨论五道防线中的核心董事会制度。第6章董事会制度的应用实践，在上一章的基础上，本章以董事会制度为核心，讨论如何在实践中应用经理人道德风险的五道防线。重点介绍了构建高效董事会的具体步骤和方法，并且指出了在不同发展阶段董事会制度的应用策略；利用平衡记分卡解决了外部董事时间有限、精力有限而难以做出有效决策的困境；指出董事会制度对于规模越大的企业越有用，并且介绍了董事会制度用于管控的方法。最后，作者介绍了一种适用于董事会制度、集团管控的控制模式。第7章经理人道德风险的关键防线，指出了股权激励强大的约束性来源于方案本身的内在约束性和外在附加条件以及股权激励的目的；介绍了经理人报酬的发展趋势，给出了实施股权激励的原则；并且重点介绍了公司为了"一股就灵"、防止"一股就死"，必须遵循的前提条件；从实践的角度强调了在股权激励实施过程必须要做到的"六个一定"，以及特殊情况发生时如何调整或处理股权激励计划。第8章股权激励的最优模式设计，介绍了9种股权激励的基本模式，总结出每种模式特点、内涵和使用条件，并指出，最优的模式一定是从企业自身实际出发，利用9种模式进行组合创新而得到的。本章作者对如何组合创新也给出了原则、方法和思路。第9章股权激励典型案例分析，选取了在中国20多年的股权激励实践中具有典型代表意义的7个案例进行分析，了解我国的企业是如何根据不同行业特点、发展阶段将9种模式"用活"的。对本章的内容主要关注两点：一是现实中的股权激励最优模式是如何设计出来的；二是需要用动态的眼光关注股权激励是如何推进企业做强做大的。第10章股权激励七定法，根据作者的咨询实践总结出制定股权激励的7个步骤，并详细介绍了如何科学合理地确定股权激励的对象、适合企业的股权激励模式、股权激励的业绩标准、股权激励的数量和比例、行权价格或股份价格计算公式、激励股票的来源和购股资金来源、股权激励计划中的时间安排。

本书的特点：跳出了学者和资本家的视角，抛弃玄奥的公司治理术语，忘记大量的曲线、复杂的公式和图表，打破公司治理的学术框架，语言通俗，完全站在一个企业家的角度对股东之间互相"黑"和经理人"黑"老板这两个问题进行重点阐述。以企业家关心的控制权和股权激励为主线展开，宣扬一种共赢的公司治理理念。以企业家的立场来看，公司治理是防止资本家和经理人来"黑"自己，但目的绝对不是反过去"黑"对方。健康的公司治理理念需要的是相互制衡机制，让企业家、资本家和经理人谁也"黑"不了谁。为了实现自身利益最大化，首先要确保大家的共同利益——公司利益最大化：在此基础上，最大化每一个企业参与人的利益。作者写本书的唯一目的就是让公司治理这门玄奥的学科能在我国企业真正落实，希望每一位企业家在读完本书之后都有一定的帮助并相信公司治理其实并不复杂。

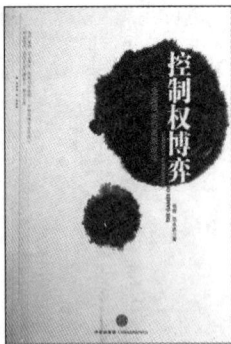

书名：《控制权博弈——企业成长的高端战场》

作者：杨桦、范永武

出版时间：2013 年 8 月

出版社：中信出版社

书籍简介：控制权争夺是指外部挑战者同管理层竞争，并从目标公司的股东手中获取足够多的投票权，以改变目标公司的所有权结构、控制权结构和资产结构，从而实现对公司的实际控制。随着全球经济的快速增长，公司间控制权的争夺之战也愈演愈烈，各种高端手段层出不穷。本书的作者依托十多年发展国内并购市场的经验，从企业并购角度出发、以国内外典型案例为辅助，对比股权分置改革前后我国控制权市场的动态，对我国控制权市场的发展情况及态势做了全面的解读。尽管控制权市场的作用机制既可以通过并购来实现，也可以通过征集表决权的方式来获得，但相比较而言，并购更能体现市场的定价过程和传导机制，所以本书对于控制权争夺的研究主要基于企业间的并购行为而言。

本书第一章介绍了控制权理论的发展，控制权的来源、分类及配置，并在介绍了国外控制权市场理论后综述了我国学者对控制权市场的认识。最早对公司控制权市场进行研究并取得成果的是曼尼。他提出：公司控制权市场的一个基本前提是公司的管理效率和其股票价格有着高度的正相关。曼尼等人的观点属于新古典控制权市场理论，他们给控制权市场下了定义，并解释说明了控制权市场的功能，但是，由于该理论的成立是基于一系列假设下，所以存在理论上的不足。由于本书对于控制权的研究是基于并购行为，所以作者讨论了并购效率并建立了模型进行度量。

西方的资本市场是高度发达、股权分散的全流通市场，其控制权的争夺战争出现较早、形式更为多样也更为复杂，其中一些与并购相关的成熟理念和做法，对紧随其后快速发展的中国资本市场中控制权博弈有一定的借鉴意义。本文第二章简单介绍了六次并购浪潮的特点及结果，并辅以经典案例重点介绍了第六次并购浪潮。为了防止恶意收购及公司间并购导致资本市场运转失调，许多国家出台了上市公司收购行为的监管制度。由于各个国家公司治理机制及股权结构千差万别，导致控制权市场的表现也各有不同，所以不同国家采取了不同的监管制度，归纳起来主要分为两类，即强制要约收购制度和非强制要约收购制度。监管制度在法律上保证了并购交易的规范性，但在实践中，有的公司基于管理层维护自身利益等原因会采取反收购手段，通过有意提高收购成本等行为避免被收购而丧失控制权。

股权分置改革是中国资本市场发展的重要节点，第三章描写了股权分置改革前我国控制权市场的实践。由于中国上市公司股权结构的独特性，上市公司非流通的国有股和法人股约占上市公司总股本的 62%，使得股改前我国上市公司的收购主要是通过协议收购上市公司低成本的国有股和法人股得以实现。本章通过四个股改前控制权争夺的典型案例，分析了国有股转让、二级市场收购、代理权争夺和管理层收购（MBO）等几种形式，对控制权运行的过程进行叙述，并分析了这些案例暴露出的操作问题和监管问题。

股权分置改革对于公司控制权市场的发展有着重要的意义，随着股权分置改革的实施，非流通股东的股份取得流通权，控制权市场发展的制度障碍逐步消除、市场资源配置功能逐步加强、市场力量得到增强，外部控制权市场作用逐步显现，真正意义上的控制权市场得以建立和发展。股改后的全流通时代，并购更加具有市场化的特点，效率也得到了根本提高，相应地，公司控制权市场也呈现出新的特点，发行股份购买资产成为一种主要的控制权转让方式。本章还讨论了股改后影响并购交易价格的主要因素，并通过案例说明了我国控制权市场目前存在的问题。

现代公司组织结构、股权结构及管理方式等要素随着市场的变化而不断进步，公司间控制权的战争不断升级，手段也越来越多样化，本章列举了跨境收购、管理层收购、吸收合并、借壳上市、公司分立、公司私有化、破产重组等并购方式，并逐一用典型案例加以说明。在跨境收购中，我国是全球最大的外国直接投资吸收国，被收购的公司多为国内行业龙头企业，但是在"走出去"的发展情况方面，中国上市公司在全球跨境并购中仍是新手，进行海外并购时存在许多问题，不过随着经验的积累，这种状况正在得到改善。管理层收购简称 MBO，是指公司的管理者或者经理层利用杠杆收购的方式，利用借贷融资，买断或者控制公司的股份，旨在改变公司的所有者结构、控制权结构和资产结构，使企业原经营者变成企业所有者的一种收购行为。在我国，MBO 是推动国有企业改革与国有经济从一般竞争性领域和中小企业退出的方法，MBO 有效推进了股改的进行，但是在现代资本市场条件下要加强监管。吸收合并是并购的又一方式，被吸收方解散，吸收方得到快速扩张，相当于取得了被吸收方的控制权。这种方式既有利于减少行业的竞争对手，提高行业集中度，又有利于缩短上市周期，提高上市效率。借壳上市是非上市公司间接上市的一种常见方式，有利于上市公司调整资产配置，发挥资本市场资源配置的功能。

我国资本市场已成为服务于宏观经济政策的中坚力量，而上市公司控制权市场又是资本市场发展的核心动力，基于控制权市场的日益繁荣，对控制权市场进行法律规制的必要性和重要性便凸显出来，所以本书的最后一节介绍了公司控制权市场监管体制的构建。我国证券市场并购监管共分为三个阶段，随着相关法律的出台及修改完善，我国公司并购行为越来越规范，市场运行越来越有规律。但是我国现行上市公司并购制度仍然存在许多需要改进的方面，对此作者提出了一些具有实用性的改革建议。

本书的特点：作者是中国上市公司并购融资委员会主任，接触过大量并购案例的第一手资料，通过分析整合后将典型案例在书中详细介绍，为本书增色不少。股权分置改革期间和股改后，上市公司并购井喷式发展，成为我国行业整合、产业升级的战略方式。本书选取了公司兼并收购行为为切入点，通过翔实的国内外案例全面解读了控制权市场的运行方式、监管措施、发展态势等方面，是研究控制权争夺行为，尤其是通过并购手段争夺控制权行为的值得参考的专业书籍。我国经济总量已居世界第二，而经济增长方式亟待真正转变，新一轮并购浪潮喷薄欲出。因此，本书所介绍的控制权市场相关知识对于公司治理方式的研究具有十分突出的现实意义。

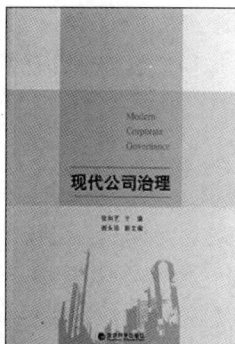

书名：《现代公司治理》
作者：徐向艺
出版时间：2013 年 8 月
出版社：经济科学出版社

书籍简介： 在经济全球化的浪潮下，作为重要经济成分的公司为适应外部环境的动态变化需要不断地创新与发展。不同行业、不同类型的公司大量涌现，公司的数量越来越多、规模越来越大，其组织复杂程度也越来越高，管理思想也不断创新而且其中不乏相当成功的案例，公司之间的竞争更为激烈。在我国，随着市场的开放程度越来越高，资源、信息、人才在全球范围内的流动不断提速，一大批具有强大生命力和创新精神的现代公司的产生为我国经济的可持续发展注入了新的活力。

现代公司的不断发展为公司治理的理论体系提供了丰富的素材，为适应现代公司的发展趋势，公司治理的理论，尤其是在教育体系中，也应当持续改进，融入前沿的、具有指导意义的主流公司治理理论。公司治理课程的教学内容应能够紧跟时代发展，培养出更能适应社会和公司快速发展的人才，本书正是基于这种目的而编写的。本书分为五个部分，公司治理总论、公司内部治理、公司外部治理、公司专项治理及公司治理模式与评价。

第一部分是公司治理总论，在介绍企业制度、公司制度及其演进的基础上，阐述了公司治理产生的根源和公司治理理论基础。不同学派对于企业制度具有不同的假定，主要的理论假定与制度特征有三种："经济人"假定与自由企业制度、"社会大工厂"假定与统制企业制度、"市场替代组织"假定与交易费用节约。企业制度经历了业主制、合伙制到现代企业制度的演变，在现代企业制度下，公司的产权安排是否合理，关系到相关治理结构的安排与治理机制的配置。公司治理理论的根源是两权分离，本书在介绍公司治理理论基础、治理结构的基础上，重点明晰了公司治理目标及公司治理和公司管理的区别。

第二部分介绍了公司的内部治理，依托现代公司治理结构，本篇介绍了股东与股东大会、董事与董事会、监事与监事会，并单独设立章节详细阐述了独立董事制度的起源、功能以及国内外独立董事制度运行现状。股东理论经历了从股东至上到利益相关者的演变，相应地，随着现代公司理论的发展及实践经验，股东的权利也不断变化，并衍生出股东大会来保证股东有能力和有渠道争取自身权利、发表个人意见、及时了解公司经营状况等信息。股东大会是现代公司的最高权力机构和决策机构，其下属的董事会在授权范围内从事经营活动并及时向股东提供准确、全面的信息。由于两权分离的弊端，为了降低由于信息不对称而可能产生的道德风险，公司应设立监事会，监督公司董事和高管层的经营管理活动，旨在维护公司股东及其他利益相关者的利益。本部分还重点详细介绍了独立董事制度，公司可以通过引入独立董事增加董事会的独立性、降低董事会和经营者合谋的可能性、强化董事会的功能。

第三部分是公司的外部治理，本部分首先介绍公司控制权配置，梳理了控制权配置内涵、配置模式等知识点，详细介绍了控制权转移和交易形成的控制权市场，并归纳了我国公司控制权特征及优化方式。高昂的信息获取成本使得投资者无法接收到全面、准确的公司信息，并且限于专业知识的匮乏，无法对信息进行有效甄别，因此投资者需要中介机构来缓解信息不对称问题，约束公司决策者的自利行为。其次，本部分选取了证券交易所、证券公司、会计师事务所、资信评级机构这几个典型的中介机构，阐述了其对上市公司治理的影响，并对其自身的治理问题进行了介绍。债权人是研究公司治理的又一关键外部因素，接下来介绍了现代公司银行债权人治理模式与机制，并讨论了在我国信贷市场供求关系不均衡的状态下，如何优化债权人治理机制。最后，分析了政府对上市公司与资本市场的监管机制，简单说明了主要国家（地区）政府对上市公司与资本市场的监管，重点研究了我国政府的监管作用。

第四部分是公司专项治理，分五个章节。两权分离所产生的第一类代理问题是公司治理的难点，激励是降低代理成本的行之有效的手段，所以在这一部分，首先介绍了高管层等公司代理人的激励与约束机制，薪酬激励、股权激励、控制权激励等都能提供有效的激励。其次，资本市场的迅速发展使得企业间的合作越来越密切，企业集团应运而生，企业集团在享有了规模化收益的同时也承受着代理链条进一步拉长所带来的风险，因此本部分分析了企业集团这一特殊组织形式的特征、类型，以及母子公司型企业集团的治理机制。再次，阐述了投资者关系的内容、演进历程及其评价；同时，对公司关联交易行为的形成机制、关联交易的内涵、影响及治理途径进行了详细的介绍。最后，梳理了上市公司信息披露的必要性、方式以及内容，详细介绍了强制性和自愿性信息披露，概述了信息披露在公司治理领域的最新进展。

第五部分是公司治理模式与评价。在前文介绍了公司治理基本的知识后，最后一部分在简单介绍了经典治理模式及我国上市公司治理状况的基础上，分析了公司治理模式趋同的表现及其存续的原因。然后梳理了公司治理评价的功能、国内外主要公司评价系统的内容。详细介绍了中国公司治理指数 CCGINK，并对中国上市公司治理状况进行了评价。

本书的特点：紧紧把握国际公司治理创新的潮流，首先选取了适应现代公司发展的前沿理论，同时广泛筛选了各个学派公司治理理论的经典观点，将经典与前沿完美融合，使得公司治理的教学内容能紧跟时代的发展。其次，在注重对时代背景的迎合时，更加关注现代公司多样化的组织类型、商业模式、行业特征，强调对股东主导下的核心利益相关者治理范式的梳理和分析。在内容安排上，本书充分考虑了现代公司发展中多元化的利益相关者，并设计了"公司治理专项"一篇详细介绍各利益相关者。最后，本书通过大量穿插引用经典理论、公司案例等辅助资料加深了学生对教材知识的理解，提升了学生兴趣，能让学生熟悉公司治理知识在实际中的应用，有效结合了理论与实践。总之，本书既沿袭了以往教材的特点，详细介绍了公司治理结构、模式等经典内容，又在章节安排上显示了其特殊的关注点，如单独设立章节讲解独立董事制度，专门设计"公司治理专项"一节等。本书内容具有前沿性，立足点具有创新性，章节结构紧凑，是研究公司治理的一本值得推荐的教材。

书名:《社会资本、终极控制权与公司治理》
作者: 高闯
出版时间: 2013 年 8 月
出版社: 中国社会科学出版社

书籍简介: 本书是作者及其博士团队长期从事公司治理问题研究的部分成果的文集。文集根据内容整理为四个部分,分别对社会资本企业控制与剥夺、公司治理合约安排与制度转型演进、创始股东与经理人间博弈关系和经理人激励、高新技术企业集群的治理结构与创新四个领域的最新问题进行了深入的研究与探索。研究提出的观点既继承了主流的公司治理研究范式,又批判性地指出了其存在的不足,提出新的独到见解,并进行了严谨的逻辑推演和广泛的实际论证,具有较高的理论价值和实践意义。

具体来说,第 1 章是作者在第二类公司治理问题——大股东对中小股东控制与剥夺问题上的学术创新,提出了社会资本控制链的崭新理论。通过对主流的股权控制链理论的深入分析,作者指出了其不能够有效识别终极股东,对终极股东控制上市公司的控制度计量存在偏差,同时创造性地提出了与股权控制链并存的社会资本控制链,有效地弥补了股权控制链的不足,能更有力地解释真实世界中终极股东控制上市公司和对上市公司进行隧道挖掘的问题。随后,作者与其团队还对社会资本控制链进行了深层次的理论研究,分析了社会资本控制链存在机理,构建过程,从理论体系上加以进一步的完善;加大了对该理论的实证研究,对 60 家上市公司进行调查研究,证实了社会资本动用现象的普遍存在,用社会资本控制链理论对一些热点的公司治理问题进行了解释分析,取得了非常理想的效果。第 2 章是有关公司治理合约安排、制度转型及其演进机理的研究。体现了作者对公司治理理论更高层次和更具前瞻性的思索。作者研究发现,一种公司治理合约的存在不仅取决于理论的逻辑演绎,还取决于公司治理赖以存在的制度基础。一个合约的选择及其演进,其直接的影响因素是包括内生交易费用和外生交易费用在内的总交易费用。而决定总交易费用的主要因素是社会制度基础。从长期演化角度看,内生性的社会分工促进了交易的发展,也间接地影响了合约的选择及其演进。书中提出公司治理模式的演进呈三种趋势,个性演进趋势、多样化演进趋势与趋同化演进趋势。第三部分是关于创始股东和经理人之间博弈关系以及经理激励问题的研究。作者独辟蹊径,没有从传统的委托—代理理论提供的分析框架来分析研究第一类公司治理问题——经理凭借自身的信息优势侵害股东利益的问题,而是尝试引入社会资本范畴解读股东与经理之间的博弈冲突。其中对国美电器的"控制权争夺"的分析有理有据,解释力很强。作者还尝试运用社会资本理论来分析家族企业公司治理中的"控制权冲突",将创始人的权威与中小股东对职业经理人的支持都视为社会资本，搭建了一个基于社会资本视角的分析框架。分析发现了创始股东的"隧道挖掘"与职业经理人的"追求公司价值最大化"的冲突是一种严重的代理问题。这种崭新的分析视角与方法及由此得出的结论，对公司治理实践提供了许多有益的启示。第四部分是有关高技术企业集群的治理结构与创新问题的研究。作者在国内外进行广泛调研、研讨和对话的基础上形成了研究的成果，改变了以往研究孤立企业的方式，从企业集群的视角来研究企业的生存环境对企业战略制定和治理结构的影响。研究发现，选择合适的信息体制对于企业集群发展至关重要，直接影响到治理结构的形成。因为集群企业之间的协调机制是通过信息的有效利用实现的，这样，企业集群实际上演化成了一个大的信息处理系统，治理结构也可以被理解为集群企业之间的信息关联关系。换句话说，信息体制其实就是企业间治理合约的某种表达形式。

本书特点主要有：第一，创造性地将社会资本引入到了终极股东控制与剥夺问题的研究。社会资本控制链研究范式有效地克服了股权控制链研究范式的不足，为寻找判别上市公司终极股东提供了新的工具，为发现终极股东隐蔽的隧道挖掘提供了新的方法。对于社会资本控制链的理论分析框架的搭建和深层次运行机理的分析都颇有理论高度和实践意义，尤其对于经济转型中的中国上市公司治理有着很高的价值。第二，本书非常注重理论与实际相结合，作者提出的很多独到的见解既有思维缜密的逻辑推演，同时又用很多真实世界的案例来证实，理论与实际结合得非常紧密，所以这些理论假说对现实也具有较强的说服力。

书名：《公司治理：受托责任、企业和国际比较》

作者：基西、汤姆森、莱特编，刘霄仑、朱晓辉译

出版时间：2013 年 8 月

出版社：人民邮电出版社

书籍简介：公司治理越来越受重视，这方面的书籍也层出不穷。但由于公司治理涉及法律、金融、经济、社会、政治及心理等多方面的科学知识，而大多研究人员并非对所有的方面都精通，所谓仁者见仁，智者见智，对公司治理的研究也就变得四分五裂。为了更准确、深刻地认识公司治理的研究状况，本书诚邀全球学术权威根据各自的学术领域，从不同的学科和国家视角深入阐述了有关公司治理方面的问题。本书作者假定一个有效的公司治理制度具有两种要求：一种是微观的，一种是宏观的。在微观方面，需要确保公司作为一个生产性组织在运行中追求自己的目标，作者遵循传统的英美概念，把公司视为增进所有者——股东福祉的工具，良好的治理就是在追求股东价值的过程中确保决策的制定和实施。宏观方面，作者引用前美联储主席阿兰·格林斯潘的话"有效地促进国民储蓄的合理分配，以最大限度发挥产出效用。"因此在为公司经济活动融资时，无论是通过股权还是债权融资储蓄都会被疏导到生产效率高的经济活动中，其收益最终决定着国家的繁荣。

由于公司治理涉及的学科十分广泛，作者为了平衡广度与深度，将本书内容大致限定在能满足连贯性需要的一些商业学科，把本书的内容主要分三个部分。第一部分（第 2-7章）探讨公司治理机制方面的发展，即公司治理规范的发展、所有权的作用、机构投资者、董事会及经理人薪酬。基西、肖特和莱特（第 2 章）勾画出英国公司治理政策的发展，他们注意到一个政府信号：英国的治理政策可能将经历一场远离自律的根本性变革。他们认为加强监管也许仅仅是让公司和股东更多地做些"勾画选项"之类的表面文章，更多地强调立法，而不顾公司的特定环境是否适宜存在一定的风险。他们指出，公司治理中抑制管理层自利行为的机制和架构是为了促进公司的有效经营，如果增强公司责任的设计妨碍了公司业绩，便不能视其为有效。沃森和伊扎梅尔（第 3 章）考察了公司的财务杠杆如何影响公司价值以及不同利益相关者的财务索取权，认为尽管所有利益相关者的具体目标千差万别，但都依赖于管理层把公司价值最大化。肖特和基西（第 4 章）探讨了机构投资者提倡较大规模地公开上市公司的公司治理能力和激励，并得出结论：尽管主要出于政府的压力，近期人们所预想的机构积极性有所提高，但仍存在许多因素使机构投资者不能介入公司治理问题。公司治理的一个很重要的角色就是董事会，20 世纪 90 年代的几起管理过度造成公司倒闭的案例促使人们把批评的矛头指向英国的一元董事会架构。伊扎梅尔和沃森（第 5 章）重点讨论了非执行董事身兼双任时所产生的冲突，指出尽管自愿性规范有其局限性，但英国的经验表明这些规范比正式法律规范更灵活，对公司和金融界的其他发展所产生的问题反应更快。与美国相比，英国公司治理方式的相对成功有赖于广泛的制度基础、对股东投票权的较少限制、公司控制权市场的运作，以及对高管过度丰厚的股票期权酬劳的较少依赖。布鲁斯和巴克（第 6 章）剖析了英国当代经理人薪酬及其对公司治理的意义。经理人的薪酬设计除促进强有力的治理外，还受到大量因素的影响，但是支持或反对英国经理人薪酬组合的案例仍得不到有力证实。他们指出，人们需进一步认识经理人薪酬的制定过程，即认识董事会代表、薪酬委员会成员和新董事提名程序之间的关系。博内特和康永（第 7 章）发现大多数公司设有薪酬委员会，其规模随公司市值同向变化，并且没有几个公司在这些委员会中任命内部人。他们评价了先前的学术研究，表明管理不善的薪酬委员会更有可能发生经理人自利行为和薪酬结果。

第二部分（第 8—10 章）讨论传统内部治理机制的其他替代安排，特别是公司控制权市场的作用，领导力与公司治理机制相结合的作用，以及更新的现代治理模式，特别是涉及风险投资公司和管理层收购的治理模式。收购尤其是敌意收购，是一种重要的外部治理机制，股东可以借此替换业绩欠佳的或机会主义的经理人。奥沙利文和翁（第 8 章）发现收购所起的作用非常微弱，但是近期研究成果表明收购前业绩薄弱的收购目标企业 CEO 替换率较高，这为收购具有治理作用提供了某种支持。奥沙利文和翁指出，自 20 世纪 90 年代中期以来，敌意收购的锐减可能是公司内部治理普遍改善的结果，从目标公司的股东角度看，有明显的证据表明收购要约会产生巨额收益。道尔顿等（第 9 章）评述了创业型公司的治理问题，特别集中在治理和战略领导力与公司业绩的交叉点上。他发现创办人的战略决策与业绩之间似乎存在很强的关联，创建一个有效运作的高管团队是创业型公司成功的关键，董事会构成和规模对公司财务业绩很重要，并且董事会构成与首次公开上市时的市场反应相关。莱特、汤普森和巴洛（第 10 章）考察了风险资本投资和杠杆管理层收购所涉及的机制对于企业中存在的各种公司治理问题的贡献。表明所有权与财务结构的变化可能产生股东价值和经营业绩上的巨大收益，但交易前后的治理问题也需要解决。

人们越来越意识到公司治理可能因国而异。本书的第三部分（第 11—17 章）考察了不同制度环境下的公司治理，既从一般角度又从具体方面探讨了德国、日本、法国和转型经济体的公司治理。罗（第 11 章）评述了公司治理的国际差别，认为考察世界各地的公司法的研究往往过高地估计它在世界最富有国家中的作用。罗还指出，与所有权分离利害相关的公司法又力所不能及的因素很多。丹尼斯和迈克奈尔（第 12 章）评述了现有的国际公司治理研究，第一代研究大体都遵循着美国公司治理机制，第二代研究产生的一个重要发现是一个国家的法律制度，特别是它对投资者权利的保护程度，对该国的市场结构、对该国公司所采用的治理结构、对那些治理制度的效果具有根本性的影响。他们指出，对股东强有力的法律保护是分散股权投资的必要条件而在保护薄弱的国家，似乎只有所有权集中才能克服保护的缺乏。德国公司治理制度的特点是存在部分公司控制权市场、大股东、交叉持股和银行/债权人监控、监事会的股东和员工共同决策的双层董事会（管理董事会和监事会)、经理人薪酬和业绩之间不可忽视的敏感性、竞争性的产品市场、公司治理法规多基于《欧盟指南》但却深深根植于德国的法律学说。戈根、曼乔恩、雷恩伯格(第13章)提供了一个关于德国公司治理制度的概览。作者把注意力集中在并购大宗股权交易市场和敌意收购市场缺乏的重要性上,并特别关注了通用银行的重要性。同德国一样,日本公司治理制度的特点也是银行发挥了重要作用。万等(第14章)为了解日本银行业提供了一个不同的视角。这个视角认识到界定日本以银行为中心的制度的复杂性及深厚的社会关系。他们把这些以银行为中心的制度视为社会交换治理网络,这个网络聚焦在内嵌的社会要素之上。在公司治理的争论中,一个重要的问题就是内部人治理制度。玛丽·奥沙利文(第15章)在法国公司治理变化的大背景下考察了这个问题,发现从内部人向外部人控制的转换只在个别案例中能够实现,另外,他认为所有权结构对于解释法国公司治理的近期发展未做出重大贡献。刘和孙(第16章)考察了中国公开上市的公司的业绩影响,以及所有权和控制权机制的演变,得出结论:就中国公司治理的演变来讲,尽管公司的所有权改变了,但是通过使用金字塔结构,控制权仍大多掌握在国家手中。莱特、巴克和费拉托契夫(第17章)探讨了转型经济体中治理问题的性质,并且分析了公司治理框架的各种要素解决这些难题的潜力。转型经济体的共同特征是私有化后,员工所有权下降,管理层和外部投资者的股权相应增加。他们认为转型经济体中市场欠发达,建立制度性的话语权机制障碍重重,因此要提高创业技能和建立良好的治理制度。

本书特点:第一,邀请了各个专业的学术权威,从不同学科,不同国家的视角入手阐述公司治理研究各方面的问题,使本书不仅具有了宽度,更具有了深度。第二,本书做了大量的工作,通过认真的汇集、选择,收录了大量关于公司治理的文献,论据丰富,论述深入浅出,内容相当翔实,为读者呈现一系列关于公司治理问题以及特定国家和政治制度下的公司治理发展的近期研究概况,对研究公司治理具有重要的参考价值,是一本值得推荐的好书。

书名：《家族控制、私募股权投资介入与民营上市公司治理》
作者：苏启林
出版时间：2013 年 9 月
出版社：经济科学出版社

书籍简介：发展私募股权投资市场的意义不仅在于解决中小企业融资难的问题，其更重要的意义在于通过私募股权投资者介入到中小企业的公司治理和经营管理过程中，帮助中小企业健康成长。从 2001 年开始我国家族控制的民营企业开始纷纷上市，经历了摸索、加速、飞速发展阶段，现在进入了暂时停滞阶段。13 年的发展使家族控制成为我国民营上市公司中的一个主流形态。但随之而来的是控制家族所有权的集中导致企业绩效下降，所有权与控制权的分离引发的剥削外部中小股东的问题已非常突出，而且不完善的监管环境在一定程度上为控制性家族股东剥削中小股东提供了便利。近年来中国私募股权投资发展迅猛，私募股权投资作为积极的投资者，拥有敏锐的行业触觉和丰富的企业管理经验，能够为广大中小企业注入正确的公司治理理念。本书选取 2011~2012 年间在上海和深圳证券交易所 IPO 的有私募股权投资介入的 214 家和无股权投资介入的 160 家民营上市公司作为样本，对私募股权投资的实际公司治理过程进行了实证研究，反映了当前我国私募股权投资和民营家族企业公司治理方面更深层次的问题。本书为政府加强监管和私募股权机构改善投资管理结构提供了理论依据。

本书首先从两个层面构建了私募股权投资参与民营上市治理的一个分析框架，第一个层面运用代理理论模型构建了私募股权投资通过所有权、控制权和经营权三个维度的影响机制概念模型，讨论所有权与控制权分离、控制权与经营权分离形成的双重代理冲突对民营上市公司治理的具体影响，并分析了不同背景的私募股权投资介入后公司治理模式的变化；第二个层面是构建数理模型研究 PE 的介入对家族企业治理的影响机制，分析了 PE 与公司治理者的利益博弈过程，然后进一步探讨了 PE 对家族股东控制的股权制衡作用。本书理论模型得出的结论为：只有股份份额最大的 PE 才有动力对公司管理层进行监督，其他小股东会采取"搭便车"的消极策略；一次性博弈情况下，PE 与管理者静态博弈的占优策略是"PE 不监督，管理者偷懒"，无限期重复博弈的均衡解为"PE 监督，管理者努力"且 PE 的持股比越大，监督成本越低，PE 监督对企业价值提高的幅度越大，PE 将更加有耐心对企业实施积极的监督；PE 通过股权制衡和控制权竞争能够降低家族控股股东的道德风险，增加企业的最终价值，但要付出较高的监督成本，并且 PE 与家族控股股东之间的控制权竞争力差距越大，企业的公司治理水平与法律环境越差，会削弱 PE 股权制衡效果。

本书实证选取 2011—2012 年在上海和深圳证券交易所 IPO 的有私募股权投资介入的 214 家和无股权投资介入的 160 家民营上市公司作为样本，首先分析了股权投资机构的进入对家族控股股东所有权及控制权偏离所可能产生的隧道效应的影响，两权偏离会导致家族股东"掏空"公司的行为从而降低公司的价值，而股权投资机构通过影响股权结构及董事会结构来对家族股东进行有效监控从而减轻两权偏离引起的代理问题。通过分析 PE 对股权结构及董事会结构的影响发现：民营背景及外资背景的股权投资机构在完善公司治理结构上优于政府背景的股权投资机构，而民营背景的股权投资机构更注重降低股权集中度，外资背景则侧重于提高企业的机构投资占比，股权投资机构的进入时间越长，其在降低股权集中度、提高董事会"话语权"等方面的成果越好，因此可以更有效地监督防范家族股东"掏空"企业等损害其他投资者利益的行为。联合投资下的公司在股权结构及董事会结构完善方面取得的成果更好。通过分析 PE 对两权偏离程度的影响发现，股权投资机构的经验与两权偏离程度呈正相关关系。在国内治理水平不高以及监管机制不完善的背景下，私募股权投资对家族控制的介入，通常采取"软监督"而不是"硬监督"，通过与家族控股股东进行合作实现改善公司治理的目的，进而创造更多企业价值。

其次，作者又研究了 PE 介入对民营企业控制权与经营权分离的影响，通过分析，作者认为私募股权投资占董事会席位比例越高，董事长兼任 CEO 的概率越低。联合投资更容易推动控制权与经营权的分离。政府背景的股权投资机构偏向于投资职业化管理程度比较高的企业，私营背景的股权投资机构偏向于在企业股份制改革之前，优化企业管理层结构，以获取更多的股权增值。不同背景的私募股权投资机构对高管的薪酬待遇的影响有差异，一般来说，私募股权投资机构持有目标企业的股份越多，就会设置越高的薪酬差距来激励管理层使其更好地管理企业，而且 PE 持股比例越高，越倾向于通过股权激励的方式激励管理层。另外，PE 介入能够促进民营企业的控制权与经营权的分离，通过董事会结构，股权结构的设置能够缓解控制权与经营权分离产生的管理者控制问题，有效地促进公司价值的提升。

本书特点：第一，家族企业研究领域中私募股权投资介入的研究目前还处于刚刚起步阶段，私募股权投资参与公司治理的研究过于狭隘，本书在公司治理的基础上构建系统的分析框架，试图从公司治理的不同角度探究私募股权投资对公司治理多方面多层次的影响。第二，作者结合自身的行业参与经验，并购买了国内关于股权投资方面的专业数据库（投中集团的 CV-Source 数据库），使得实证研究能够顺利展开。

第二节

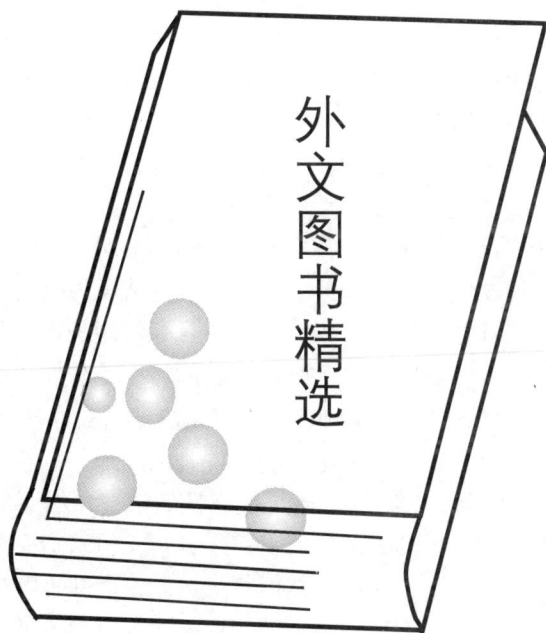

外文图书精选

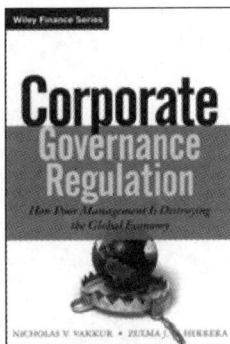

书名： Corporate Governance Regulation：How Poor Management Is Destroying the Global Economy

《公司治理监管：管理不善是如何摧毁全球经济的》

作者： Nicholas V. Vakkur；Zulma J. Herrera

出版时间： 2013 年 2 月 4 日

出版社： John Wiley & Sons Inc

书籍简介： 世界经济仍然还在挣扎着摆脱 2008 年全球金融危机的泥潭，毫无疑问的是，当今时代的公司治理监管造成的问题比它解决的问题还要多，对于公司治理监管的改革势在必行，然而最关键的问题并没有得到重视：需要什么样的改革？改革应该由谁来实施？等等。本书提供了一个综合的而又微妙的视角来审视这一全世界经济面临的令人畏惧的改革问题，并且针对改革失败的原因做出了具有说服力的回答。

本书尝试回答了以下几个问题：第一，在公司治理监管中谁应该处于规范的角色？其先天性局限是什么？第二，从过去的经验看，哪些因素导致了显而易见的监管缺位？第三，美国会计准则在实践中真的能帮助监管实现目标吗？第四，监管失败是否该归因于具体政策存在缺陷或者是公司缺乏执行力等原因？作者首先从美国次贷危机说起，谈到公司透明性的重要作用，为了保证职业经理人按照股东的目标管理公司，公司必须设置监督机制，而董事会就是最重要的一种监督机制，监督机制的目标是增加企业透明度，从而保证股东及其他利益相关者的权益。2002 年颁布的塞班斯法案就是出于此目的来减少公司犯罪行为，提升透明度，政策制定者出发点是好的，可是结局却是意料之外的。塞班斯法案是自 2002 年以来颁布的最综合、最全面、最具代表性的法案，然而也正是此法案使美国经济处于萎靡不振的状态，书中对具体的原因进行了分析。监管的失败造成的损失远远超过经济犯罪，对市场信心的打击十分巨大。然而，政策制定者却不争分夺秒构建一个新的监管体系来纠正现存体系的缺陷，反而是在无效的监管法规框架下渐行渐远，这才是问题的根本所在。作者用基于实证的客观又有说服力的文章分析了监管制度从制定到被证实失败的过程，最后还为改进公司治理监管框架勾勒了清晰的轮廓。

本书旨在通过呼吁公司治理监管方案改革来重燃美国以及全世界对于经济发展的信心，作者深入又新鲜独到的理论见解对全球寻求有效的公司治理监管改革方案的过程起到了推动作用，本书一目了然地揭示了公司治理监管制度失败的根本原因，是对当前困扰全世界的一大关键问题的有益探索和对探索结论的有力补充。

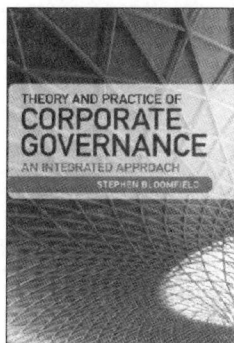

书名：Theory and Practice of Corporate Governance： An
Integrated Approach
《公司治理理论与实践：基于整合的方法》
作者：Stephen Bloomfield
出版时间：2013 年 2 月 28 日
出版社：Cambridge University Press

书籍简介：本书介绍了现实世界中的公司治理运行机制，因为很多时候被政策制定者拿来使用的公司治理理论并不能完全合理地解释现实世界，本书为公司治理提供了新的定义，并且引入了新的理论模型，为深入研究公司治理和公司行为提供了新思路。书中囊括了不同时代的各种案例，激发了读者批判性地思考公司治理和法律规范，在引入新模型的同时也引发了理论界和实践界的激烈讨论。

公司治理理论和实践的脱节是本书展开研究的出发点，本书主要关注于相对较大的公司，包括上市公司以及非上市公司中那些大批股东不参与公司日常经营的公司，公司两权分离使得公司治理的存在有了必要性。本书分为几个重要的部分：第一部分主要介绍了公司治理的背景知识，治理主要分为两种类型：一种是内部导向的治理，也就是协调股东之间的关系；另一种是外部导向的治理，即协调公司与其利益相关者之间的关系，这一部分界定了本书对于公司治理研究的界限和范围。第二部分聚焦于公司运行所依赖的法律基础，特别是 1970 年直至 2006 年最新公司法颁布这一期间的立法进步，这一部分从理论层面和实践层面检验了公司治理和法律之间的关系。第三部分研究了法律、规章和治理的重叠之处，并认为规章制度特有的容忍特性反而是导致公司失败的原因，有效的公司治理机制不是在事后纠正，而是要在事前预防。第四部分主要关注公司治理在管理方面的特征，是对第一部分的拓展和延伸，还关注了财务报告被利润所引导导致公司管理层和股东信息不对称以及平衡管理层薪酬和股东收益之间的关系等问题。第五部分在程序、行为以及制度方面总结了公司治理失败的原因，这些都是公司治理的组成部分，只有当它们形成合力共同为公司发展努力时，才能构成有效的公司治理。

本书的创新之处在于揭示了现实世界里公司治理运行的规则，为研究公司治理和公司行为提供了新的理论模型，与以往的理论和实践脱节不同，本书的研究成为联结公司治理理论和实践的纽带，本书通过全面地剖析历史上及现代的案例解释了失败的公司治理发生的原因以及如何改进公司治理机制。本书的批判性思考和发人深省的分析对于公司治理实践中的企业管理层是具有说服力的参考。

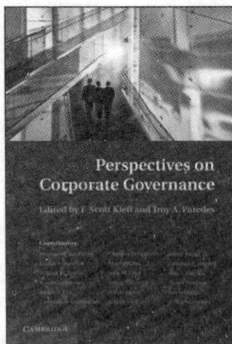

书名： Perspectives on Corporate Governance
《公司治理的观点》

作者： F. Scott Kieff

出版时间： 2013 年 5 月 30 日

出版社： Cambridge University Press

书籍简介： 安然、世界通信、美国泰科、Adelphia 接连倒闭，之后是 2008 年经济危机爆发，这些给我们一个重要的教训：公司治理问题。尽管人们普遍认为，良好的公司治理关键在于好的公司绩效，但是到底公司如何提高公司治理效果，进而影响公司发展和整个宏观经济的发展，这个问题还是值得深思的。本书提供了一个多样化和前瞻性的方法，包括公司治理改革、全方位的分析问题，非常适合职业律师、经理、立法者和分析人士，也非常适合于法学院、商学院和经济学的研究人士进行研究和教学。本书在理论上非常严谨，也非常贴近现实。

本书特点： 可以作为公司治理的教材进行教学使用，深入浅出地分析公司治理过程中遇到的问题，并且从实际案例出发。观点鲜明、论述清楚、论据丰富，对读者很有启发。

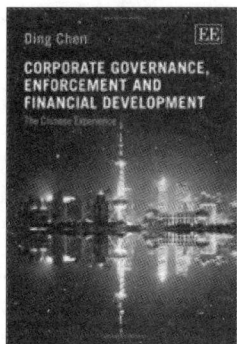

书名： Corporate Governance，Enforcement and Financial Development：The Chinese Experience

《公司治理，契约执行和金融发展：来自中国的经验》

作者： Ding Chen

出版时间： 2013 年 4 月 30 日

出版社： Edward Elgar Publishing Ltd

书籍简介： 自中国的上海证券交易所和深圳证券交易所成立以来的 20 多年时间里，中国股票市场得到了突飞猛进的发展，法律和金融学界的学者都在试图找到中国式发展的关键因素，然而到目前为止尚未得到统一的答案，本书的目的即是尝试解决这个问题。

为了解释中国股票市场发展的逻辑，首先需要找到一个理论框架作为指导，而当前的研究中并不存在统一的框架，本书基于新制度经济学的理论，构建了一个能够更好地衡量公司治理机制在股票市场发展中的作用的分析框架：此框架的出发点是委托代理理论，作者聚焦于其中的外部投资者和公司控制者的关系这一方面，公司治理的问题可以归结为怎样在两者之间执行金融契约，契约的执行可分为自觉执行和第三方强制执行，因而各种不同的公司治理机制都被融合到此框架中，由此框架出发去探寻中国股票市场，检验每种公司治理机制的有效性，便能找到其中的主导因素了。本书分为五个部分，第一部分为本书奠定了理论框架的基础，契约的有效执行需要不同公司治理机制的合力，正式的力量和非正式的力量都要发挥作用，然而，在股票市场发展的早期可能非正式力量是主导的；第二部分介绍了中国股票市场以及上市公司的背景设置，发现若要在保持控制权的前提下利用股市为国有企业融资，中国的股市是控制在国有上市公司手里的，超过 2/3 的股票都是非流通的；第三部分研究了中国股票市场的契约执行情况，这一部分检验了各种执行机制，从而发现国家所有权从根本上削弱了自觉执行机制的作用；第四部分对于 Pistor 和 Xu（2005）的观点发表了批判性的意见，并对中国股票市场的发展提出了新的解释，中国的股市发展主要依靠政府保护、国有企业制度性寻租、金融压制以及投资者投机；第五部分得出了本书的结论并对中国股票市场的未来进行了展望。

本书提出的理论框架优于以往理论基础，表现在它抓住了发展中国家股票市场发展中的关键问题，在这些国家中，书面法则和实际发展是存在一定鸿沟的，所以不应该以传统的书面理论来指导研究，而是应当关注实际的执行过程，本书的理论将以往众多的公司治理机制糅合在一个理论框架之下，以此来解释这一问题：众多公司治理机制之间存在什么样的关系？并且据此的探索回答了中国股票市场迅速扩张的内在支配地位的因素，为其他想了解中国股市发展经验的学者提供了有价值的参考。

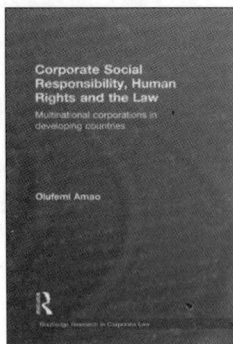

书名：Corporate Social Responsibility，Human Rights and the
　　　Law：Multinational Corporations in Developing Countries
　　　《企业社会责任、人权及法律——以发展中国家跨国
　　　公司为例》

作者：Olufemi Amao

出版时间：2013 年 5 月 13 日

出版社：Routledge Research in Corporate Law

书籍简介：对跨国公司的控制涉及法律，无论在国内还是在国际上都得到极大的关注。意识到该事件的重要性之后，联合国秘书长任命一位代表来研究该领域。

本书讨论了当下跨国企业靠实施自愿的企业社会责任战略来规范自己的趋势。作者认为企业社会责任的概念还不足以处理跨国企业的一些外部问题如人权暴动。作者坚持说要想使企业社会责任有效，就必须写入法律。另外，作者解释了如何运用法律来达到这一目标。当注意到跨国公司的控制需要国际层面的规范化时，作者主张越来越多的重点应放在那些有可能具有更强控制力的企业的国家。

本书对发展中国家的研究学者、学生、政治家有很大作用，包括英国、英国机构，非洲联盟及其机构组织、欧盟及其机构组织以及其他国家的政治团体。

跨国公司存在于一个国家法律无效及国际法无法实施的真空地带。由于地域限制，国家法律显示出了在管理跨国公司中的明显不足。而国际法中对跨国公司也没有明确的约束。为了填补真空，曾经试图求助于政府及跨国公司的自我管理，然而这些措施都没有产生令人满意的结果。有些跨国公司曾试图用企业的社会责任策略，却缺乏正式的国家权力的制裁和权威性的国际法。重要的是，人权问题与企业的社会责任越来越紧密地联系在一起，人权问题包含：企业评估中对人权的承诺、可持续发展与国际人权标准的一致性、企业行为准则等。当远离规章准则时，企业社会责任的理念可以给企业提供便利。Buhmann 认为，对新兴的企业社会责任概念及它与法律的关系、标准，当今学者的研究远远不够。

本书将试图解决一些问题，首先，阐述当今企业社会责任实践及法律之间的区别。其次，本书将从国际条例和国内司法管辖范围的视角重新聚焦企业社会责任，并探索国际论坛如何有效地补充和支持国内司法管辖，尤其是在发展中国家。最后，本书将围绕如何在这些国家有效地实施法律管辖提出切实可行的建议。

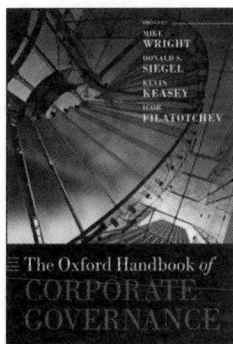

书名：The Oxford Handbook of Corporate Governance
《牛津大学的公司治理手册》

作者：Mike Wright

出版时间：2013 年 5 月 19 日

出版社：Oxford University Press

书籍简介： 本书认为，公司治理过程中，经理人的行为受到绩效表现的回报、董事会监督经理人的程度、规范性组织机制等影响。早期的公司治理问题很多来自于广泛的媒体报道和政策审查，这些报道之后，引起人们对股东和股东问题的思考。然而，公司治理涵盖了更为广泛的问题，需要我们关心经济和社会方面的问题。

传统的公司治理研究是基于委托代理理论出发的，不能解释非情景因素的影响，也不能够解释公司治理中多样化的制度安排。本书旨在消除理论和实践之间的距离，公司治理问题是一个涉及多层次水平的问题，主要是从国际实例角度反映多种多样的观点，如经理层个体、公司、机构、行业和国家等。在分析影响公司治理绩效的因素上，会计利润、经济利润、生产率增长、市场份额、环境影响等都可以成为衡量指标，多样化和企业社会责任等社会绩效可以共同影响股价。除此之外，本书也对现有文献进行回顾和分析，每一章对公司治理的发展情形进行了进一步分析研究。本手册成为公司治理领域的权威性研究，涵盖了经济、战略、国际事务、组织行为、创业、企业伦理、会计、金融和法律等。

本书系统地介绍了现有文献在公司治理研究领域的成果，并从实践的角度归纳总结出相应观点。本书可以作为指导性教材，供读者使用，以便系统全面地掌握公司治理的问题，并且对企业经营有一定程度的帮助。

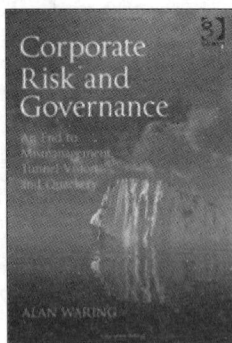

书名： Corporate Risk and Governance：An End to
Mismanagement，Tunnel Vision and Quackery
《公司风险与治理：管理不当、短见、骗术的终结》

作者： Alan Waring

出版时间： 2013 年 6 月 28 日

出版社： Gower Publishing Ltd

书籍简介： 本书阐述、分析和探讨了一系列相互联系的公司风险和公司治理问题，这些问题与公司管理中的角色如董事会成员、公司高管、风险管理委员会成员等息息相关。过去 25 年的经验表明，若公司不执行稳健风险管理，很可能会引发财务危机，给公司业绩、声誉、股价、融资带来损害，这样的案例层出不穷。

作者结合自己多年从事风险管理工作的经验，解释了为何越来越多的法规和越来越复杂的公司风险管理系统却依然无法避免公司出现危机。许多公司的高管缺乏管理知识以及对于风险的认识，而且容易混淆纯粹的风险和投机风险，导致他们分辨不出到底什么才是公司面临的真正重大风险，还有一些董事对风险视而不见或者坐视不管，所以风险管理有必要被重视起来。本书内容分为 15 章，主要划分为五个部分，分别为：公司风险管理与公司治理；公司尽职调查；商业诈骗、贿赂和有组织的犯罪；知识产权和产品风险；人为造成的灾难。本书中所涉及的风险一词有着广泛、复杂的含义，它与其他概念互相依存，并且很难被预测。书中提供了 75 个生动形象的案例，为参与公司风险管理的人员提供了广泛的经验和教训，它鼓励公司在风险管理中了解更多的背景知识以此来优化决策过程，使得公司董事和高管在风险承担和控制过程中能够掌握正确的思考方式和技巧，从而使公司减少危机发生的次数。

本书可视为对公司风险管理和公司治理思路的指导和启迪，但不能当成帮助企业走出风险和危机的一剂药方。作者认为没有通用的方法能让企业风险管理者一劳永逸，所有的方法都必须结合企业实际来执行。本书挑战了传统的神圣理论和信仰，那些理论如果一直用来指导实践会造成更多的损失，有效的公司治理应当反思过去失败的教训，企业董事会不应再对公司风险持乐观态度。本书即是对风险管理知识的系统梳理和培训，对企业提高风险管理和公司治理水平起到指导作用。

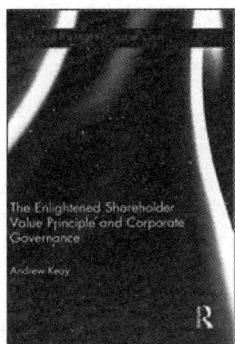

书名：The Enlightened Shareholder Value Principle and
Corporate Governance
《开明的股东价值原则与公司治理》
作者：Andrew Keay
出版时间：2013 年 7 月 5 日
出版社：Routledge

书籍简介：自从有限责任公司诞生之日起，公司治理在商业世界里成为越来越关键的概念，本书探讨了与公司治理紧密联系且对其造成影响的公司法的其中一个方面，即开明的股东价值原则（ESV）。ESV 起源于 20 世纪末，近年来被确立为法律条文，ESV 之所以与公司治理有联系是因为它规定了公司应该如何管理。本书的目的就是介绍 ESV 以及它对于推动公司治理的进步所起的作用。

ESV 要求公司董事会成员在公司管理中不仅关注股东财富最大化，还要关注公司各方利益相关者的利益，最终达到股东的综合价值最大化的目的，该准则被英国政府所采用并且被纳入 2006 年的公司法中。本书解释和评价了 ESV 的本质及其对于公司治理进步的贡献。本书分为 9 个部分：第 1 章为全书的导论，主要探讨了公司在现代商业社会中的重要作用，介绍了公司治理的基本概念，以及 ESV 中最重要的两方——董事和股东分别承担的角色；第 2 章回顾了与公司目标有关的一系列理论，以及公司董事应当如何管理公司以及股东价值理论，这些对于 ESV 的讨论起到了基础和铺垫的作用；第 3 章追溯了 ESV 的起源和发展历程；第 4 章讨论了 2006 年《公司法》第 172 条的优缺点，以及条文的具体操作和解释，该条与 ESV 中的两个重要因素相关；第 5 章解读了《公司法》第 417 条，该条与 ESV 的第二个要素相关；第 6 章引入了美国应用的相关法律条文，以及对美国公司治理的影响，因为此条文与英国公司法第 172 条十分相似，两者将被拿来作比较；第 7 章评价了 ESV 并且检验了它对公司治理的作用，其中包括它是否对于扭转公司董事的关注重心有影响等；第 8 章试图探讨 ESV 在未来是否会继续存在并发挥有效作用，以及该原则对于世界上其他国家的适用性问题。

本书深入剖析了开明的股东价值原则，并就其对公司治理的作用展开深层讨论，还对其在未来的发展以及在其他国家的适用情况做出了推断和展望，本书运用了大量的实证分析，从而向读者展示了 ESV 在商业实践中的广泛运用，还与美国的相似法律条文进行对比以期找到美国条款的可借鉴之处对 ESV 的缺点加以修正。本书对于指导实践中的公司董事在公司管理中的关注重心起到一定作用，对于法律的执行者在实际中对于该条款的应用起到了解读和指引作用，对于世界其他国家的公司治理机制给出了可以借鉴的经验。

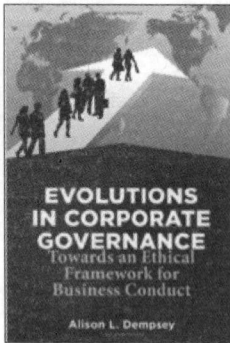

书名： Evolutions in Corporate Governance：Towards an Ethical
Framework for Business Conduct
《公司治理演进：向着商业行为的道德准则框架过渡》
作者： Alison L. Dempsey
出版时间： 2013 年 11 月 1 日
出版社： Greenleaf Publishing

书籍简介： 在当今时代，公司行为和决策都会产生深远而持久的影响，遵守或者违背商业道德规范成为公司发生商业行为时必须考虑的问题，不论在公司发生违法行为时，判断监管有效性时，公司与其股东约定条款时，投资者制定指标衡量公司业绩和风险时，还是评估企业长期价值时，都需要将道德这一因素纳入考虑范围。

本书分为八个部分：第一部分介绍了本书的核心概念——道德、行为和治理以及本书的主题——披露、契约和现行商业行为准则的演进；第二部分回顾了近期和过往公司治理中的危机事件，总结了在这些失败案例发生后各方对此的反应及其本质，从而引出了企业、政府和社会之间长期存在的动态关系，本章还检验了综合考虑商业行为准则的各种不同的观点时将如何拓展和丰富公司治理理论和实践；第三部分概括了在现代公司治理演进中最有影响力的三类治理准则——英国式、美国式和西欧式治理方式，此外，本部分还认为，相比传统的严格以公司为中心的探讨方式，社会经济学角度为公司治理研究提供了更为广阔的视角；第四部分考虑了经济全球化背景下以单个国家为基础的治理机制的有效性和权威性问题，接着检验了各种正式和非正式的公司治理标准的作用，以及在国际上这些标准共存情况下对于商业行为的治理效力；第五部分提出了建立一个通用的公司治理标准的观点，并且强调了现代公司团体在塑造新标准中的作用，在某些方面它们可能会超越政府机构这个正式角色的力量；第六部分认为企业与社会之间的关系是不断进化的，公司治理的标准要延伸至企业行为的道德、环境和社会影响，传统的治理实践也在不断创新，现在已经演化为将政府强制、企业自愿、市场驱使三种力量结合起来的方式；第七部分探索了现代通信技术的进步给公司治理实践带来的机遇，如更广泛的参与度和内在的威胁；第八部分回到本书的最初主张——道德是第一位的，公司治理标准演进的方向应该是将公司的诚信、公平和负责等道德准则清晰地纳入标准中，用道德标准指导企业的行为。

本书为理解并开发衡量公司治理水平的标准提出了一种新的视角，本书的出发点并不是为了丰富传统的公司治理和监管理论与实践，也不是为了发掘能代表优秀公司治理水平的政策和惯例，而是为了重塑公司治理的基本理念和原则。本书回答了这样一个问题，即有效的公司治理应当将哪些因素和指标纳入框架之中？在经济全球化不断挑战着法律治理的底线的情境下，只有将道德标准同时包括在公司治理框架之中时，公司治理才能真正变得有意义。

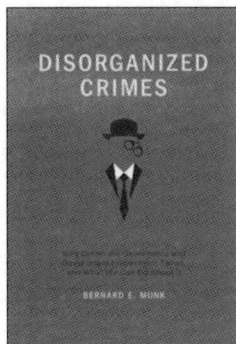

书名： Disorganized Crimes：Why Corporate Governance and Government Intervention Failed，and What We Can Do About It

《无序之罪：为什么公司治理和政府介入失败，我们应该怎么做》

作者： Bernard E. Munk

出版时间： 2013 年 11 月 20 日

出版社： Palgrave Macmillan

  书籍简介： 本书介绍的是为什么会出现公司破产，在公司治理实践中，我们可以改变公司治理的措施以减少股东损失，政府部门制定规则以减少股东损失，这样可以避免宏观经济大萧条等的干扰。围绕过去十年的破产案例，如安然事件和次贷危机，本书展现了整个事件的经过。可以很好地解释诸如股东会、董事会、经理层的倒台。对这些内容的分析，可以更好地解决暴露出来的公司问题，以便找到更好的激励管理层的措施，离任经理层的公司补偿系统和促进系统。

  无序之罪是混乱和高成本的。本书指明了一条路径，避免金融惨剧的发生，至少可以降低公司的影响，减少公司损失。解决这个问题的实质在于市场工作合规化。

  本书选择了安然事件和次贷危机问题进行论述，以事件的发生作为出发点，展示公司治理中的无序问题，浅显易懂，表达生动，适合于案例的研究分析。本书将公司治理中的股东会、董事会、经理层的关系表达得非常清晰，当企业遇到经济大萧条时，公司出现问题时，公司该如何做，以应对危机的发生。

第四章 公司治理学 2013 年大事记

2013 年国内外关于公司治理的学术活动有很多，它们通过各种报告、讨论等多种形式对公司治理的相关问题展开研究。这些方式不但展现了关于公司治理研究的最新成果，而且通过交流、思想碰撞又促使新的研究成果的产生。本书在收集、梳理相关学术活动的基础上，对国内 10 次研讨会和国外 10 次研讨会做了介绍，方便读者了解该领域的最新研究成果，为进一步研究提供参考。

第一节 国内大事记

一、第七届公司治理国际研讨会

2013 年 9 月 7—8 日，第七届公司治理国际研讨会暨 "2013 中国公司治理指数" 发布会在南开大学隆重举行。第九、第十届全国人大常委会副委员长、经济学家成思危，中国集团公司促进会执行副会长张重庆，天津财经大学副校长于立，中国上市公司协会副秘书长张永伟，南开大学校长龚克，东北财经大学校长、南开大学中国公司治理研究院院长李维安等出席大会。来自国务院国资委、中国银监会、中国证监会等相关部门负责人，以及国内外公司治理研究领域著名学者、企业家 400 多人齐聚一堂，共同探讨如何提高公司治理有效性、创新治理模式。

全球金融危机爆发后，公司治理问题再一次引起世界各国的关注，形成新一轮改善公司治理的趋势。在中国，伴随着公司治理由行政型治理向经济型治理的转型，围绕着规则、合规和问责进行的公司治理结构和机制建设，使公司治理的合规性明显改善，但治理有效性偏低已成为提升公司治理质量的关键问题。如何加快实现公司治理建设由合规性向有效性的转变，探讨新形势下的公司治理模式发展和最佳治理实践，成为第七届公司治理国际研讨会的主要议题。

围绕大会主题，著名经济学家和管理学家成思危先生、中国集团公司促进会执行副会长张重庆先生、南开大学校长龚克教授等出席会议并致辞。随后举行了南开大学联合东北财经大学、中国上市公司协会合作建设的 "中国公司治理协同创新中心" 以及 "南开大学——央视财经 50 指数协同基地"正式揭牌仪式。成思危教授做了主题报告，分析了公司治理对上市公司的重要性。他表示，随着中国经济的不断发展，公司治理越发重要，甚至成为评价公司绩效最根本的指标；上市公司的公司治理，既要保证股市的良好发展，也要保护公共投资者的利益。

在本次研讨会上，东北财经大学校长、南开大学中国公司治理研究院院长长江学者李维安教授做了《2013 中国公司治理评价报告》，发布被誉为上市公司治理状况"晴雨表"的"2013 中国上市公司治理指数"。报告对 2470 家上市公司治理状况进行了系统评估：从行业比较分析来看，2013 年信息技术业的公司治理指数位居第一，其次为金融、保险业，建筑业，制造业，社会服务业等行业；从控股股东性质比较分析来看，2013 年民营控股上市公司的治理指数平均值继 2011 年连续三年超过国有控股上市公司；从市场板块来看，2013 年评价中，创业板治理指数位居首位，均值达 62.93，中小企业板为 62.22，金融、保险业为 61.81，主板上市公司的治理指数最低，为 59.34，但较 2012 年的 58.68 有所提高。报告分析了 2013 年度中国公司治理的总体趋势。报告指出，近年来，在监管部门和上市公司的共同努力下，以规则、合规和问责为核心的公司治理建设大大提升了上市公司的治理质量，公司治理指数的均值由 2003 年的 48.96 提升到了 2013 年的 60.76，达到历史最高水平。

随后，香港中文大学 Joseph P.H. Fan 教授、美国南加州大学 Ehud Kamar 教授、皇家墨尔本理工大学 On Kit Tam 教授、中山大学李新春教授、台湾大学 Chung-Hua Shen 教授、日本经济大学后藤君夫教授、英国萨瑞大学 Jean Chen 教授、香港大学 Chen Lin 教授、新加坡国立大学 Yupana Wiwattana Kantang 教授、中欧国际商学院 Klaus E. Meyer 教授、亚洲开发银行公司治理咨询专家 Christian C. Johnson 等专家学者分别做了关于公司治理有效性与治理模式创新的主题演讲。

本次大会设立了公司治理模式及其有效性、公司治理与创新、信息披露、内部控制、公司治理与公司金融、公司治理与股东行为、经理层治理与高管激励、董事会治理与战略管理、公司治理与资本市场、金融机构治理、集团与家族企业治理、利益相关者与社会网络、实验经济学与公司治理等 12 个主题会场，海内外专家共同商讨公司治理有效性与治理模式创新的相关议题。研讨会专门设立家族企业治理圆桌论坛和国有企业治理圆桌论坛，深入剖析具有中国特色的家族企业和国有企业治理问题。

本次会议还得到了国务院国资委、国务院发展研究中心、中国银监会、中国证监会、中国保监会、上海证券交易所、深圳证券交易所、天津市政府、国家教育部、国家自然科学基金委管理科学部、南开大学、东北财经大学等相关部门以及广大企事业单位的大力支持。来自美国、英国、德国、澳大利亚、新加坡、日本、中国香港、中国台湾等国家和地区的著名大学和国际机构的公司治理知名专家、国内学界专家、企业家共 400 余人出席了本届研讨会。大会通过主题报告、主题会场、圆桌论坛等方式，围绕公司治理有效性、治理模式创新、企业制度创新、完善内外部治理、家族企业治理及国有企业治理模式等热点问题进行深入交流和探讨，同时，此次发布的"评价报告"揭示了目前资本市场存在诸多问题的治理根源，为监管部门完善监管、上市与非上市公司推进公司治理有效性建设和治理创新提供了重要依据。

二、第九届创业与家族企业国际研讨会

2013 年 10 月 17—18 日，第九届创业与家族企业国际研讨会在浙江大学举行，会议主题为"华人家族企业传承"。会议由浙江大学管理学院与浙江大学城市学院联合主办，浙江大学全球创业研究中心、浙江大学城市学院商学院、浙江大学城市学院创业教育学院承办，浙江大学全球浙商研究院、中山大学中国家族企业研究中心、《管理世界》杂志社、浙江大学城市学院创业与家族企业研究中心等机构协办，浙江大学管理学院学科建设资金、浙江大学方太家族企业研究基金、浙江大学城市学院省级重点学科（企业管理）建设资金联合资助。浙江大学管理学院院长吴晓波教授和浙江大学城市学院院长吴健教授作为主办方代表在开幕式上致辞，开幕式由浙江大学管理学院副院长陈凌教授主持。

在本次年会上，北卡罗莱纳州立大学 Bradley L. Kirkman 教授、爱荷华大学 Sara Rynes 教授、美国《Management Organization Review》杂志主编、亚利桑那州立大学凯瑞商学院徐淑英（Anne Tsui）教授、卡尔加里大学金融学与家族企业治理教授、浙江大学家族企业客座讲座教授蔡济铭（Jess H. Chua）、香港科技大学商学院金乐琦教授、香港中文大学郑宏泰教授、中山大学李新春与储小平教授以及浙江大学周生春教授、窦军生副教授等专家学者做主题发言，国内外高校和研究机构的 100 多位学者和研究生参加了研讨。从 60 余篇提交的论文中，茅理翔家族企业研究学术委员会评选出 15 篇优秀论文。

中国管理研究国际学会创会主席、《Management & Organization Review》创刊主编、亚利桑那州立大学教授徐淑英在本次研讨会上做了科学本质与学者社会责任的报告。学者的任务是扩大学术影响，将研究成果应用到实践，从事学术研究的学者要做的是平衡利益相关者的利益并对社会有净价值贡献，她提倡中国情境下有新意的家族企业理论研究。储小平教授指出，华人家族企业成长影响最复杂、最关键的是家族和泛家族文化。文化规则决定了一个社会的信任特征、信任半径和信任深度，中华文化影响了人们合作秩序的扩展能力，影响了人格化交换向非人格化交换的变迁，由此也决定了交往形式扩展的路径和成效。从管理现象看，职业化是中国家族企业成长过程中很难突破的瓶颈。正是中国职业化进展的缓慢，倒逼家族企业的传承还是停留在了父子交接班模式，家族企业的治理仍然以两权合一为主。加拿大卡尔加里大学金融与家族企业治理教授、浙江大学方太家族企业讲座教授蔡济铭（Jess H. Chua）指出，中国传统文化中的君臣关系，特别是皇帝与将军的关系影响着当代家族企业传承，只要有人扛起了社会正义的大旗，"替天行道"，即便他是一位没有任何皇族血统的普通人，也能合"天命"地对旧主取而代之。

中国改革开放，是以政府的退出与市场的扩张为主要内容的，并且是在中国独特的政治、制度和文化背景下展开，导致了微观的企业组织有其特殊的组织模式以及战略决策。上海财经大学贺小刚教授发现有效的制度环境，即能够对创新活动提供足够的激励与回报

的社会，会提升经营困境中的家族企业进行持续创新的动力，降低它们的短期投机动机，而低效的制度环境则起到完全相反的影响。英国兰卡斯特大学 De Massis 教授等学者考察了在中国独特社会政治情境中，家族涉入对研发这种高不确定性但可能带来财富行为的影响。在产权保护较弱的情况下，中国家族企业跨代控制受限于政府那只"掠夺之手"。另外，中国家族企业主要关注的是经济目标，而不是非经济目标，其研发策略会随着经济绩效的好坏不断做出反应和调整。

三、第六届"管理学在中国"2013 年会

2013 年 10 月 18—20 日，第六届管理学在中国 2013 年会在苏州召开。本次会议由教育部科技委员会管理学部、中国管理研究会组织与战略专业委员会、西安交通大学中国管理问题研究中心、西安交通大学管理学院、华中科技大学管理学院、西交利物浦大学主办，西交利物浦大学承办。

为促进管理理论与管理实践的碰撞和深入融合，本次会议以"本土化理论研究与实践"为主题，由"管理学在中国"理论研究和"管理学在中国"实践探索两个阶段共同构成。来自清华大学、哈尔滨工业大学、浙江大学、复旦大学、上海交通大学、南京大学、西安交通大学、华中科技大学、武汉大学、中国人民大学、兰州大学、湖南大学、电子科技大学、大连理工大学、西北大学等 40 多所高校与研究机构的学者以及来自 TCL 集团、青岛啤酒集团等 20 多家知名企业的管理实践者共 160 多人参加了研讨会，收到论文 80 余篇。《管理学报》杂志社、《管理学家》杂志社以及苏州市科学技术协会作为本次年会的协办单位均派代表出席并参加研讨。

会议开幕式由南京大学商学院名誉院长赵曙明教授主持，席西民代表东道主致辞，对莅会专家、学者表示热烈欢迎，并回顾了"管理学在中国"的发起与历程。"管理学在中国"系列研讨会得到教育部科学技术委员会管理学部、国家自然科学基金委员会管理科学部的支持，由西安交通大学中国管理问题研究中心、西安交通大学管理学院、华中科技大学管理学院，《管理学报》、《管理学家》发起，从 2008 年在西安交通大学管理学院召开到 2012 年由上海交通大学管理学院举办，已成功举办 5 届。会议的宗旨是面对中国管理实践和现实问题，总结中国最优管理实践，研讨现实管理热点与难题，探索适用的管理模式和管理工具，促进中国管理理论和管理理论在中国的创立、发展与传播，推动中国管理研究与实践的进步。西交利物浦大学国际商学院院长 Sarah Dixon 教授在演讲中探讨了情境在管理研究中的重要性，以及对"管理学在中国"2013 年会的期待与支持。

在理论研究阶段，聚焦管理理论在中国的新进展，激发对管理理论深入思考、探讨管理研究方法新发展、分享最新研究成果。该阶段以管理学者为主，并吸引了管理实践者踊跃参与和共同研讨。中国人民大学商学院章凯教授、席西民、云南财经大学党委书记汪戎教授、清华大学社会学系罗家德教授、电子科技大学管理学院副院长井润田教授、武汉工程大学管理学院副院长吕力副教授先后做了题为"源头创新与中国未来管理研究的策略取

向"、"本土管理研究——我们的探索"、"也谈管理学在中国"、"企业间社会网络结构与复杂适应——布局的意义"、"组织变革过程模型的本土化研究"、"直面中国实践的管理伦理与哲学问题"的大会报告。

席酉民教授介绍了其研究团队在本土管理研究中的探索。他指出管理理论必须具有自我反思以及社会干预的功能，这种"功能"不可能完全由立足于中层理论的"经验研究"独立完成，而必须借由针对经验研究的认识论、方法论的哲学反思才能更好地得以实现。他重点阐述了基于演化、情境和互动的视角，以及和谐管理理论对领导理论、战略理论和组织理论三个经验理论的探索，以及对本土环境的特征分析、本土环境中领导者的成长与作用、本土组织应对网络化环境的组织创新和本土组织应对不确定性环境的战略实践等方面的主要发现。由于研究动机在于理解和描述本土化领导有意义的社会行动，探索本土化领导的深层规律，最终成果主要是对群体的社会意义如何产生和维系给出描述；并在此基础上验证所构建理论的正确性，因此适宜选择"系统+演化"的方法论视角，采用"实证+构建（诠释）"的多元范式、质性研究与量化研究相结合的研究方法。

在实践探索阶段，以"本土领导力"为主题，直面中国企业管理实践中的新现象、新问题、新模式和新思想，邀请管理实践者讲述新颖的管理故事，分享管理实践者的智慧与感悟。该阶段以管理实践者为主，并吸引了管理学者踊跃参与和共同研讨。西交利物浦大学执行校长席酉民教授致辞并以"领导力：我的体验与感悟"为题，以观察、思考、理论、实践和感悟为主线阐述了他对本土领导力的认识，并引出了其研究团队关于本土领导力研究的两个研究报告：张晓军的"双重理性领导：如何成为有效的本土领导"和徐立国的"为静态理论增加动态观：领导特质的演化及呈现"，引发了参会的管理实践者交流讨论。此后，TCL集团总裁薄连明以"企业全景管理模式"为题做主题报告。青岛啤酒集团营销副总裁杨华江主题报告的题目是"公司战略与领导力提升"。最后，致远软件董事长徐石做了题为"工作的革命——基于组织行为管理的IT实践"的主题报告。

"管理学在中国"年会的宗旨是从中国管理现实问题出发，有选择地对政府、企业和非营利机构关心的管理热点与难点问题进行研讨，探索适用的管理模式和管理工具，促进中国管理理论的创立、发展与传播，推动中国管理研究与实践的进步。

四、第二届中国国有企业改革与治理学术研讨会

2013年10月26日，第二届中国国有企业改革与治理学术研讨会在安徽财经大学成功举办。会议由安徽财经大学国有企业公司治理研究中心与首都经济贸易大学国际比较研究院共同主办，《经济管理》、《经济学动态》、《董事会》和《比较管理》等杂志社协办。会议主题是"弘扬徽商文化，深化国企治理"。中国社会科学院、清华大学、南开大学、山东大学、吉林大学、暨南大学、对外经贸大学、首都经贸大学、东北财经大学、辽宁大学、北京师范大学、华北电力大学、浙江工商大学、南京工业大学、安徽大学、沈阳理工大学等10余所高校和研究机构从事公司治理问题研究的专家学者50余人应邀与会。

会议开幕式由安徽财经大学国有企业公司治理研究中心主任刘银国教授主持，校长丁忠明教授致欢迎词。丁忠明简要介绍了学校发展及学科建设概况，对各位专家长期以来对学校建设和发展的支持表示衷心感谢，并希望各位代表与会期间为学校学科建设把脉，为发展献计。

中国社会科学院工业经济研究所副所长管理科学研究中心主任、《经济管理》杂志社副主编黄速建研究员，清华大学绿色跨越研究中心主任、全国 MBA 教育指导委员会委员兼秘书长、国务院学位委员会工商管理学科评议组成员仝允桓教授，国务院学位委员会工商管理学科评议组成员、教育部工商管理学科教学指导委员会委员、中国企业管理研究会副会长、首都经济贸易大学校长助理、《比较管理》杂志社总编辑高闯教授，北京师范大学经济与工商管理学院副院长、公司治理与企业发展研究中心主任高明华教授，吉林大学中国国有经济研究中心主任徐传谌教授，中国公司治理研究院副院长、南开大学马连福教授，全国实验经济学与博弈论研究会副理事长、南开大学公司治理研究中心实验研究室主任李建标教授，浙江工商大学工商管理学院院长郝云宏教授，山东大学企业管理研究所主任谢永珍教授，江苏省人民出版社党委书记、《董事会》杂志社社长、总编辑俎永松，暨南大学刘汉民教授，安徽财经大学国有企业公司治理研究中心主任刘银国教授等围绕会议主题，分别做了"国有企业的基本状况、特点与问题"、"国有企业的使命与治理"、"党组织在国有企业治理中作用机理"、"中国上市公司董事会治理指数 2013"、"问题导向还是模型驱动——公司治理研究方向选择"、"行政型治理向经济型治理的变迁"、"董事会结构与传媒上市公司绩效——基于董事会治理行为的非线性中介效应检验"、"基于工作角色的独立董事尽责机理与实证检验"、"规范国企治理中需要解决的几个主要问题"、"自由现金流量持有价值研究——基于门槛回归模型的实证检验"的精彩演讲。

五、中国工业经济学会 2013 年学术年会

2013 年 11 月 1—2 日，由中国工业经济学会主办、浙江财经大学承办的"中国工业经济学会年会暨深化经济体制改革与转变经济发展方式研讨会在浙江财经大学隆重召开。中国工业经济学会年会每年举办一次，已经成为目前国内产业经济学界专业性最强、规模最大、影响力最广的学术盛会，也是中国经济学界与社会各界相互交流、沟通与合作的重要平台。会议共收到多篇学术论文来自国内多所高校和研究机构的专家学者围绕"深化经济体制改革与转变经济发展方式"这一主题，就转变经济发展方式的体制与机制、产业结构转型与升级、技术创新与战略性新兴产业、政府管制与反垄断的四个专题进行了深入的交流探讨。

在转变经济发展方式的体制与机制方面，郑新立、吕政、金碚做了主题发言。中国工业经济学会郑新立会长提出三个重要观点：一是目前中国仍然处于可以大有作为的战略机遇期，只要通过深化改革，把增长的潜力释放出来，经济增长仍然有很大的空间。二是促进经济可持续发展和实现经济发展方式转变主要依靠加快改革，应通过全面深化改革来释

放经济增长的六大潜力。三是当前的工作重心应该是扩大内需来调结构和稳增长。中国工业经济学会吕政理事长指出，协调利益关系是深化改革的突出难点。解决利益协调是深化经济改革的突出难题。中国社会科学院工业经济研究所所长金碚指出，中国经济发展主要靠保持宏观经济稳定的宏观经济政策和保持公平竞争和全国统一市场的微观经济政策。

在产业结构转型与升级方面，浙江省政策研究室沈建明主任指出，近年来浙江工业经济增速下降主要有两个原因：一是金融危机的影响还在持续。二是工业结构性因素的影响。东北财经大学经济学院张抗私教授发现工业化水平、技术水平、对外开放水平是造成中国产业结构与就业结构失衡的主要因素，而市场化水平和城镇化水平的提高对产业结构与就业结构的协调发展具有积极作用。

在技术创新与战略性新兴产业发展方面，南开大学经济学院庞瑞芝副教授剖析了政企关联、研发与企业创新绩效的关系认为政企关联企业在获取政府资金支持方面具有明显优势，但这种优势没能有效转化成其创新发展强势，同时在总体上政企关联对企业创新绩效的影响是负面的。

在政府管制与反垄断方面，浙江财经大学王俊豪校长强调中国政府管制体制需要进行重大的体制创新，主要体现为四个方面：一是完善政府管制法规政策体系；二是建立高效的管制机构体系；三是形成多元的管制监督体系；四是构建科学的管制绩效评价体系。四个构成要素相互联系、相互制约，为政府实现有效管制提供基本的制度保障。

六、第八届（2013）中国管理学年会

2013 年 11 月 9—10 日，第八届（2013）中国管理学年会——中国管理的国际化与本土化在上海交通大学举行。中国管理学年会是中国管理学领域规模最大、层次最高的综合性学术会议，旨在加强中国管理学界的合作与交流，推动中国管理科学研究的发展，提升中国管理实践的水平。

来自全国各院校、各研究领域的学者，以及各行业关注管理研究与实践的企业家、职业经理人等 800 余位嘉宾参加了本次年会。本届中国管理学年会由中国管理现代化研究会和复旦管理学奖励基金会联合主办，并由上海交通大学安泰经济与管理学院承办。

在开幕式上，国家自然科学基金委员会管理科学部主任吴启迪、中国科协学术学会部副部长宋军，以及上海交通大学党委副书记胡近出席并致辞。中国管理现代化研究会理事长赵纯均做了学会 2013 年度工作报告，中国管理现代化研究会名誉理事长成思危做了视频讲话，预祝年会圆满举行。开幕式由中国管理现代化研究会副理事长、秘书长石勇主持。

普林斯顿大学名誉政治经济学教授与经济学教授、上海交通大学客座教授邹至庄，美国维吉尼亚大学达顿商学院讲座教授陈明哲，中国科学技术大学管理学院执行院长梁樑分别就中国经济问题、中西文化双融及数据包络分析应用研究等领域进行了主题演讲。

本次大会分 17 个管理学相关议题举行了分组论坛，学者们进行了最新研究的交流和

探讨。大会还同时举行了青年论坛、期刊论坛、女管理学家论坛，以及中国经管类博士生招聘会等。青年论坛上，上海交通大学安泰经济与管理学院院长周林、哈尔滨工业大学管理学院教授叶强分别就论文发表和如何开展研究工作做主题报告，并与台下参会代表互动讨论。本届年会新增"女管理学家论坛"，旨在共同探讨"女性与管理学"相关的议题，建设我国管理学高层次女性人才交流的平台，共同探索我国女性管理学人才的成长之路。

在本次管理学年会上进行了第二届院长论坛，清华大学公共管理学院院长薛澜、天津大学管理和经济学部主任张维、中山大学管理学院执行院长李仲飞等 7 名知名商学院院长围绕"国际化背景下的商学院发展创新探索"这个主题进行了热烈探讨。论坛紧密围绕商学院"管理人才培养、管理学科研究、社会服务与实践"的功能定位，以国际化与本土化的交融为背景，深入开展访谈与对话。院长论坛由安泰经济与管理学院院长周林主持。院长论坛结束后，举行了首届（2013）中国管理学青年奖颁奖典礼及中国管理学年会交接仪式，周林院长将会旗交接给了中山大学管理学院执行院长李仲飞教授手上，由他们承办下一届年会。

作为本次年会的承办方，上海交通大学安泰经济与管理学院一向注重以深化内涵发展为重点，不断在教学、科研和服务社会经济等各个领域突破进取，取得丰硕成果。

七、第十二届中国公司治理论坛

2013 年 11 月 29 日，由上海证券交易所和中国上市公司协会共同主办的"第十二届中国公司治理论坛"在上海召开。本届论坛以"信息披露与公司治理"为主题，与会代表分别就"信息披露直通车运行评价"和"信息披露有效性"两个议题展开了富有成效的探讨与交流。上交所副总经理阚波、中国上市公司协会副监事长杨琳出席论坛，沪市 30 家上市公司的代表参加了论坛。

据上交所介绍，"上证直通车"实施以来运行良好，除个别复杂或者涉及无先例事项的公告外，上市公司 80% 以上公告均由公司通过上交所网站和指定媒体自行披露。本次论坛上，与会上市公司代表对此普遍表示了认同，认为"上证直通车"适应了市场发展的需要，是信息网络技术发展的必然趋势，有利于投资者及时公平地获取重大信息。与会代表也提出，"上证直通车"对上市公司的信息披露工作提出了更高要求，公司需强化第一信息披露义务人的责任意识，加强人员和设备配置，完善内部流程，建立应急处置机制，确保信息披露工作平稳顺利。

与会人员还就"上证直通车"工作交流经验，建言献策，提出了有益的意见和建议。有公司提出，公司内部要建立具有可操作性的信息内部报送机制，完善内部审核程序，保障公司信息的统一归口和及时披露。有公司提出，上交所通过微信建立起的公司群，能促进公司交流成熟经验和先进做法，建议进一步推广。

对于如何提高上市公司信息披露有效性，上市公司普遍认为，在自媒体时代做好信息披露，不仅要做到真实、完整、准确、及时和公平，还需要结合自身业务特点，与投资者分享更多自主化和个性化信息。有公司建议，可以加大非财务信息的披露力度，如增加定期报告中"管理层讨论与分析"的披露要求。也有公司提出，可以完善信息披露的行业分类指引，使不同行业上市公司的信息披露具有更强的针对性和使用价值。在讨论中，上市公司还对进一步提升上市公司信息披露的权威性提出了建议，认为在当前市场信息源多样化的背景下，要强化中小投资者对上市公司信息披露法定渠道的认识，防范投资者受到非正式信息渠道或者未经确认消息的误导。

中国公司治理论坛已经连续举办十二届。本次论坛贯彻节俭办会的要求，讲求实效，取消开幕和闭幕流程，不设置评奖和颁奖环节，主要邀请上市公司代表参加座谈。论坛旨在加强交流，凝聚共识，推广最佳做法，持续推动上市公司提升治理水平。

八、第三届跨文化管理国际学术研讨会暨"第七届海峡两岸企业管理学术研讨会"

2013年11月30日，第三届跨文化管理国际学术研讨会暨"第七届海峡两岸企业管理学术研讨会"在上海外国语大学成功举行，本次会议的主题是"中国管理与世界"。本次会议由上海外国语大学主办，上海外国语大学国际工商管理学院、跨文化研究中心、东方管理研究中心、MBA教育中心联合承办。协办单位包括复旦大学管理学院、复旦大学东方管理研究院、江西财经大学工商管理学院、上海工程技术大学管理学院、中国人民大学商学院、云南大学工商管理与旅游管理学院、中山大学（台湾）人力资源管理研究所、政治大学企业管理学系、淡江大学企业管理学系、《上海管理科学》、《跨文化管理》、《比较管理》、《当代财经》、《中国工业经济》和《管理世界》杂志社等。

上海外国语大学党委书记兼校务委员会主任、上海管理科学学会副会长吴友富教授出席了会议并代表学校致辞。当今全球跨文化管理泰斗85岁高龄的荷兰国际文化合作研究所所长Hofstede教授专门给会议制作了视频演讲，并于当天下午与现场视频对话互动。出席会议的领导及发表主旨演讲的其他嘉宾有：上海交通大学安泰经济与管理学院名誉院长、原中国对外经济贸易合作部副部长张祥教授；中国工业经济研究所所长黄群慧教授；教育部工商管理类专业教指委主任、西交利物浦大学执行校长、英国利物浦大学副校长席酉民教授；全国MBA教指委委员、江西财经大学副校长吴照云教授；教育部工商管理类专业教指委副主任委员、首都经济贸易大学校长助理、《比较管理》杂志主编高闯教授；教育部工商管理类专业教指委副主任委员、全国MBA教指委委员南京大学商学院名誉院长赵曙明教授；国内顶级经管期刊《管理世界》杂志社副总编辑、编辑部主任尚增健教授；香港理工大学管理与营销系Michael Bond教授；新加坡国立大学商学院终身教授吕文珍；中山大学（台湾）人力资源管理研究所所长赵必孝教授、陈以亨教授；新西兰奥克兰理工大学商学院Romie Littrell教授；佛罗里达大学终身教授Michael Leslier；复旦大学管理学院副院长薛求知教授、管理系主任苏勇教授；上海家化董事总经理王茁先生等。开幕式由教育部工商管理类专业教指委委员、上外国际工商管理学院院长、MBA中心主任范徵教授主持。国际工商管理学院原总支书记于朝晖教授、副院长王凤华副教授、跨文化研究中心主任 Steve 教授、东方管理研究中心主任苏宗伟副教授、传媒学院院长姜智彬教授、外事处处长张红玲教授、学科办主任王志强教授、教务处副处长孙建副教授、上外附中党总支副书记杭虹利副教授等分别主持了主旨演讲、分论坛演讲，或成为演讲的点评嘉宾。

本次会议的主题是：中国管理与世界。主要论题包括中国管理与世界，东方管理，东西方管理的融合与创新，文化、制度与管理，两岸管理教育比较，跨文化管理等。同时还包括跨文化管理领域、企业跨国经营领域的前沿论题：人力资源管理，组织行为与华人心理，华商管理，战略管理，创新与创业管理，营销管理，知识管理，国际企业战略，国际公共关系管理，国际广告与传媒，国际金融与贸易，全球化领导力。任何管理活动都离不开特定的历史条件和民族文化背景。现代意义上的管理学源自西方，但管理的智慧是中国传统文化中的一份宝贵财富。随着东方国家经济的迅速崛起，东方的管理思想逐渐引起世界的广泛关注，以中国管理模式为代表的东方管理成为世界管理学界的重要领域，在西方管理思想进入瓶颈的关键时期，中国管理思想与方法以一种崭新的角度和思维为世界管理学科的发展注入了新的活力。旨在不断推动中国管理与世界的交流沟通与融合发展。

九、第二届公司治理国际高峰论坛

2013 年 12 月 8 日，由北京师范大学公司治理与企业发展研究中心、北京师范大学经济与工商管理学院和经济科学出版社共同主办的"第二届公司治理国际高峰论坛——后危机时代中国公司治理国际研讨会"在北京师范大学英东学术会堂成功举办。北京师范大学校长董奇在会前会见了参会的中外嘉宾，北京师范大学副校长曹卫东、中国财经出版传媒集团总经理和经济科学出版社社长郭兆旭出席会议并先后致辞。

国务院国有重点大型企业监事会主席季晓南，国务院国资委企业改组局局长李冰，中国农业银行副行长李振江，香港教育学院校长张仁良，国务院国资委企业改革局副局长王润秋，中国证监会研究中心副主任黄明，中国社会科学院研究生院前院长刘迎秋，证券日报社社长谢镇江，中共中央编译局办公厅主任崔友平，中国铝业集团公司纪检组组长赵钊，国家外专局原教科文卫专家司司长杨长聚，国务院国有重点大型企业监事会副主任郑新军，中国交通建设股份有限公司副总裁朱碧新，北京市科技发展交流中心主任李建华，中国社会科学院工业经济研究所副所长黄速建，中国出版集团·东方出版中心副总编辑祝新刚，北京大学校长助理黄桂田，中央财经大学中国发展和改革研究院院长邹东涛，清华大学经济管理学院副院长夏冬林，清华大学政治经济学研究中心主任蔡继明，中国社会科学院世界经济与政治研究所公司治理研究室主任鲁桐，清华大学公司治理研究中心执行主任宁向东，北京师范大学经济与工商管理学院党委书记沈越、副院长张平淡，首都经济贸易大学校长助理戚聿东，国务院发展研究中心企业研究所国有企业室主任张政军，中国社会科学院经济研究所研究员剧锦文，北京航空航天大学经济管理学院教授赵尚梅，对外经贸大学国际商学院教授叶陈刚，北京师范大学政府管理学院教授王建民和魏成龙，中央财经大学中国发展和改革研究院副院长欧阳日辉，山东青年政治学院商学院院长许维祥、副院长白洁，欧洲管理学会副主席、荷兰格罗宁根大学公司治理研究中心主任 Hans van Ees，澳大利亚纽卡斯尔大学前副校长 Stephen Nicholas，以色列特拉维夫大学公司治理研究中心主任 Ehud Kamar，美国哈佛大学肯尼迪政府学院教授 Ilan Alon，美国罗彻斯特理工学院桑德斯商学院院长 Dt Ogilvie，美国孟菲斯大学汤普森——希尔首席卓越教授 Zabi-hollah Rezaee，日本爱知学院大学教授佐藤伦正，英国曼彻斯特大学商学院教授 Edward Lee，美国罗格斯大学商学院副教授 Jeffrey Robinson，日本名古屋大学经济学研究科副教授胡丹，英国布里斯托大学经济金融与管理学院助理教授 Colin Zeng，加拿大多伦多证券交易所驻中国首席代表郜翔，东京证券交易所驻中国首席代表逯家乡，中国证监会上市公司监管部处长高莉，北京市西城区国资委副主任许惠龙，中国出版集团·东方出版中心副总编辑祝新刚，纳斯达克亚洲区前董事总经理徐光勋，合动能源控股有限公司董事长徐立地，四川缘园投资管理有限责任公司董事长徐洪平，北京东方天甲科技发展有限公司总经理杨新宪，中国股权投资基金协会秘书长李伟群，中央电视台财经频道制片人刘志军、德勤华永北京事务所合伙人赵健、英国驻华大使馆中国繁荣战略项目基金经济处项目经理刘可等政府、学界、企业界和新闻出版界的专家学者和企业家，北京师范大学相关部门负责人和师生共计 200 余人出席了本次会议。

本次会议是北京师范大学公司治理与企业发展研究中心主办的第二次公司治理国际会议，也是第六次中国公司治理分类指数发布会。本次会议发布了高明华教授主持完成的"中国上市公司财务治理指数（2013）"、"中国上市公司高管薪酬指数（2013）"和"中国上市公司董事会治理指数（2013）"三类公司治理指数，三类公司治理指数立足于中国国情，以国际上先进的公司治理规范为评价标准，对中国全部上市公司的财务治理水平、高管薪酬合理性和董事会治理质量作了全方位评价，并进行了相应的有效性分析。高明华教授领导的北京师范大学公司治理研究团队已出版和发布五类九部中国公司治理分类指数报告，同时建成了国内最大规模的公司治理分类指数专业性数据库。

各界专家对三个公司治理指数的发布给予高度评价，认为填补了公司治理研究方面的多项空白。这些指数的发布，对于引导投资者理性投资、强化公司的财务治理和董事会治理、完善高管薪酬激励机制，建立有效的监管制度，都具有重要的指导意义。

本次会议的主题包括两方面：一是全球金融危机的启示：经验与教训；二是中国公司治理的变革：方向与路径。围绕着这两个主题，中外专家进行了充分讨论和交流。

国企改革成为关注焦点，政府专家、海内外学者、企业界高管 100 多人参加了成果发布会及其后的专家论坛。在论坛上，与会者从不同角度展示了各自观点。国务院国有重点大型企业监事会主席季晓南在演讲中表示，国有中央企业的公司治理现状还不能很好地适应市场经济的要求。他认为，完善国有企业公司治理，除了本身从公司治理结构入手以外，很重要的一点就是要全面贯彻党的十八届三中全会的精神，坚定不移地深化国资国企改革。国务院国资委企业改组局局长李冰表示，国资委在中央企业推进规范董事会的试点，目前已经 52 家。下一步，国资委将按照发展混合所有制经济和准确界定不同国有企业功能的要求，对中央企业的法人治理结构进行深化和完善。

党的十八届三中全会提出要提高国企利润上缴的比例，到 2020 年达到 30%。清华大学政治经济学研究中心主任蔡继明说，国企利润上缴 30%仍然偏低，但是按照国际上的一般惯例，普通上市公司税后利润分配给股东的平均为 30%，国有企业分配的应该更多，即使达到 30%的比例也不显得高，国外国有企业通常在 50%—70%。

会议期间，北京师范大学公司治理与企业发展研究中心还就公司治理领域的合作研究与海外嘉宾达成了合作意向，并计划由 Springer 出版社出版"中国公司治理分类指数报告"的英文版。新华社、中央电视台、中新社、光明日报、中国日报、北京电视台、北京广播电台、经济参考报、证券日报、证券时报、财新传媒、香港文汇报、南方都市报、企业观察报、中国经济时报、中国经营报、中华工商时报、中国经济周刊、北京商报、人民网、光明网、和讯网、腾讯网、凤凰网、全景网、阿斯达克通讯社、改革内参、经济视野等 30 多家媒体参会报道，和讯网进行了全程图文直播。

十、第六届全国比较管理研讨会

2013 年 12 月 13 日，第六届全国比较管理学术研讨会在北京举行，会议主题为"中国企业战略转型与管理创新"。会议由中国企业管理研究会比较管理专业委员会、中国社会科学院管理科学与创新研究中心、复旦大学东方管理研究院、上海外国语大学跨文化管理研究中心、首都经济贸易大学国际比较管理研究院主办，首都经济贸易大学工商管理学院承办。

来自中国社会科学院、清华大学、北京大学、中国人民大学、中央财经大学、对外经贸大学、天津财经大学、华东理工大学、西北大学、南京理工大学、东北财经大学、安徽财经大学、首都经济贸易大学等 20 多所大学的专家学者参加了本次会议。会议由工商管理学院院长高闯主持。高闯在致辞中向会议的召开表示热烈的祝贺，向与会的专家学者表示热情的欢迎，并向关心和支持首经贸发展的朋友表示诚挚的感谢。

中国企业管理研究会会长黄速建在致辞中指出，当前，中国经济正处于转型期和阵痛期，同时也是中国经济战胜重重困难、克服经济陷阱的关键期。他希望与会专家能够借助本次研讨会的契机，从实践和理论上对中国经济转型的成功路径进行深入探讨，贡献各自的学术智慧。复旦大学东方管理研究院院长苏勇在委托致辞中系统地介绍了复旦大学东方管理研究院的一些进展，并就东方管理研究院在推动东西方管理方面的情况和规划进行了阐述。上海外国语大学工商管理学院院长范徵作为主办方代表致辞。他从三个方面详细介绍了上海外国语大学对于跨文化管理领域的研究成就。鉴于当前比较管理发展的良好势头，他建议上海外国语大学跨文化研究中心、复旦大学东方管理研究院和首经贸比较管理研究院共同组成学术联盟，优势互补，群策群力，共同开创中国比较管理研究更加美好的明天。

北京大学光华管理学院教授张国有从基本的框架分析、两种管理方式的比较、管理方式的变化、比较管理的比较研究四个方面进行发言。中国人民大学商学院教授徐二明通过指出当前中国企业发展中存在的三个重要问题，引出他对制度工作的定义、制度工作基础、两类制度创业研究等方面进行的诠释和解读，并翔实地论证了变革现有制度是应对制度压力的战略选择。天津财经大学教授于立提出政企关系的"两线三区四象五分法"。中国社会科学院工业经济研究所研究员李海舰阐述互联网思维下企业重构的六个趋向：生态网络化、整合全球化、运作平台化、用户员工化、发展无边界、管理自组织。清华大学社会学系教授罗家德从五个方面指出了中国人圈子存在的必要性，并且重点介绍了圈子理论。中国社会科学院工业经济研究所研究员黄群慧指出三点管理在企业中的现状。华东理工大学商学院教授郭毅认为中国本土管理知识的普世化会和中华文明的重建同步，同时也要和西方及其他文明融合或共存，渐进、互动和多样性。清华大学经济管理学院教授全允桓指出，我国经济发展已经由要素驱动、投资驱动向创新驱动转变，党和政府提出创新要有包容性。西北大学公共管理学院教授刘文瑞从人文和科学两种文化的发展鸟瞰、管理学的发展鸟瞰、管理学派的内部和派际透视、学派形成的机制四个层面进行详尽阐述，提出了管理学比较研究的新维度。

高闯教授进行主题为"新比较管理学的性质与特征"的演讲，提出并回答了管理学研究什么、比较管理学研究什么、比较管理研究的任务、新比较管理学的特征是什么等问题，并且从情境与演化的视角对比较管理学的学科体系进行了生动的说明。上海外国语大学工商管理学院教授范徵以"移动互联网背景下的企业战略新选择"为题，以商家的困惑为引子梳理了移动互联网思维。中央财经大学工商管理学院教授崔新健提出了中国与欧盟国家创新体系比较分析——基于创新能力与开放性二维指标。最后，他提出建立和完善我国创新型国家建设、深化经济体制改革的四条基本思路。对外经济贸易大学国际商学院教授王永贵强调企业在科技人才投资中的主体地位。并通过对数据分析阐释了我国科技人才投资现状和发展趋势，同时也揭示了存在的一些主要问题，并给出一些解决问题的合理建议。

第二节 国外大事记

一、美国经济咨商局宣布成立"公司与投资者参与"的工作组

2013 年 2 月 6 日，美国经济咨商局在纽约宣布成立"公司与投资者参与"的工作组。工作组成立的背景是由于近年来层出不穷的财务丑闻和 2008 年金融危机严重影响到上市公司的信誉，公众受访者表示对上市公司领导者信任的比例低于 20%。工作组由露丝女士和劳诺先生领导，工作组成员由大型公众公司的董事和机构投资者组成，意图建立一个强有力的公司监管系统，纠正公司治理当中的问题，最终帮助公众公司重塑信任。

工作组对如何重塑公众对资本市场和上市公司治理的信心提出了建议。首先，仅仅追求股东利益最大化的目标是不适当的，它只是最终的目标，实现这个目标的基础是公司能够可持续发展。只有公司服务好创造价值的相关方——雇员、顾客、供应者、社区以及公司运营的环境，公司才能可持续发展。其次，董事是公司治理的核心，对所有股东负有被委托责任，董事会监管的质量是公司治理质量的重要因素。董事会成员的个人经验与技巧和人际关系都是影响董事会质量的因素。工作组的职责之一就是让董事从办公室走出来，让公众更多了解这些监管公司的人。从投资者的角度应该认真对待投票权，当投资者决定投票时，应该花相应的时间和精力去了解信息。如果投资者从代理机构征求意见，也只能作为一个参考，应该结合自己的分析。代理机构角色非常重要，应该遵循决策透明原则和避免利益冲突原则。最后，董事与投资者的互动还要因情况而定，过度的互动也会导致公司资源的浪费与无效率。

二、第三十四届管理会计研究组年会

2013 年 4 月 18 日，第三十四届英国管理会计研究组年会在伦敦政治经济学院召开。本次会议的主题是"管理会计与公司治理：新议题、新方向"。本次会议由英格兰及威尔士特许会计师协会和英国皇家特许管理会计师公会协办，由伦敦政治经济学院会计系承办。

伦敦政经学院的名誉教授 Michael Bromwich 致欢迎词后，牛津—布鲁克斯大学教授 Laura Spira 首先开始演讲。Spira 教授演讲的题目是"管理会计和公司治理：一个模糊的边界"。Spira 教授从管理会计和公司治理的定义出发，提醒听众注意定义中互相重叠的部分，也就是两个学科模糊的边界，并且提出存在这种模糊的边界不一定是一件坏事。接下来 Spira 教授将董事会角色和董事会独立性联系起来，提出了一些关于会计责任和非执行董事绩效的问题。

接下来伦敦政经学院教授 Michael Power 进行演讲，他的题目是：金融组织的风险偏好文化。Power 教授通过将风险文化描述成一个理论和实践中共同的问题来强调其重要性。在连接这个问题与管理学时，Power 教授提出了两个问题：风险文化能不能被管理以及这算不算是管理会计学的问题？为了回答这两个问题，风险文化首先应当被很好地定义和理解，Power 教授用"双刃剑"来表示风险文化，把这个问题放在定义之中。随着研究的进行，一些关于风险文化的检验被展示出来。例如，对信息需求和组织架构设计方面的特点就被归纳在风险文化中而不是道德话题中。

在下午的会议中，首先发言的是可持续组织研究中心的独立顾问 Martin Thomas。他的演讲——在动荡时代衡量繁荣组织的绩效，突出了经济、社会和自然资本和资本管理的三条底线。Thomas 教授同时介绍了"兴旺组织"的定义，它是一种满足所有持续性标准并且能为资本创造更多新价值的组织。

第四项主题发言是由 Alfred Wagenhofer 教授带来的"服务于董事会的会计信息特征"。Wagenhofer 教授的研究兴趣在于供董事会决策的会计信息特征，以及这些信息对激进、中

立和保守型的董事会是否最有效果。这个话题在随后讨论环节引起关注，讨论的热点在于对保守型会计的定义，

当天最后一个发表主题演讲的是 Hansard Globle plc.的高级非执行董事 Philip Gregory。他分享的主题是：财务部门的治理变革效果：一些观察和经验。他的演讲带给与会者一个了解新形势下企业财务总监面临的变革需求。传统意义上的财务总监是一个好的记账者，控制者和企业内部的"警察"。但是现在越来越多的 CEO 需要他或她的 CFO 提供财务方面的咨询服务，特别是在未来几年经济不景气的背景下。同时，随着公司治理的变革，越来越多的非执行董事法定程序需要财务总监对从前熟练的参考信息有新的扩展和解读。最后 Gregory 先生对管理会计和公司治理的未来发展点做了总结。他认为未来的 CFO 将不仅是一个突出技术性的岗位，而是要有能力与董事会进行"艰难的沟通"。这也是公司治理变革带给管理会计的改变。

三、2013 年私有公司治理峰会

2013 年 5 月 15—17 日，在美国首都华盛顿召开了首届私有公司治理峰会。会议由《董事会》与《家族企业》杂志举办，许多家族企业的所有者、董事和股东参加了会议。

5 月 15 日举行了欢迎晚会，16 日进行了全天的演讲、主题发言和讨论会。会议开始由德勤事务所企业成长服务部的合伙人——Tom Mcgee 和《家族企业》杂志总编辑 Barbara Spector，《董事会》总编辑 Jim Kristie 展开讨论，讨论的话题是私有企业董事会价值。

第一个专题讨论会题目是"私有企业董事会——没有四海皆准的规模"，讨论者有布什兄弟公司董事会主席 Jim Ethier，艾美瑞克公司董事会主席 Margaret Pedersen 等，这些企业的掌门人对董事会的构成、管理层与董事会之间的关系、公司继承的设计和董事会监管的实践问题进行了卓有见地的发言与讨论。德勤事务所合伙人 Robert Kueppers 主持了这场讨论。

《董事会》杂志总编辑 Jim Kristie 主持了题为"私有企业董事会的角色、成员和独立"的专题讨论会，主要讨论了企业所有者对董事会的期望和董事们对履行职责的期望。

16 日下午同时进行了三场分会，主题分别是"家族控制的公司"、"私人与成长资本所有的公司"、"意图卖掉或上市的私有企业"。三个分会都讨论了针对这些类型企业的有关董事会的一些案例。分会后举行了题为"有效董事会"的专题演讲，演讲围绕着测量董事会有效度，董事会的议事规则。晚宴由商业圆桌社团主席 John Engler 进行了主题演讲。

17 日由《董事会》杂志总编辑 Jim Kristie 对 Dennis Cagan-Caganco 公司的主席进行采访。Dennis 是 49 家高科技创业企业的董事，他谈了自己的丰富董事经历中一些有意义的故事。采访过后举行了题为"私有企业董事会——风险和责任"的主题讨论，主要讨论董事们履职时遇到的债务风险和如何消除风险的问题。另一场主题讨论的题目是"识别最好的私有企业董事成员并确保薪酬"。会议最后由已卸任 LockHeed Martin 公司主席的 Norman Augustine 做演讲，题目为"私有企业从公众公司那里学习的教训"。

四、2013 年拉丁美洲公司治理圆桌会议

2013 年 6 月 21—22 日，2013 年拉丁美洲公司治理圆桌会议在厄瓜多尔首都基多召开。主办方是经济合作与发展组织（OECD）。本次会议旨在提供一个更好理解国际资本市场特征和挑战以及探讨拉丁美洲公司治理与资本市场理论与实践问题的机会。中心议题是资本市场如何服务实体经济，以及公司如何保持潜在增长以获取他们创新和增加就业机会的风险投资。

本次圆桌会议的议程围绕拉丁美洲市场的特征，包括普遍集中的所有权、低流动性、大企业集团关联交易监管和通过中小企业上市增强股权市场活力等问题。具体分为五个主题：地区股权市场发展趋势和影响因素；中小企业和它们获准进入拉丁美洲股权市场；拉丁美洲国有企业资本市场：公司治理挑战和影响；圆桌会议关联方交易特别小组的建议：国家特殊进程与新的更好的实践；机构投资者和公司治理层：国家层面对圆桌会议建议的回应。

会议取得了一些成果。讨论提供了一些关于地区股权市场的发展趋势和影响因素的长远发展建议和未来讨论的方向，包括更广阔的经济政策框架、使用债券市场当作本地区资本市场的重要部分、更好地理解中小企业公司治理的不同之处、更好地理解不同类型的公司需要不同章程框架和公司治理需求、增加使用交易型开放式指数基金（ETF）、有关国家介入和国有发展银行角色对股权市场的影响和国家特色股权市场发展和公司治理创新等。

圆桌会议关联交易特别小组报告了巴西、智力和墨西哥在执行特别小组建议时的问题，同时汇报了它们在发展最佳实践建议方面的兴趣。另一小组汇报的股权交易公司治理指数、集团企业公司治理挑战和中小企业在需求银行和私人投资时的公司治理需要引起了与会者的热烈关注。巴西资本市场投资者 AMEC 提议建立特别小组在以后的圆桌会议上讨论机构投资者公司治理问题。智利、哥伦比亚和秘鲁三国在整合上市公司进程中体现出显著的一致性实践和要求。这三个国家都完善了公司治理准则，积极探索使养老金在选派独立的有资历的董事会成员中起到重要作用。

五、米尔斯坦中心公司治理论坛

2013 年 6 月，哥伦比亚法学院"国际市场和公司所有权"米尔斯坦中心评出了第五届公司治理升起之星奖。这一奖项主要授予国际上的年龄低于 40 岁的公司治理方面的专业人士，他们大多是优秀的分析家、专家、董事、经理人、倡导者。授奖仪式也作为第八届米尔斯坦公司治理论坛的重要部分。

奖项候选人由行业内人士提名，由以往的得奖者组成的全球委员会进行评选。评选的条件包括过去的成就、治理思想的影响力、未来事业发展前景、勤勉程度、行业内声誉、未来影响行业的潜力。这次的获奖者来自英国、美国、巴基斯坦、塔吉克斯坦。

米尔斯坦公司治理论坛网站评述说，"这是一个公司治理的新时代，今年的获奖者都是未来的领导者，他们会定义这个时代。"米尔斯坦公司治理论坛关注资本市场，研究投资者与公司之间的关系，研究市场与投资者的变化对公司的影响，研究可以恢复公众对经济和资本市场恢复信任的政策或公司结构的变化，研究对公司绩效和公司治理长远影响的因素。

米尔斯坦中心通过直接或间接赞助进行学术研究，举办圆桌会议与讲座，出版介绍公司治理趋势和成果的刊物，为公司治理的进步做出了突出贡献。

六、第三届日本企业与社会论坛年会

2013 年 9 月 19—20 日，第三届日本企业与社会论坛年会在日本东京召开。本次年会由日本企业与社会论坛主办，日本早稻田大学商学院承办。本届年会的主题是企业社会责任与公司治理。

在本次年会上，与会者讨论了应当怎样理解企业社会责任，怎样把企业社会责任纳入商业管理体系和怎样把企业社会责任纳入好的公司治理中。目前我们已经知道企业社会责任应当被纳入商业管理范畴，当作一个管理问题进行计划、实施和控制。管理者需要把控管理流程，倾听利益相关者的声音。

考虑企业社会责任与公司治理的相互依赖十分重要，在年会上与会者对企业社会责任与公司治理的关系进行了探讨。会议的主要议题有："企业社会责任与公司治理：日本企业与欧洲企业的案例对比"、"日本企业的公司治理"、"商业与当地社区（非营利组织）"、"新兴国家的企业社会责任"、"企业社会责任与教育"等。

七、第十三届欧洲公司治理年会

2013 年 10 月 8—9 日，第十三届欧洲公司治理年会（13th European Corporate Governance Conference）在立陶宛首都维尔纽斯召开。欧洲公司治理年会由欧盟轮值主席国的经济主管部门主办，每年召开一次。主题聚焦于以往一年中公司治理学科的真实角度，第十三届会议的主题包括股东参与、非上市公司公司治理和国有企业公司治理等。超过 200 名与会人员参与了本次年会。

年会上，立陶宛经济部长发言指出："有技能的股东知道也懂得使用他们的权利，特别是在提升被投资公司的公司治理上。作为公司的主人，如果股东们可以正确行使他们的权利，公司将得到最好的管理。"

根据经济部长的演讲，政策制定者和私人企业家目前面临的最大的问题就是快速变化的法律和经济环境。他们都看到无论在相对宽松还是相对严格的法律环境下公司治理原则都应当得到提升。我们看到一些欧盟和经济合作与发展组织层面的积极的改变正在发生，像这次会议就是在欧盟层面发生的积极改变。

本次会议分为四节：第一节主要关注机构投资者行为，受益股东和资产管理者的关系与政府服务机构和代理咨询应扮演的角色。第二节主要关注长期股东参与问题，包括股东监管关联交易、股东合作机制培育和机构投资者行为等话题。第三节致力于讨论非上市公司的治理挑战，包括公司高级治理框架，董事会与股东的沟通和家族企业治理机制等话题。第四节讨论国有企业治理问题，国有企业在经济增长和就业等方面做出重要的贡献，讨论基于国家作为所有者，在引导和沟通董事会方面的问题。

八、2013 年亚洲公司治理协会年会

2013 年 11 月 5—6 日，第十三届亚洲公司治理协会年会在韩国首尔召开。这次年会吸引了来自 20 多个亚洲和其他地区国家的 200 多名与会者。本次会议由亚洲公司治理协会主办，韩国证券交易和韩国公司治理服务协办。

本次会议历时 1.5 天，会议讨论和辩论主题基于东北亚特别是韩国视角下的公司治理和负责任的投资。会议由 Linda Tsao Yang 主席主持，在第一天的欢迎会上，韩国司法副部长 KOOK Min Soo 和安全与未来委员会委员 Yoon Jae-hoon 分别发言。

第一天上午的主题发言包括：东北亚的公司治理—— 一个历史的角度，发言回顾了从 20 世纪 90 年代以来东北亚公司治理学科的发展历程，通过对比同时期世界其他地区的公司治理学科发展，展现东北亚公司治理的发展特点。在"韩国视角下的公司治理和可持续性"发言中，发言者提出一段时间以来，韩国出现了一批如三星、现代等具有全球竞争力的著名企业，它们怎样确定自己的优势？它们有哪些重要的潜在风险？三位演讲者解答了这些问题。另外一个主题是东北亚的地缘政治与安全挑战，发言人认为目前朝鲜和韩国之间的僵局是东北亚最不稳定的因素，他设想了未来 10 年中从地缘政治角度最好和最差的情况，以及有没有可能从商业角度实现南北统一的可能。第一天的主题还包括"与韩国机构投资者对话"和"中国公司治理风险"。

第二天会议讨论的主题分为公司角度的：全球公司治理趋势对亚洲公司的影响，随着全球对公司治理标准的逐渐认同，投资者对投资标的的公司也有了新的衡量标准。在这样的大趋势下，亚洲企业应当如何调整公司治理章程？面临哪些风险？这些问题成为讨论的焦点。会议讨论还有针对投资者角度的：解决东北亚代理投票权挑战。近年来东北亚资本市场的变革越来越吸引机构投资者，但目前还面临着机构投资者寻求代理投票权的问题。讨论围绕在中国、日本、韩国和中国台湾究竟什么阻碍着代理投票权的取得，哪些改革应当推行和有什么具体的工具可以帮助机构投资者获得投票权等问题展开。

九、第九届欧洲管理、领导力、公司治理会议

2013 年 11 月 14—15 日在奥地利克拉根福市举行了"第九届欧洲管理、领导力和公司治理会议"。会议主办联合委员会的主席是来自斯洛文尼亚的马里博尔大学的埃利斯·诺

瓦克博士和奥地利的玛利亚博士。

会议第一天由美国斯隆（sloan）国际公司的茱莉亚·斯隆做题为"学会战略性思考：21世纪领导者必备能力"的主题发言。第二天由斯洛文尼亚的卢布尔雅那大学的威尔多教授做题为"诚信领导"的发言。

会议为与会的学者和企业界人士提供了分享有关管理、领导力和公司治理领域的思想和学术成果的机会。这些领域的研究主要包含组织资源的管理，高级管理层和正式组织治理之间的界面。会议还举办了论坛，参与者通过讨论交流学术和实践方面的新成果。

会议文件中包含46篇学术论文，12篇博士论文。这些论文来自奥地利、澳大利亚、比利时、克罗地亚、塞浦路斯、捷克共和国、芬兰、德国、希腊、印度、印度尼西亚、伊朗、立陶宛、马来西亚、摩洛哥、新西兰、尼日利亚、巴基斯坦、菲律宾、罗马尼亚、斯洛文尼亚、斯洛伐克、南非、荷兰、英国、阿联酋和美国。

十、第七届中东和北非公司治理会议

2013年11月24—25日在阿联酋迪拜迈丹酒店，由阿联酋经济部、Hawkamah（某从事公司治理的协会）与经济合作与发展组织（OECD）举办了第七届中东和北非公司治理会议。该会议是中东地区最大的公司治理会议，参会者主要是公司治理的从业者、商业精英、治理规范的制定者。会议的主题是"公司治理是卓越的领导"，会议主要聚焦公司治理对公司绩效、公司长期发展和经济社会发展的影响。

经济部长Sultan Al Mansouri做主题发言，他说"以往公司治理过多与上市公司、公司丑闻、服从与控制联系在一起。现在应该把公司治理作为使公司持续发展的保障，更优决策的保障，公司绩效的支撑"。

Hawkamah协会的CEO Lenardo Peklar说："本质上，公司治理就是卓越的领导。它不但影响着上市公司，而且影响着家族企业、国有企业、金融机构等类型的企业。今年，我们更多关注公司治理的实践工具，讨论如何使公司治理增加公司的价值。我们想改变以往将公司治理视为仅仅是控制与服从的问题，而要将其视为有效战略决策和卓越领导的工具。"经合组织的Alissa Amico说："中东地区的国有企业和上市公司不仅为阿拉伯国家的GDP做出了贡献，更重要的是它们是中东地区的名片，也是经合组织的工作关注点。好的公司治理不能仅仅来自于监管压力，还需要更多的股东参与。"

会议的参与者除了来自中东地区的，还有许多国际参会者，其中包括许多知名公司、金融机构和媒体。

第五章　公司治理学 2013 年中文文献索引

　　在此章中，作者列出了 2013 年发表的公司治理方面的文章索引，以方便读者查找和了解。所查阅期刊的确定是以 CSSCI（2012—2013）的南大核心期刊目录为依据，通过中国知网查找。索引按照作者拼音顺序划分。

　　1. 白云霞，林秉旋，王亚平，吴联生. 所有权、负债与大股东利益侵占：来自中国控制权转移公司的证据［J］. 会计研究，2013（4）：66–72，96.

　　2. 卞娜，马连福，高丽. 基于投资者关系的投资者行为国外理论研究综述［J］. 管理学报，2013（7）：1086–1092.

　　3. 步丹璐，文彩虹. 高管薪酬黏性增加了企业投资吗？［J］. 财经研究，2013（6）：63–72.

　　4. 曹春方. 政治权力转移与公司投资：中国的逻辑［J］. 管理世界，2013（1）：143–156，188.

　　5. 曹国华，林川，单单. 基于跨期侵占视角的控股股东跨期减持行为［J］. 系统工程理论与实践，2013（6）：1380–1388.

　　6. 曹萍. 金融管制、外部治理环境和企业债务工具的选择［J］. 南方经济，2013（7）：35–47，84.

　　7. 曹廷求，张钰，刘舒. 董事网络、信息不对称和并购财富效应［J］. 经济管理，2013（8）：41–52.

　　8. 曹向，匡小平，刘俊. 管理者过度自信、政府干预与商业信用［J］. 经济经纬，2013（1）：109–114.

　　9. 曾爱军. 高管薪酬与上市公司业绩相关性研究［J］. 财经理论与实践，2013（4）：64–67.

　　10. 曾爱民，张纯，魏志华. 金融危机冲击、财务柔性储备与企业投资行为：来自中国上市公司的经验证据［J］. 管理世界，2013（4）：107–120.

　　11. 曾萍，邓腾智，宋铁波. 制度环境、核心能力与中国民营企业成长［J］. 管理学报，2013（5）：663–670.

　　12. 曾庆生，万华林. 上市降低了国有企业的股权代理成本吗？［J］. 财经研究，2013（2）：37–46，123.

13. 查博，郭菊娥. 过度自信CEO项目价值预判能力、投资心理及薪酬契约研究 [J]. 软科学，2013（9）：79-83，89.

14. 柴俊武，何伟，喻华君. 个人投资者的生活形态及相关因素差异性分析 [J]. 管理评论，2013（10）：147-156.

15. 陈本凤，周洋西，宋增基. CEO权力、政治关联与银行业绩风险 [J]. 软科学，2013（11）：22-26.

16. 陈春华. 公司治理、融资约束与现金持有价值：基于政府控制层级的实证研究 [J]. 山西财经大学学报，2013（8）：86-95.

17. 陈德球，陈运森. 政府治理、终极产权与公司投资同步性 [J]. 管理评论，2013（1）：139-148.

18. 陈德球，钱菁，魏屹家族所有权监督、董事席位控制与会计稳健性 [J]. 财经研究，2013（3）：53-63.

19. 陈德球，魏刚，肖泽忠. 法律制度效率、金融深化与家族控制权偏好 [J]. 经济研究，2013（10）：55-68.

20. 陈德球，肖泽忠，董志勇. 家族控制权结构与银行信贷合约：寻租还是效率？[J]. 管理世界，2013（9）：130-143，188.

21. 陈德球，杨佳欣，董志勇. 家族控制、职业化经营与公司治理效率：来自CEO变更的经验证据 [J]. 南开管理评论，2013（4）：55-67.

22. 陈冬，唐建新. 机构投资者持股、避税寻租与企业价值 [J]. 经济评论，2013（6）：133-143.

23. 陈冬华，胡晓莉，梁上坤，新夫. 宗教传统与公司治理 [J]. 经济研究，2013（9）：71-84.

24. 陈刚，李树. 管制、腐败与幸福：来自CGSS（2006）的经验证据 [J]. 世界经济文汇，2013（4）：37-58.

25. 陈红，王磊，王国磊. 媒体评选对上市公司CEO行为影响研究：基于福布斯杂志评选的经验数据 [J]. 财贸研究，2013（6）：105-113.

26. 陈怀超，范建红，牛冲槐. 基于制度距离的中国跨国公司进入战略选择：合资还是独资？[J]. 管理评论，2013（12）：98-111.

27. 陈建林. 家族控制与民营企业债务融资：促进效应还是阻碍效应？[J]. 财经研究，2013（7）：27-37.

28. 陈金勇，汤湘希，赵华，金成隆. 终极所有权结构差异、两权分离程度与自主创新 [J]. 山西财经大学学报，2013（10）：81-91.

29. 陈莉平，石嘉婧. 联盟企业间关系治理行为对合作绩效影响的实证研究：以信任为中介变量 [J]. 软科学，2013（4）：54-60.

30. 陈凌，王昊. 家族涉入、政治联系与制度环境：以中国民营企业为例 [J]. 管理世界，2013（10）：130-141.

31. 陈其安，李红强，徐礼. 股权激励、银行债务约束、控制权私利与我国国有控股上市公司经营者过度投资行为 [J]. 系统管理学报，2013（5）：675–684.

32. 陈琪. 产权性质、经理自主权与研发投资：来自我国中小板上市公司的经验证据 [J]. 中南财经政法大学学报，2013（5）：123–129，160.

33. 陈胜蓝，马慧. 高管人才市场竞争可以降低高管隐性薪酬非对称性吗？[J]. 经济科学，2013（3）：87–97.

34. 陈仕华，陈钢. 企业间高管联结与财务重述行为扩散 [J]. 经济管理，2013（8）：134–143.

35. 陈仕华，姜广省，卢昌崇. 董事联结、目标公司选择与并购绩效：基于并购双方之间信息不对称的研究视角 [J]. 管理世界，2013（12）：117–132，187–188.

36. 陈仕华，卢昌崇. 企业间高管联结与并购溢价决策：基于组织间模仿理论的实证研究 [J]. 管理世界，2013（5）：144–156.

37. 陈宋生，赖娇. ERP系统、股权结构与盈余质量关系 [J]. 会计研究，2013（5）：59–66，96.

38. 陈涛，李善民，周昌仕. 支付方式、关联并购与收购公司股东收益 [J]. 商业经济与管理，2013（9）：59–67.

39. 陈维，吴世农. 我国创业板上市公司高管和大股东减持股份的动因及后果：从风险偏好转向风险规避的"偏好逆转"行为研究 [J]. 经济管理，2013（6）：43–53.

40. 陈炜，袁子甲，何基报. 异质投资者行为与价格形成机制研究 [J]. 经济研究，2013（4）：43–54.

41. 陈文婷，李善民. 并购能降低目标公司的掏空行为吗？[J]. 管理科学学报，2013（12）：57–67.

42. 陈武朝. 经济周期、行业周期性与盈余管理程度：来自中国上市公司的经验证据 [J]. 南开管理评论，2013（3）：26–35.

43. 陈旭东，曾春华，杨兴全. 终极控制人两权分离、多元化并购与公司并购绩效 [J]. 经济管理，2013（12）：23–31.

44. 陈炬，吴春雷，张秋生. 国企高管超控制权薪酬、薪酬替代与经济后果 [J]. 经济与管理研究，2013（5）：28–35.

45. 陈学胜，覃家琦. 交叉上市股票价格发现能力差异及交易信息含量测度 [J]. 中国管理科学，2013（2）：9–16.

46. 陈岩，张斌. 基于所有权视角的企业创新理论框架与体系 [J]. 经济学动态，2013（9）：50–59.

47. 陈艳利，李新彦. 监管情境下的央企控股上市公司关联交易：基于中国资本市场的经验分析 [J]. 财经问题研究，2013（4）：90–98.

48. 陈永忠. 论独立董事制度与公众股东权益保护 [J]. 经济体制改革，2013（4）：98–100.

49. 陈玉罡，莫夏君. 后股权分置时期公司控制权及其私有收益之争：基于鄂武商的案例研究 [J]. 审计与经济研究，2013 (4)：104-112.

50. 陈震，凌云. 企业风险、产权性质与高管薪酬—业绩敏感性 [J]. 经济管理，2013 (6)：54-61.

51. 程凤朝，刘旭，温馨. 上市公司并购重组标的资产价值评估与交易定价关系研究 [J]. 会计研究，2013 (8)：40-46，96.

52. 程茂勇，赵红. 股权结构、上市状况和风险：来自中国商业银行的经验研究 [J]. 管理工程学报，2013 (3)：11-19，26.

53. 程敏英，魏明海. 关系股东的权力超额配置 [J]. 中国工业经济，2013 (10)：108-120.

54. 程小可，杨程程，姚立杰. 内部控制、银企关联与融资约束：来自中国上市公司的经验证据 [J]. 审计研究，2013 (5)：80-86.

55. 程小可，郑立东，姚立杰. 内部控制能否抑制真实活动盈余管理：兼与应计盈余管理之比较 [J]. 中国软科学，2013 (3)：120-131.

56. 池国华，杨金. 高质量内部控制能够改善公司价值创造效果吗：基于沪市 A 股上市公司的实证研究 [J]. 财经问题研究，2013 (8)：94-101.

57. 初旭，周杰. 董事会治理对文化创意型上市公司经营绩效的影响研究 [J]. 科学学与科学技术管理，2013 (5)：126-133.

58. 褚敏，靳涛. 政府悖论、国有企业垄断与收入差距：基于中国转型特征的一个实证检验 [J]. 中国工业经济，2013 (2)：18-30.

59. 崔淼，欧阳桃花，徐志. 基于资源演化的跨国公司在华合资企业控制权的动态配置：科隆公司的案例研究 [J]. 管理世界，2013 (6)：153-169.

60. 崔巍. 信任、市场参与和投资收益的关系研究 [J]. 世界经济，2013 (9)：127-138.

61. 崔志娟，刘源. 上市公司内部控制报告的可靠性评价：基于 2008—2010 年沪市公司年报重述的分析 [J]. 南开管理评论，2013 (1)：64-69.

62. 戴锦. 国有企业政策工具属性研究 [J]. 经济学家，2013 (8)：65-70.

63. 戴璐. 国有企业与外资合作的联盟特征、学习演进与变革过程 [J]. 管理学报，2013 (8)：1116-1127.

64. 戴文涛，李维安. 企业内部控制综合评价模型与沪市上市公司内部控制质量研究 [J]. 管理评论，2013 (1)：128-138，176.

65. 戴子礼，张冰莹. R&D 投入对股东及债权人利益关系的影响：基于我国 A 股上市公司的实证研究 [J]. 系统工程，2013 (10)：29-33.

66. 邓启稳. 上市公司激励机制与会计信息质量实证研究 [J]. 宏观经济研究，2013 (12)：87-91，99.

67. 邓少军，芮明杰. 高层管理者认知与企业双元能力构建：基于浙江金信公司战略转型的案例研究 [J]. 中国工业经济，2013 (11)：135-147.

68. 丁大尉，李正风，胡明艳. 新兴技术发展的潜在风险及技术治理问题研究［J］. 中国软科学，2013（6）：62-70.

69. 丁庭栋. 会计性信息不对称、新股折价与高管持股变动［J］. 财经科学，2013（8）：117-124.

70. 丁永健，王倩，刘培阳. 红利上缴与国有企业经理人激励：基于多任务委托代理的研究［J］. 中国工业经济，2013（1）：116-127.

71. 丁友刚，王永超. 上市公司内部控制缺陷认定标准研究［J］. 会计研究，2013（12）：79-85，97.

72. 董大勇，刘海斌，胡杨，张尉. 股东联结网络影响股价联动关系吗？［J］. 管理工程学报，2013（3）：20-26.

73. 董红星. 内部控制的可能性边界研究：一个分析框架［J］. 当代财经，2013（11）：120-128.

74. 段伟宇. 股权结构对债务期限结构选择的影响［J］. 预测，2013（6）：15-21.

75. 范合君，初梓豪. 股权激励对公司绩效倒 U 型影响［J］. 经济与管理研究，2013（2）：5-11.

76. 方刚，崔新健，刘小元. 跨境并购视角的制度距离、董事会能力与组织后果的研究和展望［J］. 中央财经大学学报，2013（3）：45-50，55.

77. 方红星，金玉娜. 公司治理、内部控制与非效率投资：理论分析与经验证据［J］. 会计研究，2013（7）：63-69，97.

78. 方红星，刘丹. 内部控制质量与审计师变更：来自我国上市公司的经验证据［J］. 审计与经济研究，2013（2）：16-24.

79. 方红星，施继坤，张广宝. 产权性质、信息质量与公司债定价：来自中国资本市场的经验证据［J］. 金融研究，2013（4）：170-182.

80. 方红星，张志平. 内部控制对盈余持续性的影响及其市场反应：来自 A 股非金融类上市公司的经验证据［J］. 管理评论，2013（12）：77-86.

81. 方政，徐向艺. 金字塔结构、股权制衡与上市公司股价信息质量［J］. 经济管理，2013（3）：45-53.

82. 方政，徐向艺. 母子公司治理研究脉络梳理与演进趋势探析［J］. 外国经济与管理，2013（7）：35-42，53.

83. 费文颖，杨扬. 风险企业家完全控制权下风险投资家持股比例及再谈判［J］. 科学学与科学技术管理，2013（5）：152-159.

84. 封丽萍，汪炜. 我国民营企业家族经营的代际决策［J］. 华东经济管理，2013（10）：137-139.

85. 冯宝军，陈艳，孙丕海. 预算软约束下金字塔结构对企业投资效率影响：基于中国国有上市公司的实证研究［J］. 财贸经济，2013（5）：47-53.

86. 冯华，司光禄，冯弘毅. 公司治理视角下的企业边界分析［J］. 中国工业经济，2013

（3）：85-97.

87. 冯慧群，马连福. 董事会特征、CEO 权力与现金股利政策：基于中国上市公司的实证研究 [J]. 管理评论，2013（11）：123-132.

88. 冯照桢，宋林. 异质机构、企业性质与企业社会责任信息披露 [J]. 山西财经大学学报，2013（12）：84-92.

89. 傅颀，邓川. 高管控制权、薪酬与盈余管理 [J]. 财经论丛，2013（4）：66-72.

90. 傅颀，汪祥耀. 所有权性质、高管货币薪酬与在职消费：基于管理层权力的视角 [J]. 中国工业经济，2013（12）：104-116.

91. 傅瑜，申明浩. 控制权配置形式对企业关联交易的影响分析 [J]. 当代财经，2013（5）：59-71.

92. 甘露润，张淑慧. 公司治理、分析师关注与股票市场信息含量 [J]. 财经问题研究，2013（6）：58-65.

93. 高蓓，高汉. 国有股比例与管理授权：基于混合寡占模型的研究 [J]. 世界经济文汇，2013（6）：14-27.

94. 高敬忠，韩传模，王英允. 控股股东行为与管理层业绩预告披露策略：以我国 A 股上市公司为例 [J]. 审计与经济研究，2013（4）：75-83.

95. 高敬忠，周晓苏. 管理层持股能减轻自愿性披露中的代理冲突吗？以我国 A 股上市公司业绩预告数据为例 [J]. 财经研究，2013（11）：123-133.

96. 高静美，陈甫. 组织变革知识体系社会建构的认知鸿沟：基于本土中层管理者 DPH 模型的实证检验 [J]. 管理世界，2013（2）：107-124，188.

97. 高娟，汤湘希. 员工特质、转移机制与组织绩效：基于母子公司间人力资本转移的路径分析 [J]. 山西财经大学学报，2013（4）：87-94.

98. 高明华，杜雯翠. 外部监管、内部控制与企业经营风险：来自中国上市公司的经验证据 [J]. 南方经济，2013（12）：63-72.

99. 葛永盛，张鹏程. 家族企业资源约束、外部投资者与合同剩余 [J]. 南开管理评论，2013（3）：57-68.

100. 龚光明，王京京. 财务专家型独立董事能有效抑制盈余管理吗？来自深市 2003—2011 年的经验证据 [J]. 华东经济管理，2013（12）：1-10.

101. 巩娜. 股权激励对于我国民营企业研发投入的影响：以控股股东及行业为调节变量 [J]. 经济管理，2013（7）：65-73.

102. 巩娜. 家族企业、控股股东与股权激励：以自利性假说和道德风险假说为基础 [J]. 山西财经大学学报，2013（5）：94-102.

103. 顾亮，刘振杰. 我国上市公司高管背景特征与公司治理违规行为研究 [J]. 科学学与科学技术管理，2013（2）：152-164.

104. 管亚梅. 大股东"隧道挖掘"下的审计合谋历程审视 [J]. 财经理论与实践，2013（1）：63-66.

105. 郭斌. 社会资本、组织惯例与终极股东控制：基于中国家族企业公司治理的实证研究 [J]. 财贸研究，2013（5）：139-147，156.

106. 郭斌. 重庆迪马股份终极股东控制问题研究：基于微观认知的组织演化机制 [J]. 经济与管理研究，2013（1）：113-121.

107. 郭海. 管理者的社会关系影响民营企业绩效的机制研究 [J]. 管理科学，2013（4）：13-24.

108. 郭红彩. 管理层权力对上市公司分红行为的影响：基于我国 A 股上市公司的经验证据 [J]. 中南财经政法大学学报，2013（1）：137-143.

109. 郭剑花. 公司治理与高管政治联系的"双刃剑"效应 [J]. 财经科学，2013（1）：92-100.

110. 韩端，田新民. 地方国有企业发展过程中面临的制约因素与解决思路 [J]. 经济体制改革，2013（3）：115-117.

111. 韩剑，严兵. 中国企业为什么缺乏创造性破坏：基于融资约束的解释 [J]. 南开管理评论，2013（4）：124-132.

112. 韩金红，刘西友. 高管薪酬与运气关系的非对称性研究 [J]. 经济经纬，2013（2）：95-99.

113. 韩亮亮，吕翠玲. 控制权防守、利益侵占与终极股东资本结构决策 [J]. 软科学，2013（9）：38-42.

114. 韩鹏. 高管变更影响研发投资吗？[J]. 财经问题研究，2013（11）：128-133.

115. 韩世君，谷泽北. 上市公司治理结构对货币资金留存比率的影响研究：以北京市上市公司为例 [J]. 财贸经济，2013（5）：54-61.

116. 韩忠雪，王闪，崔建伟. 多元化并购、股权安排与公司长期财富效应 [J]. 山西财经大学学报，2013（9）：94-103.

117. 郝云宏，林仙云，王淑贤. 基于工作角色视角的独立董事尽责机理与实证检验 [J]. 商业经济与管理，2013（7）：20-27.

118. 郝云宏，朱炎娟，金杨华. 大股东控制权私利行为模式研究：伦理决策的视角 [J]. 中国工业经济，2013（6）：83-95.

119. 何婧，徐龙炳. 境外上市对公司盈余管理的影响及其路径研究 [J]. 上海财经大学学报，2013（3）：74-82.

120. 何强，陈松. 创新发展、董事创新偏好与研发投入：基于中国制造业上市公司的经验证据 [J]. 产业经济研究，2013（6）：99-110.

121. 何青，房睿. 内幕交易监管：国际经验与中国启示 [J]. 经济理论与经济管理，2013（7）：17-24.

122. 何威风，熊回，玄文琪. 晋升激励与盈余管理行为研究 [J]. 中国软科学，2013（10）：111-123.

123. 贺国生，谢锋，肖瑶. 国有、民营控股公司股价对"好"信息的不同反应分析

[J]. 金融研究，2013（11）：167-179.

124. 贺小刚，连燕玲，张远飞. 经营期望与家族内部的权威配置：基于中国上市公司的数据分析 [J]. 管理科学学报，2013（4）：63-82.

125. 贺小刚，张远飞，连燕玲，吕斐斐. 政治关联与企业价值：民营企业与国有企业的比较分析 [J]. 中国工业经济，2013（1）：103-115.

126. 贺小刚，张远飞，梅琳. 创始人离任对企业成长的影响分析 [J]. 管理学报，2013（6）：816-823.

127. 赫连志巍，周鼎阳. 集群升级导向的高管团队成员个体优势识别 [J]. 经济管理，2013（8）：63-72.

128. 洪联英，刘兵权，张在美. 企业进入权、组织控制与跨国公司专用性投资激励 [J]. 中国管理科学，2013（3）：169-177.

129. 胡国柳，曹丰. 高管过度自信程度、自由现金流与过度投资 [J]. 预测，2013（6）：29-34.

130. 胡国柳，刘向强. 管理者过度自信与企业资本投向的实证研究 [J]. 系统工程，2013（2）：121-126.

131. 胡国强，张俊民. 保护性股权激励与现金股利政策：来自中国上市公司的经验证据 [J]. 经济与管理研究，2013(2)：18-26.

132. 胡秀群，吕荣胜，曾春华. 高管过度自信与现金股利相关性研究：基于融资约束的视角 [J]. 财经理论与实践，2013（6）：59-64.

133. 胡秀群，吕荣胜. 高管过度自信、过度悲观与股利羊群行为研究 [J]. 商业经济与管理，2013（7）：28-36.

134. 扈文秀，介迎疆，侯于默，李簪. 监事与独立董事激励对两类代理成本影响的实证研究 [J]. 预测，2013（3）：46-50.

135. 扈文秀，刘小龙. 操纵者与内幕交易者合谋条件下有打压过程的市场操纵行为研究 [J]. 系统管理学报，2013（2）：232-238.

136. 黄辉. 企业资本结构调整一定有效率吗？基于管理者自利视角的实证检验 [J]. 经济管理，2013（7）：143-153.

137. 黄继承，盛明泉. 高管背景特征具有信息含量吗？[J]. 管理世界，2013（9）：144-153，171.

138. 黄解宇，孙维峰，杨朝晖. 创新的就业效应分析：基于中国上市公司微观数据的实证研究 [J]. 中国软科学，2013（11）：161-169.

139. 黄群慧，白景坤. 制度变迁、组织转型和国有企业的持续成长：深入推进国有企业改革的生态学视角 [J]. 经济与管理研究，2013（12）：12-22.

140. 黄群慧，余菁. 新时期的新思路：国有企业分类改革与治理 [J]. 中国工业经济，2013（11）：5-17.

141. 黄旭，徐朝霞，李卫民. 中国上市公司高管背景特征对企业并购行为的影响研究

[J].宏观经济研究，2013（10）：67–73，113.

142. 黄永安，曾小青. 投资者情绪、机构投资者与分析师跟进：基于面板数据负二项回归的经验研究 [J]. 山西财经大学学报，2013（6）：111–124.

143. 黄再胜. 高管薪酬自愿性披露存在信息操纵吗：来自中国上市公司的经验证据 [J]. 南开管理评论，2013（4）：68–79.

144. 黄再胜. 国外企业高管薪酬税收规制述要与启示 [J]. 外国经济与管理，2013（6）：33–42，80.

145. 霍春辉，王书林. 国有企业的控制权转移效率问题研究：以国有控股上市公司为例 [J]. 经济管理，2013（3）：107–118.

146. 纪建悦，孔胶胶. 利益相关者关系视角下考虑非期望产出的商业银行效率问题研究 [J]. 中国管理科学，2013（6）：30–37.

147. 贾建锋，赵希男，朱珠，孙世敏. 面向层次结构的高管胜任特征竞优评价研究 [J]. 系统管理学报，2013（2）：257–262.

148. 贾倩，孔祥，孙铮. 政策不确定性与企业投资行为：基于省级地方官员变更的实证检验 [J]. 财经研究，2013（2）：81–91.

149. 简泽. 银行债权治理、管理者偏好与国有企业的绩效 [J]. 金融研究，2013（1）：135–148.

150. 江若尘，莫材友，徐庆. 政治关联维度、地区市场化程度与并购——来自上市民营企业的经验数据 [J]. 财经研究，2013（12）：126–139.

151. 姜付秀，朱冰，唐凝. CEO 和 CFO 任期交错是否可以降低盈余管理？[J]. 管理世界，2013（1）：158–167.

152. 姜毅. 机构投资者、终极股东控制与现金持有价值的关系研究 [J]. 经济与管理研究，2013（5）：84–91.

153. 姜毅. 投资者保护、大股东持股比例与现金持有量 [J]. 财经理论与实践，2013（2）：59–63.

154. 姜英兵，于彬彬. 股权分置改革影响控股股东的现金持有偏好吗 [J]. 会计研究，2013（4）：58–65，96.

155. 姜英兵，张晓丽. 上市公司大股东增持的市场时机选择能力及其影响因素研究 [J]. 经济管理，2013（12）：88–99.

156. 蒋先玲，秦智鹏，李朝阳. 我国上市公司的多元化战略和经营绩效分析：基于混合并购的实证研究 [J]. 国际贸易问题，2013（1）：158–167.

157. 蒋学跃. 上市公司违规视野下的内部人举报制度研究 [J]. 证券市场导报，2013（11）：55–62.

158. 蒋艳，田昆儒. 国有控股上市公司内部特征、政府补助与会计稳健性 [J]. 审计与经济研究，2013（1）：77–86.

159. 颉茂华，焦守滨. 不同所有权公司环境信息披露质量对比研究 [J]. 经济管理，

2013（11）：178-188.

160. 解维敏，唐清泉. 公司治理与风险承担：来自中国上市公司的经验证据 [J]. 财经问题研究，2013（1）：91-97.

161. 介迎疆，扈文秀，马艳妮. 高科技上市公司股权激励对研发支出影响的实证研究 [J]. 科技管理研究，2013（10）：70-73.

162. 井润田，赵虎，Kevin Steensma. 中国企业集团内部的 FDI 溢出效应研究 [J]. 南开管理评论，2013（5）：110-122.

163. 康华，王鲁平，杨柳青. 民营上市公司政治关系对研发活动的影响研究 [J]. 科研管理，2013（8）：9-16.

164. 康雷宇，谢玲红，邱菀华. 投资者注意力分散与盈余预告信息及时反应关系的实证分析 [J]. 系统工程，2013（3）：28-33.

165. 孔东民，刘莎莎，黎文靖，邢精平. 冷漠是理性的吗：中小股东参与、公司治理与投资者保护 [J]. 经济学（季刊），2013（1）：1-28.

166. 孔东民，刘莎莎，应千伟. 公司行为中的媒体角色：激浊扬清还是推波助澜？ [J]. 管理世界，2013（7）：145-162.

167. 乐琦，华幸. 管理层更替与收购绩效的关系研究：基于多重因素的调节效应 [J]. 商业经济与管理，2013（2）：35-42.

168. 雷海民，梁巧转，李家军. 组织特征影响政治资源企业的财务能力吗？基于中国上市公司的非参数检验 [J]. 中国软科学，2013（2）：144-153.

169. 黎文靖，孔东民. 信息透明度、公司治理与中小股东参与 [J]. 会计研究，2013（1）：42-49.

170. 黎文靖，杨丹. 管理层为何自愿披露劳动力成本上涨风险信息？来自中国上市公司的经验证据 [J]. 财经研究，2013（10）：91-105.

171. 李彬，苏坤. 实际控制人性质、政府干预与公司负债 [J]. 经济经纬，2013（4）：114-118.

172. 李彬，张俊瑞，马晨. 董事会特征、财务重述与公司价值：基于会计差错发生期的分析 [J]. 当代经济科学，2013（1）：110-117，128.

173. 李彬. 管理层权利、过度投资与公司价值：基于集权与分权理论的分析 [J]. 财经论丛，2013（6）：75-82.

174. 李斌，郭剑桥. 高管薪酬与公司绩效关系的实证研究 [J]. 财经问题研究，2013（11）：115-121.

175. 李斌，孙月静. 中国上市公司融资方式影响因素的实证研究 [J]. 中国软科学，2013（7）：122-131.

176. 李传宪，干胜道. 政治关联、补贴收入与上市公司研发创新 [J]. 科技进步与对策，2013（13）：102-105.

177. 李东，罗倩. 创新获利条件、合作控制权与载体商业模式：基于 C—P—C 逻辑的合作创新控制权分析框架 [J].中国工业经济，2013（2）：104–116.

178. 李飞，米卜，刘会.中国零售企业商业模式成功创新的路径：基于海底捞餐饮公司的案例研究 [J].中国软科学，2013（9）：97–111.

179. 李恒，吴维库.战略群组、策略选择与并购效率影响研究：来自我国银行并购案例的经验证据 [J].经济学家，2013（12）：73–83.

180. 李红侠，李蕊.政府联系对民营上市公司业绩变动的影响分析 [J].经济体制改革，2013（3）：169–173.

181. 李红玉，陆智强，姚海鑫.经理权力能够影响董事会的独立性吗？来自中国上市公司的经验证据 [J].经济经纬，2013（1）：99–103.

182. 李健，陈传明.企业家政治关联、所有制与企业债务期限结构：基于转型经济制度背景的实证研究 [J].金融研究，2013（3）：157–169.

183. 李莉，高洪利，顾春霞，薛冬辉.政治关联视角的民营企业行业进入选择与绩效研究：基于2005—2010年民营上市企业的实证检验 [J].南开管理评论，2013（4）：94–105.

184. 李粮，宋振康.经理人自利动机对费用粘性的影响研究 [J].山西财经大学学报，2013（12）：93–103.

185. 李玲，陶厚永.纵容之手、引导之手与企业自主创新：基于股权性质分组的经验证据 [J].南开管理评论，2013（3）：69–79，88.

186. 李培功，沈艺峰.经理薪酬、轰动报道与媒体的公司治理作用 [J].管理科学学报，2013（10）：63–80.

187. 李培功，徐淑美.媒体的公司治理作用：共识与分歧 [J].金融研究，2013（4）：196–206.

188. 李平，蔡治舟，黄嘉慧.国企高管薪酬影响企业社会绩效的实证研究 [J].财经理论与实践，2013（2）：104–108.

189. 李青原，王红建.货币政策、资产可抵押性、现金流与公司投资：来自中国制造业上市公司的经验证据 [J].金融研究，2013（6）：31–45.

190. 李清，丁敏月.上市公司内部控制指数影响因素研究 [J].审计与经济研究，2013（5）：22–31.

191. 李善民，史欣向，万自强.关联并购是否会损害企业绩效？基于DEA–SFA二次相对效益模型的研究 [J].金融经济学研究，2013（3）：55–67.

192. 李世刚.女性高管、过度投资与企业价值：来自中国资本市场的经验证据 [J].经济管理，2013（7）：74–84.

193. 李姝.多元化、盈余波动性及公司治理的调节效应 [J].山西财经大学学报，2013（12）：104–112.

194. 李四海，陈祺.制度环境、政治关联与会计信息债务契约有用性：来自中国民营上市公司的经验证据 [J].管理评论，2013（1）：155–166.

195. 李巍，席小涛.高管团队国际化经验对民营企业国际化绩效的影响研究：关键战略因素的中介效应［J］. 预测，2013（4）：1-7.

196. 李维安，戴文涛. 公司治理、内部控制、风险管理的关系框架：基于战略管理视角［J］. 审计与经济研究，2013（4）：3-12.

197. 李维安，戴文涛. 中国上市公司高额现金持有动机、后果及成因［J］. 山西财经大学学报，2013（8）：96-104.

198. 李维安，韩忠雪. 民营企业金字塔结构与产品市场竞争［J］. 中国工业经济，2013（1）：77-89.

199. 李维安，李慧聪，郝臣. 高管减持与公司治理创业板公司成长的影响机制研究［J］. 管理科学，2013（4）：1-12.

200. 李维安.“治理指数”上市：开启价值导向的新机制［J］. 南开管理评论，2013（4）：1.

201. 李维安. 监督模式改革与治理的有效性［J］. 南开管理评论，2013（1）：1.

202. 李维安. 民营企业传承与治理机制构建［J］. 南开管理评论，2013（3）：1.

203. 李维安. 深化公司治理改革的风向标：治理有效性［J］. 南开管理评论，2013（5）：1.

204. 李维安. 依靠治理创新释放制度红利［J］. 南开管理评论，2013（6）：1.

205. 李卫宁，吴坤津. 企业利益相关者、绿色管理行为与企业绩效［J］. 科学学与科学技术管理，2013（5）：89-96.

206. 李锡元，陈思. 我国中小型高科技企业股权激励的实施现状分析：以创业板上市公司为例［J］. 科技管理研究，2013（2）：179-182.

207. 李响，严广乐，蔡靖婧. 多层次治理框架下的区域科技创新系统治理：理论、实践比较及对中国的启示［J］. 研究与发展管理，2013（1）：104-114.

208. 李晓慧，杨子萱. 内部控制质量与债权人保护研究：基于债务契约特征的视角［J］. 审计与经济研究，2013（2）：97-105.

209. 李心合. 被神化的内部控制与被冷落的内部牵制［J］. 审计与经济研究，2013（3）：3-9.

210. 李新春，陈斌. 企业群体性败德行为与管制失效：对产品质量安全与监管的制度分析［J］. 经济研究，2013（10）：98-111，123.

211. 李新春，宋丽红. 基于二元性视角的家族企业重要研究议题梳理与评述［J］. 经济管理，2013（8）：53-62.

212. 李延喜，陈克兢，刘伶，张敏. 外部治理环境、行业管制与过度投资［J］. 管理科学，2013（1）：14-25.

213. 李焰，王琳. 媒体监督、声誉共同体与投资者保护［J］. 管理世界，2013（11）：130-143，188.

214. 李瑶，刘益，刘婷. 管理者社会联系与企业创新绩效：基于创新环境调节作用的实证研究［J］. 科技进步与对策，2013（22）：101-105.

215. 李怡娜，叶飞. 高层管理支持、环保创新实践与企业绩效：资源承诺的调节作用 [J]. 管理评论，2013（1）：120-127，166.

216. 李颖琦，陈春华，俞俊利. 我国上市公司内部控制评价信息披露：问题与改进：来自 2011 年内部控制评价报告的证据 [J]. 会计研究，2013（8）：62-68，97.

217. 李永奎，乐云，张兵，单明. 权力和行为特征对工程腐败严重程度的影响：基于 148 个典型案例的实证 [J]. 管理评论，2013（8）：21-31.

218. 李增福，林盛天，连玉君. 国有控股、机构投资者与真实活动的盈余管理 [J]. 管理工程学报，2013（3）：35-44.

219. 李增福，周婷. 规模、控制人性质与盈余管理 [J]. 南开管理评论，2013（6）：81-94.

220. 李志斌. 内部控制、股权集中度与投资者关系管理：来自 A 股上市公司投资者关系调查的证据 [J]. 会计研究，2013（12）：72-78，97.

221. 李志斌. 市场化进程、实际控制人与内部控制有效性：来自我国上市公司的经验证据 [J]. 财经科学，2013（6）：63-70.

222. 梁强，刘嘉琦，周莉，徐二明. 家族二代涉入如何提升企业价值：基于中国上市家族企业的经验研究 [J]. 南方经济，2013（12）：51-62，92.

223. 廖华军. 基于期权博弈的战略联盟期权价值及竞争效应 [J]. 系统工程，2013（12）：41-46.

224. 林花，王珏，刘园园. 跨国子公司与东道国企业知识相互学习及其对创新能力和业绩的影响：基于在华跨国子公司的实证研究 [J]. 宏观经济研究，2013（11）：120-129.

225. 林剑，张向前. 代际传承视角下家族企业继任者胜任力分析 [J]. 华东经济管理，2013（10）：140-144.

226. 林乐，谢德仁，陈运森. 实际控制人监督、行业竞争与经理人激励：来自私人控股上市公司的经验证据 [J]. 会计研究，2013（9）：36-43，96.

227. 林永坚，王志强，李茂良. 高管变更与盈余管理：基于应计项目操控与真实活动操控的实证研究 [J]. 南开管理评论，2013（1）：4-14，23.

228. 刘博，干胜道，王宏昌. 控制权转移、盈余管理与业绩变化：基于股东特质的视角 [J]. 山西财经大学学报，2013（7）：102-113.

229. 刘诚，杨继东. 独立董事的社会关系与监督功能：基于 CEO 被迫离职的证据 [J]. 财经研究，2013（7）：16-26.

230. 刘春，孙亮. 政策性负担、市场化改革与国企部分民营化后的业绩滑坡 [J]. 财经研究，2013（1）：71-81.

231. 刘广平，陈立文，戚安邦. 创业企业与孵化器互动下的项目导向型组织结构设计与运行机制研究 [J]. 科技进步与对策，2013（16）：11-14.

232. 刘广生，马悦. 中国上市公司实施股权激励的效果 [J]. 中国软科学，2013（7）：110-121.

233. 刘汉民，康丽群. 公司治理的路径演化和路径选择 [J]. 中国工业经济，2013（12）：78-90.

234. 刘洪深，汪涛，周玲，苏晨汀. 制度压力、合理性营销战略与国际化企业绩效：东道国受众多元性和企业外部依赖性的调节作用 [J]. 南开管理评论，2013（5）：123-132，160.

235. 刘华芳，杨建君. 大股东参与度、战略共识与企业突破式创新的实证研究 [J]. 管理学报，2013（7）：1034-1040.

236. 刘华涛. 激励性管制下企业的策略性行为及其治理 [J]. 经济体制改革，2013（1）：103-106.

237. 刘金星，宋理升. 终极控制股东的政治关联与现金股利的实证研究：来自民营上市公司的经验证据 [J]. 山西财经大学学报，2013（6）：70-80.

238. 刘立同，詹伟，王国庆. 基于利益相关者理论的我国节能服务业发展问题研究 [J]. 科技进步与对策，2013（23）：134-136.

239. 刘启亮，李祎，张建平. 媒体负面报道、诉讼风险与审计契约稳定性：基于外部治理视角的研究 [J]. 管理世界，2013（11）：144-154.

240. 刘启亮，罗乐，张雅曼，陈汉文. 高管集权、内部控制与会计信息质量 [J]. 南开管理评论，2013（1）：15-23.

241. 刘青，张超，吕若思，卢进勇. "海归"创业经营业绩是否更优：来自中国民营企业的证据 [J]. 世界经济，2013（12）：70-89.

242. 刘瑞明. 中国的国有企业效率：一个文献综述 [J]. 世界经济，2013（11）：136-160.

243. 刘善存，林千惠，宋殿宇，高雅琴. 机构投资者串谋对 IPO 价格的影响 [J]. 管理评论，2013（12）：15-24.

244. 刘善存，辛荣，宋殿宇. 投资者有限理性与信息披露的资本成本效应 [J]. 系统工程，2013（1）：1-9.

245. 刘绍娓，万大艳. 高管薪酬与公司绩效：国有与非国有上市公司的实证比较研究 [J]. 中国软科学，2013（2）：90-101.

246. 刘石兰. 经济萎缩背景下的公司治理与销售绩效 [J]. 科研管理，2013（1）：116-123.

247. 刘涛，毛道维，宋海燕. 机构投资者：选择治理还是介入治理：基于薪酬—绩效敏感度的内生性研究 [J]. 山西财经大学学报，2013（11）：95-105.

248. 刘涛，毛道维，王海英. 股权集中度、制衡度与机构投资者的择股偏好：机构投资者异质性的研究视角 [J]. 山西财经大学学报，2013（5）：34-44.

249. 刘伟，程俊杰，敬佳琪. 联合创业投资中领投机构的特质、合作模式、成员异质性与投资绩效：基于我国上市企业的实证研究 [J]. 南开管理评论，2013（6）：136-148，157.

250. 刘晓峰. 内幕交易监管效率与上市公司高管薪酬: 一个理论模型 [J]. 经济学 (季刊), 2013 (1): 265-286.

251. 刘晓霞, 饶育蕾, 周蓉蓉. "关系" 对民营上市公司代理成本与代理效率的影响 [J]. 系统工程, 2013 (11): 40-47.

252. 刘笑霞, 李明辉. 代理冲突、董事会质量与 "污点" 审计师变更 [J]. 会计研究, 2013 (11): 67-74, 96.

253. 刘新民, 王垒, 李垣. 企业家类型、控制机制与创新方式选择研究 [J]. 科学学与科学技术管理, 2013 (8): 102-110.

254. 刘新燕, 李雪妮, 李小玲. 民营高科技企业终极控制人股权结构与资本运营绩效研究 [J]. 宏观经济研究, 2013 (5): 90-96.

255. 刘鑫, 薛有志, 周杰. 国外基于 CEO 变更视角的公司战略变革研究述评 [J]. 外国经济与管理, 2013 (11): 37-47.

256. 刘焱, 姚海鑫. 上市公司内部控制实质性缺陷与债务融资约束 [J]. 软科学, 2013 (10): 78-82.

257. 刘媛媛, 王邵安. 上市公司更正公告的市场反应研究 [J]. 宏观经济研究, 2013 (9): 98-105, 118.

258. 刘志远, 靳光辉. 投资者情绪与公司投资效率: 基于股东持股比例及两权分离调节作用的实证研究 [J]. 管理评论, 2013 (5): 82-91.

259. 龙勇, 郑景丽. 联盟过程管理视角的联盟能力与联盟治理关系研究 [J]. 管理世界, 2013 (1): 182-183.

260. 陆贤伟, 王建琼, 董大勇. 董事联结影响股价联动: 关联分类还是资源价值? [J]. 证券市场导报, 2013 (10): 47-54.

261. 陆贤伟, 王建琼, 董大勇. 董事网络、信息传递与债务融资成本 [J]. 管理科学, 2013 (3): 55-64.

262. 陆正飞, 王鹏. 同业竞争、盈余管理与控股股东利益输送 [J]. 金融研究, 2013 (6): 179-192.

263. 逯东, 王运陈, 王春国, 杨丹. 政治关联与民营上市公司的内部控制执行 [J]. 中国工业经济, 2013 (11): 96-108.

264. 栾天虹, 何靖. 高管政治关联与企业现金持有: "扶持" 还是 "掠夺"? 基于不同产权视角的研究 [J]. 商业经济与管理, 2013 (6): 68-76.

265. 罗党论, 杨玉萍. 产权、政治关系与企业税负: 来自中国上市公司的经验证据 [J]. 世界经济文汇, 2013 (4): 1-19.

266. 罗党论, 赵聪. 什么影响了企业对行业壁垒的突破: 基于中国上市公司的经验证据 [J]. 南开管理评论, 2013 (6): 95-105.

267. 罗付岩, 沈中华. 股权激励、代理成本与企业投资效率 [J]. 财贸研究, 2013 (2): 146-156.

268. 罗劲博. 制度环境、在职消费与盈余质量：基于A股上市公司的经验数据 [J]. 山西财经大学学报，2013（7）：92–101.

269. 罗琦，张标. 股权特性、投资者情绪与企业非效率投资 [J]. 财贸研究，2013（4）：148–156.

270. 吕秀华，张峥，周铭山. 交叉上市降低了控股股东与中小股东的代理冲突吗？[J]. 财经科学，2013（8）：39–47.

271. 马捷，段颀，张维迎. 所有权与经营权分离情况下的自由进入均衡 [J]. 经济研究，2013（8）：120–130.

272. 马连福，刘丽颖. 高管声誉激励对企业绩效的影响机制 [J]. 系统工程，2013（5）：22–32.

273. 马连福，王元芳，沈小秀. 国有企业党组织治理、冗余雇员与高管薪酬契约 [J]. 管理世界，2013（5）：100–115，130.

274. 马永强，张泽南. 金融危机冲击、管理者盈余动机与成本费用黏性研究 [J]. 南开管理评论，2013（6）：70–80.

275. 毛新述，孟杰. 内部控制与诉讼风险 [J]. 管理世界，2013（11）：155–165.

276. 孟晓华，张曾. 利益相关者对企业环境信息披露的驱动机制研究：以H石油公司渤海漏油事件为例 [J]. 公共管理学报，2013（3）：90–102，141.

277. 倪慧萍，赵珊. 控股股东增持、减持与资金占用：基于2009—2011年中国A股上市公司的研究 [J]. 证券市场导报，2013（4）：62–66，72.

278. 牛建波，吴超，李胜楠. 机构投资者类型、股权特征和自愿性信息披露 [J]. 管理评论，2013（3）：48–59.

279. 潘敏，张依茹. 股权结构会影响商业银行信贷行为的周期性特征吗：来自中国银行业的经验证据 [J]. 金融研究，2013（4）：29–42.

280. 彭代武，宣云，林晓华，高燕. 股权结构、终极控制权配置与政府补助：来自农业企业的经验证据 [J]. 宏观经济研究，2013（9）：77–85.

281. 彭桃英，谭雪. 信息披露、审计意见与上市公司融资约束：来自深圳A股市场的经验证据 [J]. 系统工程，2013（3）：34–40.

282. 皮莉莉. 上市公司董事会结构对总经理变更影响的实证研究 [J]. 广东商学院学报，2013（3）：45–51.

283. 蒲明，毕克新. 内部嵌入性与跨国子公司成长能力关系的实证研究 [J]. 中国软科学，2013（8）：136–143.

284. 綦好东，王斌，王金磊. 非上市国有企业信息公开披露：逻辑与事实 [J]. 会计研究，2013（7）：20–27，96.

285. 钱雪松，袁梦婷，孔东民. 股权关联影响了企业间信贷价格吗？基于我国上市公司委托贷款数据的经验分析 [J]. 金融研究，2013（9）：165–179.

286. 钱雪松. 企业内部资本配置效率问题研究：基于融资歧视和内部人控制的一般均

衡视角 [J]. 会计研究, 2013 (10): 43-50, 96.

287. 乔坤元. 上市公司高管离职: 原因、影响和行为 [J]. 山西财经大学学报, 2013 (4): 72-86.

288. 乔坤元. 我国上市公司风险厌恶程度分析 [J]. 经济科学, 2013 (4): 93-102.

289. 秦彬, 肖坤. 中国上市公司多元化经营与公司业绩之间关系的实证分析 [J]. 经济问题, 2013 (1): 82-86.

290. 卿智群, 冯延超. 企业产权关系、市场环境与非生产性支出关系的实证研究 [J]. 系统工程, 2013 (10): 62-69.

291. 冉秋红, 陶莎, 唐晓. 我国上市公司多元资本结构及其绩效影响研究: 基于智力资本视角 [J]. 科技进步与对策, 2013 (24): 91-95.

292. 饶育蕾, 彭叠峰, 贾文静. 交叉持股是否导致收益的可预测性? 基于有限注意的视角 [J]. 系统工程理论与实践, 2013 (7): 1753-1761.

293. 阮素梅, 杨善林, 张琛. 管理层激励、资本结构与上市公司价值创造 [J]. 经济理论与经济管理, 2013 (7): 70-80.

294. 阮素梅, 杨善林. 经理激励、资本结构与上市公司绩效 [J]. 审计与经济研究, 2013 (6): 64-70.

295. 沈达勇, 白少卫, 刘志勇. 基于公司治理视角的上市公司抗金融危机能力问题研究 [J]. 当代经济科学, 2013 (4): 53-63, 126.

296. 沈艺峰, 杨晶, 李培功. 网络舆论的公司治理影响机制研究: 基于定向增发的经验证据 [J]. 南开管理评论, 2013 (3): 80-88.

297. 盛丹. 国有企业改制、竞争程度与社会福利: 基于企业成本加成率的考察 [J]. 经济学 (季刊), 2013 (4): 1465-1490.

298. 盛亚, 王节祥. 利益相关者权利非对称、机会主义行为与 CoPS 创新风险生成 [J]. 科研管理, 2013 (3): 31-40.

299. 石榴红, 张时森, 冯照桢. 基于面板数据的上市公司薪酬差距与公司绩效关系研究 [J]. 当代经济科学, 2013 (4): 64-73, 126.

300. 舒谦, 陈治亚. 影响中国制造型企业研发投入的治理结构因素 [J]. 科学学与科学技术管理, 2013 (9): 97-106.

301. 宋海旭, 王福胜. 实施多元化战略的上市公司其市场价值偏离基本价值的路径研究: 基于证券分析师关注度的视角 [J]. 管理评论, 2013 (10): 68-79.

302. 宋炜. 公司治理目标选择与绩效检验: 来自中国上市公司的经验证据 [J]. 证券市场导报, 2013 (8): 38-43.

303. 宋小保. 股权集中投资决策与代理成本 [J]. 中国管理科学, 2013 (4): 152-161.

304. 宋玉, 范敏虹. 机构投资者持股、未来盈余与股价信息含量: 兼论证券投资基金和 QFII 的影响差异 [J]. 华东经济管理, 2013 (1): 102-106, 173.

305. 宋增基, 王宏军, 张宗益. 高科技企业创始人特征、持股和公司业绩关系研究

[J]. 科技进步与对策，2013（7）：90-96.

306. 宋增基，张国杰，郭桂玺. 民营上市公司高管政治激励与绩效关系研究 [J]. 审计与经济研究，2013（1）：95-103.

307. 宋志强，葛玉辉，梁丹. 企业高管团队人力资本与内部权力配置关系研究 [J]. 预测，2013（2）：70-75.

308. 苏冬蔚，熊家财. 大股东掏空与 CEO 薪酬契约 [J]. 金融研究，2013（12）：167-180.

309. 苏冬蔚，熊家财. 股票流动性、股价信息含量与 CEO 薪酬契约 [J]. 经济研究，2013（11）：56-70.

310. 苏敬勤，刘静. 中国企业并购潮动机研究：基于西方理论与中国企业的对比 [J]. 南开管理评论，2013（2）：57-63.

311. 苏坤. 实际控制人与市场化进程对资本结构的影响 [J]. 系统工程，2013（1）：18-28.

312. 苏文兵，吕晶晶，王蓉蓉. CEO 变更、继任来源与盈余管理 [J]. 财经论丛，2013（5）：73-80.

313. 孙菲，刘渝琳. 商业银行现金股利政策：迎合股东还是迎合市场 [J]. 经济体制改革，2013（2）：126-130.

314. 孙世攀，赵息，李胜楠. 股权控制、债务容量与支付方式：来自我国企业并购的证据 [J]. 会计研究，2013（4）：52-57，96.

315. 孙万欣，陈金龙. 内部治理机制与绩效相关性：基于传播与文化产业上市公司的实证研究 [J]. 宏观经济研究，2013（2）：80-90.

316. 孙维峰，黄祖辉. 基于中国上市公司经验证据的国际多元化与企业绩效关系研究 [J]. 管理学报，2013（8）：1128-1137.

317. 孙晓华，王昀. 企业所有制与技术创新效率 [J]. 管理学报，2013（7）：1041-1047.

318. 孙艳梅，刘津宇，潘慧峰. 高管证券背景对上市公司增发行为的影响 [J]. 财经科学，2013（5）：26-34.

319. 孙烨，孟佳娃，许艳. 会计盈余时效性、薪酬委员会结构与经理人薪酬契约有效性 [J]. 山西财经大学学报，2013（10）：113-124.

320. 覃予，傅元略，杨隽萍. 高管薪酬激励是否应兼顾分配公平？[J]. 财经研究，2013（8）：110-121.

321. 汤吉军，郭砚莉，陈俊龙. 经济发展方式转变背景下国有企业重组分析 [J]. 管理世界，2013（2）：174-175.

322. 唐国平，李龙会. 股权结构、产权性质与企业环保投资：来自中国 A 股上市公司的经验证据 [J]. 财经问题研究，2013（3）：93-100.

323. 唐建新，李永华，卢剑龙. 股权结构、董事会特征与大股东掏空：来自民营上市公司的经验证据 [J]. 经济评论，2013（1）：86-95.

324. 陶建宏，师萍，段伟宇. 高管层背景特征、企业所有权性质与研发强度关系研究 [J]. 科技管理研究，2013（5）：113–118.

325. 田高良，韩洁，李留闯. 连锁董事与并购绩效：来自中国 A 股上市公司的经验证据 [J]. 南开管理评论，2013（6）：112–122.

326. 田利辉，叶瑶. 政治关联与企业绩效：促进还是抑制？来自中国上市公司资本结构视角的分析 [J]. 经济科学，2013（6）：89–100.

327. 佟爱琴，马星洁. 宏观环境、产权性质与企业非效率投资 [J]. 管理评论，2013（9）：12–20.

328. 佟岩，徐峰. 我国上市公司内部控制效率与盈余质量的动态依存关系研究 [J]. 中国软科学，2013（2）：111–122.

329. 万丛颖，张楠楠. 大股东的治理与掏空：基于股权结构调节效应的分析 [J]. 财经问题研究，2013（7）：42–49.

330. 万俊毅，敖嘉焯. 企业间交易治理机制研究述评与展望 [J]. 外国经济与管理，2013（3）：22–27，46.

331. 万良勇. 法治环境与企业投资效率：基于中国上市公司的实证研究 [J]. 金融研究，2013（12）：154–166.

332. 万寿义，刘正阳. 制度背景、公司价值与社会责任成本：来自沪深 300 指数上市公司的经验证据 [J]. 南开管理评论，2013（1）：83–91，121.

333. 汪波，章韬，王纯洁. 所有权性质、企业并购决策与经营绩效：来自 42 家钢铁上市公司的证据 [J]. 中央财经大学学报，2013（9）：57–63.

334. 汪国银，刘芳，陈传明. 中层管理者战略决策参与对战略绩效的影响路径研究 [J]. 当代财经，2013（2）：67–73.

335. 汪健，卢煜，朱兆珍. 股权激励导致过度投资吗？来自中小板制造业上市公司的经验证据 [J]. 审计与经济研究，2013（5）：70–79.

336. 汪炜，于博. 上市还是并购：信息不对称视角下的风投退出方式研究 [J]. 经济学家，2013（7）：69–78.

337. 王爱民. 治理风险视角的复杂项目危机成因及网格化治理研究 [J]. 软科学，2013（2）：41–44.

338. 王斌，蔡安辉，冯洋. 大股东股权质押、控制权转移风险与公司业绩 [J]. 系统工程理论与实践，2013（7）：1762–1773.

339. 王斌，谭清美. 产权、规模及产业集聚对专利成果转化效率的影响：来自我国五个高技术产业的数据 [J]. 经济管理，2013（8）：153–161.

340. 王飞. 股票市场知情投资者的隐藏性交易行为分析：来自 A 股市场的经验证据 [J]. 经济社会体制比较，2013（3）：65–77。

341. 王峰娟，粟立钟. 中国上市公司内部资本市场有效吗？来自 H 股多分部上市公司的证据 [J]. 会计研究，2013（1）：70–75.

342. 王凤彬，杨阳. 跨国企业对外直接投资行为的分化与整合：基于上市公司市场价值的实证研究 [J]. 管理世界，2013（3）：148-171.

343. 王福胜，宋海旭. 基于战略决策职能的上市公司董事会治理有效性研究 [J]. 预测，2013（3）：33-38，45.

344. 王海明，曾德明. 管理者短视偏差对企业投资行为影响研究：一个基于股东短期利益压力视角的实证 [J]. 财经理论与实践，2013（1）：34-38.

345. 王红丽，崔晓明. 你第一时间选对核心利益相关者了吗？[J]. 管理世界，2013（12）：133-144，188.

346. 王建琼，陆贤伟. 董事声誉、繁忙董事会与信息披露质量 [J]. 审计与经济研究，2013（4）：67-74.

347. 王俊秋，花贵如，姚美云. 投资者情绪与管理层业绩预告策略 [J]. 财经研究，2013（10）：76-90.

348. 王俊秋. 政治关联、盈余质量与权益资本成本 [J]. 管理评论，2013（10）：80-90.

349. 王蒙，陶瑞，李静澎. 企业中层管理者胜任力模型构建与应用：以新疆移动为例 [J]. 科技管理研究，2013（2）：102-108.

350. 王娜，叶玲. 管理者过度自信、产权性质与税收规避：基于我国上市公司的经验证据 [J]. 山西财经大学学报，2013（6）：81-90.

351. 王培欣，谭雪. 上市公司控制权转移的市场反应研究 [J]. 管理科学，2013（6）：48-57.

352. 王寿君，齐中英，曹利战. 中央企业公司治理结构设计研究 [J]. 管理评论，2013（12）：69-76，111.

353. 王文成，沈红微，王燨慧. 国有经济投资对非国有经济投资的带动效应研究 [J]. 中国软科学，2013（7）：132-144.

354. 王霞，徐晓东，王宸. 公共压力、社会声誉、内部治理与企业环境信息披露：来自中国制造业上市公司的证据 [J]. 南开管理评论，2013（2）：82-91.

355. 王雪莉，马琳，王艳丽. 高管团队职能背景对企业绩效的影响：以中国信息技术行业上市公司为例 [J]. 南开管理评论，2013（4）：80-93.

356. 王艳梅，赵希男，刘炳东. 考虑社会偏好信息的横向监督与员工组合研究 [J]. 系统管理学报，2013（3）：341-348.

357. 王哲兵，韩立岩. 民主还是集权：创业者治理结构的选择 [J]. 经济学（季刊），2013（2）：475-492.

358. 王治，刘明辉. 价值相关性研究的困境与出路：基于投资者信念的思考 [J]. 会计研究，2013（12）：11-17，96.

359. 卫旭华，刘咏梅，车小玲. 中国上市企业高管离职影响因素的跨层研究 [J]. 管理科学，2013（6）：71-82.

360. 魏江，寿柯炎，冯军政. 高管政治关联、市场发育程度与企业并购战略：中国高技术产业上市公司的实证研究 [J]. 科学学研究，2013 (6)：856-863.

361. 魏明海，黄琼宇，程敏英. 家族企业关联大股东的治理角色：基于关联交易的视角 [J]. 管理世界，2013 (3)：133-147，171，188.

362. 魏如清，唐方成. CSP-CFP 的作用机制：基于利益相关者的实证研究 [J]. 管理科学，2013 (6)：12-24.

363. 魏志华，林亚清，吴育辉，李常青. 家族企业研究：一个文献计量分析 [J]. 经济学 (季刊)，2013 (4)：27-56.

364. 闻岳春，段弈冰. 创业板高管离职事件对股价影响的实证分析 [J]. 证券市场导报，2013 (7)：31-35，43.

365. 吴昉，顾锋，张佳懿. 上市公司财务绩效影响因素 [J]. 系统管理学报，2013 (5)：715-719.

366. 吴建祖，毕玉胜. 高管团队注意力配置与企业国际化战略选择：华为公司案例研究 [J]. 管理学报，2013 (9)：1268-1274.

367. 吴建祖，关斌. 高管团队注意力与企业对外直接投资方式：基于中国制造业上市公司的实证研究 [J]. 软科学，2013 (11)：76-80.

368. 吴江，张辉. 机构投资者羊群行为的演化博弈分析 [J]. 系统管理学报，2013 (4)：466-471.

369. 吴静，谭燕. 股权质押具有治理效用吗？来自中国上市公司的经验证据 [J]. 会计研究，2013 (2)：45-53.

370. 吴炯. 家族经营权涉入对经理人薪酬业绩敏感度的权变影响 [J]. 财贸研究，2013 (2)：122-128.

371. 吴炯. 家族社会资本、企业所有权成本与家族企业分拆案例研究 [J]. 管理学报，2013 (2)：179-190.

372. 吴炯. 团队生产契约下家族治理的动因与对策 [J]. 华东经济管理，2013 (11)：45-49.

373. 吴秋生，郝诗萱. 论领导者权力对内部控制有效性的影响 [J]. 审计与经济研究，2013 (5)：32-39.

374. 武晓玲，翟明磊. 上市公司股权结构对现金股利政策的影响：基于股权分置改革的股权变化数据 [J]. 山西财经大学学报，2013 (1)：84-94.

375. 夏雪花. 债务期限约束影响高管超额薪酬吗？[J]. 财经问题研究，2013 (11)：122-127.

376. 肖华，张国清. 内部控制质量、盈余持续性与公司价值 [J]. 会计研究，2013 (5)：73-80，96.

377. 肖淑芳，刘颖，刘洋. 股票期权实施中经理人盈余管理行为研究：行权业绩考核指标设置角度 [J]. 会计研究，2013 (12)：40-46，96.

378. 肖挺，刘华，叶芃. 高管团队异质性与商业模式创新绩效关系的实证研究：以服务行业上市公司为例 [J]. 中国软科学, 2013 (8): 125-135.

379. 肖星, 陈婵. 激励水平、约束机制与上市公司股权激励计划 [J]. 南开管理评论, 2013 (1): 24-32.

380. 肖兴志, 王伊攀, 李姝. 政府激励、产权性质与企业创新: 基于战略性新兴产业 260 家上市公司数据 [J]. 财经问题研究, 2013 (12): 26-33.

381. 谢德仁, 黄亮华. 代理成本、机构投资者监督与独立董事津贴 [J]. 财经研究, 2013 (2): 92-102.

382. 谢刚, 梅姝娥, 李文鹣. 基于能力和企业间治理视角的 IT 外包关系质量培育研究 [J]. 华东经济管理, 2013 (10): 115-121.

383. 谢柳芳, 朱荣, 何苦. 退市制度对创业板上市公司盈余管理行为的影响: 基于应计与真实盈余管理的分析 [J]. 审计研究, 2013 (1): 95-102.

384. 谢茂拾, 谢边岺. 中国上市公司企业家生命表 [J]. 管理评论, 2013 (6): 112-122, 160.

385. 谢延. 公司慈善捐赠决策权配置研究 [J]. 经济体制改革, 2013 (5): 181-184.

386. 辛清泉, 黄曼丽, 易浩然. 上市公司虚假陈述与独立董事监管处罚: 基于独立董事个体视角的分析 [J]. 管理世界, 2013 (5): 131-143, 175, 188.

387. 辛清泉, 梁政山, 郭磊. 非控股股东派驻董事与国有企业总经理变更研究 [J]. 证券市场导报, 2013 (4): 45-49.

388. 邢天才, 袁野. 我国上市公司资本结构动态调整的实证研究 [J]. 财经问题研究, 2013 (5): 64-70.

389. 邢天才, 袁野. 我国上市公司资本结构决定因素的实证研究 [J]. 宏观经济研究, 2013 (2): 34-40, 55.

390. 修宗峰, 黄健柏. 市场化改革、过度投资与企业产能过剩: 基于我国制造业上市公司的经验证据 [J]. 经济管理, 2013 (7): 1-12.

391. 徐传谌, 周渤. 中国国有企业竞争力现状、原因及提升途径 [J]. 经济体制改革, 2013 (6): 93-96.

392. 徐二明, 杨慧, 吕源. 中国上市公司的组织冗余与公司慈善 [J]. 经济管理, 2013 (1): 45-56.

393. 徐静. 高管层权力强度、其他大股东制衡和在职消费: 以中国房地产上市公司为例 [J]. 软科学, 2013 (4): 65-70.

394. 徐明东, 田素华. 转型经济改革与企业投资的资本成本敏感性: 基于中国国有工业企业的微观证据 [J]. 管理世界, 2013 (2): 125-135, 171.

395. 徐宁, 徐向艺. 技术创新导向的高管激励整合效应——基于高科技上市公司的实证研究 [J]. 科研管理, 2013 (9): 46-53.

396. 徐世伟, 赖恒静. 社会责任视角下的民营企业软实力探析 [J]. 管理学报, 2013 (10): 1447-1453.

397. 徐寿福. 信息披露、公司治理与现金股利政策：来自深市 A 股上市公司的经验证据 [J]. 证券市场导报，2013（1）：29-36.

398. 徐习兵，王永海. 不完全契约、企业能力与内部控制 [J]. 审计研究，2013（6）：102-107.

399. 徐细雄，刘星. 放权改革、薪酬管制与企业高管腐败 [J]. 管理世界，2013（3）：119-132.

400. 徐细雄，谭瑾. 制度环境、放权改革与国企高管腐败 [J]. 经济体制改革，2013（2）：25-28.

401. 徐向艺，汤业国. 董事会结构与技术创新绩效的关联性研究：来自中国中小上市公司的经验证据 [J]. 经济与管理研究，2013（2）：35-41.

402. 徐业坤，钱先航，李维安. 政治不确定性、政治关联与民营企业投资：来自市委书记更替的证据 [J]. 管理世界，2013（5）：116-130.

403. 许庆瑞，吴志岩，陈力田. 转型经济中企业自主创新能力演化路径及驱动因素分析：海尔集团 1984—2013 年的纵向案例研究 [J]. 管理世界，2013（4）：121-134，188.

404. 许晓芳，方略. CEO 性别会影响公司现金持有行为吗？[J]. 山西财经大学学报，2013（11）：77-85.

405. 许永斌，惠男男. 家族企业代际传承的情感价值动因分析 [J]. 会计研究，2013（7）：77-81，97.

406. 许致维. 管理者过度自信导致企业过度投资的实证分析：来自中国制造业上市公司 2008—2011 年的经验证据 [J]. 财经科学，2013（9）：51-60.

407. 薛爽，洪昀，陈昕. 股权性质、政治关系与地方政府拉闸限电：来自有色金属行业的经验证据 [J]. 金融研究，2013（3）：130-142.

408. 薛薇，魏世杰. 我国股权激励税收政策的主要问题与政策建议 [J]. 中国科技论坛，2013（10）：30-35.

409. 薛有志. 基于新任 CEO 视角下的战略变革动因研究 [J]. 管理学报，2013（12）：1747-1759.

410. 闫华红，王安亮. 终极控制人特征对资本结构的影响：基于中国上市公司的经验证据 [J]. 经济与管理研究，2013（2）：12-17.

411. 颜爱民，马箭. 股权集中度、股权制衡对企业绩效影响的实证研究：基于企业生命周期的视角 [J]. 系统管理学报，2013（3）：385-393.

412. 杨宝. 高管报酬、公司分红与薪酬契约改进 [J]. 财经论丛，2013（3）：76-83.

413. 杨东进，邓吉. 房地产业的政治关联、多元化与企业绩效关系研究：基于上市公司的实证分析 [J]. 软科学，2013（11）：17-21，26.

414. 杨继东，刘诚. 高管权威影响公司绩效波动吗？[J]. 经济理论与经济管理，2013（8）：72-83.

415. 杨继东，杨其静. 工会、政治关联与工资决定：基于中国企业调查数据的分析

[J].世界经济文汇，2013（2）：36-49.

416. 杨林.高管团队异质性、企业所有制与创业战略导向：基于中国中小企业板上市公司的经验证据［J］.科学学与科学技术管理，2013（9）：159-171.

417. 杨瑞龙，王元，聂辉华."准官员"的晋升机制：来自中国央企的证据［J］.管理世界，2013（3）：23-33.

418. 杨松令，常晓红，刘亭立.高新技术企业经营绩效评价研究：以中国创业板上市公司为例［J］.中国科技论坛，2013（7）：58-65.

419. 杨学儒，梁强，李军.农村家族创业研究：文献评述与研究展望［J］.南方经济，2013（6）：70-79.

420. 杨雁.上市商业银行高管薪酬与经营绩效关系研究：基于9家上市商业银行2008—2012年的面板数据［J］.当代经济科学，2013（6）：62-66，124.

421. 杨长虹，彭丁.中国企业双重上市影响因素及经济后果研究：来自香港联交所的经验证据［J］.宏观经济研究，2013（8）：39-46.

422. 杨志强，石本仁，石水平.不公平厌恶偏好、股权结构与管理层薪酬激励效果：一个实验分析［J］.管理科学，2013（4）：46-59.

423. 杨忠智，乔印虎.行业竞争属性、公司特征与社会责任关系研究：基于上市公司的实证分析［J］.科研管理，2013（3）：58-67.

424. 姚颐，刘志远，冯程.央企负责人、货币性薪酬与公司业绩［J］.南开管理评论，2013（6）：123-135.

425. 叶广宇，刘美珍.制度地位与企业横向整合管理模式多案例研究［J］.管理学报，2013（4）：494-501.

426. 叶建宏，封丽萍，汪炜.投资者保护、公司特征与控制权配置［J］.经济与管理研究，2013（11）：5-13.

427. 叶玲，王亚星.管理者过度自信、企业投资与企业绩效：基于我国A股上市公司的实证检验［J］.山西财经大学学报，2013（1）：116-124.

428. 叶松勤，徐经长.大股东控制与机构投资者的治理效应：基于投资效率视角的实证分析［J］.证券市场导报，2013（5）：35-42.

429. 叶勇，蓝辉旋，李明.多个大股东股权结构与公司业绩研究［J］.预测，2013（2）：26-30.

430. 伊志宏，李艳丽.机构投资者的公司治理角色：一个文献综述［J］.管理评论，2013（5）：60-71.

431. 尹志超，黄倩.股市有限参与之谜研究述评［J］.经济评论，2013（6）：144-150.

432. 尹筑嘉，杨晓光，黄建欢.大股东主导的资产重组、公司效率与利益侵占：基于中国重组类整体上市案例的研究［J］.管理科学学报，2013（8）：54-67.

433. 于博，宁宜希.监督认证，还是市场力量？风险投资对创业板公司IPO折价影响的实证研究［J］.管理工程学报，2013（4）：33-40.

434. 于成永，施建军，方红. 控制权、规模与并购绩效：基于沪深制造业上市公司的实证研究［J］. 国际贸易问题，2013（5）：128-142.

435. 于富生，张颖. 薪酬差距与盈余管理［J］. 经济问题，2013（4）：112-117.

436. 于鸣，汪金爱. 民营企业利益侵夺倾向与控制权收购模式选择［J］. 上海财经大学学报，2013（4）：89-96.

437. 于文超，何勤英. 投资者保护、政治联系与资本配置效率［J］. 金融研究，2013（5）：152-166.

438. 于秀艳，程钧镆. 企业云治理框架研究［J］. 科技管理研究，2013（10）：175-178.

439. 余明桂，李文贵，潘红波. 管理者过度自信与企业风险承担［J］. 金融研究，2013（1）：149-163.

440. 余向前，张正堂，张一力. 企业家隐性知识、交接班意愿与家族企业代际传承［J］. 管理世界，2013（11）：77-88，188.

441. 余秀江，杨威，谭华风. 企业家异质性与中小企业信贷可获性关系综述［J］. 华东经济管理，2013（1）：160-164.

442. 余耀东，周建，张和子. 机构投资者持股对企业国际化绩效的影响：基于董事会和资本市场的调节效应视角［J］. 经济与管理研究，2013（11）：14-24.

443. 袁放建，冯琪，韩丹. 内部控制鉴证、终极控制人性质与权益资本成本：基于沪市 A 股的经验证据［J］. 审计与经济研究，2013（4）：34-42.

444. 袁田. 我国上市公司员工持股计划的信托建构［J］. 证券市场导报，2013（10）：55-62.

445. 袁勇志，李佳. 企业家社会网络与初创企业绩效关系的实证研究［J］. 科技管理研究，2013（4）：175-179.

446. 原会建. 制度环境变迁下国有企业工会转型及其困境［J］. 中国行政管理，2013（1）：64-67.

447. 原长弘，李阳，田元强，王瑞琪. 大学衍生企业公司治理对自主创新能力影响的实证分析：来自中国高校上市公司的证据［J］. 科学学与科学技术管理，2013（12）：147-156.

448. 詹雷，王瑶瑶. 管理层激励、过度投资与企业价值［J］. 南开管理评论，2013（3）：36-46.

449. 张川，杨玉龙，高苗苗. 首任高管去职、继任者选择和会计信息质量变化［J］. 财经研究，2013（1）：134-144.

450. 张涤新，邓斌. 金融危机冲击下我国金融控股公司的经营绩效：微观主体风险控制权配置的视角［J］. 管理科学学报，2013（7）：66-79.

451. 张东明. 国有垄断企业收入"双高"问题及治理思路［J］. 经济体制改革，2013（4）：169-172.

452. 张东祥，刘斯文，张标. 中国上市公司资本结构稳定性研究［J］. 经济评论，2013

（6）：124–132.

453. 张会丽，陆正飞. 控股水平、负债主体与资本结构适度性 [J]. 南开管理评论，2013（5）：142–151.

454. 张继德，纪佃波，孙永波. 企业内部控制有效性影响因素的实证研究 [J]. 管理世界，2013（8）：179–180.

455. 张健，程慧，刘斌. 信息质量、经理人类型与家族上市公司 CEO 更替 [J]. 系统工程，2013（3）：59–66.

456. 张洁梅. 自愿性信息披露的影响因素：基于董事会治理视角 [J]. 经济管理，2013（7）：154–160.

457. 张俊民，胡国强. 高管审计背景与审计定价：基于角色视角 [J]. 审计与经济研究，2013（2）：25–34.

458. 张蕾，李敏强，陈富赞，赵秀云. 内部控制监督最优投资分配模型及决策研究 [J]. 管理科学学报，2013（7）：34–44.

459. 张立民，李晗. 我国基金会内部治理机制有效吗?[J]. 审计与经济研究，2013(2)：79–88.

460. 张丽平，杨兴全，陈旭东. 管理者权力、内部薪酬差距与公司价值 [J]. 经济与管理研究，2013（5）：5–17.

461. 张丽平，杨兴全. 管理者权力、外部薪酬差距与公司业绩 [J]. 财经科学，2013（4）：66–75.

462. 张利红，刘国常. 股权分置改革、大股东"掏空"与审计治理效应 [J]. 当代财经，2013（3）：109–120.

463. 张亮亮，黄国良. 管理者超额薪酬与资本结构动态调整[J]. 财贸研究，2013(5)：148–156.

464. 张敏，马黎珺，张雯. 企业慈善捐赠的政企纽带效应：基于我国上市公司的经验证据 [J]. 管理世界，2013（7）：163–171.

465. 张敏，王成方，刘慧龙. 冗员负担与国有企业的高管激励 [J]. 金融研究，2013（5）：140–151.

466. 张敏捷. 国有企业公司治理之研究：完善国有资产监管机制和优化国有企业公司治理结构 [J]. 经济体制改革，2013（6）：88–92.

467. 张宁. 上市公司两类代理问题，孰轻孰重：以 118 家农业类上市公司为例 [J]. 当代经济科学，2013（1）：115–123，128.

468. 张洽，袁天荣. CEO 权力、私有收益与并购动因：基于我国上市公司的实证研究 [J]. 财经研究，2013（4）：101–110，122.

469. 张洽，袁天荣. 企业并购中 CEO 权力寻租行为分析：基于国企与民企比较视角的实证研究 [J]. 山西财经大学学报，2013（5）：81–93.

470. 张倩肖，李纪华. 中国制造业并购重组的动态演变路径及变异性分析：来自上市

公司的经验证据 [J]. 当代经济科学，2013（3）：44-53，125.

471. 张庆，朱迪星. 投资者情绪、股权结构与企业实际投资 [J]. 财经问题研究，2013（3）：101-108.

472. 张仁江，田莉. 高管团队派系冲突的诱发前提、演化机理及其对组织绩效的影响：基于 HB 公司的纵向跟踪研究 [J]. 财贸研究，2013（1）：123-130.

473. 张蕊，刘小玄. 转型时期不同所有制企业的规模边界 [J]. 财经科学，2013（12）：38-46.

474. 张瑞君，程玲莎. 管理者薪酬激励、套期保值与企业价值：基于制造业上市公司的经验数据 [J]. 当代财经，2013（12）：117-128.

475. 张瑞君，李小荣，许年行. 货币薪酬能激励高管承担风险吗？[J]. 经济理论与经济管理，2013（8）：84-100.

476. 张世鹏，张洁瑛，谢星. 会计独董、治理环境与审计委员会勤勉度 [J]. 审计研究，2013（3）：67-74.

477. 张天舒，黄俊，吴承根. 公司高管主动离职影响因素及其财富效应的研究 [J]. 财贸经济，2013（1）：56-63，136.

478. 张天舒. 董事会成员数奇偶性、治理效率与公司业绩 [J]. 世界经济，2013（3）：143-160.

479. 张雯，张胜，李百兴. 政治关联、企业并购特征与并购绩效 [J]. 南开管理评论，2013（2）：64-74.

480. 张旭辉，李明，王寻. 次大股东能影响公司的透明度吗？[J]. 财经问题研究，2013（8）：71-76.

481. 张远飞，贺小刚，连燕玲. "富则思安"吗？基于中国民营上市公司的实证分析 [J]. 管理世界，2013（7）：130-144，188.

482. 张远飞，贺小刚，连燕玲. 危机冲击、损失规避与家族大股东支持效应 [J]. 财经研究，2013（7）：122-133.

483. 张兆国，靳小翠，李庚秦. 低碳经济与制度环境实证研究：来自我国高能耗行业上市公司的经验证据 [J]. 中国软科学，2013（3）：109-119，108.

484. 张兆国，刘亚伟，亓小林. 管理者背景特征、晋升激励与过度投资研究 [J]. 南开管理评论，2013（4）：32-42.

485. 张志平，方红星. 政府控制、政治关联与企业信息披露：以内部控制鉴证报告披露为例 [J]. 经济管理，2013（2）：105-114.

486. 张子健，陈效东. 控制股东、现金股利与会计稳健性 [J]. 管理评论，2013（10）：157-165.

487. 张宗新，王海亮. 投资者情绪、主观信念调整与市场波动 [J]. 金融研究，2013（4）：142-155.

488. 章华，崔一然，俞清清. 政绩、政治关联与企业上市 [J]. 科技进步与对策，2013

（20）：76-79.

489. 赵纯祥，罗飞. 市场竞争、管理者权力与薪酬黏性 [J]. 当代财经，2013（10）：76-85.

490. 赵纯祥，张敦力，马彦. 管理者权力与企业投资回报：基于我国 2007—2010 年上市公司的研究 [J]. 宏观经济研究，2013（10）：95-104.

491. 赵刚，徐升艳. 高管变更与会计稳健性的相关性研究 [J]. 财经理论与实践，2013（3）：74-78.

492. 赵国宇. 大股东控制下的股权融资与掏空行为研究 [J]. 管理评论，2013（6）：24-30，103.

493. 赵佳，罗瑾琏，张洋. 公司治理对高管人员更换的影响研究 [J]. 华东经济管理，2013（5）：118-122.

494. 赵良玉，李增泉，刘军霞. 管理层偏好、投资评级乐观性与私有信息获取 [J]. 管理世界，2013（4）：33-45，47，46，187-188.

495. 赵琳，谢永珍，张雅萌. 董事会与 R&D 投入的权变模型：控股股东类型的调节效应 [J]. 系统工程，2013（12）：10-17.

496. 赵琳，谢永珍. 异质外部董事对创业企业价值的影响：基于非线性的董事会行为中介效应检验 [J]. 山西财经大学学报，2013（11）：86-94.

497. 赵息，许宁宁. 管理层权力、机会主义动机与内部控制缺陷信息披露 [J]. 审计研究，2013（4）：101-109.

498. 赵息，张西栓. 高管权力及其对内部控制的影响：基于中国上市公司的实证研究 [J]. 科学学与科学技术管理，2013（1）：114-122.

499. 赵息，张西栓. 内部控制、高管权力与并购绩效：来自中国证券市场的经验证据 [J]. 南开管理评论，2013（2）：75-81.

500. 赵杨，谭洁，赵颖斯. 我国中央企业近年经济运行研究：基于 2006—2012 年的财务数据 [J]. 中国软科学，2013（7）：117-124.

501. 赵中华，鞠晓峰. 技术溢出、政府补贴对军工企业技术创新活动的影响研究：基于我国上市军工企业的实证分析 [J]. 中国软科学，2013（10）：124-133.

502. 甄珍，白俊红，陈建勋. 内部研发、外源性研发与企业竞争优势：以沪深高科技上市公司为样本的实证研究 [J]. 科技进步与对策，2013（19）：78-82.

503. 郑丹辉，韩晓燕，李新春. 组织冗余与我国民营上市企业风险投资：创始人控制的调节作用 [J]. 财经研究，2013（5）：62-72.

504. 郑国坚，林东杰，张飞达. 大股东财务困境、掏空与公司治理的有效性：来自大股东财务数据的证据 [J]. 管理世界，2013（5）：157-168.

505. 郑军. 企业价值信息披露对投资者交易行为影响研究 [J]. 经济管理，2013（4）：105-113.

506. 郑文智，吴文毅. 家族企业人才竞争力的实现：一项多层线性的研究 [J]. 华东经济管理，2013（11）：38-44.

507. 郑秀田，许永斌. 控股股东攫取私利下中小股东的行为选择："理性冷漠"还是"积极监督"？[J]. 经济评论，2013（6）：11-16.

508. 周昌仕，宋献中. 政府干预、跨区域并购与公司治理溢出效应 [J]. 财经科学，2013（9）：30-39.

509. 周冬华，赵玉洁. CEO 权力、董事会稳定性与管理层业绩预告 [J]. 当代财经，2013（10）：118-129.

510. 周冬华. 证券分析师关心公司治理吗：基于中国资本市场的经验证据 [J]. 山西财经大学学报，2013（2）：23-34.

511. 周建，金媛媛，袁德利. 董事会人力资本、CEO 权力对企业研发投入的影响研究：基于中国沪深两市高科技上市公司的经验证据[J]. 科学学与科学技术管理，2013（3）：170-180.

512. 周建，尹翠芳，陈素蓉. 董事会团队属性对企业国际化战略的影响研究 [J]. 管理评论，2013（11）：133-143.

513. 周建，尹翠芳，陈素蓉. 公司战略治理研究述评与展望 [J]. 外国经济与管理，2013（10）：31-42.

514. 周建，袁德利. 公司治理机制与公司绩效：代理成本的中介效应 [J]. 预测，2013（2）：18-25.

515. 周杰，薛鸿博. 董事会权力配置、企业战略转型与模式偏好：政治行为还是合作行为 [J]. 山西财经大学学报，2013（2）：95-106.

516. 周蕾，余恕莲. 高管人力资本溢价与企业绩效倒 U 型关系研究 [J]. 经济管理，2013（11）：106-117.

517. 周立新. 家族权力、组织认同与家族企业网络模式选择 [J]. 管理工程学报，2013（1）：1-7.

518. 周林洁，邱汛. 政治关联、所有权性质与高管变更 [J]. 金融研究，2013（10）：194-206.

519. 周林洁. 完善上市公司高管薪酬激励制度的对策 [J]. 经济纵横，2013（5）：91-95.

520. 周评，姜秀珍. 国有企业管理者工作压力和工作满意度：心理资本的调节效应 [J]. 华东经济管理，2013（9）：134-137.

521. 周茵，庄贵军，彭茜. 关系型治理何时能够抑制渠道投机行为？企业间关系质量调节作用的实证检验 [J]. 管理评论，2013（1）：90-100.

522. 周瑜胜，宋光辉. 超额控制权、股东制衡、公司控制中双重代理效应研究：内生性与边际性视角的同期与跨期效应实证检验 [J]. 山西财经大学学报，2013（7）：77-91.

523. 周志强，田银华，王克喜. 家族企业契约治理模型、模式及其选择研究：基于代理理论与管家理论融合视角 [J]. 商业经济与管理，2013（5）：5-12.

524. 朱朝晖. 投资者情绪与上市公司投资决策：基于迎合渠道的研究 [J]. 商业经济与管理，2013（6）：60-67，85.

525. 朱国泓，张璐芳. 宗教的公司治理作用机制和影响效应研究述评与未来展望 [J]. 外国经济与管理，2013（7）：23-34.

526. 朱国军，吴价宝，董诗笑，张宏远. 高管团队人口特征、激励与创新绩效的关系研究：来自中国创业板上市公司的实证研究 [J]. 中国科技论坛，2013（6）：143-150.

527. 朱乃平，田立新，陈娜. 民营企业终极控制性股东特征与公司融资决策行为 [J]. 预测，2013（6）：22-28.

528. 宗文龙，王玉涛，魏紫. 股权激励能留住高管吗？基于中国证券市场的经验证据 [J]. 会计研究，2013（9）：58-63，97.

529. 邹杨，荣振华. 公司合并制度中效率与公平的配置：基于债权人视角 [J]. 财经问题研究，2013（11）：10-16.

530. 左晶晶，唐跃军，眭悦. 第二类代理问题、大股东制衡与公司创新投资 [J]. 财经研究，2013（4）：38-47.

后　记

一部著作的完成需要许多人的默默贡献，闪耀着的是集体智慧，其中铭刻着许多艰辛的付出，凝结着许多辛勤的劳动和汗水。

本书在编写过程中，借鉴和参考了大量的文献和作品，从中得到不少启发，也汲取了其中的智慧和精华，在此谨向各位专家和学者表示崇高的敬意。

由于编写时间仓促以及编者水平有限，书中不足之处在所难免，诚请广大读者指正，特驰惠意。